如皋市龙游河生态公园

图书在版编目（CIP）数据

大事如皋：2014 / 江苏省如皋市档案局（馆）编. —北京：方志出版社，2015.4
ISBN 978-7-5144-1599-5

Ⅰ. ①大… Ⅱ. ①江… Ⅲ. ①如皋市—地方史—大事记—2014 Ⅳ. ①K295.34

中国版本图书馆CIP数据核字（2015）第085376号

大事如皋（2014）

编　　者：江苏省如皋市档案局（馆）
责任编辑：诸玲珍
出 版 人：冀祥德
出 版 者：方志出版社
地址　北京市朝阳区潘家园东里9号（国家方志馆4层）
邮编　100021
网址　http://www.fzph.org
发　　行：方志出版社发行中心
电话（010）67110500
经　　销：各地新华书店
印　　刷：南通彩虹印刷有限公司
开　　本：889×1194　1/16
印　　张：16.25
字　　数：503千字
版　　次：2015年4月第1版　2015年4月第1次印刷
印　　数：0001～3000册
ISBN 978-7-5144-1599-5　定价：180.00元

大事如皋

CHRONICLE OF EVENTS IN RUGAO

中共江苏省如皋市委员会
江苏省如皋市人民政府 主办
江苏省如皋市档案局(馆) 编

2014

方志出版社
Publishing House of Local Records

《大事如皋》编纂委员会

序

中共如皋市委书记 姜永华

刚刚过去的2014年，是全面深化改革的元年，也是实施“十二五”规划承前启后的关键一年，更是如皋人民难忘的一年。

这一年，随着沪通铁路大桥开工建设、长江南京以下-12.5米深水航道工程正式实施，如皋成为中国东部沿海大通道和长江黄金水道交汇的节点城市。面对前所未有的机遇和挑战，全市人民团结拼搏，奋发进取，共同战胜了各种困难和风险，取得了新的发展成就。

坚持稳中求进、好中求快，如皋经济社会平稳健康运行。全市实现地区生产总值743.6亿元、增长10.5%，完成公共财政预算收入67.45亿元、增长12.2%，城乡居民人均可支配收入分别增长8.9%、10.9%，综合实力跃居全国县域经济基本竞争力百强县市第28位、福布斯中国大陆最佳县级城市第19位。

坚持统筹规划、全面建设，如皋城乡环境更为优美宜居。75平方公里城市总体规划获得省政府批准，龙游湖风景区、龙游河生态公园、奥体中心等公共设施建成开放，东大街历史文化街区初具规模，城市公共自行车系统投入使用，如皋入选“中国最佳休闲小城”。

坚持和谐发展、民生优先，如皋百姓生活更加幸福安定。全市党的群众路线教育实践活动全面开展，党风政风得到有力提升，社会保障体系日趋完善、“医疗五道保障线”不断健全、建成全国文化先进县市、省义务教育优质均衡改革发展示范区、高考和中考成绩分别位居全省和南通前列……如皋社会大局持续保持稳定，成为南通唯一获得全国文明城市提名资格的县级城市，跻身“中国最具幸福感县级城市”前十强。

一分耕耘，一分收获，丰硕的成绩凝聚了全市广大干部群众的智慧和汗水。2014年，正是依靠全市人民的努力奋斗和社会各界的鼎力支持，我们积极应对复杂严峻的宏观形势，赢得了如皋经济持续健康发展和社会和谐稳定的良好局面。在此，谨借《大事如皋》出版之际，向所有为如皋发展做出辛勤贡献的人们表示由衷的感谢！

2015年，是全面深化改革的关键之年，是全面推进依法治国的开局之年，也是全面完成“十二五”规划的收官之年。

新的一年，任重而道远，认真贯彻落实习总书记系列重要讲话精神，主动把握和积极适应经济发展新常态，推动经济社会又好又快发展，努力建设经济强、百姓富、环境美、社会文明程度高的新如皋，就是我们的工作目标。

新的一年，大力保障和改善民生，让人民群众享有更好的教育、更稳定的工作、更满意的收入、更可靠的社会保障、更高水平的医疗卫生服务、更舒适的居住条件、更优美的环境，努力实现如皋人民对美好生活的向往，更是我们肩上义不容辞的责任。

新的一年，充满希望，值得期待，让我们携手奋斗，共同努力，建设美好家园，创造幸福生活！

2015年4月

编辑说明

《大事如皋》是一部以时间为顺序逐条记录如皋市经济、政治、文化、社会、生态文明建设的重要档案文献资料，旨在为各级领导、各部门了解全市的工作动态和发展情况，总结经验，指导工作等提供系统的档案信息服务，是记录历史、传承历史、弘扬历史、宣传如皋、推介如皋不可或缺的重要载体。

《大事如皋(2014)》记录和反映了如皋市2014年全市范围内发生的大事、要事、新事及市委、市政府为民办实事项目，以图文并茂的形式记述党和政府的重大政策、各部门的重大活动、各界人士关注的重大事件、与人民群众生活密切相关的重大项目，记录成就，展示风貌，保存史料。

全书由领导视察、热点聚焦、新闻人物、大事纪要、成就展台、惠民实事、重点工程、专文选编、先进荣誉九个部分的内容组成。因事配文，以图证文。

1.**“领导视察”** 主要记录和反映省、部级以上和南通市委、市政府主要领导人在本地区的重要活动。

2.**“热点聚焦”** 选取全市当年事关全局、有广泛和长远影响的大事，重点加以记述。

3.**“新闻人物”** 简要介绍如皋市新上任、变动的领导人；做出重大贡献的本地、外地及国外如皋籍人士的履历、事迹。

4.**“大事纪要”** 按时间顺序逐条记载2014年如皋经济、政治、文化、社会、生态文明建设的情况、部门工作动态、重大活动和事件及本地区的特异自然现象等。

5.“成就展台” 记录和展示全市2014年经济社会发展所取得的重大成就和亮点。

6.“惠民实事” 主要记述2014年市政府确定的十件为民办实事项目的落实情况。

7.“重点工程” 记载和反映了2014年市政府确定的重点工程项目落实推进的结果。

8.“专文选编” 选录市委、市政府重要专题报告和全市性的政策、法规性文件。

9.“先进荣誉” 包括获得国际、国家、省级、南通市级和如皋市级奖励和荣誉称号的模范人物、科技成果、文体活动等。

本书的编辑出版得到全市各级领导和有关部门的大力支持和配合,在此一并致谢。鉴于编者水平有限,书中疏漏错讹之处,恳请读者批评匡正。

如皋市档案局(馆)

2015年4月

目 录

■编辑说明

■领导视察

■热点聚焦

Mu Lu

Mu Lu

■大事纪要

■成就展台

■惠民实事

■重点工程

■专文选编

■先进荣誉

领导视察

LingDao ShiCha

国家卫生计生委副主任王培安到如皋考察调研

1月10日下午，出席在南通召开的全国计划生育家庭扶助关怀工作会议的国家卫生计生委副主任王培安、国家卫生计生委家庭司司长王海东及参加会议的各省(市、自治区)代表到达如皋市白蒲镇“益寿之家”，对如皋市计划生育特殊家庭帮扶工作开展调研。南通市副市长朱晋及如皋市市委副书记、市长陈晓东陪同调研。

近年来，如皋市创新举措，拓展生育关怀项目，在各镇(区、街道)兴建生育关怀“益寿之家”，将自愿集中供养的“失独”老人请进其内接受服务，为这一特殊群体排解后顾之忧。“益寿之家”内配套设施齐全，有医务室、棋牌室、餐厅、爱心超市，老人寝室内配有卫生间、电视等生活起居和日常休闲设施；在运行管理中，坚持以人为本，推行服务亲情化、管理规范化。温馨的室内环境、全新的环保家具、周到的生活服务，让老人们充分感受到“益寿之家”的温馨和舒适。其中，白蒲镇“益寿之家”是在镇阳光敬老院内专为“失独”老人设立的集中养老区，成为院中之家，不仅提供居住、餐饮、医疗等基本服务，而且为“失独”老人提供休闲、娱乐、健身需求，现已有11位老人入住。

王培安对如皋市计划生育特殊家庭帮扶工作给予充分肯定，认为如皋市计划生育特殊家庭帮扶工作受到党政领导重视，制度保障到位，特色鲜明突出，项目人群收益，为“失独”老人提供经济上的扶助，生活上的关怀和精神上的慰藉，不断提高其生活质量和幸福指数，以爱民、为民的实际行动贯彻落实党的十八大精神，其经验做法值得在全国推广。

省委常委、省军区政委李笃信
副省长徐鸣一行慰问如皋困难群众和孤寡老人

省领导李笃信(右三)、徐鸣(左一)在白蒲镇松杨社区看望低保户蔡德成老人　　黄友谊 摄

1月13日，省委常委、省军区政委李笃信，副省长徐鸣一行看望慰问了如皋市部分困难群众和孤寡老人，提前向他们送上新春祝福。南通市委书记、市人大常委会主任丁大卫，南通市委副书记、市长张国华，南通市委常委、秘书长黄巍东及如皋市领导姜永华、陈晓东、司祝建、杜永红陪同慰问。

家住白蒲镇松杨社区13组的蔡德成，儿子早逝，儿媳改嫁，

只剩下他与残疾的妻子相依为命。在蔡德成家里，李笃信一行与老人进行了亲切交谈，详细了解了老人的身体状况和生活情况。在看到老人神志清醒，身体硬朗时，李笃信十分高兴。他在给老人送上祝福的同时，要求随行人员时刻把困难群众的冷暖挂在心上，帮助其解决生活中的难题，使他们共享经济社会发展成果。

白蒲镇阳光敬老院从关爱老人的角度出发，新投入 50 多万元对敬老院硬件、软件环境进行了完善，新增了 80 张床位以及无障碍扶手等设施，整个敬老院面貌焕然一新。李笃信一行仔细察看了敬老院居住环境和食堂、活动室等设施配备情况，并叮嘱相关工作人员要进一步加大敬老工作力度，不断改善供养条件，为老人们创造优良的生活环境，让他们过一个幸福美满的晚年。

慰问活动中，市委书记姜永华介绍说，如皋市高度重视困难群众生产生活，全面落实各项帮扶政策，大力发展以扶老、助残、救孤、济困、赈灾为重点的社会福利和慈善事业，扎实开展“双联双助”活动，强化对残疾人、大病家庭等困难群体的社会救助，努力增加困难家庭收入，最大限度地让困难群众享受到经济社会发展成果。他同时指出，如皋市充分利用“世界长寿之乡”品牌，大力发展养老产业，努力构建多层次养老体系，努力把“夕阳事业”做成“朝阳产业”，进一步提高老年人幸福指数。

李笃信希望如皋市密切关注困难群众的生活，千方百计解决好他们的实际困难，提高他们的生活水平。他强调，老年人是社会的宝贵财富，关爱老人就是关爱自己，要进一步加快老龄事业发展，使老年人生活质量不断提高。

副省长史和平专程到如皋指导双马化工爆炸事故车间救援工作

4 月 16 日上午 10 时许，如皋双马化工车间发生爆炸起火事故。省委、省政府高度重视，省委书记罗志军、省长李学勇分别作出重要批示。当晚 8 时许，副省长史和平专程赶至爆炸事故现场，代表省委、省政府看望慰问受伤人员，指导救援工作。在南通市领导丁大卫、张国华和如皋市领导姜永华、陈晓东陪同下，史和平直奔事发现场，察看了解搜救情况，接着赶至如皋市人民医院，看望慰问受伤人员。

在随后召开的会议上，南通市委书记丁大卫和如皋市市委书记姜永华分别汇报了搜救和救治情况。事故发生后，南通、如皋两级党委、政府高度重视，立即组织公安、消防、卫生、环保、安监等部门赶赴现场，全力开展扑火和救援工作。至 16 日中午 13 时，现场救出 12 人并送医院救治，其中已确认 3 人抢救无效死亡。截至 16 日下午 5 时，现场又发现并确认 2 人死亡。经全面排查企业员工，尚有 3 人未取得联系。

史和平在听取汇报后指出，目前是搜救的关键阶段，要把搜救人员和救治受伤人员放在第一位。他要求，省及南通、如皋三级政府要整体联动，全力以赴，科学组织，更好更快推进搜救工作；要整合全省优质医疗资源，对重伤员进行一对一的治疗；环保等部门要持续跟进，确保无次生伤害发生；要做好死亡人员、伤员和失去联系人员家庭的安抚和善后工作；要做好事故的调查处理工作，找准事故发生的原因；要吸取教训，举一反三，迅速开展全省化工行业专项检查，确保无同类事故发生；要做好新闻舆论的引导，实事求是地将事故情况、伤亡情况、事故原因、善后工作向社会公布。

国家安监总局指挥中心协调部副主任高寿峰一同到如皋，对现场搜救和事故调查处理工作提出了具体要求。

全国总工会领导刘国中一行调研如皋基层工会建设

5 月 15 日，全国总工会副主席、书记处书记、党组副书记刘国中一行就加强基层工会建设主题到如皋调研。市委书记姜永华，市委常委、组织部部长蒋建陪同调研。

刘国中一行走访了市总工会、双钱集团（江苏）轮胎有限公司等单位，与部分企业家进行了座谈，听取了如皋市基层工会建设情况汇报。近年来，市总工会把“服务基层、服务职工、服务发展、与经济社会同频共振”作为工作的着力点和落脚点，创新履职，务实奋进，努力提升服务经济社会发展的贡献率，成功打造了工代会代表常任制、流动会员之家、基层工会会务公开等一批特色品牌。市总工会先后获得江苏省工会工作模范县（市）、江苏省文明单位荣誉称号，并被评为全国工会财务工作先进集体。

姜永华在调研座谈会上致辞。他说，如皋市位于长江入海口北岸，滨江临海，是长江三角洲最早见诸史册的古邑、民国时期中华第一大县、中国首批对外开放的沿海城市、江苏沿江开发重点县（市），被评为国家级卫生城市、国家园林城市、中国优秀旅游城市和江苏省文明城市，素有“江苏历史文化名城、中国花木盆景之都、世界长寿养生福地”的美誉。如皋市抢抓长三角一体化、江苏沿海开发等战略机遇，主动融入苏南、接轨上海、走向世界，经济社会实现了持续又好又快发展。2014 年，如皋市以转型升级为主攻方向，以科技创新为核心驱动力，强化“两增加两提升”的工作衡量标准，统筹推进“五位一体”建设，持续聚焦六大重点工作，经济呈现出平稳运行、稳中有进、稳中向好的良好态势。他指出，在推动经济社会发展进程中，市总工会牢固树立全局意识、服务意识和责任意识，充分发挥工会组织的桥梁和纽带作用，在服务科学发展、维护职工权益、促进社会和谐等方面做出了突出贡献。他表示，如皋市将以此次调研活动为契机，扎实有序推进工会工作开展，努力开创如皋工会工作新局面。

刘国中在调研中指出，如皋市高度重视工会工作，结合区域发展实际和职工需求，坚持开拓创新，形成了一批具有如皋特色的工会工作亮点。他在肯定成绩的同时，要求如皋市进一步发挥工会作用，巩固基层工会地位，不断创新思路举措，积极为推动全国工会工作开展创造经验，为促进地方经济社会发展作出更大贡献。

林乃基视察如皋重点项目，赞扬家乡发展巨变

5 月 27 日上午，中国棉花协会名誉会长、中华供销合作总社监事会原副主任林乃基一行到如皋察看家乡重点项目，了解家乡经济社会发展，对如皋市经济社会发展取得的显著成就赞叹不已。市委书记姜永华，市委常委、常务副市长吴道健参加活动。

东升（南通）国际石材产业城是如皋市实施的重点项目。林乃基一行参观了项目规划沙盘，并深入项目工地，察看了项目建设情况。东升（南通）国际石材产业城计划总投资 125 亿元，重点建设石材生产区、保税物流区、综合商务区、循环经济区、荒料交易中心、创意研发中心、东升国际石材交易中心、江苏石材职业技术学院等功能板块。建成后的石材产业城将成为华东地区高档石材产业战略总部、研发设计中心、加工示范基地、物流交易中心，成为继福建水头、广东云浮之后全国三大石材集散地之一，届时将容纳 1500 家各类石材加工及配套企业驻园经营，吸纳近 10 万人就业。一批正在抓紧厂房建设和设备安装的石材加工项目引起林乃基浓厚兴趣。他鼓励项目单位把握如皋港区良好的区位优势和交通环境，加快项目推进，力争早竣工、早投产、早达效，在如皋这片充满生机的投资沃土上不断发展壮大，实现互利共赢。

在苏中国际集装箱码头，看着一个个进口的集装箱被运上如皋港码头，林乃基说，如皋港作为国家一类开放口岸，凭借得天独厚的航运条件，得到快速发展，港口的影响力和知名度得到明显提升。他指出，如皋港集装箱码头的投入使用，不仅增强了如皋港综合实力，提升了如皋港竞争力，也为促进如皋经济持续又好又快发展增添了新动力。

林乃基(左四)一行参观东升(南通)国际石材产业城项目　邱　宇摄

姜永华介绍了如皋市经济社会发展情况。他说，如皋市围绕勇当苏中全面小康领头雁的目标，坚持稳中求进、好中求快工作总基调，按照“两增加两提升”工作衡量标准，大力弘扬求真务实工作作风，统筹推进“五位一体”建设，全力持续聚焦“六大重点”工作，加快发展四大支柱产业、四大新兴产业、四大现代服务业，扎实推进为民办实事工程，经济社会保持了总体平稳、稳中有进、稳中向好的良好态势。

林乃基指出，近年来，如皋市始终坚持科学发展主题，不断攻坚克难，奋力拼抢，经济社会得到不断发展，百姓幸福指数得到不断提升。他在肯定成绩的同时，希望如皋市党员干部继续发扬特别能吃苦、特别能战斗的优良工作作风，努力开创如皋科学发展新局面。

江苏省副省长徐鸣到如皋视察指导“三夏”工作

5月27~28日，副省长徐鸣来如皋视察指导“三夏”工作。南通市委常委秦厚德及如皋市领导姜永华、陈晓东、司祝建、杜永红参加活动。

徐鸣一行视察了高新区(城南街道)育供秧点、吴窑镇鼎鑫秸秆制粒点、如皋粮食储备库、经济技术开发区（城北街道)戴庄村秸秆还田现场等处。市委书记姜永华介绍了如皋市经济社会发展及“三夏”工作推进情况。他说，近年来，如皋市抢抓江苏沿江、沿海开发战略机遇，坚持以科学发展观为指导，大力实施

图为副省长徐鸣(前排右二)一行在如皋视察　邱　宇摄

经济国际化、新型工业化、城乡一体化、生态文明化四大战略,高度聚焦以工强市、招商引资、项目建设、环境打造、民生改善、维护稳定六大重点工作,求真务实、开拓创新,经济社会实现了持续又好又快发展,增值税、财政收入等关键性指标位于南通各县(市、区)前列。他指出,2014年,如皋市把握稳中求进、好中求快工作总基调,以转型升级为主攻方向,以科技创新为核心驱动力,积极应对经济社会发展中遇到的各种困难和矛盾,全市经济社会呈现出运行平稳、转型加快、后劲增强、民生改善的良好态势。如皋市"三夏"工作紧紧围绕粮食生产总量稳定增长的总体要求,通过召开专题会议,对全市"三夏"工作进行了全面部署。在"夏收夏种"工作方面,如皋市着力抓农机配备,大力推广新式农机具;抓夏粮收获,确保麦油颗粒归仓;抓秋粮布局,确保完成粮食增产任务;抓社会化服务,积极开展商品化集中育供秧;抓秸秆综合利用,大力推进秸秆机械化还田。"夏管"工作方面,如皋市加强秧床管理,培育壮苗移栽;适期移栽水稻,提高移栽质量;加强春玉米田间管理,施好拔节孕穗肥。在粮食收购工作方面,加大粮食收购政策的宣传力度,使惠民利民政策和服务深入人心;加强粮食收购工作的服务力度,提高收购工作效率和服务水平;加强腾仓和夏收资金组织力度,确保政策性粮食收购资金及时足额到位。

徐鸣在视察中充分肯定如皋市"三夏"工作。他要求如皋市动员广大农民抢抓晴好天气,做好夏收工作,并落实有效措施,应对天气变化对夏收工作的影响;要大力发展机插秧,严格控制水直播,切实保证秧苗质量;要积极分析研究农机成本上涨的主要因素,采取相应措施,控制农机服务成本;要扎实做好秸秆综合利用工作,强化秸秆综合利用知识宣传,以更扎实的举措做好秸秆机械化还田工作;要稳步推进农村改革,在做好土地确权的基础上,进一步促进土地流转,鼓励家庭农场发展,加快推进农业现代化。

第十一届全国政协副主席李金华一行视察如皋市经济社会发展情况

6月1日下午,参加《美术报》和著名书画家范扬向东陈镇南凌小学捐资活动和学校"丛桂楼"命名仪式的第十一届全国政协副主席李金华,文化部政策法规司司长饶权,国家画院国画院副院长、南京书画院院长范扬及夫人潘金玲、《美术报》总编辑蔡景富一行实地视察如皋市文化广场、顾庄生态园、如皋东方牡丹园等处。南通及如皋市领导王德忠、陈斌、姜永华、陈晓东、李中林、胡拥军陪同视察。

如皋市委书记姜永华向李金华一行介绍了如皋市经济社会发展情况。他说,素有江苏历史文化名城、中国花木盆景之都、世界长寿养生福地美誉的如皋,近年来大力实施"经济国际化、新型工业化、城乡一体化、生态文明化"发展战略,全市经济社会呈现出运行平稳、转型加快、后劲增强、社会和谐的良好态势。2014年第一季度,全市预计实现地区生产总值157亿元;实现财政总收入36亿元,公共财政预算收入13.7亿元,同比分别增长40.6%、20.3%;完成增值税5.7亿元,位列南通六县市(区)第一。

通过实地视察和听取介绍,李金华对如皋市经济社会发展给予充分肯定。他说,如皋是一座适宜人居的城市,城市建设有品位,规划起点高,建设手笔大,绿化覆盖率高,是十分宜居的生态园林城市;如皋是一座幸福之城,社会事业全面发展,教育事业优质均衡发展,医疗卫生构筑"五道保障线",文化体育设施齐全,群众满意度高、幸福感强;如皋是一座转型发展之城,紧扣"科学发展、转型升级、又好又快"的要求,如皋多措并举实现产业全面转型升级,经济发展取得令人瞩目的成绩,2014年以来,增值税等体现经济发展质量的指标位居南通首位。他希望如皋市今后要挖掘资源、放大优势、做强特色,进一步做大做强高端装备制造、花木盆景、特色旅游等产业，加快推动经济转型升级，全面发展各项社会事业，促进经济社会全面协调可持续发展，推动如皋综合实力再上新台阶。

南通市市委副书记、市长张国华一行检查防汛工作

6月24日上午，南通市委副书记、市长张国华率队到如皋检查防汛工作。他要求如皋市以高度的责任感抓好防汛工作，提高应急能力，确保安全度汛，保障群众生命财产安全。南通市副市长赵闻斌、南通市政府秘书长顾诺之参加检查。如皋市领导姜永华、陈晓东、杜永红陪同检查。

南通市市委副书记、市长张国华(右二)一行检查防汛工作

丁松山 摄

市委书记姜永华汇报了如皋市防汛工作情况。如皋市地处长江下游澄通河段，境内长江防洪堤防总长74公里。主江堤堤顶宽6米，顶高程为7.5米，达到50年一遇防洪标准。“十二五”以来，如皋市先后实施了长青沙西南侧抛石护岸应急工程、焦港闸迁建工程、如皋港水利枢纽工程等项目，总投资约6.6亿元。为做好沿江防汛工作，如皋市根据如皋特定的地理和气象因素，确立防大汛、抗大灾、抢大险的指导思想，扎实做好防汛工作。6月，市政府与各镇(区、街道)及相关部门签订了防汛防旱工作责任状。如皋市年初就精心组织开展汛前检查，4、5月份两次组织内河水上巡查，重点巡查了通扬运河、如海运河、如泰运河等河道，6月，如皋市与长江镇(如皋港区)共同对旱闸门进行专项检查，为安全度汛做好准备。防汛工程快速推进，其中如城中心城区水系畅通工程3月份开工，计划8月下旬完工，长青沙西南角应急防护处理工程4月份完工；全市城市防洪规划已编制完成，防汛物资储备不断加强，防汛24小时值班制度已于5月1日起执行，确保防汛工作扎实到位。

张国华一行实地检查了如皋港水利枢纽工程。筹资4.8亿元兴建的水利枢纽工程按百年一遇的防洪标准、20年一遇的排涝标准设计。该水利枢纽建成后，沿江水利设施得到进一步优化，高低水位控制得到有效完善，整体引排能力提高了3倍以上。张国华详细了解了工程引水排水的具体参数和设施维护等方面情况，并嘱咐如皋市一定要严格落实24小时值班制，加强基础设施的维护，确保关键时刻用得上、用得好。长青沙西南侧是长江如皋中汊出口重要的水势控制节点，险段长约1500米。得知如皋市通过实施抛石工程，江底深度从-49米提升到-45米，险情有所缓解，河坡趋于稳定时，张国华要求如皋市继续高度重视重点河段防汛抢险防护工作，进一步做细做实各项应急、抢险等方面的预案，同时要加大巡查力度，对沿江堤坝和引排水设施逐一进行拉网式检查，对发现的薄弱环节，及时落实整

改措施，有效消除隐患。他强调，当前防汛工作进入关键时期，一定要立足于早预防、早准备，全力抓好关键举措的落实，确保万无一失、安全度汛。

南通市市委书记丁大卫一行视察长江镇(如皋港区)

丁大卫(左三)在长江镇(如皋港区)现代物流园区视察　　黄友谊 摄

7月16日上午，南通市市委书记、市人大常委会主任丁大卫到如皋，专题视察长江镇(如皋港区)，要求如皋市充分发挥港口优势，推动经济快速发展。如皋市委书记姜永华，市委副书记、市长陈晓东陪同视察。

丁大卫一行首先来到长江镇(如皋港区)现代物流园区，实地查看了苏中国际集装箱码头等处，详细听取了园区情况汇报。位于长青沙岛的现代物流园是如皋市港口物流产业转型升级的重要平台和发展载体。苏中国际集装箱码头、保税物流中心(B型)、信息交易中心、货物物流中心和物流总部经济基地已建成投入运行，入驻企业180多家，年港口吞吐能力已达亿吨。今后园区将重点吸引总部经济、港口物流、加工物流、仓储贸易等“港工贸”一体化项目，大力发展第三方、第四方物流。丁大卫指出，随着交通环境改善，长江南京以下12.5米深水航道工程的实施，物流业发展迎来了良好机遇。作为国家一类开放口岸、省重点物流基地，长江镇(如皋港区)拥有得天独厚的优势，今后要充分发挥各类优势，加快现代物流产业发展。要加强长江岸线资源的集约、节约利用，按照规划科学推进，进一步优化提升现代物流产业的功能配套和基础设施建设。同时，要强化生态保护力度，以保护现在良好的生态环境为前提，合理开发，让群众充分享受到长青沙岛的优质生态资源，确保发展的可持续性。

南通市西北片引江区域供水备用水源工程占地700亩，设计库容150万立方米，建成后，能够保证如皋、海安250万人5至7日应急用水。丁大卫实地查看了备用水源工程取水口等施工现场。得知该工程正在按照2015年春节前建成投入使用的目标有序推进，他表示，备用水源工程保障群众的应急生产生活用水，事关群众的切身利益，要在科学论证和条件允许的情况下，尽可能地增加库容量，提高应急能力；施工单位要注重施工质量，严格按照标准施工，确保工程质量和施工安全。

在如皋港化工新材料产业园区，丁大卫仔细查看了德源高科污水处理系统及如皋港化工新材料产业园环保监控中心。他说，发展化工新材料产业，不得以污染换取发展。地方政府和企业要树立安全环保第一位的理念，不断强化安全意识和环保意识，加大环境监管力度，推动化工产业企业转型发展。

视察中，姜永华介绍了如皋市经济社会发展情况。2014年，如皋市始终坚持“两增加、两提升”的工作衡量标准，统筹推进六大重点工作，经济社会呈现稳中有进、转型加快、后劲增强、民生改善的良好态势。上半年，全市实现地区生产总值345亿元，增长10.2%；完成财政总收入80.9亿元、公共财政预算收入33.8亿元，分别增长17.9%、19.9%，公共财政预算收入总量列全省第九位。丁大卫希望如皋市继续立足科学发展，充分发挥区域发展优势，推动快速发展，为南通开创“两个率先”新局面多做贡献。

李学勇调研如皋经济社会发展情况

11月18日下午，省委副书记、省长李学勇调研如皋市经济社会发展情况，对如皋市坚持科技创新推动转型升级，全力保障民生促进社会和谐，大力发展新兴产业绿色产业，走可持续发展之路等给予充分肯定。省政府秘书长张敬华，南通市委书记丁大卫，南通市委副书记、市长张国华，南通市委常委、市委秘书长黄巍东，南通市政府秘书长顾诺之，如皋市领导姜永华、陈晓东等陪同调研。

李学勇(左二)在顾庄生态园调研　　丁松山 摄

在顾庄生态园调研时，李学勇与村民王兴明亲切交谈，并观看了工人对盆景的蟠扎造型，同时详细了解花木产业经营情况。市委书记姜永华向李学勇介绍说，如皋盆景以“云头雨足美人腰”见长，不仅获得了国家地理标志证明商标，2014年还成功申报了国家级非物质文化遗产。如皋像顾庄生态园这样的花木专业村全市共有15个，已经拥有各类花木专业合作社55个，从业人口超过10万人。2014年，中国花卉协会盆景分会也放在了如皋市，为如皋市盆景产业发展搭建了信息沟通、经验交流、务实合作的平台。

李学勇强调，花木种植既是绿色产业，也是富民产业，像顾庄生态园这样的城市绿肺，不仅要保护好、规划好、建设好，还要发挥好示范带动作用，发挥出更大的生态效益和富民效益。

在思源电气调研时，李学勇对企业创新能力十分关心。企业负责人介绍，近三年来，思源电气已经累计投入研发资金8000多万元，占销售额比例达3.85%，先后与东南大学、上海理工大学等科研院所建立了长期合作关系。三年累计申报专利63项，39项实用新型专利获授权。

李学勇说，思源电气坚持自主创新，注重科技引领，已经进入良性发展轨道。接下来，要继续发扬创新传统，加大人才引进力度；要高度重视核心技术研发和设计创新，加强与高校、科研院所的协作，提升产品竞争力和附加值。

调研中，姜永华向李学勇汇报了如皋市经济社会发展情况。2014年前三季度，如皋市实现地区生产总值524亿元，同比增长10.5%；财政总收入116.35亿元，公共财政预算收入48.02亿元，同比分别增长 11.3%、14.5%,公共财政预算收入总量列全省第十。城镇居民人均可支配收入、农民人均现金收入分别增长 9.6%和 11.2%。社会事业率先发展，努力办好人民满意教育，义务教育真正实现零择校，高考成绩位居全省前列、南通首位；继续筑牢“基本保障、大病补助、民政救助、慈善捐助、社会帮扶”五道医疗保障线，有效解决全市 145 万人民看得起病的问题；荣膺“2014 年中国最具幸福感县级城市”前十名。

李学勇对如皋市经济社会发展情况给予充分肯定。他说,跟上次来如皋相比,如皋的城乡面貌发生了很大的变化,城市更干净了、绿化水平更高了、管理秩序也更好了;古街区的保护很有特色,尊重历史,延续文脉,历史文化与现代气息交相辉映,焕发出勃勃的生机,真正成为一座宜居之城。

李学勇表示,如皋面对复杂严峻的经济形势,加强政策引导和运行服务,加快经济转型升级,经济运行质态良好。当前,经济正处于增长速度换挡期、结构调整阵痛期、转型升级攻坚期,如皋要主动适应增速换挡、经济转型这一新常态,坚持既稳当前、又利长远;既保持合理增长速度,为促改革调结构提供必要条件,又抓住机遇深化改革加快转型,为经济发展提供动力支撑,建成一座创新之城。

李学勇还强调,民生工作只有起点,没有终点。如皋推行教育优质均衡、建设“五道医疗保障线”的举措扎实,成效明显,具有重要的典型示范意义。要继续解决好人民最关心、最直接、最现实的利益问题，让改革发展成果更多惠及百姓，真正实现经济社会和谐发展、人民群众安居乐业，成为一座幸福之城。

省政协副主席、省委统战部部长罗一民到如皋开展“三解三促”活动

罗一民(右四)看望少数民族困难群众　　丁松山 摄

11 月 19 日,省政协副主席、省委统战部部长罗一民到如皋市开展“三解三促”活动。南通市政协副主席、市委统战部部长殷雄及如皋市领导姜永华、李中林、司祝建、刘向阳、钱志刚参加活动。

如皋工业园区（如城街道）顾庄社区是省委统战部开展“三解三促”活动的联系点。罗一民代表省委统战部将 10 万元专项帮扶资金捐赠给该社区负责人，用于支持社区发展，帮助社区百姓解决实际困难。他在捐赠仪式上指出,到顾庄社区开展“三解三促”活动,体现了统一战线关注民生之心、造福民生之情、扶贫济困之意,旨在助推社区发展和人民群众生活改善。

随后,罗一民一行来到李荣寸、吴小珍等少数民族困难群众家里,详细了解他们日常生活情况,勉

励他们自强不息、勤劳致富，并祝他们身体健康、家庭幸福美满。罗一民一行还走访了江苏万达特种轴承有限公司、江苏神马电力股份有限公司、江苏九鼎集团等企业。江苏万达特种轴承有限公司持续加大技改投入，在严峻发展形势下保持逆势上扬的良好发展态势，产品出口到日本、美国、意大利、德国等国家。罗一民在参观了企业生产车间，听取了企业生产经营情况介绍后，鼓励企业要继续抓牢产品质量关，加大市场开拓力度，不断做大做强。江苏神马电力股份有限公司引领了全球电站设备外绝缘、输电线路领域的革命，开创了新材料电力装备全面替代传统产品的新纪元，通过技术创新推动了行业进步，生产的复合绝缘子系列产品，使电网更安全更可靠。目前，企业生产的产品已被广大国内外电力工程项目采用，受到一致好评。罗一民在听取了企业近年来发展情况后强调，神马电力坚持自主创新，不断攻坚克难，取得了较好发展业绩。他鼓励企业继续保持昂扬向上的精神状态，进一步加快发展步伐。

活动中，市委书记姜永华汇报了如皋市经济社会发展情况。他说，2014年，面对复杂多变的宏观形势，如皋市始终坚持科学发展主题、转变发展方式主线，以全面深化改革为动力，以群众路线教育实践活动为契机，牢牢把握稳中求进总基调，攻坚克难，扎实工作，在前十年持续跨越发展的基础上，继续保持了稳中有进、转型加快、民生改善、社会和谐的良好态势，主要体现在：经济运行稳中向好、转型升级成效明显、城乡环境优美宜居、社会事业率先发展、人民幸福指数不断提升。

罗一民在讲话中充分肯定了如皋市经济社会发展取得的成绩。他说，一直以来，如皋市委、市政府团结带领全市人民积极适应经济发展新常态，解放思想，奋力拼搏，经济社会实现了持续快速发展。他希望如皋市抢抓沪通城际铁路开工建设、长三角一体化、江苏沿海开发、苏南现代化示范区建设、上海自贸区建设等一系列机遇，锐意进取、开拓创新，努力实现勇当苏中全面小康领头雁的目标。

南通市市委书记丁大卫一行到如皋视察项目建设

11月20日下午，南通市市委书记丁大卫一行视察如皋市项目建设情况。南通市市委常委、市委秘书长黄巍东，如皋市市委书记姜永华，市委副书记、市长陈晓东参加视察。

丁大卫(左三)一行在森松重工视察　　黄友谊 摄

在严峻的发展形势下，森松(江苏)重工有限公司凭借核心技术优势，从同行业中脱颖而出，持续保持稳步增长的良好发展态势，产品供不应求。企业产值全年将达到8亿元，2015年有望突破10亿元。丁大卫一行深入企业生产车间,查看产品生产现场,详细了解企业生产经营情况,并对企业旺盛发展势头赞叹不已。“相比其他同行业企业,我们坚持走高端路线,以高技术含量产品赢得市场。”企业负责人向丁大卫介绍,森松(江苏)重工有限公司在扎实抓好大型压力容器产品生产的同时,进一步拓宽发展新空间,着力发展医药、海工等领域模块产品,实现了发展新突破。

按照50亿元产能定位,森松(江苏)重工有限公司坚持一手抓生产、一手抓投入,在抓好第一、二期项目生产运行的基础上,抓紧第三期项目建设。丁大卫勉励企业充分利用为南通船舶海工产业配套的优势,把握好如皋宝贵沿江岸线资源,坚持高端发展,牢牢掌握核心技术,在持续做强的基础上不断做大,努力争当行业标杆。他同时要求如皋市大力发展森松(江苏)重工有限公司此类无污染企业,做大做强高端装备制造业,进一步壮大经济总量,提高经济发展质量。

视察中,姜永华汇报了如皋市项目建设情况。他说,近年来,如皋市坚持招商引项目、技改上项目、服务促项目并举,在不断吸引优质项目落户的同时,培育做强力星钢球、九鼎集团等本土企业,经济发展后劲持续增强。丁大卫指出,如皋要抢抓沪通长江大桥建设这一重大发展机遇,充分发挥紧邻南通、上海的区位优势,强化规划引领,高效利用如皋港港口资源;要结合区域交通环境大改善,按照作为上海节点城市的定位,加快转型升级,调整优化产业结构,大力发展高附加值、低污染、低消耗的优势产业,推动经济又好又快发展。

南通市政协主席王德忠带队到如皋考察

11月25日,南通市政协主席王德忠带队来如皋,对如皋市民生工程、传统与新兴产业发展、政协工作开展进行考察。如皋市政协主席李中林,副主席黄文斌、郑振明,秘书长殷高华参加活动。

在江苏陆地方舟新能源电动汽车有限公司,王德忠饶有兴致地乘坐企业生产的纯电动公交车参观了生产车间和研发中心。当了解到企业专注自主研发、产品市场反应良好后,王德忠说,建设生态文明与发展新能源产业密不可分,如皋适时支持培育新能源产业发展,颇具远见卓识。

龙游河生态公园是如皋市着力建设的一项重要民生工程。考察中,王德忠说,这个项目体现了如皋建设者发展惠民的执政理念,如皋的健康、协调发展值得期待。

在听取如皋市政协工作汇报后,王德忠对政协工作取得的成果表示肯定,并对明年工作提出要求。他要求如皋市政协坚持围绕中心、服务大局议政建言,瞄准党的十八届四中全会的法治建设新部署、经济发展新常态、深化改革新举措、城镇建设新要求、民生保障新任务、生态建设新目标选取课题,

龙游河公园风采

创新改进调研方式方法，广泛吸纳委员、基层群众代表的意见建议，汇集成果、促进转化；要突出规范性、多样性和实效性，深入推进专题协商、对口协商、界别协商、提案办理协商等，完善协商程序，积极推进政协民主广泛、多层次发展；要务实创新政协经常性工作，确保提案工作更加注重质量、民主监督更加注重实效、收集民意更加注重时效、团结联谊更加注重帮扶；要在调动委员积极性、提升委员知识水平上下功夫，在提升专委会、政协机关工作水平和服务质量上下功夫，切实加强政协履职能力建设。

省政协主席张连珍到如皋调研青少年素质教育工作

12月3日上午，省政协主席张连珍带队到如皋调研，对如皋市努力拓展青少年素质教育平台，立足自身特色发展健康养老产业，经济发展与生态保护同步推进等给予充分肯定。南通市委书记丁大卫、政协主席王德忠及如皋市领导姜永华、陈晓东、李中林陪同调研。

张连珍（右三）在长江青少年素质教育实践基地主题馆观看展览。 黄友谊 摄

在长江青少年素质教育实践基地的市情教育馆，张连珍看着寿星风采展示墙上一张张幸福的笑脸，连连感叹，认为如皋的发展应主打健康长寿牌。姜永华告诉张连珍，健康养老产业目前是如皋市正在着力打造的新兴产业之一，今后也将作为全市重点支柱产业来谋篇布局；依托“世界长寿养生福地”这一独特品牌，如皋市将重点发展休闲旅游、长寿食品、养老养生、医疗康复、养生器械等覆盖一、二、三产业的“大健康产业”，力争到“十三五”期末全市“大健康产业”GDP占比达12%以上。展望这样的规划蓝图，张连珍连连称赞。

青少年的健康成长一直是张连珍关注的话题。一走进法制教育馆，张连珍就被展馆入口处“当官+贪财=进棺材”的反腐教育宣传语吸引。她竖起大拇指，直夸这个标语“蛮好”。张连珍指出，给青少年打“反腐疫苗”，让他们从小具有抵抗腐败的免疫力，以确保成长为健康的社会主流力量，对今后社会发展具有重要意义。在先后参观了爱国、健康、道德、环保、科普、创新等主题展馆后，张连珍说，长江青少年素质教育实践基地的建成，为如皋乃至南通、全省青少年素质教育水平的提升提供了重要平台。她要求如皋市充分用好、管好这一平台，积极主动与省关工委、团省委等部门对接，并不断增强主题展馆的艺术性、教育性、趣味性，吸引更多学生来此接受教育，确保平台发挥出最大效应。

占地1700亩的金岛生态园已经建成可容纳1200人进场活动的气膜房、会务中心、垂钓中心等生态旅游设施，全国首家海峡两岸经贸交流服务基地也在这里安营落户。放眼望去，园内林木葱郁，俨然一个清新的天然氧吧。在听取生态园的建设进展汇报后，张连珍对如皋市在生态保护方面做出的不懈努力表示肯定。她要求如皋市继续坚持经济发展与生态保护同步推进，努力使尊重自然、顺应自然、保护自然的生态文明理念成为全体市民共同的价值观念和自觉行动；同时，要基于自身优良的自然生态环境，大力开发生态旅游项目，努力在生态文明建设方面有更大作为。

活动中，姜永华向张连珍汇报了如皋市经济社会发展情况。姜永华说，2014年如皋市经济社会发展呈现总体平稳、稳中有进的良好态势，10月份荣膺"2014年中国最具幸福感县级城市"。如皋市坚持社会事业率先发展，努力办好人民满意教育，义务教育真正实现"零择校"，高考成绩位居全省前列、南通首位；筑牢医疗保险、大病补助、民政救助、慈善捐助、社会帮扶"五道医疗保障线"，有效解决了全市145万人民看得起病的问题。张连珍对如皋市经济社会发展成就表示肯定。她要求如皋市坚持科学发展主题，统筹抓好稳增长、调结构、抓改革、促和谐、惠民生各项工作，特别是要继续解决好人民最关心、最直接、最现实的利益问题，让改革发展成果更多惠及百姓。

热点聚焦

ReDian JuJiao

如皋市十一届党代表第四次会议召开

1月3日，如皋市十一届党代表第四次会议在行政中心礼堂举行。这次会议的主要任务是，学习贯彻党的十八大和十八届三中全会、中央经济工作会议以及省、南通市全委会、经济工作会议精神，回顾总结2013年工作，研究部署全年任务，动员全市各级党组织和广大干部群众进一步抢抓机遇、改革创新，求真务实、扎实工作，把勇当苏中全面小康领头雁的步子迈得更实更好。

市领导姜永华、陈晓东、谢新民、李中林、石耀、司祝建、胡拥军、吴道健、胡宏杰、马金华、蔡忠、缪小华、蒋建、刘向阳在主席台前排就座。会议由市委副书记、市长陈晓东主持。

市委书记姜永华代表中共如皋市第十一届委员会作题为《抢抓改革机遇，加快转型升级，把勇当苏中全面小康领头雁的步子迈得更实更好》的工作报告。报告共分成四个部分：一是2013年主要工作回顾，二是推动新一轮改革开好局起好步，三是扎实做好全年各项工作，四是以党的群众路线教育实践活动为契机加强党的建设。他同时强调2014年应重点抓好五个方面工作：一是更大力度保持平稳增长，进一步做大经济总量；二是更大力度推进转型升级，进一步提高发展质量；三是更大力度统筹城乡发展，进一步加强环境建设；四是更大力度加强社会建设，进一步推动发展惠民；五是更大力度建设生态文明，进一步提升环境品质。

大会听取并审议了姜永华代表市委所作的工作报告；讨论并一致通过了《中国共产党如皋市十一届代表第四次会议决议》。经济技术开发区(城北街道)、如皋工业园区(如城街道)、白蒲镇、搬经镇、市发改委、市国土资源局等镇(区、街道)及部门的负责人作大会交流发言。

会议结束前，陈晓东就贯彻落实会议精神强调，一要统一思想认识，把握总体要求。要认真贯彻落实本次会议精神，把思想认识统一到市委的决策部署上来，坚定发展信心，增强忧患意识，运用“底线”思维，善于防微虑远，牢牢把握工作主动权；要紧扣稳中求进、好中求快的要求，更好地统筹稳增长、调结构、促改革、惠民生各项工作，通过改革创新促进转型升级、结构优化和民生改善，通过提质增效促进经济的行稳致远，努力实现“稳”有定力、“调”有实效、“改”有秩序的辩证统一，促进经济社会长期持续健康发展，把勇当苏中全面小康领头雁的步子迈得更实更好。二要注重统筹兼顾，突出工作重点。要认真落实全面深化改革任务,以经济体制改革为重点,牵引和带动其他方面改革,争取在重点领域和关键环节改革上取得新突破;要促进经济增长稳定在合理区间,大力推进金融产品和服务创新,高度重视防范和化解风险隐患,巩固发展经济稳中向好的态势;要努力做好"进、退"两方面文章,继续大力推进产业结构调整;要扎实推进以人为本、提升质量为关键的新型城镇化,促进城乡发展一体化,发挥好城镇化对经济发展、社会进步、民生改善的"乘法效应"。三要按照市委工作报告要求,加强对全面深化改革和全年工作的组织领导,以开拓创新、求真务实和"钉钉子"的精神抓好各项工作落实。

如皋市政协十三届三次会议召开

1月8~11日,中国人民政治协商会议江苏省如皋市第十三届委员会第三次会议在市行政中心礼堂召开。来自全市各行各业、各条战线的政协委员肩负着光荣使命和责任相聚在此,为实现如皋市勇当苏中全面小康领头雁目标献智出力。

市政协副主席魏祝明、张亚鸾分别主持开、闭幕式。市委书记姜永华代表市委对大会召开表示热烈祝贺并讲话。

受市政协十三届委员会常委会委托,市政协主席李中林向大会作2013年度工作报告。2013年工作主要表现在五个方面:一是围绕中心,致力发展,服务大局意识日渐增强;二是关注民生,促进和谐,为民履职工作扎实推进;三是着眼创新,争创特色,协商民主主渠道作用日益凸显;四是增进共识、凝聚力量,团结民主氛围更加浓厚;五是健全机制,夯实基础,政协自身建设不断加强。

2014年市政协常委会工作的总体要求是:坚持以邓小平理论、"三个代表"重要思想和科学发展观为指导,在中共如皋市委的领导下,全面贯彻落实党的十八大和十八届三中全会精神,以推动转型升级为着力点,强化"两增加两提升"的工作衡量标准,统筹"五位一体"建设,聚焦六大重点工作,积极为促进经济持续健康发展、社会和谐稳定建言献策,以改革精神统领政协工作,不断推动协商民主广泛、多层、制度化发展,为把勇当苏中全面小康领头雁步子迈得更实更好做出新的贡献。

如何做好2014年市政协常委会工作,李中林指出,一是深入学习贯彻中共十八届三中全会《决定》精神,推动政协工作改革。政协常委会将团结带领全体政协委员,以改革精神统领全部工作,在推动政协工作改革上有新的作为。二是紧扣全市中心工作,推动科学发展。把推动科学发展作为履行职能的第一要务,始终坚持"两增加、两提升"工作衡量标准,保持与党委政府同频共振,把握大局,科学谋划。

三是高度关注民生，高度重视民生课题，深入开展民主监督，加强改进提案工作，促进社会和谐。四是倾力协调关系，做好联谊交往工作，扩大公民有序参政，加强文史资政研究，实现广泛团结。五是坚持务实创新，加强自身建设。以开展党的群众路线教育实践活动为契机，切实抓好政协机关自身建设，推动机关工作再上新台阶。

受市政协十三届委员会常委会委托，市政协副主席刘聪泉向大会报告市政协十三届二次会议以来提案工作情况。市政协十三届二次会议以来，共收到提案409件，经审查，立案383件，26件作委员来信转达有关部门研究，都已向委员反馈了处理意见。立案的提案分别送55个承办单位办理，在规定的时间已全部办复。提案所提问题已解决和正在解决的306件占74.8%，列入计划予以解决的有82件占20%，所提问题留作研究参考的13件占3.2%，因客观条件不能办理的8件占2%。承办单位实事求是向提案者作出说明。一年来，提案工作坚持“围绕中心、服务大局、提高质量、讲求实效”的方针，提案质量明显提高，提案办理方式不断创新，各项制度不断完善，提案的作用和影响力不断增强。

大会补选钱志刚为市政协十三届委员会副主席，补选许映亮、章士友为市政协十三届委员会常委；对2013年度政协活动先进集体和优秀政协委员，2013年度优秀提案和提案工作先进集体和先进个人进行了表彰。会议一致通过了市政协副主席黄文斌代表提案审查委员会所作的提案审查报告，通过了市政协2014年工作要点，一致通过了《中国人民政治协商会议如皋市第十三届委员会第三次会议决议》。

如皋市十六届人大三次会议召开

1月9~12日，如皋市第十六届人民代表大会第三次会议在市行政中心礼堂召开。大会应到代表411名，开、闭幕实到代表分别为382名、380名，符合法定人数。开、闭幕式分别由市人大常委会主任谢新民和市人大常委会副主任张勇主持。

市委副书记、市长陈晓东向大会作工作报告，总结回顾了如皋市2013年各项工作。2013年，国民经济在攻坚克难中稳步发展。全市实现地区生产总值670亿元、增长11.9%左右(可比价)。完成财政总

收入146.4亿元、增长13.4%,公共财政预算收入60.1亿元、增长12.2%。农业生产形势良好,粮食产量实现“十连增”,农业机械化和农田水利现代化水平分别达79.9%、86%,农产品出口总量全省领先;工业经济运行平稳,完成全部工业应税销售752.8亿元、增长8.77%,工业增值税17亿元、增长19.6%,总量和增幅均居南通县(市)第一;建筑业施工产值758亿元、增长25.3%;现代服务业发展提速,预计实现服务业应税销售257亿元、增长24%。转型升级在主动作为中步伐加快。产业结构不断优化,预计三次产业结构优化调整为8.7:52.3:39,高新技术产业、新兴产业产值占规模工业比重分别达41.5%、30.5%;创新能力持续增强,预计全社会研发投入占GDP的2.3%,万人发明专利拥有量达4.78件,新增授权专利1547个、有效发明专利412个;节能减排扎实开展,万元GDP能耗降幅和主要污染物减排完成全年目标任务。开发开放在抢抓机遇中持续推进。开放型经济难中求进,完成到账外资2.6亿美元,实现外贸进出口总额31.5亿美元,其中出口23.7亿美元,外经营业额2亿美元,新增服务外包执行额10.42亿元;项目建设进展顺利,完成固定资产投入391.5亿元,增长18.8%,其中工业投入261亿元,增长14.5%;载体功能加快提升,如皋经济开发区经国务院批准晋升为国家级经济技术开发区,高新技术产业开发区获批省级服务外包示范区,如皋港现代物流园建成省级服务业集聚区。城乡面貌在建管并重中日益改观。城市建设快速推进,交通建设稳步发展,小城镇建设成效明显,农村面貌持续改观。民生改善在优先保障中成效显著。10件惠民实事项目全面完成;居民收入不断提高。预计农民人均纯收入13060元、增长12%,城镇居民人均可支配收入28875元、增长11%;保障体系不断完善。社会建设在统筹协调中全面进步。

2014年政府工作总体要求是:以科学发展观为指导,深入贯彻党的十八大和十八届三中全会及中央、省经济工作会议精神,紧紧围绕市十一届党代会第四次会议和本次人代会确定的各项目标任务,牢牢把握稳中求进、好中求快的总要求,坚持以提高经济增长质量和效益为中心,以“两增加两提升”为工作衡量标准,高度聚焦六大重点,更加注重创新驱动,更加注重民生改善,更加注重自身建设,全力促进经济持续健康发展、社会和谐稳定。2014年市政府将着重抓好六个方面:一、突出转型升级,着力提升经济发展质态。二、突出开发开放,着力增强区域竞争优势。三、突出环境打造,着力建设现代宜居城市。四、突出生态文明,着力提高可持续发展水平。五、突出民生改善,着力加强和谐如皋建设。六、突出自身建设,着力转变职能改进作风。

会上,市人大常委会主任谢新民代表第十六届人大常委会向大会作工作报告。市人民法院院长吴存银作如皋市人民法院工作报告,市人民检察院检察长何强作如皋市人民检察院工作报告。

会议通过了《如皋市第十六届人民代表大会第三次会议选举办法》《关于如皋市人民政府工作报告的决议》《关于如皋市2013年国民经济、社会发展计划执行情况和2014年国民经济、社会发展计划报告的决议》《关于如皋市2013年财政预算执行情况及2014年财政预算报告的决议》《关于如皋市人大常委会工作报告的决议》《关于如皋市人民法院工作报告的决议》《关于如皋市人民检察院工作报告的决议》。

会议以无记名投票方式选举刘聪泉同志为市第十六届人大常委会副主任,景雪玲同志为市第十六届人大常委会委员。

如皋市全面贯彻落实党的群众路线教育实践活动要求

1 月 24 日上午，全省党的群众路线教育实践活动第一批总结暨第二批部署电视电话会议召开。姜永华、谢新民、李中林、石耀、司祝建、胡拥军、马金华、蔡忠、缪小华、蒋建、刘向阳等市四套班子领导在如皋市分会场收看收听。

省委书记罗志军在会上作重要讲话。他指出，深刻领会习近平总书记在党的群众路线教育实践活动第一批总结暨第二批部署会议上发表的重要讲话精神，要进一步坚定做好教育实践活动的信心和决心，更加注重发挥群众的积极性，更加注重问题导向，更加注重严格要求，更加注重衔接带动，更加注重分类指导，确保取得人民满意的实效。要强化各级领导责任，充分发挥"一把手"的示范引领作用，坚持高标准、严要求，确保活动善始善终、善做善成。要把习近平总书记讲话精神落实到教育实践活动的各项工作中，以强烈的责任感、使命感，做好第一批教育实践活动的总结工作，组织开展好第二批活动。

市委书记姜永华强调，如皋市从 20 日开始进入了党的群众路线教育实践活动阶段，要认真贯彻落实好党的群众路线教育实践活动要求，确保活动扎实开展并取得实际成效。一要提高思想认识。各级党组织要将党的群众路线教育实践活动作为 2014 年重要的一项任务，认真组织好、落实好。二要全面贯彻落实。党的群众路线教育实践活动涉及面广，从大的方面，各级党组织要解决好形式主义、官僚主义、享乐主义和奢靡之风这"四风"问题；从环节上说，要认真抓好学习教育、批评与自我批评、整改落实建章立制三个环节，全面深入贯彻落实活动要求。三要立即贯彻落实。党组织负责人、各级领导干部要深刻领会精神，立即行动起来，集中精力，严肃认真抓好活动的全面深入开展，确保取得实效。结合当前实际，特别要抓好范围内党员干部的作风建设，密切联系群众，努力做到真心实意为百姓办实事、做好事、解难事；要坚决反对"四风"，确保廉洁过年；要始终坚持科学发展，扎实推进各项工作，勇当苏中全面小康领头雁。

姜永华强调，各级党组织尤其要注重密切联系群众，帮助解决群众迫切需要解决的问题。要注重从源头排查各类矛盾，通过做细做实各项工作，有效预防和化解各类矛盾；要突出发展重点，围绕招商引资、招财引税等重点工作，加快转变工作作风，扎扎实实抓好项目建设；要围绕高质量完成全年任务的目标，从 1 月份开始狠抓落实，层层落实责任，进一步强化督查和考核，确保各项工作高效有序推进。会后，各镇(区、街道)党委、党工委，机关党组要把最近两次关于党的群众路线教育实践活动的会议要求向下做好传达，部署好当前党的群众路线教育实践活动相关工作，为实现勇当苏中全面小康领头雁目标提供坚强保证。

如皋市城区公共自行车服务网点正式投入使用

为倡导绿色出行，缓解交通压力，截至 3 月 20 日，如皋市共建成城区公共自行车服务网点 16 个，并正式投入使用。

使用公共自行车需办理自行车借车卡，有需要的市民可凭本人身份证等有效身份证明文件正本及复印件到市民服务中心二楼办卡窗口或城管执法大队一楼窗口办理自行车借车卡，办卡时需交 200 元的保证金和 50 元消费预充值。

为提倡随用随骑，骑后速还的借车方式，使用公共自行车每次在 2 小时之内免费，超过 2 小时的部分，按1元/小时收取资源占用费(不足1小时按1小时计)。租金在卡上直接扣除，余额不足时，卡自动停用，充值后可继续使用。值得注意的是，公共自行车的租用对象为16周岁以上至65周岁以下，具有熟练自行车骑行能力的需求者，凡不符合上述条件，以及醉酒者、精神病患者、智力障碍者等无法保障安全骑行的，不得租借公共自行车。

公共自行车服务网点方便出行

城区16个公共自行车借车网点分别位于：文化馆、奥体中心、大润发超市、如皋市第一中学、集贤里广场、浅水湾小区、水绘园、安定幼儿园、邮政局、文峰大世界、沃尔玛超市、中医院、博爱医院、城北市场、人民医院、安定广场。

全国老年报第23届年会在如皋市举行

6月10~11日，全国老年报第23届年会在如皋市举行。市领导姜永华、陈晓东、司祝建、杜永红参加活动。

来自全国25家老年报社负责人和记者探访了如皋市部分百岁老人，参观了如皋市城市规划展示馆、顾庄生态园、中国长寿城、博爱康复护理院等处。

市委书记姜永华在会上致辞。他介绍说，如皋位于长江入海口北岸，面积1477平方公里，现辖3个街道、11个镇、1个国家级经济技术开发区、1个省级高新区，拥有国家一类开放口岸，享有“江苏历史文化名城、中国花木盆景之都、世界长寿养生福地”的美誉。2014年以来，面对复杂多变的宏观经济形势，如皋市经济社会保持了运行平稳、转型加快、民生改善、社会和谐的良好发展态势。如皋作为地处平原地区和经济比较发达地区的世界长寿乡，长寿文化源远流长，长寿现象独具魅力。如皋的长寿现象主要得益于结构优良、滋养身心的水土资源，四季分明、生态宜居的自然环境，尊老敬老、爱老养老的社会风尚，知足常乐、健康养生的生活习惯，老有所依、老有所乐的政策环境。他强调，如皋市始终把养老服务事业和产业发展放在重要位置，不断提高养老金发放标准，大力推进公办养老机构建设，加快发展民办养老产业，积极开展尊老敬老各类活动，全市尊老爱老氛围浓厚，先后两次被评为全国老龄工作先进县(市)。他指出，随着江苏沿海开发、上海自贸区建设等国家战略的实施以及沪通城际铁路的开工建设，如皋不仅迎来了千载难逢的黄金发展机遇期，也为加快发展健康养老产业创造了良好机遇。如皋市将围绕打造悠闲养老目的地定位，充分放大长寿之乡优势，进一步加快发展健康养老事业产业，加快构建社会化养老服务体系。

市委副书记、市长陈晓东在会上作了《如皋：迈向高铁时代的长寿乡》主题推介。他指出，面对多重战略发展机遇，迈向高铁时代的长寿乡如皋，将依托现有的产业基础、历史文化、生态人居环境和交通区位等优势资源，着力构建与“世界长寿乡”相适应的健康产业体系，将如皋打造成为具有较强影响力的集健康保健、养生康复与健康旅游于一体的长三角知名健康养生基地，形成具有核心竞争力和长寿特色的健康服务聚集地。

与会人员认为，如皋作为世界长寿乡，长寿文化独具特色、内涵丰富。他们表示，将充分挖掘如皋长寿文化资源，努力宣传推介如皋的长寿文化，让更多的人认知、了解如皋的长寿现象。

直通省外首趟列车准点停靠如皋火车站

北京直达特快 Z52 次列车驶入如皋站

7 月 1 日晚 19:05 分,南通开往北京的直达特快 Z52 次列车准时停靠如皋火车站,如皋人首次在家门口坐上直通省外列车。

从 7 月 1 日开始,全国列车运行线路和停靠时刻重新进行调整,由南通往返北京、重庆北、浙江兰溪的三趟列车增停如皋火车站,如皋出省列车停靠实现“零突破”。根据上海铁路局发布的 2014 年“7·1”调整列车运行通知,南通开往北京的直达特快 Z52 次列车,到达如皋站时间是 19:05 分;北京开往南通的 Z52 次列车,到达如皋站时间是次日 7:37 分,两次列车在如皋站均停靠 3 分钟。另一条线路南通开往重庆北的 T292/3 次列车,到达如皋站时间是 13:51 分,停靠 3 分钟;重庆北开往南通的 T294/1 次列车,到达如皋站的时间是次日 8:45 分,停 4 分钟。同时浙江兰溪开往南通的特快 T7786/7 次列车,也将在如皋站停车,到达时间 20:25 分,停靠 4 分钟。12306 网站 12 日起预售车票。

Z52 次列车在如皋车站停稳,列车长走下列车,跟前来视察直通省外首趟列车停靠各项对接工作和为旅客送行的如皋市领导陈晓东、陈万圣、万维庆一一握手,一起见证这个历史性的时刻。

据了解,如皋直通北京首趟列车开通当天,在如皋站登车乘坐 Z52 次列车的旅客共有 40 多人,其中购买如皋—北京车票的有 20 多人,还有 20 多人购买的是南通—北京的车票,也在如皋登车。Z52 次列车安排给如皋的是第 4 节和第 14 节车厢。

市委副书记、市长陈晓东说,这趟列车仅仅停留短暂的 3 分钟,但是对如皋来说,却是迈向“高铁城市”关键的一步。未来还会有更多的出省列车在如皋停靠,包括向南,通过沪通长江大桥跟上海方向进行衔接,如皋将成为东部沿海铁路大通道和长江黄金水道的一个重要交汇节点城市,这样的区位优势放到世界上任何一个地方都是一种稀缺资源。随着沪通长江大桥开工建设,在未来,铁路对如皋经济社会发展的拉动作用将会越来越明显。如皋是世界长寿乡,也是一个非常好的旅游目的地城市。Z52 次列车在如皋停靠是一个新的起点,也是一个重要的节点,是如皋迈向“高铁时代“的前奏,对于如皋发展旅游业、健康产业、现代物流业等都具有举足轻重的作用。

如皋市蝉联中国公益慈善城市

8 月 16 日,第三届“中国城市公益慈善指数”发布典礼在北京举行。发布典礼上揭晓了“中国城市公益慈善百强榜”,全国 109 个城市入围百强榜,如皋市榜上有名。这是继 2012 年荣获“中国百强公益慈善城市”光荣称号之后,如皋市第二次获此殊荣。

第三届“中国城市公益慈善指数”通过对城市的社会捐赠、志愿服务、慈善组织、经济贡献、政府支持和慈善文化等六个方面29个指标的综合计算分析，对全国294个直辖市、地级市和县级市2012年至2013年间城市慈善事业发展水平进行评价和排名。样本城市涵盖我国大陆87.5%的省份、直辖市和自治区，东、中、西部均有城市参与，样本具有较强的代表性。“中国城市公益慈善指数”是由国家民政部主管的中民慈善捐助信息中心编制发布，每两年发布一次。这套对城市慈善事业发展水平进行综合监测和科学评价的指标体系，被业界形象地称为“城市爱心”。

如皋市慈善事业起步较早。一直以来，市委、市政府将慈善事业列入“文明城市”的重要内容，将每年的11月定为“爱心捐赠月”；慈善会先后策划实施了20多个济困项目，近10万贫困者受到救助；各类冠名慈善基金组织纷纷设立，扶贫济困、传递爱心；十几万志愿者服务社会、奉献爱心……形成了以“爱心邮路”为开端、“爱心基金”为基础、“爱心超市”为窗口、“爱心大使”为示范的“爱心城市”建设体系，为创建中国百强公益慈善城市打下坚实的基础。

如皋市成立红楼梦研究会

8月18日，如皋红楼梦研究会正式成立。中国红楼梦学会理事王正康及如皋市领导陈晓东、李中林、胡拥军、刘聪泉出席成立大会。

会上，市政协主席李中林与市人大常委会副主任刘聪泉共同为“如皋红楼梦研究会”揭牌。会议讨论、通过了《如皋红楼梦研究会章程》，宣布了研究会理事名单和领导机构组成人员名单。市长寿研究会会长刘桂江当选如皋红楼梦研究会会长。

据了解，如皋红楼梦研究会是由从事和热心红学研究的单位、团体、个人自愿结合组成的学术性非营利性地方社会团体，旨在以毛泽东提出的“百家争鸣、百花齐放”的“双百”方针和党的文艺路线为指导，依据国家的宪法、法律、法规和有关方针政策，倡导和发扬社会主义精神文明，开展红学研究，深入挖掘《红楼梦》深刻的思想内涵和卓越的艺术特色，探索《红楼梦》与如皋的历史文化渊源，进一步弘扬如皋历史文化，为如皋历史文化名城的城市名片增光添彩。

市委副书记、市长陈晓东在讲话中希望如皋红楼梦研究会从历史和现实的角度，秉承百家争鸣、百花齐放的态度去探究《红楼梦》，为提升如皋的文化软实力做出积极贡献。

王正康认为，《红楼梦》是中华文化集大成者，传承了中华优秀文化的主脉，是取之不尽的宝藏，具有巨大的认识价值和审美价值。如皋成立红楼梦研究会，以红会友，以《红楼梦》为精神家园，品读、欣赏、研讨，对于提高研究者自身文化品位与思想境界，提升城市文化软实力，将有不可替代的现实意义。

如皋市第十届运动会暨首届全民健身运动会隆重开幕

9月27日，市第十届运动会暨首届全民健身运动会开幕式在如皋奥体中心隆重举行。南通市体育局局长徐国祥，南通市文广新局副局长王霞，省体育局体育产业指导中心副主任周玲美，省田管中心教练、亚洲女飞人秦旺萍，市领导姜永华、陈晓东、谢新民、李中林、司祝建、胡拥军、吴道健、马金华、蔡忠、缪小华、蒋建、刘向阳等市四套班子领导以及社会各界代表、群众14000余人出席开幕式。

13时30分，入场仪式开始。武警战士和女城管队员分别护卫着鲜艳的五星红旗和会旗走进体育场。红旗方阵、鲜花方阵、锣鼓方阵、花环方阵陆续入场，紧随其后的是裁判员方阵和来自全市各镇（区、街道）、机关部门代表方阵、老年部方阵及社体部方阵。在雄壮的国歌声中，鲜艳的五星红旗冉冉升起、迎风飘扬。市委书记姜永华宣布：如皋市第十届运动会暨首届全民健身运动会开幕！

市委副书记、市长陈晓东向运动会开幕表示祝贺。他说，市委、市政府始终坚持把发展文化体育事业作为关注民生的大事来抓，持续加大体育设施投入，广泛开展全面健身活动，人民群众参与体育健身活动的积极性日益高涨，广大群众的精神文化生活日益丰富，老百姓的幸福感和满意度不断提高。他希望组委会精心组织，裁判员认真负责，运动员顽强拼搏，夺取运动成绩和精神文明双丰收，努力把本届运动会办得隆重热烈、精彩圆满。

市委常委、宣传部部长胡拥军主持开幕式。市第十届运动会暨首届全民健身运动会是如皋市历届运动会比赛项目最多、参赛人数最多的一次体育盛会，共设14个竞赛项目和16个全民健身项目，参赛人员1.2万人，比赛从3月份开始，持续至10月底结束。

开幕式上还进行了《腾江越海》大型文体表演。

如皋市十运会开幕式

如皋市举行首个烈士纪念日公祭

9月30日是全国人大常委会确定的第一个烈士纪念日，如皋市在烈士陵园隆重举行公祭活动，深切缅怀革命烈士，告慰先烈英灵。市四套班子全体领导、烈属代表、老战士代表、驻如部队官兵代表、少先队员代表及社会各界代表650多人参加活动。

上午8时30分，公祭活动在庄严的《中华人民共和国国歌》声中开始。

“在家难国殇、内忧外患的危急关头，一批又一批革命烈士为了民族解放和国家和平，英勇奋战、前仆后继。”公祭活动上，市委书记姜永华宣读了祭文。他说，如皋是革命老区，有着悠久的革命历史。从革命先驱南通地区第一个共产党员吴亚鲁；到身先士卒、浴血沙场的红十四军军长何坤、政委李超时；再到前仆后继、视死如归的8位中共如皋县委书记，对越自卫反击战中英勇牺牲的张鹏翔、袁建国等5位一等功英雄，不顾自身安危、勇救落水儿童不幸牺牲的小英雄凌伯留、孙飞等。长眠在如皋这片热土上，有姓名可考的革命先烈达3844人。烈士们用生命谱写了一曲曲可歌可泣的壮美诗篇，用一腔热血铸就了一座座不朽丰碑。

姜永华说，伟大的事业孕育伟大的精神，伟大的精神推进伟大的事业。尽管战争弥漫的硝烟早已消散，艰苦卓绝的环境渐行渐远，但先烈们矢志不渝、百折不挠的精神，犹如辽远的钟声，浑厚而悠长，又如永不熄灭的灯塔，辉映着历史的天空，把我们前行的道路照亮。

姜永华强调,缅怀革命先烈,不仅要表达崇敬之情，更要学习他们无限忠诚的高尚情怀，学习他们大无畏的牺牲精神，以英烈精神凝聚众志，积极投身于中华民族伟大复兴事业，继承革命遗志，发扬革命精神，继往开来、接续奋斗，努力创造无愧于先烈、无愧于时代的辉煌业绩，谱写好中国梦的如皋篇章。

在少先队员唱完少先队队歌《我们是共产主义接班人》后,8 名礼兵抬起花篮正步走向革命烈士纪念碑,将花篮摆放到纪念碑基座下。市领导姜永华、陈晓东、谢新民、李中林及烈士遗属代表,神情庄重地缓步走到花篮前,整理挽联。所有人员向烈士纪念碑行三鞠躬礼。

公祭活动中,参加活动的人员还祭扫了烈士墓,献上寄托哀思的白菊花。

市委副书记、市长陈晓东主持活动。

如皋港保税物流中心获批设立

10 月 13 日，如皋港保税物流中心成功通过海关总署、财政部、国家税务总局和国家外汇管理局联合审批，批准建设面积 0.35 平方公里,与码头作业区接壤,这也是江苏省 2014 年唯一一家获批的保税物流中心。

中华人民共和国海关总署
中华人民共和国财政部
国家税务总局
国家外汇管理局

署加函字〔2014〕103 号

海关总署　财政部　税务总局　外汇局关于设立河北武安等 15 个保税物流中心的批复

石家庄、太原、大连、沈阳、长春、南京、杭州、宁波、合肥、济南、黄埔、湛江、重庆、成都、西安海关，河北省、山西省、辽宁省、吉林省、江苏省、浙江省、安徽省、山东省、广东省、重庆市、四川省、陕西省财政厅、国家税务局、外汇管理分局：

石家庄、太原、大连、沈阳、长春、南京、杭州、宁波、合肥、济南、黄埔、湛江、重庆、成都和西安海关分别根据企业申请和地方政府意见上报的关于设立河北武安、山西兰花、金锦港、铁岭、吉林市、如皋港、温州、宁波镇海、蚌埠（皖北）、青岛保税港区诸城功能区、东莞清溪、湛江、重庆铁路、泸州港和陕西西咸保税物流中心（B 型）（以下简称“保税物流中心”）的请示收悉。根据国务院关于继续审批保税物流中心的批复精神和《海关总署　财政部　税务总局　外汇局关于印发保税物流中心审批

近年来,如皋市充分发挥长江经济带和中国沿海经济带节点城市的优势,不断加快开发开放步伐,建成 15 万吨级码头 2 座、5 万吨级码头 10 座、万吨级码头 9 座,海关、海事、边防、检验检疫等联检单位配套完善,外贸集装箱航线顺利开通。2014 年前三季度，如皋港安全接靠来自 30 个国家和地区的国际航行船舶 603 艘次,外贸货物吞吐量达 501.21 万吨,同比增长 22.58%。随着保税物流中心获批,如皋港一类口岸开放功能进一步完善,“一类口岸如皋港、保税物流通天下”品牌必将进一步打响。

保税物流中心是指封闭的海关监管区域并且具备口岸功能，分 A 型和 B 型两种。此次获批的如皋港保税物流中心为 B 型，是经海关批准，由中国境内一家企业法人经营，多家企业进入并从事保税仓储物流业务的海关集中监管场所。保税物流中心共有 9 大功能，即：保税仓储、国际物流配送、简单加工和增值服务、检验检测、进出口贸易和转口贸易、商品展示、物流信息处理、口岸、入物流中心出口退税。

如皋市举办"一会两节"以寿为媒 以绿为介 搭建"营销城市"平台

10月28日~11月2日,如皋市举办"第十二届中国·如皋沿江经济洽谈会""第七届如皋·中国长寿文化节""第八届中国(如皋)花木盆景艺术节"活动。此次会节的主题为"开发、开放",会节提倡"清新、震撼、务实、节俭",主旨延续文化搭台,经济唱戏的方针,以文化带动经济发展。会节共吸引了1200多名嘉宾参加,规模空前,为历史之最。会节期间,主要举行了开幕式、项目集中签约、重大项目集中开工、高铁时代下的如皋城市转型升级信息发布会、首届中国长寿农产品博览会、首届"中国杯"盆景大赛、百对金婚夫妇庆典、新能源汽车产业对接交流会、中国长寿基金首发启动仪式、光电产业专家对接座谈会、长江镇(如皋港区)现代物流产业发展招商推介会、高新区(城南街道)海峡两岸软件与信息服务业年度峰会等系列活动,让更多有识之士走进如皋、了解如皋、选择如皋、投资如皋。

"一会两节"取得圆满成功,成果喜人。

2014年沿江经济洽谈会,共签订投资意向、投资协议56个,投资总额191亿元,其中内资146亿元,外资7.35亿美元。投资意向21个,投资总额74.8亿元,投资协议35个,总额116.2亿元。

在2014年的"两节"活动中,如皋分别与中国农产品流通经纪人协会、中国花卉协会这两大国家级行业协会合作,分别由这两家"国家队"主办中国首届长寿农产品博览会、首届"中国杯"盆景大赛。

在中国首届长寿农产品博览会活动中,来自全国各地的40多家长寿之乡的农产品在如皋进行集中展示、展销。其间,还举办了"双重阳"中国首届长寿农产品网购节活动,成立了"中国长寿之乡互助联盟"。

首届"中国杯"盆景大赛则吸引了来自全国16个盆景主产省份、60多名盆景爱好者的400多盆精品盆景参赛。活动期间,还举行了中国花卉协会盆景分会成立仪式,该分会会址设立于如皋。它的设立,对我国盆景产业的发展将产生重要影响。

"百名院士专家如皋行"活动是如皋本届"一会两节"借力外脑的一个亮点。活动中,通过精心策划,如皋市推出了光电产业专家对接座谈会、高端人才项目集中签约仪式、金岛生态园院士工作站揭牌等系列活动。

作家王蒙做客如皋东皋大讲坛

10月30日，文化部原部长、作家王蒙做客如皋东皋大讲坛，带来题为“文学与人生”的精彩演讲。他认为，文学源于生活，文学帮助我们发现生活，文学让我们关注、滋养自己的内心，充实自己的生活。

现已80岁高龄的王蒙，在近两个小时的演讲及与观众互动全程不用讲稿。他不仅谈了文学对他一生的影响，而且列举了古今中外大量的事例，说明文学的重要性。他认为，尽管国内外对文学的起源有不同的认识，但有一点是确定的，就是生活中处处会出现文学，处处会出现文学的契机和文学的需要。我们对生活的体验、热爱、兴趣和趣味离不开文学。

王蒙的演讲深入浅出，形象生动。朱自清的散文《匆匆》，徐志摩的爱情诗《偶然》，以及《史记》《三国演义》《红楼梦》中的大段文字他都能信口背出来，雨果、福楼拜、陀思妥耶夫斯基、杜鲁门·卡波特等作家的作品也信手拈来，滔滔不绝。

《青春万岁》是王蒙的处女作，在这部小说中，他大量运用抒情笔法，表现了新中国成立之初，那个特殊的年代赋予青年人的热情。《青春万岁》影响了一代年轻人。在与观众互动阶段，王蒙谈及他的《青春万岁》与当下以韩寒、郭敬明等为代表的青春文学的异同。

王蒙说，我们那代人赶上了历史大变革，看到了新中国百废待兴，作品充满阳光的底色，每天都有一种节日的感觉，一切都在凯歌中行进，但表达方式上也流于简单化，主要表达的是一种爱国的热情和青春的激情。现在物质的、生产的格局发展很快，但精神的格局还有些模糊。现在的青春文学更多表现对物质的追逐、精神的自嘲。

王蒙说，我很欣赏老舍话剧《茶馆》里的台词：“年轻的时候有牙没花生仁，老了以后有花生仁没牙。”当今的青春文学是牙口很好的文学，但还需要更多的花生仁。

习近平总书记10月15日上午在北京主持召开文艺工作座谈会并发表重要讲话。作为参会的文艺工作者，王蒙对习近平总书记的讲话深有感触。

王蒙说，习近平总书记在文艺工作座谈会上讲道：“艺术的最高境界就是让人动心，让人们的灵魂经受洗礼，让人们发现自然的美、生活的美、心灵的美。”王蒙认为，党中央把文艺工作的繁荣发展视为中华民族伟大复兴的一个不可或缺的部分，这标志着党对文学艺术规律的把握，对实现中华民族文艺复兴梦的认识，达到了一个新的高度。

王蒙说，党中央对文艺作品的质量、思想的深度有更高的期待，这也是广大文艺工作者的心声。王蒙认为，包括如皋在内的南通地区历史文化深厚，文艺人才辈出，地方党委、政府重视文化建设和文艺工作者，期待这里文学艺术领域更加活跃，出现一批更好的作品。

大美如皋

如皋市位列第十四届全国县域经济与县域基本竞争力百强县排行榜第28名

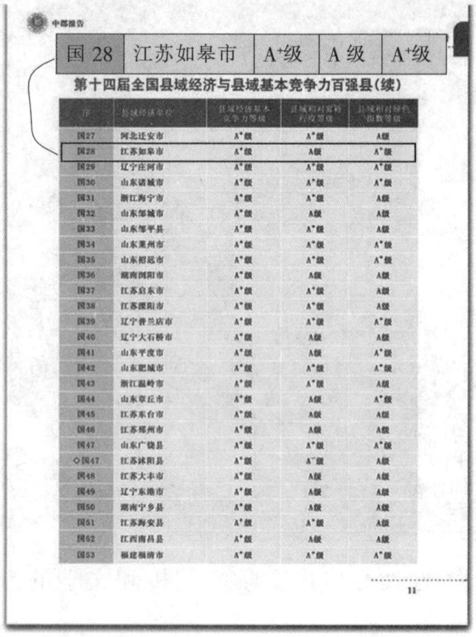

中郡报告

国28	江苏如皋市	A^+级	A级	A^+级

第十四届全国县域经济与县域基本竞争力百强县(续)

序	县域经济单位	县域经济基本竞争力等级	[illegible]	[illegible]
国27	河北迁安市	A^+级	A^+级	A级
国28	江苏如皋市	A^+级	A级	A^+级
国29	辽宁庄河市	A^+级	A^+级	A^+级
国30	山东诸城市	A^+级	A^+级	A^+级
国31	浙江海宁市	A^+级	A^+级	A级
国32	山东邹城市	A^+级	A级	A级
国33	山东邹平县	A^+级	A^+级	A级
国34	山东莱州市	A^+级	A^+级	A^+级
国35	山东招远市	A^+级	A^+级	A^+级
国36	湖南浏阳市	A^+级	A级	A级
国37	江苏启东市	A^+级	A^+级	A级
国38	江苏溧阳市	A^+级	A^+级	A级
国39	辽宁普兰店市	A^+级	A^+级	A^+级
国40	辽宁大石桥市	A^+级	A级	A级
国41	山东平度市	A^+级	A级	A^+级
国42	山东肥城市	A^+级	A^+级	A^+级
国43	浙江温岭市	A^+级	A^+级	A级
国44	山东章丘市	A^+级	A级	A^+级
国45	江苏东台市	A^+级	A级	A级
国46	江苏邳州市	A^+级	A级	A级
国47	山东广饶县	A^+级	A^+级	A^+级
◇国47	江苏沭阳县	A^+级	A^+级	A级
国48	江苏大丰市	A^+级	A级	A级
国49	辽宁东港市	A^+级	A级	A级
国50	湖南宁乡县	A^+级	A级	A级
国51	江苏海安县	A^+级	A^+级	A级
国52	江西南昌县	A^+级	A级	A级
国53	福建福清市	A^+级	A^+级	A^+级

11

11月1日，社会智库中郡研究所发布2014年度县域经济发展报告，同时公布了第十四届全国县域经济与县域基本竞争力百强县名单，南通海门、如皋、启东、海安、如东五县市全部上榜。其中海门第23位，如皋第28位，启东第37位，海安第51位，如东第58位。

县域经济基本竞争力评价，是以县域为系统，采用公开的、基本的、综合的、可比的县域经济数据来进行综合评价，评价对象范围有针对性，评价结果有导向性，评价工作有可行性和连续性，为县域经济发展提供参考信息。2014年度县域经济发展报告以“增强县域经济内生动力”为主题，突出居民收入、节能减排、绿色发展和科技进步等县域经济质量，强化了社会安定、安全生产、环境保护和县域领导等县域科学发展评价的约束。

如皋盆景技艺入选国家级非物质文化遗产代表性项目名录

造型独特的如皋盆景

11月11日，中国政府网发布了《国务院关于公布第四批国家级非物质文化遗产代表性项目名录的通知》，如皋市的盆景技艺(如皋盆景)入选国务院公布的国家级非物质文化遗产代表性项目名录之扩展项目名录。

据了解,江苏省有18个项目入选第四批国家级非遗公示名单,包含了7大类别,其中民间文学2项、传统音乐3项、传统舞蹈1项、传统美术3项、传统技艺3项、传统医药2项、民俗4项。如皋盆景技艺(如皋盆景)入选传统美术。

如皋盆景起始于北宋，发展于明清,成熟于20世纪末。它是以本土所生小叶罗汉松为最佳材料,经过上盆、蟠扎、排片等工序,再经过长时间的“技压”和“养”护,形成“S”状的造型艺术品。如皋盆景俗称“两弯半”,主杆造型成“S”状,左边三片,右边三片,背面三片,互生有致。其造型特点主要表现在巧“拙根”、蟠“骨架”、绣“云片”。如皋盆景陈设方式也很独特,常见者互成一对,或以3、5、7、9等不同奇数组合。

20世纪80年代以来,如皋盆景有600多件代表作在国内外荣获大奖。1985年,如皋的古柏盆景“蛟龙穿云”、两弯半罗汉松“高龙腾飞”及大型五针松“仓复南山”获得全国盆景评比展览一、二、三等奖;1986年,一盆如皋罗汉松盆景在第十八届国际花卉博览会上荣获金奖,成为中国在国际盆景赛事上的第一块金牌;1992年,在第十届西欧园艺大赛中,如皋选送的盆景再次获得一金三银三铜的好成绩。中南海、毛主席纪念堂等场所都能见到如皋盆景的绰约风姿。如皋每年都有近10万盆盆景销往荷兰、法国等10多个国家和地区,已成为华东地区最大的花木盆景出口基地。

如皋市妇女第十五次代表大会召开

11月11~12日,如皋市妇女第十五次代表大会召开,全市各界妇女代表欢聚一堂,共商发展大计。南通市妇联主席钱锁梅,姜永华、谢新民、李中林、司祝建、蒋建、茅红宇等如皋市四套班子领导出席会议。

市领导向“三八”红旗手颁奖

会议全面总结九年来全市妇女工作的成绩和经验,部署今后五年全市妇女事业发展的目标和任务,对于进一步团结动员全市广大妇女在建设全面小康的伟大实践中建功立业,实现妇女事业科学发展、持续发展具有十分重要的意义。

市妇女第十四次代表大会召开以来的九年,是如皋市广大妇女创造新业绩、做出新贡献的九年;是妇联组织凝聚力、战斗力和影响力显著增强的九年;也是妇女工作科学发展、妇女儿童得到更多实惠的九年。九年来,党政重视,社会协同,妇女儿童事业发展环境进一步优化;围绕中心,服务大局,妇女“半边天”作用进一步增强;准确定位,主动作为,妇女参与共建和谐的工作特色进一步彰显;夯实基础,优化发展,妇联组织自身建设进一步加强。如皋市被评为江苏省“平安家庭”创建活动示范县(市)、实施“十一五”妇女儿童发展规划省级示范县(市、区)。

未来五年,如皋市妇女儿童工作将以中共十八大,十八届三中、四中全会精神为指导,贯彻落实男女平等基本国策,扎实推进实施妇女儿童发展规划,切实履行党赋予妇联的组织妇女、引导妇女、服务妇女、维护妇女合法权益的职责,团结、凝聚、动员全市妇女共铸理想信念、共促科学发展、共建平安如皋、共创幸福生活,为勇当苏中全面小康领头雁、谱写好中国梦的如皋新篇章贡献智慧和力量。内强素质,外树形象,助推妇女成长成才;优化环境,加强服务,引领妇女创新创业;加强保障,改善民生,整合资源,维权维稳;健全机制,创新载体,促进家庭和谐美满;固本强基,创先争优,夯实妇联基层基础。

市委书记姜永华在会上讲话。他指出,当前及今后一段时期,是如皋市全面深化改革、加快转型升级、建设全面小康的关键时期，全市妇女要把握机遇，牢记使命，胸怀全局，自强不息，以巾帼不让须眉之志，在建设全面小康的伟大实践中撑起半边天。

姜永华强调，全市各级妇联要牢记使命、认真履职、敢于担当，真正成为党开展妇女工作的坚强阵地和妇女群众信赖的温暖之家，始终坚持围绕中心、服务大局；始终坚持服务妇女、维护权益；始终坚持改革创新、奋勇争先。全社会要热情支持妇女的进步与发展，主动为妇女接受教育、就业创业、参政议政提供平等机会，形成人人重视妇女事业、人人尊重妇女地位、人人维护妇女权益的良好社会环境。会议通过了市妇联十五届执行委员会第一次会议选举办法，通过了大会工作报告决议，并选举产生新一届市妇联领导班子，王桂兰同志当选妇联十五届主席。

会议还对一批“三八”红旗手和“三八”红旗集体进行了表彰。

如皋市档案馆晋升国家二级档案馆

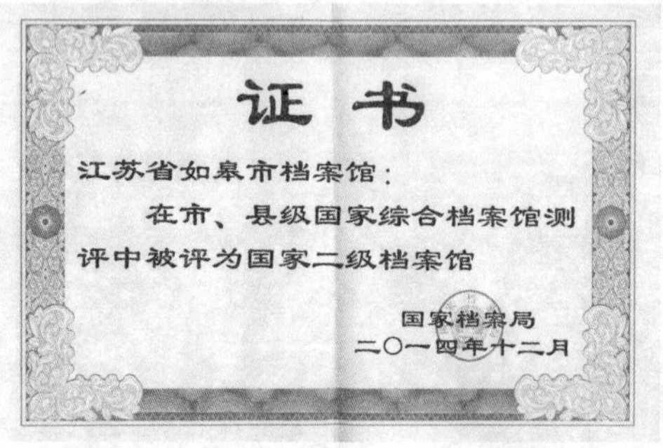
证书

江苏省如皋市档案馆：

在市、县级国家综合档案馆测评中被评为国家二级档案馆

国家档案局

二〇一四年十二月

12 月 12 日，如皋市档案馆经国家档案局批准，正式晋升为国家二级档案馆。

11 月 18 日，受国家档案局委托，由江苏省档案局副局长项瑞荃带队的测评组对如皋市档案馆国家二级档案馆创建工作进行测评验收。如皋市档案馆以 89.8 的高分顺利通过测评验收。市领导胡拥军、缪爱诚参加活动。

一直以来，如皋市委、市政府十分重视档案工作，把档案事业列入全市国民经济和社会发展总体规划，确保与全市经济同步推进、协调发展。2011 年以来，市档案馆每年投入 65 万元用于馆藏档案的保护、数字化工作；投入 280 多万元配备了档案密集架、防磁柜、电子防潮柜、消毒机等设施设备；投入 80 多万元启动数字档案馆建设工程，初步形成了环境优美、设备优良、软硬件配套的现代化档案馆。

测评组通过听取汇报、实地查看、现场咨询等方式进行综合评议后，一致同意如皋市档案馆晋升

新落成的档案馆大楼

为国家二级档案馆。测评组认为如皋市委、市政府对档案工作高度重视，为档案事业健康发展提供了良好的条件；认为如皋市档案馆重视档案资源建设，在政府信息公开、信息化建设、服务功能建设等方面取得了良好成效。同时，测评组也希望如皋市档案馆以此次测评为新的起点，巩固取得的成果，继续加大投入，进一步加大档案信息化和数字档案馆建设，提高档案服务水平，为广大人民提供优质档案服务。

如皋荣获“全国文化先进县”称号

12月18日，由文化部、人力资源社会保障部举行的全国文化先进单位、全国文化系统先进集体、先进工作者和劳动模范表彰（以下简称“三先”表彰）活动，公布了全国文化先进单位（文化先进县、市、区）表彰名单，江苏省共有5个县（市、区）上榜，如皋榜上有名，荣获“全国文化先进县”称号。

“三先”表彰是文化系统最高政府表彰，每五年一届，由文化部主办，从全国范围内评选表彰在文化建设中取得突出成绩的文化先进单位（文化先进县、市、区）。此届活动中，98个“全国文化先进单位”、150个“全国文化系统先进集体”、252名“全国文化系统先进工作者”、6名“全国文化系统劳动模范”受到表彰。如皋是此次评选中南通唯一被列入全国文化先进单位表彰名单的县市。

一直以来，如皋瞄准文化强市建设目标，以“文化发展为了人民、文化发展依靠人民、文化发展成果由人民共享”引领文化科学发展，大力加强现代公共文化服务体系建设，文化基础设施配套完善，城乡文化空前繁荣，人民群众的基本文化权益得到充分保障。

如皋市先后投入2.8亿元建成3.8万多平方米的全省乃至全国一流的文化馆、图书馆和博物馆，全市14个镇（区、街道）基本建成5000平方米文化中心和40亩文体广场，332个村（社区）基本完成200平方米文化活动室和3亩文体广场的建设目标，农家书屋和文化信息资源共享工程实现了100%全覆盖。直属文化单位周周有安排、天天有活动，文化广场人气爆满，广受群众好评；为实现公共文化服务均等化，先后开展了送戏进城、广场舞大赛、镇镇结亲、文化串门等城乡文化互动活动；同时开展“四送”活动，平均每年送戏50多场，送电影50场，送图书2.5万册，送展览50场；组织开展“文化企业行、社区行”“乐一天”农民艺术节等活动，丰富了城乡居民的精神文化生活。

坚持不懈的努力也使如皋收获了荣誉，先后被评为“江苏省公共文化服务体系示范区”“江苏省文化先进县(市)”“江苏省历史文化名城”等，全市文化影响力持续扩大，率先在全国构建了“一流的文化阵地、一流的文化供给、一流的文化产业、一流的文化治理、一流的文化人才”五个“一流”的县市级文化大发展大繁荣的“如皋格局”。

如皋市卫生和计划生育委员会成立

12月22日,如皋市召开卫生和计划生育委员会成立大会,对原卫生局、人口和计划生育委员会改革工作进行动员部署。市领导胡拥军、缪爱诚出席会议。

根据中央、省和南通市推进政府机构改革的统一部署,市委、市政府决定撤销原如皋市卫生局、如皋市人口和计划生育委员会,组建如皋市卫生和计划生育委员会。

市委常委、宣传部长胡拥军指出,组建市卫生和计划生育委员会,有利于整合资源,有利于提高效率,对促进卫生计生工作健康发展具有重要意义,两部门合并后,要发挥出“一加一大于二”的作用,切实提升公共卫生服务水平。他强调,卫生计生委全体干部职工要强化三个认识,即认识到合并是资源的整合优化,认识到合并意味着责任更加重大,认识到合并的关键在于班子和干部。合并后要做好两大工作,一是配合制定好“三定”(定机构、定编制、定职能)方案,二是继续做好当前的业务工作。卫生计生委全体干部要认真学习,真抓实干,尽快融合,廉洁自律,为如皋市卫生和计划生育事业发展做出更大贡献。

会议还宣读了《关于如皋市卫生和计划生育委员会领导班子成员的任命决定》。

如皋市组建市场监督管理局 切实加强市场监管体系建设

12月22日,市场监督管理局全体干部职工大会召开,对原工商、质监、食药监系统机构改革工作进行动员部署。市领导吴道健、缪小华、陆雪松出席会议。

根据中央、省、市的统一部署,如皋市将工商、质监、食药监合并,组建市场监督管理局。这是贯彻落实中央和省、市体制改革重大部署的具体行动,是全面深化改革的关键环节,是转变政府职能的重要突破口,也是加强市场监督管理体系建设的迫切需要。

市委常委、常务副市长吴道健强调,要齐心协力把机构组建好、把队伍建设好、把职能履行好,为新局开好头、起好步打下坚实基础,让人民群众尽早看到改革的成效,树立展示市场监督系统的崭新形象。他要求强化领导,精心组织实施;明确责任,严格遵守纪律;转变作风,规范各项管理。要正思想强认识,自觉服从工作需要和组织安排,做到在思想上不分神、工作上不松劲、环节上不断档、监管上不出事、纪律上不越线,以甘于吃苦、有为才有位的精神状态去争创一流的工作业绩;要讲团结顾大局,努力构建文明和谐的机关工作氛围,形成人人想干事、能干事、干成事的良好环境;要讲学习钻业务,认真学习政治理论、法律法规、监管业务,不断提升市场监管能力和执法水平。

新闻人物

XinWen RenWu

党 政 领 导

刘聪泉当选如皋市人大常委会副主任

1月12日，如皋市第十六届人民代表大会第三次会议选举刘聪泉同志为如皋市第十六届人民代表大会常务委员会副主任。

刘聪泉，男，汉族，1956年4月生，江苏如皋人，大专文化程度，1986年8月加入中国共产党，1972年3月参加工作。

1972年3月~1978年2月，在解放军3102厂工作；

1978年2月~1980年9月，在华中师范学院历史系学习；

1980年9月~1982年7月，在湖南岳阳师范专科学校（湖南理工学院）政史专业学习；

1982年7月~1985年10月，任湖南岳阳师范专科学校（湖南理工学院）政史系教师（其间：1983年7月~1984年7月，在高教部中国古典文献研究班脱产学习）；

1985年10月~1989年12月，任如皋县党史办助理秘书、县文联秘书；

1989年12月~1990年3月，任如皋县委宣传部宣传科指导员；

1990年3月~1992年11月，在南通市委组织部工作；

1992年11月~1993年9月，任南通市委组织部副科级组织员；

1993年9月~1998年2月，任如皋市委组织员办公室主任（副科级）；

1998年2月~2001年10月，任如皋市委办公室副主任（2000年4月明确正科级）；

2001年10月~2003年2月，任如皋市委办公室副主任、市委研究室主任；

2003年2月~2005年12月，任如皋市委办公室主任、市委研究室主任；

2005年12月~2006年1月，任如皋市委统战部部长；

2006年1月~2007年1月，任如皋市政协党组成员、市委统战部部长；

2007年1月~2007年12月，任如皋市政协副主席、党组成员，市委统战部部长；

2007年12月~2013年12月，任如皋市政协副主席、党组成员；

2013年12月~2014年1月，任如皋市政协副主席、党组成员，市人大常委会副主任候选人；

2014年1月至今，任如皋市人大常委会副主任。

钱志刚当选如皋市政协副主席、党组成员

1月11日,政协如皋市第十三届委员会第三次会议闭幕,补选钱志刚为市政协十三届委员会副主席。

钱志刚,男,汉族,江苏如皋人,1962年3月生,大学文化程度,1990年6月加入中国共产党,现任如皋市政协副主席、党组成员,市委统战部部长。

1982年9月~1984年7月,在淮阴市财经学校农业财务专业学习;

1984年7月~1986年1月,为如东县委农工部办事员;

1986年1月~1988年7月,为如皋县委农工部办事员;

1988年7月~1991年1月,在江苏农学院经济贸易系现代农业管理专业学习;

1991年1月~1992年5月,任如皋县委农工部指导员;

1992年5月~1995年2月,任如皋县(市)委农工部秘书;

1995年2月~1995年11月,任如皋市委农工部部长助理,其间,1995年3月~1995年11月,任如皋市丁堰镇党委副书记(任实职);

1995年11月~1996年3月,任如皋市磨头镇党委副书记;

1996年3月~1998年2月,任如皋市磨头镇党委副书记、镇长;

1998年2月~2001年10月,任如皋市委农工部副部长;

2001年10月~2002年11月,任如皋市委农村工作办公室副主任;

2002年11月~2004年5月,任如皋市级机关党工委书记;

2004年5月~2006年12月,任如皋市文化局局长、党组书记,其间,2002年9月~2004年12月,在江苏省委党校经济管理专业学习,取得大学学历;

2006年12月~2008年12月,任如皋市委宣传部副部长,市文化局局长、党组书记

2008年12月~2013年7月,任如皋市政府党组成员,市政府办主任、党组书记;

2013年7月~2013年12月,任如皋市政府党组成员、市政协党组成员,市政府办主任、党组书记,市委统战部部长;

2013年12月~2014年1月,任如皋市政协党组成员、副主席候选人、市委统战部部长;

2014年1月至今,任如皋市政协副主席、党组成员,市委统战部部长。

南通市第十一次党代会代表;政协南通市第十一届委员会委员;中共如皋市第十一届委员会委员;如皋市第十四届人大代表、人大常委会委员;政协如皋市第十三届委员会委员。

秦智坤任如皋市人民政府副市长(挂职)

5月27日,如皋市第十六届人大常委会第二十四次会议召开二次会议,新任命秦智坤为如皋市人民政府副市长(挂职)。

秦智坤,男,土家族,1971年10月出生,贵州石阡人,1991年6月加入中国共产党,1989年7月参加工作,大学学历。

1986年9月~1989年7月,在贵州省黔东南民族行政管理学校行政管理专业学习;

1989年7月~1991年1月,贵州省石阡县龙塘区川岩坝乡政府工作人员;

1991年1月~1992年10月,任贵州省石阡县龙塘区川岩坝乡政府副乡长;

1992年10月~1995年11月,任贵州省石阡县龙塘镇政府办公室主任、副镇长;

1995年11月~1998年4月,任贵州省石阡县枫香仡佬族侗族乡党委副书记、纪委书记;

1998年4月~1998年12月,任贵州省石阡县甘溪仡佬族侗族乡党委副书记、纪委书记;

1999年1月~2001年11月,任贵州省石阡县甘溪仡佬族侗族乡党委副书记、乡长(其间:1996年9月~1999年7月在贵州省委党校行政管理函授大专班学习);

2001年11月~2003年7月,任贵州省石阡县龙井仡佬族侗族乡党委书记,其间,2000年9月~2003年1月在贵州省委党校法律专业函授本科班学习;

2003年7月~2006年11月,任贵州省石阡县纪委副书记、监察局局长;

2006年11月~2010年3月,任贵州省江口县委常委、纪委书记,其间,2007年9月至2008年1月在贵州省委党校中青班学习;

2010年3月~2012年7月,任贵州省江口县委常委、副县长(分管常务工作);

2012年7月~2014年5月,任贵州省沿河土家族自治县县委常委、副县长(分管常务工作);

2014年5月起,任如皋市人民政府副市长(挂职)。

张辉任如皋市人民政府副市长(挂职)

9 月 23 日，如皋市第十六届人大常委会召开第二十七次会议,任命张辉为市人民政府副市长(挂职)。

张辉,男,汉族,1974 年 12 月出生,江苏宜兴人,1999 年 7 月加入中国共产党,1995 年 6 月参加工作,研究生学历。

1995 年 8 月~1996 年 6 月,任江苏省计量测试技术研究院助理工程师;

1996 年 8 月~1998 年 9 月,借调江苏省技术监督局工作;

1998 年 9 月~2000 年 11 月，任江苏省科学技术委员会副主任科员;

2000 年 11 月~2007 年 7 月,任江苏省科学技术厅主任科员;

2007 年 7 月~2014 年 8 月,任江苏省科学技术厅副调研员;

2014 年 8 月~2014 年 9 月,任江苏省第七批“科技镇长团”如皋团团长;

2014 年 9 月起,任如皋市人民政府副市长(挂职)、江苏省第七批“科技镇长团”如皋团团长。

姜业奎任如皋市人民政府副市长(挂职)

12 月 25 日人民网南通电，从农业部下派江苏如皋挂职的副市长姜业奎到任。

姜业奎,男,汉族,1982 年 7 月出生,江苏仪征人,硕士研究生学历。

2007 年 8 月~2012 年 5 月，任江苏省政府办公厅副主任科员、主任科员。

2012 年 5 月~2014 年 11 月,任农业部办公厅主任科员。

2014 年 11 月,任农业部财务司综合处副调研员。

2014 年 12 月,任如皋市人民政府副市长(挂职)。

楷模典范

如皋民警戴红梅当选 1 月份“孝老爱亲”类中国好人

1 月 10 日，由中央文明办主办、中国文明网承办的“我推荐、我评议身边好人”活动中，如皋民警戴红梅当选“孝老爱亲”类中国好人。

戴红梅，女，1968 年 4 月生，中共党员，江苏省如皋市公安局迎春派出所副所长、如城街道宏坝社区民警。

在和谐家庭的建设中，戴红梅孝老爱亲、相夫教女，用柔弱的双肩撑起了寒酸温馨的“小家”。戴红梅的母亲、公公和婆婆在 4 年内先后患上癌症，家庭几乎陷入绝境。她用执著和坚强，精心侍奉年迈的老人，用真挚无私的孝心，为 3 名患癌亲人重新扬起生活的风帆。

同时，身为如皋市公安局迎春派出所副所长，她又为辖区 5600 多户家庭、近两万人口营造了一个和谐平安的“大家”。在 23 年的警营生涯里，她感知冷暖、情系百姓，始终奋战在公安基层一线，先后荣立个人三等功 4 次，被评选为如皋公安“十佳民警”、南通公安“岗位标兵能手”、“优秀共产党员——三德楷模”、政法系统“人民满意政法干警”、江苏省“优秀社区民警”，所在的警务室被南通市公安局评为“优秀示范警务室”，被江苏省公安厅命名为“一级警务室”。

司法部追授刘荣贵一级英模荣誉称号

8 月 22 日，司法部下发决定，追授原如皋市江安镇司法所所长刘荣贵全国司法行政系统一级英模荣誉称号，并号召全国司法行政广大干警和法律服务工作者向刘荣贵学习。

刘荣贵在基层司法所工作 29 年，在平凡的岗位上做出了不平凡的业绩。先后被表彰为市首届“十佳和谐卫士”、南通市“创先争优”优秀共产党员、江苏省优秀人民调解员，并荣获个人三等功 2 次。他所在的江安镇司法所人民调解、法治宣传等基层民主法治建设成绩突出，获得江苏省规范化司法所、优秀司法所等 49 项荣誉。2014 年 1 月 8 日晚，在前往企业商讨筹建同业商会调委会、法律援助工作站途中，他遭遇交通事故不幸去世，终年 57 岁。

周宝生荣获“中华慈善突出贡献(个人)奖”

9月3日，中华慈善总会下发《关于第二届“中华慈善突出贡献奖”的表彰决定》，授予如皋市慈善基金会理事长周宝生“中华慈善突出贡献(个人)奖”。

2014年，“中华慈善奖”在评选方法上有了重大改革。首先是拉长了评奖周期，压缩了表彰名额，提高了“中华慈善奖”的门槛。评奖周期由过去的一年一次改成两年一次，同时，不再设置固定的奖项，而是结合每次评选时当下的政府工作以及具体的社会慈善发展的具体需求来确定。另外还突出了社会参与，比如对每个入选名单要开展网络投票等。

2002年起，周宝生就任如皋市慈善会会长一职，当时他刚刚做完食道癌切除手术，还在恢复期。十几年来，在他的努力下，如皋市慈善基金会在募集善款、实施救助、内部管理、公开透明等方面，都取得较为显著的成绩。2011年，如皋市慈善基金会荣获AAA级资信等级；2012年、2014年，如皋市被评为中国百强公益慈善城市；2013年、2014年，市慈善基金会蝉联中国慈善透明“卓越组织”称号；周宝生本人继2013年荣获江苏省“优秀慈善工作者”称号后，2014年又荣获“中华慈善突出贡献(个人)奖”。

旅外精英

如皋籍科学家石明松与袁隆平等共获“2013年国家科学技术奖特等奖”

石明松进行水稻营养实验

1月10日，北京人民大会堂，“两系法杂交水稻技术”获颁2013年国家科学技术奖特等奖。在50个获奖人名单中，如皋籍科学家石明松仅次于袁隆平，排第二。

石明松1959年毕业于湖北荆州农校，后分配至湖北省沔阳县(现仙桃市)从事农业技术推广等工作。1973年秋天，年仅35岁的他在农垦58晚粳中发现了“3株雄性不育株”。发现3株水稻的第二年，他利用自然结实的种子种植了48株，有雄性不育、可育两种类型。此后6年，他对不育株进行测交和回交时发现，不育株的再生分蘖上能自交结实，分期播种的结果表明育性与光照长度有关。由此，他提出了水稻育种的全新设想：在长日高温下制种，在短日低温下繁殖，一系两用。划时代的“两系法杂交水稻技术”由此开端。这一发现和设想震惊了业界，被称为“世界领先的顶级发现”。1982年，他的研究课题被列入湖北省科技重点项目。经过与湖北省农科院、武汉大学和华中农学院育种专家历时3年的共同研究实验，石明松找到了水稻遗传机理的“钥匙”：

光敏感核不育水稻既能育性转换，且具有杂交广谱性，可与其他常规品种杂交，又可利用其可育特性进行轮回选择，培育出优质、高产、多抗新品种。1985 年 10 月，原农牧渔业部、中国农科院以及省内外 50 多位专家在对项目进行鉴定时认为，这是我国水稻史上继矮化育种、杂交三系成功后的第三次重大发现，树立起水稻杂交史上一个新的丰碑。石明松因此接连荣获“全国五一劳动奖章”“国家有突出贡献中青年专家”等荣誉。1996 年 12 月，两系杂交水稻研制被列为年度“中国十大科技新闻”之首。1988 年 1 月中旬，年仅 50 岁的石明松在武昌参加学术会议期间不慎意外触电身亡，成为我国农业科研领域的一大遗憾。

邹帼获得“2014 年度中国小童星最美心灵奖”

3 月23 日，中澳友谊小天使邹帼获得“2014 年度中国小童星最美心灵奖”。当日，由“中国综艺文化周”组委会和中国对外友好合作服务中心主办的 2014“中国小童星”文艺竞演活动，在北京梅地亚金色大厅举办。该活动贯穿全年，开设华北、东北、华南、华东、西南及海外赛区，活动包括全国百城海选、北京综艺培训营、录制真人秀节目和中国小童星总决赛、演唱会及走出国门走向世界六大部分。

现年 7 岁的邹帼，就读于江苏省如皋师范附属小学一年级，是澳大利亚永久居民。2010 年 8 月 30 日，邹帼回国开始学习东方文化 。2011 年 10 月 25 日，邹帼顺利通过中央电视台少儿频道《快乐大巴》栏目组的考核，参演节目。 2012 年 1 月 1 日，邹帼在中国北京参加《2012 锦绣前程青少儿喜乐慈善晚会》，表演《虫儿飞》等节目，并获“锦绣前程公益小天使”荣誉称号。同年 6 月 5 日，邹帼顺利获得由中共中央宣传部、中央文明办提名为“中国好人”的候选人资格。7 月 14 日，邹帼在澳大利亚参加《悉尼小明星》节目录制，成为此节目的小小主持人。8 月 12 日，邹帼参演 “中澳建交 40 周年系列活动”——《2012 悉尼国际校园艺术节》，在澳大利亚悉尼歌剧院唱响雷锋精神 。8 月 26 日，为庆祝中澳建交 40 周年，邹帼在澳大利亚主演“感受中国——中澳儿童文化交流”系列活动，中国驻悉尼总领事馆授予邹帼“中澳友谊小天使”荣誉称号，12 月 12 日，邹帼受邀参加 2012“北京榜样”颁奖仪式，并向“2012 北京榜样”于清爷爷捐赠树苗 3000 颗，获得“北京文明小使者”光荣称号。

“如皋姑娘”黄菡回家乡话幸福

5 月 29 号上午，江苏省委党校公共管理教研部教授、《非诚勿扰》节目心理嘉宾黄菡走进如皋，做客东皋大讲堂，向广大市民教授舒缓压力的妙法，传递通往幸福的佳音。在《非诚勿扰》的舞台上，黄菡表现知性、睿智、优雅，分析问题思路清晰、反应敏捷，学识渊博且经常妙语连珠，深受观众喜爱。

此次回到家乡，黄菡以“幸福从心开始”为题 ，与大家探讨生活之道。她结合自己的生活工作经历，用知性、平和的语言，为大家传递“幸福经”。她希望大家树立起合理的信念，矫正过激性格，学会增加快乐的感觉，并实施调整挫折反应，协调好人际关系，更好地滋养健康之心。

如皋籍剪纸艺术家陈耀的作品走进德国教科书

6月20日,如皋网友"老牛自奋起"在本土论坛发贴报料:"陈耀剪纸被编进了德国课本教材。"经向陈耀本人核实,他的剪纸艺术确实是被编进了一本名叫《A New Start Professional》的德国教科书,翻译成中文意思是"一个新专业的开始",这是德国教育部编制的教材,文章介绍了陈耀的成长经历及剪纸艺术。

陈耀,1962年出生于白蒲镇,6岁起迷上剪纸。3次高考落榜后,他在当地一家罐头厂上班,业余时间仍喜爱剪纸。临近40岁时,陈耀和同在一个厂的妻子双双下岗,自己又在一次车祸中,双腿落下残疾。从此,他把剪纸爱好当作职业,剪纸成了陈耀的全部寄托。

2001年,陈耀来到南京发展,在南京夫子庙,推销自己的剪纸作品,并逐渐在异乡站稳了脚跟。在上海世博会期间,陈耀曾带着他的剪刀,将剪纸艺术"搬"进了世博会残疾人综合馆。他用他的剪刀,为来自世界各地的游客展示了美轮美奂的中国民间艺术。他的剪纸技艺震撼了围观游客,更为中国的民间艺术赢得了"世面"。

陈耀的作品内容涵盖花鸟鱼虫、人物肖像、风景故事等多种题材,曾在全国各级报刊上发表,多次参加国家、省、市举办的民间艺人作品展览,连年有剪纸作品获奖,他本人被《中国当代艺术界名人录》收录。

在把剪纸推向市场的同时,他还致力于传承剪纸艺术,为弘扬民间艺术出一份力。他去监狱教犯人剪纸,去社区教居民剪纸,到小学和高校教学生剪纸,并且还教外国人剪纸。他还自编了教材,甚至在网上开辟剪纸博客,希望让更多人了解剪纸。

如皋籍清华女博士陈程和丈夫抱娃获学位

7月5日, 清华大学2014年研究生毕业典礼暨学位授予仪式在学校综合体育馆举行。如皋籍女博士陈程和同在清华大学攻读硕士的丈夫仲晓波,抱着襁褓中的女儿参加毕业典礼,用自己的方式诠释了清华式的"人生赢家",不仅得到了校长的祝福,还赢得了全场的羡慕和掌声。

陈程,如皋市东陈镇山河村人。2005年,陈程由白蒲中学考入东南大学, 与作为接待新生的大二师兄、如东栟茶中学毕业的仲晓波相识, 并最终确立了恋爱关系,开始了一段学长学妹式的浪漫校园爱情。本科毕业后,陈程被保送清华深造,仲晓波则留在南京电力公司工作,经过3年的异地恋后,仲晓波在妻子的鼓励下,考入清华大学热能系攻读硕士。2013年1月4日,二人走进婚姻的殿堂,最终为7年爱情长跑画上圆满句号。

2013年7月，陈程怀孕了，导师曾建议她休学一年，不过陈程觉得经过前4年的学习，课题也差不多快做完了，利用这一年时间，应该可以把孩子和学业都搞定。陈程的想法得到了丈夫仲晓波的支持。怀孕期间，陈程克服妊娠反应的不适准备论文，由于他们还各自在宿舍住，每晚11点女博士宿舍闭门前，仲晓波都要帮妻子做完洗衣服、扫地等家务，再回自己宿舍写论文。陈程的预产期正是她论文最后修改的关键阶段，她不得不回到老家待产，每天与导师用电子邮件联络。4月14日，陈程的论文顺利送审，16日她住进医院，17日生下了女儿。因为女儿一直在肚子里跟着她在北京、南京两地奔波，她的导师给女儿起了个小名叫“京京”。

7月5日，清华大学举行2014年研究生毕业典礼暨学位授予仪式，因为接到学校通知说校长将到会祝贺，陈程夫妇便决定把女儿京京抱到现场。

毕业典礼上，清华大学校长陈吉宁说：“我特别要介绍这样一家人，这个家里的妻子陈程获得了优秀博士论文和优秀毕业生称号，而丈夫仲晓波则是学校热能系的硕士毕业生，被评为北京市优秀毕业生，让我们用热烈掌声向他们送上祝福。”在一片赞叹和喝彩声中，陈程夫妇双双站起来，接受大家的祝福。

如皋少年鞠小夫亮相青奥会开幕式

8月16日，第二届世界青年奥林匹克运动会开幕式在南京盛大举行。开幕式上，如皋籍少年钢琴家鞠小夫与另四位青少年钢琴演奏家合作演奏了李斯特作品《爱之梦》，美妙的旋律和着丝丝雨滴将五大洲连结一起，为开幕式更添了几许梦幻色彩。

鞠小夫，如皋人，现为南京外国语学校学生，4岁习琴，7岁登台。曾获得香港国际少儿钢琴大赛双金奖、新加坡国际华人钢琴大赛特别金奖。2013年又与10个国家的60名选手激烈比拼，斩获第八届亚洲钢琴总决赛(吉隆坡)双金奖，被多家媒体称为“中国琴童小王子”。

2013年、2014连续入选北京国际音乐大师班学习。曾获球江、斯坦威、海伦三大钢琴比赛江苏赛区一等奖，2013年珠江恺撒堡全国钢琴总决赛二等奖，第二届香港国际少儿钢琴大赛双金奖，第四届新加坡国际钢琴大赛特别金奖，第八届亚洲国际钢琴总决赛(吉隆坡)双金奖。

肖霞喜获仁川亚运会季军

10月1日晚，在2014仁川亚运会田径女子400米栏决赛中，如皋籍女运动员肖霞以56秒59的成绩获得季军，为中国队增添一枚铜牌。

肖霞于2001年9月进入如皋市少年体育运动学校，师从如皋优秀田径教练洪军，2005年4月在江苏省县级田径比赛中被江苏田径队教练邵丽伟选中,2007年进入江苏省田径队,经数年雕琢已成为江苏新一代田径女将。肖霞也是继如皋优秀女子田径短跑运动员"亚洲女飞人"秦旺萍之后,洪军教练带出来的第二位全国女子田径冠军。

赛后,肖霞在接受央视记者采访时说,自己很珍惜这次难得的锻炼机会,前期也为亚运会积极备战,此次成绩是上半年受伤后的最佳比赛成绩,虽然没有取得更好的名次,但是能获得个人亚运会的首枚奖牌还是感到很激动。肖霞表示,今后将继续努力,力争在更高平台上发挥出更高的水平。

与诺贝尔自然科学奖擦肩而过的如皋籍华裔女科学家庄小威

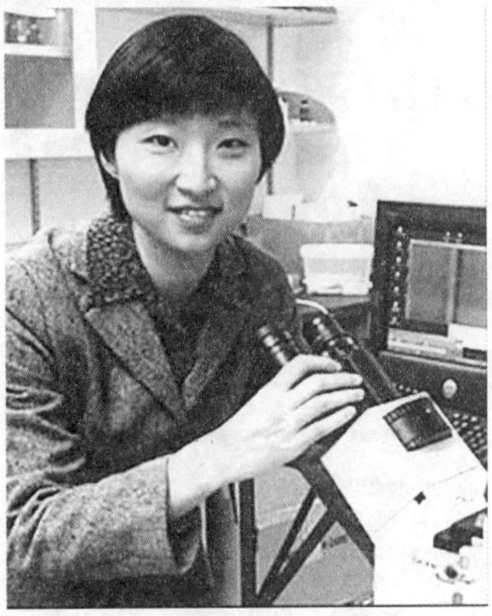

10月8日,诺贝尔生命学和医学奖、物理学奖以及化学奖相继揭晓,华人科学家依然与这几个自然科学奖项无缘。不过,化学奖项结果在国内外科学界却掀起轩然大波,共享此奖者分别是:美国科学家埃里克·贝齐格、威廉·莫纳,还有德国科学家斯特凡·黑尔。评委会给出的评价是:表彰他们为发展超分辨率荧光显微镜所做的贡献。不少科学家们撰文质疑:与获奖者同时发表论文的华裔女科学家庄小威,理应分享该奖。因为在超分辨率显微镜领域,庄小威的STORM技术真正推动了这种方法的巨大发展。

庄小威,华人科学界著名的女天才,原籍江苏如皋,毕业于中国科技大学少年班。这位被誉为天才的"美女科学家",15岁考入中国科技大学少年班;26岁获加州大学伯克利分校物理学博士学位;30岁被聘为哈佛大学助理教授;32岁获美国"麦克阿瑟天才奖",成为首位获此殊荣的华人女科学家,也是24个获奖者中最年轻的一位;34岁哈佛建立了以她名字命名的实验室;40岁当选美国科学院院士。2014年,43岁的庄小威与诺贝尔自然科学奖擦肩而过。

终圆出书梦的折翼天使刘逸

12月4日人民网南通电,如皋市江安镇的21岁脑瘫女孩刘逸仅靠一根食指敲出了15万字的自传体小说《生命的羽翼》,引发了臧夕稳、赵美萍、陈利、田国成等及很多不知名的爱心人士为刘逸撑起了一方晴空,命运多舛的姑娘拥有了自己的笔记本电脑、破格加入市作协,《生命的羽翼》即将出版,圆了多年的出书梦。

刘逸出生于1994年,家住如皋市江安镇团结村,患有先天性脑瘫,生活无法自理,仅左食指可以

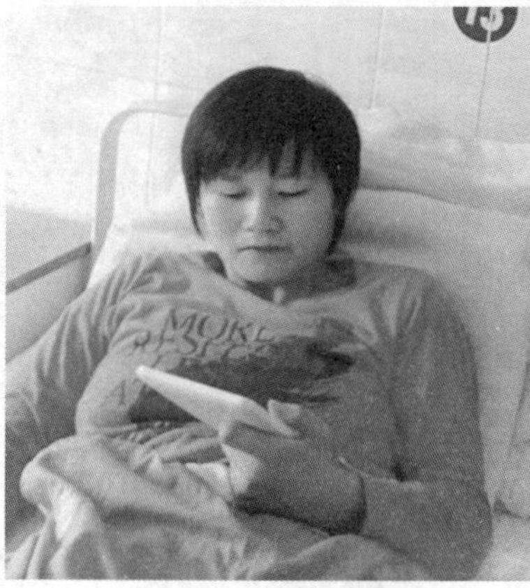

活动，但这个与病魔抗争20年的坚强女孩，笔耕不辍，数年如一日。因热爱阅读和写作，刘逸逐渐成为当地知名文学青年，其身残志坚、自强不息的精神感染了当地一大批年轻人。她一直有个梦想，那就是出版自己写的书，但由于费用问题，出书计划屡屡搁浅。

在如皋市作家协会主席季健的张罗下，刘逸得到了社会各界的关注，被破格吸收为如皋作协会员，其自传体小说《生命的羽翼》已经写到了15万字，在当地爱心企业家——曲兰阁红木艺术馆总经理陈利的资助下，该书即将由珠江文艺出版社出版。据出版社透露，该小说质量较高，改动不多，最终出版不低于13万字。12月3日，当得知这一喜讯时，刘逸艰难地在电脑上敲出了这样一句话："谢谢每一个好心人！"

参与APEC"新中装"设计的如皋人崔荣荣

崔荣荣（左）向记者展示服装设计方案。

11月15日上午，江南大学纺织学院教授崔荣荣回到故乡如皋，介绍了他作为APEC领导人"新中装"设计团队一份子的感受。

11月，崔荣荣教授收到"2014年亚太经合组织会议北京市筹备工作领导小组办公室"颁发给他的荣誉证书，感谢他在APEC会议领导人服装设计工作中做出的突出贡献。

崔荣荣透露，2014年APEC领导人的服装设计从2013年12月下旬开始征集第一阶段的设计方案，一共向71家企业、259位设计师和18所高校发出了设计邀请函，江南大学就是其中之一。

在经过设计图纸、成衣展示等评审后，江南大学梁惠娥教授和崔荣荣教授带领的两个团队，在相关服装企业的大力支持下，入选了最后的种子样衣阶段。最终，江南大学的提花万字纹面料、海水江崖纹和紫红配色等设计元素，经深化设计小组提炼在"新中装"有所展示和运用。

"使用宋锦作为服装面料是我们设计方案的主要思路。"崔荣荣介绍，中国三大锦之一的宋锦是"新中装"的主要面料，采用了"电脑提花机织"的技术，提高生产效率的同时还降低了成本。宋锦上的万字纹则寓意绵长不断。万字纹是中国古代传统的纹样，最早汉代已经运用在服饰上。

崔荣荣还说，与江南大学提交的纹饰设计相比，亮相服装上的江崖海水纹进行了简化，寓意21个经济体山水相依、守望相助。除了上述的设计元素，还有苏绣中"宝相花"和"缠枝牡丹"的设计，也是由江南大学设计团队提交的，最终被运用在了女性配偶服装的设计中。"江浙自古以来是丝绸织造业最发达的地方，非物质文化遗产也非常多，所以我们在设计中也尽量将这些古老的技艺经过创新，融入到我们的时尚设计中。看到领导人服装上有这么多我们设计的元素被运用，真的很高兴。"

大事纪要

DaShi JiYao

2014 年 1 月

1 日 △ 市委书记姜永华在《如皋日报》发表新年献辞，向全市父老乡亲和社会各界致以新年问候。

△ “庆元旦·迎新春·快乐健身”健步行活动在安定广场举行。两千余名群众从安定广场南侧出发，沿护城河西行，经秀水路、中山路、海阳路，最终返回出发点安定广场，全程约5000米。市领导李中林、胡拥军、刘向阳、杜永红、刘聪泉出席活动。

△ 如皋至黄市、如皋至西来2条公交化改造线路成功上线，全市农村公路班线公交化改造工作全面完成，全部实行公司化经营管理，提前一年完成改造任务。

△ 即日起，如皋出入境检验检疫局根据国家质检总局《关于做好免收2014年出口商品法检费用有关工作的通知》，对全市出口法检商品免收检验检疫费，全年可为全市企业直接减免费用4000多万元。

△ 即日起，全市第三次全国经济普查登记工作全面启动，以社区和村民委员会为普查区，普查指导员和普查员佩戴统一的普查证件，手持数据采集终端设备（PDA）上门进行普查登记。

△ 即日起，全市城镇职工和城镇居民大病保险政策调整：参保职工、参保居民一个自然年度内发生的住院医疗费用（含白血病、血友病、尿毒症透析和器官移植抗排异药物治疗患者门诊专项费用），按规定享受基本医疗保险、大病医疗救助待遇后，个人负担年累计20万元以上部分，分别报支90%、80%；10万~20万元（含）部分，分别报支80%、70%；5万~10万元（含）部分，分别报支70%、60%；5万元（含）以下部分，分别报支60%（超过5000元以上部分）、50%（超过10000元以上部分）。参保学生儿童各段支付比例均提高10%。

△ 本月起，如皋市社会保险个人网上服务大厅正式开通，本市个体工商户、自由职业者、灵活就业人员已经参加养老、医疗保险的人员，且具有唯一社会保障号码的对象，可通过中国建设银行网上银行缴纳社会保险费。

2 日 △ 南通市委副书记、市长张国华在南通市行政中心会见SAP公司中国/香港BusinessOne事业部总经理李辉一行，双方就信息、软件和服务外包、人才培训等领域合作进行深入交流。南通市政府秘书长顾诺之，如皋市委副书记、市长陈晓东等参加活动。

△ 市委书记姜永华主持召开市委常委会，讨论《中共如皋市委贯彻落实党的十八届三中全会和省委南通市委全会精神全面深化改革的实施意见》《关于切实改进学风的意见》《如皋市2014年文化建设工程项目书》、全市宣传思想工作会议筹备、如皋市第六届爱心团队爱心大使推荐评选、2014年度部门预算等议题。

△ 市委书记姜永华主持召开党政联席会议，研究讨论2014年镇（区、街道）和市级机关部门工作目标责任制考核意见、加快现代农业发展的指导意见、加快培育重点工业企业的意见、工业企业转型升级工程的激励意见、进一步强化全市招商引资工作的若干意见、招商引资工作考核办法、利用外资年度和季度考核工作意见、促进对外贸易发展的意见、实施科技创新工程的激励意见、加快小城镇建设工作的实施意见等议题。

△ 20辆CNG（压缩天然气）清洁能源空调公交车正式上线运营，全市清洁能源公交车总数达到64辆。市领导蔡忠、蒋明华、黄文斌、万维庆出席上线活动。

3日 △ 南通市村庄环境整治工作推进会在如皋召开，与会人员集中参观海安县曲塘镇、雅周镇，如皋市搬经镇村庄环境整治现场。南通市委常委秦厚德、副市长赵闻斌，如皋市委副书记司祝建、副市长杜永红出席会议。

△ 如皋市第十一届党代表第四次会议召开，听取审议市委书记姜永华代表中共如皋市第十一届委员会所作题为《抢抓改革机遇，加快转型升级，把勇当苏中全面小康领头雁的步子迈得更实更好》的工作报告，讨论通过《中国共产党如皋市第十一届代表第四次会议决议》。

△ 市政府与全球知名软件服务供应商SAP公司、如云信息科技签订三方战略合作协议，合作建设服务长三角、辐射全国的中小企业云服务中心和SAP授权培训中心，并举行中心揭牌仪式。南通市副市长黄爱军，如皋市委书记姜永华，市委副书记、市长陈晓东，SAP中国区高级副总裁、华东华中区总经理尹世明等出席相关活动。

4日 △ 市政府分别召开座谈会，就《政府工作报告（征求意见稿）》征求相关部门、镇（区、街道）负责人，部分人大代表、政协委员，部分老领导意见。市委副书记、市长陈晓东，市委常委、常务副市长吴道健参加座谈。

△ 全市宣传思想工作会议召开，部署2014年宣传思想工作，表彰第六届爱心团队和爱心大使、全市道德讲堂示范点、十佳优秀宣传干部等先进集体和个人。市委书记姜永华出席会议并讲话。

5日 △ 省高标准厂房建设与使用先进地区验收组一行到如皋进行实地踏勘验收，详细了解如皋电子信息产业园规模、建筑面积、厂房结构等高标准厂房建设与使用相关情况。市委副书记、市长陈晓东，市委常委、常务副市长吴道健陪同验收。

6日 △ 市委书记姜永华前往开发区（城北街道），实地走访如皋大生线路器材有限公司、江苏金元亚麻有限公司、双钱集团（江苏）轮胎有限公司、英田集团、美中仪表等重点企业，了解新一年发展思路和举措，为加快建设寻觅良策。市委常委、经济开发区党工委书记马金华参加走访。

△ 市委书记姜永华调研长江镇（如皋港区）重点工作推进情况，听取2014年重点工作推进思路和实施举措汇报，实地查看皋港金驿大厦、如皋港信息交易中心等处。市委常委、常务副市长吴道健参加调研。

7日 △ 市第十六届人大常委会第二十一次会议召开，以无记名投票方式表决通过人事任免事项，审议通过其他相关事项。市人大常委会主任谢新民为新任命人员颁发任命书。

△ 政协如皋市第十三届委员会第七次常委会召开，审议市政协十三届副主席、常委、委员增补名单和部分政协委员变动事宜，关于政协十三届三次会议议程、日程、正副秘书长名单、提案审查委员会名单、提案受理截止时间的相关草案，市政协十三届常委会工作报告、提案工作报告的征求意见稿，2014年政协如皋市委员会工作要点。

△ 政协如皋市第十三届委员会第三次会议预备会议在行政中心礼堂召开，通过政协十三届三次会议议程、日程，秘书长、副秘书长名单，提案审查委员会成员名单、提案受理截止时间。

△ 上海蔬菜（集团）有限公司与如皋市在上海签订战略合作框架协议，并就建立农副产品战略合作伙伴关系进行授牌。上海江杨农产品批发市场、上海江桥农产品批发市场分别与禾盛现代农业科技发展集团有限公司签订战略合作型基地对接协议书，并就建立产销对接关系相互授牌。市委书记姜永华、市委副书记司祝建出席相关活动。

8日

△ 省委政法委副巡视员任国平一行到如皋，通过查看法治建设工作台账、走访相关部门、与部门负责人以及行政相对人座谈等多种形式，对如皋市创建省“法治县(市)”工作进行全面考核。市委书记姜永华等陪同考核。

△ 市第十六届人民代表大会第三次会议预备会议在行政中心礼堂召开，听取市十六届人大代表变动情况和补选代表资格审查的报告，审查市十六届人大常委会组成人员变动情况的书面备案报告，选举产生市十六届人大三次会议主席团、秘书长，通过会议议程，国民经济、社会发展计划和财政预算审查委员会名单，并对市十六届人大二次会议优秀代表建议进行表彰。

8~11日

△ 政协江苏省如皋市第十三届委员会第三次会议在行政中心礼堂召开，市委书记姜永华出席会议并讲话。大会听取审议市政协十三届委员会常委会工作报告、市政协十三届二次会议以来提案工作情况报告，补选钱志刚为市政协十三届委员会副主席，许映亮、章士友为市政协十三届委员会常委，通过市政协2014年工作要点、《中国人民政治协商会议如皋市第十三届委员会第三次会议决议》，并对2013年度政协活动先进集体、优秀政协委员、优秀提案、提案工作先进集体、先进个人进行了表彰。

9日

△ 市委办公室印发通知，根据通编发〔2013〕125号文件，如城工业区更名为如皋工业园区，与如城街道实行区街合一管理体制。

9~12日

△如皋市第十六届人民代表大会第三次会议在行政中心礼堂召开，回顾总结2013年全市经济社会发展情况，审议决定2014年全市改革开放、经济建设、社会发展重大事项。市委书记姜永华出席会议。大会通过《关于如皋市人民政府工作报告的决议》《关于如皋市2013年国民经济、社会发展计划执行情况和2014年国民经济、社会发展计划报告的决议》《关于如皋市2013年财政预算执行情况及2014年财政预算报告的决议》《关于如皋市人大常委会工作报告的决议》《关于如皋市人民法院工作报告的决议》《关于如皋市人民检察院工作报告的决议》，并选举刘聪泉为市第十六届人大常委会副主任、景雪玲为市第十六届人大常委会委员。

10日

△ 国家卫计委副主任王培安、家庭司司长王海东率领全国计划生育家庭扶助关怀工作会议与会代表一行，查看白蒲镇“益寿之家”，就如皋市相关帮扶工作开展情况进行调研。南通市副市长朱晋，如皋市委副书记、市长陈晓东陪同调研。

△ 市人力资源和社会保障局组织开展高龄退休人员走访慰问活动，对356名90周岁以上企事业退休人员、68名特困退休人员进行春节慰问，并配合市委、市政府做好百岁高龄退休老人走访慰问工作。

△ 2013年度国家科学技术奖励大会在人民大会堂举行，由袁隆平领衔的“两系法杂交水稻技术研究与应用”项目获2013年国家科技进步奖特等奖。该项目共有50人参与，如皋人石明松(1988年去世)因贡献突出位列第二。

11日

△ 市委书记姜永华主持召开市委常委会，传达中央、全省农村工作会议精神，讨论农业农村工作、《全市2014年重点工作组织推进体系》《关于加强2014年重点工作督查的意见》等议题。

△ 如皋市举行2014年送温暖工作会议暨春节集中慰问仪式，81家机关部门递交结对帮扶责任书，并对特困职工家庭进行慰问。市领导蒋建、缪爱诚、张元健出席会议。

△ 全市2014年居民社会养老保险征缴工作动员大会召开，市委常委、常务副市长吴道健出席会议。会议提出2014年目标参保缴费人数38.7万人，到账保费2.1亿元，到龄人员养老金发放率100%。

△ 如皋市教育培训集团与中国达内时代科技集团在如皋软件园签约，建立达内如皋实训基地，并举行基地揭牌仪式。

12日 △ 全市教育工作会议召开，回顾总结2013年全市教育工作，并对2014年工作进行部署，推进教育现代化，努力实现如皋教育优质、均衡、特色、和谐发展。副市长缪爱诚出席会议。

△ 全市2014年房地产业协会会员会议召开，回顾总结2013年房地产业发展情况，部署推进2014年房地产开发和销售工作。市领导蔡忠、陈万圣、万维庆出席会议。

13日 △ 省委常委、省军区政委李笃信，副省长徐鸣一行看望慰问如皋市白蒲镇部分困难群众和孤寡老人。南通市委书记、市人大常委会主任丁大卫，市委副书记、市长张国华，市委常委、秘书长黄巍东等陪同慰问。

△ 全市水利系统总结表彰大会召开，回顾总结2013年全市水务工作，对相关先进集体和个人进行表彰。市委副书记司祝建、副市长杜永红出席会议。

△ 省科技厅下发苏科政发〔2013〕363号文件，同意59个乡镇为第三批江苏省创新型试点乡镇，如皋市丁堰镇名列其中，成为全市第二家创新型试点镇。

15日 △ 如皋市与中国农业发展银行南通分行签署新型城镇化建设战略合作协议。南通市委常委、常务副市长韩立明，市政府副秘书长缪三义，如皋市委书记姜永华，市委副书记、市长陈晓东出席签约活动。

△ 市委常委、常务副市长吴道健、副市长陆雪松在如皋市分会场收看收听全国、省和南通安全生产电视电话会，并召开专题会议贯彻落实安全生产工作，确保春节和“两会”期间安全生产形势稳定。

15~20日

△ 上海新春农产品大联展在上海农业展览馆举行，如皋市供销合作总社组织富有如皋地方特色的玉兔食品、寿之源食品、仁宗萝卜条、春华萝卜条、香堂芋、黑塌菜、有机大米、“富硒”五谷杂粮等50多个品种参加展销，实现销售近10万元。

16日 △ 省“法律道德”分团集中服务暨“全民阅读手拉手·春风行动”在搬经镇举行。省司法厅副厅长张光东、省新闻出版局副局长曹玉梅、团省委副书记司勇、省妇联副主席李玉娟和南通、如皋相关部门领导现场观摩专场普法宣传大戏，查看搬经镇部分社区“法治文化园”，并向农家书屋和镇村学校赠送书籍，慰问特困家庭中小学生。

△ 第十六届市政府召开第二十次常务会议，讨论《关于建立现场办公会议制度的通知》《市政府关于分解落实2014年十件为民办实事项目任务的通知》《如皋市水上危险化学品事故应急预案(送审稿)》《市政府关于加强政府性投资项目计划管理的通知》等议题。

△ 继“如皋盆景”“如皋黑塌菜”后，“如皋萝卜”“如皋萝卜干”成功注册地理标志证明商标。

17日 △ 如皋市举行2014年招商引资工作暨招商人员培训会议，研究部署全年重点工作。市领导司祝建、马金华、张勇、茅红宇、张亚鸾出席会议。

△ 省农委园艺站、省草莓协会举办的中国江苏首届溧阳“天目湖杯”草莓评比活动中，如皋市九华镇赵伟水果种植园生产的“红颊”草莓获得金奖，成为本市大棚草莓在省级评比活动中获得的首枚金奖。

18日 △ 全市总结表彰大会召开,总结回顾2013年重点工作,对2013年度先进集体和先进个人、2013年度人大政协工作先进单位、2013年度人民武装工作先进集体和先进个人等进行表彰,动员全市上下把勇当苏中全面小康领头雁的步子迈得更实更好。

△ 全市领导干部警示教育大会召开,与会人员集中收看警示教育片《虎蝇之害》,各单位、各部门负责人向市委递交2014年党风廉政建设责任书。

△ 2014年新春花木产业专题招商洽谈会召开,实现全市现代农业产业招商开门红,69个项目集中签约,投资总额达4.98亿元。市领导司祝建、邵晓泉、杜永红出席洽谈会。

△ 全市住房和城乡规划建设工作大会召开, 回顾总结2013年全市住房和城乡规划建设工作取得的成绩,对2014年工作进行部署。市委副书记、市长陈晓东,副市长陈万圣出席会议。会议对2013年度住房和城乡规划建设系统先进集体和先进个人进行了表彰。

20日 △ 市四套班子领导在如皋市分会场收看收听中央、省委党的群众路线教育实践活动第一批总结暨第二批部署电视电话会议, 全市党的群众路线教育实践活动正式拉开序幕。会议结束后,市委书记姜永华就贯彻会议精神开展教育实践活动进行具体部署,对全市各级党组织和广大党员干部提出明确要求。

△ 全市农村定点小学校舍改造工程推进会议召开。副市长缪爱诚出席会议,强调高效落实政府为民办实事项目,加快推进2013年农村定点小学校舍改造工程建设,使小学校舍真正成为最牢固、最安全、最让人民群众放心的建筑,促进农村教育事业健康可持续发展。

△ 江苏百代兰花股份有限公司、南通天之鹿鸽业养殖股份有限公司经过严格审查后,正式在上海股权托管交易中心挂牌交易,企业有效配置资本要素能力提升,核心竞争力进一步增强。

21日 △ 市委书记姜永华专题调研重大项目推进情况,听取市发改委主要负责人、四大主功能区相关负责人分别汇报当前重大项目建设情况, 对做好相关重大项目建设工作提出明确要求。

△ 共青团如皋市委召开十六届三次全体(扩大)会议,总结2013年工作,推动2014年共青团工作在全面深化改革进程中开拓前进。市领导蒋建、张元健、缪爱诚、钱志刚出席会议。

△ 如皋市召开见义勇为基金会理事会,回顾总结2013年见义勇为工作,审议认定2013年四季度见义勇为行为,研究确定2014年见义勇为工作思路。市领导石耀、缪小华、成明出席会议。市委常委、政法委书记、市见义勇为基金会名誉理事长缪小华在会上讲话。

△ 如皋市举行见义勇为人员优待证发放仪式暨春节慰问座谈会,68名受到如皋市政府以上表彰的见义勇为人员获领《如皋市见义勇为人员优待证》,可凭证享受免费乘坐如皋市辖区内公交车、游览水绘园风景区的优惠待遇。市人大常委会党组书记、市见义勇为基金会理事长石耀,副市长成明出席会议。

22日 △《如皋日报》报道:如皋"农村有线电视户户通"工程通过省广电局"农村有线电视户户通"工程验收组检查验收。验收组一行通过实地调查、电话咨询、走访群众、查阅台账、会议座谈等方式,对全市"农村有线电视户户通"进村入户目标完成情况、相关优惠政策落实情况、组织实施及管理情况等进行了详细了解,给予充分肯定,认为如皋市达到江苏省"农村有线电视户户通"验收标准。

23日 △ 省统计局纪检组长、党组成员韩虹率队到如皋市东陈镇,对参与第三次全国经济普查的一线普查指导员和普查员进行慰问。副市长茅红宇参加慰问。

△ 副市长缪爱诚率领质监、消防、教育、卫生等相关部门负责人,检查春节前安全生

产工作,先后查看市文化馆、图书馆、博物馆、公共卫生中心、医药公司、如城小学、定慧寺等处,要求各相关单位认真做好节前安全生产工作,确保市民过上欢乐、祥和、安全的春节。

24日

△ 市四套班子领导在如皋分会场收看收听全省党的群众路线教育实践活动第一批总结暨第二批部署电视电话会议，市委书记姜永华就贯彻落实会议精神发表讲话，要求全市各级党组织确保教育实践活动扎实开展以取得实际成效，注重密切联系群众，帮助解决群众迫切需要解决的问题，为实现勇当苏中全面小康“领头雁”目标提供坚强保证。

△ 市委书记姜永华主持召开市委常委会，研究作风效能建设、现代农业推进等工作，讨论《如皋市作风效能建设问责办法（试行）(讨论稿)》《关于整合市经济环境监察中心和行政效能监察投诉中心成立市作风效能建设办公室的通知(讨论稿)》《关于在全市科级领导干部中试行待岗换岗制度的意见（讨论稿)》《关于2014年加快推进现代农业发展的激励办法（讨论稿)》《如皋市人大常委会2014年度工作要点(草案)》等议题。

△ 市委副书记、市长陈晓东主持召开企业家代表座谈会，双钱集团（江苏）轮胎有限公司、江苏益昌集团、如皋农村商业银行股份有限公司等单位交流发言，介绍企业2013年发展业绩和2014年发展思路。市委书记姜永华出席会议并致辞，勉励广大企业家加快转型升级，不断做大做强。

△ 全市人口和计划生育工作会议召开，总结表彰2013年人口和计划生育工作，部署2014年工作。市领导陈晓东、胡拥军、张元健、缪爱诚、钱志刚出席会议。

△ 全市安全生产工作会议召开，总结2013年安全生产工作情况，部署2014年安全生产工作。市领导陈晓东、缪小华、张勇、陆雪松、张亚鸾出席会议。

△ 全市体育工作会议召开，回顾总结2013年全市体育事业发展情况，推动2014年体育工作向更高层次发展。市领导胡拥军、张元健、缪爱诚、钱志刚出席会议。

△ 市体育总会换届选举暨镇（区、街道）体育总会成立大会召开，宣布成立镇（区、街道）体育总会、老年人体育协会、农民体育协会、社会体育指导员协会、乒乓球协会、篮球协会，并向新成立部门授匾，向新推选、新聘请人员颁发证书。副市长缪爱诚出席会议。

△ 市“扫黄打非”办公室联合市文广新局、公安局、工商局、城管局等部门，对天平市场和部分汽车美容装饰店进行集中执法检查。活动共检查卫星地面接收设施销售点5家，查处卫星地面接收设施41个，解码器34个；查处无证销售出版物单位6家，收缴儿童读物、社科图书、宗教类图书等非法出版物134本；取缔游商摊贩1个，没收音像制品312张。

25日

△ 全市人民武装工作会议召开,回顾总结2013年度全市人民武装工作,部署2014年人民武装工作任务,并对2013年度人民武装工作先进单位、先进个人进行表彰。市委书记、市人武部党委第一书记姜永华,市委副书记、市长、市国动委主任陈晓东,市委常委、市人武部政委胡宏杰,副市长杜永红,市人武部部长张万银出席会议。

△ 市政府下发皋政人〔2014〕2号文件,明确市公共资源交易管理办公室(原市招标投标管理办公室,2013年12月31日更名)为市政府派出行政机构、正科级建制。

25~26日

△ 市委书记姜永华,市委副书记、市长陈晓东,市人大常委会主任谢新民、党组书记石耀,市政协主席李中林等市四套班子领导分别率队,走访慰问部分市四套班子老领导,市武警中队、消防大队、人武部、驻如空军和边检站官兵,离退休干部、老党员、五保老人、困难家庭以及优秀人才,向他们致以节日的问候和新春的祝福。

26日

△ 南通市委组织部副部长、“两新”工委书记张辉率队到如皋,慰问新中国成立前老党员、生活困难党员和基层党组织书记代表。先后走访慰问东陈镇雪洪村新中国成立前老党员冯祖梅、磨头镇邓高社区生活困难党员沙丙山,并看望了基层党组织书记代表——磨头镇新港村党总支书记鞠久富。市委常委、组织部部长蒋建陪同走访慰问。

△ 市委副书记、市长陈晓东率领政府办、纪检、监察、安监、总工会、质监等部门负责人,前往顾庄生态园游乐场、市自来水厂、江苏金元亚麻有限公司、长寿大红门食品有限公司和定慧寺,对安全生产工作开展督查,要求确保全国“两会”和春节期间安全生产形势稳定。市领导马金华、陆雪松参加督查。

△ 南通市商务局收到省商务厅、财政厅批文,确认如皋市双马化工有限公司投资设立的印度尼西亚加里曼丹岛农工贸经济合作区为江苏省境外产业合作集聚区, 这是全省首家省级境外产业合作集聚区。

27日

△ 南通市人大常委会党组书记、副主任黄利金, 副市长沈雷一行前往如皋市搬经镇,走访慰问驻如空军部队、敬老院孤寡老人和部分农村贫困户,并到中油燃气郭园门站检查安全生产工作。市领导姜永华、司祝建、杜永红、陆雪松参加活动。

△ 市四套班子领导在如皋分会场收看收听南通市领导干部警示教育电视电话会议,市委书记姜永华就贯彻落实会议精神发表讲话,要求全市各级领导干部严格执行廉洁自律各项规定,坚守廉洁底线,切实维护和谐稳定,带头过文明节俭、风清气正的新春佳节。

△ 下午 13 时,熔盛重工又一艘 7.6 万载重吨巴拿马型散货船离港走船,正式交付船东投入运营。该船总船长 225 米,型宽 32.25 米,型深 20 米,入 CCS 船级社,是公司在原有 7.55 万吨的船型上研发优化而成,具有低排放、装载灵活、操作便捷、维修经济等特点。

△ 市肠衣同业商会申报的集体商标——如皋肠衣城图形商标通过国家商标局初审公告,4 月底公告期满领取商标注册证后正式成为全国唯一一件肠衣行业集体商标。

28日

△ 市委、市政府办公室下发通知,整合市经济环境监察中心和行政效能监察投诉中心,成立市作风效能建设办公室,进一步加强全市机关作风效能建设,着力打造全省最佳政务环境。

29日

△ 市委书记姜永华,市委副书记、市长陈晓东一行先后慰问执勤交警、环卫工人以及供电、供水、供气等单位一线工作人员。

△ 市委书记姜永华,市委常委、常务副市长吴道健一行前往市信访局,看望慰问接访一线工作人员。

△ 最高人民检察院下发决定,通报表彰全国检察机关“文明接待示范窗口”和“文明接待室”,如皋市人民检察院蝉联 2010~2012 年度全国检察机关“文明接待示范窗口”荣誉称号。

30日

△ 市委书记姜永华主持召开市四套班子领导重点工作交流会,就春节期间社会管理、节后重要会议准备等工作进行安排部署。会上,市四套班子领导结合所挂钩条线、镇(区、街道),就相关工作落实情况进行了交流汇报。

△ 农历除夕,市委副书记、市长陈晓东专程前往“12345”市长公开电话受理中心,看望慰问坚守“12345”市长热线工作岗位的工作人员,了解“12345”工作流程、当天来电量、受理情况以及当前群众反映的热点问题。

2014 年 2 月

4日

△ 农历正月初五，市委书记姜永华等市四套班子领导出席江中集团年度总结表彰暨部署动员会，勉励集团员工奋力拼抢市场，加快转型升级，更好地完成2014年生产经营目标任务。

6日

△ 2014年春节黄金周，全市旅游业实现“开门红”，共接待游客36.8万人次，同比增长12.2%；实现旅游综合收入4.8亿元，同比增长11.6%。

7日

△ 市委、市政府召开全市作风效能建设大会，通报2013年度机关作风效能建设相关情况，表彰2013年度行政服务贡献奖先进集体、先进个人以及民主考评百名科长活动中涌现的优秀科长，强调围绕市十一届党代表第四次会议确定的目标任务，全力打造“主动、高效、低成本”最佳发展软环境。大会由市委副书记、市长陈晓东主持，市委副书记司祝建作工作报告，市委书记姜永华出席大会并讲话。

△ 市委书记姜永华，市委副书记、市长陈晓东先后前往市发改委、财政局、国土局等经济运行主管部门调研，要求各相关部门坚持稳中求进、好中求快工作总基调，确保实现经济工作“开门红”，推动全年目标任务顺利实现。市人大常委会副主任张勇参加调研活动。

△ 2013年冬季退役士兵第二期培训班在市技工学校开班。自2013年12月4日开展第一期培训以来，共有近300名回到家乡的退役士兵在市民政局报到后，到市技工学校报名参加维修电工、数控加工、焊接技术、机修钳工、计算机、中式烹调、工业与民用建筑7个专业的免费技能培训，增强综合素质，提高就业能力。

△ 省推进企业研发机构建设工作联席会议办公室公示第一批“江苏省重点企业研发机构”入选企业名单，江苏神马电力股份有限公司、江苏九鼎新材料股份有限公司、南通超达机械科技有限公司、南通泰慕士服装有限公司4家如皋企业研发机构入选。

7~14日

△ 连续8天的“春风行动”系列招聘会在新投入使用的公共人力资源招聘市场举行，市委常委、常务副市长吴道健视察招聘现场，并走访部分招聘单位。据统计，7日当天市公共人力资源市场进场单位160家，提供就业岗位1206个，求职人员达10396人次。

8日

△ 全市工业、科技暨开放型经济会议召开，动员全市上下牢固树立以工强市理念，全力推动工业经济做大做强。市委常委、常务副市长吴道健主持会议，市委副书记、市长陈晓东作工作报告，市委书记姜永华等出席。会议对2013年度工业经济、科技创新、开放型经济先进单位，2013年度技术改造、两化融合、科技进步和创名创牌奖励企业，2013年度如皋市科技进步奖获奖单位、2013年度民营经济发展先进单位、第三届节约集约用地十佳工业企业进行了表彰。

△ 全市农业农村暨小城镇建设工作会议召开，研究部署全市当前和今后一个时期农业农村和小城镇建设工作，促进农业持续增效、农民持续增收、农村持续发展。市委副书记司祝建主持会议，市委副书记、市长陈晓东作工作报告，市委书记姜永华在会议结束前讲话。会议对2013年度全市高效设施农业先进集体、优秀农业龙头企业家、高效设施农业先进个人、“四有一责”建设示范村(社区)、和谐社

区创建先进单位、村庄生态环境整治先进集体、绿化工作先进单位、"四位一体"长效管护先进集体8个类别98个对象进行了颁奖。

10日 △ 市委书记姜永华率领市委办、发改委、财政局等部门负责人，前往经济技术开发区（城北街道）调研，走访南通泰慕士服装有限公司、南通荣威娱乐用品有限公司、南通百正电子新材料有限公司、江苏聚源电气有限公司、南通锻压设备股份有限公司，了解企业复工情况。市领导司祝建、马金华、陆雪松参加调研。

△ 市委书记姜永华率领市委办、发改委、国土局等部门负责人，到长江镇（如皋港区）开展调研，查看南通汤始建华管桩有限公司、南通德玛瑞机械制造有限公司、江苏阿尔法电梯有限公司等重点企业生产一线以及部分重点项目建设现场，了解企业复工、项目建设情况。市领导吴道健、陆雪松、郑振明参加调研。

△ 市领导蒋建、张勇、黄文斌一行走访调研东陈镇双马化工、思瑞机械、新空间幕墙材料、唯路易实业、迪蒙特数控设备等重点企业节后复工和生产情况，鼓励企业积极应对挑战，加强科技创新，加快转型升级，抢占市场份额。

△ 全市城市管理工作会议召开，市委常委、纪委书记蔡忠出席会议并讲话。会议要求进一步完善"大城管"机制，促进城市环境质量全面改善，并对2013年城市管理工作先进集体和先进个人、第二届"热心城管好市民"等进行了表彰。

11日 △ 第十六届市政府召开第二十一次常务会议，讨论《2013年全市行政复议与行政诉讼情况通报（汇报稿）》《关于建设"江苏省教育现代化示范区"的实施意见（讨论稿）》《关于2012年冬季退役士兵接收安置工作的通知（讨论稿）》等议题。

△ 全市"四线四百"实践锻炼干部出征动员会召开，百名年轻干部分别奔赴新农村、城市搬迁、信访维稳等一线开展实践锻炼，以实际行动践行群众路线教育实践活动。市委常委、组织部部长蒋建出席出征仪式。

△ 全市科技工作会议召开，总结回顾2013年全市科技创新取得的成效，并对2014年全市科技创新各项重点工作进行部署。市领导陆雪松、张亚鸾出席会议。

12日 △ 市委书记姜永华率领相关部门负责人，前往高新区（城南街道）相关企业和项目现场调研，实地查看南通超达机械科技有限公司、顺丰速运·华东综合服务中心，了解节后企业生产、项目推进情况，现场为企业服务，并对高新区（城南街道）开局工作进行点评。市领导司祝建、茅红宇、孙宏放参加调研。

△ 市委书记姜永华率领市委办、财政局、发改委、供电公司等部门负责人，调研白蒲镇企业节后复工情况，实地查看如皋市苓美服装有限公司、江苏力源金河铸造有限公司、南通润蒲酒业有限公司项目建设现场，走访华东油压科技有限公司、南通锦鑫工艺品有限公司、南通宇鑫服饰有限公司等处，听取白蒲镇重点工作推进情况汇报。市领导李中林、缪爱诚参加调研。

△ 市委副书记、市长陈晓东前往神马电力、九鼎集团走访调研，查看企业建设和生产情况，并与企业负责人进行交流。市领导刘向阳、陈万圣参加视察。

△ 全市农业工作会议召开。市领导邵晓泉、杜永红、郑振明参加会议。会议要求积极转变生产方式，加快发展特色农业产业，大力发展生态友好型农业，全力促进现代农业发展水平快速提升。

△ 市技工学校、市人力资源和社会保障局就业管理处在市公共人力资源市场联合举办2013年冬季退役士兵专场招聘会。双钱集团（江苏）轮胎有限公司、江苏陆地方舟新能源电动汽车有限公司、江苏海力达机电制造有限公司、江苏思源电磁互感器有限公司、如皋金陵金鼎大酒店、江苏神马电力

股份有限公司等12家用人单位与近200名2013年冬季退役并经市技工学校初步培训的士兵学员入场进行沟通和交流,120多名退役士兵学员与用人单位签订就业意向书。

13日

△ 市委书记姜永华前往江安镇重点企业和项目建设现场开展调研，查看南通市玉兔集团,听取江安镇重点工作推进情况汇报。市委常委、市人武部政委胡宏杰参加调研。

△ 全市统战工作会议召开,总结回顾2013年全市统战工作,对2014年统战工作进行部署。市领导司祝建、缪爱诚、钱志刚出席会议。

△ 《如皋日报》报道:由省交通规划设计院研发的桥面除冰涂层新技术(使用黏结材料将一种温控智能型融雪物质附着在路面表面)在204国道如泰运河大桥和立田河桥进行首次施工,施工试验段计9000平方米。

14日

△ 市委书记姜永华率队前往如皋工业园区(如城街道),就企业运行、项目建设等重点工作开展实地调研,查看南通明龙时装有限公司、南通中铁华宇电气有限公司、天南线路器材、力星钢球、九鼎集团等企业生产现场和项目建设现场。市领导刘向阳、陈万圣参加调研。

△ 全市财经工作会议召开,市委副书记、市长陈晓东出席会议并讲话。会议提出2014年全市目标实现财政总收入165亿元,公共财政预算收入67.4亿元;新增贷款必成90亿元,期成100亿元,贷存比提高2个百分点以上,争创全省金融生态“十佳”县。

15日

△ 市委书记姜永华主持召开市委常委会,传达中央、省委、南通市委主要领导有关党的群众路线教育实践活动讲话精神，讨论市委组织部初步拟定的教育实践活动实施意见、《关于建设“江苏省教育现代化示范区”的实施意见(讨论稿)》《中共如皋市第十一届纪律检查委员会第五次全体(扩大)会议方案(讨论稿)》《如皋市第十届运动会暨首届全民健身运动会实施方案(讨论稿)》等议题。

△ 全市2014年城市建设暨新“六城同创”推进大会召开,动员全市上下全力打造宜居宜业国际化中等城市。市委书记姜永华,市委副书记、市长陈晓东出席大会并讲话,会上,各镇(区、街道)、各相关部门递交了重点工作责任状,住建局、城管局、环保局、文明办、卫生局、如皋工业园区(如城街道)等交流发言。

△ 全市招商人员出征动员暨培训大会召开。市领导陈晓东、司祝建、马金华、张勇、茅红宇、张亚鸾出席会议。

△ 如皋汽车客运站出现年后旅客运输高峰,共组织加班包车近40辆次,计1800余座,主要方向为上海、南京、苏州、无锡、徐州、镇江、连云港等,以学生流、农民工群体为主。

17日

△ 上海奉贤经济开发区管委会副主任窦春麟、上海南郊石化交易中心董事长孙继东率队到如皋,考察长江镇(如皋港区)化工企业及现代物流发展情况,实地查看苏中国际码头、华大石化、诚晖石化、鑫鼎鑫现代物流园等处。市领导陈晓东、茅红宇陪同考察。

△ 市委书记姜永华主持召开市委党的群众路线教育实践活动领导小组第一次会议,听取关于教育实践活动前期准备工作及相关文稿的汇报,审议通过《市委党的群众路线教育实践活动领导小组工作规则》《市委党的群众路线教育实践活动领导小组办公室工作职责》《市委党的群众路线教育实践活动领导小组办公室职责分工》《督导组工作职责》。市领导司祝建、胡拥军、蔡忠、蒋建出席会议。

△ 市委书记姜永华到搬经镇调研重点工作推进情况，实地查看顺帆家庭用品（南通）有限公司、南通海泰科特精密材料有限公司。市委常委、政法委书记缪小华，市人大常委会副主任邵晓泉

参加调研。

△ 市委书记姜永华率领市委办、财政局、发改委、环保局等部门负责人，前往九华镇、石庄镇调研，实地走访九华镇的伟越电器、永大化工机械、星球石墨等企业，石庄镇的小樱时装、中技桩业、天泽化工等企业，了解企业复工和企业运行情况。市委常委、宣传部部长胡拥军，市政协副主席张亚鸾等参加调研。

△ 全市造林绿化暨花木生产现场推进会召开，集中部署2014年造林绿化和花木生产工作，在全市迅速掀起绿化造林和花木生产高潮，确保全年各项目标任务圆满超额完成。市领导司祝建、邵晓泉、杜永红、郑振明参加会议。

△ 全市交通运输工作会议召开。市委常委、纪委书记蔡忠出席会议并讲话，要求持续推动交通基础设施建设，大力发展交通服务业，提升交通行业管理，努力为全市勇当苏中全面小康领头雁目标夯实良好的交通运输环境。

△ 副市长缪爱诚赴市区部分学校进行新学期开学工作检查，先后前往市外国语学校、市实验初中、如城小学、如皋师范学校附属小学等学校，全方位了解各学校师生到校、安全管理、后勤保障等方面情况，并就各学校在发展中遇到的实际困难进行调研。

△ 市人力资源和社会保障局在市技工学校召开专门工作会议，确定依托各镇(区、街道)社保所平台，由各村(居)社保员(或村居干部)牵头引领，做好由市民政部门组织、市技工学校承办的2013年冬季退役士兵免费技能培训宣传动员工作。

△ 2014年全市粮食直补和农资综合补贴两项补贴资金全面兑付到农户，合计补贴金额11832.77万元。其中：水稻直补面积74.55万亩，补贴标准20元/亩，补贴金额1491.07万元；农资综合补贴面积100.02万亩，补贴标准103.4元/亩，补贴金额10341.70万元。

18日

△ 市第十六届人大常委会召开第二十二次会议，听取并审议通过《如皋市人大常委会2014年工作要点(草案)》，传达习近平总书记在中央纪委三次全会第二次大会上的讲话精神。

△ 市委副书记、市长陈晓东一行对交通工作进行专题调研，实地查看雪袁线、连申线搬经大桥、王石线南延等重点工程施工现场，全面了解全市交通重点工程推进情况。市领导蔡忠、刘聪泉、蒋明华、陈万圣、黄文斌参加调研。

△ 全市民政工作会议召开，会上回顾总结了2013年工作情况，研究部署了2014年工作任务，动员全市上下进一步重视、关心和支持民政事业发展，全力争创全省现代民政示范市。市领导陈晓东、司祝建、邵晓泉、杜永红、郑振明出席会议。

19日

△ 全国人大代表，南通市委副书记、市长张国华，连云港市人大常委会副主任于丽华率领全国人大代表南通、连云港组到如皋，就中心镇建设推动新型城镇化发展情况开展专题调研，视察搬经镇凤凰广场、顺帆家庭用品(南通)有限公司、南通海泰科特精密材料有限公司等处。南通市人大常委会党组书记、副主任黄利金，如皋市委副书记、市长陈晓东等参加活动。

△ 南通市委副书记陈斌率领南通市委督导组调研指导如皋市开展党的群众路线教育实践活动，听取如皋市委书记姜永华介绍全市党的群众路线教育实践活动筹备工作情况。

△ 市委召开党的群众路线教育实践活动动员大会，学习贯彻习近平总书记系列重要讲话精神和中央、省委、南通市委部署要求，推动教育实践活动深入扎实开展。市委书记、市委党的群众路线教育实践活动领导小组组长姜永华主持会议并作动员部署，南通市委副书记陈斌，南通市委督导组组长，南通市卫生局党组书记、副局长葛维先出席大会并讲话。动员大会上进行了民主评议。

农经系统典型案例剖析会

“算好廉政账”专题讲座

农工办

中共如皋市委农村工作办公室坚持以科学发展观为指导，紧扣“民富村强乡美风气好”的农村工作总体要求，以农业现代化工程为引领，围绕全年工作目标，狠抓落实，各项重点工作取得明显成效。

农业现代化工程取得快进展。全年项目农业投入42.6亿元。围绕花卉苗木、食用菌、外向果蔬和优质畜禽等主导特色产业精心包装项目，促进了全市特色产业经营水平的快速提升。项目农业考核在南通名列第一。全市农业龙头企业实现销售收入135亿元，建立各类农产品生产基地50多万亩，带动24万多农户。新增光远果蔬、神牛农机和宏如蚕桑专业合作社等3家国家级合作示范社，善良苗木等12家合作社获江苏省五好示范社称号，合作社数量和质量均居南通首位。

农村发展活力得到大激发。村庄土地整理面积1268亩，异地整合置换建设用地503亩；累计退出农民宅基地使用权1076户，复垦建设用地888.1亩；成功在城北街道进行土地增值收益分配试点。在全省首批建成市级农村产权交易服务中心，产权交易量在全省名列第五。4个中心镇各项发展指标取得新突破，财政总收入超7亿元，工业应税销售106.13亿元，均完成全年目标任务。全市实现村集体经营性收入总额2.66亿元，所有村（社区）均达到20万元，其中30万元以上的村271个，50万元以上的村132个。村级债务总量下降12%。

村庄整体面貌展现新形象。村庄环境整治率先通过省级全域验收，村庄环境整治工作位居南通第一、全省前列。村庄建设规划修编完成，如皋市被列为全省镇村布局规划试点市。全市确定“保留并继续扩建”的新型集居点266个，确定新型集居区先行示范村50个。3个省美丽乡村示范村村庄河道整治、村公共服务中心建设、集居区内污水处理设施、绿化景观等年初确定的工作目标任务已基本完成。

农经管理水平获得快提升。以“规范、机制、严管”为抓手，农经职能工作稳步推进。一事一议筹劳工日由原来每个劳力8个工日降为5个工日。全市筹资筹劳总量3734.14万元，收款到账率和户结率均达97%以上。在全市123个村实施一事一议财政奖补项目126个，建成水泥道路201.44公里，投入资金4854.29万元。如皋市一事一议财政奖补工作荣获全省一等奖。按照年初工作部署，110个村全部完成了入户调查等基础业务工作。修订完善了村集体经济组织财务管理制度，切实从制度上堵塞漏洞。强化审计监督，组织开展了全市农村集体财务大检查。继续开展农村集体“三资三化”规范年创建活动，农村“三资”管理水平得到明显提升。

市委农工办连续三年获全省农工办工作优秀奖，2014年获江苏省农业农村改革创新成果奖、江苏省科普宣传工作先进集体、南通市村庄环境整治工作先进单位、南通市农业龙头企业“五个一”创建先进单位、南通市新型农民合作组织建设先进单位等荣誉。

葡萄种植合作社

如皋经济技术开发区

加快转型升级 实现创新驱动
推动"新常态"下经济社会持续健康发展

11月18日，省长李学勇视察开发区工作

3月8日，如皋市重点工作现场推进会上，投资1.5亿美元的巴西威格电气项目举行奠基仪式

2014年，如皋经济技术开发区紧密围绕市委、市政府总体工作部署和要求，主动适应经济发展新常态，全力破解发展难题，高点定位，难中求进，凝心聚力，真抓实干，经济社会发展呈现稳中有进、转型加快、民生改善、社会和谐的良好态势。

（一）坚持全员参与，放大优势，持续猛攻招商引资。一是产业层次、项目质态较大提升。全年注册内、外资重大项目共40个，结构明显优化，形成了一、二、三产良性互动招商新局面。康迪（吉利）电动车、威格机电等一批由世界五百强等知名企业投资的项目纷纷签约落户并开工建设。全年完成到账外资同比增长267.4%，创历史最好水平。二是氛围营造、服务水平较大提升。组织的新能源汽车产业对接交流会暨互联网思维下的新能源产业商业模式创新论坛，产生了积极影响。"重商、亲商、富商"和"包容会通"的和谐招商氛围浓烈，矿石贸易、台湾现代化农业种植等一批成熟度较高的外资项目纷纷签约。工商注册登记"先照后证"、外商投资审批权限授权委托等投资便利化举措的探索、研究不断深化，服务企业水平不断提升，荣威国际新

4月15日，新加坡前政务部部长曾士生率队考察陆地方舟

4月16日，国家发改委外资司副司长王东一行考察开发区新能源汽车产业发展情况

上项目注册2935万美元，实际到账1005万美元。三是区域合作、园区南北共建取得突破。与江阴高新区的园区共建合作进入协议细节商定阶段，上海嘉定如皋工业区、江阴高新区如皋工业区为进一步承接上海、苏南等地区新能源汽车及零部件、高端装备制造等产业转移升级提供平台，推动如皋与上海、苏南的经贸联系，放大与“上海”的同城效应。

（二）坚持创新驱动，特色发展，促进产业转型升级。一是聚焦工业项目建设。完成固定资产抵扣税同比增长30.3%，超额完成年初任务；完成3000万元以上项目投入同比增长10%，完成技术改造投入同比增长15.2%，陆地方舟、聚源、爱康、康得新、创源、荣威、双钱等一批新建、技改项目陆续竣工、试生产。二是聚焦强化科技创新。高新技术企业及后备企业的培育初见成效，新增江森电子等4家高新技术企业，新增省级高新技术企业7家，全区规模企业中高新技术企业占比达15%。企业自主研发和发明创新能力提升，新增陆地方舟等5家研发中心。企业知识产权保护意识进一步增强，新增省著名商标2件，新增省知识产权贯标企业4家。鼓励企业运用自身建设研发平台，加大项目研发，积极开展产学研合作，申报国家、省、市科技项目，不断提升企业科技创新能力，全年累计科技项目立项101项，其中获省高新技术产品40个。三是聚焦实施人才战略。与北京大学、江南大学、福州大学等高校签订政学研合作协议，其中北京大学如皋产学研合作中心挂牌运行，江南大学（如皋）大健康产业技术研究院筹备工作有序推进。形成在手在谈国家“千人计划”专家3人，获批省双创人才1人、省博士计划2人、省科技副总3人。

（三）坚持多措并举，统筹安排，加强投融资金管理。一着不让抓收入。实行任务层层分解，搞好税源调查分析，做到抓大不放小，把握收入工作主动性；定期召开收入推进会，促进税收及时足额入库；严格执行相关激励政策，推进综合治税工作，全面提升综合治税税收贡

5月15日，全国总工会副主席、书记处书记、党组副书记刘国中一行调研开发区基层工会建设

5月28日，副省长徐鸣到开发区视察指导工作，南通市委常委秦厚德陪同视察

5月29日，美国塔拉哈希tcc教育代表团考察开发区

7月17日，德国诺贝尔教育集团签约开发区

7月28日，瑞士布勒公司与水明楼酒业举行签约仪式

10月27日，举行首批纯电动公交线路开通仪式

10月27日，举行新能源汽车产业对接交流会
暨互联网思维下的新能源产业发展模式创新论坛

产

献率；建立社会综合治税信息交换平台，提升信息管税水平，确保区内税款不外流。环环紧扣融资金。巧借生产型企业实体搭建平台向各金融机构争取信贷支持，全年实现到账资金同比增长12.32%，并利用资产证券化、融资租赁、发行信托产品、企业债券、票据融资、私募理财等多种方式解决资金问题。善始善终严管理。认真落实预算编制与执行，按照“统筹兼顾、有保有压、确保重点”的支出安排原则以及资金分配“搬迁补偿、土地租金、民生保障、工程款项、机关运转”的顺序，统筹安排教育、文化、卫生、科技、社会治安等重点支出。

（四）坚持产城融合，以人为本，着力打造幸福城北。 一是功能布局更加优化。全面推进规划编制，完成16.27平方公里核心片区控制性详规初步评审，完成城北新城城市设计及控制性详细规划、水系及排水专项规划、污水专项规划、袁桥工业园控制性详细规划；对接市园林部门，优选出国内一流的规划设计单位，对如泰河北侧沿线、万寿路、启凤路等重点路段节点的景观、绿化进行了设计提升。二是生态环境更加优美。“梨花春雨”旅游项目扎实推进，打造以中交美庐城、红星美凯龙为核心的服务业特色产业集聚区。建成省级生态工业园区，严格执行项目引进环保红线，开展恒发污水处理厂及印染行业提标改造，新建一座农村畜禽粪便处理中心，完成惠民路西段、庆余路东段等雨污水管网建设，推进东风、姜桥、通龚三条河道的整治，如泰河北侧绿化大部分完成。三是城市管理更加规范。增加完善小区停车位、绿化、下水道、路灯，增设公交线路，进一步提升城市功能配套水平。开展拆违控违专项整治行动，推进市容环境长效、常态管理工作，重点对普庆路、庆余路及市场、学校周边环境进行集中整治打击；对渣土车、户外广告、牛皮癣等突出问题进行专项治理查处。

（五）坚持改善民生，成果共享，提升居民幸福指数。 一是稳步推进搬迁安置工作。以项目落户需要和规划发展用

10月29日，威格机电项目开工

3月20日，中节能贯剑波董事长考察开发区

12月4日，英田金杯成功签约

牵手北京国联集团，组织企业参加互联网营销战略学习会。

举办开发区干部能力培训班，邀请上海交大张伟俊教授现场授课

文化活动中心——居民娱乐休闲的理想场所

地需求为总抓手，拆旧复垦与整地块搬迁以及拆迁扫尾齐头并进，完成165户的搬迁复垦工作，通扬河景观带、新热电厂、志颐路等地块进入扫尾阶段；巴西机电、陆地方舟、大司马桥、康迪汽车项目用地等12个地块完成搬迁任务。二是大力实施农业现代化工程。全年完成设施农业4340亩，新增2家有机水稻项目面积2100亩；新增农业社会化服务组织13家，全区托管服务面积达到6300亩；“全国青少年农业科普示范基地”正式授牌，省级菜篮子工程蔬菜生产基地获批。三是全面统筹社会各项事业。在全市率先全面完成居保征收任务、居保“四不出村”工作。完成152人的即征即保，完成历史征地进保543人，其中解决历史性征地遗留问题313人。新型农村合作医疗参合率100%。夏季秸秆机械化还田工作获得全市一等奖，成功举办第二届全民运动会，人武征兵、民政、计生、食品药品安全、教育、人力资源等工作全市领先。四是全力维护社会和谐稳定。认真履行“一岗双责”职责，多次召开不同层次、不同规模的安全生产专题工作会议，转变意识，提高思想认识。累计检查规模以上企业90家次，规模以下企业339家，排查隐患2779条，安全生产工作呈稳定发展的良好态势；开展矛盾化解集中月活动，排查社会矛盾纠纷547起，成功调结545起，调解成功率99.7%，荣获全省社会治安综合治理先进集体。

12月28日，意瑞达签约南美洲勤益无限股份公司

年内上市的恒发污水处理公司

如皋工业园区（如城街道）

2014年，园区（街道）紧扣市委、市政府的工作部署，围绕新机制、新目标，落实责任，狠抓推进，各项工作取得了明显成效，经济社会继续保持良好的发展态势。

一、突出发展主题，狠抓重点难点，经济社会继续保持良好发展态势

1.重点指标完成良好。运行指标方面，财政收入持续领先。1-12月份，完成财政总收入27.17亿元，占全年任务的96.86%，同比增长7.73%；完成公共财政预算收入20.39亿元，占全年任务的104.99%,同比增长13.77%。经济运行平稳。1-12月份完成全部工业应税销售67.89亿元，占全年任务的101.3%,同比增长17.1%，新增规模企业7家、亿元企业5家。完成服务业应税销售206.24亿元，占全年任务的108.55%。投入指标方面。1-12月份新增装机容量40814千伏安，增长17.95%，完成设备抵扣税4516.66万元，增长59.4%。建设指标方面。1-12月份完成搬迁1700户，占全年任务的103%；经营性用地出让面积754亩，占全年任务的377%；房产税收2.65亿元。

2.招商引资取得突破。通过细化和完善招商考核、整合招商资源、打造服务品牌等一系列举措，推动招商引资、招财引税、招才引智并举，项目招引取得新的突破。1-12月份共完成工商注册外资7108万美元，到账外资3030万美元，均提前超额完成全年目标任务；引进招财引税、总部经济项目6个，形成税收2160万元。新签约注册嘉骏基建、弘时工艺品、赛尔贸易、赫姆家具、韩国料理、承泓国际贸易、加罗舞台7个外资项目，并在机器人产业发展上取得了突破，已有康复（助行）医疗机器人、焊接机器人、康复机器人及智能监测设备等机器人项目落户、注册，为下一步发展智慧产业园区奠定了基础。围绕“长寿健康”主题，生态园发展思路进一步明晰，南通市级长寿旅游度假区获批。“一会两节”期间通过举办“幸福如皋和美情——金婚庆典”、长寿健康产业发展大家谈等活动，有力地宣传推介了长寿健康名片，为招引大健康、大智慧产业奠定了基础。

3.项目建设进程加快。一是内生挖潜，狠抓现有企业技改。立足于现有企业的新上项目和技术改造，深入开展“千人联千企”、项目服务无缝对接活动，切实为企业排忧解难，特别是为企业的用电、用地、用水、

江苏省委副书记、省长李学勇考察顾庄生态园

搬迁、群众工作等方面做了大量工作，力星精密轴承钢球扩产改造、九鼎连续毡等一批技改项目取得了突破性进展。依托技改创新，2014年成功申报高新技术企业10家，成功申报省级装备研究院、省级工程技术研究中心、省外资研发机构各1家，南通市工程中心2家。积极申报国家农业科技园区，光华科技园加紧申报省级孵化器，新材料产业园区积极申报南通市特色工业园区。申报省产业集聚区建设项目中小企业高标准厂房项目，获

得80万引导资金。二是发展增量，狠抓新进项目落地。在注重内部挖潜的同时，狠抓增量项目不放松。所有新建项目（主要指工业项目）坚持主要领导挂钩联系重大项目制度，明确专人分别联系服务项目建设，促进项目高效推进。在建项目中斯密特森光电科技项目光学车间已开始试生产，图腾电力西侧4栋厂房正在加紧建设；益华汽配、润天服饰、逸轩包装材料等项目主体即将封顶，正在加快推进设备安装及调试；安佑、贝姆等新开工项目已开始基建。三是寻求突破，狠抓服务业项目规范。加速现代服务业基地建设，加大项目跟踪、协调和监控力度，推动月星家居、长寿城、浙商三农、汽配城等重点项目严格按照合同约定有序推进，月星国际家居城于10月29日正式开业，浙商三农一期开业试营运，长寿城、汽配二期市场、文峰城市广场等项目均有序推进。

4.要素保障扎实有力。用地保障方面，2014年争取挂钩周转指标142亩，争取独立选址指标30亩、保障性用房计划41亩、国家计划52.6亩、城镇村建设用地计划247亩，全年累计争取上级指标512亩，有效保障了重点项目的用地需求。启动了陆海统筹改革试验区试点前期调研，争取了省拆旧复垦封闭运营试点政策，相关规划工作已展开，为今后资源要素的优化整合奠定了基础。资金保障方面。成立国有集体资产管理组和清理小组，对全区范围内国有集体固定资产和土地资源进行全面清理和整合，规范管理，逐步消化存量债务。加快国有平台公司建设，办理抵押物，为平台规范运营、增加融资能力奠定了基础。积极研究国家金融政策，拓宽融资渠道，通过争取银行贷款、积极探索产业债券、创新融资抵押物渠道等多种方式化解资金难题，有力保障了经济社会的平稳运行。

5.搬迁安置有序推进。城市搬迁方面，扫尾结束了城南大道、26A、75#、86#、48#等14个重点难点地块；新开并推进结束了黄金大道C、114#、仙鹤市场3个地块，83#、84#、141#和1#C等新开地块均已进入扫尾攻坚阶段。安置房建设方面。建立安置房建设清理办公室，加大安置房水、电等配套设施建设的协调力度，全力加快交房进程，全年交付安置房1920套，春节前再交付3500套。

6.发展环境不断优化。园区基础配套建设快速推进。新建标准厂房5.2万平米，整理土地505亩，分别占全年目标任务的104%和101%，新建、续建的道路、管网等基础配套工程进度均达序时或超序时进度。农业基础设施功能配套进一步完善。2014年除充分使用农村通达工程、“一事一议”奖补道路和财政桥梁等建设资金外，经过与上级部门的积极沟通协调，争取了“双百整治工程”、方庄2015年国家级高标准农田建设、老南省级沿江高沙土农业综合开发、沿河项目区高效节水工程等多项支农项目，既改善了农业基础设施，又减轻了本级财政资金的压力。城乡环境持续改善。村庄环境整治全面推进，26个村（居）一次性通过省级验收；新“六城同创”工作有序开展，孔庙社区创成省优秀管理示范社区，惠政新村环境综合整治取得显著成效；出台了园区物业管理办法，物业管理逐步规范运行。

7.社会事业持续发展。社会保障方面，居保征缴、社保扩面等方面全市领先，征收居保23000人，新增职工社会保险9000多人，城镇居民医保人数为49800人，超额完成全年任务；建立园区被征地农民保障办，全力推进园区被征地农民进保工作，规范用地手续，保障失地农民权益，化解历史遗留矛盾，已完成历史遗留化解类失地农民进保2800多人，新征地做到应保尽保，即征即保。社会事业方面。光华幼儿园、健康幼儿园主体竣工并投入使用，皋南幼儿园管理体制平稳转变；基本药物制度得到全面落实，食品药品监管工作有效到位，“美在如城”主题文艺演出巡演成功，卫生、计生、民政、文化、旅游事业发展迅速，养老服务体系建设不断完善。

8.富民增收成效明显。通过打造现代农业园区、发展设施高效农业、提升“三大合作”组织等措施，加快农业现代化建设，带动村（社区）增加集体收入，促进富民增收。积极申报国家级农业科技园区，已进入科技部视频答辩阶段。1-12月，项目农业投入3.58亿元，新增设施农业面积869亩，新增花木面积1973亩。园区（街道）村（社区）集体收入总额全年达6162万元，村均集体收入237万元，其中超200万元的村（社区）11个，超100万元的村（社区）8个。1-12月份，实现农民人均纯收入19157元，完成年度目标任务。

南通市委常委秦厚德考察如城花木产业

二、坚持依法行政，扎实维护稳定，努力营造和谐稳定的良好发展局面。

1.高度重视依法行政工作。一是健全科学民主的决策机制。以《如城街道重大事项决策公示和听证制度》、《如城街道重大行政决策事项专家咨询论证制度》和《如城街道法律、科技顾问团制度》等制度为核心，进一步完善和规范了决策机构、决策程序、决策评价、决策公开等工作机制，初步构建起科学化、民主化和法制化的行政决策运行体系；严格按照有关制度规定，对重大行政决策事项进行充分公示和听证，广泛收集、听取社会各界的意见和建议，及时对重大行政决策进行调整和补充，规范了政府重大决策行为；成立公共资源交易中心，镇村三资处置全部纳入中心，确保按规依法处置。二是进一步清理行政审批事项。按照市委市政府行政审批服务"三集中三到位"指示精神，依照《中华人民共和国行政许可法》和如皋市年度依法行政工作要点的相关规定，对街道各行政执法主体、职责及其依据，以及行政审批项目进行了再次审核和清理。清理后园区（街道）可以继续实施的行政许可审批项目12项。三是加强执法制度体系建设。强化行政监督，完善行政监督制度和机制，认真落实了巡查、绩效考评、责任追究等制度。进一步完善了《执法人员行政过错责任追究制度》、《行政执法绩效考核管理办法》等一系列行政执法制度，初步形成了科学、长效的行政执法管理机制。

2.扎实做好维护稳定工作。一是完善信访处置机制，畅通诉求渠道。坚持领导信访接待日制度。要求党政领导亲自接访，亲自过问，亲自带头研究解决未难题，要求信访工作做到"四个到位"，即教育疏导到位、问题解决到位、责任落实到位、依法处理到位，保证了群众来访反映的问题都能及时得到反馈和处理，群众的诉求渠道进一步拓宽，联系服务群众"最后一公里"的瓶颈进一步畅通。坚持和完善领导干部接访下访制度，班子成员联系挂钩村居，深入基层听真话、访实情，了解群众疾苦，解决群众困难，真正做到民有所想，我有所为；民有所呼，我有所应。二是开展矛盾纠纷大排查，做好重要时点的维稳工作。结合党的群众路线教育活动的整改落实，全面排查化解镇村的积累性矛盾，分层级落实推进责任，解决了一批影响重点工作推进的难点问题，化解了一批历史遗留问题。春节前后和"两会"等敏感时期，重点围绕征地、搬迁等重点，开展矛盾纠纷认真大排查，对排查出的矛盾纠纷进行分析和梳理，明确包案领导及采取稳控措施，逐步化解了周海、白志生等重点信访疑难事项，全年信访案件办结86件，做到了件件有回音，事事有着落，受到群众好评。

3.加大安全生产管理力度。一是完善长效监管机制。实行双通道管理，一方面，安全检查和隐患排查委托具有专业资质的公司实行服务外包，安全检查和隐患排查服务外包实现了全覆盖；另一方面，以安全标准化企业和社区创建为抓手，健全完善安全管理机构，配备安全管理人员。同时加强安全培训，组织企业管理人员470多人，参加了市安监局组织的安全生产管理人员培训，对电工、电焊工、登高作业工、制冷操作工等特种作业人员进行了培训。二是全面开展安全隐患排查治理，不留盲区、不留死角，尤其是加大对化工、电力设备、烟花爆竹、建筑施工等重点行业的专项整治力度，切实增强安全生产的法制观念和防范意识，营造安全生产的良好氛围。

三、扎实开展教育实践活动，狠抓固本强基，基层组织、干部队伍建设全面加强

1.扎实开展党的群众路线教育实践活动。把深入开展教育实践活动作为首要政治任务和重大政治责任，全面落实中央、省委和南通、如皋市委关于教育实践活动各项部署，扎实推进教育活动各个环节工作，积极开展“五个一”活动，确保学深学透；做到“四个必谈”，确保存在问题找准找实；明确责任和时限，确保整改措施落实。活动中，共征集各类意见和问题2893条，其中涉及个人“四风”问题973条，对园区班子、各参学单位班子意见1920条。班子成员自己查、相互提，共提出意见426条，其中个人“四风”问题386条。园区班子和60家二级参学单位确定首批即知即改项目605个，并逐一落实整改方案，明确责任领导、整改时间、整改目标和措施。其余存在问题已分为4大类29小类分别落实相关班子成员和部门牵头制定措施，逐一落实整改，取得了“党员受教育、干部正作风、群众得实惠、基层增活力”的实际成效，得到了广大群众充分认可，达到了不走过场、务求实效的预期目标。

省政协副主席、省委统战部部长罗一明到如皋开展“三解三促”活动

2.加强服务型党组织建设。紧扣党的群众路线教育实践活动，重点加强了服务型基层党组织建设，着力解决好服务群众“最后一公里”的问题。以村（社区）服务型党组织建设为重点，建立了以“村（社区）党委（总支）——党支部——党小组长——党员中心户”为主体的服务网络；立足村级公共服务中心，规范站室设置，整合为“五室三站两栏一厅一校一场一超市”；根据基层实际需要，在农村村（社区）采取“7+X”的形式，在城市社区（含城郊村改居）采取“8+X”的形式，建立了15类276支“一综多专”服务队伍。通过加强基层服务型党组织建设，基层党员干部普遍感到工作思路理清了，目标要求明确了，服务本领提升了。人民群众也反映现在的干部站在群众立场想问题多了，“官架子”少了，说话办事更接地气了。

3.加强干部队伍建设。认真组织学习《党政领导干部选拔任用工作条例》和《关于加强干部选拔任用工作监督的意见》，严格按规定开展园区副科领导工作双向选择、机关中层干部竞争上岗，一般人员双向选岗，42个副科领导（含副科级协理员和副主任科员）岗位、48个正股岗位、27个副股岗位实现了合理优化配置，共提拔任用副股职干部8人。同时开展党员冬训、应知应会业务知识培训考核等一系列培训考核，干部队伍素质得到了明显提高。

4.严格党员教育管理。加强学习教育。结合群众路线教育实践活动，党工委中心组先后进行15次专题学习，用好党员干部冬训和“送理论到基层、送党课到支部”等平台载体，为基层党组织学习提供菜单式服务；加强党员干部培训教育，举办各类主体班次9个。规范发展程序。认真落实省市“三加强一调控”要求，深入实施党员发展“三荐三审”模式，进一步扩大民主、规范程序，提高党员发展质量，152名入党积极分子参加集中培训。严格组织生活。深入实施“一单双评”制度；结合群众路线教育实践活动，60个基层党组织召开专题组织生活会，6000多名党员参评。

5.加大基层党建工作投入力度。注重破解制约基层基础建设的重点难点问题，完善村级组织运转和基本公共服务经费保障，将村（社区）党组织工作经费纳入园区财政预算。加大对村级经费投入，园区财政建立基层党建工作专项经费，各村居平均达10万元。稳步加大村（社区）干部、各领域党务工作者的报酬待遇及社会保障待遇。安排任务时严格按照“权随责走，费随事转”的原则提供相应的资金和来源。投入300多万元规范村（社区）公共服务中心建设，按照“办公场所最小化，服务效能最大化”，统一设置“五室三站两栏一厅一校一场所”，搭建服务内容多元、服务功能完备、资源有效整合的服务平台。

长江镇（如皋港区）

4月15日，江苏省人大常委会环资城建委主任夏鸣调研新型城镇化建设

7月16日，南通市委书记丁大卫在港区调研

2014年，在市委、市政府的正确领导下，长江镇（如皋港区）紧紧围绕“五位一体”、“六大重点”工作，认真践行党的群众路线，团结带领全镇人民，坚定信心，迎难而上，求真务实，开拓奋进，较好地完成了全年目标任务，经济社会平稳较快发展。

一、综合实力稳步提升。牢牢把握稳中求进总基调，始终突出又好又快工作导向和工业经济主体地位，不断强化经济增长极。2014年，全镇实现地区生产总值208亿元，同比增长10.6%。完成公共财政预算收入14.2亿元，同比增长3.5%。工业经济平稳发展。完成全部工业应税销售218.27亿元，应税销售百强企业数占全市的28%。完成工业用电量8.72亿千瓦时，新增装机容量4.8万千伏安。新增规模企业11家、超亿元企业8家，其中5亿元企业2家、10亿元企业2家。华灿电讯成为南通首家登陆“新三板”企业。成功创成“江苏省散装水泥示范镇”和“南通市质量先导区示范区”；新材料园区获批“国家火炬如皋化工新材料特色产业基地”。服务业加快发展。省级服务业集聚区优质平台效应初显，全年完成服务业应税销售128.09亿元，服务业投入38.52亿元，服务业税收11.1亿元，同比增长18.1%，被市委表彰为“服务业红旗单位”。现代农业提速发展。省级现代农业园区成功获批，药用植物园成为全国休闲农业与乡村旅游示范点。全年完成项目农业投入4.63亿元，占目标任务的112.37%，被市委表彰为“高效设施农业、项目农业工作先进集体”；新增有机农业900亩、设施农业2150亩、花木种植面积2165亩；培育绿化示范村2个，新增“三品”认证6个。

二、发展质态不断优化。坚持将稳增长与调结构、抓创新、促转型紧密结合，深入推进转型升级，以转型促发展、增优势、强后劲。结构调整持续加快。三次产业比重进一步优化为7.5∶54∶38.5。全年新增重点服务业企业7家，净增限上服务业企业7家。完成高新技术产业产值165.5亿元，同比增长14.1%，培育高新技术企业45家，其中新增6家，华泰集团、宏茂特钢成功完成转型重组。创新能力不断增强。申报各级各类科技项目80个，立项40个；申报专利430件，其中发明专利215件；专利授权210件，其中PCT专利3件、发明专利75件，万人发明专利拥有率全市领先。申报各级各类研发中心8家，其中省级外资研发机构1家、南通市级研发中心5家、如皋市级研发中心2家。区内40多家企业与清华大学、复旦大学、厦门大学、东南大学等高校及科研院所持续开展产学研合作，新签订产学研合作项目15项。专项整治成效突出。结合“五大专项行动”，深入开展“环保清风行动”，大力整治和规范废水、废气、固体废弃物管理，对14家化工企业进行停产整顿，其中10家企业经整治验收恢复试运行。

三、开发开放深入推进。抢抓沿海、沿江开发战略机遇，坚持开发开放并举，发展活力不断增强。开放型经济强势突破。实现外贸进出口14.5亿美元。完成工商注册外资3.01亿美元，占全市的49%，到帐外资2.12亿美元，对全市贡献率达 61.4%，被市委表彰为“开放型经济红旗单位”。成功推动闽江矿业、万之星焦煤、熔烨仓储等项目注册和到账。项目投入持续增长。完成规模工业项目投入94.7亿元，技改投入71.9亿元，同比增长176.5%。全年新开工项目31个，其中亿元以上项目15个、续建项目24个、技改项目16个、竣工项目16个。东升石材产业城、闽江矿业、永友粮油科技等一批项目加快建设，东方石化三期、百川化工三期、正达农化初步建成，瑞海船舶、大亚纸管、中泰化工等项目全面竣工投产。载体功能不断提升。“一区四园”布局规划进一步完善，基础设施建设不断加强，如皋港保税物流中心（B型）成功获批，如皋港国际代码正式使用，苏中国际集装箱码头2个泊位经省政府批准正式对外开放、4个泊位通过了省级验收；全年完成吞吐量2815.4万吨；又来沙作业区规划调整方案获国家交通运输部和省政府批复；污水处理厂一期技术改造完毕，固废处理中心、污泥干化处理中心、华电热电联产“三大功能”有序推进；110KV永平变电所和10KV东升石材产业城及施美康四回电力配套线路建成投用；东升石材产业城加工区一期基础设施工程建成投用。

四、城乡面貌日益改观。大力推进城乡统筹发展，城乡环境进一步改善。规划修编与时俱进。《长江镇（如皋港区）总体规划（2012~2030）》进入评审报批阶段；编制完成了《如皋港区局部地区控制性详细规划》；郭园片区12个集中居住点的村庄布局规划进入评审报批阶段。搬迁安置稳步推进。完成东升石材产业城项目区、郭园片区、如皋中学港城分校等地块319户搬迁，主城区相关地块搬迁扫尾工作基本结束。安置工作有序推进，全年安置安置房2125套。创新开展安置房对接商品房工作，对接安置303户，进一步探索多元化安置的新途径。安居工程加快推进。2014年新开工商品房43.6万平方米，竣工41.8万平方米。新开工安置房49.1万平方米，竣工79.05万平方米。大力推行安置房项目经理负责制，成立安置房电力配套工程推进领导小组，切实加快

7月23日，江西省吉安市市委宣传部部长李庐琦赴长江镇参观考察

9月9日，南通市政协主席王德忠、市委组织部部长张兆江在港区参观考察

苏中国际集装箱码头集装箱吞吐量超过1万标箱

会。全年低保进保1246户共2821人，大病救助197人，发放救助资金90多万元。投入49.3万，改造农村危房50户。就业增收取得实效。进一步完善"四种收入"模式，建立健全欠薪预警机制，努力保障农民工收入。举办人力资源市场招聘会6场，每场均有

安置房电力工程建设，华江小区、五案花苑、二案花苑等10个小区正式通电交付安置。城市功能不断健全。城市基础设施加快完善，全面完成纬一路西延、经四路北延、香江路、迅驰路等系列道路工程建设；长青沙清水池建成投用；中心河至周圩港泵站、环南河至新跃河排涝闸门施工结束。镇区环境持续改善。以康居乡村创建为抓手，投入610万元深入推进镇村环境综合整治，7个村（社区）创成"二星级康居乡村"，12个村（社区）被市委表彰为"文明村（社区）"，秸秆禁烧工作全市考核第一。创成江苏省首批"水美乡镇"和江苏省农路安保示范镇，红星社区创成全国和谐社区建设示范社区。

五、人民生活持续改善。坚持把改善民生作为政府工作的出发点和落脚点，切实解决人民群众最关心、最直接、最现实的问题，努力让发展成果普惠于民，9件为民办实事项目全面完成。保障体系不断完善。全年社保扩面2330人，农村居民养老保险参保2.7万人，城乡居保"四不出村"建设100%达标。城镇居民医疗保险参保1.1万人，新型农村合作医疗参合率达100%。计生服务深入推进，配合市计生委成功召开"手牵手与爱同行"——失独家庭与孤儿联谊现场

90余家企业参加招聘，提供就业岗位4100个，进场求职人员6037人，达成就业意向2143人；积极开展企业职业技能培训和失地农民就业创业培训，全年考核培训3020人。社会事业长足发展。大力促进教育优质均衡发展，录取如皋中学47人，综合教育教学实力跃升全市前列。

首届农民趣味运动会

不断加快校舍改造进程，推动长新小学和车马湖小学加快建设，郭园小学及郭园初中食堂主体竣工。深入开展"四送"活动，共送戏下乡16场，送电影300多场；持续

开展“港城展新貌、万人看港城”活动，成功举办首届农民趣味运动会，活动项目多、群众热情高、社会反响好，进一步弘扬正能量、提振精气神。镇荣获“江苏省公共文化服务体系示范区”称号。

六、社会建设全面进步。高度重视社会管理创新，切实维护社会稳定，和谐社会建设取得新成效。精神文明建设不断深入。大力弘扬社会主义核心价值观，倡导文明和谐社会新风尚，居民素质和社会文明程度进一步提高。组建网络宣传志愿者队伍，及时引导网络舆情，发现并处理舆情17起，有效营造良好的网络环境。成立“老友互助吧”，切实关爱退休人员。2014年被市委表彰为“文明镇”。民主法治建设不断加快。组建896人的法制宣传骨干队伍，深入开展“六五”普法活动，被评为南通市“六五”普法先进镇；建成省级民主法治示范村（社区）9个、南通市级32个，建成如皋市级法治文化示范点6个，“长江镇法治文化大观园”特色品牌初具规模，通过南通市“平安法治乡镇”复核验收，10个公民法治驿站通过如皋市委政法委验收。社会管理水平不断提高。常态化开展“党政领导接访下访”活动，接访213次，梳理群众意见154条，办结146件；“港城热线”接线482起，现场解答296起，办结482起，群众满意率达92%；建立全覆盖的矛盾化解网格化机制，村（社区、场圃）全面推行“一小时接访”和“逢会必排查矛盾纠纷”工作制度，排查化解矛盾纠纷400余起，完成上级交办信访案件84件；完成86个重大项目社会稳定风险评估，未发生涉稳事件。政府自身建设不断加强。全面推行依法行政，深化行政审批制度改革，有序承接市下放审批和服务事项296项，一站式便民服务中心高效运行，全年受理并办结超过71万件服务事项。同时将涉及民生服务的10个事项延伸至村（社区）办理，办结事项1356件，切实解决服务群众“最后一公里”难题。镇法制办充分发挥职能作用，审核涉法文件12件、信访告知和答复60件，向市法制办报备规范性文件2件，实现重大决策零违法、规范性文件零撤消、执法案件零错案。大力推行项目招投标，全年开展工程招投标32项，总投资4.1亿元，有效节约资金6000万元。严格执行中央八项规定和省、市十项规定，扎实开展教育实践活动，深入“反四风转作风”，制定完善了《机关日常管理制度》、《机关接待管理制度》、《公务卡实施细则》等13项规章制度，把改进作风落实到制度层面。自觉接受人大法律监督、工作监督和政协民主监督，办理市人大代表建议7件、政协委员提案10件，满意率达100%。认真落实党风廉政建设责任制，开展“廉政自省日”等专题廉政活动，支持执法执纪部门严肃查处违法违纪案件。档案管理工作取得突破，被评为江苏省档案管理工作三星级单位。安全生产工作不断加强，全年未发生重特大安全生产事故。征兵任务圆满完成，被市委表彰为“人武工作先进单位”。积极支持群团组织发挥作用，被南通市委表彰为“关心下一代工作先进集体”。

如皋港保税物流中心获批国家级保税物流中心(B型)

美树城

高新区便民服务中心

高新区

市委书记姜永华到高新区督查工作

如云科技与SAP中国签约仪式

2014年海峡两岸软件与信息服务业年度峰会

2014年，全区上下深入开展党的群众路线教育实践活动，大力弘扬“团结、创新、务实、高效、清廉、争先”的高新区精神，以科学发展观为统领，牢牢把握“稳中求进”工作总基调，高点定位，自我加压，全力推进招商引资、项目建设、环境打造、民生改善、社会稳定等工作，经济社会持续保持良好发展态势，在主功能区综合考核中排名第一，实现圆满收官。主要成绩可以概括为“四个持续领先、四大历史突破、四种结构调优、四项服务提升”。

——“四个持续领先”即财政收入、软件外包执行额、服务业发展、产业人才引进持续在南通、如皋领先。全年完成财政总收入4.19亿元，同比增长13.2%；完成公共预算收入3.27亿元，同比增长25.6%，高于全市平均值13个百分点，财政收入主功能区第一。全年完成软件外包执行额8.2亿元，顺丰速运、凌志软件等19家企业通过南通软件和服务外包企业认证，软件外包执行额总量、软件和服务外包企业认证数在南通县市区排名第一，博辕信息、天一智能等5家企业获省双软企业认证，通过南通软件和服务外包企业认证累计达77家、省双软企业17家，被如皋市政府评为“服务业发展红旗单位”。全年完成服务业应税销售8.4亿元、税收2.2亿元，顺丰速运

龙游湖鸟瞰图

展翅腾飞的高新区

高效农业

运行四个月实现营业额5003万元，博镣信息全年实现营业收入8258万元，同比增长115%。服务业集聚区建设成效明显，软件和信息服务产业园获批国家级创新服务园区。电子商务产业中心启动运营，累计入区电商企业45家，通过了南通市级电子商务集聚区的认定。产业人才引进全市领先，全年引进国家级高端人才4名，占全市高端人才引进的一半，分别与国家“千人计划”专家陈晓东、郑朝辉、张农及中科院“百人计划”专家方广有签订合作协议，鸿昌科技、皋祥电子、微鸣科技等“千人计划”项目实质性推进。

——**“四大历史突破”即开放型经济、离岸外包、企业直接融资、科技创新平台建设实现历史突破。**软件和信息服务名企招引取得突破，全球IT公司三强企业德国SAP、全国服务外包三强企业软通动力、八强企业凌

凌志软件

顺丰速运

携程网

瑞声科技电子扬声器生产线

青软实训物联网试验平台

如云科技

海迪科光电

腾讯网

58同城

南通超达机械科技有限公司生产车间

SAP培训服务中心

市广电传媒中心

志软件成功落户，全年引进软件项目52家，落户中邦微电子、德力克矿山机械设备、佳宝环保机械等工业实体项目7个，其中总投资亿元以上项目3个、10亿元以上项目1个，全年外资到账是前两年的总和，首次突破3000万美元。凌志软件运行五个月完成离岸外包执行额100万美元，实现全市离岸外包“零”的突破。企业发展意识得到加强，抓住IPO

电子信息产业园标准厂房

产业规划图

扩融和“新三板”增盘契机，超达科技与西南证券签订合作协议，成为全区第一家进入上市轨道的制造型企业，海迪科光电“新三板”上市工作有了实质性进展。国家级、省级、南通市级科技创新平台建设取得突破，全年累计新增科技创新平台5个，国家级中小企业公共服务平台成功获批，国电阀门省级研究生工作站、永兴肠衣南通市级工程技术研究中心获得认定。海迪科光电和东南大学合作的LED倒装高压芯片、国电阀门与南京工业大学合作的超临界高压阀门等产学研合作项目高质量推进，全年累计新增产学研合作项目6个。

——“四种结构调优”即产业结构、投入结构、财税结构、农业结构不断优化。工业实体经济主体地位不断加强，全年新增规模企业4家，累计达到27家，实体经济应税销售占全部工业应税销售的比重较2013年提高8个百分点，同比增长9.4%，高于全市平均值3个百分点，高新技术产值占规模工业

软件和信息服务产业园南区

人才公寓

市委党校

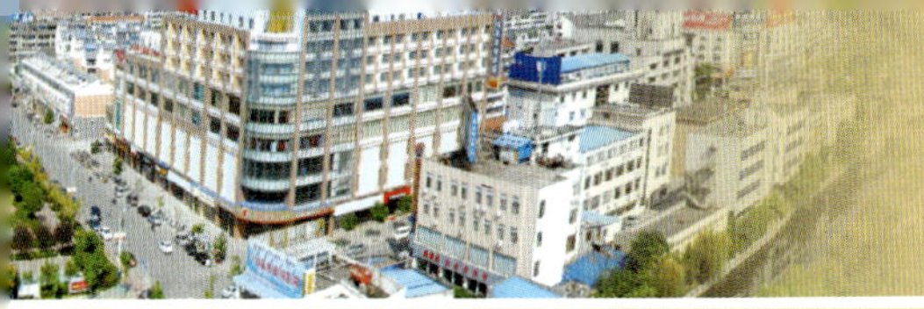

比重达到85%，较2013年提高11个百分点，高于全市平均值41个百分点。全年规模以上工业投入同比增长8.2%，技改投入增长11.8%，完成固定资产抵扣税1397万元，同比增长111%，完成数是前三年的总和，完成工业用电量8713万千瓦时，同比增长8.7%，新增装机容量17000千伏安，同比增长2.4%。公共预算收入占财政总收入的比重较2013年提高4个百分点，实体经济财税贡献明显增强，工业企业全年实缴税金1.2亿元，同比增长10.6%。农业现

软件和信息服务产业园

张八里安置小区

桃园文体广场

代化建设进程加快，全年完成项目农业投入4.3亿元，同比增长176.6%，新建农业种植园区5个，新培育南通农业龙头企业3家、如皋农业龙头企业1家，新增种养循环示范点2个、“三品”认证2个，新增二星级以上专业合作社2家，全区专业化服务面积达到2.8万亩。小麦高产创建通过省A级示范片验收，中央财政补助的现代农业园区项目完成申报。

——**“四项服务提升”即公共事业、公共保障、公共设施、公共环境四项服务全面提升**。教育、文化、体育、卫生等公共事业蓬勃发展，高新区实验学校建成投入使用，第一年招录新生1405名。人才公寓图书分馆建成对外开放，新增图书万余册。参加市“十运会”获得奖项居全市各镇（区）之首，农村卫生服务体系实现全覆盖。档案管理再上新台阶，档案中心建成并获批省三星级档案中心。群团活动丰富多彩，“相约七夕节、情定高新区”等活动取得预期成效。农村社会保障体系逐步健全，搬迁安置保障水平明显提高，全年完成搬迁168户，开创了高新区搬迁史上搬迁无遗留、当年全安置、年内全入住的先河。征地保障工作全市领先，14个征用地块436人全部进保，实现了“即征即保、应保尽保”。便民服务保障水平得到提升，便民中心建成投入使用，入住“一站式”服务窗口16个。公共设施投入不断加大，龙游湖西入口建成对外开放，景区人气显著增强。杨马河、万寿路污水提升泵站和新庄、宋桥、新华安置小区污水处理设施即将投入使用。桃园镇区、新华老街路面提升工程全面完成。全年新增公交运行线路3条，公共交通便捷化程度明显加快。公共环境日新月异，万寿路沿线城市框架全面拉开，中航瑞赛园、E联数码港、中南世纪城、御锦馨河城、碧桂园等房产项目建设加快，0#地安置房、龙游河安置区、人才公寓、市委党校、实验学校、城南花苑等功能性配套项目形象开始显现，景区、市政、小区物业管理水平得到提升。软环境建设不断加强，党员干部干事创业激情得到激发，“双选竞岗”机制受到市委肯定并在全市面上推广，勤政务实、敢于担当、清正廉洁的高素质干部队伍进一步形成。

国家火炬计划软件产业基地

东陈镇貌

东陈镇

2014年，东陈镇积极应对严峻复杂的新情况新形势，统筹抓好改革发展稳定各项工作，经济社会发展呈现良好态势。在市总结表彰大会上，被评为全市开放型经济红旗单位，同时还荣获人才工作先进单位、自主品牌创建先进单位、农村‘三大合作组织’建设先进集体、双联双助先进单位、2014年度人大、政协工作先进单位、综合治税先进单位、统计工作先进单位、食品药品安全工作先进单位、新型集居区建设先行示范村创建先进集体、信访工作先进集体、夏季秸秆禁烧一等奖等12项市级先进集体称号。回顾2014年，东陈镇经历了惊险，收获了惊喜，是砥砺奋进克难关的生动写照。

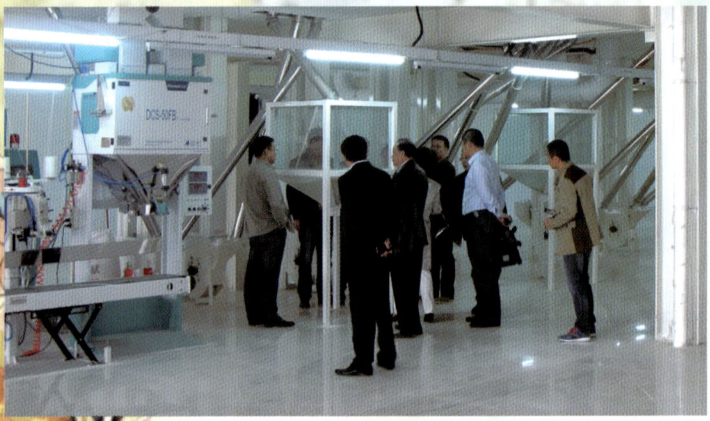

中萃米业生产线

经济运行总体平稳。在外受经济下行宏观环境、内受双马“4.16”事件影响下，完成财政总收入13479.71万元、公共财政预算收入6264.73万元,同比分别增长0.2%、4%（剔除双马因素分别增长25.67%、25.63%）。工业经济难中求进。完成全部工业应税销售29.41亿元（剔除双马因素增长3.58%），规模工业投入14.45亿元，新增装机容量6266千伏安，工业用电量8737万千瓦时，设备抵扣税752.82万元。现代农业有效提升。项目农业投入3.37亿元，新增规模经营面积7051亩、流转土地7051亩、花木生产3640亩、绿化造林1036亩、有机农业面积1000亩、设施农业面积1210亩，均超额完成全年任务。服务业发展迅猛。完成服务业投入2.54亿元，实现应税销售5.93亿元、增幅22.7%、完成率169.3%，税收2810.32万元、增幅27.3%。

转型升级不断加快。招商引资持续领先。投资超亿元的现代纺织项目和超5000万的电梯配件项目成功签约。完成工商注册外资1042万美元，实际到帐外资934万美元，利用外资考核全市第一。项目建设不断加快。全年在建工业项目19个，新核力机电、奥林石业等项目竣工投产并形成效益，新增金迪特钢、新核力机电、奥林石业、顺邦化纤、雅发船舶机械5家规模企业。园区设施不断完善。完成北部工业园区向阳南路、育才路的优化提升，东部工业园区搬迁扫尾工作基本结束。新建标准厂房8000平方米。创新能力不断增强。思瑞机器成功申报高新技术企业，其注册的斯普润商标荣获江苏省著名商标；新核力机电入选高新技术产业企业；凯晖皮草科技进入“新三板”挂牌筹备阶段；迪蒙特数控科技项目成功入选2014年度江苏省留学人员科技活动择优资助优秀类项目。

城镇新貌不断彰显。安置房建设难中求进。滨湖小区最后4幢全面交付。房地产开发有力推进。华安房产、翠湖湾一期基本建成，翠湖湾二期加紧建设。全年完成房地产开工面积3.1万平方米、竣工面积3.6万平方米，实现房产税收1154万元、位居面上十镇第二。配套设施建设同步推进。完成洪桥街改造提升工程，东风大桥全线贯通，镇区路网“三纵”格局基本形成。“十个优”考评荣获4个优。

新农村建设统筹推进。加快项目农业投入，农业开发项目通过省验收，荷藕休闲观光、无土草坪栽植、南

奥林石业

美对虾等项目规模不断扩大，万顷良田项目区2000余亩苗木全面栽植到位，投资1500万元的中萃米业投产运行。加大环境打造力度，山河社区被评为全省首批“水美乡村”。村级集体收入稳步增长，全镇实现村级集体总收入1180万元，23个村（社区）均超过30万元。

社会事业全面进步。实施农路农桥提档升级工程，新建农路61条共80公里、农桥8座。保障体系不断完善。实施困难群众住房改造72户，

新核力机电

660户1221人纳入最低生活保障体系，发放低保资金280万；实施困难群众大病医疗救助37人共33.87万元、慈善医疗救助29人次3.2万元。养老服务水平逐步提升。22个村（社区）建成居家养老服务站，敬老院的管理水平进一步提升。教育资源优化配置。丁北小学校舍改造工程开始施工；范杨先生设立丛桂教育基金资助贫困学子；雪岸小学、东陈初中成功创建乡村学校少年宫。文化事业卓有成效。20个村（社区）完成文化中心达标建设；全年累计举办各类文艺活动15场次。医疗服务水平有效改善。新建南凌、刘亮、山河、杭桥4家村（社区）标准卫生室；新型农村合作医疗参合率达100%。社会治理成效显著。矛盾调处成功率99%，市长公开电话办结率100%。

东郊花园

丁堰镇

市委书记姜永华率发改委、环保局等部门负责人赴丁堰镇督查

一、经济运行稳中有进，综合实力不断提升。2014年，全镇实现地区生产总值37.25亿元，同比增长11.5%，人均GDP7.06万元；完成财政总收入20711.05万元，公共预算收入7949.78万元，剔除不可比因素（因恒康上市股改而缴的个人所得税3826万元），分别同比增长14.12%和15.52%，完成增值税1.375亿元，同比增长13.25%。工业运行高位突破。全年完成全部工业应税销售67.2亿元，占全年目标任务的131.8%，同比增长47.4 %；实缴税金1.92亿元，占财政总收入的比重达92.7%；新增装机容量10284千伏安,同比增长97.4%；完成固定资产抵扣税1081.36万元，工业运行排名全市第一。农业农村稳步发展。粮食产量实现“十一连丰”。新增规模“全托管”项目8个，各种农民专业合作组织35个。全年实现村营收入334.45万元，同比增长12%。服务业发展迅速。全年实现规模服务业项目投入2.45亿元，服务业实缴税金1250.92万元。预计实现服务业应税销售15.27亿元、同比增长96.77%。

二、开发开放深入推进，转型升级成效明显。招商引资难中求进。完成工商注册外资1280万美元，占全年目标任务128%，到账外资607万美元，占全年目标任务101.2%，外资外贸排名全市第一。新增亿元企业1家（诺佰恩化工）、10亿元企业1家（恒康企业）、30亿元企业1家（涤诺集团），亿元企业应税销售占比达73.07%。项目建设持续推进。完成规模工业投入9.94亿元，同比增长6.8%。年度新上的恒康南厂区扩建项目、安洲制冷空调元器件生产项目、固力新材料玻璃钢法兰项目、丁纺纺织技术改造项目均已竣工投产。创新驱动不断加快。新增国际专利2个、一般发明专利10个，万人发明专利拥有量7件，排名全市镇级第一。新增国家高新技术企业2个（欧意姆、万利化工）、省科技支撑计划项目立项1个、南通市工程技术研发中心1个。

三、城镇建设务实突破，人居环境明显改善。房产开发全面提速。完成房地产开发开工面积6.5万平方米，竣工面积4.1万平方米，经营性用地出让73.64亩，搬迁63户，整理经营性用地46亩，均超额完成全年目标任务。完成团结路改造工程，完善污水管网建设，主镇区生活污水均已接入污水厂处理。群众期盼已久的旧城改造今年正式破题，占地50亩的粮管所地块搬迁出让，润泽园、丁西小镇、东盛华府三个全新、规范、大产权的商品房小区年内先后开工建设，实现了丁堰镇规范性房地产开发十年来零的突破。省特高压线搬迁安置涉及农户93户，一个月时间100%完成搬迁任务，沿线工程正有序推进。镇村环境明显改善。重点打造精品一条街工程，对形象参差不齐、东西长达十华里的镇区主干道划分责

一流的现代农业园区

任区，设立公示牌，明确责任，强化管理。建立了绿化管护责任制，组织实施白雪线绿化补栽工程，对镇区垃圾桶进行了全面清洗，对广告灯箱、宣传护栏进行了全面更新。安全环保不断强化。严格按照“一岗双责”的

要求，切实加强对安全生产的管理。制定了《值守应急工作》制度、建立了镇、村、企三级联动值守应急机制，专门抽调了2名公务员充实到安监队伍。2014年被市政府表彰为“安全生产先进镇区”。全镇“四位一体”长效管护进一步增强，环保台账进一步健全，企业排污行为进一步规范，环保信访量明显下降。

四、民生事业优先保障，人民福祉日益增进。城乡居民持续增收。2014年，农民人均纯收入和城镇居民人均可支配收入分别达17338元和30050元。保障体系不断健全。社保扩面超额完成300%，全市第一。五道医疗保障线全面加强。城乡低保实现“应保尽保”。积极与无锡客商合作探索“公有民营”养老新模式，不断提升养老服务水平。社会事业加快发展。教育优质均衡发展,2014年中考有4人达如中分数线。基本公共卫生服务均等化水平不断提升，单独二孩政策正式实施。群众文化生活丰富多彩，成功承办了如皋市第20届民营团体优秀节目草根飘香汇演。十件实事完成良好。丁西小学、丁西幼儿园主体已封顶,工业园区雨污管网和污水泵站改造已全面完成，修缮农村困难群众住房17户，村村通公交道路改造提升工程、一事一议道路、新建农桥全面完成，镇区社区公共服务中心改造全面完成，新文体中心已建成、卫生计生大楼已投入使用，下洋、高场灌区和3座灌溉车口改造全面完成，河道整治工程全面竣工，丁香路、光明路和环东路南段亮化工程全面竣工。另由于市公安部门对全市社会面监控实行统一规划，为避免重复建设，2014年唯一的一件实事在农村主要路段再增加30个社会面监控摄像头没有落实。

恒康企业皋南厂区

五、治理方式创新突破，社会保持和谐稳定。民主法制建设进程加快。“六五”普法深入推进，矛盾纠纷调处48件。社会治理扎实推进。社会治安形势持续改善，公众安全感达98 %。信访维稳工作不断加强，村（居）书记周一接访制执行有力，公众诉求渠道进一步畅通。农产品质量和食品药品安全监管有力，群众饮食用药更加安全。各项事业协调发展。圆满完成征兵任务。工会、共青团、工商联、妇联、科协、残联等群众团体进一步发挥作用。农经、水利、农技、农机、农电、广电、邮政、电信等其他事业协调发展。政府自身建设不断加强。全面推行依法行政，严格按照法定权限和程序行使权力、履行职责。政府信息公开力度加大，行政权力网上公开透明运行。认真办理人大代表建议，2014年共办理镇人大代表建议28件，办结率、答复率均在95%以上。高度重视群众来信来电来访工作，及时办理12345市长公开电话等交办事项150件，群众满意率在92%以上。严格执行中央八项规定和省市十项规定，扎实开展群众路线教育实践活动，政府系统“四风”问题得到有效整治。认真落实党风廉政建设责任制，坚决支持执纪执法机关严肃查处违纪违法案件。强化审计监督和规范政府招投标工作。深入开展村民自治工作，严格执行村民代表议事、政务公开、村务公开、财务公开制度。

南通杨天机电设备有限公司

市委书记姜永华一行到白蒲镇调研

镇区一角

白蒲镇

2014年，白蒲镇在市委、市政府正确领导下，认真贯彻落实党的十八大和十八届三中、四中全会精神，牢牢把握“稳中求进、好中求快”的总要求，以“两增加、两提升”为工作衡量标准，在抢抓机遇中保持率先发展，在攻坚克难中谋求科学发展，在统筹兼顾中促进和谐发展，全年深化改革有序开展，经济结构不断优化，人民生活持续改善，经济社会保持了持续发展的良好态势。在面上十镇中经济总量保持第一，综合考核位列第三。全年完成财政总收入2.97亿元，公共财政预算收入1.3469亿元，分别增长3.8%、2.2%。全部工业应税销售42.61亿元，同比增长2%，全口径增值税1.68亿元，同比增长7.29%。

1.行政管理体制改革顺利开展。白蒲镇2014年3月份确定为行政管理体制改革试点镇，市、镇两级高度重视，分别成立领导小组，指导落实改革试点工作。根据南通市编办批复，制定《白蒲镇内设机构主要职责及人员编制方案》，设立“一办六局两中心”，打破公务员和事业单位人员界限，整合力量、优化资源，最大限度激发队伍工作活力。按照利于群众知情、便于群众办事和易于群众监督的原则，着力推进便民服务中心、社会管理服务中心、综合执法局三大平台建设，现已基本到位，正在试运行。

2.招商引资实绩凸显。白蒲镇始终坚持“领导招商、专业招商、全员招商、以商引商”的招商战略，充分发挥家乡在外能人的资源优势，特别是利用家乡能人吴德林在深圳坪山区任区长的优势，与坪山区发改局对接，为从深圳招引产业转移项目奠定基础。2014年成功签约苏州达冠物流2000万元物流项目、江苏荣泰投资5000万元的标准厂房项目，在手在谈项目5个分别是：新加坡客商投资的甲板机械项目、江阴客商投资的钢板加工项目、日本客商投资的高档服装项目、上海富春集团投资的房地产项目、塑料制品项目。全年完成工商注册外资1000万美元，到账外资600万美元，全额完

华东油压

“三下乡”活动
春联书写现场

慰问演出

成市交任务。

3.项目建设有力推进。强化“一切围绕项目、一切为了项目”的理念，落实重点项目领导挂钩服务制度。2014年新开工和技改项目共17个，投资总额6亿元。投资

华盛名邸

1.08亿元的华东油压于9月份竣工投产，新增销售3000万元；妙卫纸业、辉腾重钢、三鑫石墨等均竣工投产；迪亚爱柯、祥顺布业等进行了设备安装和调试；润蒲酒业、华文服饰加紧建设；如通物流、荣泰标准厂房月内开工建设。引导企业不断加大科研技术投入，促进企业转型升级，科技创新成效显著。全镇实现高新技术产值53亿元，占全部工业产值48%，高于全市平均水平6个百分点。共申请发明专利120多项，新增有效发明专利31个，为全市各镇之首。

4.城镇形象大幅提升。按照“一河两岸、一轴两区”发展格局，快速实施旧镇改造工程，对重点难点地块，实行24小时轮班制度，以“五加二”、“白加黑”精神迅速推进沿河风光带等搬迁扫尾工作。全年镇区搬迁170户，安置140户，分别完成市交任务的212.5%、175%。11万平方米的惠蒲新世纪、6万平方米的华盛名邸、8.5万平方米的阳光小区等地块共计25.5万平方米的商住房相继竣工交付；7.8万平方米的龙新九龙湾、3.6万平方米的文峰商住区、10万平方米的锦绣龙湾等地块共计27.4万平方米的开发工程相继开工建设。全年房地产开工面积18.9万平方米，竣工面积11万平方米，分别完成市交任务的236.25%、171.9%；完成房地产税收3200万元，完成市交任务的145.5%。

5.新农村建设成效明显。白蒲镇始终坚持“以人为本”的发展战略，全力为民办好事、办实事。农民生活水平不断提高，2014年全镇村营收入1254.88万元，增幅16%，农民人均纯收入19010元。率先开展土地征使用制度改革，参与宅基地有偿退出机制改革试点180户，整理土地125亩。37户困难群众住房提升工程完成34户。现代农业持续推进。新增花木生产2000亩、设施农业2200亩、绿化造林1534亩、有机稻米1200亩，新建投资800万元的享寿南美白对虾养殖项目，一期工程100亩完成，实现销售150万元，利润50万元。农业基础设施进一步完善，加快实施小型水利工程、双百工程、农业综合开发和高标准良田建设。生态环境进一步改善，朱家桥村申报了国家级“美丽乡村”，蒲西社区被列为江苏省“美丽乡村”试点村。

6.社会事业再上新台阶。社会保障力度不断提高。根据人均收入水平的增长逐步提高低保、五保和孤儿供养标准，更加关注重病、残疾、丧失劳动力、失独家庭等困难群体，妥善安排好社会弱势群体生产生活，确保应保尽保，应退尽退。社会事业投入不断加大，全年累计投入

法宝禅寺

3856万元新建蒲塘路、文昌路、兴业路等主干道6.27公里；新增农村公路53公里，维修道路16条，新建和改造桥梁15座。投资4000万元，启动白蒲小学新建工程，缓解镇区教育压力；奚斜小学两栋教学楼加固工程、白蒲中学西大门改造、林梓小学新建操场工程完工，新建新姚小学开工建设，镇域学校硬件设施得到进一步提升。

吴窑镇

副省长徐鸣视察鼎鑫秸秆制粒项目

2014年，吴窑镇项目农业累计投入26450万元，完成土地流转2410亩，新增高效设施农业505亩、有机农业面积480亩，新增南通市农业产业化重点龙头企业1家。新增荷柳香园艺等一批苗木项目，锦翠苗木、顾缘园艺等项目进一步扩大规模。全年新增花木面积2128亩，完成成片造林面积415亩。新培育三元、何柳省级生态村和市级绿化示范村各1个，绿化覆盖率达32.84%，位居南通市首位。全年新增工商注册登记合作社4家、新增"四有五好"农民专业合作社2家。全年共整治三级河道1条，

南通市委副书记、市长张国华视察福康养老服务中心

四级河道19条，动土量37.58万立方米，全面完成全年河道整治疏浚任务。实施了如海灌区工程，共修建泵站2座，新建防渗渠5.8公里。完成中小河流整治工程，总动土量8.3万立方米，新建机耕桥2座，拆建涵洞6座，清淤15公里，顺利完成了万亩优质稻米项目建设，建成优质稻米核心区400亩。2014年全镇村级收入增幅达16%，全镇17个村居集体收入超100万的2家，超50万的7家。

全年镇区企业运行稳中趋好，三强集团公司在新三板成功上市，中如、丹凤、三强等企业保持强劲的发展势头，继续发挥重点企业的支撑作用。汇泽新材料、名瑞纺织等企业不断释放企业增长活力，成为全镇经济发展后备力量。全年新开工建设项目8个，完成全部工业项目投入7.24亿元，占年目标任务的103.46%，同比增长

市委书记姜永华调研菲勒电器项目

14%。新增晶诚钙制品、汇泽新材料、鼎和织造、名瑞纺织4家规模企业，累计达12家。全年招引工业项目7个，其中亿元项目2个，汇泽新材料项目实现当年签约、当年开工、当年运营销售的目标；招引服务型项目34个，农业项目12个。全年完成高新技术产业产值15亿元，完成

市委书记姜永华调研三强制药设备项目

市委常委、组织部长蒋建调研江中集团党建工作

吴窑镇党政领导班子召开党的群众路线教育实践活动专题民主生活会

市委常委、组织部长蒋建调研鸿丰房产项目

职务发明专利申请数24件，新增有效发明专利数10件，项目立项9个，均超额完成全年目标任务，新增高新技术产业企业1家，三强压力容器创建为南通市级工程研发中心。推动企业加快技改创新，中如化工全年技改投入超800万元，丹凤纺织、远业液压、展翔纺织等企业技改投入量均超过300万元。招才引智成绩明显。江中集团宗山尧入选如皋首期“148高层次人才梯队”培养工程，天之鹿鸽业与扬大开展产学研合作，扬大教授杨海明入选省“六大人才高峰”，三强艾利入选南通外专。项目建设快速推进。三强模块、澳之焙食品、菲勒电器、源正油脂、春峰链业等项目顺利建成投产，汇泽新材料、展翔纺织技改项目圆满竣工，春节后正式投产。

华尔登小区

农民文体公园

江中名苑小区

九华镇

南通市委副书记、市长张国华视察“如皋长寿养生园”工程

九华镇新建的便民服务中心总建筑面积约3250平方米，投资450万元，设有便民服务大厅，各职能服务部门已全部入驻，为群众提供便捷服务。图为市领导视察中心的情景

2014年，九华镇以“两增加、两提升”为工作衡量标准，把握“稳中求进”总基调，迎难而上，务实奋进，较好地完成了全年各项目标任务，经济社会发展呈现出经济总量继续增加、产业结构不断优化、民生工程持续改善、社会总体和谐稳定的良好势头。

经济总量稳步增长。完成地区生产总值27.5亿元，同比增长10.6％（可比价，下同）。完成财政总收入1.88亿元，同比增长4.3%，完成公共预算收入8166.7 万元，同比增长9.1%。工业经济主导地位持续凸显。全部工业应税销售30.98亿元，完成增值税1.13亿元，增长5%，工业用电量完成5510万千瓦时，同比增长11.3%；全部工业实交税金1.52亿元，税率4.73%。新增规模企业3家，新增亿元企业1家，亿元企业总数达到8家。全市工业应税销售百强企业中九华镇有6家企业入围。招商引资成效明显。完成注册外资600万美元；到账外资394万美元，同比增长16.2%。跟踪洽谈项目30多个，正式签约落户项目6个，其中亿元以上项目3个，总投资额4.2亿元。项目建设进展顺利。完成规模工业投入10.02亿元，占年计划的102.2%，同比增长16.2%。固定资产抵扣税584万元，增长43.2％，新增装机容量9507千伏安，同比增长72.38%。永大三期、凌云机床、涡轮增压项目建成投产，城市家居、城威人防项目进展顺利。鑫昌机械已正式落户，用地流转到位。粮食物流中心全面开工建设。长寿养生园项目一期工程基本竣工。科技创新引领转型，建筑业龙头企业发展壮大。

三农工作持续加强。实现农民人均纯收入 16900元，同

由九华镇创业能人徐正鱼与其企业产业链上游供货商共同投资建设的九华镇电子工业产业园项目，占地100亩，总投资额达4.2亿元，一期已竣工，电视机、背光源两个项目投产，可年产3D平板电视机50万台，实现应税销售10亿元，利税超1.5亿元。图为3D平板电视机生产车间一角

比增加11.5%。整治四级河道26条段，动土量23.3万立方米，长度达12.07公里。新建防渗渠8.76公里。新建泵站3座，维修1座。埋设高压管道1480米。新建通达工程37公里。一事一议奖补道路8条9.5公里。新建桥梁11座。农业生产条件的改善为农业稳产高产提供了保证，粮食产量实现十二连增。项目农业规模化稳步发展，农村人居环境不断改善。

城镇建设步伐加快。完成城镇基础设施投入2600万元，占年计划的153%。"十个优"创建全市领先。小城镇"十个优"创建已获得镇区路网、生态公园、商品房小区、文体中心、安置房小区"5个优"，居全市榜首。实现商品房开工面积5.33万平方米，竣工面积5.2万平方米，分别完成年计划的130%，完成镇区搬迁60户，整理土地62.5亩，实现房地产税收996.5万元，同比增长16%。基础设施投入加大，小区环境不断优化，功能配套不断完善。

社会事业全面进步。苏中苏北一流的镇文体中心投入使用，17个村居文化活动阵地达标；体育、舞蹈类项目多人次在南通、如皋获奖；新型调频广播开通；拥有健身舞点12个；业余文化团体10个；建成南通市农家书屋先进镇。社会事业长足发展，作风建设效果凸现，平安创建成效显著。

投资1400万元、总用地面积18000平方米的九华镇文体中心建成开放

地处宁通高速九华互通出口、占地面积4平方公里的九华镇工业园区以先进装备制造业、电子产业、新材料产业为特色增长极

新落成的江苏鼎杰钢业有限公司，总投资13000万元，注册资本1600万元，总占地面积65亩，年产矿山竖式预热器、原料磨、提升机、输送机、包装机等机械480台（套），年销售收入15000万元，利税1000万元

新落户的如皋市长寿养生园，总投资3.2亿元，其中一期工程投入1.5亿元，总占地面积100亩，二期工程投入1.7亿元，新建养老公寓2万平方米，将打造成星级服务、宾馆式生活、花园式环境、专业化护理，集老年人养护、医疗、康复、休闲、娱乐等功能为一体的新型养老社区。

全力构筑崛起争强新引擎 加快打造沿江板块副中心

石庄镇

市委书记姜永华调研泰仓农化

市委书记姜永华调研中技桩业

2014年，面对错综复杂的宏观形势和经济下行的巨大压力，在市委、市政府的坚强领导下，以扎实开展党的群众路线教育实践活动为抓手，全面贯彻落实党的十八大和十八届三中、四中全会精神，团结和依靠全镇人民，从容应对挑战，奋力攻坚克难，较好地完成了全年目标任务。获批“江苏省创新型试点镇”和“南通市法治镇”，被如皋市委、市政府表彰为2014年度科技创新工程红旗单位、服务业红旗单位，高效设施农业、项目农业工作先进集体，农产品质量管理先进集体，“四位一体”长效管护先进集体，人武工作先进单位。

一、综合实力稳步提升。完成财政总收入2.15亿元、公共财政预算收入8982.66万元，分别增长7.7%和6.1%，完成增值税1.28亿元、增长6.2%。工业经济量增质升。实现全部工业应税销售34.78亿元、增长12.8%，实缴税金1.64亿元、税率达4.7%。工业用电量1.64亿千瓦时、增长5.4%。新增规模企业5家、累计达43家，新增亿元企业1家、累计达9家。农业发展转型加快。新增设施农业1400亩、有机农业806亩、花木1841亩，荷塘月色生态园投入运行，有机稻米基地通过转换认证。新增南通市级以上龙头企业1家，新认证“三品”4个。土地整治、中小河流治理、高沙土农业综合开发等惠民项目相继竣工，农业综合生产能力显著提升。现代服务业提速增效。实现服务业应税销售10.04亿元，完成税收4254.83万元、增长52.6%。诚源港务获评“国家3A级综合服务型物流企业”。

二、发展活力不断增强。突出“外延扩量抓招商”和“内涵提质抓技改”，坚持创新驱动，扩大有效投入，打造经济增长的强力引擎。利用外资难中求进。完成工商注册外资1000万美元，实际到账外资350万美元、增长75%。实现外贸进出口总额6329.7万美元、增长34.7%，其中进口82.2万美元。项目建设高歌猛进。完成规模工业投入10.85亿元、增长13.9%，规模以上工业企业技改面达20%。完成固定资产抵扣税1148.34万元、增长50.1%，新增装机容量1.24

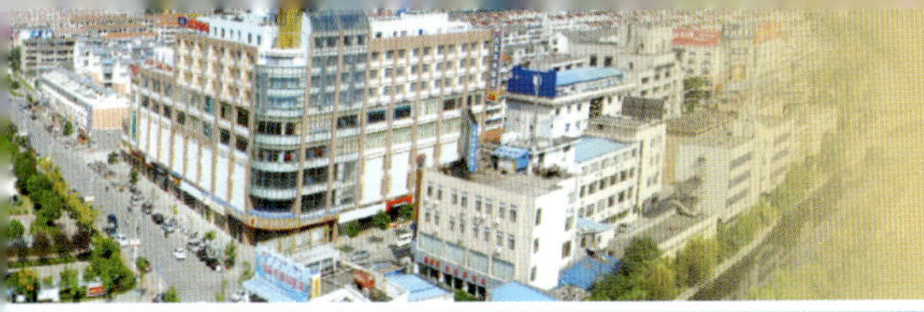

骨干企业南通天泽化工有限公司

永兴农民集居区

万福路商业街

万千伏安、增长15.6%。创新能力更加强劲。万人发明专利拥有量达6.51件，科技项目立项24个。新增高新技术企业1家、累计达5家，新增省“两化融合”试点企业1家、累计达2家，建成省级工程技术研究中心1家、累计达4家。

三、城乡面貌持续改善。把城镇化作为扩大内需、调整结构的重要抓手，加大统筹推进力度，促进城乡区域协调发展。城镇建设有序推进。镇总体规划（2014-2030）获市政府批准，镇村布局优化及村庄规划已报请审批。加快推进商品房开发和安置房建设，3万平方米万福华府开发小区全部竣工，4.3万平方米金石庄园开发小区主体封顶，2.8万平方米临江东苑安置房已建至地上5层。完成房地产税收1014.28万元，3个功能性项目通过“十个优”考评。基础设施加快建设。全力抓好重点工程服务协调，王石线建成通车，连申线桥梁改造基本完工。东部新区主干道永林大道、万福东路正在铺设水稳层。农村面貌改善明显。扎实推进村庄环境整治，获评南通市先进镇。疏浚三级河2条、四级河22条，新建农路57.6公里、改造危桥18座。草张庄社区获批江苏省“美丽乡村”建设示范项目，张杨园社区成为江苏省农村危房集中改造试点村。

四、民生事业全面进步。坚持把保障和改善民生放在最突出的位置，各项惠民实事项目基本完成。居民收入持续增长。认真落实强农惠农政策，多渠道促进农民增收。居民人均可支配收入增长11.8%左右。保障体系不断完善。加大就业困难人员帮扶力度，新增城镇就业近300人。城乡社会保障体系不断完善，社保扩面超额完成。完成敬老院提升改造工程，居家养老服务网络实现全覆盖。实施危房原址改造11户。列入城乡低保586户、1408人，五保供养410人，优抚对象911人。社会事业加快发展。大力提升中小学校办学条件，张黄小学重建工程完成基础施工。张黄、石北幼儿园获评“江苏省优质园”，石庄小学获评“江苏省平安校园”。新农合保障水平稳步提升，医疗救助力度持续加大。文体中心内部配套不断完善，综合文化站跻身“全国三级站”行列。

五、城乡社会更加稳定。主动适应依法治国、厉行法治“新常态”，充分运用法治思维和法治方式化解矛盾、维护稳定。民主法制建设提速。“六五”普法深入推进，实施法律援助11件、矛盾纠纷调处近200件。唐埠村获评“江苏省民主法治示范村”。社会治理扎实推进。依法严厉打击各类违法犯罪活动，社会治安形势持续改善。严格执行领导干部带班接访、包案化解和应急处置制度，公众诉求表达渠道进一步畅通。受理市长公开电话349件，办结率达98%。切实加强安全生产监管，突出重点行业领域隐患排查和专项整治，安全生产形势总体稳定。自身建设不断加强。全面推行依法行政，严格按照法定权限和程序行使权力、履行职责。自觉接受镇人大的法律监督和工作监督，认真办理人大代表议案和建议。深入开展党的群众路线教育实践活动，严格执行中央“八项规定”和省、南通、如皋“十项规定”，切实加强作风效能建设，“四风”顽疾得到有效遏制。加大党风廉政建设和反腐败工作力度，政府采购监管和招投标机制更加规范。全民国防教育扎实推进，征兵任务圆满完成。积极支持群团组织发挥作用，民族宗教、史志档案、关心下一代等工作取得新成绩。

中老年艺术团文艺演出

江安镇

南通市委常委秦厚德调研江安镇河道整治工作

2014年，江安镇认真贯彻党的十八大和十八届三中、四中全会精神，坚持以科学发展观为指导，以南通市级中心镇建设为主抓手，锐意进取、奋力攻坚，完成和超额完成了全年的各项目标任务，经济社会呈现出又好又快的发展态势。综合考核列全市第四名，被如皋市委、市政府表彰为目标责任制考核先进单位，获得服务业、城镇建设、农业现代化工程推进、党建工作、文化建设、社会治理工程红旗单位。2014年成功创建国家级卫生镇，被评

市委书记姜永华调研江安镇经济社会发展情况

为江苏省首批“水美乡镇”、南通市村庄环境整治先进单位和“四位一体”长效管护先进单位。

一、转型升级步伐加快，综合实力稳步提升

经济发展稳中向好　全镇全年实现财政总收入1.67亿元，同比增长15.4%。实现全部工业应税销售23.27亿元，占年计划的103.42%，同比增长15.2%。规模工业应税销售12.25亿元，同比增长25.1%。工商注册外资980万美元，实际到账外资604万美元。市外民资1.25亿元。设备抵扣税完成878.1万元，同比增长30.4%。新增装机容量11368千伏安，同比增长44.5%。

项目建设有序推进　全镇共签约项目5个，总投资9.3亿元，其中亿元项目3个。投资3亿元的江苏中瑞集团整体搬迁项目正式投产，投资5亿元的英诺威汽配一期厂房11500平方米已竣工，二期厂房10800平方米正在建设中，部分设备已进入调试阶段。新增规模企业6家。工业用电量达10349万千瓦时。

招才引智量质并举　紧紧围绕主导产业发展方向，进一步突出人才与产业的融合，在人才引进质量上下功夫，成功引进国家“千人计划”专家1名。玉兔、汤臣2家企业成功引进科技副总各1人。南通玉兔集团总经理黄海波成功申报为如皋148人才培养计划。

科技创新成效显著　申请专利230件，其中发明专利申请110件，新增有效发明专利26件。金陵化工申报省级研发中心，汤臣汽配有限公司与江苏大学合作共建研究生工作站。海纳空调与永佳电子成功申报省高新技术企业，中瑞集团成为省高新技术产业企业，玉兔集团成功申报省科技支撑计划项目。

二、城乡统筹扎实推进，城镇面貌日新月异

城镇建设成效显著　加快基础设施实施，对朝阳路、江中路、教育路全面实施绿化亮化工程，对人民路步行道进行了全面修整。好百年广场、滨江新城商业街陆续竣工，部分商家已营业，华锦商贸综合体已经开工建设。苏沪、华非、振业、江波、益多等5家房地产公司全年开发面积达8.1万平方米。完成房地产税收2080万元，总量位于全市第二。对朝阳花苑北侧、朝隆工贸、老粮管所等地块实施搬迁整理。搬迁面积3万多平方米，整理土地84.6

南通玉兔集团有限公司

江苏中瑞集团

亩。加强了对黄市、葛市、胜利三个老集镇的管理。

高效农业快速发展　围绕“农业增效、农民增收”的总体要求，大力发展现代高效农业。全镇全年发展项目农业30个，总投资3.276亿元。全年新增花木2300亩、设施农业2700亩、有机农业752亩。发展家庭农场16个，全程社会化服务组织1个；培育“全托管”服务合作社8家，服务总面积达3978.79亩，服务农户1678户；培育稻麦万亩示范片1个；申报如皋市级农业龙头企业3个；申报无公害农产品13个、有机转换期认证2个；申报南通市级设施农业园区项目1个；申报南通市畜牧转型升级项目1个。

农村环境日益改善　全镇全年新建改造农村桥梁31座，完成33公里四级农村道路建设任务。村庄环境和“四位一体”工作分别接受江苏省及南通市现场会的检阅。在陈严、葛市、朗庙三个村建设了污水处理中心，在胜利社区建设了镇畜禽粪便处理中心，解决了全镇中小规模养殖户粪便直接排河现象。2014年成功创建国家级卫生镇，被评为江苏省首批“水美乡镇”，周庄社区、陈庄村被评为江苏省“水美乡村”。2014年夏秋两季秸秆禁烧工作均获得市一等奖。

三、民生社会事业协调发展，人民生活更加幸福

持续打造江安教育品牌　实施了葛市小学教学楼加固工程和东燕幼儿园原址重建工程，东燕幼儿园顺利通过省优质园的评估验收；2014年，滨江初中中考成绩名次跃居全市第三名（乡镇初中第一名），教育教学质量评估获得全市一等奖。

卫生、计生、社保等事业发展迅速　2014年，江安有3个村（社区）成功创建省卫生村，至此，全镇31个村（社区）已经有25个获得省级卫生村称号。65岁以上老年人免费健康体检。全镇参加新型农村合作医疗89700人，统计参合率达100%。单独二孩政策正式实施，合法生育率达98%以上。镇“益寿之家”建设代表南通接受了国家计生协会及十多家主流媒体的调研。2014年被评为如皋市民政工作先进集体。

文化、体育、广电事业步伐加快　加快推进文体广电等各项工作。第四、五套秧歌表演获市二等奖并代表如皋赴南通演出，13个村（社区）举办了“乐一天文体艺术节”活动，在市十运会中获得六个奖项。有线电视普及率90%以上。

政治文明、精神文明建设硕果累累　强化镇村两级矛盾调解平台建设，切实把矛盾化解在基层，把隐患消除在萌芽状态，对全镇汇总出的信访突出问题和重点矛盾纠纷实行包案化解，限时办结，有效化解了一些沉积性的矛盾。加强网上舆论研判、监管，全年未发生影响社会稳定的重大群体性事件。2014年，江安镇获得市“文明镇”称号，江安邮政支局等7家单位获市“文明行业”称号，农业服务中心等26家单位获市“文明单位”称号。联络等5个社区、徐柴村等5个村荣获市文明社区、文明村称号。吴红芳、徐永浩获市“爱心大使”称号，刘荣贵被江苏省司法厅追记个人一等功、被司法部追授为“全国司法行政系统一级英模”。

滨江花苑

江苏省“水美乡村”陈庄村河道整治一角

搬 经 镇

南通市委副书记、市长张国华调研搬经镇

2014年，搬经镇紧紧围绕“改革创新、科学统筹，建设南通市级中心镇”的目标，积极应对严峻复杂发展新形势，团结带领全镇广大干群，克难奋进求突破，创新举措抓落实，较好地完成了全年目标任务，经济社会发展呈现良好态势。7月21日，搬经镇被建设部等七部委确立为“全国重点镇”。

综合实力稳步攀升。2014年完成财政总收入17986.17万元，同比增长12.6%；完成公共财政收入9307.19万元，同比增长15.4%。工业平稳较快发展。全年完成全部工业应税销售26.95亿元，同比增长11.52%；完成全部工业实缴税金1.11亿元，同比增长22.82%。现代农业提档增效。积极落实惠农强农政策，农业综合开发项目区改造、千亿斤粮食产能规划田间工程等项目有序推进。第三产业加快推进。全年实现服务业项目投入3.97亿元，服务业应税销售3.73亿元，实现服务业税收3025.91万元。新增限上服务业企业2家，规模以上服务业企业2家。全年完成建筑业施工产值34.92亿元。

发展后劲不断增强。始终秉承强镇必先强工业的理念，走新型工业化之路，大力度招商选资，壮大产业发展，推动转型升级，产业兴镇步伐持续加快。招商选资长抓不懈。持续推动全员招商、驻点招商、以商引商，成功引进项目10个，完成工商注册外资1110万美元，实际到账外资467万美元。项目投入量质并举。项目投入力度持续加大，全年实现固定资产抵扣税1500万元，新增装机容量15500千伏安，完成规模工业投入18.5亿元。创新能力持续加强。狠抓企业技改，促进转型升级，海泰科特等多家企业技改投入超1亿元。全年全镇新增授权专利50个、有效发明专利37个。全年共吸引63名在外人才返乡创业，引荐国家级

市委书记姜永华视察搬经镇

市委副书记、市长陈晓东调研搬经镇

凤凰文化广场

湖刘社区法治文化园

曼淇威电器生产流水线

镇区主干道

设施一流的搬经小学

省级“菜篮子”工程基地

人才2名、省外国引智专家项目1个，新增如皋市级英才2名、“148人才”1名，为创新发展提供了人才支撑。

城乡面貌焕发新姿。注重内涵发展，坚持走特色城镇化之路，力推基础设施建设，城乡统筹发展步伐更加坚实。城镇建设快速推进。完成新一轮城镇规划，镇区安置房工程基本完成，宏昌花苑7#、9#楼交付使用；鼎昌名邸二期、碧水新城二期、鼎昌家园等房产项目加速推进工程扫尾。市政建设全面铺开。24米宽的永兴路全面建成通车；凤凰大道提升改造工程全面完成基础施工，进入绿化施工阶段；西南工业园区污水管网工程完成招投标。农村面貌持续改观。村庄环境整治深入推进，全年疏浚河道100多公里，建设农村公路65公里、危桥改造26座，被评为“南通市村庄环境整治先进镇”。2014年12月份通过国家级卫生镇验收；群岸社区、晓庄村分别获得“省森林生态示范村”、“省绿化示范村”称号，中心社区获得江苏省“水美乡村”称号。

民生改善成效明显。始终坚持把保障和改善民生放在最突出的位置，惠民利民举措更加扎实，群众幸福指数持续上扬。农民收入不断提高。积极发挥党员干部“双带双强”作用，不断拓宽农民增收致富渠道，突出返乡创业带动农民就业，大胆引入金草草绳编织合作社等新型合作致富模式，促进农民人均纯收入连年增加。社会事业加速发展。教育工作再创辉煌，基础年级学业水平检测位居全市首位；中考成绩连续六年领跑全市各镇；搬经中学成功跨入四星级高中行列。文化搬经影响力持续扩大，成功创建南通市书香乡镇；镇综合文化站被评定为国家一级文化站、省公共服务机构示范单位。人武、统战工作再上新台阶，工会、共青团、妇联、残联、老龄、关工委等工作取得了新的业绩；工商、电力、广电、邮政、电信等部门服务发展成效明显。保障体系不断完善。镇、村两级养老服务体系加速完善，城镇居民基本医疗保险、新型农村合作医疗、城乡居民基本养老保险和最低生活保障基本实现动态全覆盖。11个村（社区）建成居家养老服务站，并通过市级验收。镇被评为“2014年老龄工作先进镇”。

社会管理全面进步。不断完善创新源头治理、动态管理、应急处置相结合的工作机制，和谐社会建设成效明显。精神文明建设不断深入。认真开展文明创建活动，大力倡导文明和谐社会新风尚。成功通过全国文明镇复验。公民道德建设成效显著，全镇先后涌现出中国好人候选人缪元林、市见义勇为模范顾忠全夫妇、市最美家庭朱秀美家庭等一批先进典型。社会治理水平不断提升。扎实开展涉稳隐患排查，加强领导干部定期接访下访、积极化解信访积案，全年排查各类矛盾纠纷262起，均成功调解；处理市长热线555起，解决疑难复杂信访件78起。全年无民转刑案件发生，信访工作连续多年受市级表彰。安全管理能力不断增强。优化安全管理组织，强化领导责任，始终将安全管理同步于经济发展，严格落实安全生产“一岗双责”和“一票否决”，扎实开展安全生产大检查、村（社区）安全隐患大排查，全年较大安全生产事故零发生，安全社区全覆盖。2014年，搬经镇被表彰为“南通市安全先进镇”。

如皋市农业委员会

第八届中国(如皋)花木盆景艺术节

2014年，市农委坚持以农业现代化工程为引领，以“两增加两提升”为工作衡量标准，立足“省里争位次、南通争第一”的目标定位，扎实推进各项工作，全市现代农业呈现快速发展态势。先后获得全国粮食生产先进县、全国绿化模范县、全国休闲农业与乡村旅游示范县（市）、全国农业综合执法规范化先进县（市）、全国放心农资下乡先进县（市）、全国花木之乡、全国农村沼气建设先进单位、全国长江禁渔工作先进集体等10多个国家级荣誉，高效设施农业、林业、外向农业、畜牧业、农村清洁能源、农业信息等工作均保持全省先进行列，全市农业工作连续五年荣获南通市综合考核特等奖 。

产业结构不断优化。全市现有耕地117.5万亩，粮食总产达76万吨，实现十一连增。果蔬基地面积25万亩，建成万亩省级“菜篮子”工程永久性蔬菜基地2个、省级蔬菜标准园3个。花木种植面积已达18.7万亩，苗木基地亩均产出达到3万元以上，建成百亩以上花木园区150多个，拥有园林工程公司近100家，其中国家级2家，省级14家。设施渔业面积占比达30.6%，建成观赏鱼、甲鱼、乌鱼等三大亿元级产业板块。生猪、家禽年饲养量分别达到180万头和3000万羽，规模养殖占比达87.2%和95.3%。有机农业面积达到1.7万亩，建成基地32个。桑园面积近8万亩，亩效益超过5000元，年发蚕种量全省第三。建成全国乡村旅游示范点1家、江苏最具魅力休闲乡村2家。

转型步伐不断加快。项目资金争取总量逐年提升，

如皋农产品热销上海大市场

玩鹅特色农产品基地

上年达到1.02亿元。全市设施农业面积累计达16.77万亩，建成万亩设施镇3个，千亩设施园12个，长江禾盛、长江金阳、搬经绿野、磨头华夏花卉、城南如胜、开发区紫苏等重大农业项目亮点纷呈。全市累计认定如皋市级以上各类农业园区62个，其中省级2个（全省唯一拥有2个种植类型园区的县级市），南通市级5个；认证特色基地28个，其中省2个，南通市级2个；认证示范村35个，其中省级3个，南通市级5个。工商登记注册各类家庭农场39家，建成省级示范家庭农场1家。拥有各级农业龙头企业102家，其中国家级1家、省级9家、南通市级40家。建成粮食生产全托管服务组织121家，服务面积近7万亩，建设数量和服务面积均列南通市首位。农产品出口额多年来常年保持南通第一，列全省第二，建成省级农产品出口示范基地2家。

生态环境不断改善。土壤耕地质量建设在全国领先，农村户用沼气工程总量保持南通第一。病死猪集中无害化处理模式成为全国亮点。秸秆多途径利用形式不断拓展，收储点总数达23家。累计认证无公害农产品、绿色食品、有机食品255个，建成全国绿色食品原料标准化生产基地面积42.7万亩。“如皋盆景”“如皋黄鸡”“如皋黑塌菜”“如皋白萝卜鲜食和腌制”获国家地理标志认证。在全省率先建立镇农产品质量安全监管服务所，建成7个省级、10个市级全程质量控制示范基地。2014年，全市农药使用商品量1700吨，比上年下降10%，高毒农药品种和总量已不足4年前的15%。农药配送对象108家，配送面积达5.4万亩。

服务能力不断增强。全市乡镇区域农业公共服务体系健全率达99.15%。深入落实“一村一名农技指导员”制度，培育科技示范户1600个，建成村级规范化农业科技示范服务站10个，获批省基层农技推广示范县。农委百名科技人员“驻点兴园”活动连续六年推进，服务成效有效提升。职业农民培训和农民实用技术培训深入推进，连续多年获省农民培训先进集体，全市持证农业劳动力占比得到进一步提升。建成“如皋农业信息网”、“12316三农热线工作站”等新型信息服务平台，农业信息服务覆盖率达82%。

休闲农业——市民体验葡萄采摘

设施农业——开发区紫苏项目

全托管工作服务组织——飞机喷洒农药

南通市委常委秦厚德、如皋市委书记姜永华在搬经镇鲍庄社区听取秸秆打绳机推广工作。

7月6日上午，如皋市供销合作总社在高新区江苏寿都密码农产品有限公司举行如皋长寿农产品京东商城、天猫商城、1号店上线仪式。如皋市委书记姜永华和南通市供销合作总社主任葛志华共同按球启动上线。

如皋市供销合作总社

2014年，如皋市供销合作总社荣获南通市供销合作社系统综合业绩考评特等奖；被中共南通市委、南通市人民政府评为为农服务社建设先进单位；被江苏省供销合作总社评为全省二十强县级供销合作社、2014年度为农服务社提升工程优胜单位、2014年度农民专业合作社建设优胜单位、创新工作优胜单位；被中华全国供销合作总社评为全国百强县级社。

不断推进供销社服务“三农”工作快转型，争创供销社服务“三农”的新优势

一是建设长寿农产品电子商务平台，实现供销社传统业务转型升级。年初，市供销总社与浙江天搜电子科技股份有限公司合作，注册1000万元成立了江苏寿都密码农产品有限公司，在如皋市高新区科技创业园设立了800平方米的办公场所，现有员工65名。半年多时间，投资100多万元在天猫商城、京东商城、1号店、苏宁易购四大电商平台开设“寿都密码农产品旗舰店”，上线品种近500个，公司依托供销社这个平台，整合了如皋本地长寿农产品以及南通、泰州、溧阳、泰兴、淮安、苏锡常等地名特优农产品，网络知名度快速上升。公司成功开发上线“中国长寿密码网”，含长寿资讯、长寿农产品商城、长寿研究院、店铺开设、广告、求购信息发布等频道，首创“长寿中国”栏目，将全国58个“长寿之乡”的相关资讯云集于网络。

二是积极承办中国（如皋）首届长寿农产品博览会暨中国首届长寿农产品网购节。10月28日~11月2日，市供销合作总社圆满组织承办了中国（如皋）首届长寿农产品博览会暨中国首届长寿农产品网购节，期间共有来自江苏、广东、广西、福建、山东、山西、河南、湖南、四川、吉林、海南、新疆、湖北、江西十多个省市自治区的46个长寿之乡县（市）政府代表团和300余家农副产品企业参展，参展各类农副产品达到1000余种，会展5天中，参展人数近5万人次，线上线下交易总额1500多万元，展会规模和参展人数均超出预期。

三是搭起展会平台，促进如皋长寿农产品走向全国。市供销合作总社积极组织如皋农业龙头企业、专业合作社等积极参加各地举办的农展会8场次。此外，与上海江杨农产品批发市场合作，举办展示展销会；与中国农产品流通经纪人协会合作，在北京举办特色农产品推介会。促进了如皋农业产业结构转型升级。

积极参与农业社会化服务体系建设，搭建供销社服务“三农”新平台

一是推进为农服务社长效管理。2014年，根据省总社提出的为农服务社提升工程实施方案，围绕“管理机制长效化、标识制度规范化、商品经营连锁化、服务功能多样化、服务质量最优化”的目

10月28日下午，由中国农产品流通经纪人协会和如皋市人民政府主办，如皋市供销合作总社承办的首届中国长寿农产品博览会暨中国首届长寿农产品网购节在如皋拉开序幕。

标，继续推进为农服务社长效管理。全年共完成提档升级为农服务社58家。针对需要复审的67家三星级为农服务社，主动上门指导服务，查漏补缺，按要求进行整改，做好逐一验收工作。继续对为农服务社从业人员进行培训，与市委组织部、市人社局和南通市社联合举办全省农产品经纪人创业兴业培训工程南通培训班，来自全市各镇的农民经纪人、当年复审的为农服务社从业人员、各镇远程教育骨干管理员等共180多人参加了培训，进一步提升农产品经纪人、为农服务社从业人员的业务技能和综合素质，更好地服务群众，促进农业增效、农民增收。

二是加强"苏·皋长寿"集体商标管理，打造长寿农产品品牌。在如皋市政府将"苏·皋长寿"集体商标交给如皋市社运营管理后，供销社积极承担政府委托的职能，研究制定了"苏·皋长寿"集体商标使用管理细则和使用许可合同，在相关媒体广泛宣传，提高"苏·皋长寿"商标知名度和美誉度，吸引全市农业龙头企业、专业合作社和家庭农场正确规范使用"苏·皋长寿"集体商标。

通过努力，"苏·皋长寿"集体商标的社会影响力不断提升，不少现代农业园区、龙头企业、专业合作社积极要求申请使用"苏·皋长寿"集体商标。2014年，如皋、南京两地的"苏·皋长寿"食品专卖店正式对外营业。上海"苏·皋长寿"农产品专卖店也已选址落户浦东新区。通过加强宣传推介，"苏·皋长寿"农产品已进入旅游专卖店、航空港销售，提升了如皋长寿农产品的市场竞争力。

三是成立沪皋农产品流通销售商会，打造长寿农产品进上海"快车道"。2014年1月份，如皋市委、市政府与上海蔬菜（集团）有限公司签订了战略合作协议并交由如皋市社负责具体推进工作。市供销总社积极发挥联合合作优势，在上海市场积极筹建如皋农产品沪皋流通销售商会。7月份，在上海召开了由118位如皋籍经营业主参加的如皋农产品沪皋流通销售商会成立大会。商会成立后，积极组织产销对接活动，组织商会会员参观如皋现代农业园区、农业龙头企业、家庭农场，互通供需信息，搭建产销对接平台，为优质如皋农产品进入上海菜市场提供了"快车道"。12月份，依托商会在上海江杨市场、闸北市场举办如皋市优质农产品展示展销会，大力推介如皋特色农产品，加快了如皋农产品进上海的进程。"成立如皋农产品沪皋流通销售商会，推进如皋农产品进上海" 获得南通市供销合作社系统"创新奖"一等奖。

四是推广使用秸秆打绳机，积极推进秸秆综合利用工作。2014年，南通市供销合作总社出台了《关于培育农民专业合作社推进秸秆综合利用的意见》并召开了现场会。大家认识到，开展秸秆综合利用工作，利国利民。推广秸秆打绳机，既能有效解决稻草处理问题，又能增加农民受益。在多次参观学习后，主动与如皋市现代农机有限公司对接，由专业化公司销售秸秆打绳机并提供维修、更换配件等售后服务。为树立典型，积极与市委农工办、市农委、财政局等单位联系，争取使用扶贫资金，在市社双联双助村的贫困户中推广使用首批100台秸秆打绳机，示范带动其他农户。结合全市为农服务社长效管理现场推进会在全市推广使用秸秆打绳机，明确各镇的目标任务并加强考核。发挥联合合作优势，组建专业合作社，帮助合作社开拓市场，开辟销售渠道。

6月10日，市委副书记、市长陈晓东调研市总社工作

7月31日，由如皋市人民政府主办，如皋市供销合作总社承办的如皋市农产品进上海洽谈会暨市农产品沪皋流通销售商会成立大会在上海市滨江欣景大酒店会议中心举行。

12月26日，由如皋市供销合作总社牵头组织的如皋特色农产品进沪启动仪式在上海市江杨农产品批发市场举行。

水务局

省水利厅副厅长张劲松（中）视察如皋水利工作

河道综合整治工作取得新成果。2014年度河道整治计划于2013年12月31日前全面高标准超额完成，并率先通过南通市级验收，共整治一级河道1条段、三级河道20条、村庄河道（含家沟家塘）403条。疏浚土方829.66万立方米。整形出新的河道做到绿化、配套、管护一步到位。新建涵洞91座、植树5万多株、种草护坡30.1万平方米。2015年度河道整治工作于2014年11月1日拉开帷幕，2015年元旦前超额完成了土方整治任务。

水利项目建设实现新突破。全年向上争取项目投资规模为1.66亿元，其中省以上资金1.1亿元。水利项目的实施继续保持标准高、推进快、效果好的良好态势。按序时进度高标准完成了如海灌区续建配套与节水改造第十二期、高效节水灌溉试点县第二期、中小河流治理重点县第一期等重点农水项目，完成总投资1.71亿元。提前三个月高标准完成中心城区水系畅通工程。该工程是市政府2014年

9月17日，南通市河道清障暨长效管护工作现场会在江安镇召开

政府为民办实事的第一件实事。工程于3月上旬全面开工，8月中旬提水试运行，9月底前全面完成。工程总投

姜永华书记视察冬春水利建设工作

资约2670万元。

农村环境“四位一体”长效管理工作常态化高效运行。该项工作在每月南通市现场考核中均名列第一。全年市长效办开展各类巡、督查40余次，制作专题片23集，拍摄照片8000余张，全年垃圾总量达22万吨，同比增长27%；同时，针对水浮萍易生长、难清理的特点，积极试点和推广“水面发包，放养鱼苗，以河养河”的生态管护方法，在水浮萍生长较为密集的河道，放养草鱼、鳊鱼。全市可养鱼河道5245条，现已养鱼河道3881条，占74%，已养鱼河道面积占可养鱼河道面积的84%。通过食草鱼吞食，降低管护人力4.8万个工，人工工资240万元，增加村居经济收入1400万元。

防汛抗旱工作扎实卓有成效。扎实开展汛前、汛后检查工作，对查出的隐患及时整改到位。先后组织实施了长青沙西南角应急防护处理、新跃涵洞抢修、焦港港堤堤顶道路等工程项目。汛中，根据雨情、水情、工情，审时度势，科学防汛，安全度过了汛期。平时，利用沿江三大闸进行引江调水和生态补水，以改善内河水质，保障工农业生产、生活用水需要。据统计，全年共引水12.75 亿立方米，比常年多引4亿多立方米，为经济社会发展提供了充足的优质的水资源。

积极开展拆坝建桥（涵）工作。在南通市率先启动拆坝建桥（涵）工作，积极培育江安镇陈庄村先进

水清、线畅、坡绿、整洁的村庄河道

典型，精心打造了水清、水畅、景美的河道环境，为南通市河道清障及长效管护工作会议提供了高标准现场。现场会后，逐镇逐村逐河进行调查摸底，对全市河道坝头坝埂进行全面统计，制定了全市拆坝建桥（涵）工作实施方案，同时落实江安镇胜利社区、搬经镇群岸村、石庄镇草张庄村为三个试点村，先行组织推进该项工作。

市委副书记、市长陈晓东视察水利工作

依法治水能力明显提升。积极开展水务法律法规的宣传，强化对骨干河道岸线使用的服务与管理；积极开展集中式饮用水源地达标建设，顺利通过了省级验收；坚持实行最严格水资源管理制度，以“三条红线”为依据，强化水资源的管理、利用与保护；以水规费征收为着力点，促进水资源管理各项工作的落实，超额完成了各级财政下达的水规费征收任务；积极开展节水型社会建设，成功创建节水型社区、节水型学校、节水型灌区各1家；进一步加大水行政执法力度，加强水政监察执法队伍建设，开展了一、二级河道清障、水资源执法大检查等专项活动，全年共查处各类水事案件38起，其中立案查处4起，全部程序合法、行为规范、适用法律准确，无一例行政复议及行政诉讼案件。

整治一新的村庄河道

农村危桥改造工作顺利完成。年初，市政府将该项工作交由市水务局负责，市水务局随即安排技术人员会同市财政局根据各镇上报的年度计划逐桥进行了现场查勘，最后确定确实需要改造的共79座农桥。各镇按照规范程序组织了实施，11月底前完成了所有计划任务，并通过了市级验收。

安全基础工作进一步增强。安全生产责任制得到进一步落实，各项水利工程顺利完工，未发生安全生产责任事故，市水务局专门成立了质量与安全监督站，有效整合了安全监督力量，安全基础工作得到了有关部门充分肯定，2014年市水务局被评为安全生产先进单位。

整治一新的村庄河道

整治一新的龙游河中心城区段

如皋市农业资源开发局

市农发局机关人员参观廉政书画展

2014年，如皋市农业综合开发工作改四风优作风，深入开展党的群众路线教育实践活动,取得了新成效：一是被南通市委、南通市人民政府表彰为南通市农业综合开发工作先进集体；二是在9月18日，省农发局代表国家验收中，取得了苏中组第一名的好成绩。三是在10月29日召开的南通全市高标准农田建设工作会议上，城南街道做了《推进高标准农田建设 促进现代农业发展》的典型发言。四是9月15日南通市人大到如皋专题调研高标准农田建设，对项目建设、管理的成效给予了充分肯定。

高沙土项目“三堂会审”

项目建设现场推进会

优化选项，筑牢农业综合开发基础平台。2014年共争取到农业综合开发项目13个，总投资8165.08万元，其中财政投入5570万元，争取上级资金4949.75万元，总投入和财政投入都为历年之最。**创新模式，打造勤奋务实清廉新形象。**以市政府办公室的名义下发《如皋市农业综合开发公开选项、竞争立项办法》，建立公开选项竞争立项机制；与财政局联合制发了《如皋市农业综合开发项目选项立项评审办法（试行）》，建立项目申报县级评审机制，坚持规划设计三堂会审机制。**优化管理，提升项目工程建设管理水平。**出台了《关于进一步加强农业综合开发土地治理项目工程建设管理的工作意见》，实行工程质量管理责任制，进一步规范项目管理，提升了管理水平和项目形象。

共建村级电子阅览室

建成的高标准农田

农业机械管理局

省农机局局长徐顺年一行在如皋调研

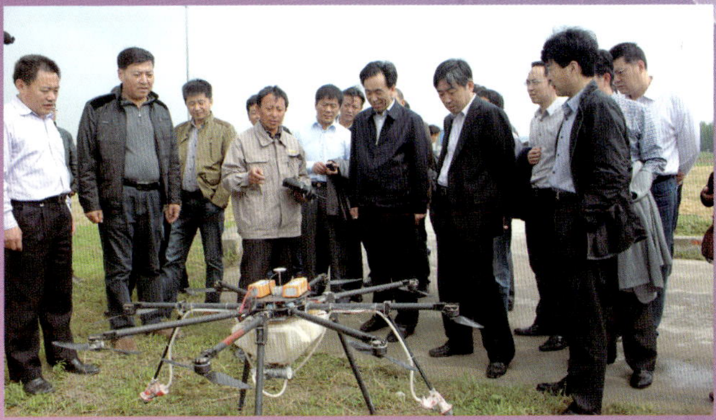

市领导姜永华等观摩多旋翼植保飞行器演示

2014年，市农机局认真贯彻落实全市农业农村工作会议和省、市农机化工作会议精神，以农业增效、农民增收为核心，突出重点，调优结构，农机化工作实现了又好又快发展。

一、实施农机购置补贴资金创历史新高。全市共实施中央及省级财政补贴资金2683.362万元，占省年初下达补贴资金1700万元任务数的158%，超出历史最高年份2011年1000万元，为我市购机补贴政策实施以来补贴资金最多的一年，受益农户达1363户，有效提升了农机装备水平。全市农机总动力达79.5 万千瓦，农业机械化水平达84.2 %，比上年提高2.2个百分点。

高速插秧机在水田里来回穿梭

二、秸秆机械化还田取得明显成效。首次实行第三方核查，经我市第三方核查单位确认的还田面积100%通过省级第三方核查。夏秋两季，全市投入75马力以上拖拉机及秸秆还田机1600台套，50～75马力的拖拉机及秸秆还田机900台套，全年完成秸秆机械化还田面积93.6万亩，占全市稻麦面积66%。5月28日，副省长徐鸣一行到我市城北街道平园池村视察了秸秆机械化还田工作，给予充分肯定。

三、农机科技推广应用在全省继续处于领先水平。连续第六年被确定为农机科技入户工程项目实施市。在南通市率先完成农机人才培训工作，全年共举办8期农业机械职业技能鉴定获证奖补培训班，654人通过鉴定考核，为农机、农艺有机融合，为农业规模经营、现代农业发展提供了强有力的支撑。在南通市农委、总工会、人社局组织的全市农机职业技能竞赛中，农机局荣获优秀组织奖。

四、农机安全生产形势平稳。全面落实农机安全生产责任制，以提高“三率”为重点，严把源头关，共检验拖拉机5990台、联合收割机838台，开通“平安农机通”5365人，办理农机双优卡268张。办理农机政策性保险1960台，财政共补贴保费95.6万元。全年农机安全生产无事故。

五、机电排灌管理进一步强化。市政府出台了《关于进一步规范机电排灌工作的通知》，促进了机电排灌工作规范有序发展。泵改项目实行三级验收制，投入300万元，其中市财政投入110万元，综合改造泵站35座。改造后的泵站已投入灌期运行，并逐步显现出良好的经济和社会效益。

秸秆还田机在田间作业

信访局

市委书记姜永华接待群众来访

市委副书记、市长陈晓东接待群众来访

市信访局开展群众路线教育实践活动

2014年，市信访局围绕全市信访维稳工作中心，以控制和减少群众进京非正常上访集中治理工作为主线，以强化领导包案化解疑难复杂问题为抓手，以源头预防社会矛盾纠纷为重点，以促进群众问题及时就地解决为目标，通过强化服务、落实责任，群众进京非正常上访被有效控制在上级规定的指标范围内，列南通市前列，敏感时期全市实现群众进京上访“零”登记，完成了上级提出的“四个确保”目标任务，年度全市信访工作被江苏省信访工作联席会议表彰为先进单位。

1、抓渠道畅通，突出领导干部接访下访。在全市持续开展领导干部接访下访活动，市委、市政府印发《市领导接待群众来访日程安排的通知》（皋办[2014]14号），把重点约访、专题接访、带案下访作为领导接访下访主要形式，健全完善了领导接访交办、督办、查办工作机制。年内，市四套班子领导累计接待群众来访113批469人次，其中：市委书记、市长接待来访群众58批251人次，接访交办事项报结率100%。

2、抓源头预防，突出矛盾纠纷排查化解。围绕“五大专项行动”工作要求，市信访工作领导组印发《全市以解决信访突出问题为重点的矛盾纠纷排查化解专项行动实施方案》（皋信组发[2014]11号），在全市集中排查突出不稳定问题108件（群体性问题16件），集中交由市四套班子领导、镇（区、街道）及部门主要领导包案化解和落实稳控责任，不稳定问题化解率89.7%，人员稳控率96.4%。

3、抓基础工作，突出来信来访事项办理。严格规范来信来访事项受理、交办、办理、回复、报送工作，认真落实首接负责制、首办责任制、首访下访制，努力提高来信来访事项一次性办结率和停诉息访率。年内，市信访局累计接待来市上访群众1041批4663人次，劝返进京上访群众49批62人次，劝返去省上访群众94批207人次，办理群众来信1965件，确保群众事项件件有落实，事事有回音。

4、抓事要解决，突出信访事项领导包案。年内，先后四次集中交办重点信访事项157件，全部落实了市、镇党政领导包案。研究建立了领导包案“六个亲自”工作制度，围绕“事要解决”工作核心，及时提请市委常委会定期组织市包案领导交流工作推进情况，市信访局每月对领导包案事项进行督查推进，保证了工作落实。集中交办的157件领导包案事项通过领导接访、下访、集中会办、救助帮扶等措施，问题办结率82.1%，人员稳控率92.3%。

5、抓工作重点，突出敏感时期稳定工作。2014年，各级“两会”、中央巡视组在江苏巡察、南京青奥会、党的十八届四中全会、北京APEC会议及国家公祭日等敏感节点贯穿全年，在全市建立信息搜集、研判、报送、处置工作机制，落实信息“日”报告、“零”报告及对重点信访人员“一日三见面”工作制度，第一时间内报送不稳定有效信息76条。强化应急处置工作，成功劝返拟去省、进京上访人员39批51人次，及时控制和避免了三类群体人员策划越访事件。

6、抓依法治访，突出不断规范信访秩序。在全市集中开展进京非正常上访综合治理活动，市信访联席会议印发《集中开展第二轮进京非正常上访“百日攻坚”活动实施方案》的通知（皋信联[2014]1号），对照上级下达如皋18人次非访控制指标，采取有力措施，强化人员稳控，推进问题化解，年内全市群众进京非访被有效控制在指标范围内。强化依法治访，先后对16名进京非访人员进行了法制训诫，其中对2名执意进京违法上访人员进行了行政拘留，群众违法信访行为得到了有效遏制。

7、抓责任落实，突出信访工作考核追究。成立由市纪委（监察局）、组织部、维稳办、信访局等部门为主体的信访维稳联合考核组，11次集中对全市信访维稳工作落实情况实行月考核、月排名、月通报。加大问责力度，落实责任追究，年内先后对七名党员干部因工作失职进行了问责处理。

8、抓工作创新，突出信访信息化建设。全面推进“阳光信访”信息系统建设，市委、市政府下发《关于推进全市网上信访建设工作的通知》（皋办[2014]90号），把来信、来访、来电、网上投诉等不同形式受理的信访事项，全部纳入网上信访信息系统统一流转，将信息系统纵向延伸到镇（区、街道）、横向联通到相关部委办局，年内，系统已全部投入使用，信访事项办理效率得到全面提升。

20日 △ 市委书记姜永华率领市委办、国土局、财政局、发改委等部门负责人前往磨头镇调研，走访镇工业经济和小城镇建设部分重点项目，先后查看尚城花苑、龙栖湾国际花园等房地产开发项目现场，如皋市同泰电力器材有限公司、南通皋鑫科技开发有限公司、如皋市泰雅特针织时装有限公司、南通钜研自动化设备科技有限公司等项目现场，了解企业复工和运行情况。市领导谢新民、蒋明华参加调研。

△ 市委副书记、市长陈晓东专题调研教育工作，强调继续办好让党委政府放心、人民群众满意的教育，使教育成为推动全市经济社会发展的又一引擎。市领导胡拥军、张元健、缪爱诚、钱志刚参加调研。

△ 市委副书记司祝建率领相关部门负责人调研如皋海关工作，要求海关进一步创先争优，在南通争一流、全省争领先、全国争影响。副市长茅红宇参加调研。

△ 全市卫生工作会议召开，回顾2013年卫生工作情况，研究部署2014年卫生工作任务，加速推进全市卫生事业发展。市领导胡拥军、张元健、缪爱诚、钱志刚出席会议。

△ 市教育局、公安局联合开展全市校车安全运营和管理工作专项督查，确保学生交通安全。督查主要针对配有校车、农村公交及家长合租车辆接送学生的镇(区、街道)学校，除现场了解学校与驾驶员、乘车学生家长签订《安全责任书》等情况，就恶劣天气车辆安全驾驶等工作提出具体要求外，同时对合租接送学生车辆进行突击暗访检查，对存在违规、违法的车辆驾驶员和车主加强现场法制教育。

△ 长江镇(如皋港区)举行2014年银政企合作恳谈会，市委副书记、市长陈晓东出席活动并致辞。与会的40多家金融机构代表和100多家企业代表参观长江镇(如皋港区)发展亮点现场，听取长江镇(如皋港区)重大投资项目需求推介，并进行合作洽谈，达成部分初步合作意向。

21日 △ 市委书记姜永华率领相关部门负责人前往丁堰镇、东陈镇，专题调研两镇重点工作推进情况，实地查看丁堰镇的明德塑胶、恒康家居和丁堰纺织技改项目，东陈镇的双马化工、江苏新空间集团。市领导石耀、蒋建、张勇参加调研。

△ 市委书记姜永华率领市委办、财政局、发改委、国土局等部门负责人前往下原镇、吴窑镇，调研重点工作推进情况，先后走访下原镇的锡泰针织时装、华阳铝制品、盛达铸造等多家企业，并在吴窑镇实地视察了华尔登府邸、华纳电子科技、三强容器、三强制药设备等重点项目现场。市领导蔡忠、张元健、杜永红、谢刚参加调研。

△ 市委副书记、市长陈晓东率领市发改委、国土局、财政局、监察局、交通运输局、住建局等部门负责人前往经济技术开发区(城北街道)，就政府性投资项目计划现场办公，听取经济技术开发区(城北街道)2014年政府性投资项目介绍，并对列出的项目进行审核。

△ 市委召开党的群众路线教育实践活动督导组培训会议，学习贯彻上级指示精神，并就市委派出9个督导组全程督导镇(区、街道)、部门、单位教育实践活动相应的工作职责、工作步骤及工作要求等进行具体部署。市委副书记、市委教育实践活动领导小组副组长司祝建出席会议。

△ 全市生态文明建设和环境保护大会召开，明确2014年维护水环境安全、全面实施“蓝天”工程、推进城乡环境综合整治、消除环境安全隐患、维护生态平衡五大重点环保民生目标。

22日 △ 中共如皋市第十一届纪律检查委员会第五次全体(扩大)会议召开，学习贯彻中央以及省和南通市纪委全会精神。市委常委、纪委书记蔡忠代表中共如皋市第十一届纪律检查委员会常务委员会向第五次全体(扩大)会议作题为《紧扣中心任务，坚守责任担当，以创新精神深入推进党风廉政建设和反腐败斗争》的工作报告，总结2013年全市党风廉政建设和反腐败工作，部署2014年工作任务。市委书记姜永华出席会议并讲话，强调切实改进作风，坚决反对腐败，坚定不移地将党风廉政建设和反腐败斗争不断引向深入，开创全市反腐倡廉建设新局面。

△ 全市党的群众路线教育实践活动业务培训会召开，就开展学习教育、听取意见环节工作进行业务指导。全市89家参学单位的分管负责人和联络员参加会议。

△ 全市教育现代化建设推进会召开，推动“学有所教”向“学有优教”转型。市委书记姜永华，市委副书记、市长陈晓东出席会议并讲话。

△ 市第十届运动会暨首届全民健身运动会动员会召开，要求市各责任部门和各镇（区、街道）扎实做好前期筹备工作，切实办好4月至10月举办的运动会。市领导陈晓东、胡拥军、张元健、缪爱诚、钱志刚出席会议。

△ 全市农机化工作会议召开，表彰2013年农机化工作先进单位和个人。市领导司祝建、邵晓泉、杜永红、郑振明出席会议。

23日

△ 全市人力资源和社会保障工作会议召开。市委常委、常务副市长吴道健出席会议并讲话，要求多渠道搭建招工平台，帮助企业化解用工难题，统筹支配好各项基金、资金，提升基金财务管理水平，确保新增被征地农民即征即保，做优百姓身边的“四不出村”服务，努力开创人社工作新局面。会议表彰了2013年度人社系统先进个人和先进集体。

24日

△ 市委副书记、市长陈晓东率领市发改委、国土局、财政局、监察局等部门负责人前往高新区（城南街道）和长江镇（如皋港区），就政府性投资项目计划安排现场办公，听取相关投资项目介绍，并对列出的项目进行审核。

△ 市委副书记、市长陈晓东前往如皋工业园区（如城街道）孔庙社区，对创建省城市管理示范路和示范社区工作进行督查，就小区绿化管理、社区环境卫生、停车管理、路灯照明管理等方面进行深入细致的了解。副市长陈万圣参加督查。

△ 市委副书记司祝建队率队前往磨头、搬经、江安3镇，就造林绿化和花木生产工作进行现场督查，先后实地查看磨头镇华夏花卉二期项目进展情况，考察搬经镇土山村和江安镇黄建村、胜利社区等多个村（社区）花木生产基地。

△《如皋日报》报道：第七批全国农业标准化示范区“如皋市生猪生态建康养殖标准化示范区”项目通过国家标准委委托江苏省质量技术监督局组织验收，成为如皋继“江苏如皋黄鸡标准化示范区建设”项目后又一国家农业标准化示范区。

25日

△ 由南京农业大学、扬州大学、省作栽站、省农科院专家组成的国家粮食丰产科技工程江苏实施区考察组到如皋，对2013年如皋项目区建设情况进行考察，参观东陈镇、丁堰镇专题试验现场和小麦高标准示范方，对如皋项目区实施情况给予高度评价。

△ 南通市委督导组组长，南通市卫生局党组书记、副局长葛维先前往如皋中学，对该校党的群众路线教育实践活动进行动员部署。市领导蒋建参加活动。

△ 全市农经工作会议召开。市委副书记司祝建出席会议并讲话，要求全市上下抓好农村改革发展，稳步推进中心镇建设，强化村庄建设和服务管理，千方百计增加农民收入，加快发展村级集体经济，加快村级经济发展，促进农民增收。

26日

△ 省委研究室副巡视员徐前兵一行到如皋调研经济发达镇行政管理体制改革试点工作，对长江镇（如皋港区）推进便民服务、综合执法、社会管理“三大平台”规范化建设，全市8个部门80项行政许可、非许可行政审批事项以及377项行政处罚、行政强制事项下放长江镇（如皋港区）等工作给予积极评价。市委常委、组织部部长蒋建参加调研座谈。

△ 市委书记姜永华率领市委办、发改委、财政局、安监局、国税局、地税局、工商局等部门负责人，

前往长江镇(如皋港区),走访调研华大石化、诚晖石化、港务集团、阳鸿石化、宏川化工等企业,就企业发展中遇到的难题进行现场交办,并与意向来如投资的江苏瑞华燃料集团、江苏润通集团、大连富能电力燃料等煤炭贸易企业负责人,就投资合作事宜进行初步洽谈。市领导司祝建、茅红宇、郑振明参加活动。

△ 市重大项目领导组会议召开,市委书记姜永华,市委副书记、市长陈晓东出席会议,听取全市重大项目实施情况汇报并讲话。1至2月份,全市列入重大项目库管理的亿元以上项目达到101个,为推动经济持续又好又快发展集聚了力量。

△ 市工会第十四次代表大会第五次会议在市总工会召开。会议审议通过市总工会工作报告、财务工作报告、经审工作报告,就深化服务型工会建设工作作出决议,并对全市2013年度星级和谐企业、工会工作示范点单位和成绩突出、获得"如皋市五一劳动奖章"的工会主席进行了表彰。市委常委、市委组织部部长蒋建,市人大副主任张元健、市政府副市长缪爱诚、市政协副主席钱志刚应邀出席会议。

△ "逐梦江海"驻南通媒体记者见面会在如皋举行,南通市委常委、宣传部部长章树山出席见面会。来自《新华日报》《扬子晚报》《国际商报》等驻南通媒体和南通市级媒体的30余名记者在如皋实地参观,感受花木产业魅力并进行了采访交流。

27日 △ 全省城市战线共青团工作会议在如皋召开,与会人员现场观摩全省首家新经济组织团建工作站——如皋港工商分局工作站和省青年文明号单位如皋边检站团建工作典型。

△ 省检查考核组到如皋检查考核城市管理示范社区、示范路创建工作,实地查看孔庙社区、中山路等处,并听取相关创建工作情况汇报。市领导蔡忠、万维庆陪同检查考核。

△ 盐城市射阳县委副书记王玉新、副县长尤道俊率考察团到如皋,考察现代农业园区建设情况,参观禾盛现代农业园、金岛生态园、如意生态园。副市长杜永红陪同考察。

△ 市委副书记、市长陈晓东率领相关部门负责人前往如皋工业园区(如城街道),就政府性投资项目计划安排进行现场办公,听取如皋工业园区(如城街道)2014年政府性投资项目介绍,相关部门对列出的项目进行审核。市委常委、如皋工业园区(如城街道)党工委书记刘向阳参加活动。

△ 市委副书记司祝建率领市发改委、农委等部门负责人前往经济技术开发区(城北街道),深入部分挂钩企业开展调研,先后走访长寿集团、晨阳葡萄园、戴庄建筑安装工程有限公司等处,了解企业发展情况,会办企业发展难题。

△《如皋日报》报道:市港口局收到省交通运输厅《准予交通行政许可决定书》,同意如皋港务集团有限公司提出的港口岸线行政许可申请,批准该公司在长江下游如皋中汊左岸、如皋港区长青沙港池东侧兴建码头工程,使用572米港口岸线。

28日 △ 农业部巡视组组长徐百万一行到如皋调研病死猪无害化处理工作,实地参观如皋经济技术开发区动物无害化处理收集点以及利民动物无害化处理中心,听取相关工作情况汇报。副市长杜永红陪同调研。

△ 南京海关副关长叶震林到南通荣威娱乐用品有限公司开展调研,参观企业生产车间,了解当前经营情况。市委副书记司祝建、副市长茅红宇陪同调研。

△ 市委书记姜永华一行调研城市建设工作,实地查看城市搬迁改造、安置房建设、商品房开发等领域重点项目现场。市领导司祝建、蔡忠、刘聪泉、蒋明华、陈万圣、黄文斌、万维庆参加调研。

△ 市委副书记、市长陈晓东主持召开第十六届市政府第二十二次常务会议,讨论通过《如皋市人民政府党组深入开展党的群众路线教育实践活动实施方案》《2014年市政府重点课题调研方案》《2014

年全市安全生产工作要点》《2014 年市政府规范性文件立项计划目录》《2014 年全市依法行政工作要点》等议题。

△ 市委副书记、市长陈晓东召集市住建、交通、教育、卫生、司法、城管、环保、粮食等部门和港投集团负责人,召开政府性投资项目现场办公会,听取各单位关于 2014 年政府性投资项目概况、实施意义、资金来源、前期准备等情况的介绍说明,并与市政府办、财政局、发改委、国土局、监察局就项目可行性进行逐一评定。市委常委、常务副市长吴道健,副市长成明出席会议。

△ 市政府召开如皋口岸暨国际航行船舶进出口岸监管工作会议,总结表彰 2013 年度口岸边检监管工作,对"两会"和"青奥会"边检监管工作进行部署。会上,如皋边检站与相关单位签订《口岸安全保卫联动合作协议》,就"联勤、联防、联动、共享"达成共识,建立口岸安保工作长效机制,共同维护如皋口岸安全稳定。市领导司祝建、张勇、茅红宇、郑振明出席会议。

△ 全市旅游工作会议召开,市领导胡拥军、刘聪泉、缪爱诚、黄文斌出席会议。会议提出 2014 年目标接待游客 710 万人次,实现旅游综合收入 84.6 亿元、旅游增加值 38 亿元,努力推动旅游产业转型升级、提质增效,打造长三角一流旅游目的地。

△ 中铁大桥局集团总经理胡汉舟一行前往熔盛重工,查看沪通长江大桥大型钢沉井加工项目生产准备和开工进展情况。该钢沉井建成后是国内整体建造出坞的最大钢沉井,加工方案变现场制造为工厂化加工,由熔盛重工在国内最大的干船坞(139.5 米×580 米×14 米)内一次性建造完成,利用 1600 吨大型龙门起重机整体出坞。

28 日~3 月 3 日

△ 根据市委统一安排,市委常委联系镇(区、街道),对党的群众路线教育实践活动进行具体指导。市委书记姜永华,市委副书记、市长陈晓东,市委副书记司祝建分别前往长江镇(如皋港区)、磨头镇等联系点,市委常委胡拥军、吴道健、胡宏杰、马金华、蔡忠、缪小华、蒋建、刘向阳分别前往九华镇、石庄镇、白蒲镇、江安镇、经济技术开发区(城北街道)、下原镇、搬经镇、丁堰镇、东陈镇、如皋工业园区(如城街道)等联系点,指导并参加动员大会,开展民主评议。

2014 年 3 月

1 日

△ 全市政法工作会议召开，围绕“维护社会大局稳定、促进社会公平正义、保障人民安居乐业”三大任务，对全年政法工作进行部署。市委书记姜永华出席会议并讲话。

△ 全市网络宣传工作会议召开，研究部署 2014 年充分利用互联网平台做好舆论宣传工作。市委常委、宣传部部长胡拥军参加会议。市城管局、教育局等部门就政务微博建设、官方网站运营等交流发言。

△ 本月起，《如皋市残疾人免费乘坐城区公交车辆实施方案》正式实施，持有第二代“中华人民共和国残疾人证”的各类残疾人，可凭证免费乘坐城区 16 条线路公交车。

3 日

△ 市委书记姜永华听取市委常委、组织部部长蒋建关于全市党的群众路线教育实践活动推进情况汇报，要求进一步促进教育实践活动深入开展，确保活动不流于形式。

△ 市委书记姜永华专题听取《如皋市配电网规划报告(2013 版)》和《如皋经济技术开发区规划先行区配电规划报告》汇报，要求市供电公司实施电力设备布局规划与全市发展有机衔接，更好地服务群众、保障发展。

△ 市人才工作领导小组召开会议，听取 2013 年全市人才工作情况汇报，研究讨论 2014 年人才工作要点、2013 年度市“雉水英才计划”评审结果和资助计划、首届“148 高层次人才梯队”培养工程评审结果。市领导姜永华、胡拥军、吴道健、马金华、蒋建、孙宏放、张亚鸾出席会议。

△ 如皋市挂职干部锻炼期满座谈会在上海闵行工业区、嘉定工业区分别举行，13 名赴上海虹桥、闵行、嘉定、高行等地挂职锻炼年轻干部顺利结业。市委常委、组织部部长蒋建参加座谈会。

△ 《如皋日报》报道：全市安全供水工作会议下发《关于加快水厂清水池建设的通知》，要求 2014 年上半年 9 家水厂各再新建一座 2000 吨以上的清水池，以满足用水高峰期水量调控需求。

4 日

4~18 日

△ 全市市级机关各部门、各单位相继召开党的群众路线教育实践活动动员大会，贯彻落实中央、省委、南通市委、如皋市委关于第二批党的群众路线教育实践活动要求，部署本部门、本单位教育实践活动工作方案。党员副市长陈万圣、缪爱诚、成明、陆雪松、茅红宇、孙宏放、谢刚等分别深入市城管局、教育局、公安局、发改委、商务局、环保局等活动联系点开展调研指导。

6 日

△ 南通市政协主席王德忠、副主席杨展里、秘书长朱进率领调研组就“构筑技能人才高地、促进产业转型升级”主题到如皋调研，实地走访市技工学校、双钱集团(江苏)轮胎有限公司、如皋中专、市人力资源中心市场等处，并与部分企业、职业学校负责人和技能人才代表座谈交流。市领导姜永华、李中林、吴道健、张亚鸾陪同调研。

△ 2014 年市政府十大为民办实事项目一号项目——中心城区水系畅通工程建设动员会召开。副市长陈万圣出席会议。该项工程是优化城市水环境的调引活水工程，计划总投资 2670 万元，主要建设任务包括：新建龙游河闸站；龙游河木桩护岸及绿化工程；新建五里港节制闸；新建石桥中心河节制闸；新建花海河节制闸；新建花王河节制闸；维修西八里港节制闸；徐马河与五里港接口拆坝建桥；五里港、西八里港、徐马河清淤工程；沿线配套涵洞。

7日

△ 如皋市召开2014年建议提案交办会议，全市“两会”期间人大代表、政协委员提出的建议、提案分别提交各承办单位办理，要求7月31日前办结。市领导吴道健、张元健、黄文斌出席会议。

△ 如皋市举行纪念“三八”国际劳动妇女节104周年大会，回顾总结全市2013年妇女儿童工作成果，部署2014年重点工作，表彰“实施‘春蕾计划’先进集体”等13个项目172个先进典型。市委常委、组织部部长蒋建出席大会并讲话。

△ 市老科协召开四届二次会员代表大会，表彰2013年老科协工作先进集体和优秀老科技工作者，部署2014年老科协重点工作。市领导李中林、吴道健出席会议。

8日

△ 时代广场、如皋农村商业银行办公大楼等5个全市重点项目开工建设。市四套班子领导姜永华、陈晓东、谢新民、李中林等出席开工活动。本次开工项目除城市开发外，还涉及机械制造等领域，其中，由巴西WEG公司投资的巴西万高机电项目占地500亩，首期投资1.5亿美元建设电气设备项目，主要从事普通电机、变频电机、船用电机生产，建成后可实现年产42万台高、低压工业电机，销售收入2亿美元，形成税收1450万美元。

△ 全市重点工作现场推进会召开，与会人员参观如皋工业园区（如城街道）、经济技术开发区（城北街道）、高新区（城南街道）重点工作亮点，听取如皋工业园区（如城街道）、石庄镇、高新区（城南街道）、吴窑镇等交流发言。市委副书记、市长陈晓东主持会议，并对全市项目建设情况进行点评。市委书记姜永华出席会议并讲话。

8~9日

△ 如皋市在浙江省杭州市萧山区宝盛水博园酒店举行第二次花木产业专题招商洽谈会，市委副书记司祝建向与会嘉宾推介如皋，副市长杜永红推介重点花木产业招商项目。经过前期对接，会上50个项目集中签约，投资总额3.79亿元。截至当日，全市2014年共签约花木产业项目119个，投资总额达8.77亿元。

10日

△ 全市组织工作会议召开，回顾总结2013年组织工作，表彰2013年党建工作示范点、人才工作先进集体、组织工作考核先进单位，部署安排2014年工作。市委常委、组织部部长蒋建出席会议。

△ 全市司法行政暨大调解工作会议召开，表彰2013年先进，部署2014年全市司法行政和大调解工作重点。市领导缪小华、张秀良、蒋明华、黄文斌出席会议。

△ 如皋市档案馆新馆正式开馆。新馆总建筑面积1万平方米，库区面积6000平方米，馆藏各类档案27万余卷34万余件，图书资料近8000册，是如皋市规模最大、设施最先进、档案资料保存最齐全的综合档案馆。

11日

△ 南通市委常委秦厚德调研如皋“三农”工作，实地考察丁堰镇海景园林、如皋工业园区（如城街道）沿河苗木基地、东陈镇华日水稻种植专业合作社、搬经镇根美苗木种植专业合作社、经济技术开发区（城北街道）紫苏种植基地等处，了解如皋2014年推进南通市级中心镇建设、农村环境综合整治、农产品附加值提升等方面创新举措。市领导司祝建、刘向阳、杜永红陪同调研。

△ 市委书记姜永华主持召开市委常委会，听取讨论市关工委重点工作汇报、《中共如皋市委关于成立市委全面深化改革领导小组的通知》《2014年月度重点工作现场推进会方案》、党的群众路线教育实践活动有关方案等议题。

△ 市委书记姜永华等市四套班子领导前往搬经镇，在搬东社区和焦港村交界的焦港河边，与干

部群众一起挥锹填土，开展义务植树。

△ 市委书记姜永华率领相关部门负责人，专题督查全市干线公路绿化和重点工程绿化工作推进情况，实地查看334省道西延、丁磨公路西延、龙游湖西入口、龙游河生态公园等重点工程绿化施工现场，对树种搭配、树苗选择、施工成本、后期管护等进行了解，并提出改进意见。市领导蔡忠、刘聪泉、陈万圣、黄文斌参加督查。

△ 团市委在磨头小学举行如皋皋兴青年志愿服务月主题活动暨苏州大学“惠寒”图书馆揭牌仪式，副市长缪爱诚参加活动。

△ 下原镇举行蒲黄线东段拓宽改造搬迁征地动员会，沿线村(社区)全体干部和村民议事代表参加会议。

12日

△ 市委副书记司祝建率领市委办、国土局、商务局等部门负责人前往长江镇(如皋港区)，对如皋港港口物流及如皋港投资集团各项工作开展调研。副市长茅红宇参加调研。

△ 如皋市委新闻网报道：如皋市被省国土资源厅、省经济信息化委员会联合表彰为全省高标准厂房建设与使用先进一类地区，获得200亩建设用地计划指标奖励和200万元厂房租赁资金补贴奖励。

13日

△ 江苏·如皋(上海)投资环境说明会在上海华亭宾馆举行。市委副书记司祝建主持说明会，市委书记姜永华致辞，市委常委、组织部部长蒋建，副市长茅红宇分别对全市招才引智重点项目、投资环境和产业分布情况进行发布和推介，会上80个项目集中签约(高端人才引进及合作项目18个、产业合作项目62个)，投资总额内资90.47亿元人民币、外资1.7亿美元。上海及周边地区世界500强、国内100强、上市企业代表和创新创业领军人才代表参加活动。

△《如皋日报》报道：市委常委、常务副市长吴道健率领市政府办、发改委、财政局、监察局、国土局、住建局、审计局等部门负责人，先后前往全市10个镇召开现场办公会，对各镇政府性投资项目计划进行集中审核审批，合理确定投资规模和节奏。

△ 全市关心下一代工作会议召开，总结2013年、部署2014年关心下一代工作。市委常委、组织部部长蒋建出席会议。

14日

△ 宿迁市宿城区委副书记穆海兵率领考察团到如皋，考察农村环境“四位一体”长效管护工作，实地查看经济技术开发区(城北街道)花园桥村、江安镇垃圾中转站北站、吴窑镇立新社区等处。副市长杜永红陪同考察。

△ 市委副书记司祝建召集市委群众路线教育实践活动督导组成员举行会议，听取9个督导组组长工作汇报，并就近期活动推进情况进行交流。市委常委、组织部部长蒋建参加会议。

△ 省政府办公厅下发通知，公布“江苏省现代农业(渔业)产业园区”名单，如皋市长江现代农业产业园区名列其中，成为南通地区唯一一家获批园区。

15日

△ 市委书记姜永华主持召开市委中心组学习会，交流前一阶段党的群众路线教育实践活动学习教育环节心得体会。市委常委、宣传部部长胡拥军进行专题辅学，市委副书记司祝建，市人大常委会副主任张元健，市委常委、常务副市长吴道健，市政协副主席张亚鸾分别交流学习体会。

△ 全民科学素质工作总结表彰暨再推进大会召开，总结2013年工作，表彰先进典型，部署2014年任务，推动全市全民科学素质工作再上新台阶。市委常委、组织部部长蒋建出席会议。

△ 为期3天的全市村(居)委会主任培训班开班。市领导姜永华、司祝建、杜永红出席开班仪式。

△ 纪念"3·15"国际消费者权益日活动在新文峰大世界广场举行。副市长陆雪松出席活动。

△ 截至当日,全市2014年新增高效设施渔业2650亩,新增渔业基础设施投入6000多万元,高效设施渔业发展速度明显加快。

17日

△ 安徽省铜陵市铜官山区委常委、常务副区长谷越率代表团到如皋考察港口现代物流业发展情况。市委常委、常务副市长吴道健,副市长谢刚陪同考察。

△ 省教育厅公布2013年普通高中星级评估结果,如皋市搬经中学成功晋升"江苏省四星级普通高中"。至此,全市"江苏省四星级普通高中"达到6所。

18日

△ 省总工会纪检组长、直属机关党委书记李晓洲率队到如皋,调研基层工会组织建设情况,实地考察双钱集团(江苏)轮胎有限公司,并与双钱集团(江苏)轮胎有限公司、南通六建集团、南通泰慕士服装有限公司工会负责人和部分职工代表进行座谈。

△ 全球知名航运公司德翔航运、上海中外运与如皋市相关部门洽谈如皋港开辟首条集装箱外贸航线相关合作事宜,计划与如皋港苏中国际集装箱码头合作,开辟全市首条外贸航线。副市长杜永红出席洽谈会。

19日

△ 省食品药品监督管理局副局长俞善俊一行调研如皋基层食品安全监管规范化建设工作情况,要求不断提高依法行政能力,确保广大人民群众"舌尖上的安全"。

△ 南通市委副书记陈斌率队到如皋,就党的群众路线教育实践活动听取基层党组织代表意见和建议。市领导姜永华、吴道健、蒋建参加活动。

△ 市委书记姜永华前往联系点长江镇(如皋港区)开展调研活动,实地走访宏晟重工、东升(南通)国际石材产业园、江苏瑞晨化学有限公司、南通东方石油化工港储有限公司、南通长江镍矿精选有限公司等重点企业,听取意见并对企业提出的问题进行现场交办。市领导吴道健、郑振明参加活动。

20日

△ 省质量技术监督局局长、党组书记刘大旺一行调研如皋质监工作,参观江苏神马电力股份有限公司,听取质监工作情况汇报。副市长陆雪松陪同调研。

△ 南通市人大常委会党组书记、副主任黄利金,秘书长李水林率队到如皋,就加强和改进人大工作开展专题调研,视察长江镇(如皋港区)二案社区"人大代表之家",并召开座谈会征求意见和建议。市委书记姜永华、市人大常委会主任谢新民等陪同调研。

△ 如皋市召开2014年水上搜救工作会议,总结2013年水上搜救工作,表彰奖励先进单位、先进个人,部署2014年搜救工作。副市长茅红宇出席会议。

△ 市历史文化研究会召开二届三次会员大会,回顾总结2013年工作,研究部署2014年工作。大会对2012~2013年度全市历史文化研究工作先进个人进行了表彰。

△ 全市公共自行车系统试运行,城区16个公共自行车存取服务网点共600辆自行车正式投用。市民办理自行车借车卡后可使用公共自行车,使用2小时之内免费,超过2小时部分按1元/小时(不足1小时按1小时计)收取资源占用费。

21日

△ 省物价局副巡视员曹俊生一行到如皋调研,实地了解农调户家庭劳动力、纯收入、农调作物面积、亩产收成等情况,推进如皋农本调查工作。当前,全市共设30多个农调点,承担小麦、粳稻、油菜、生猪、蚕茧等10个品种的成本调查任务。

△ 如皋市投资环境说明会在深圳五洲宾馆举行,全国政协教科文卫体委员会副主任吴良好、社会和法制委员会副主任周安达源等应邀出席说明会。会上,市委副书记、市长陈晓东致辞,副市长茅红

宇就如皋投资环境、产业发展、人才招引等作重点推介，42 个项目成功签约，投资总额内资 142.6 亿元人民币、外资 2 亿美元。深圳及周边地区 200 多位客商代表参加会议。

21~22 日

△ 市委副书记、市长陈晓东，市委副书记司祝建率相关部门负责人赴深圳考察，实地参观位于深圳市福田区的华强云投资控股有限公司和深圳市比亚迪汽车有限公司、洋浦中良海运有限公司等企业。

22 日

△ 市委书记姜永华主持召开市委常委(扩大)会，再次就党的群众路线教育实践活动进行全面部署。市四套班子领导，市委党的群众路线教育实践活动领导组成员、督导组组长参加会议。与会人员共同观看了电视文献纪录片《人民的胜利——徐州淮海战役人民群众支前纪实》以及专题片《四风之害》《生命线》。

△ 市长公开电话平台系统“向人民汇报”圆桌会议召开，25 位市民代表、民情采集员和行风评议员作为特邀嘉宾，听取市长公开电话受理中心和市城管局、公安局、城北街道、长江镇、自来水厂、白蒲镇等网络成员单位工作汇报，现场予以评议并向 2013 年度市长公开电话先进单位和先进个人颁发奖牌和证书。市委常委、常务副市长吴道健出席活动。

△ 市人力资源和社会保障局协助南通市职业技能鉴定中心在安徽芜湖召开首次南通市建筑类高技能人才鉴定现场会。该现场会率先采取深入一线培训鉴定模式，由如皋技校与优质企业对接合作，将鉴定过程融合到企业生产过程，现场组织考试，对抹灰工、砌筑工、管工、电气设备安装工几大工种开展了职业培训鉴定。

△《如皋日报》报道：如皋市 4 人获得“南通市第二批企业首席技师”称号，分别是江苏南通六建建设集团有限公司张彬、江苏力星通用钢球股份有限公司王嵘、南通市华峰化工有限责任公司朱小飞、双钱集团(如皋)轮胎有限公司韩燕飞。至此，全市已有 4 名江苏省首席技师、7 名南通市首席技师，在南通各县(市、区)名列前茅。

24 日

△ 泰兴市政协主席李仁国、副市长顾刚率领考察团到如皋，就两化融合工作进行考察，实地查看高新区(城南街道)顺丰综合服务中心、如云信息、青软实训等企业。市领导李中林、陆雪松、张亚鸾陪同考察。

△ 南通市级中心镇暨小城镇建设现场推进会召开。市领导司祝建、蒋建、邵晓泉、杜永红、黄文斌、万维庆参加会议。

△《如皋日报》报道：位于经济技术开发区(城北街道)的南通荣威娱乐用品有限公司实施的胶布厂扩建技改项目正式动工，项目总投资 2.5 亿元，年内建成投产后可年产胶布 68000 吨，预计新增销售 8 亿元，利税 8000 万元。

25 日

△ 凤凰卫视执行董事、常务副行政总裁崔强率队到如皋参观考察，实地考察江苏盆景博物馆、中国长寿城、水绘园等处。市委副书记司祝建，市委常委、宣传部部长胡拥军陪同考察。

△ 南通市副市长赵闻斌率队到如皋视察南通市级中心镇建设工作，先后查看白蒲镇朱家桥村、文峰商住小区建设现场、惠蒲新世纪等处。副市长杜永红陪同视察。

△ 市人大常委会副主任张元健一行专题调研体育工作，现场查看全民健身中心、市少年体育学校、丁堰镇新文体中心建设现场、白蒲镇文体中心等处。

△ 部分市政协委员视察物价管理工作，查看市中医院、文峰千家惠超市、金鼎名城等处物价，听取相关物价管理工作情况介绍。市政协主席李中林，副主席黄文斌、张亚鸾、郑振明、钱志刚参加活动。

△ 市统计局发布《2013年如皋市国民经济和社会发展统计公报》，全市2013年地区生产总值657.01亿元,万元产值综合能耗下降2.4%。

26日

△ 江苏省商会组织改革与发展(如皋)座谈会召开。省工商联副主席桂德祥,南通市委统战部副部长、工商联党组书记姚国钧,工商联副主席於曙光,如皋市政协副主席魏祝明出席会议。

△ 全市为农服务社长效管理工作会议召开，总结回顾2013年为农服务社建设管理工作，明确2014年建设管理目标任务。市领导司祝建、邵晓泉、杜永红、郑振明出席会议。

△ 市农业委员会所属中国渔政32132执法船在浙江平湖华海造船有限公司顺利接水。该船为内陆A级航区渔政执法艇,于2013年12月开工建造,总投资约100万元,船长20米,设计时速20公里/小时。

27日

△ 省交通运输厅、省物价局联合考核组对如皋市汽车客运站一级资质进行验收评估,实地查看客运站外观环境、服务功能、配套设施、智能化建设等相关情况,向车站工作人员和旅客作现场核实了解,最终确认市汽车客运站达到一级汽车客运站资质,同时要求在标志标识、收费标准公示等细节上加以整改完善。

△ 南通市委常委、纪委书记庄中秋率领第12期省管干部进修班第4小组成员调研如皋社会治理工程推进工作,通过实地参观和听取介绍的形式,详细了解长江镇(如皋港区)红星社区新型社区服务管理创新和204国道"平安走廊"创建等方面情况。市领导蔡忠、缪小华、成明陪同调研。

△ 市第十六届人大常委会召开第二十三次会议,听取市政府关于全市现代服务业发展情况的汇报,审议《关于我市现代服务业发展情况的调研报告》。会议以无记名投票的方式,表决确定市人民法院人民陪审员名额为160名,并通过相关人事任免事项。市人大常委会主任谢新民为新任命人员颁发任命书。

△ 2013新浪江苏政务微博颁奖典礼在南通举行,市委宣传部官方微博"如皋发布"获2013年度"江苏政务微博影响力飞跃奖",南通市委常委、宣传部部长章树山出席颁奖仪式。

27~28日

△ 中国邮政集团公司党组书记张亚非一行到如皋,调研邮政系统党的群众路线教育实践活动开展情况。市领导陈晓东、胡拥军、蔡忠、缪小华陪同调研。

28日

△ 南通市粮油高产增效创建工作推进现场会在如皋召开，与会人员实地观摩丁堰镇小麦高产增效创建万亩示范片现场。

△ 如皋(杭州)投资环境说明会在杭州之江饭店举行。市委书记姜永华出席活动并致辞。说明会上，41个项目(高端人才引进与合作项目17个、产业合作项目24个)集中签约,涉及高效农业、汽车配件、光伏发电、设备制造、总部经济等多个领域,投资总额为内资23.5亿元人民币、外资1.65亿美元。

△ 第十六届市政府召开第二十三次常务会议,讨论《关于促进服务业转型升级的补充激励意见》《如皋市环境污染责任保险工作实施方案》《2014年政府(全体)扩大会议方案》《关于进一步加强市级预算单位公务卡应用管理的通知》等议题。

△ 市委副书记、市长陈晓东听取雨润如皋新城市综合体项目规划汇报。市领导蔡忠、陈万圣、黄文斌、万维庆参加活动。新城市综合体项目位于城南新城组团,处于城市规划发展轴线上,主要实施24小时"一站式"活力商圈、全功能配置休闲购物广场等功能设施,以进一步提升城市核心竞争力和承载能力。

29日

△ 山东曲阜市委书记、市人大常委会主任李长胜率领考察团到如皋，专题考察全市创建国家卫生城市的优秀经验做法，实地查看主城区龙游御境小区、同源污水处理厂、东皋农贸市场、东大街历史文化街区等处。副市长缪爱诚陪同考察。

△ 市委书记姜永华主持召开市委常委会，听取前一阶段全市党的群众路线教育实践活动推进情况汇报，讨论并通过市委常委会践行党的群众路线集体承诺、南通和如皋两级劳模推荐评选情况、《关于开展向刘荣贵同志学习活动的决定》等议题。

△ 市委召开党的群众路线教育实践活动“一把手”专项述职暨推进会。市委副书记司祝建主持会议，市委书记姜永华出席会议并讲话，南通市委第二督导组组长，南通市卫生局党组书记、副局长葛维先到会指导。与会人员观看了专题片《大无大有——身边人眼中的周恩来》，各参学单位“一把手”通过口头交流或者书面交流形式进行专项述职，并向市委书记姜永华递交了教育实践活动责任书。

△ 由市供销合作总社主办、江苏浙商三农商贸有限公司承办的三农国际城项目全球招商开启暨中国如皋绿色食品展销会开幕。副市长杜永红、江苏浙商三农商贸发展有限公司董事长孙光明出席相关活动。位于长途汽车站西首的三农国际城项目首期建设占地139.5亩，由36幢商贸楼组成，建筑面积约21万平方米，可容纳约2000户商户，预计2015年11月试营业。

31日

△ 市委书记姜永华前往挂钩社区——长江镇（如皋港区）二案社区，走访社区困难群众，与社区党员干部座谈交流，现场督促解决群众关心的实际问题。

△ 全市党的群众路线教育实践活动督导工作座谈会召开，各督导组、领导小组办公室负责人分别汇报前期工作开展情况、特色做法、典型经验和下一步工作打算及督导工作建议。市委书记、市委党的群众路线教育实践活动领导小组组长姜永华听取专题汇报，并对下一阶段党的群众路线教育实践活动督查指导工作提出要求。市领导司祝建、胡拥军、蔡忠、蒋建出席座谈会。

△ 市政协组织部分委员对房地产市场进行视察，实地查看御龙湾、江中世纪城、万都商业广场、金科世界城等项目建设现场。市政协主席李中林，副市长陈万圣，市政协副主席黄文斌、张亚鸾、郑振明、钱志刚，市政协秘书长殷高华参加活动。

△ 本月起，国家全面实施注册资本登记制度改革，如皋市工商局工商登记窗口业务受理量大幅增长，在企业名称预核准方面，共受理615户，同比增长53.75%；在企业设立登记方面，共办理企业新设立269户，同比增长53.71%。全市新登记公司注册资本最低为3元，最高为3000万元，行业分布以第二、三产业居多，数量排名前三位的行业为批发零售业、制造业、建筑业，分别为81户、65户、35户。

△ 本月底至青奥会（第二届夏季青年奥林匹克运动会）结束，市公安局在全市启动战时武装巡逻，根据省公安厅和南通市公安局统一部署，最大限度把巡逻警力和防暴处突装备投放街面，全面加强社会面巡逻防控，以“屯警街面，动中备勤，巡逻防控，武装处突”的巡逻模式，形成全方位、全天候的武装作战格局，更好地服务反恐维稳和南京青奥会、上海亚信峰会安保工作。

△ 本月底至12月15日，全市开展水上交通安全“打非治违”专项整治活动，全面推进以“平安车船”“平安桥梁”为主要内容的水上“平安交通”创建活动，营造安全、公平、有序的水上交通安全环境。

2014 年 4 月

1日

△ 市委书记姜永华主持召开市委常委集中学习会，组织观看教育参考片《苏联亡党亡国20年祭——俄罗斯人在诉说》，要求与会人员以史为鉴、联系实际，坚持不懈抓好教育实践活动。

2日

△ 市四套班子领导、市法检“两长”、全市89家参学单位科级以上领导干部，市委教育实践活动领导小组办公室、市委督导组全体成员在如皋大剧院共同观看电影《焦裕禄》和纪录片《焦裕禄的儿女们》，重温焦裕禄先进事迹，学习焦裕禄精神，推动第二批党的群众路线教育实践活动深入开展。

△ 上海宝钢物流有限公司考察如皋港苏中国际集装箱码头，与如皋市签订战略合作框架协议，建立长期战略伙伴关系，以深度合作促进共同发展。市委副书记司祝建、副市长茅红宇出席签约仪式。

3日

△ 市委书记姜永华率领在城市四套班子领导与社会各界代表1400余人前往市烈士陵园凭吊革命先烈，深切缅怀先烈丰功伟绩。市委、市人大、市政府、市政协等单位和部门向革命先烈敬献花篮。

△ 市人口计生委举办贯彻实施“单独两孩”政策培训会，传达南通市贯彻落实单独两孩政策有关会议精神，详细解读再生育政策和简化再生育审批程序的具体做法。

△《如皋日报》报道：如皋市在全省市县级2013年农产品质量安全考核中首次荣获第一名，并获得50万元奖补资金。

4日

△ 如皋市召开城市文明程度指数季度测评情况通报分析暨道德领域突出问题专项教育和治理推进会，对前一阶段文明城市创建工作情况进行通报分析，对下一阶段重点工作进行部署安排。市领导司祝建、胡拥军、缪爱诚、钱志刚出席会议。

5日

5~7日

△ 清明小长假期间，全市旅游接待迎来小高峰，3天共接待游客14.6万人次，实现旅游综合收入1.73亿元，分别较上年增长15.3%、13.8%。

8日

△ 如皋市召开党的群众路线教育实践活动专题报告会，邀请中共十八大代表、全国优秀共产党员、全国“双百”人物、全国劳模、全国道德模范、全国人民满意的公务员张云泉作题为《居安思危为党分忧，务实清廉为民奉献》的专题报告。市委常委、宣传部部长胡拥军参加活动。

9日

△ 市委书记姜永华，市委副书记、市长陈晓东率如皋市党政代表团前往江阴市，参观学习加快产业结构调整、推动发展方式转变方面先进经验，寻求双方在经济社会发展各领域深度合作。代表团一行实地参观考察江阴市临港经济开发区规划展览馆、中信码头、兴澄特钢研究院、江阴领军人才创智园和法尔胜泓昇集团等发展亮点，并与江阴市签订两地加强区域

合作的相关协议。

△ 市委副书记、市长陈晓东主持召开全市第一季度重点工作点评推进会，市委书记姜永华出席会议并作重要讲话。会议对2014年以来重大项目建设情况进行点评，通报了第一季度重点工作考核结果及交办事项，并对获得季度综合考核流动奖杯单位进行了表彰。

10日 △ 市委书记姜永华到长江镇（如皋港区）开展专题督查，实地走访又来沙作业区，讨论完善作业区控制性详细规划，查看五岸花苑、华江小区等安置小区建设现场，了解长江镇（如皋港区）2014年农民安置房建设情况、综合治税工作情况。市委常委、常务副市长吴道健，市政协副主席郑振明参加督查。

△ 市委书记姜永华率领市委办、住建局、城管局、群众路线教育实践活动办公室和督导组等部门、单位相关负责人，前往如皋工业园区（如城街道）宏坝社区开展群众路线教育实践活动，与社区干部、老党员、社区群众座谈，倾听建议意见并现场协调解决实际问题。市领导刘向阳参加活动。

△ 市领导蒋建、刘聪泉、万维庆一行前往丁堰镇，就该镇重点工作及党的群众路线教育实践活动开展情况进行督查，实地查看明德塑胶、恒康家居、海景园林、西东色织、丁堰纺织、泰利达化工、天龙畜产品等企业和项目现场，听取企业发展情况介绍和对党委、政府的意见建议。

△ 台湾文物艺品收藏交流中心文创总监白益荣一行到如皋考察交流，并向市博物馆捐赠"大明成化年制"斗彩鸡缸杯、甜白脱胎暗刻龙纹天字杯2件艺术品。市委书记姜永华，市委常委、常务副市长吴道健，副市长缪爱诚出席捐赠仪式。活动中，一同到如皋的台湾金卿企业股份有限公司董事长陈大为被聘请为如皋经济发展顾问。

△ 市见义勇为基金会一届四次理事会暨全市见义勇为工作会议召开。市委常委、政法委书记缪小华，副市长成明，市见义勇为基金会理事长石耀出席会议。

11日 △ 江苏省服务外包人才培养（培训）工作交流会在如皋举行，来自全省20所服务外包人才培训试点高校、20家服务外包人才培训基地、10家重点服务外包企业的代表共100余人参加会议，市委常委、常务副市长吴道健在会上致辞。

△ 如皋（苏州）投资环境说明会在苏州新城花园酒店举行。市委书记姜永华为活动致辞。会上，45个项目（其中高端人才引进与合作项目15个、产业合作项目30个）集中签约，涉及现代农业、机械制造、食品加工、现代物流、电子商务、新材料等多个领域，投资总额内资27.3亿元人民币、外资9200万美元。

△ 市委副书记、市长陈晓东率领市商务局和高新区（城南街道）相关人员，参加在上海举行的2014南通（上海）发展服务外包产业合作恳谈会，收获丰硕。会上，上海易格航空票务有限公司与如皋市高新技术产业开发区管理委员会正式签约，在如皋软件园投资500万元设立航空机票与商旅销售平台，共设立机票销售客服500个席位，首期建设200个席位，达产后预计每年可实现服务外包执行额20亿元，年纳税3000万元。

12日 △ 省口岸办主任徐斌一行到如皋港视察指导口岸对外开放工作，实地查看如皋苏中国际集装箱码头，对码头相关验收筹备工作提出指导性意见。市委书记姜永华、副市长茅红宇陪同视察。

△ 盐城市建湖县考察团专程到如皋考察远教商务信息服务试点工作，实地查看搬东社区为农服务信息室、光华社区远教站点、农宝网等示范点，并与市委组织部、市商务局、市委农工办、市农委等部门进行座谈。

13日

△ 如皋市组织《南通日报》社、《江海晚报》社、南通电视台等单位专家学者对第二届“如皋新闻奖”参评作品进行评选，12篇新闻作品分获各个奖项。

14日

△ 河北省“转变发展指导思想、推进河北绿色崛起”专题研讨班到如皋现场教学，观摩如皋城乡统筹、新农村建设等方面亮点典型。市领导姜永华、蒋建、陈万圣参加相关活动。

△ 市委书记姜永华对全市基层服务型党组织建设工作进行专题调研，先后查看市政务中心环保局窗口、江苏先锋信息科技有限公司、南通泰慕士服装有限公司和位于经济技术开发区（城北街道）的北郊花苑。市领导司祝建、马金华、蒋建参加调研。

△ 全市农村土地征使用制度改革暨村庄建设管理现场推进会议召开，与会人员集中参观磨头镇邓高社区村庄环境整治现场、新联社区新型集居建设现场等处。会议对村庄环境整治工作进行了点评，市国土局、住建局分别就农村土地征使用制度改革和村庄建设管理进行了业务辅导。市领导司祝建、邵晓泉、杜永红、黄文斌、郑振明参加活动。

△ 市高招委召开专题会议，对全市2014年普通高校对口单招文化统一考试、高等教育自学考试相关工作进行部署，两项考试全市分别有1501人、687人报名参考。

15日

△ 新加坡前政务部长曾士生、中荷环保公司董事长张来辉、邦城规划顾问公司副总裁郭美兰一行到如皋考察，实地参观龙游湖商务区、城市规划展示馆、陆地方舟新能源电动汽车有限公司等处，并就推动相关合作进行座谈。市领导陈晓东、李中林、刘向阳、茅红宇参加活动。

△ 省人大常委会推进新型城镇化工作情况调研组一行到如皋视察，实地查看城市规划展示馆、东大街、禾盛现代农业园、红星花苑等处，了解全市新型城镇化推进情况。南通市人大常委会副主任施建中，如皋市领导刘聪泉、陈万圣、万维庆陪同视察。

△ 南通市委副书记陈斌到如皋调研基层服务型党组织建设情况，强调要以更坚决的态度、更严格的标准、更有力的措施、更务实的作风，扎实推进基层服务型党组织建设，推动如皋在南通以及全省教育实践活动中作出示范、走在前列。市领导司祝建、胡拥军、吴道健、蔡忠、缪小华、蒋建参加会议。

△ 南通市人大农业和农村工作座谈会在如皋举行，与会人员现场参观江苏绿野农业投资有限公司、南通欣欣有机水稻有限公司、新时家庭农场、华夏花卉等处。南通市人大常委会党组副书记、副主任王向红，如皋市领导谢新民、邵晓泉、杜永红出席会议。

15~16日

△ 国家发改委外资司副司长王东一行到如皋，以园区建设为主题开展调研，实地探访苏中国际集装箱码头、熔盛重工、金岛生态园、陆地方舟、百应能源、顺丰速运、如云科技、青软实训等处。市领导马金华、茅红宇陪同调研。

16日

△ 上午10时03分，东陈镇双马化工硬脂酸造粒车间发生爆炸起火，经南通、如皋两级党委、政府组织公安、消防、卫生、环保、安监等部门全力扑救，至下午13时左右，明火被扑灭，现场救出12人并送医院救治（其中3人抢救无效死亡）。至下午17时，现场再次发现并确认2人死亡。经环保部门监测，事故现场周边未造成空气和水体污染。

△ 当日，南通市委书记丁大卫，南通市委副书记、市长张国华到达双马化工爆炸事故现场指挥救援并看望慰问受伤人员。事故发生时，如皋市委书记姜永华和市委副书记、市长陈晓东正在外地出差，立刻中断出差赶回如皋组织指挥救援。

△ 晚20时许，副省长史和平专程到如皋指导救援工作，赶至现场查看了解搜救情况，并代表省

委、省政府前往市人民医院，看望慰问受伤人员。在随后召开的会议上，南通市委书记丁大卫、如皋市委书记姜永华分别汇报了搜救和救治情况。国家安监总局指挥中心协调部副主任高寿峰对现场搜救和事故调查处理工作作出具体要求。

17日

△ 如皋市召开安全生产紧急会议。市委副书记、市长陈晓东要求各镇(区、街道)、各部门进一步明确和落实责任，健全“横向到边、纵向到底、不留死角”的安全责任网。副市长陆雪松，各镇(区、街道)、各相关部门负责人参加会议。

△ 为期3天的全市首期机关局长能力提升培训班在市委党校正式开班。市委常委、组织部部长蒋建出席开班仪式并讲话。

18日

△ 南通市委副书记、市长张国华再次来到搜救现场，与在现场组织指挥的南通市副市长黄爱军，如皋市领导姜永华、陈晓东、吴道健、成明、陆雪松共同研究搜救工作，看望慰问搜救人员。截至当日，双马化工爆炸事故仍有2人失去联系，死亡人数为6人。

△ 市卫生局召开省级麻风病监测点项目启动暨业务培训会议。全市各医疗单位分管院长、卫生所分管所长及兼职麻防医生、市人民医院和中医院神经科、皮肤科、预防保健科等95人参加会议。

△ 市工商联十届三次执委会议在市行政中心召开，回顾总结2013年市工商联工作，表彰先进集体、个人，补选工商联(总商会)副会长、秘书长，并对2014年工作进行全面部署。市人大常委会副主任张勇，市政协副主席、市委统战部部长钱志刚，市政协副主席、市工商联主席魏祝明出席会议。

△ 市总商会举行法律顾问团揭牌仪式，市工商联执常委、行业商会秘书长、全市法律服务工作者等150多人参加活动。市人大常委会副主任张勇、市政协副主席魏祝明出席仪式。

20日

△ 第二届上海白银年会暨2014年中国白银高峰论坛在金陵金鼎大酒店开幕，吸引来自国内外业界的知名专家、学者、涉及白银行业的企业代表200多人参加。市委副书记、市长陈晓东在开幕式上致辞。中国矿业联合会主席团主席、资政委员会副主任崔德文，中国商业联合会副会长、中国流通行业管理政研会会长张长杰，中国有色金属工业协会金银分会副会长、秘书长孙幼平，新华社国家金融信息中心全球事业部总裁金春丽，上海市普陀区白银协会会长徐岳华出席开幕仪式。

△ 2014中国·如皋招商推介活动在金陵金鼎大酒店举行，推介如皋并发布相关招商项目信息，涉及七大国家战略性新兴产业、大数据产业、大健康产业、大物流产业等多个领域。市委常委、经济开发区党工委书记马金华，副市长茅红宇出席活动。

21日

△ 市委书记姜永华率领市委办、安监、消防、公安、质监等单位负责人督查长江镇(如皋港区)安全生产工作，实地查看宝众宝达药业、中铁山桥、华泰重工、长青沙船舶等重点企业生产经营情况，并专程前往如皋港专职消防中队，查看水灌车以及随车装备器材和个人防护装备等情况，现场检查中队快速反应能力。市领导郑振明参加督查。

△ 市委常委、组织部部长蒋建前往丁堰镇督查安全生产工作，实地查看杨天机电、恒康家居、上海制皂等企业，详细了解企业内部管理、原料储存、消防设施配置等情况，并抽取人员进行消防知识问答。

△ 市委常委、宣传部部长胡拥军和各有关部门负责人在如皋市分会场收看收听中央文明委召开的全国推进志愿服务制度化电视电话会议，并就贯彻落实中央和省市会议精神，推进全市志愿服务工作制度化提出要求。

22日

△ 南通市委副书记陈斌率领南通市安监、质监、消防、环保等部门负责人到如皋，就企业安全生产工作开展督查，实地查看丁堰镇恒康家居、丁堰纺织、上海制皂等企业生产车间、消防泵房等处，并前往东陈镇双马化工了解事故发生原因和搜救过程。市委书记姜永华参加督查。

△ 南通市落实《3~6岁儿童学习与发展指南》现场推进会在如皋召开，来自南通各县(市、区)100多名代表参加会议，并参观开发区实验幼儿园、如城安定幼儿园、如城实验幼儿园、如城光华幼儿园、西城幼儿园、外国语学校附属幼儿园、东皋幼儿园。

△ 为纪念第45个"世界地球日"，市国土资源局、市城管局、团市委联合举办"雉水绿韵"地球日公益骑行活动，100余名骑行人员参加活动，从水绘园东大门出发，沿护城河骑行，最终到达市文化馆，全程约6.3公里。市委常委、组织部部长蒋健出席活动并讲话。

△ "银政携手共育亿元企业"金融服务项目正式启动。项目由市农商行率先创办，配合全市亿元企业培育工程，为销售规模2000万元至亿元内的部分成长性较好的企业量身打造融资政策，扶持企业实现快速发展，从而达到银企双赢。市金融办、人民银行、发改委等部门负责人和各镇(区、街道)分管负责人及数十家企业负责人参加项目开启活动。

22~23日

△ 国示范中职校(国家中等职业教育改革发展示范学校)项目建设省级验收专家组对如皋中专进行省级验收，通过听取汇报、现场考察实验实训条件、审阅台账资料以及访谈等方式，对如皋中专项目建设的过程、质量、效果进行认真审核，并经过会商，形成对如皋中专国家示范院校建设项目验收予以省级通过的意见。

23日

△ 农业部办公厅"百乡万户"调研组江苏组组长陶怀颖率队到如皋调研，实地查看柴湾农机服务合作社、紫苏种植基地、华夏花卉基地、利民动物无害化处理中心，听取全市农村集体"三资"管理工作、银村对接、新型农业经营主体发展情况和农村土地承包经营权流转工作情况汇报。副市长杜永红陪同调研。

△ 市委书记姜永华率领市委办、住建局、供电公司、国土局、城管局等单位负责人，对如皋工业园区(如城街道)安置房建设管理和重点项目进行督查，实地查看紫光嘉苑、新民花苑、纪庄新村、东郡丽水、如意新城西部二期等安置小区建设情况，走访江苏神马电力股份有限公司、月星国际家居博览城等重点项目。市领导刘向阳参加活动。

△ 2014年第一次银政联席会议召开，总结工作成绩，分析金融形势，研究部署下一阶段金融工作。市领导姜永华、吴道健、张勇及相关部门、各金融机构负责人参加会议。

24日

△ 中央第十二巡回督导组副组长钟攸平一行到如皋，就全市邮政系统党的群众路线教育实践活动开展情况进行调研，实地走访市邮政系统部分基层单位，与客户座谈，听取对邮政经营发展的建议，并走访慰问乡邮员帮扶的孤寡老人。市领导陈晓东、吴道健陪同调研。

△ 市委书记姜永华率相关部门负责人，专题督查文化产业和体育事业发展情况，实地查看长寿文化创意产业园、东大街历史文化街区、奥体中心等处。市领导胡拥军、成明、钱志刚参加督查。督查中，姜永华听取了市十运会暨首届全民健身运动会筹备情况汇报，要求各相关部门明确职责，整体联动，确保活动有序开展、万无一失。

△ 全市村级"四有一责"暨党员中心户建设现场推进会召开，与会人员集中参观高新区(城南街道)夏庄社区、下原镇文庄社区等多个"四有一责"和党员中心户建设典型。市领导蒋建、杜永红参加活动。

△ 全市工业经济例会在丁堰镇召开，与会人员参观南通明德塑胶有限公司、如皋市西东色织厂有限公司、江苏恒康家居科技股份有限公司等重点项目，听取丁堰镇推进工业经济发展经验介绍。副市长陆雪松出席会议。

△ 市人大常委会执法检查组对全市贯彻实施《中华人民共和国职业教育法》情况进行执法检查，实地走访市职教中心、金桥职业技能培训学校、江海技工学校等处，全面了解全市职业教育发展情况。市人大常委会副主任张元健参加活动。

△ 市政府办"我到基层去实践"活动启动，30多名机关年轻同志分批前往如皋工业园区（如城街道）光华村、东陈镇蒋宗村开展驻村实践活动，在一线经受锻炼，提高辅政水平，更好地服务群众。活动开展时间为4月到10月，市委常委、组织部部长蒋建出席活动。

25日

△ 如皋市召开石化产业发展研究及招商策略报告会，邀请从事炼油石化行业40年、曾荣获中国化学工程学会金开英奖的刘振鹏顾问，围绕石化产业发展形势及招商策略举办专题讲座，并结合石化产业发展现状和前景，对全市石化产业发展路径选择和台湾石化产业招商成果后续跟进提出建议。市领导姜永华、谢新民、张勇、茅红宇、张亚鸾出席报告会。

26日

△ 市委书记姜永华主持召开市委常委会，传达全省新型城镇化和城乡发展一体化工作会议精神，听取全市安全生产工作情况汇报，讨论加强革命遗址遗迹及纪念设施保护利用工作、《关于加强基层服务型党组织建设的实施意见》等议题。

△ 市委召开群众路线教育实践活动专题党课暨中心组（扩大）学习会，集中学习习近平总书记在兰考县委常委扩大会议上的讲话精神，市委书记、市委党的群众路线教育实践活动领导小组组长姜永华围绕"群众路线是我们党的生命线"主题作专题党课报告。南通市委第二督导组组长，南通市卫生局党组书记、副局长葛维先到会指导。

△ 如皋市商务综合执法大队正式成立。副市长茅红宇出席成立大会。

△ 如皋市举行刘荣贵先进事迹报告会。南通市司法局党组书记、局长张武林，如皋市副市长成明出席会议。

27日

△ 市委副书记、市长陈晓东会见来自中海集装箱运输股份有限公司、武汉银达物流有限公司、日本通运株式会社等多家物流企业的客商，就合作事宜进行友好洽谈。副市长茅红宇参加活动。

△ 如皋市肠衣同业商会申报的集体商标——如皋肠衣城图形商标历经两年审查，当日正式领取商标注册证，成为全国唯一一件肠衣行业集体商标。

28日

△ 市委书记姜永华率领市住建局、城管局、建工局、法制办、供电公司等单位负责人督查城市建设工作，重点查看御龙湾、江中世纪城等商品房开发项目建设工地，中央商务区安置区四期工程建设现场，龙游河公园等市政工程领域重点项目现场，听取全市城市建设工作情况汇报。市领导蔡忠、刘向阳、陈万圣、黄文斌、万维庆参加督查。

△ 如皋市召开劳动模范表彰暨庆祝"五一"国际劳动节大会，市四套班子领导姜永华、谢新民、李中林、吴道健等出席大会为80名如皋市劳动模范颁奖。大会听取南通市先进工作者戴红梅、南通市劳动模范倪张根、如皋市劳动模范丁广健和宋在付先进事迹报告，并欢送即将参加南通市政府表彰大会的23名南通市劳动模范和8名南通市先进工作者。

△ 如皋港苏中国际集装箱码头3、4号泊位对外开放工作顺利通过海事、海关、边防、国检等查验单位验收，5月底申请省级验收。市领导司祝建、茅红宇出席验收汇报会。

△ 全市招商引资工作一季度点评暨冲刺“双过半”动员会召开，全面分析招商引资工作推进情况和存在问题，动员全市上下进一步聚焦重点，推动招商引资工作实现“双过半”。市领导姜永华、司祝建、刘向阳、张勇、茅红宇出席会议。

△ 全市企业家“人才成就未来”主题沙龙活动举行。市领导蒋建、缪爱诚、陆雪松出席活动，并为本市2013年度“雉水英才”和“148人才培养工程”人才颁奖。与会企业家听取了专家讲座，开展了交流研讨。

29日

△《新华日报》《南通日报》《江海晚报》、南通人民广播电台、南通电视台以及如皋本土媒体记者走进扎根基层29年的刘荣贵生前所在单位、家庭和帮助过的群众家中，集中采访江苏省优秀人民调解员、南通市创先争优优秀共产党员、如皋市首届十佳和谐卫士刘荣贵先进事迹。

29~30日

△ 新任政协委员培训班在市委党校举行，南通市十届政协委员、学习文史委员会原主任郭继荣应邀作题为“推进协商民主广泛多层制度化发展”的专题讲座。

30日

△ 市委书记姜永华率领市委办、发改委、住建局等单位负责人，督查高新区(城南街道)重点工作，实地查看如皋市灵敏除尘设备厂、南通佳宝机械有限公司、如皋瑞昇科技有限公司、龙游湖风景区、御锦·馨河城、凌志软件如皋有限公司、携程如皋呼叫中心等重点项目现场。市委副书记司祝建参加督查。

△ 全市纪念“五四”运动95周年暨市青年联合会第三届委员会第一次全体会议召开，市委书记姜永华出席会议并讲话。会议选举产生市青年联合会第三届主席、副主席和常委，审议通过《如皋市青年联合会第三届委员会第一次全体会议关于工作报告的决议》，并为获得“如皋市五四红旗团委”“如皋市新长征突击手”“如皋市优秀共青团干部”等荣誉称号的先进集体和个人代表颁奖。

△ 本月起，市航道部门开展为期3个月的侵占损害航道集中整治行动，利用电视台、报社、网站等新闻媒体进行广泛宣传教育，并对航道两侧随意搭建临跨河建筑，随意取土、挖树、倾倒垃圾等违法违章行为进行查处，力保航道安全畅通。

△ 本月起至10月，市第十届运动会暨首届全民健身运动会在新落成的市奥林匹克体育中心举行，共设中小学生部、职工部、市级机关部、农民部、老年部、社体部6大类别30个项目(14个竞赛项目、16个全民健身项目)。

△ 本月底，全市符合条件的45386名参保企业退休(退职)人员养老金调整并发放到位。这是自2004年以来本市第10次为企业退休人员调增养老金，平均每人每月增加220.77元，调整后的企业退休人员基本养老金月人均水平达到1894.61元。

2014 年 5 月

1日

△ 为期 2 天的“我和春天有个约会·走进如皋”活动启动,来自全国各地的 30 位微博达人应邀游览中华长寿博物馆、水绘园、长江药用植物园等处,用镜头和微博记录如皋美景。市委常委、宣传部部长胡拥军出席启动仪式。

△ 即日起,按照省工商局统一部署,市工商局启用融入新科技的新版营业执照,增加二维码和“全国企业信用信息公示系统”网址,可扫描或登录查询企业相关信息。旧版营业执照使用期限不超过 2015 年 2 月 28 日。

2日

△ 截至当日,全市推广插秧机 242 台、50 马力以上大中型拖拉机及秸秆还田机 157 台套,分别占全年推广任务的 67.41%、76.21%。高新区(城南街道)、吴窑镇率先在全市完成推广任务。

3日

△ “五一”小长假期间,如皋汽车客运站迎来旅客出行高峰,共组织加班包车 220 余辆次,旅客出口量近 4 万人次,其中,小长假最后一天发送旅客 2.28 万人次。

△ “五一”小长假期间,全市共接待游客 24.2 万人次,实现旅游综合收入 2.9 亿元,同比分别增长 18.1%和 17.4%。

4日

△ 市委书记姜永华率领市委办、发改委、环保局等部门负责人督查经济技术开发区(城北街道)重点工作,检查如泰河风光带、天瑞绿州沿河景观、万林名都沿河景观等项目和江苏金元亚麻有限公司、江苏思源赫兹互感器有限公司、双钱集团(江苏)轮胎有限公司等企业。市领导司祝建、马金华、陆雪松参加督查。

△ 市委副书记、市长陈晓东召集市发改委、住建局、交通局、财政局、商务局、国土局、如皋工业园区(如城街道)、高新区(城南街道)等相关部门和单位,专题讨论如皋与新加坡邦城规划顾问公司合作开发建设生态智慧城市事宜。市领导吴道健、刘向阳、陈万圣、茅红宇、万维庆参加会议。

△ 市政府召开市长办公会议,研究分析 1~4 月份各项重点工作,部署冲刺“双过半”工作举措。市委副书记、市长陈晓东主持会议,听取市政府分管各条线的副市长、党组成员近期工作情况汇报,并就做好当前重点工作提出要求。

5日

△ 市委副书记、市长陈晓东召集市商务局、市招商局、各镇(区、街道)等单位招商负责人座谈,要求招商人员扎实做好各项工作,全力营造亲商、安商、富商的良好氛围。副市长茅红宇参加活动。

△ 全市农机重点工作推进会召开。市领导司祝建、杜永红出席会议。

△ 为期 2 天的全市纪检监察干部业务培训班开班。市委常委、纪委书记蔡忠作动员讲话。

△ 市文广新局、市文联、市残联在市文化馆共同举办“关心帮助残疾人,实现美好中国梦”聋人艺术作品展,展出 80 余幅画作,均出自聋人之手。市人大常委会副主任邵晓泉出席开幕式。

6日

△ 中央、省、南通市分别召开党的群众路线教育实践活动视频会议,部署第二批教育实践活动查摆问题、开展批评工作。市四套班子领导,市法院院长、检察院检察长,各镇(区、街道)党(工)委书记、参学单位党组织负责人,市委教育实践活动领导小组全体成员,市委督导组正副组长出席会议。市委书记姜永华在会议结束后讲话。

△ 省农机局局长徐顺年率队到如皋,就农业机械化和秸秆综合利用工作开展专题调研,先后前往佐佐木爱克赛路机械(南通)有限公司和德国HBSG公司在如皋设立的秸秆综合利用设备加工基地,了解企业自主研发的农业机械生产、销售、使用情况。副市长杜永红陪同调研。

△ 中国花卉协会盆景分会筹备会议在如皋召开,讨论分会工作条例(草案)和成立大会相关事宜。会议宣布中国花卉协会盆景分会2014年落户如皋,与会人员集中参观花木大世界、顾庄生态园、水绘园古澹园、如皋绿园等花木盆景产业亮点项目。市领导陈晓东、司祝建、杜永红、陈万圣参加活动。

△ 上海中外运、台湾德翔航运分别与如皋港苏中国际集装箱码头有限公司签订战略合作协议,成为苏中国际集装箱码头开港后首批加盟的船代和外贸船公司。至此,如皋港正式开通外贸航线,外贸企业集装箱可直接从如皋港出口,通达世界各大港口。市领导陈晓东、茅红宇出席签约仪式。

7日

△ 市委书记姜永华率领市委办、发改委、国土局、住建局、环保局、供电公司等部门和单位负责人督查江安镇、搬经镇重点工作推进情况,实地查看江安镇的滨江花苑、南通玉兔集团、江苏英诺威汽配有限公司、江苏中瑞电气集团、怡天时纺织等项目现场,搬经镇的南通振兴精细化工有限公司、双吉汽车贸易、旭兰药用包装材料、海泰科特二期、曼淇威电气等在建项目现场。

△ 全市搬迁工作及房地产业发展座谈会召开,市委副书记、市长陈晓东出席会议,听取全市搬迁工作情况汇报,以及部分房地产企业代表关于当前房地产市场形势的分析。市领导蔡忠、陈万圣、万维庆参加座谈。

8日

△ 中国人民银行参事室参事李德率队到如皋,就金融支持实体经济和结构调整主题开展调研,听取市发改委、财政局、金融办等政府部门,人行如皋支行、如皋农商行、工行如皋支行等金融机构,九鼎新材、丁堰纺织、华泰重工等部分企业对金融工作的意见和建议。市领导姜永华、吴道健、秦智坤参加调研。

△ 市委书记姜永华率领市委办、发改委、国土局、住建局、环保局、供电公司等部门和单位负责人督查九华镇、石庄镇重点工作推进情况,实地走访查看九华镇的东润实业、三润服装、三荣实业、万泰科技、永大化工机械等企业,石庄镇的恒祥化工、正阳船舶、泰仓农化、华峰化工等企业和金石庄园建设现场。市委常委、宣传部部长胡拥军参加督查。

△ 如皋市投资环境说明会在北京好苑建国酒店举行,全面推介"高铁如皋",成功签约项目17个(其中高端人才引进及合作项目7个),投资总额50.2亿元。说明会由市委副书记司祝建主持,市委常委、组织部部长蒋建发布如皋人才发展环境和人才智力项目需求信息,副市长茅红宇对如皋区位功能、载体要素、产业概况、招商政策等进行了重点推介。

9日

△ 市委书记姜永华主持召开市委常委会,听取1~4月份国民经济运行情况和经济形势分析报告,讨论市委党的建设工作领导小组2014年工作要点,市委全面深化改革领导小组工作规则、专项小组工作规则、办公室工作细则以及专项小组成员名单。

△ 留守儿童父母返乡就业专场招聘会在市人力资源市场举行,73家用工企业提供421个岗位,吸引众多留守儿童父母入场求职。

△ 熔盛重工向希腊船东Cardiff交付首艘15.7万吨苏伊士油轮,并加紧建造Cardiff订造的另外

2艘15.7万吨苏伊士油轮、4艘7.6万吨冰区加强型散货船。

9~11日

△ 中国蔬菜产业博览会在常熟举办，江苏绿野农业投资有限公司、禾盛现代农业科技发展有限公司、平德家庭农场、862农场等如皋企业携草莓、西瓜、冷蒸、蚕豆挂面等特色农产品参展。

10日

△ 全国人大代表、香港南通同乡会会长杨耀忠率领回乡团到如皋考察经济社会发展情况，参观如皋港金岛生态园、城市规划展示馆等处。市委书记姜永华，市委副书记、市长陈晓东等接待杨耀忠一行。

△ 第十六届市政府召开第二十四次常务会议，听取《关于政府投资项目建设中心重组工作及有关事项》汇报，讨论《如皋市新增用地项目联合预审查工作实施办法(试行)》《关于继续深入开展安全生产大检查的实施方案》等议题。

△ 全市重点工作现场推进会召开，部署安全生产、综合治税和用电用地保障工作，与会人员集中检阅东陈镇、丁堰镇、白蒲镇工作亮点，市委书记姜永华点评3镇重点工作开展情况。

12日

△ 市委书记姜永华率队前往磨头镇、下原镇、吴窑镇督查推进重点工作，实地走访磨头镇的金磨华庭、江苏沃能电气科技有限公司项目建设现场、南通泽明家居科技有限公司等小城镇建设和工业经济领域重点项目，下原镇的医疗器械产业园、华兰彩印医塑技改项目、富尔特机械、瑞兴帽业、华阳铝制品等企业和在建项目现场，吴窑镇的澳之焙食品、菲勒电气、丹凤纺织、远业液压、晶诚钙业等企业。

13日

△ 市委副书记、市长陈晓东会见到如皋考察的上海久有股权投资基金管理有限公司董事长刘小龙一行，双方就新兴高科技产业项目引入、区域经济板块建设等方面合作进行交流座谈。副市长茅红宇参加活动。

△ 市政协委员视察全市现代物流业发展情况，实地查看南通远航运输有限公司、鑫鼎鑫现代物流园、苏中国际集装箱物流园等现代物流业发展亮点，为“江海河联运、港工贸一体”战略建言献策。市政协主席李中林，副主席魏祝明、黄文斌、张亚鸾、郑振明参加视察。

△ 如皋市首次通过公开招标方式采购无负压给水设备，项目计划投资350万元，主要满足如意新城和新民花苑小区高层住宅二次供水需求。

14日

△ 南通市人大代表如皋团第二组集体视察农业产业化项目，就农业产业结构调整、龙头企业发展开展座谈交流。市人大常委会主任谢新民，副主任张元健、邵晓泉参加活动。

△ 市委副书记、市长陈晓东率领市委农工办、民政局、住建局、国土局、如皋工业园区(如城街道)、长江镇(如皋港区)、九华镇等部门和单位负责人，走进南通人民广播电台《政风行风热线》直播间，就经济发展、民生改善等领域热点话题与听众实时交流，解答电力设施建设、农村道路建设、安置小区功能配套、环境保护、项目建设等有关问题。

15日

△ 全国总工会副主席、书记处书记、党组副书记刘国中一行就加强基层工会建设到如皋调研，走访市总工会、双钱集团(江苏)轮胎有限公司等单位，与部分企业家进行座谈。市委书记姜永华，市委常委、组织部部长蒋建陪同调研。

△ 全市青年创业扶持资金工作座谈会召开，听取青年创业典型交流发言。团市委与如皋农商行签订支持青年创业合作协议，再次发放500万元低息贷款，解决青年贷款难等问题。当日，如皋首家青年创业梦想援助计划工作站正式揭牌，为全市创业青年搭建综合服务平台。市政协主席李中林，市委

常委、常务副市长吴道健,市政协副主席张亚鸾,市政协秘书长殷高华出席座谈会。

△ 全国妇联在北京举行“最美家庭”揭晓暨五好文明家庭表彰会,如皋市妇联推荐的姜峰家庭获评全国“最美家庭”提名奖,受到通报表彰。

15~17 日

△ 如皋市举办镇(区、街道)宣传干部培训活动,组织参训人员考察学习江阴市、宜兴市、扬州市广陵区、泰州市姜堰区等地宣传思想文化和精神文明建设特色亮点,听取专题讲座《新形势下的网络宣传和舆论引导》,接受宣传思想文化重点工作业务辅导。

16 日

△ 市委书记姜永华督查长江镇(如皋港区)环保、安置房建设等重点工作,实地查看江苏中伟业通讯设备有限公司、五案花苑、东平花苑、中铁山桥、污水处理厂、集装箱码头等项目现场。

△ 市委副书记、市长陈晓东会见北京二商大红门肉类食品有限公司高层,双方就推进合资组建的江苏长寿大红门食品有限公司在更广领域开展合作进行会谈。市领导马金华、魏祝明参加会谈。

△ 市委副书记、市长陈晓东率领国土、住建、交通等部门负责人到如皋工业园区(如城街道)斯密特森光电项目、月星家居项目等部分重大项目建设工地现场办公,了解企业在发展过程中遇到的困难,现场协调解决企业反映比较集中的用地、用水、用电等相关问题。市领导刘向阳、陆雪松、张亚鸾参加活动。

17 日

△ 市委召开中心组(扩大)学习会,邀请全国网络舆情技能水平考试管理中心专家委员会副主任、千龙网·中国首都网副总编辑蒲红果作了题为《新形势下的网络宣传和舆论引导》的专题讲座。

△ 如皋市第三届旅游文化节在水绘园风景区启动,正式开通如皋—上海旅游直通车,由上海旅游集散中心设立如皋旅游直通车接送点,为上海到如皋旅游的散客提供交通便利。来自上海、南京、无锡等地 40 多家旅行社负责人参加活动。市领导刘聪泉、缪爱诚、黄文斌出席启动仪式。

△ 市公安局联合市综治办,电信、移动公司等部门开展防范电信网络诈骗犯罪集中宣传活动,最大限度遏制电信诈骗案件高发态势。副市长、公安局局长成明出席活动。

18 日

△ 2014 年如皋(青岛)现代农业招商洽谈会在山东省青岛市海情大酒店举行,市委副书记司祝建向与会客商推介如皋,副市长杜永红对全市现代农业投资情况作说明。经过前期对接,9 个项目集中签约,投资总额 1.26 亿元。

△市残联、市慈善会联合在第 24 个“全国助残日”举行残疾人辅助器具集中发放仪式,为 1845 名残疾人发放轮椅车、拐杖、盲杖、助听器等辅助器具 2845 件,改善残疾人生活状况。市领导邵晓泉、杜永红、郑振明出席仪式。

19 日

△ 市委书记姜永华召集会议,听取党的群众路线教育实践活动开展情况汇报,对全市学习教育、听取意见环节进行点评,就推进近期工作提出明确要求。市委副书记司祝建,市委常委、组织部部长蒋建出席会议。

△ 市委党的群众教育实践活动督导组工作推进会议召开,研究部署近期重点任务,确保各参学单位健康有序推进教育实践活动。市委常委、组织部部长蒋建出席活动,听取市委各督导组组长前一阶段督导情况汇报。

△ 市委副书记、市长陈晓东率领服务项目建设相关部门负责人到部分重大项目建设一线现场办公,实地查看经济技术开发区(城北街道)康迪新能源电动汽车项目和高新区(城南街道)中电振华

晶体生产现场、超达科技技改现场、海迪科光电生产现场、龙游湖西入口建设现场等处，协调解决相关问题。

△ 原如皋县委书记唐如浴、省妇联原主席秦素萍在谢翼飞、顾嘉禾、陆明钰等在如皋工作过的老领导陪同下到如皋,座谈了解全市经济社会发展情况。市委书记姜永华、市政协主席李中林、市人大常委会原党组书记石耀参加活动。

△ 2014 年全国科技活动周暨如皋市第二十六届科普宣传周活动启动。市领导蒋建、张元健、孙宏放、张亚莺出席启动仪式。

△ 熔盛重工向挪威船东 Frontline 交付一艘 15.7 万载重吨苏伊士油轮。该船总长 274.50 米、型宽 48.00 米、型深 23.20 米,在原设计 15.6 万吨苏伊士油轮的基础上升级和优化而成。

20日

△ 市委书记姜永华率领市委办、环保、财政、农机等部门负责人督查秸秆综合利用工作,现场查看东陈镇秸秆还田机械演示旱、水还田效果和经济技术开发区(城北街道)马夫汗机械有限公司引进的德国 HBSG 公司秸秆燃烧棒设备，鼎鑫秸秆综合利用专业合作社秸秆制粒车间。市领导司祝建、马金华、杜永红参加督查。

△ 全市夏季秸秆禁烧禁抛与综合利用工作会议召开,各镇(区、街道)递交工作责任状,与会人员集中参观东陈镇秸秆还田现场,听取秸秆还田对提高土壤有机质含量、改良土壤结构、增加作物产量的作用介绍。市领导陈晓东、司祝建、邵晓泉、陈万圣、郑振明、万维庆出席会议。

△ 如皋市举行服装产业转型升级推进会暨 ODM 专题报告会,着力提高产品附加值,提升产品竞争力,加快服装产业由原产地委托加工(OEM)向原始设计制造商(ODM)进而再向原始品牌制造商(OBM)转变。市委常委、政法委书记缪小华出席活动。

△ 市特种设备综合服务商会成立并举行第一次会员大会。商会自 3 月开始酝酿筹备,共有 78 家单位加入。

21日

△ 市委副书记司祝建率队调研全市部分基层服务型党组织建设亮点，实地查看经济技术开发区(城北街道)北郊花苑、磨头镇新港村等处。

△ 市民兵高炮二连作为南通市唯一代表队参加省军区实弹考核誓师大会在市人武部举行。市委常委、市人武部政委胡宏杰,副市长杜永红,市人武部部长祝国庆出席誓师大会。

△ 截至当日，惠政新村环境综合整治指挥部共拆除小区内 207 处违章建筑，计划再用 10 天时间,完成整个小区拆违行动。

△ 2014 青岛世界园艺博览会盆景竞赛颁奖典礼上,如皋市选送的“跃龙门”获金奖,“横空出世论英雄”获银奖,“七贤图”“荣辱与共”获铜奖,“如皋如歌”等 6 件盆景获优秀奖,获奖总数居全国第一。

22日

△ 市委副书记、市长陈晓东率领服务项目建设相关部门负责人前往长江镇(如皋港区)现场办公,实地查看施美康、东升石材、苏中国际集装箱码头、森松重工、海通海洋工程装备等多个重大项目,了解项目推进中遇到的难题。市领导吴道健、陆雪松参加活动。

△ 由市城管局、江苏裕康环保建材有限公司共同促成的建筑垃圾资源化利用项目正式签约。市领导万维庆出席签约仪式。该项目位于经济技术开发区(城北街道)邵庄村,占地约 50 亩,年底投入运行,总规划设计处理能力为每年 20 万吨。

△ 熔盛重工为巴西淡水河谷公司建造的第 9 艘 VLOC 成功命名为“ORE MAJISHAN”号。该船长 360 米,型宽 65 米,型深 30.4 米,是目前世界上最大的矿砂船,设计上注重降低油耗及碳化物排放量,技术经济性能、质量、适造性、性价比等各方面指标都达到世界同类产品先进水平。

23日 △ 市委书记姜永华深入自己所在的人大代表选区东陈镇尚书村，走访慰问困难群众，查看尚书村苗木基地、尚书紫园葡萄园二期项目现场和江苏迪蒙特数控设备有限公司生产车间，听取党员、村干部、群众对市镇领导干部在“四风”方面和联系服务群众“最后一公里”的意见和建议，协调解决涉及百姓切身利益的具体问题。市委常委、组织部部长蒋建，市人大常委会党组成员、副主任张勇参加活动。

△ 市委副书记、市长陈晓东率领服务项目建设相关部门负责人，到白蒲镇部分重大项目工地现场办公，实地查看华东油压高档液压元器件铸件、润蒲黄酒、辉腾重钢等新建续建项目推进情况，协调解决企业在发展过程中遇到的困难。市领导吴道健、陆雪松、张亚鸾参加活动。

△ 如皋市召开专题会议，就6月份第十三个全国“安全生产月”各项重点活动作出部署。副市长陆雪松出席会议并提出具体要求。

△ 第二届如皋市新闻奖和第二届如皋市文学艺术奖颁奖典礼在市文广传媒集团演播大厅举行。南通市委宣传部常务副部长陈慧宇、《南通日报》总编辑康贻华、南通市文化广电新闻出版局副局长陆路、南通市文联副主席王法，如皋市领导姜永华、陈晓东、谢新民、司祝建、胡拥军、张元健为获奖者颁奖。

24日 △ 市委书记姜永华主持召开市委常委会，听取市委常委、组织部部长蒋建汇报全市党的群众路线教育实践活动开展情况，讨论《如皋市党的群众路线教育实践活动查摆问题、开展批评环节实施办法(讨论稿)》、全市区域供水运行管理、化工企业经营及专项整治推进情况、《关于评选先进基层党组织、优秀共产党员、优秀党务工作者、十佳党员企业家和“双强”型村(社区)党组织书记标兵的通知(讨论稿)》《中共如皋市委关于贯彻落实中共中央〈建立健全惩治和预防腐败体系2013~2017年工作规划〉的实施意见(讨论稿)》等议题。

△ 如皋市召开专题会议，对2014年中等学校招生工作进行全面部署。2014年中考时间较2013年提前一天，为6月16日至18日，全市初中毕业生共有10136人，高中阶段招生计划总数为10126人，升入高一级学校的比例可达99.9%以上。

26日 △ 南通青商企业沿海沿江行——“青商与市长面对面”首场活动走进如皋，参观市城市规划馆、九鼎新材和神马电力，实地感受浓厚发展氛围。市委副书记、市长陈晓东对青商代表的到来表示欢迎，并详细介绍了全市情况，副市长茅红宇介绍了如皋发展现状、投资环境以及创业优势。

△ 市委书记姜永华在市社会矛盾纠纷调处中心接访三批信访群众，现场协调解决问题。市领导吴道健、刘向阳参加接访。

△ 市委副书记、市长陈晓东率领市政府办、监察局、财政局、审计局等部门负责人，对下原镇政府性投资项目开展督查，先后实地查看医疗器械产业园区入口标识牌建设、育贤路南延工程等在建项目相关情况。市委常委、常务副市长吴道健参加督查。

△ 副市长陈万圣召集如皋工业园区(如城街道)、高新区(城南街道)、市土地储备中心、市政设施管理处和市住建局、城管局、民宗局等单位，以及惠政新村部分居民代表举行专题会议，督查推进惠政新村环境综合整治工程。

△ 为期四天半的全市党务干部“红色教育·党性锤炼”专题培训班在井冈山干部教育学院正式开班。

△ 如皋市组织全市各银行、小额贷款公司、担保公司负责人在如皋工业园区(如城街道)召开银企交流会，为各镇(区、街道)中小型企业解决融资难问题。市委常委、如皋工业园区(如城街道)党工委书记刘向阳，副市长秦智坤参加活动。

△ 如皋市举行高效渔业建设推进会暨渔业科技入户工程启动仪式，并为农产品质量安全诚信企业授牌。

26~27 日

△ 市第十六届人大常委会召开第二十四次会议，听取审议市人民检察院贯彻执行修改后的《中华人民共和国刑事诉讼法》情况报告、市人大常委会执法检查组关于检查《中华人民共和国兵役法》《中华人民共和国职业教育法》贯彻实施情况的报告，并进行满意度测评。会议表决通过相关人事任免事项，市人大常委会主任谢新民为新任命的副市长（挂职）秦智坤和人民陪审员颁发任命书。

27 日

△ 中国棉花协会名誉会长、中华供销合作总社监事会原副主任林乃基一行到如皋，参观东升（南通）国际石材产业城项目、苏中国际集装箱码头等建设情况，了解家乡经济社会发展。市委书记姜永华，市委常委、常务副市长吴道健陪同参观。

△ 民政部社会事务司司长张世峰率领未成年人社会保护试点工作调研组一行到如皋调研，考察林梓小学关心留守儿童工作委员会、如皋工业园区（如城街道）孔庙社区“傍晚学校”、市救助管理站等处。市领导陈晓东、司祝建、刘向阳、杜永红陪同考察。

△ 市委副书记、市长陈晓东率领服务项目建设相关部门负责人前往搬经镇，实地查看中宇博机械制造、天一高德生物发酵、中科安捷驰环保科技、双吉汽贸、旭兰药用包装材料、灵璧石主题文化公园、曼淇威电气等重点项目，协调解决建设中遇到的难题。

△ 如皋港投资集团与上海中外运、步博国际贸易、丁成国际物流签订多方战略合作协议，合作建立船务代理公司和物流公司，共同开发建设如皋港现代物流园，打造长三角现代港口物流航母。市领导陈晓东、司祝建、茅红宇出席签约仪式。

27~28 日

△ 副省长徐鸣到如皋指导“三夏（夏收、夏种、夏管）”工作，先后视察高新区（城南街道）育供秧点、吴窑镇鼎鑫秸秆制粒点、如皋粮食储备库、经济技术开发区（城北街道）戴庄村秸秆还田现场等处。南通市委常委秦厚德，如皋市委书记姜永华，市委副书记、市长陈晓东参加活动。

28 日

△ 市高校招生委员会召开专题会议，对全市 2014 年普通高校招生统考工作进行全面动员部署，市高招委主任、副市长缪爱诚出席会议并讲话。市高考工作领导小组及下设办公室全体成员和各考点学校、送考学校负责人参加会议。

29 日

△ 全国政协人口资源环境委员会副主任，中国农业发展银行行长、党委书记郑晖率领调研组到如皋，就“完善新型城镇化中土地配置与投融资机制”课题开展调研，考察长江镇（如皋港区）春江花苑、红星花苑和禾盛现代农业园等处。南通市政协副主席陈德新、如皋市委副书记司祝建等陪同调研。

△ 美国塔拉哈西社区学院 16 名师生组成的教育代表团到如皋考察交流，实地参观如皋市外国语学校、如皋中专数控车床教学现场、如皋中学校史馆，与如皋市就教育领域合作达成初步意向。市领导马金华、缪爱诚参加活动。

△ 全市小麦开秤收购，夏粮收购工作全面展开。2014 年因天气情况较好，开秤时间较上年相比提前 3 至 4 天，开秤价格为 1.12 元 / 斤，与上年 1.06 元 / 斤相比略有上涨，涨幅 5.66%。据统计，全市小麦种植面积为 70.03 万亩，平均亩产为 806 斤左右，与上年相比增产 66 斤 / 亩，增幅 8.91%；小麦总产量约 28 万吨，同比增加约 2.5 万吨。

30日

△ 南通市召开群众路线教育实践活动推进会暨“一把手”述职会，市领导姜永华、司祝建、蔡忠、蒋建在如皋市分会场收看收听，并于会后召开如皋市群众路线教育实践活动领导小组会议，部署做好下一阶段工作。

△ 南通市新能源汽车推广应用工作推进会在如皋召开。南通市副市长黄爱军，如皋市委副书记、市长陈晓东，副市长陆雪松出席会议。

△ 如皋市与美国美华集团签订合作框架协议，在打造国际高端养生社区、建设有机食品基地、建设土壤改良示范推广基地、开发健康养生保健品、开发推广长寿食品、构建“世界长寿养生健康高峰论坛”平台、打造健康博物馆等多领域开展合作，共同建设世界长寿养生之都。爱国侨领、美国华商总会会长、美国美华集团总裁朱艺峰，市领导陈晓东、刘向阳、茅红宇出席签约仪式。

△ 市政协主席会议专题协商金融业支持实体经济发展工作。市政协主席李中林，副主席魏祝明、黄文斌、张亚鸾、郑振明，秘书长殷高华出席会议。

△ 市委副书记司祝建对秸秆禁烧禁抛和综合利用工作进行夜间巡查，涉及如皋工业园区(如城街道)、搬经镇、江安镇、石庄镇、吴窑镇、磨头镇等多个镇(区、街道)，未发现一处火点。

31日

△ 中金国泰控股集团董事长郑建龙一行到如皋考察，听取市委副书记、市长陈晓东介绍如皋城市核心竞争力、产业功能配套以及当前发展机遇，双方就合作发展新能源汽车产业、港口物流业开展交流。

△ 市委常委、纪委书记蔡忠前往搬经镇、石庄镇，深入村组田间，督查秸秆禁烧禁抛和综合利用工作开展落实情况。

△ 市文明办、文广新局、教育局、文联在市少年儿童图书馆举办首届“中国梦·雉水情”少儿书画比赛，共有来自18所学校的104名少儿书画爱好者参赛。

△ 市旅游局举行“南通人游南通——如皋行”欢迎仪式，向来自南通的近百名自驾游爱好者介绍如皋，欢迎自驾游爱好者游览水绘园、红十四军纪念馆、丝毯艺术博物馆等如皋旅游景点。

△ 首届如皋长青沙西瓜文化节在安定广场举办。副市长杜永红出席活动，并为长青沙“周大兴”牌西瓜首批特许经营点进行授牌。

2014 年 6 月

1 日 △ 国家体育总局自行车击剑运动管理中心、中国自行车运动协会、江苏省体育局、如皋市人民政府在长江镇(如皋港区)联合举办"东升杯"第五届中国·如皋环岛公路自行车赛。来自商丘、信阳、徐州、苏州、上海等地的320名自行车运动爱好者参加本次比赛,选手环长青沙岛骑行,赛程近20公里,分男子公路精英组、女子公路赛、男子山地车组、男子山地大师组4个组别。

△《美术报》和著名书画家范扬向东陈镇南凌小学捐赠50万元,用于学校建设和艺术图书购置。第十一届全国政协副主席李金华,国家画院国画院副院长、南京书画院院长范扬及夫人潘金玲,《美术报》总编辑蔡景富,南通市政协主席王德忠、市委副书记陈斌,如皋市委书记姜永华,市委副书记、市长陈晓东等出席捐赠活动。学校"丛桂楼"命名仪式同时举行。

2 日 △ 端午节小长假期间,全市共接待游客21.7万人次,实现旅游综合收入2.4亿元。

3 日 △ 全市党的群众路线教育实践活动推进暨"一把手"专项述职点评会召开,市四套班子领导姜永华、陈晓东、谢新民、李中林、司祝建等参加会议。南通市委第二督导组组长葛维先到会指导。

4 日 △ 市委副书记司祝建赶赴九华、下原、白蒲等多个镇区,对秸秆禁烧禁抛和综合利用工作开展巡查(发现秸秆燃烧点1处),慰问秸秆禁烧一线镇村干部和村民。

△ 如皋市召开开放型经济工作例会暨海关联络员工作座谈会,听取14个镇(区、街道)关于当前外资利用、到账外资等工作完成情况的汇报,以及对海关工作的意见和建议。活动中,与会人员参观长江镇(如皋港区)东升国际石材产业园、苏中国际集装箱码头等处,如皋海关表彰2名海关优秀联络员,并向4名新任联络员颁发聘书。市领导司祝建、茅红宇参加活动。

△ 市城管局指派的老小区改造施工队在如城街道东皋新村开始施工。截至目前,全市3个老小区实施改造,更换落水管700多根、楼道窗116个、消防栓3个、配电箱4个,疏通化粪池95个,移除大型杂树30余棵,维修和新增道路约2600平方米。

4~6 日

△ 市委副书记、市长陈晓东率领市政府办、住建局、环保局、交通局等部门负责人,赴重庆市学习考察城市规划建设工作,实地参观重庆市主城区、重庆市规划展览馆、璧山县城市建设亮点。

△ 2014年第三届中国富硒食品推广交易会在北京举行,如皋市康寿食品厂生产的平康牌富硒"五谷杂粮"系列产品——如皋玉米糁、如皋荞麦粉,荣获"中国健康保健富硒产品"金奖。

5 日 △ 省文化厅副厅长裴旭率队到如皋,专题检查评估如皋市创建全国文化先进县(市、区)工作,实地查看市文化馆、图书馆、博物馆等部分文化设施。市领导司祝建、缪爱诚陪同检查。

△ 熔盛重工为巴西淡水河谷公司建造的第10艘VLOC命名为"ORE TIANJIN"号。南通市副市

长黄爱军，如皋市副市长陆雪松，淡水河谷公司执行董事、副总裁马定思，江苏熔盛重工有限公司总裁陈强等出席命名仪式。

△ 市人武部组织开展民兵整组点验活动，邀请南通军分区领导现场指导和点评。根据2014年上级赋予任务，本市民兵分队分为应急队伍、支援队伍、储备队伍三大类，共6450人。全市民兵整组工作从1月20日开始，5月25日结束。

△ 2014年春茧收购工作正式启动，市场收购均价21.5元/斤，与上年均价26元/斤相比，下跌4.5元/斤，跌幅17.3%。全市春蚕发种7.2万余张，与上年相比增加0.4万张，增幅5.88%，平均每张产茧85~90斤，与上年相比基本持平。

6日

△ 南通市委副书记陈斌前往长江镇（如皋港区）知青社区，就加强基层服务型党组织建设开展调研，先后视察知青社区公共服务大厅、老年人活动室，市港务集团、苏中国际集装箱码头，东升国际石材交易中心建设现场。市领导姜永华、蒋建陪同调研。

△ 泰兴市委书记孙耀灿率领泰兴市党政代表团到如皋，参观考察江安镇周庄社区、陈庄社区农村河道整治工程和陆地方舟、双钱轮胎等企业。市委副书记司祝建、副市长杜永红陪同考察。

△ 如皋市举行2014年"安全生产宣传咨询日"活动暨安全生产月启动仪式。副市长陆雪松出席活动。

△ 首届中国南充国际木偶艺术展闭幕，如皋市木偶艺术团的新创木偶短剧《张三送母》获得"传承奖"。

△ 如皋籍钢琴小演奏家鞠小夫（14岁）与上海爱乐乐团合作，在上海音乐厅举办交响音乐会，来自如皋市的一百多名钢琴小学子在家长带领下观摩学习。

△ 省卫生厅公布2014年度医学新技术引进奖，如皋市人民医院"预防误吸型胃管的临床应用"和"低分子肝素对脊柱脊髓术后血液流变学的影响及预防下肢深静脉栓塞的临床应用"两个项目同时获得二等奖。

7日

△ 市委书记姜永华主持召开市委常委会，传达南通市整治用人选人不正之风座谈会精神，讨论《关于深化重大决策社会稳定风险评估机制的实施意见（试行）》，就党的群众路线教育实践活动提出具体要求。

△ 市人大常委会举行仪式，向经过法定程序公开选任的82名新任人民陪审员颁发任命书。市人大常委会主任谢新民、副主任张元健出席仪式。

7~9日

△ 2014年普通高校招生全国统一考试举行，全市设如皋中学、市一中、职教中心、白蒲中学、江安中学5个考点、269个考场（比上年减少49个），7751名考生参加考试（其中22名为外省籍考生），文理类生源比例约为1:3。

8日

△ 市委副书记、市长陈晓东会见中铁电气化局集团第二工程有限公司总经理窦保信一行，双方就如皋境内铁路建设合作事宜进行初步洽谈。

△ 江苏浙商三农商贸发展有限公司举办三农经济发展论坛暨三农国际城大型品牌签约仪式。农业部原副部长宋树友、国际绿色经济协会副会长刘新泉、如皋市副市长杜永红等出席活动，杭州农副物流中心、宁波保税区进口商品直销中心、渤海商品交易所、天津电交所、南通玉兔集团、上海江桥蔬菜批发市场、杭州五和肉类交易市场、浙江茶文化城、浙闽保健品市场等100多家大型品牌企业成功签约。该项目目标建设全球绿色农副产品交易基地，总投资10亿元，预计2015年11月试运行。

△ 长青沙备用水源项目正式开工建设。该项目由如皋市和海安县共同实施,选址长江镇(如皋港区)环岛西路以西的鹏鹞水务取水头部附近,占地约700亩,总投资约1.25亿元,设计库容量150万立方米,建成后能保证如皋、海安250万人5至7日应急用水。

9日 △ 市委副书记、市长陈晓东主持召开重点工作现场推进会,对项目建设情况进行点评,与会人员参观搬经镇、磨头镇、吴窑镇、下原镇工作亮点,听取高新区(城南街道)、磨头镇、下原镇交流发言。市四套班子领导姜永华、谢新民、胡拥军、吴道健等出席会议。

△ 市委副书记、市长陈晓东一行前往如皋工业园区(如城街道),走访江苏天南电力器材有限公司、江苏力星通用钢球股份有限公司,了解企业需求,看望慰问光华村的单桂高、谢金莲等困难家庭,听取党的群众路线教育实践活动开展情况汇报。

△ 市公安局、市见义勇为基金会、FM98.3如皋汽车广播在安定广场联合举办电信网络诈骗防范宣传大型公益活动,现场开通如皋反诈骗公益微信平台,并为成功堵截电信网络诈骗的见义勇为银行员工颁奖,市委宣传部、团市委等部门同步开展2014年如皋市防电信网络诈骗志愿者招募活动。市领导缪小华、成明出席活动。

10日 △ 南通市政协副主席杨展里率队视察如皋市文化惠民工程,实地查看红十四军公园、奥体中心、市文广传媒集团、经济技术开发区(城北街道)文化站等处。市领导缪爱诚、郑振明陪同视察。

△ 南京师范大学、如皋市人民政府在职教育硕士联合培养协议签字仪式在如皋举行。南京师范大学副校长华桂宏、如皋市政府副市长缪爱诚分别代表双方在联合培养协议上签字。根据协议,南京师范大学2014年为如皋市教育系统单列在职教育硕士招生计划60人,其中学科教学(语文)、学科教学(数学)各30人。

△ 全市2014年"食品安全宣传周"活动在文峰大世界广场正式启动。市卫生局、农委、质监局、工商局等部门设置现场咨询台,向群众宣传食品安全法律法规、安全知识,增强百姓食品安全消费意识。副市长缪爱诚出席活动。

10~11日

△ 全国老年报第23届年会在如皋举行,市委书记姜永华出席会议并致辞,市委副书记、市长陈晓东作《如皋:迈向高铁时代的长寿乡》主题推介。来自全国的25家老年报社负责人和记者探访如皋市部分百岁老人,参观市城市规划展示馆、顾庄生态园、中国长寿城、博爱康复护理院等处。

11日 △ 市委书记姜永华主持召开深化沿江开发领导组会议,就"如何放大港口优势、加快港口物流产业发展"主题,听取港投集团、长江镇(如皋港区)情况汇报和如皋海关、海事局、国检等相关单位建议。市领导陈晓东、司祝建、吴道健、张勇、茅红宇出席会议。

△ 市委书记姜永华主持召开全市重大项目领导组会议,听取四大主功能区和相关部门汇报各板块、条线重大工业项目推进成果及举措,总结回顾2014年以来全市重大工业项目建设情况,讨论交流下一步推进举措。市领导陈晓东、司祝建、吴道健、马金华、缪小华、张勇、陆雪松、茅红宇、张亚鸾出席会议。

12日 △ 市委副书记、市长陈晓东督查推进如皋火车客运站改扩建工程,实地查看客运站临时站房建设、运行情况,协调解决7月1日新增停靠列车对接工作和安保、卫生、水电等具体问题。市领导马金华、蔡忠、刘向阳、陈万圣、万维庆参加活动。

△ 市总工会、市邮政局联合开辟的"职工心声"邮路正式启动,50名"爱心邮路"邮递员从双钱集

团(江苏)轮胎有限公司出发,将印有征求意见表和调查问卷的可回收信函——“职工心声”直通车送至部分企业职工手中。市委常委、组织部部长蒋建出席启动仪式,并为“职工心声”邮路授旗。

△ 2010~2011 年度全国无偿献血奉献奖揭晓,如皋市申报的 53 名献血市民全部获奖。其中,袁小勇、黄平、张昌莲获得金奖,钱宏兰等 8 位献血市民获得银奖,朱爱琴等 42 位献血市民获得铜奖。

13日

△ 市委副书记、市长陈晓东督查磨头镇党的群众路线教育实践活动开展情况。

△ 市人大常委会举行重点建议督办会,对《关于畜禽粪便综合处理的建议》进行督办。市人大常委会副主任邵晓泉出席会议。

△ 上海戏剧学院戏曲学院“如皋社会实践基地”在市文广传媒集团木偶艺术团正式成立。国际木偶联合会亚太委员会主席、中国木偶皮影艺术学会副会长兼秘书长唐大玉,上海戏剧学院戏曲学院党支部书记张敦等为基地揭牌。

13~14 日

△ 由南京德高国际旅游有限公司西安分公司牵头,西安及西北部分城市旅行社负责人一行 30 余人到如皋考察,先后游览东方第一大寿星园——中国长寿城、“徽派园林海内孤本”——水绘园风景区、世界两家丝毯博物馆之一的如皋丝毯艺术博物馆、山门北向的千年古刹——定慧禅寺,并就西安(西部)旅行团到如皋观光旅游具体事宜踩线洽谈。

14日

△ 市委书记姜永华率队督查经济技术开发区(城北街道)重大项目建设情况,先后视察诚豪玻璃、华姿时装、康迪电动汽车、汉德家用电器、风讯新能源、荣威塑胶、延康汽车零部件、聚源电气等在建项目和企业现场,了解项目建设和企业研发、生产、销售情况。市委副书记司祝建参加活动。

△ 市委副书记、市长陈晓东会见到如皋考察的全国台湾同胞投资企业联谊会会长张汉文,双方就进一步加强经贸合作、引进更多台资企业到如皋投资发展进行友好交谈。

△ 第十六届市政府召开第二十五次常务会议,讨论《关于适当提高城乡低保五保等困难群体救助标准的请示》《如皋市安置房居住区物业管理暂行办法》等议题,审议通过《市政府办公室关于印发如皋市重污染天气应急预案的通知》。

△ 如皋市召开全市居保“四不出村”(村民参保登记不出村、个人缴费不出村、待遇领取不出村、信息查询不出村)服务工作全覆盖现场推进会。市委常委、常务副市长吴道健出席会议。

14~15 日

△ 市体育局、市级机关工委、市总工会在市奥体中心体育馆举办全市“体育彩票杯”羽毛球男女单打比赛,来自全市的 137 名男女选手报名参赛。本次比赛取消年龄限制,男女单打第一名分别被泰达集团的周菲和丁堰中心初中的徐海霞夺得。

16日

△ 市委书记姜永华实地查看市社会福利中心、市救助站,督查联系点市民政局开展群众路线教育实践活动。市领导司祝建、杜永红参加督查。

17日

△ 市委书记姜永华率队督查如皋工业园区(如城街道)重点工作,实地查看江苏贝姆新材料科技有限公司建筑材料和保温材料生产项目、南通斯密特森光电科技有限公司光电科技产品项目、江苏万达特种轴承有限公司新建精密回转轴承生产线项目等如皋工业园区(如城街道)重点项目。市领导刘向阳、陈万圣参加督查。

△ 24 名就读于美国、英国、新加坡、澳大利亚等国高校的南通籍留学生到如皋开展“南通海外人才如皋行”活动,先后参观高新区(城南街道)海迪科光电、龙游湖商务区、人才公寓、QST 青软实训等

处。市委常委、组织部部长蒋建参加活动。

△ 为期3天的全市转型升级专题培训班开班，来自市发改委、科技局和各镇(区、街道)的30名学员参加培训。副市长陆雪松出席开班仪式。

18日 △ 淮南—南京—上海1000千伏特高压交流工程在丁堰镇举行开工仪式暨首基试点。国网交流公司副总经理李新建，江苏省电力公司副总经理潘震东，市委书记姜永华，市委副书记、市长陈晓东出席开工仪式。该工程全长760公里，江苏境内515公里，在如皋市境内途经东陈、丁堰、白蒲3镇，全长14公里。

19日 △ 市总工会组织工会代表并邀请部分人大代表、政协委员视察企业劳动保护工作。视察组一行实地参观江苏宏景集团金水苑项目部、江苏阿尔法电梯有限公司、南通天泽化工有限公司等生产、建设现场，针对部分企业安全隐患提出整改意见。

△ 市委副书记司祝建率队赴丁堰镇、东陈镇、经济技术开发区(城北街道)等处督查秸秆禁烧禁抛与综合利用工作，巡视查看秸秆还田质量、水稻生长情况。

20日 △ 市委副书记、市长陈晓东召集市政府办、人才办、发改委、商务局、住建局、旅游局等相关部门负责人，召开"高铁如皋·节点城市"转型发展调研课题汇报交流会，就如皋交通区位环境变化对全市现代服务业影响、加快港口物流经济发展、分享上海自贸区溢出效应等12个课题进行汇报交流。市领导吴道健、缪爱诚、成明、陆雪松、茅红宇、张亚鸾、万维庆参加会议。

△ 来自马士基、法国达飞轮船、玛丽亚那班轮、商船三井等20多家世界航运领域领军企业的代表组团到如皋考察港口物流基础设施和行业发展现状。代表团一行参观如皋港现代物流园规划沙盘、如皋港苏中国际集装箱码头等处，并举行交流洽谈会，寻求相关物流项目合作。市领导陈晓东、司祝建、张勇、茅红宇、张亚鸾参加交流洽谈。

△ 全市书香城市建设动员会召开，首批如皋市全民阅读十佳阅读推广人、十佳阅读品牌项目、十佳基层书屋受到表彰。市领导司祝建、胡拥军、缪爱诚、钱志刚出席会议。

△ 江苏寿都密码农产品有限公司在1号店、天猫、京东商城分别设立的3家"寿都密码食品专营店"正式上线，开始如皋长寿农产品线上线下互动营销的"新电商时代"。

△ 截至当日凌晨，如皋港集装箱吞吐量正式突破3000标箱，达到3059标箱。

△ 即日起，全市正式进入梅雨期，入梅时间与常年相比正常。

21日 △ 省人力资源和社会保障厅副厅长刘小群一行视察如皋市技工学校承办的部分高级技师鉴定考试现场，查看焊工、维修电工、车工、钳工等科目考试场地，了解考试各项准备工作，并提出指导意见。省职业技能鉴定中心主任金松，市委常委、常务副市长吴道健等陪同视察。

△ 市委书记姜永华主持召开市委常委会，传达省委及南通市委督导组关于如皋市常委领导班子的反馈意见，听取市委常委、组织部部长蒋建汇报全市党的群众路线教育实践活动工作情况及下一阶段工作建议，讨论《如皋市惩防体系建设暨争创"三清示范区"工作项目及任务分工方案》《中共如皋市委关于落实党风廉政建设党委会主体责任、纪委监督责任的实施意见(试行)》等议题。

△ 如皋市举行民兵双37高炮营授旗仪式暨高炮二连实弹战术演习总结表彰大会，市委副书记、市长陈晓东为民兵双37高炮营授旗，5家民兵组织建设先进单位和20名先进个人受到表彰。南通市军分区司令员徐国安，如皋市委书记姜永华等参加活动。

△ 如皋市召开全市安全生产检查整改专项行动工作部署会，听取市安监局就《全市集中开展安

全生产检查整改专项行动方案》的补充说明，对市安监局直接监管的危险化学品等5个行业领域专项行动进行部署。副市长陆雪松参加会议。

△ 以“强化红线意识，促进安全发展”为主题的农（渔）业安全生产专题文艺演出在市文化馆开演。

△ 下午14时许，盐城东台船主万日荣驾驶载有250吨磷肥的“苏盐货80818”货船从镇江丹阳航行至如皋东司马港桥东丁堰镇丁西砖瓦厂段水域，船底触碰水下不明物，导致船舶前舱进水，船体下沉，随时有倾覆危险，6名丁堰村民主动施以援手，并与随即赶到的丁堰镇政府、丁堰派出所、地方海事处、公安水警大队、消防等部门一起紧急抢险，至当晚21时成功排除险情。由于抢救及时，事故未造成人员伤亡、环境污染和重大财产损失。

22日

△ 全球最大的桥梁钢沉井——沪通长江大桥28号桥墩钢沉井从熔盛重工4号船坞出坞，由8条共计4万马力的拖轮牵引运往10公里以外的沪通长江大桥建设工地现场进行定位安装施工。南通市委书记丁大卫、市委常委陈照煌、副市长沈雷，如皋市委书记姜永华，市委副书记、市长陈晓东参加相关活动。钢沉井长87.3米、宽59.1米、高44米（约20多层楼高），横截面积相当于12个篮球场，总重近15000吨，尺寸和重量均创下全球最大沉井纪录。

△ 全市首期高端人才培训班开班，省“333”、南通市“226”、市“148”、“雉水英才”“双高”型高技能人才等各类高端人才参加培训，首期“148高层次人才梯队”培养对象代表领取证书。市委常委、组织部部长蒋建出席开班仪式。

△ 市文化建设工程领导小组办公室、市文化广电新闻出版局下发《关于建立全市文艺人才库的通知》。

23日

△ 市委书记姜永华在高新区（城南街道）调研，查看电子信息产业园内的如皋瑞昇科技有限公司和天津如玉贵金属经营有限公司，强调围绕“高新”二字，加强特色产业规划和研究，加快打造“高新产业集聚区、产城融合示范区、宜居宜业新城区”。

△ 市委书记姜永华督查长江镇（如皋港区）重点工作，查看南通远邦石油有限公司、南通长江镍矿精选有限公司、江南德瑞斯（南通）船用设备制造有限公司、森松（江苏）重工有限公司、南通瑞泰船务工程有限公司等重点企业，要求长江镇（如皋港区）全力冲刺“双过半”目标。市领导吴道健、郑振明参加督查。

24日

△ 南通市委副书记、市长张国华率队查看如皋港水利枢纽工程，实地检查如皋防汛工作。南通市副市长赵闻斌、南通市政府秘书长顾诺之参加检查。

△ 市委书记姜永华、副市长杜永红一行前往长青沙备用水源项目建设现场，围绕年底建成并投入使用目标，了解工程最新进展情况，加快推进工程建设。

△ 如皋市召开企业人民调解委员会建设现场推进会，要求建立完善企业调解运行机制，实现企业人民调解委员会有效覆盖，努力营造良好的企业发展氛围。

25日

△ 市委书记姜永华率队督查城市建设工作，实地查看龙游河生态公园、雨润商业广场、如皋文峰城市广场、金地城邦、翡翠城等城市绿化、房地产开发、城市功能建设领域重点项目，听取龙游河生态公园景观亮化及喷泉、长寿城二期等项目实施方案汇报。市领导胡宏杰、蔡忠、刘向阳、刘聪泉、陈万圣、黄文斌、万维庆参加督查。

△ 市人大常委会主任谢新民率领市人大常委会委员实地视察江安镇永胜河、江安镇周庄社区河道长效管护现场、如皋港水利枢纽工程、如城中心城区水系畅通工程等河道整治现场，了解全市河道综

合整治情况。副市长杜永红参加视察。

△ 市委副书记、市长陈晓东赴东北哈尔滨、长春等地,参观南通六建总包承建的10万平方米哈尔滨罗马公园项目,走访调研如皋市建筑业在东北的党建及市场发展情况,看望在外如皋建筑队伍。

26日

△ 如皋市召开机关驻村第一书记半年工作推进会,市委常委、组织部部长蒋建出席会议。与会人员观看纪实片《让任职村老百姓笑起来》,听取磨头镇星港村、吴窑镇沈徐村、丁堰镇刘海村的3位第一书记交流为百姓排忧解难的鲜活事例和工作感悟。

△ 如皋市召开就业年龄段持证残疾人就、失业情况调查工作会议,就摸清就业年龄段残疾人底数,全面了解各类别残疾人就业意向和需求作出部署。副市长杜永红出席会议。

△《如皋日报》报道:如皋检验检疫局首次在入境化工品船中截获北美苍耳,检疫人员对一艘从马来西亚入境的船舶进行入境检疫时,发现苍耳属杂草种子,经有害生物检疫实验室鉴定为恶性杂草北美苍耳,传入定殖会严重影响农畜业生产和环境安全。

△ 吴窑镇举办三峡移民移居十周年座谈会,40余名三峡移民与会;并回顾了迁移吴窑安家落户、融入吴窑安居乐业的历程。

27日

△ 省关工委常务副主任李明朝对如皋市未成年人零犯罪社区创建工作开展实地调研,实地查看如皋工业园区(如城街道)十里社区"六大阵地"和"四室",查阅台账资料,并观看专题纪录片。南通市关工委主任曹能新,如皋市委常委、组织部部长蒋建陪同调研。

△ 晚,南通艺术剧院与如皋市文广新局联合打造的越剧精品《董小宛与冒辟疆》在如皋市大剧院首度上演。该剧由越剧导演杨小青执导,剧作家罗怀臻编剧,范派小生范晓萍、王派传人徐柳飞担任主演。

28日

△ 市委书记姜永华主持召开市委常委会,讨论纪念建党93周年暨基层服务型党组织建设推进会议讲话稿和七一表彰大会拟表彰的先进集体、个人名单。

△ 市委全面深化改革领导小组召开第一次会议,传达中央、省委、南通市委关于全面深化改革相关会议精神,听取经济体制和生态文明体制、民主法制领域、文化体制、社会体制、党的建设体制和纪律检查体制六个改革专项小组工作情况汇报。市委书记、市委全面深化改革领导小组组长姜永华主持会议并讲话。

△ 全市项目农业暨种养循环示范点建设现场推进会召开,与会人员集中参观2014年全市项目农业和种养循环示范点建设的部分典型。市领导司祝建、邵晓泉、杜永红、郑振明参加会议。

△ 全市"绿色建筑行动、建设美丽如皋"科普系列宣传活动正式启动。根据市政府《关于推进如皋市绿色建筑发展的实施意见》,到2015年,全市绿色施工技术应用覆盖率达50%以上,10%以上大中型工程达到绿色施工工程标准。

△ 南通地区第4家BMW授权经销商、由华晨宝马授权的如皋市第一家宝马4S店——如皋聚宝行正式开业,成为首个进驻如皋的高端汽车品牌。截至目前,2009年启动建设的如皋国际汽车城内共有宝马、大众、别克等汽车4S店16家。

29日

△ 如皋海关正式开关五周年,持续推动如皋外向型经济稳健发展,5年来,累计审核报关单14732份,征收税款入库91.27亿元;监管国际航行船舶3217艘次,进出口货物1906.2万吨、价值123.7亿美元;办理加工贸易合同7018份、备案金额14.19亿美元,全市外贸进出口额近150亿美元。

△ 凌晨5时30分,如皋境内电压等级最高的变电站——地处江安镇的500千伏胜利变电站投入运行。变电站2013年9月开工建设,总投资3.02亿元,总占地面积5.56公顷,是2014年江苏省迎峰

度夏电网重点工程，投运后为南通、泰州两市12个县(市、区)盛夏安全用电提供可靠保障，有力推进如皋经济社会的持续发展。

△ 第八届全国大学生村官论坛在浙江金华东阳市南马镇花园村召开，本市大学生村官、经济技术开发区(城北街道)鹿门社区党总支书记王钰崧以《心中花园，梦里世界》为题的演讲获演讲比赛第一名。

30日 △ 国家粮食丰产科技工程江苏实施区首席专家张洪程教授考察如皋项目区实施情况，查看东陈专题试验现场和白蒲水稻高产示范方，并现场听取专题试验和示范方负责人实施情况汇报，对如皋粮丰工程实施情况给予高度评价，建议进一步加强水稻够苗期水分管理，及时搁田，为高产、超高产打下良好基础。

△ 市委书记姜永华召集市纪委、市委办、组织部、宣传部等部门负责人，镇(区、街道)、村(居)负责人，就全市基层服务型党组织建设进行专题调研。市领导司祝建、蒋建参加活动。

△ “南通最美法官”先进事迹报告会在南通市中级人民法院举行，如皋法院审判委员会专职委员、经济技术开发区人民法庭庭长顾雪红被授予“南通最美法官”荣誉称号。

△ 本月起，如皋市儿童残疾筛查工作全面启动，本着“发现一例，报告一例，康复一例”的原则，凡居住在如皋市，具有如皋市户籍或持有暂住证的0~14周岁儿童均属筛查范围，主要筛查视力残疾、听力残疾、智力残疾、肢体残疾、言语残疾、精神残疾、孤独症七种残疾。

△ 各镇财政所根据市残联、市财政局联合下发的《关于下达2014年上半年低保家庭中重度残疾人重残补贴金指标的通知》，于6月30日前为符合条件的3151人(其中，城镇低保重残人员105人，每人每月80元，农村低保重残人员3046人，每人每月60元)发放低保重残补贴金114.696万元。

△ 市政府将免费婚前医学检查和孕前优生健康检查列入2014年为民办实事项目。1~6月，全市结婚登记6517对，应检人数4669对，接受免费婚前婚前医学检查3976对，同期婚前医学检查率85.16%。计划怀孕夫妇免费孕前优生健康检查5421对，完成全年任务的90.35%。

△ 1~6月，全市累计实现外贸进出口15.76亿美元，同比增长4.5%。其中，出口11.81亿美元，同比增长0.3%；进口3.95亿美元，同比增长19.2%。

△ 1~6月，全市新设立各类企业1146户，同比增长23.39%。其中，新注册第三产业企业726户，占新设企业总数的63.35%，注册资本34.52亿元，占新增注册资本总数的61.13%。

△ 1~6月，根据商品房销售价格“一价清”制度，市物价局共受理商品房备案33起(33个楼盘)，总面积近92万平方米(其中住宅面积74万余平方米，商业面积17万余平方米)，住宅平均单价5500元/平方米，商铺平均单价15000元/平方米。

△ 截至6月底，全市接待游客376.8万人次，实现旅游综合收入44.5亿元，分别完成全年目标任务的53.1%和52.6%。

2014 年 7 月

1 日 △ 江苏省口岸办公室联合江苏海事局、南京海关、江苏出入境检验检疫局、江苏省公安边防总队等省级查验单位，对如皋市 6 个泊位（如皋苏中国际集装箱码头 2 个 5000 吨级集装箱泊位、森松（江苏）重工有限公司 1 个 5000 吨级通用泊位、江苏海通海洋工程装备有限公司 1 个 5000 吨级舾装泊位、南通瑞泰船务工程有限公司 2 个 5000 吨级舾装材料泊位）对外开放工作进行省级验收。验收组听取了情况汇报，并对码头的检验监管设施进行现场验收，原则同意通过省级验收，上报省政府批准正式对外开放。副市长茅红宇参加活动。

△ 如皋市纪念建党 93 周年暨基层服务型党组织建设推进大会在市行政中心礼堂召开。市委副书记、市长陈晓东主持大会，市委书记姜永华出席会议并讲话。大会宣读市委表彰决定，表彰全市先进基层党组织、优秀共产党员、优秀党务工作者、十佳党员企业家和“双强”型村(社区)党组织书记标兵，并组织与会人员集中参观经济技术开发区(城北街道)北郊花苑、双钱集团(江苏)轮胎有限公司、磨头镇华夏花卉、新港村公共服务中心等基层服务型党组织建设典型。南通市委副书记陈斌，市委常委、组织部部长张兆江，市委副秘书长刘锋出席大会。

△ 市委副书记、市长陈晓东前往如皋火车站，视察直通省外首趟列车停靠各项对接工作，实地查看站前广场、候车大厅、检票口、站台等处，了解窗口售票、登车旅客人数等情况。市领导陈万圣、万维庆参加视察。

△ 即日起，根据上海铁路局发布的 2014 年“7.1”调整列车运行通知，南通往返北京、重庆北、浙江兰溪的三趟列车增停如皋火车站。晚 19:05，南通开往北京的直达特快 Z52 次列车准时停靠如皋火车站，实现如皋有铁路 13 年来出省列车停靠“零突破”，40 多名旅客在如皋站登车。

△ 即日起，如皋市对接列车运行调整，配套调整公交运行，公交 104 线路增开两个夜班，分别比夜间列车到站时间延后 10 分钟发车，满足广大市民出行需要。

△ 即日起，《如皋市安置房居住区物业管理暂行办法》正式实施，政府投资或组织实施的，因城市发展、旧城改造、道路建设、重大农业开发等需要对被搬迁户实行安置，由政府统一规划建设的居住用房，居住区生活垃圾费列入建设成本，建设单位按照不低于每平方米 18 元标准一次性向环卫单位缴纳。

△ 即日起，如皋市殡葬服务收费新政策正式实施，遗体接运(含抬尸、消毒)、存放(含冷藏)、火化、骨灰寄存等服务纳入基本服务范畴。城乡居民基本殡葬服务费补助标准由 420 元调整为 1375 元，由原来仅补助火化费调整为基本殡葬服务费，包括火化费、尸体接运费、尸体冷藏费(殡仪馆)、骨灰盒，选择骨灰撒海或可降解丧葬形式的另外给予 1000 元奖励性补助。

2 日 △ 省档案局党组书记、局长谢波，副局长项瑞荃，纪检组长贲道红一行到如皋调研档案工作，查看创建国家二级馆、建立镇（区、街道）档案中心等工作情况，并给予好评。市领导姜永华、陈晓东、胡拥军、缪爱诚等参加活动。

△ 市委副书记、市长陈晓东邀请部分市人大代表和政协委员，前往龙游河生态公园、主城区供水管网复线、蒲行苑外立面改造、外国语学校南停车场等在建工程现场，实地了解工程建设进展，督查推进政府为民办实事项目。市领导吴道健、张元健、杜永红等参加活动。

△ 市人大常委会督查组对上半年全市国民经济运行情况进行专题督查，先后实地查看润蒲黄

酒、恒康家居(南厂区)、莱鼎电子材料科技等项目建设情况,听取情况汇报,了解全市国民经济运行情况和存在问题。市人大常委会副主任张勇、副市长谢刚参加督查。

△ 如皋海关举行建关五周年工作汇报会,邀请部分企业家代表以及如皋出入境检验检疫局、如皋边防检查站、如皋海事等单位和部门负责人,汇报5年来工作成绩,听取意见和建议。南通海关关长方柏坚、如皋市委书记姜永华等参加活动。

△ 如皋市召开电力工作会议,表彰2013年度平安电力创建先进单位,分析当前供用电形势,部署电力迎峰度夏工作。市领导陈晓东、陆雪松出席会议。各镇(区、街道)向市政府递交电力保护责任状。

3日

△ 如皋市召开船舶海工及配套企业咨询会,邀请相关行业专家就如皋船舶产业发展现状建言献策。会议由市委副书记、市长陈晓东主持,市委书记姜永华致辞,省经信委副主任、省国防科工办主任秦雁,中国船舶工业行业协会秘书长王锦连,中国船级社江苏分社副总经理张东标出席会议,听取与会的熔盛重工、华泰重工、长青沙船舶等多家企业代表发言,并提出意见和建议。

△ 市委书记姜永华一行对白蒲镇重点工作进行专题督查,实地查看鼎强机械、岑美服饰、力源金河、润蒲酒业、曜彰体育、华东油压、华文服饰、文峰大世界和白蒲溪园安置小区等项目现场,详细了解项目推进情况。市政协主席李中林参加督查。

4日

△ 政协如皋市第十三届委员会第九次常委会议召开,讨论市政协第一、第二调研组《关于加速推进我市城镇化建设的调研报告》,协商通过调整相关政协委员的决定。

△ 市委副书记、市长陈晓东,副市长陆雪松率市安全生产监督管理局执法人员,于晚间冒雨对长江镇(如皋港区)的如皋市隆昌化工有限公司、百川化工、江苏化学有限公司等化工企业进行安全生产突击检查,要求各企业确保安全生产工作万无一失。

△ 全市征兵工作会议召开,总结2013年征兵工作情况,通报表彰2013年度征兵工作先进单位、个人,部署2014年征兵工作。市领导陈晓东、杜永红、成明出席会议。各镇(区、街道)、各相关单位向市政府递交《征兵工作责任书》。

△ 如皋市举行纪念"青年文明号"创建二十周年暨全市团干部业务培训班开班仪式,对2013年度如皋市级"青年文明号"进行表彰和授牌。市委常委、组织部部长蒋建出席活动。

6日

△ 如皋市在高新区江苏寿都密码农产品有限公司举行如皋长寿农产品京东商城、天猫商城、1号店上线仪式,江苏省邮政速递物流有限公司如皋市营业部、常州天目湖南山竹海食品有限公司、南通兴东机场分别与如皋市供销合作总社、老猫网络科技有限公司、江苏寿都密码有限公司签订速递业务、长寿农产品网销、农产品进空港合作协议。南通市供销合作总社主任葛志华,如皋市委书记姜永华、副书记司祝建,市委副书记、市长陈晓东,江阴市、淮安市、南通各县(市、区)供销社、商务局负责人出席仪式。

△ "未来之星"如皋市第二届少儿器乐展演暨名师点评演奏晚会在如皋大剧院举行。活动由市文广传媒集团、市广播电视台与江苏省演艺集团共同举办,全市16个器乐培训机构、400多名学员参演。

7日

△ 南通市委常委秦厚德率调研组一行到如皋调研河道综合整治及长效管护工作,先后前往江安镇陈庄村、周庄社区,实地查看河道综合整治及长效管护工作情况,详细了解全市河道长效管理相关做法。市委副书记司祝建陪同调研。

△ 南通市副市长赵闻斌到如皋调研新型农民集中居住区建设和"双置换"工作。副市长杜永红陪

同调研。

△ 如云教育 SAP“百佳人才”实训班在高新区(城南街道)SAP 培训室开课,来自淮阴工学院和盐城师范学院的 40 名应届毕业生接受 SAP BusinessOne 实施与运维课程培训。副市长陆雪松等参加活动。

8日

8~9 日

△ 市委书记姜永华先后对上半年全市财经、工业、服务业、开放型经济、科技创新、新农村建设、社会事业、城建交通、人大、政协、党风廉政和作风效能建设、组织(群团)、宣传思想、统战、政法维稳、社会治理创新工程建设等各项工作开展调研。市委副书记、市长陈晓东等参加调研。

9日

△ 副市长杜永红专程前往市人民医院,探望慰问因病住院的残疾人楷模蒋小兰(以钩针、棒针技术三度夺得国际残疾人职业技能比赛金牌)。

10日

△ 南通市台办副主任朱鸿一行到如皋,实地走访斯密特森光电科技有限公司、森家农业科技有限公司等台资企业,重点调研台资企业农业项目建设情况,了解企业所遇到的具体困难,为企业出谋划策,并征询台商对台办的工作意见。

△ 市委书记姜永华召集各镇(区、街道)及市委农工办、市农委、水务局等部门相关负责人,召开村庄环境整治动员会议,要求全市上下集中精力,全面开展村庄环境整治工作,进一步打造整洁优美的乡村环境。市领导司祝建、吴道健出席会议。

△ 市委书记姜永华主持召开市委中心组(扩大)学习会,邀请省国土资源厅副厅长祖耀升作题为《城镇化进程中土地管理的作用与任务》的辅导讲座。

△ 如皋月星家居广场招商新闻发布会在金陵金鼎大酒店举行。月星集团在如皋投资 8 亿元的一期项目经过一年多的建设正式运营招商,总营业面积达 18 万平方米。市委副书记、市长陈晓东出席活动并致辞。

10~11 日

△ 来自上海交通大学 EMBA 创新管理高级研修班的 58 名学员到如皋考察投资环境,实地参观如皋经济社会发展亮点,听取如皋投资环境推介。市委副书记、市长陈晓东,副市长茅红宇参加相关活动。

11日

△ 市委副书记司祝建率领农办、水务、环保、交通运输、住建、农委等部门相关负责人,实地查看如皋工业园区(如城街道)顾庄村、十里社区,江安镇陈庄村、周庄社区、胜利社区,吴窑镇立新社区等村庄环境整治现场,督查推进村(社区)环境整治工作。

△ 如皋市召开镇村文化建设工程现场推进会,研究部署下半年宣传思想、精神文明建设、公共文体服务、文化产业发展等工作,与会人员参观高新区(城南街道)综合文化站、杨花桥村、东陈镇奥林石业、市奥体中心、图书馆、文化馆、博物馆等文化事业、产业项目和如皋工业园区(如城街道)“最美如城人”活动展示。市领导胡拥军、缪爱诚参加活动。

△ 市妇联举办“爱心助孤、爱心护蕾”扶助款发放仪式暨“七彩夏日”阅读活动,为 84 名孤困儿童发放扶助款,同时向孤困儿童发放图书和借书卡。市委常委、组织部部长蒋建出席活动。

△ 截至本日,全市小麦收购总量突破 7 万吨,达 7.4833 万吨,较上年同期增长 11.7%,其中,地方储备 1.8481 万吨,小麦托市价收购 2.9602 万吨,市场调节(自营)收购 2.675 万吨。农民亩收益 572 元,较上年上涨 1.01%,实现增收。

△ 南通市举行 2014 年空军招收飞行学员录取通知书颁发仪式,8 名如皋籍学子获颁空军航空大学航空飞行与指挥专业录取通知书,其中,石庄中学一次性录取 4 名学员,刷新南通单校录取人数纪录。

12日 △ 第十六届市政府召开第二十六次常务会议，讨论通过《如皋市农村小型生活污水处理设施和畜禽养殖污染处理中心长效管理办法》等议题。

12~13日

△ 新加坡新中国际文化交流协会考察团到如皋考察，并出席如皋市召开的恳谈会，听取副市长茅红宇推介如皋投资环境。恳谈会上，如皋市与新加坡新中国际文化交流协会签订战略合作协议，如皋市城管执法局与上海中荷环保有限公司签订环保型垃圾转运站项目合作协议。市委副书记、市长陈晓东出席相关活动。

14日 △ 市委副书记、市长陈晓东督查全市城建工作，视察市公共资源交易平台、代建中心、雨润商业广场、金科世界城、江中世纪城等处，要求全力打造宜居宜业现代化城市。市领导蔡忠、陈万圣、万维庆参加督查。

△ 市委副书记、市长陈晓东前往市委农工办，对被征地农民保障机制建立、农业保险经营、村庄环境整治、村庄建设管理、中心镇建设、农村改革试验等工作开展调研。市委副书记司祝建参加调研。

△《如皋日报》报道：如皋检验检疫局为江苏九鼎新材料股份有限公司签发2份《中国—瑞士自由贸易协定原产地证书》，这是《中华人民共和国和瑞士联邦自由贸易协定》7月1日正式施行以来如皋辖区首次签发中瑞自贸协定优惠原产地证书。

△《如皋日报》报道：在南通市农委组织的稻麦周年高产竞赛活动中，丁堰镇皋南村37组农户谢胜发种植的5.7亩小麦喜获丰收，经南通市农委有关专家实产验收，平均亩产达到619.1公斤，创下如皋市小麦单产历史新高。

15日 △ 即日起，为确保在南京举办的第二届夏季青年奥林匹克运动会水上安全，根据交通运输部海事局、江苏海事局部署，如皋海事局启动长江如皋段船舶远端控制工作，对在如皋港口始发，拟途经、停泊、作业于南京水域的国内航行船舶进行专项安全检查，对首次拟途经、停泊、作业于南京水域的国际航行船舶(含中国籍国际航行船舶)实施专项船舶保安检查。

△《如皋日报》报道：如皋高新区张八里村农民丁正全家安装的光伏发电系统正常投运后成功发电，成为全市首例并网成功的居民分布式光伏发电项目。该项目由楼顶32块太阳能电池板利用太阳能产生直流电，通过电缆传输至光伏并网逆变器，转化为交流电进入农户家中，年发电量约8400千瓦时，多余部分可卖给国家(享受国家补贴0.82元/千瓦时)。

16日 △ 南通市委书记、市人大常委会主任丁大卫前往长江镇(如皋港区)视察，实地查看苏中国际集装箱码头、南通市西北片引江区域供水备用水源工程取水口施工现场、德源高科污水处理系统、如皋港化工新材料产业园环保监控中心等处，要求充分发挥港口优势，推动镇区经济快速发展。如皋市委书记姜永华，市委副书记、市长陈晓东陪同视察。

17日 △ 省农机局副局长王勇到如皋调研粮食生产“全托管”及家庭农场发展情况。副市长杜永红陪同调研。

△ 市旅游局在安定广场举行“大如皋”旅游移动信息平台开通仪式。副市长缪爱诚出席活动。

18日 △ 全省村庄环境整治办公室主任会议在如皋召开，与会人员参观如皋工业园区(如城街道)顾庄社区、龙游河整治现场、吴窑镇立新社区等村庄环境整治及管理现场。省住房和城乡建设厅副巡视员杨洪海参加会议。

△ 市委书记姜永华主持召开市委常委会，听取市委常委、组织部部长蒋建汇报中共如皋市委常委班子及成员民主生活会准备情况，讨论《中共如皋市委全面深化改革领导小组2014年工作要点》《市有关部门贯彻实施全面深化改革〈意见〉重要改革举措分工方案》《关于推进志愿服务制度化的实施意见》《关于在市级机关中开展"党员干部进社区、志愿服务作表率"活动的实施意见》《中共如皋市委十一届八次全会会议方案》等议题。

△ 如皋市召开高端人才招引"百日竞赛"动员会议，回顾总结上半年全市招才引智工作成效和经验，动员部署高端人才引进"百日竞赛"活动。市委常委、组织部部长蒋建出席会议。

△ 如皋市召开专题会议，下发《关于推进校外辅导站电子阅览室建设的实施意见》，要求2014年全市实现村(社区)电子阅览室全覆盖。市委常委、组织部部长蒋建出席会议。

△ 即日起，全市正式出梅，较常年平均出梅日(7月13日)晚5天。2014年梅长共28天，全市梅雨量为188.2~262.9毫米，降水空间分布不均，与常年梅雨量相比多近2成。

19日

△ 市公安局召开第二届夏季青年奥林匹克运动会（南京青奥会）安保动员会，要求集中力量，扎实推动各项工作措施落实到位，坚决打赢青奥安保决胜战。副市长、公安局局长成明出席会议。

20日

△ 市委常委会召开专题民主生活会，市委常委班子及其成员以"为民务实清廉"为主题，围绕解决"四风"突出问题，逐一对照检查，开展批评与自我批评。中央巡回督导组领导孟洪源、江苏省委督导组组长耿乃凡、南通市委副书记陈斌到会督导。

21日

△ 市人大常委会党组召开专题民主生活会，市人大常委会主任谢新民主持会议，代表市人大常委会党组班子进行对照检查并作自我剖析，党组成员张元健、刘聪泉、张勇、华国瑞、朱俊逐一开展批评与自我批评。南通市委第二督导组副组长陆永生到会督导并作点评。

△ 市政府党组召开专题民主生活会，市委副书记、市长、市政府党组书记陈晓东主持会议，代表市政府党组进行对照检查并作自我剖析，党组成员吴道健、陈万圣、缪爱诚、成明、陆雪松、茅红宇、谢刚、万维庆、冒平等逐一开展批评与自我批评。南通市委第二督导组组长葛维先到会督导并作点评。

△ 市政协党组召开专题民主生活会，市政协主席李中林代表市政协党组班子进行对照检查并作自我剖析，党组成员张亚鸾、钱志刚、殷高华等逐一开展批评与自我批评。南通市委第二督导组副组长陆永生参加会议并作点评。

△ 全市专题民主生活会业务辅导会召开，借鉴先行召开的市四套班子专题民主生活会做法，对全市第二批89家参学单位专题民主生活会时间安排、参会对象、会前准备、会议议程、会务准备、会后材料报送等相关内容进行说明和辅导。市委常委、组织部部长蒋建出席会议。

△ 市农发局、财政局完成2013年度省级高沙土项目县级验收工作，涉及白蒲、下原、磨头、石庄、江安5个镇，共2.5万亩，总投资2145万元，其中，财政资金1950万元。

△ 市慈善基金会发出《关于在全市开展2014年圆梦助学活动的通知》，规定凡经民政部门核准，全市应届高（职）中毕业生参加夏季高考、并被普通高校正式录取的大专以上的孤儿和低保户家庭子女，每人可获得由市慈善基金会出资的2000元圆梦助学金。

△ 住房和城乡建设部、国家发展改革委、财政部、国土资源部等部委联合发文，公布新一轮3675个全国重点镇名单，如皋市白蒲镇、搬经镇名列其中。

22日 △ 省粮丰工程考察组一行到如皋，对粮丰工程如皋项目区各项工作进展情况进行实地考察考核，先后实地查看白蒲镇、丁堰镇水稻高标准示范方和高产攻关田以及东陈镇专题试验现场，肯定相关实施情况，并要求进一步加强水稻搁田期管理，施好拔节孕穗肥，加强中后期病虫害防治工作。

△ 如皋市举行全市志愿服务制度化建设推进会暨第四届“小亭志愿服务月”启动仪式。市领导司祝建、胡拥军、张元健、缪爱诚、钱志刚出席活动。

△ 全市气温节节攀升，市领导蒋建、张元健、缪爱诚、成明率市总工会工作人员分别走访慰问奋战在一线的交巡警、环卫工人和建筑工人。

23日 △ 江西省吉安市委常委、宣传部部长李庐琦率领吉安市宣传文化考察团到如皋考察。考察团一行前往长江青少年素质教育实践基地，实地参观室内主题场馆、室外拓展园区、国防教育园等功能区域和活动场所，听取基地工作情况介绍。南通市委常委、宣传部部长章树山，如皋市委常委、宣传部部长胡拥军陪同考察。

△ 江苏省社科联党组书记刘德海率领省评审专家组到如皋，对如皋市红十四军纪念馆申报全省党性教育现场教学基地工作进行现场评审，实地考察纪念馆，并听取讲解人员介绍和相关情况汇报。市委常委、组织部部长蒋建陪同考察。

△ 南京工业大学经管学院院长赵顺龙率领江苏省知识产权区域示范工作验收专家组一行到如皋，通过听取汇报、审阅资料、座谈交流等方式对如皋相关工作进行考核验收。专家组经过考核，认为如皋市已完成省知识产权区域示范各项任务，一致同意通过验收。

△ 南通市社会养老服务体系建设推进会在如皋召开，与会人员集中参观九华镇长寿养生园、高新区左郛村居家养老服务站、如皋市福利中心博爱康复护理院，听取情况介绍。南通市副市长赵闻斌，如皋市委副书记、市长陈晓东，市委副书记司祝建出席会议。

△ 市委常委会、市政府党组专题民主生活会情况通报会召开。市委书记姜永华主持会议，通报市委常委会专题民主生活会情况，市委副书记、市长、市政府党组书记陈晓东通报市政府党组专题民主生活会情况，与会人员分别对市委常委会、市政府党组班子和相关党员领导干部对照检查、开展批评和自我批评情况开展民主评议。南通市委第二督导组组长葛维先出席会议并讲话。

△ 市人大常委会、市政协党组专题民主生活会情况通报会召开。市人大常委会党组书记、主任谢新民通报市人大常委会党组专题民主生活会情况，市政协党组书记、主席李中林通报市政协党组专题民主生活会情况，与会人员分别对市人大常委会、市政协党组班子和相关党员领导干部对照检查、开展批评和自我批评情况开展民主评议。南通市委第二督导组组长葛维先、副组长陆永生参加会议。

△ 如皋市农产品沪皋流通销售商会筹备会议在上海市西郊国际农产品交易中心召开。副市长杜永红出席会议。

24日 △ 市委书记姜永华主持召开市委常委会，传达省委十二届七次全会、南通市委十一届七次全会精神，讨论市委十一届八次全体(扩大)会议报告、“一会两节”方案、上半年各镇(区、街道)考核结果及季度奖励方案、上半年授予相关镇(区、街道)流动奖杯的决定、第二季度部分重点经济指标考核结果通报等议题。

△ 市公安局对搬经治安卡口、宁通高速葛市出入卡口、皋张汽渡治安卡口等6个治安岗亭、高速卡口、查报站岗亭人员值守、车辆盘查、安保开展情况开展实地检查，勉励民警、保安联防队员克服炎热天气，全力守好“青奥安保防线”。

24~25日

△ 为应对第10号台风“麦德姆”对如皋沿江水上交通安全的严重威胁，市海事局先后派出执法

人员 24 人次、巡逻艇 5 艘次、执法车 12 台次，前往辖区内石化码头、皋张汽渡码头、熔盛重工、如皋港务集团码头等处，对危险品、客汽渡、新造船舶等重点网格要素进行摸查排患，确保安全。

24~30 日

△ 根据市委开展党的群众路线教育实践活动相关部署，市委常委姜永华、陈晓东、司祝建、胡拥军、吴道健、胡宏杰、蔡忠、缪小华、蒋建等，党员副市长陈万圣、缪爱诚、成明、陆雪松、茅红宇、谢刚等分别前往各自教育实践活动镇、市级机关部门联系点，全程参加并指导各镇、各部门领导班子专题民主生活会。

25日

△ 广西河池市委常委、巴马县委书记奉海峰率队到如皋，考察长寿文化打造和健康产业发展情况，实地参观如皋城市规划展示馆、顾庄生态园、中华长寿博物馆等处。市人大常委会主任谢新民等陪同考察。

△ 南通市服务业集聚区现场推进会在如皋召开，与会人员实地查看如皋港现代物流园、如皋软件外包产业集聚区，听取如皋市推动现代服务业持续健康发展情况汇报和部分服务业集聚区、重点项目介绍。南通市副市长单晓鸣，如皋市委书记、副市长陈晓东出席会议。

26日

△ 市委十一届八次全体(扩大)会议在市行政中心礼堂召开。市委副书记、市长陈晓东主持会议，市委书记姜永华代表市委常委会作题为《深化改革、克难奋进，为完成和超额完成全年目标任务而努力奋斗》的工作报告，市委副书记司祝建宣读上半年重点经济工作综合考核结果及表彰决定，通报二季度部分经济工作考核结果，公布有关交办、督办事项。大会向季度重点经济工作综合考核先进单位颁发了季度综合考核流动奖杯，为利用外资先进单位颁发了利用外资季度考核奖，并通过《中国共产党如皋市第十一届委员会第八次全体会议决议》。

△ 首届"如皋技校杯"车工、维修电工技能大赛在市技工学校举行。活动由市人社局、市总工会、市安监局、市妇联、共青团市委共同举办，来自全市各镇区企业的 5 个代表队 116 人参加。

28日

△ 市委书记姜永华率队前往丁堰镇督查重点工作和基层服务型党组织建设工作，实地查看西东色织、天龙畜产品、明德塑胶、丁西小镇、润泽园等企业和项目建设情况，听取经济薄弱村新堰社区下半年党组织班子建设、组织覆盖、社区发展、民主管理、教育培训、为民服务等方面整改提升举措和丁堰镇基层服务型党组织建设情况汇报。市领导蒋建、刘聪泉、万维庆参加督查。

29日

△ 南通市政协主席联席会议在如皋召开，就"充分发挥委员主体作用"议题进行专题研讨。南通市政协主席王德忠，副主席陆玉明、陈德新、杨展里、徐守铭、殷雄，如皋市委书记姜永华，市政协主席李中林、副主席黄文斌等出席会议。

△ 市委书记姜永华前往九华镇调研基层服务型党组织建设，实地走访郑甸社区农业"全托管"项目和如皋长寿养生园项目建设现场，查看郑甸社区、赵元村、如海村等村(社区)公共服务中心，并与村(社区)党员干部交谈，详细了解基层服务型党组织建设情况。

△ 副市长缪爱诚率领市教育局、体育局、卫生局、质监局、消防大队等部门相关人员，现场督查社会事业条线夏季安全生产工作，先后查看市公共卫生中心、顾庄游乐场、奥体中心、东方智能教育中心、少儿图书馆等处。

△ 204 国道如皋港连接线工程通过省交通运输厅交工验收。工程将 204 国道与长青沙岛连接，并通过皋张汽渡连通苏南，使如皋交通区位优势进一步提升，全市公、铁、水、港交通综合运输体系更趋完善。

△ 2014年全国少儿毽球比赛在南通举行，磨头小学尚城花园毽球队夺得男子、女子个人计数赛、团体接力计数赛三项比赛金牌，并继2013年之后再度包揽前两项比赛金银铜牌。

30日

△ 南通市政协副主席陈德新率领南通市政协十一届十三次常委会议“推进农村土地流转，拓展农民增收渠道”专题调研组到如皋调研，参观如皋市平德家庭农场、南通欣欣有机水稻有限公司、江安镇种养循环经济示范基地、根美苗木园、江苏绿野农业投资有限公司、如皋市华夏花卉有限公司等处。市领导陈晓东、李中林、司祝建、杜永红、郑振明陪同调研。

△ 市第十六届人大常委会召开第二十五次会议，听取审议市政府关于2014年上半年国民经济和社会发展计划执行情况的报告、关于2013年财政决算和2014年财政预算执行情况的报告、关于2013年度财政预算执行和其他财政收支情况的审计工作报告，并以无记名投票方式进行满意度测评。会议表决通过《如皋市人大常委会关于批准如皋市2013年市本级财政决算的决议》《如皋市人大常委会关于人大常委会组成人员联系市人民代表大会代表的暂行办法》。

31日

△ 中国农业发展银行副行长林立一行到如皋，就如皋农发行支持的长江镇(如皋港区)“万顷良田”项目开展调研，先后参观考察长江镇(如皋港区)农民集中居住点春江花苑、红星花苑和省级现代农业园禾盛现代农业园等处。市领导陈晓东、张勇陪同调研。

△ 如皋农产品进上海洽谈会暨市农产品沪皋流通销售商会成立大会在上海举行，如皋市在上海从事农产品经营的118位业主代表和市规模农业园区代表等参加活动。商会下设羊肉、家禽、水产、猪肉、蔬菜五个分会，如皋市委副书记司祝建，上海市商务委员会机关党委专职副书记、直属单位党工委书记石小平为新成立的商会揭牌，市农委向与会客商大力推介如皋主导特色农产品，商会蔬菜分会、商会猪肉类分会、上海市天发食品有限公司与江苏绿野现代农业园区、搬经镇南通华多种猪繁育有限公司、市新柴农村基础设施开发有限公司分别签约。

△ 市委副书记、市长陈晓东听取《如皋市现代物流产业发展总体规划》汇报。市领导张勇、谢刚、张亚鸾参加座谈会。

△ 市政协委员视察全市广播电视网络建设工作。市政协主席李中林，副主席黄文斌、张亚鸾、钱志刚，秘书长殷高华参加视察。

△ 市港口管理局统计数据显示，截至7月底，如皋港苏中国际集装箱码头吞吐量突破4000标箱。

△ 7月份，全市居民消费价格总水平同比上涨1.4%、环比上涨0.5%，涨幅分别比上个月回落、增加0.3个百分点。其中，食品类价格与上年同期相比上涨2.4%，与6月份相比上涨1.3%。

2014 年 8 月

1 日 △ 南通市委常委、常务副市长韩立明率队到如皋，督查“五大专项行动”（社会治安综合整治、矛盾纠纷排查化解、安全生产检查整改、环境保护、网上舆论引导）开展情况，走访森松重工生产车间和长青沙备用水源项目建设现场，要求及时消除各类安全隐患，严格做好日常监管。市领导姜永华、陈晓东、吴道健等参加活动。

△ 第 87 个建军节之际，市委书记姜永华，市委副书记、市长陈晓东分别率队，前往驻如空军部队、如皋边防检查站和市人武部、军队干休所、消防大队、看守所，看望慰问部队官兵、离退休老同志。

△ 市人武部结合“八一”建军节和入驻新办公指挥大楼契机，组织全市人民武装干部开展升国旗仪式，纪念建军 87 周年。

△ 根据南通市统一部署，如皋市组织两轮防空防灾警报试鸣（第一轮 9 时至 9 时 15 分，第二轮 9 时 45 分至 10 时），检验和确保防空防灾警报的灵敏、有效，提高全社会防灾减灾和应急避险能力。

△ 全市夏季征兵工作进入应征青年目测初检阶段，经体检、政审合格后，9 月 5 日起运新兵，9 月 30 日征兵结束。

△ 副市长谢刚督查服务业企业夏季安全生产工作，现场查看宁海路加油站、南通远航物流公司、大润发如皋店、文峰大世界、泰华大酒店、江苏先锋信息科技有限公司等处，针对存在问题督促相关单位迅速整改。

△ 如皋市召开肉制品生产专项检查动员会，与会肉制品企业观看玉兔集团食品安全溯源管理系统演示，观摩台账资料及生产现场，递交质量安全承诺书。

△ 即日起，按照省工商局统一部署，市工商局在全市启动反映企业基本经营状况的年度报告公示工作，开启“宽进严管”新格局。

△ 即日起，全市电子口岸加工贸易联网审批系统（商务端）正式上线运行，原商务局电子审批端与南通电子口岸平台联网对接，利用电子签章，变企业现场排队办理业务流程为企业在线申报。

2 日 △ 市委书记姜永华率队调研基层服务型党组织建设工作，实地查看如皋工业园区（如城街道）孔庙社区、十里社区、光华社区和市“呼救通”老年援助中心，并召开座谈会，听取相关工作汇报和建议意见。市领导司祝建、蒋建、刘向阳参加调研。

△ 市委副书记、市长陈晓东主持召开十六届市政府第二十七次常务会议，通报前一阶段全市安全生产工作情况，讨论《全市重大工业项目审批服务办法（试行）》《市政府全体（扩大）会议方案》等议题。会议通过《关于进一步推动我市企业上市及场外市场挂牌的补充意见》。

△ 央视唐诗微电影（如皋）开机暨北纬 32°微电影江苏有限公司成立仪式在市水绘园举行。央视微电影风云人物频道执行总监江小鱼，市领导陈晓东、胡拥军、陆雪松出席仪式。

△ 市文明办、团市委主办，如皋网友协会承办的大型公益相亲活动——“爱在七夕·缘聚雨润”第五届如皋相亲文化节活动于七夕之夜在如皋雨润广场举行。

3 日 △ 市米业商会召开工作会议，谋划下一步发展举措，助推全市稻米产业做大做强，来自全市 22 家米业企业的负责人交流企业发展情况，并提出建议和意见。

4日

△ 如皋市召开安全生产工作紧急会议,市委书记姜永华出席会议并讲话,要求全力以赴抓好安全生产工作,切实维护全市大局安全稳定,确保人民生命财产安全。

△ 市委副书记、市长陈晓东调研环保工作,听取相关情况汇报,并与基层一线环保工作者交流,强调全力打造与"世界长寿乡"匹配的生态环境品牌。市委常委、纪委书记蔡忠,副市长陈万圣等参加调研。

△ "江苏省双拥模范单位"授牌仪式暨全市军粮供应座谈会举行。市领导司祝建、胡宏杰等出席会议。

△ 全市高中教育工作会议召开,市领导胡拥军、张元健、缪爱诚、钱志刚等出席会议。

5日

△ 市人大常委会副主任张元健率领市人大常委会调研组调研全市义务教育优质均衡发展情况,考察安定小学、高新区实验学校、磨头初中、磨头小学、搬经初中、搬经小学、开发区何庄小学、如城小学等学校,观看教育专题片《静水深流》,听取市教育局专题汇报,并与部分镇(区、街道)相关负责人、义务教育阶段学校校长、教师代表座谈,对义务教育优质均衡发展情况进行深入了解。

△ 如皋市召开2014年度第二次银政联席会议,市金融办、住建局、财政局、政法委、司法局、工商局、国土局、公安局、发改委等责任部门相关负责人,市农商行、农行、工行、中行、建行等金融单位负责人围绕创新服务举措、助推实体经济发展主题交流发言。市领导姜永华、吴道健、张勇、张亚鸾出席会议。

△ 全市开放型经济工作推进会暨"一会两节"工作部署会议召开,如皋工业园区(如城街道)、经济技术开发区(城北街道)、白蒲镇、九华镇等镇(区、街道)作工作交流。市领导陈晓东、司祝建、张勇、杜永红、茅红宇、张亚鸾出席会议。

△ 2014年世界跳绳锦标赛在香港落下帷幕,来自澳大利亚、德国等20多个国家的1000多名世界级跳绳精英选手参赛,如皋市白蒲小学花样跳绳队的6名队员代表中国参赛,为中国夺得首个世锦赛花样跳绳金牌。

6日

△ 市委书记姜永华率队调研长江镇(如皋港区)基层服务型党组织建设工作,先后前往长江镇(如皋港区)田王村、薛窑社区、范刘社区等处,实地了解基层工作情况,并走访瑞海船舶、杰克拜尼服帽等企业。市领导吴道健、郑振明参加调研。

△ 市人大常委会主任谢新民一行视察公安工作,实地走访袁桥交巡警中队、市公安局110指挥中心等处。

△ 市城镇建设规划委员会召开会议,讨论城南、城西、城北地区、中央商务区控制性规划方案和龙游湖夜景照明、景观桥、娱乐城、碧桂园等项目规划方案。市委副书记、市长陈晓东出席会议,要求综合研判全市经济社会发展情况,全力打造长三角养生居住目的地。

△ 市妇联在东陈镇举行"巾帼志愿者春蕾班"筑梦活动,为贫困学子发放助学金共计29000元。

6~8日

△ 如皋市在安定小学举办2014年新教师培训班,参培学员共116人。根据计划,新教师培训为期一年,包括岗前培训、岗上培训、校本培训等。

7日

△ 南通市委副书记陈斌、副市长赵闻斌率领南通市纪检、安监、消防等部门负责人和安全专家一行到如皋,开展"五大专项行动"安全生产实地督查,突击检查南通爱康金属科技有限公司、双钱轮胎和经济技术开发区(城北街道)东风社区原绢纺厂、原轧花厂区域安全生产情况。市领导姜永华、陆雪松陪同督查。

△ 市委副书记司祝建率队赴海门市,就开放型经济工作进行专题考察,先后探访江苏宝钢精密

钢丝有限公司、招商局重工(江苏)有限公司海工产业基地、南通中远重工有限公司、江苏佳铝实业有限公司等处,并举行座谈会,围绕招商引资工作开展交流。

△ 市政协主席会议协商全市科技工作,实地走访中盛交通科技有限公司、博云物联网技术有限公司、京环央都南通生物医药研究院有限公司等入驻如皋市科技创业园的科技型企业。

△ 为期3天的全市新型农业经营主体培训班正式开班,着力帮助经营主体转变发展理念,提升农业生产和经营管理水平。

△ 全市安全生产工作紧急会议召开,动员全市上下牢固树立安全发展理念,确保人民生命财产安全。副市长陆雪松出席会议。

△ 晚19时20分,市气象局发布暴雨红色预警信号:部分地区降水量超过50毫米,局部地区降水量可达100毫米或以上,并伴有短时雷雨天气。

△ 受暴雨恶劣天气影响,如城宁海路、海阳路等路段严重积水,影响市民出行。市住建局紧急调动市政管理处抢修队员上路紧急处置,至晚23时左右,宁海路、大司马路、益寿路、海阳路等路段积水全部排尽,城市交通基本恢复畅通。

8日

△ 省水稻高产增效创建技术指导专家邓建平深入如皋经济技术开发区(城北街道)、高新区(城南街道)、丁堰镇水稻万亩示范片地头进行技术指导,对今后管理提出意见和建议。

△ 省安全生产督查组到如皋,深入宝众宝达、森松重工、百川化工等化工企业生产车间,就安全生产检查整改专项行动情况开展专项检查,详细了解企业内部管理、原料储存、生产安全设施配置等情况。副市长陆雪松陪同检查。

△ 市委书记姜永华率领市检察院、安监局、消防大队、质监局等单位负责人及安全专家一行,前往石庄镇,对南通中技桩业有限公司、江苏泰仓农化有限公司等企业安全生产工作进行专题督查。

△ 市委副书记司祝建率队赴常熟,就开放型经济工作进行专题考察,先后探访三菱电机汽车部件(常熟)有限公司、丰田汽车(常熟)零部件有限公司、大陆汽车系统(常熟)有限公司、常熟大学科技园等处。市领导马金华、茅红宇参加活动。

△ 近百名在读"985"高校本科及以上学历、"211"高校硕士研究生及以上学历、境外高校本科及以上学历的如皋籍学子回如皋,开展家乡行活动,并成立如皋市首届雉水青春联盟。市委常委、组织部部长蒋建出席活动。

△ 如皋市举行大学生村官工作会议暨老科技工作者与大学生村官对接仪式,表彰"群众在我心中"大学生村官主题演讲比赛优胜者和实践大学生村官"五心工作法"先进集体、先进个人,20名老科技工作者与20名优秀大学生村官成功结对。市委常委、组织部部长蒋建参加活动。

8~10日

△ 如皋市举办2014年大学生村官岗前培训班,对新选聘的34名大学生村官,就农村政策解读、村庄建设、创业富民、便民服务、电子商务等内容,进行为期3天的集中培训,增强大学生村官在基层历练成长的信心和解决实际问题的能力。

9日

△ 如皋市召开重点工作现场推进会,对2014年项目建设情况进行点评,与会人员参观博爱养老康复中心、力星钢球、荣威国际、斯密特森等全市经济社会发展亮点。市委副书记、市长陈晓东主持会议,市委书记姜永华出席会议并讲话。

△ 如皋市举行市管学校领导班子集体谈心谈话会,宣布调整市管学校领导班子的相关任免决定。市领导胡拥军、蒋建、缪爱诚出席会议。

△ 在如皋挂职的省第六批"科技镇长团"成员集中座谈,交流工作体会。市领导蒋建、陆雪松、孙

宏放、张亚鸾参加活动,并为“科技镇长团”成员颁发“科技人才工作顾问”聘书。

△ 为期12天的全市2014年新录用公务员初任培训班正式开班，共有新招录的64名公务员参加培训。市委常委、组织部部长蒋建出席开班典礼。

12日 △ 市委书记姜永华率队督查如皋港投资集团重点工作完成情况,前往长江镇(如皋港区)现代物流园区,实地查看鑫鼎鑫物流园、苏中国际集装箱码头等处,并详细听取相关工作情况汇报。市领导吴道健、郑振明参加督查。

△ 市委书记姜永华全程参加并指导长江镇(如皋港区)二案社区党支部专题组织生活会,市委第一督导组组长钱广胜对生活会进行点评。

13日 △ 省委副秘书长刘松汉率领省委督查组一行到如皋，通过听取工作汇报、召开座谈会、查看整改工作台账、实地走访基层镇区等形式，全面调研党的群众路线教育实践活动开展情况。市领导姜永华、司祝建、蒋建陪同调研。

△ 市委副书记、市长陈晓东指导如皋工业园区（如城街道）光华村党总支专题组织生活会，强调把群众认可度和满意度作为检验教育实践活动成效的根本标准，切实改进作风。市委常委、如皋工业园区党工委书记、如城街道党工委书记刘向阳参加活动。

△ 截至当晚，如皋社会各界为云南省昭通市鲁甸地震捐款114610元，按照上级统一部署，全额转交南通红十字会，用于云南鲁甸地震灾区救援。

14日 △ 市委副书记司祝建率队赴南通经济技术开发区，专题考察外资利用、招商引资等工作，听取南通经济技术开发区外资利用、招商引资、综合保税区打造等方面经验介绍，参观南通综合保税区A区、美利达自行车（江苏）有限公司等处。副市长茅红宇参加活动。

△ 全市“人大代表之家”建设推进会召开，对全面提升“人大代表之家”建设进行再部署、再推进。市人大常委会领导谢新民、张元健、邵晓泉、刘聪泉、张勇出席会议。

△ 市总工会举行十四届七次全委（扩大）会议，总结上半年工会工作，研究部署下半年各项工作。市领导蒋建、张元健、钱志刚出席会议。

14~15日

△ 国家文物局副局长童明康到如皋,前往如皋绿园、集贤里古民居群、如皋高等师范学校、水绘园等处,就文物保护工作进行调研。市委常委、宣传部部长胡拥军陪同调研。

15日 △ 上海电机学院院长夏建国率队到如皋,考察江苏思源赫兹互感器有限公司等处,并就与如皋市建立可持续性战略合作关系进行初步洽谈。市领导姜永华、蒋建、张亚鸾陪同考察。

△ 市委书记姜永华在市作风效能办公室调研,要求全面提升监督监察水平,进一步推动全市作风效能建设。市领导司祝建、蔡忠参加调研。

△ 市委副书记、市长陈晓东出席2014年镇级政府为民办实事项目汇报交流会,听取各镇(区、街道)汇报2014年度为民办实事项目推进情况,并进行点评,市人大代表和政协委员对实事项目实施情况提出意见和建议。市领导张元健、杜永红、张亚鸾出席会议。

△ 市委副书记司祝建指导高新区(城南街道)申徐村党总支专题组织生活会,并在会后走访慰问该村贫困学生,送去助学金。

16日 △ 根据中央、省、南通、如皋市群众路线教育实践活动领导小组统一部署，市四套班子领导姜永华、陈晓东、谢新民、李中林等与全市市级机关事业单位党员干部一起，在市行政中心礼堂集中观看大型电影纪录片《永远的焦裕禄》，重温焦裕禄勤政爱民的光辉事迹。

△ 市委副书记、市长陈晓东率队督查安全生产隐患整改落实情况，听取白蒲镇安全生产隐患排查整改情况汇报，深入如皋市大昌电子有限公司车间，了解产品操作工序、消防应急措施、岗位安全生产责任制落实情况，检查相关安全生产台账。副市长陆雪松参加督查。

△ 全市惩防体系建设暨创建南通“三清(干部清正、政府清廉、政治清明)示范区”推进大会召开，回顾总结近年来全市惩防体系建设情况，部署相关创建工作。市委副书记司祝建出席会议并讲话。

△ 全市计划用水重点企业(单位)专题培训会议召开，动员部署城市计划用水管理工作，提升城市节水水平，为争创江苏省节水型城市、国家节水型城市和中国人居环境奖夯实基础。市领导万维庆出席会议。

△ 第三届“中国城市公益慈善指数”在北京发布，揭晓“中国城市公益慈善百强榜”，如皋榜上有名，继2012年荣获“中国百强公益慈善城市”称号后再次获此殊荣。

16~31日

△ 全省公安机关组织开展“利剑3号”社会治安集中整治行动，如皋市公安局根据上级统一部署，在全市范围内全面实行“一级巡防”，强势震慑挤压违法犯罪空间，最大限度压降刑事发案，确保青奥会期间社会安全。

18日 △ 南通市委常委、宣传部部长章树山一行专题到如皋调研宣传思想文化工作，实地视察东陈镇奥林石业公司、东大街历史文化街区、如皋工业园区(如城街道)迎新社区、顾庄社区和市奥体中心，并召开专题座谈会。市领导姜永华、胡拥军陪同调研。

△ 市委书记姜永华率领市委办、政府办、农工办、财政局、国土局、农委、水务局、农机局等部门负责人，督查全市万顷良田建设工作，实地查看长江镇(如皋港区)、经济技术开发区(城北街道)、如皋工业园区(如城街道)、东陈镇四个片区的万顷良田建设现场，听取相关项目区开发建设情况汇报。市领导司祝建、马金华、刘向阳、杜永红参加督查。

△ 市十六届人大常委会召开第六十五次主任会议，讨论如皋市“十二五”规划《纲要》中期评估报告。

△ 市见义勇为基金会理事长石耀一行专程前往白蒲镇，看望慰问该镇见义勇为的5名普通村民。

△ 如皋红楼梦研究会正式成立，市长寿研究会会长刘桂江当选研究会会长。中国红楼梦学会理事王正康，市领导陈晓东、李中林、胡拥军、刘聪泉出席成立大会。

△ 全国工商联在北京召开2014中国民营企业500强发布会，揭晓“2014中国民营企业500强”榜单，江苏南通六建建设集团和江苏江中集团再次上榜。

18~21日

△ 第九届香港国际武术比赛在香港举行，如皋市老年体协养生太极拳代表队一行7人，平均参赛年龄最高(69岁)，分别参加相应年龄6个组别的比赛，获得集体和5个单项比赛金奖，大赛组委会为80岁的刘双俊(年龄最高参赛运动员)颁发了耆英奖。

19日 △ 省级核查组到达如皋，对全市夏季秸秆机械化还田工作开展为期3天的省级第三方核查。2014年夏季，全市投入75马力以上拖拉机及秸秆还田机781台套，50~75马力的拖拉机及秸秆还田机445台套，完成秸秆机械化还田面积47.8万亩，其中，秸秆机械化还田与水稻机插秧集成面积23.45万亩。

△ 沛县县委副书记、县长吴卫东率教育考察团到如皋考察，参观如皋市外国语学校、安定小学等

处，并就相关合作与市委副书记、市长陈晓东，副市长缪爱诚开展座谈。

△ 市委书记姜永华率队督查高新区（城南街道）重点工作和“五大专项行动”开展情况，先后视察南通中邦微电子、龙游湖提水泵站、碧桂园房地产开发、高新区实验学校、软件学院等项目建设现场。副市长茅红宇参加活动。

△ 市委书记姜永华率队督查如皋工业园区（如城街道）基层服务型党组织建设工作，实地查看城东社区一站式服务大厅、居家养老活动室、健身房、留守儿童志愿服务室、农家书屋、社区卫生服务站等功能室和十里社区基层服务型党组织建设情况。市领导司祝建、蒋建、刘向阳、杜永红参加督查。

△ 首届中国杯全国盆景大赛筹备会议在如皋举行，与会人员考察盆景大赛比赛、交易及盆景大师表演场地，讨论大赛方案、评分标准及评分细则、组建大赛评比委员会、监督委员会等相关事宜。市领导司祝建、杜永红出席会议。

△ 全市水稻穗期重大病虫害防控工作会议召开，科学部署防控工作。副市长杜永红参加会议。

20日

△ 市委书记姜永华专题督查长江镇（如皋港区）各项重点工作推进情况，实地走访长江镇（如皋港区）沪港窗业、思英船务、善龙食品、凯凯电信器材等重点企业。市领导吴道健、郑振明参加督查。

△ 市委书记姜永华率队督查如皋工业园区（如城街道）服务业重点项目建设工作，实地查看月星国际家居博览城、三农国际城、中国长寿城。市领导蔡忠、刘向阳、陈万圣、万维庆参加活动。

△ 市人大常委会主任谢新民主持召开全市经济社会发展情况通报会，市委副书记、市长陈晓东向与会市人大代表通报2014年以来工作、当前和今后一段时期形势、下半年工作目标和重点抓手，并就代表们关心的“加快政府职能转变、深化政府机构改革、‘十三五’规划编制”等问题作专题报告。

△ 如皋市举行全市新任公务员驻村实践锻炼工作会议暨2014年新任公务员到村挂职仪式。市委常委、组织部部长蒋建出席会议。

△ 市商务局、中国信保南通办事处联合举办2014年“小微企业信保易”政策宣讲和投保保单发放仪式，全市36家小微企业免费获得该信用保险。

△ 截至当日，全市私家车达到133200多辆，年增幅度超20000辆。为加强道路交通安全管理，市公安局7月份公示的新建固定式智能交通技术监控设备执法110个点位已全部投入使用。

21日

△ 省妇联副主席顾敏一行到如皋考察，先后参观长江镇（如皋港区）港城实验小学儿童安全体验教室、长江青少年素质教育实践基地。市委常委、组织部部长蒋建陪同考察。

△ 市政协主席李中林主持召开全市经济社会发展情况通报会，市委副书记、市长陈晓东向市政协委员通报2014年以来工作、当前和今后一段时期形势、下半年工作目标和重点抓手等相关情况，并就委员们关心的加快政府职能转变、深化政府机构改革、“十三五”规划编制等问题作专题报告。

△ 中国熔盛重工发布公告，宣布与New Continental Oil &Gas Co.Ltd.签署收购协议，通过收购获得该公司在吉尔吉斯全资子公司60%股权，从而获得该公司在吉尔吉斯拥有的大型油田合作经营权益。本次收购，中国熔盛重工通过向New Continental定向增发14亿股的方式完成，不发生现金支出。按约定股价计算，收购金额相当于21.84亿元港币。

△ 如皋市举行希望工程“圆梦行动”十周年表彰大会暨2014年“给我一双翅膀”圆梦行动助学金发放仪式，并成立如皋市青年企业家爱心联盟。市领导蒋建、缪爱诚、钱志刚出席活动。

△ 如皋市召开第一书记现场观摩会，50余名机关驻村第一书记参加会议，现场集中观摩村庄规划建设、生态农业项目、服务群众模式等方面的亮点。

22日 △ 南通市委副书记、市长张国华率队到如皋调研养老服务体系建设情况,实地视察长江镇(如皋港区)社会福利中心、九华镇长寿养生园、吴窑福康老年康复护理中心、高新区(城南街道)左邬村居家养老服务站等处。市领导姜永华、陈晓东、司祝建陪同调研。

△ 市委书记姜永华主持召开市委常委会,讨论《全市党的群众路线教育实践活动整改落实、建章立制环节实施办法(讨论稿)》《如皋市人大常委会关于讨论、决定重大事项的规定(草案)》《如皋市人大常委会关于人大常委会任命的"一府两院"人员向常委会报告工作的暂行办法(草案)》《关于建立如皋市农村产权交易平台的实施意见(讨论稿)》《如皋市农村土地承包经营权抵押贷款试行办法(讨论稿)》、省第七批科技镇长团成员来如挂职方案等议题。

△ 市委书记姜永华一行现场督查指导交通工作,实地查看火车站、花城大道、雪袁线、王石线、张吴线、皋高线、新王石线、蒲黄路、丁磨路等新建和续建工程建设现场,听取交通工作推进情况汇报。市领导蔡忠、陈万圣、万维庆参加督查。

△ 市纪委召开全市纪检监察干部会议,传达省"五个严禁"、南通"四个严禁"精神,通报溧阳市领导干部违规接受宴请被查处情况,并下发《如皋市关于执行"五个严禁"确保廉洁过节的通知》,对全市"两节"期间执行"八项规定"、确保廉洁过节提出具体要求。

△ 市委组织部、市级机关党工委、市总工会举行2014年如皋市金秋助学款集中发放仪式。市领导蒋建、张元健、缪爱诚出席活动。

△ 国家司法部决定追授刘荣贵全国司法行政系统一级英模荣誉称号,号召全国司法行政干警和法律服务工作者向刘荣贵同志学习,积极践行党的群众路线。

23日 △ 市老科协花木专家组在如皋花木大世界挂牌成立。专家组由全市农业战线退下来的老领导、老专家组成,旨在发挥特色优势,服务和推动社会主义新农村建设,为全市花木产业的发展献策出力。

△ 江苏省如皋中学举行高一新生军训汇报表演,副市长缪爱诚等现场检阅军训成果。

25日 △ 市委书记姜永华一行专题督查江安镇经济运行和"五大专项行动"工作,实地视察江安镇六团村、英诺威汽车零部件、安贝瑞沙业、玉兔集团等处。副市长、市公安局局长成明参加督查。

26日 △ 市委书记姜永华率队督查公共资源交易平台建设工作, 实地查看位于市民服务中心三楼的市公共资源交易中心服务区、开标区、办公区、评标区,了解中心运行情况。市领导蔡忠、陈万圣参加督查。

△ 市委书记姜永华专题调研科技创新工作,实地走访南通元升科技小额贷款公司、南通康诺净化科技有限公司、南通莱奥电子科技有限公司、南通苏诺特包装机械有限公司、南通中盛交通科技有限公司、南通博云物联网技术有限公司、江苏寿都密码科技有限公司、京环央都南通生物医药研究院有限公司等企业。市领导缪小华、陆雪松、张亚鸾参加调研。

△ 市委书记姜永华出席科技镇长团派驻管理工作会议,向到如的省第七批科技镇长团成员介绍全市经济社会发展情况,市委常委、组织部部长蒋建宣布科技镇长团任职通知。本次省第七批科技镇长团成员共8人,来自省内外高校、科研机构和省级机关,研究方向涉及船舶制造、现代物流、电子信息等。

△ 市妇联开展"蒲公英志愿者"结对"春蕾儿童"共成长活动,为妇联组织凝聚爱心人士帮助特殊儿童排忧解难搭建平台,63名孤困儿童获得资助,发放扶助款共计5.9万元。市委常委、组织部部长蒋建参加活动。

△ 江苏希望工程“圆梦行动”10周年表彰大会在南京举行，共青团如皋市委获得最佳组织奖。

26~27日

△ 2014国际养老产业(上海)峰会暨博览会在上海世博展览馆举行，如皋市作为唯一政府合作方进行项目推介，并与UBM(博闻集团)达成战略合作，推动如皋多方位发展健康、养生、养老服务业等大健康产业，进一步打响“世界长寿养生福地”品牌。市领导陈晓东、司祝建、刘向阳、茅红宇出席活动，与万科集团、中国医药保健品进出口商会、宁波凯福莱特种汽车有限公司负责人开展对接洽谈。

27日

△ 市委书记姜永华一行督查九华镇重点工作和“五大专项行动”开展情况，先后查看九华镇伟越电器、永大化工机械等项目现场，听取九华镇相关情况汇报。市领导胡拥军、张亚鸾参加督查。

△ 市政府召开第二十八次常务会议，讨论《市政府关于加快转变政府职能建设服务型政府的意见》《市政府党组党的群众路线教育实践活动整改方案》《如皋市化工行业整治工作实施方案》等议题，通过《如皋市新型农村合作医疗大病保险实施方案》。

△ 市政协召开主席会议协商法治如皋建设和“六五”普法工作。市政协主席李中林，副主席黄文斌、郑振明、钱志刚，秘书长殷高华出席会议。

△ 创建全国文明城市重点工作推进会召开，通报全国和省文明城市创建工作新情况，现场对社区创建工作进行培训。市委副书记司祝建，市委常委、宣传部部长胡拥军出席会议。

△ 市安委办牵头召开全市“七打七治”专项行动推进会，部署即日起至年底，在全市油气管道、危险化学品、交通运输、建筑施工、消防、海洋渔业等重点领域开展“七打七治”专项行动，明确公安、住建、交通、建工、水务、农委、海事等职能部门工作责任和相关分工。

△ 市慈善基金会2014年圆梦助学金发放仪式在江安镇举行，139名学生受到慈善资助，善款总额达27.8万元。2014年圆梦助学金发放分两批举行，第二批于九月中旬发放。

28日

△ 市委书记姜永华一行专题督查石庄镇重点工作和“五大专项行动”推进情况，实地视察天泽化工、金石庄园、永林大道、万福东路等项目建设现场，听取石庄镇重点工作推进情况汇报，要求不断强化工业主体地位，做大做强实体经济。

△ 市委副书记司祝建率民政、商务、海关、国检、招商等部门负责人赴太仓市考察学习，先后参观太仓市养老服务体系指导中心、颐悦园等养老服务机构和太仓港的上港正和集装箱码头、综合保税区、经济技术开发区规划展示厅。副市长茅红宇参加活动。

△ 市第十六届人大常委会召开第二十六次会议，听取市政府关于如皋市“十二五”规划《纲要》中期评估报告，审议并通过《如皋市人大常委会关于批准如皋市“十二五”规划部分指标调整方案的决议(草案)》《如皋市人大常委会讨论、决定重大事项的规定(草案)》《如皋市人大常委会关于“一府两院”相关人员报告工作的暂行办法(草案)》《如皋市人民代表大会代表建议、批评和意见处理办法(草案)》。

△ 市政协主席会议协商东大街区开发与利用工作，先后视察东大街区保护开发利用现场，听取开发与利用工作开展情况汇报。市政协主席李中林，市委常委、宣传部部长胡拥军，副市长缪爱诚，市政协副主席黄文斌、张亚鸾、郑振明、钱志刚参加活动。

29日

△ 如皋市召开《血沃春泥——高沙土上前仆后继的八位县委书记》发行座谈会。南通市委常委、宣传部部长章树山，如皋市委书记姜永华、副书记司祝建等出席座谈会。

△ 如皋市召开社会养老服务体系建设暨困难群众住房修缮现场推进会，与会人员参观高新区(城南街道)左邬村居家养老服务站和困难群众住房修缮现场以及如皋工业园区(如城街道)敬老院、博爱康复护理院等处。市领导陈晓东、司祝建等参加活动。

△ 如皋市召开清理整治奢华浪费建设工作部署会，安排全市在8月下旬至9月下旬，围绕“重点对挪用扶贫款、救灾款等专项资金，超规模、超标准、超投资概算，举借和使用政府性债务资金，建豪楼、造地标等奢华浪费建设进行专项清理整治”的目标任务，开展摸底自查、督促检查和整改公示工作，确保清理整治工作取得实效。市委常委、组织部部长蒋建出席会议。

30日

△ 如皋市召开村(社区)服务型党组织建设现场推进会，与会人员集中参观如皋工业园区(如城街道)城东、孔庙、十里社区公共服务中心和文定苑小区，听取如皋工业园区(如城街道)情况介绍。市领导姜永华、司祝建、胡拥军等出席会议。

△ 如皋市举行2014年“爱国主义和全民国防主题教育月”活动启动仪式暨社会主义核心价值观宣讲报告会。市领导司祝建、胡拥军、邵晓泉、缪爱诚、黄文斌出席活动。

31日

△ 上海市人大常委会原副主任沙麟一行到如皋参观，查看文化广场、奥林匹克体育中心、博爱康复护理院等处。

△ 本月，南通市委第二督导组组长葛维先、副组长陆永生，如皋市委常委、党员副市长分别到各自挂钩联系村(社区)，全程参加并指导领导班子专题组织生活会，要求各级党组织以教育实践活动的实际成效推动作风建设根本转变。

2014 年 9 月

1日

△ 市委书记姜永华专题督查下原镇、吴窑镇各项重点工作和“五大专项行动”推进情况，实地查看下原镇的南通威明服饰辅料有限公司、江苏乐腾医疗器械科技有限公司、下原镇医疗器械共享平台等处，走访吴窑镇的展翔纺织、汇泽新材料项目建设现场和江中集团等处。

△ 市委书记姜永华专题听取全市党的群众路线教育实践活动工作情况汇报，要求各级党组织在活动第三环节以更严标准、措施和纪律将活动推向纵深。市委副书记司祝建，市委常委、组织部部长蒋建参加活动。

△ 市委副书记、市长陈晓东调研“十三五”规划编制前期准备工作，听取规划编制前期准备情况汇报。市领导吴道健、陆雪松参加调研。

△ 如皋市召开夏秋季征兵定兵会，审批确定全市 2014 年征集入伍新兵名单。南通军分区司令员徐国安，如皋市委副书记、陈晓东等出席会议。

△ 副市长缪爱诚率领教育部门负责人检查开学工作，先后赴如皋中等专业学校、安定小学、如皋中学、如皋师范学校附属小学等学校，现场了解学校开学各项工作情况。

△ 完成为期 3 天岗前培训的省第七批科技镇长团如皋团全体成员奔赴各自挂职镇(区、街道)，正式上岗。

2日

△ 省统计局副局长彭小年一行到如皋督查联网直报专项整治行动开展情况。市委常委、常务副市长吴道健参加活动。

△ 市委书记姜永华一行督查东陈镇重点工作和“五大专项行动”情况，视察奥林石材项目建设现场、欧顺技改现场、东风大桥接线工程、新核力机电、滨湖小区、翠湖湾小区等处，并听取东陈镇重点工作推进情况汇报。市领导蒋建、张勇、黄文斌参加督查。

△ 市委副书记司祝建专题调研全市开放型经济工作，听取 14 个镇(区、街道)汇报当前外资利用、到账外资等工作完成情况以及“一会两节”准备工作相关情况。副市长茅红宇参加调研。

△ 如皋市召开教育实践活动专项整治工作推进会，部署在党的群众路线教育实践活动中，围绕社会关注度高、群众反映强烈的十个方面问题，深入开展“十大专项治理行动”。南通市委第二督导组副组长陆永生、如皋市委副书记司祝建等出席会议。

△ 226 省道如皋段(白雪线)通过省交通运输厅组织的竣工验收。该路段连接白蒲镇和雪岸镇，作为如皋东部地区一条重要干线公路，纳入江苏省 226 省道规划网，全长 26 公里，总投入 5.6 亿元，历时 4 年于 2009 年完工通车。

3日

△ 省物价局局长、党组书记张卫东率调研组到如皋调研指导价格改革工作，实地考察大润发超市、品德超市“平价商店”建设情况和市中医院医药价格改革情况。市委副书记、市长陈晓东，市委常委、常务副市长吴道健等陪同调研。

△ 市委书记姜永华，市委副书记、市长陈晓东一行实地查看正在建设的沪通长江大桥施工现场，拜访南通市交通运输局、铁路办领导，通报如皋大交通建设规划和设想，征询南通市交通部门意见，并就省市部分重点工程如皋段建设方案提出建议。

△ 市委书记姜永华率领市委办、住建局、财政局、高新区(城南街道)等部门和单位负责人,调研市委党校搬迁建设工作,实地查看新市委党校建设现场,听取项目推进情况汇报。市领导司祝建、蒋建、陈万圣参加调研。

△ 如皋市成立蔬菜生产协会,在全市蔬菜生产、科研、加工、流通等领域发挥作用,为广大种植户解决技术难题,引导和规范蔬菜生产经营活动,促进生产有序健康发展,协会吸收会员66人。

△ 如皋市成立畜禽养殖协会,促进畜禽养殖业规模化生产、产业化经营,提高养殖农户市场竞争力与抗市场风险能力,推动解决养殖户生产经营、技术指导等问题。

△ 如皋市举行农产品生产协会对接上海工作会议,拓宽全市农产品进军上海市场渠道,共有畜禽、蔬菜、水产、米业4个协会与沪皋商会进行对接。市领导司祝建、杜永红、郑振明参加会议。

△ 市总工会、市发改委联合召开全市重点工程总结表彰暨推进大会,表彰在重点工程建设劳动竞赛中业绩显著的先进集体和个人,授予江苏力星通用钢球股份有限公司国内销售部、南通斯密特森光电科技有限公司基建项目部等8个车间、科室和班组"如皋市五一先锋号"称号,授予合创投资南通有限公司王青、江苏聚源电气有限公司白卫东等10人"如皋市五一劳动奖章"。市领导蒋建、钱志刚出席大会。

4日

△ 通州区委常委、常务副区长陈斌率考察团一行到如皋考察公共资源交易管理工作,前往市民服务中心,实地查看公共资源交易中心服务区、开标区、办公区、评标区等处,详细了解公共资源交易流程。市领导吴道健、万维庆陪同考察。

△ 如皋市举行2014年新兵欢送大会。市委常委、人武部政委胡宏杰出席欢送会。即日起,591名新兵陆续奔赴云南、山西、安徽、山东等省市部队,开始为期两年的军旅生活。

5日

△ 市委书记姜永华一行专题督查搬经镇各项重点工作和"五大专项行动"推进情况,实地查看世丰装饰、润正粮油仓储加工项目、程恒汽配、曼淇威电气微电机项目等处。市领导缪小华、邵晓泉参加督查。

△ 市政府召开全体(扩大)会议,动员全市政府系统按照"稳中求进、好中求快"工作总基调,进一步落实有效应对措施,确保完成和超额完成全年目标任务。市委常委、常务副市长吴道健主持会议,市委副书记、市长陈晓东讲话。

△ 如皋市召开见义勇为表彰大会暨一届五次理事会议,总结部署见义勇为工作,表彰奖励2014年以来涌现的见义勇为先进分子和成功防范电信网络诈骗犯罪银行工作人员。市委书记姜永华,市委副书记、市长陈晓东等出席会议。

6日

6~11日

△ 第十届海峡两岸旅游博览会在福建厦门举行,如皋市受邀参展,在展会上发放《如皋旅游指南》《世界长寿乡,水绘金如皋》旅游宣传折页等资料近千份,并开展现场交流。

8日

8~11日

△ 市委副书记司祝建、副市长茅红宇率队参加在福建厦门举办的第十八届中国国际投资贸易洽谈会,围绕新能源、大健康、港口物流、电子信息等产业主题,与投资客商洽谈对接,并赴九牧王股份有限公司、泉州市水头镇石材产业园区、香港亿华集团进行实地考察,获取最新投资信息。

9日

△ 南通市政协主席王德忠率队到如皋，实地走访长江青少年素质教育实践基地和港城实验学校、市第一中等专业学校等处，看望慰问在教学一线辛勤耕耘的教师代表。南通市委常委、组织部部长张兆江，如皋市委书记姜永华、市政协主席李中林等陪同走访慰问。

△ 如皋市召开重点工作现场推进会，市委书记姜永华出席会议并讲话，副市长陆雪松对2014年以来全市项目建设情况进行点评，并对重大项目（重点企业）问题交办情况进行通报。会议总结1~8月份各项重点工作推进情况，动员全市上下奋力完成全年目标任务，与会人员参观江安镇、石庄镇、长江镇（如皋港区）、九华镇等镇（区）重点项目现场。

△ 市委副书记、市长陈晓东召集市农委、农发局、农机局等部门负责人，专题听取全市现代农业建设情况汇报，研究部署推进举措。市领导邵晓泉、杜永红、郑振明参加活动。

△ 市委常委、组织部部长蒋建参加全市老科技工作者座谈交流活动，4名如皋籍荣获国务院特殊津贴的专家和3名"江苏省有突出贡献的中青年专家"参加座谈，畅谈工作经历和感悟，介绍医学、农学、印染、水利、化工、工艺美术、盆景艺术等相关领域研究成果，并对全市经济社会发展提出针对性意见和建议。

△ 如皋火车站公布上海铁路局当日开通运行的"长三角货物快运列车"价格表、到站站点、办理渠道等有关信息，正式接受业务办理，为长三角地区客户提供零散货物快运业务，最少可提供0.01吨零散货物运输服务，改变铁路货运过去只办理大宗和整车运输业务的状况。

10日

△ 如皋市召开第30个教师节庆祝表彰大会，大力弘扬尊重劳动、尊重知识、尊重人才、尊重创造的社会风尚。市委书记姜永华、市人大常委会主任谢新民、市政协主席李中林等出席大会，并为一家三代从教的李子明一家颁发"教师世家"纪念匾，为"第四届如皋市师德标兵""高中优秀年级主任""第二届如皋市德业双馨十佳教师"等先进教育工作者颁奖。

△ 第30个教师节，市领导姜永华、谢新民、李中林等分别走访如皋中学、如皋初级中学、如皋实验小学、如皋中等专业学校、东皋幼儿园、如师附小、市实验初中、市第二中学和市特殊教育学校，看望慰问教职员工，向全市广大教师和教育工作者致以节日问候和崇高敬意。

12日

△ 市委书记姜永华主持召开座谈会，就全面深化改革、推进省委"八项工程"、落实南通市委"八个领先"要求等工作进行调研。市领导司祝建、吴道健参加活动。

△ 如皋市企业董事长资本运作培训班在上海复旦大学开班。市委副书记、市长陈晓东，副市长陆雪松参加开班典礼。培训班为期4天，旨在让受训企业家学习上市知识，掌握资本运作本领，为今后加快企业上市步伐、拓宽融资渠道奠定良好基础，培训内容包括新三板挂牌操作实务、企业内控应用指引解读、金融创新与中小企业融资等。

△ 如皋市中等混小麦每50公斤124元，较月初118元上涨5.08%，普通小麦价格上涨压力显现，看涨预期逐渐增强，全市小麦价格仍有进一步上涨的空间。

13日

△ 市委书记姜永华主持召开市委常委会，传达全省推进民生幸福工程暨建设现代医疗卫生体系会议主要精神，讨论《2013年如皋市全面建成小康社会进程监测分析报告》《市委十一届九次全体（扩大）会议方案（讨论稿）》《全市农业现代化工程建设现场推进会议方案（讨论稿）》等议题。

△ "扬帆追梦"2014"濠滨夏夜"如皋专场文艺演出在南通环西文化广场举行。南通市委常委、宣传部部长章树山，南通市政协副主席杨展里，如皋市委副书记、市长陈晓东，市委常委、宣传部部长胡拥军观看演出。

13~14日

△ 江苏省第三十届钓鱼锦标赛在市金岛生态园和长江药用植物园举行。本次比赛为期2天,来自全省的14支代表队近150人参加手竿小鲫鱼、手竿混合鱼、抛竿混合鱼三个项目的角逐,根据年龄段分为老、中、青三组,年龄最大钓者超过80岁。

15日

△ 市委书记姜永华一行前往磨头镇督查重点工作推进和“五大专项行动”开展情况,实地走访江苏蓝歌带业有限公司、南通太平洋润滑油有限公司、南通祥瑞橡塑制品有限公司等项目现场。市领导谢新民、钱志刚参加督查。

△ 市委副书记、市长陈晓东主持召开十六届市政府第二十九次常务会议,研究《如皋市城乡困难群众临时生活救助实施办法(试行)》、全市安全生产“一票否决制”和“党政同责、一岗双责”实施细则、市“十三五”规划前期研究课题及任务分工方案等议题,讨论通过《如皋市推进政府购买公共服务工作实施意见(讨论稿)》。

△ 如皋市首款出租车电召软件“皋城的士”安卓版在如皋市运管处网站正式推出。该软件是对96520出租车召车电话的有效补充,在如皋地区可实现即时或预约叫车服务,推动出租车行业由“人找车、车找人”向“人等车、车等人”转变,减少乘客等车时间,提高打车效率。

△ 如皋首个七层重型货架在江苏万达投入使用。该公司在新仓库投资60多万元,安装7米高的七层重型货架6排,并购置堆高车,极大拓宽了发展空间,节约了土地资源。

△ 全市生猪价格经历4个多月的持续下跌后,于5月份止跌回升,并持续稳步上涨。据监测,截至当日,白蒲贵祥养殖三元生猪出栏价为7元/斤,较4月最低点4.8元/斤上涨45.8%,较年初上涨17.5%;猪肉(精瘦肉)零售均价为13元/斤,较3月份上涨20.93%,较年初上涨8.33%。

△《如皋日报》报道:花木大世界网在如皋工业园区(如城街道)钱长村举办“草坪电商销售”专题培训讲座,携手打造中国草坪种植销售第一村,该村40多名草坪经纪人和种植户参加培训。

15~16日

△ 南通市人大代表如皋团各小组视察白蒲镇南通市级中心镇建设情况和全市公共文化服务体系建设情况,召开经济发展形势座谈会,积极助力如皋发展。市领导姜永华、谢新民等参加相关活动。

16日

△ 市委副书记、市长陈晓东,副市长茅红宇赴沪拜访中海集装箱运输上海有限公司总经理董大欣等公司高层,推动该公司与如皋市港投集团在集装箱码头业务方面进行合作。

17日

△ 姜永华、陈晓东、谢新民、李中林等在城市四套班子领导在如皋分会场收听收看全省领导干部警示教育大会,并随即召开会议,贯彻落实省委书记罗志军重要讲话精神。

△ 如皋海关召开发布会,向辖区进出口企业和代理公司宣传长江经济带海关区域通关一体化改革方案。根据统一部署,9月22日起,长三角3省1市(上海、江苏、浙江、安徽)内的上海、南京、杭州、宁波、合肥海关率先全面展开区域通关一体化改革试点,如皋海关属于第一批试点海关,改革以后允许代理报关企业“一地注册、多地报关”。

18日

△ 市委副书记、市长陈晓东会见东华软件股份公司副总裁郭浩哲一行,双方商讨携手打造智慧如皋,市交通运输、食药监、住建、教育等部门相关负责人就各自领域需求与东华软件方面对接,听取专家意见,并最终确定顶层设计、公共信息平台、智慧教育三大项目先期启动。市领导刘向阳、陆雪松参加活动。

△ 如皋市召开规范殡葬服务专项整治会议,部署在全市范围内规范殡葬服务项目和收费标准,

整治损害群众利益的突出问题，进一步提高殡葬服务水平，提高群众满意度，与会人员递交殡葬服务承诺书。

△ 市文明委举行“践行核心价值观，争做最美如皋人”主题道德讲堂活动，并对表彰为全市“诚信之星”的 20 名工商业主进行颁奖。市委常委、宣传部部长胡拥军，市政协副主席钱志刚出席活动。

19日

△ 市委书记姜永华率队调研全市开放型经济发展及招商工作推进情况，1~8 月份，全市外资到账确认数、外贸出口同比增长率、完成境外投资额等 4 项外贸出口核心指标居南通第一。市领导茅红宇参加调研。

△ 市委书记姜永华率领市委办、商务局、财政局等部门负责人，调研港口物流业发展情况。市领导吴道健、茅红宇、郑振明参加调研。

△ 市委常委、纪委书记蔡忠，副市长陈万圣召集市交通局、住建局等部门负责人和设计单位技术人员，专题听取城区快速通道、港区快速通道、如港铁路支线等全市快速通道规划方案情况汇报。

△ 由民政部主管的中民慈善捐助信息中心在深圳第三届慈展会上发布《2014 年度中国慈善透明报告》，如皋市慈善基金会继 2013 年后再次荣获中国慈善透明“卓越组织”称号。

20日

△ 如皋市召开作风建设推进大会。市委副书记司祝建主持大会，市委书记姜永华发表讲话，要求全市上下努力践行群众路线，加强作风建设，为勇当苏中全面小康领头雁提供坚强有力保证。

△ 如皋市举行 2014 年“反‘四风’，转作风”作风效能问题现场质询活动，通过现场曝光、现场提问、现场答复、现场点评，向相关部门负责人问出人民群众反映强烈的问题，让有关负责人答得明白，百姓听得透彻。活动邀请部分市党代表、人大代表、政协委员和政风行风监督员、评议员参加，并在广播电台直播。市领导姜永华、司祝建、吴道健、蔡忠等出席活动。

△ “雉水讲坛”邀请江苏省城市规划设计研究院总规划师、住建部专家委员会委员袁锦富，苏州宿迁工业园区党工委委员、规划建设局局长周原，围绕城市规划编修工作进行授课。市领导蒋建、万维庆出席活动。市财政局、住建局、农工办等部门负责人，各镇（区、街道）党政领导干部、城镇条线工作人员听取讲座。

△ 为期 4 天的全市中心镇和特色镇新型城镇化建设专题培训班结束交流讨论环节，所有学员顺利结业。市领导司祝建、蒋建、万维庆参加讨论活动。培训班分现场教学、理论讲座和交流讨论 3 个环节进行，学员先后奔赴浙江省桐庐县江南镇、萧山区瓜沥镇、余姚市泗门镇、诸暨市枫桥镇以及无锡市滨湖区胡埭镇、江阴市周庄镇等地开展了参观考察。

21日

△ 全市 2100 多名高中教师在如皋中专、市一中 2 个考点共 100 个考场，参加市教育局组织的业务专业知识考试。参加此次考试的对象为男 48 周岁以下、女 43 周岁以下高中、中专、通用技术教育实验学校各学科教师，其中，普高 1527 人，涉及学科门类 13 个；职教 572 人，涉及学科门类 20 个。

22日

△ 市委书记姜永华调研白蒲镇经济工作和“五大专项行动”情况，实地查看享寿生态农业园、润蒲酒业、华东油压、锦绣龙湾建设现场、文峰大卖场、白蒲老街、白蒲镇便民服务中心等处。市政协主席李中林参加调研。

△ 市委书记姜永华召集四大主功能区、“一会两节”一办八组以及人才办、旅游局、民政局、农委、供销合作总社等单位负责人，专题听取“一会两节”筹备工作情况汇报。市领导司祝建、刘向阳、杜永红、茅红宇出席会议。

△ 市委副书记、市长陈晓东调研奥体中心运行和市“十运会”暨首届全民健身运动会筹备情况，查看奥体中心主要功能设施，听取中心运行情况汇报和运动会筹备情况汇报。市领导胡拥军、张元健、成明、钱志刚参加调研。

23日

△ 市委书记姜永华一行调研人力资源和社会保障工作，走访市公共人力资源中心市场、水绘老年畅谈俱乐部、迎新社区退休人员日托所、技工学校等处，听取相关情况汇报。市委常委、常务副市长吴道健参加调研。

△ 市委书记姜永华率队调研城市建设工作，实地走访雨润广场、中央商务区安置小区、西城花园等处。市领导陈万圣、黄文斌、万维庆参加调研。

△ 市委副书记、市长陈晓东率领政府办、商务局、财政局、发改委、农工办等部门负责人赴丁堰镇，督查新招引项目、实体经济、村营经济运行情况。市领导万维庆参加活动。

△ 市第十六届人大常委会召开第二十七次会议，听取市政府关于我市林业发展情况的报告、市人民法院关于执行工作情况的报告，以无记名投票方式进行满意度测评，并通过相关人事任免事项。会议任命张辉为市人民政府副市长，市人大常委会主任谢新民为新任命人员颁发任命书。

△ 中华慈善总会成立20周年纪念会暨第二届中华慈善突出贡献奖表彰活动在北京举行，如皋市慈善基金会理事长周宝生获得中华慈善突出贡献(个人)奖。

23~27日

△ “金狮奖·第五届全国木偶皮影中青年技艺大赛”在哈尔滨举行，参赛的如皋市文广传媒集团木偶艺术团喜获佳绩，沈薛红表演的《梨花颂》获得优秀表演奖，张正华表演的《高跷女孩儿》、刘建芸表演的《俏媒婆》获得表演奖。

24日

△ 南通市河道清障及长效管护工作会议与会人员前往江安镇，参观该镇陈庄村河道清障现场。南通市领导秦厚德、赵闻斌，如皋市领导姜永华、司祝建、杜永红参加活动。

△ 市委书记姜永华一行调研医疗卫生工作，实地走访市人民医院、如城街道卫生所、市惠民医院、如城街道城南社区卫生服务站、市公共卫生服务中心等处。市委常委、宣传部部长胡拥军参加调研。

△ 如皋市举办第四届廉政文化大讲坛活动，中共江苏省委党校党史党建教研部副主任张加华应邀作《以解决“四风”问题为着力点践行党的群众路线》专题报告，与会人员集中参观市“雉水清莲”廉洁文化书画作品展。市委常委、纪委书记蔡忠出席活动。

△ 市综治办、市妇联在市博物馆联合举行全市平安家庭创建推进会暨微电影《幸福106》首映式，全市14户“平安家庭示范户”受到表彰。市委常委、政法委书记缪小华出席活动。

25日

△ 市委书记姜永华主持召开市委常委会，讨论《市委十一届九次全体(扩大)会议报告》《关于进一步深化民生幸福工程的实施意见》《关于白蒲镇行政管理体制改革试点工作推进情况的汇报》《关于进一步精简各类会议和文件的意见》《关于规范市委市政府各类领导小组成立调整撤销工作的实施方法》《关于深入推进“八项工程”的若干意见》等议题。

△ 市委书记姜永华就《在市委十一届九次全体(扩大)会议上的讲话(征求意见稿)》分别召开专题座谈会，听取相关部门、部分镇(区、街道)、村(社区)负责人，基层民政、卫生、教育等条线工作人员以及部分市四套班子老领导的意见和建议。

△ 市人大常委会督查组对三季度国民经济运行情况进行专题督查，先后实地查看三强制药、沃能电气、万达轴承等项目建设情况，听取情况汇报，了解全市国民经济运行情况和存在问题。市人大常

委会主任谢新民、副主任张勇，副市长谢刚参加督查。

△ 为期5天的全市第三批“千名年轻公务员实践锻炼计划”素质提升培训班暨机关中层干部任职培训班正式开班，74名公务员参加培训。市委常委、组织部部长蒋建出席开班仪式。

△ 副市长陆雪松率队检查白蒲镇力源金河、华东油压、南天化肥等企业国庆节前安全生产工作，确保安全生产形势稳定。副市长张辉参加视察。

△ 南通市文明委张榜表彰第36次文明新风典型，如皋市公安局锦绣派出所民警郭建中、如皋农商行职工姜峰分别被表彰为敬业奉献典型、助人为乐典型。

26日 △ 南通市委副书记陈斌听取如皋市党的群众路线教育实践活动推进情况汇报。南通市委副秘书长刘峰，市委组织部副部长张辉，市委第二督导组组长葛维先、副组长陆永生，如皋市委书记姜永华，市委副书记、市长陈晓东，副书记司祝建等参加座谈。

△ 南通市委副书记陈斌率队督查如皋市安全生产工作，实地检查爱康金属科技有限公司、双钱轮胎两家企业，并随机抽查东大街，查看部分住户和商户消防设施配备、消防通道畅通情况。市领导姜永华、陈晓东、司祝建等陪同督查。

△ 如皋市召开“老友互助吧”品牌创建现场推进会，长江镇平南社区“老友互助吧”品牌创建示范点揭牌，全市互助养老模式进入一个新阶段。

27日 △ 市委副书记、市长陈晓东主持召开十六届市政府第三十次常务会议，研究《2015年市级部门预算编制方案》，讨论通过《关于做好2013年符合政府安排工作的冬季退役士兵接收安置工作的通知》。

△ 市第十届运动会暨首届全民健身运动会开幕式在市奥体中心举行。省体育局体育产业指导中心副主任周玲美，省田管中心教练、亚洲女飞人秦旺萍，南通市体育局局长徐国祥、文广新局副局长王霞，如皋市四套班子领导姜永华、陈晓东、谢新民、李中林等与社会各界代表、群众共约14000余人出席开幕式。本届运动会设14个竞赛项目和16个全民健身项目，预计参赛人员1.2万人，比赛从3月份开始，持续至10月底结束。

28日 △ 市委十一届九次全体(扩大)会议在市民服务中心报告厅举行。市委副书记、市长陈晓东主持会议。市委书记姜永华代表市委常委会向大会作题为《以改革创新推进民生发展 持续提升人民群众满意度》的工作报告。会议一致通过《中国共产党如皋市第十一届委员会第九次全体会议决议》。

△ 市委举行“百名法学家百场报告会”法治宣讲报告会暨中心组学习(扩大)会议，邀请苏州大学王健法学院副院长、博士生导师黄学贤教授作专题讲座，进一步提高领导干部运用法治思维和法治方式推动发展、化解矛盾、维护稳定的能力。市四套班子领导谢新民、司祝建、胡宏杰、马金华、蔡忠、缪小华等参加活动。

△ 为期5天的2014年金秋大型房展会开幕，28家企业、28个精品楼盘、近1万套商品房参展，总参展面积达138万多平方米。市委副书记、市长陈晓东，市委常委、纪委书记蔡忠，市人大常委会副主任刘聪泉，副市长陈万圣，市政协副主席黄文斌参加活动。

29日 △ 工业和信息化部软件与集成电路促进中心主任卢山一行到如皋考察，实地查看中电振华、龙游湖商务区、顺丰速运、如云科技、青软实训等处。市委副书记、市长陈晓东，副市长陆雪松陪同考察。

△ 市委书记姜永华专题听取王志纲工作室和上海德勤税务师事务所针对2014年“一会两节”活

动拟定的营销策划推广方案汇报。市领导陈晓东、司祝建、马金华、茅红宇参加活动。

△ 7位由如皋市选举出的南通市人大代表作履职报告。市人大常委会领导谢新民、张元健、邵晓泉、刘聪泉、张勇出席会议,对代表履职报告给予充分肯定。

△ 全市安全生产检查整改暨“七打七治”专项行动推进会举行,推进专项行动再部署、再落实。副市长陆雪松出席会议。

29~30日

△ 市委书记姜永华,市委副书记、市长陈晓东,市委副书记司祝建等市领导分别前往如皋工业园区(如城街道)、高新区(城南街道)等镇区,走访慰问部分百岁老人和高龄烈属。

30日

△ 全国第一个烈士纪念日,如皋市在烈士陵园隆重举行公祭活动缅怀革命烈士,市委副书记、市长陈晓东主持公祭,市委书记姜永华宣读祭文,市四套班子全体领导、烈属代表、老战士代表、驻如部队官兵代表、少先队员代表及社会各界代表650多人参加活动。

△ 根据市委总督查组统一部署,市政协主席李中林率领第二督查组对全市三季度城乡建设指标完成情况进行专项督查,听取住建局关于2014年以来全市城乡建设推进情况汇报,实地查看部分拆迁地块、安置房建设现场、蒲行苑老小区改造现场、外国语学校停车场建设现场和龙游河生态公园等处。市政协副主席黄文斌、秘书长殷高华参加督查。

△ 本月,市委常委、常务副市长吴道健等率领服务行政、农业农村、交通建设、社会事业等多个督查组,对国庆节前安全生产工作进行督查,实地检查金陵金鼎大酒店、大润发超市、文峰大世界、江苏长寿大红门食品有限公司、大润发超市、长江渔船避风港、长途汽车站、如意新城、晟地城邦、绘园出租公司、市文化馆、全民健身中心、水绘园、博爱康复护理院等地,确保全市“国庆”长假期间安全生产形势稳定。

△ 截至本月底,据如皋检验检疫局统计,如皋口岸共进口棕榈油47批27.5万吨,报检货值达2.63亿美元,查获进口棕榈油超范围短重案24起,短少653.4吨,帮助国内企业索赔35.6万美元。

△ 截至本月底,全市实施中央及省级财政补贴资金2071万元,占省下达三批补贴资金1816万元的114%,争取的补贴资金为史上之最。通过农机购置补贴政策引导,一批先进、适用农业机械得到推广,补贴各类机具1721台套,受益农户1030户。

大事如皋

2014 年 10 月

1 日

△《如皋市残疾人托养服务办法》正式施行，明确全市残疾人托养服务范围和机构补贴标准，并首次将城乡低保边缘家庭中符合托养服务条件残疾人纳入全市托养服务对象，新调整的托养服务机构补贴标准比省定标准提高 85%以上。

△ 2014 仁川亚运会田径女子 400 米栏决赛中，如皋籍运动员肖霞以 56 秒 59 的成绩获得季军，为中国代表队赢得一枚铜牌。

3 日

△ 2014 年高校毕业生“就业服务月”首场招聘会在市公共人力资源中心市场举行，全市 80 家大中型企业进场，提供就业岗位 1021 个。1760 名入场求职者绝大多数为如皋籍大学生，就近就业、回乡就业成为招聘会新趋势。

5 日

5~6 日

△ 美籍华裔神探李昌钰携夫人宋妙娟女士再次回到家乡如皋，参观市博物馆、市博爱康复护理院、奥体中心、江苏盆景博物馆等处。市领导姜永华、陈晓东等接待李昌钰一行。

8 日

△ 党的群众路线教育实践活动总结大会在北京召开，中共中央总书记、国家主席、中央军委主席习近平出席会议并发表重要讲话。市四套班子领导姜永华、陈晓东、谢新民、李中林、司祝建等在如皋分会场通过电视电话会议全程收看收听，并就贯彻落实会议精神提出具体要求。

△ 市委书记姜永华督查长江镇(如皋港区)党的群众路线教育实践活动整改落实工作，查看群众关心的安置房建设、化工园区整治等现场，听取长江镇(如皋港区)党的群众路线教育实践活动第三环节工作开展情况汇报。

△ 市委副书记、市长陈晓东督查如皋工业园区(如城街道)党的群众路线教育实践活动开展情况。市委常委、如皋工业园区党工委书记、如城街道党工委书记刘向阳参加督查。

9 日

△ 市委书记姜永华主持召开市委常委会，通报 1~3 季度国民经济运行情况，讨论《关于 2014 年秋播农业结构调整的工作意见(讨论稿)》《1~3 季度各镇(区、街道)考核结果及季度奖励方案》《全市冲刺四季度动员大会方案》等议题。

△ 市委书记姜永华主持召开党政联席会，研究讨论《如皋市城南地区控制性详细规划》《如皋市城西地区控制性详细规划》《如皋市经济技术开发区核心区控制性详细规划》《如皋经济技术开发区城北片区控制性详细规划成果汇报》《如皋市商务区城市设计》《如皋火车站站前广场方案设计》《如城至沪通枢纽快速通道路线方案》《白蒲至如皋港支线铁路》《白蒲物流园及其他铁路关系》等相关建设规划方案。

△ 市委副书记司祝建召集各镇(区、街道)、“一会两节”一办八组和市人才办、旅游局、供销合作总社等单位负责人，专题听取“一会两节”筹备工作情况汇报。市领导杜永红、茅红宇出席会议。

△ 第二批中华 H530 CNG(压缩天然气)双燃料出租车投入使用，为市民提供更多健康便利出行方式，助力全市低碳交通运输体系建设。

10日

△ 全省"受人口流动影响的儿童"项目现场推进会在扬州市宝应县召开,市委常委、组织部部长蒋建就如皋关爱留守流动儿童的特色做法作交流发言。

△ 市委书记姜永华率队调研全市农业农村工作,实地查看南通春华食品有限公司"百日子"萝卜生产基地、如胜食用菌项目和江安镇种植养殖循环经济黄市园区,要求推进农业现代化建设,促进农业增效、农民增收。市领导司祝建、刘向阳、杜永红参加调研。

11日

△ 全市冲刺四季度动员大会召开,回顾总结2014年以来各项重点工作,动员全市上下全力冲刺四季度,确保完成全年各项目标任务。市四套班子领导姜永华、陈晓东、谢新民、李中林、司祝建等出席会议。

△ 全市农业现代化工程现场推进会召开。市委副书记、市长陈晓东主持会议,市委副书记司祝建作推进农业现代化工程工作报告,市委书记姜永华就抢抓秋收秋种有利时机,扎实做好今冬明春农业农村重点工作提出要求。与会人员参观全市农业农村工作亮点。

13日

△ 市委书记姜永华分别做客中国网、人民网、新浪网,向广大网友介绍如皋经济社会发展情况,推介"一会两节"。中国农产品流通经纪人协会常务副会长张元宗、中国花卉协会副秘书长陈建武、副市长杜永红参加活动。

△ 如皋市举行《水绘集》如皋水绘园首发暨冒怀滨先生捐赠书画仪式。市领导张元健、谢刚、钱志刚出席仪式。

△ 中央文明办在张家港市召开的全国县级文明城市创建工作现场会上,如皋市被确定为全国县级文明城市提名城市。

14日

△ 南通市纪委副书记王晓红一行到如皋市外国语学校调研廉政文化建设工作,参观学校廉洁文化环境建设情况,听取学校"廉香文化建设"专题汇报。如皋市委常委、纪委书记蔡忠陪同调研。

△ 市政协主席李中林率队视察全市花木盆景产业发展情况,查看江苏美树城、华森花木专业合作社、搬经镇土山村花木基地、华夏花卉等处,并听取花木盆景产业发展情况汇报。市政协副主席黄文斌、郑振明、钱志刚,秘书长殷高华参加视察。

15日

△ 省政协副主席麻建国率队调研如皋科技企业孵化器建设情况,实地查看如皋市科技创业园和科技城创业中心多家在孵企业,详细了解科技型小微企业发展情况和面临的现实困难。南通市政协副主席陈德新陪同调研。

15~19日

△ 2014北京·金鱼锦鲤大赛上,如皋市蝶尾金鱼从全国31个省市1000多尾观赏金鱼中脱颖而出,一举夺得金鱼组蝶尾组冠军。

16日

△ 市领导陈万圣、万维庆率领市城管、住建、财政等部门相关负责人,视察城区便民疏导点建设工作,实地查看拟建设的皋南疏导点、西皋疏导点、天平市场疏导点等处。

△ 全市农经系统典型案例剖析会召开,深刻教育农经系统在职人员保持清醒头脑,严于律己、廉洁从政。副市长杜永红出席会议。

△ 全市"双联双助"现场推进会议召开,要求各市级机关部门、各镇(区、街道)全面掀起联助工作新高潮,力争实现村营收入达到30万元以上、累计85%以上建档立卡低收入户年人均收入达到5000元以上总目标。

△ 2014年如皋市道德模范基层巡讲报告会在市外国语学校举行首次宣讲，讲述中国好人戴红梅、见义勇为好司机丁广建、江苏好人王莹感人事迹。

17日 △ 南通市委常委秦厚德，市委常委、市委秘书长黄巍东一行慰问如皋市贫困户、贫困老党员，走访如皋市博爱康复护理院，查看部分扶贫项目，听取如皋市扶贫开发工作有关情况汇报。市领导姜永华、陈晓东、司祝建、蒋建参加活动。

△ 如皋市2014水上搜救综合演习在长江最大挖入式港池——泓北沙港池水域举行，副市长茅红宇出席活动。演习首次针对新造试航船舶举行，设船舶失控、船舶碰撞、人命救助、水上清污、船舶消防、船舶安保6个科目，出动约200名应急搜寻救助人员，动用各类船艇16艘，急救、消防车3辆。

18日 △ 江苏省教育厅副厅长杨湘宁一行视察江苏省如皋第一中等专业学校，查看校园环境，并重点参观学校实训中心。南通市教育局副局长姜学勤等陪同视察。

△ 市委书记姜永华主持召开市四套班子领导重点工作交流会，听取市四套班子领导交流联系镇(区、街道)经济运行情况、条线重点工作完成情况、"一会两节"筹备情况、搬迁工作推进情况、信访包案化解情况，市委副书记、市长陈晓东就协助企业化解资金瓶颈、关注全国性土地审计、精心筹备"一会两节"等提出要求。

△ "美丽中国"第二届江苏城市摄影(团体)擂台赛(如皋站)在如皋举行，来自全省8座城市的10个代表队200多名摄影家和摄影爱好者参赛，收到摄影作品2300多幅，如皋市9位选手参加，8人获奖。副市长缪爱诚、市政协副主席钱志刚出席活动。

△ 如皋福建商会正式成立，南通市政协副主席、工商联主席徐守铭，如皋市领导张勇、陆雪松、钱志刚出席成立大会。

19日 △ 市第十届运动会暨首届全民健身运动会机关部乒乓球单打比赛在市奥体中心篮球馆举行，来自全市40个市镇机关的103名运动员参加比赛。市领导陈晓东、蔡忠、蒋建、陆雪松、张亚鸾出席活动。

△ 19日24时至20日4时，如皋警方在主城区开展以设卡武装盘查为主要内容的"零点行动"，以外环护城河的12座桥梁为卡点，共查获涉嫌酒驾嫌疑人8人、无证驾驶机动车3人、其他交通违法4人、涉毒嫌疑1人、管制刀具1把、危化物品5件。

20日 △ 南通市美丽乡村美丽农家暨城乡文明共建现场推进会在如皋召开，与会人员实地参观白蒲镇朱家桥村、白蒲镇月旦社区、龙游河河道整治现场、如皋工业园区(如城街道)顾庄社区等处。南通市领导秦厚德、章树山、赵闻斌出席会议。

△ 市委书记姜永华主持召开市委常委会，传达中央、省委、南通市委党的群众路线教育实践活动总结大会，全国县级文明城市创建工作现场会，国家、省开发区工作会议精神，讨论《全市党的群众路线教育实践活动总结大会方案》及有关报告。

△ 团市委、邮储银行如皋支行共同举办的如皋市第三届"邮储银行杯"青年创业大赛初赛结果揭晓，高效空气过滤器及其生产设备的研发生产与销售等6个创业项目入围决赛。

21日 △ 人社部党组副书记、副部长杨志明一行到如皋视察，实地查看南通赛孚机械设备有限公司。南通市副市长赵闻斌，如皋市委书记姜永华，市委副书记、市长陈晓东陪同。

△ 江苏省教育厅副厅长朱卫国率领专家组到如皋，对如皋创建"江苏省义务教育优质均衡发展县(市、区)"工作进行现场考察评估。市领导姜永华、陈晓东、胡拥军等参与相关活动。

△ 市委书记姜永华率队督查如皋工业园区（如城街道）重点工作，实地查看神马电力、中国长寿城、长安新村等处，听取2014年城市搬迁扫尾工作情况汇报。市领导蔡忠、刘向阳、陈万圣、万维庆参加活动。

△ 市委副书记司祝建召集各镇（区、街道）及“一会两节”组委会下设的“一办八组”负责人召开专题会议，听取近期“一会两节”筹备工作进展情况，并对部分重点工作进行部署。市领导蒋建、杜永红、茅红宇、张亚鸾出席会议。

22日

△ 如皋市召开党的群众路线教育实践活动总结大会。市委书记姜永华出席会议并讲话。江苏省委督导组副组长汪以力、南通市委督导组组长葛维先到会指导。

△ 如皋市召开秋季秸秆禁烧禁抛与综合利用工作会议，传达省、南通市秋季秸秆禁烧禁抛与综合利用工作会议精神，明确禁烧禁抛工作重点，并对2014年度夏季秸秆禁烧禁抛与机械化还田工作先进单位、示范村进行表彰。市领导司祝建、蔡忠、杜永红、陈万圣、郑振明、万维庆出席会议。

△ 市委副书记司祝建率队前往如皋工业园区（如城街道）、经济技术开发区（城北街道）、高新区（城南街道）三个主功能区，走访居民小区、背街小巷、建筑工地、农贸市场、搬迁地块、商业街等处，督查全国文明城市创建工作。市委常委、宣传部部长胡拥军参加督查活动。

△ 全市2016年度农业综合开发滚动计划项目选项入库工作会议召开。副市长杜永红参加会议。

23日

△ 国土资源部规划司计划处处长吴淑章率调研组到如皋，通过实地调研、召开座谈会等多种形式，详细了解如皋城乡建设用地增减挂钩实施情况。市领导陈晓东、吴道健陪同调研。

△ 市政协召开主席会议，专题协商职业教育工作。市政协主席李中林，副主席黄文斌、张亚鸾、郑振明、钱志刚，秘书长殷高华等参加活动。

24日

△ 省委研究室巡视员刘福林、省国土局资源厅副厅长吴震强率领调研组，就建立城乡统一建设用地市场课题到如皋调研。市委副书记、市长陈晓东，市委副书记司祝建参加调研。

△ 如皋市召开深化沿江开发领导组会议，讨论研究码头开放、港口物流发展等议题。市领导姜永华、陈晓东、司祝建、吴道健、茅红宇、郑振明出席会议。

△ 如皋市第三届“邮储银行杯”青年创业大赛决赛成功举办，“高效空气过滤器及其设备的研发与销售”项目获得一等奖。赛后，由共青团如皋市委与如皋邮储银行共同创建的“如皋邮储银行青年创业梦想援助计划工作站”正式成立。

△ 首届“如皋技校杯”车工、维修电工技能大赛圆满闭幕，一、二、三等奖获得者受到大赛组委会通报表彰。大赛由市人社局、安监局、总工会、团市委、市妇联等主办。

△ 2014年如皋市第三届“城管开放日”暨“碧桂园·龙游湖”杯“全国城管专题灯谜创作赛”优秀作品现场展猜活动在安定广场举行。活动由如皋市城管局主办，南通市职工灯谜协会协办。

△ “水明楼”杯老年人广场舞蹈大赛在市水绘园东大门广场举行，全市11个镇（区、街道）的广场舞代表队参加表演。比赛由市老龄工作委员会、文广传媒集团、老龄协会、老年人体育协会共同举办。

△ 晚，第二十届民营表演团体优秀节目调演在丁堰镇文化广场举行，15家民营剧团相继献演舞蹈、杂技、黄梅戏等节目，受到当地群众普遍欢迎。民营表演团体优秀节目调演由市文广新局主办，至今已连续举办20年。

24~26日

△ 为期3天的2014年全国老年人钓鱼交流活动在如皋金岛生态园举行，来自全国部分省（市、

自治区)的21支代表队100多名老年钓鱼爱好者参加活动。中国老年人体育协会副主席盛志国、中国钓鱼运动协会副主席、江苏省钓鱼协会主席徐山瀑、市政协主席李中林等出席活动。

25日

△ 市委书记姜永华主持召开重点工作会议,传达中共十八届四中全会精神,研究部署"一会两节"筹备工作。陈晓东、谢新民、李中林、司祝建等四套班子领导参加会议。

△ "中国石材领军企业总裁班走进如皋"产、学、银、政、企交流活动在长江镇(如皋港区)举行,如皋市政府、江苏银行南通分行、东升(南通)国际石材产业城达成银政企战略合作协议,并举办"寿星增福"慈善爱心捐助仪式。市委副书记、市长陈晓东,副市长茅红宇,国内近60家石材领军企业总裁参加活动。

26日

△ 市委书记姜永华率领市住建局、经济技术开发区(城北街道)等单位负责人,检查"一会两节"期间城市环境及亮化工程,查看金陵金鼎大酒店、绿园、大司马桥、东大街入口、奥体中心、广电大楼、龙游河生态公园等处。市领导司祝建、蔡忠、陈万圣等参加活动。

27日

△ 市领导姜永华、陈晓东、司祝建、茅红宇会见应邀到如参加"一会两节"的马来西亚驻沪总领事陈扬泰、巴基斯坦驻沪总领事扎法尔·哈桑、埃及驻沪副总领事海萨姆一行,欢迎嘉宾到来并介绍如皋经济社会发展情况。

△ 市领导姜永华、谢新民、司祝建、马金华、蒋建、刘向阳分别拜访参加第十二届中国·如皋沿江经济洽谈会、第七届如皋·中国长寿文化节、第八届中国(如皋)花木盆景艺术节的部分海内外嘉宾以及与会国家"千人计划"专家、国家青年"千人计划"专家、长江学者等高层次人才。

△ 新能源汽车产业对接交流会暨互联网思维下的新能源产业发展模式创新论坛在如皋举行,市委书记姜永华致辞,市委常委、经济技术开发区党工委副书记、管委会常务副主任马金华作新能源汽车及零部件产业园区投资环境说明,一批机械制造、产学研合作、城市开发类项目签约。

△ 首批12辆新能源纯电动公交车线路正式开通运行。市领导司祝建、马金华、刘聪泉、陈万圣、黄文斌、万维庆出席开通仪式。此次投放的12辆纯电动公交车为12米纯电动城市客车,由江苏陆地方舟新能源电动汽车有限公司提供,主要投放于3条公交线路,分别为经济技术开发区(城北街道)便民服务中心至火车站、经济技术开发区(城北街道)便民服务中心至汽车站、经济技术开发区(城北街道)时代大厦至市行政中心。

△ "幸福如皋和美情"2014如皋金婚庆典在市水绘园风景区东大门广场举行。市领导姜永华、陈晓东、胡拥军、刘向阳、杜永红、陈万圣、秦智坤、郑振明出席庆典仪式,向现场100对和美恩爱的金婚夫妇代表赠送金婚纪念照并合影留念。

△ 经济技术开发区(城北街道)、北京大学工学院如皋产学研合作中心联合举办泛长寿生物科技专家座谈会。市领导马金华、张辉出席活动。

28日

△ 第十二届中国·如皋沿江经济洽谈会、第七届如皋·中国长寿文化节、第八届中国(如皋)花木盆景艺术节(一会两节)在市行政中心礼堂开幕。中国对外经济合作企业协会会长、原外经贸部副部长周可仁,中华全国供销合作总社原党组成员、理事会常务理事长、中国农产品流通经纪人协会会长于培顺,中国老年学学会常务副会长赵宝华,中国科学院院士、英国诺丁汉大学校长兼宁波诺丁汉大学校长杨福家,中国工程院院士、华中科技大学教授张勇传,国家林业局造林司司长王祝雄,中国花卉协会秘书长刘红,中国农产品流通经纪人协会常务副会长张元宗,江苏省农业委员会副主任、林业局局长夏春胜,江苏省农业委员会副巡视员唐明珍,印度、巴基斯坦、马来西亚、埃及驻沪总领事馆总领事史耐恩、扎法尔·哈桑、陈杨泰、海萨姆,南通市委副书记陈斌,上海物流企

业家协会会长范鸿喜等出席开幕式。开幕式后，全市 18 个重点项目集中签约。

△ 高铁时代下的如皋城市转型升级信息发布会在市行政中心礼堂举行，策划机构王志纲工作室和上海德勤税务师事务所相关专家分别以《三生有幸，如愿如皋》《聚焦如皋之投资价值发现》为题，对如皋发展战略、机遇和前景进行推介，深入分析如皋投资环境、商务成本、潜在优势。

△ 生物医药园区产学研合作项目、大功率锂电池电源管理系统项目等 19 个高端人才项目集中签约。市领导陈晓东、蒋建、张元健、陆雪松、张辉、张亚鸾出席签约仪式。

△ 中国科学院院士、英国诺丁汉大学校长、宁波诺丁汉大学校长杨福家，中国工程院院士、武汉大学教授、博士生导师茆智与金岛生态园发展有限公司正式签约，中国科学院院士工作站、中国工程院院士工作站在金岛生态园揭牌。市领导陈晓东、蒋建、张元健、陆雪松、张亚鸾参加活动。

△ 如皋市现代物流产业发展招商推介会召开，市委常委、常务副市长吴道健致辞，长江镇党委书记、如皋港区党工委书记吴志华推介如皋港现代物流产业，交通运输部科学研究院刘凌教授作主题演讲。推介会上共有 10 个项目集中签约，如皋港现代物流园管理委员会进行了揭牌。GSA 集团中国区总裁李元值、上海物流企业家协会会长范鸿喜等出席活动。

△ 如皋市光电产业专家对接座谈会召开，邀请专家为如皋光电产业发展出谋划策，提高如皋光电产品核心竞争优势。会上，如皋市中铁华宇电气有限公司和北京大学合作的准直高效大功率 LED 投光灯项目、莱鼎电子材料科技有限公司和哈尔滨工程大学合作的氮化铝基片项目等 6 个产学研合作项目进行了集中签约。市领导缪小华、张元健、陆雪松、张辉、张亚鸾出席座谈会。

△ 第十二届中国·如皋沿江经济洽谈会期间，全市共签订投资意向、投资协议项目 56 个，投资总额 191 亿元，其中内资 146 亿元人民币，外资 7.35 亿美元。

△ 首届中国长寿农产品博览会暨中国首届长寿农产品网购节在如皋举行。市委副书记、市长陈晓东主持活动，市委书记姜永华致辞，中华全国供销合作总社原党组成员、理事会常务理事长、中国农产品流通经纪人协会会长于培顺宣布开幕。

△ 中国长寿之乡互助联盟在如皋宣告成立。中国老年学学会常务副会长赵宝华，中国农产品流通经纪人协会常务副会长张元宗等出席活动。

△ 如皋市举行长寿健康产业发展大家谈暨中国长寿基金首发启动仪式。市领导陈晓东、刘向阳出席活动。全球企业咨询服务部医疗行业独立咨询顾问杨金宇，同济大学建筑系副教授、上海万科集团养老事业高级顾问姚栋，世界杰出华商协会常务副主席、天九幸福集团高级副总裁文齐国等嘉宾参加活动，首批 4 家企业和 2 名个人共认购长寿基金 3000 万元。

△ 首届中国杯盆景大赛、江苏省第四届“花之秀”插花大赛在如皋举行。大赛精心组织盆景、插花技艺比赛、表演、展示以及成品展销等活动，吸引花木盆景界众多名家大师和广大市民的积极参与。国家林业局造林司司长王祝雄，中国花卉协会秘书长刘红，省农业委员会副主任、林业局局长夏春胜，南通市委常委秦厚德、副市长赵闻斌，如皋市委书记姜永华，市委副书记、市长陈晓东等出席开幕仪式。

△ 上午 4 时 40 分许，在江苏海事局统一协调指挥下，沪通长江大桥 29# 主墩钢沉井（沉井高 56 米，拖带自重达 15572 吨）由 6 艘警戒艇、8 艘拖轮、12 艘海巡艇护航，从江苏熔盛重工 4 号坞出发，成功浮运（拖航）至大桥 29# 主墩位处，全程约 10 公里，历时 3 小时 20 分钟。此次拖航堪称长江“史上最难水上拖带作业”，克服了钢沉井体积大、重量大、无动力难控制、拖航维护船艇数量多、水上交通管控措施复杂等诸多困难。

29日

△ 省检查组到如皋检查推进“七打七治”打非治违专项整治行动，实地查看 e 联广场建设情况，重点检查施工企业有无施工资质、有无安全生产许可证施工、有无违法分包等问题。

△ 南通市纪委副书记、监察局局长陈勇率队到如皋,督查落实党风廉政建设两个责任以及惩防体系、“三清示范区”建设工作情况。市领导姜永华、蔡忠参加活动。

△ 第十二届中国·如皋沿江经济洽谈会举行项目集中开工开业活动,月星国际(家居)博览城等5个项目集中开业或开工。市领导姜永华、陈晓东、谢新民、李中林等参加活动。

△ 中国花卉协会盆景分会第一届会员代表大会在如皋召开,审议通过《中国花卉协会盆景分会工作条例》,选举产生中国花卉协会盆景分会第一届理事会。中国花卉协会秘书长刘红、副秘书长陈建武,市领导陈晓东、司祝建、杜永红出席会议。

△ 如皋市举办企业家沙龙,邀请王志纲工作室的相关专家,就如何抢抓高铁时代机遇,推动企业转型升级,实现新常态下新发展进行探讨。市领导陈晓东、缪小华、张勇、张亚鸾参加活动。

△ 市人大召开党的群众路线教育实践活动总结大会,要求以会议为新的起点,不断巩固和扩大教育实践活动成果,持续推动市人大常委会机关作风建设和各项工作取得新进展,不断提升人大工作整体水平。市人大常委会主任谢新民,副主任张元健、刘聪泉、张勇出席会议。

30日

△ 中国·如皋第三届海峡两岸软件与信息服务业年度峰会在金陵金鼎大酒店举行,来自台湾和大陆的100多名软件企业、行业专家与会。市委书记姜永华为活动致辞,市委副书记、市长陈晓东作题为《奋力打造软件与信息服务业县域发展样本》的主题演讲。活动举办了海峡两岸信息产业联络专家组成立仪式,与会人员参观了高新区(城南街道)部分重点项目。

△ 曾担任文化部部长、党组书记,中国作协副主席的当代著名作家王蒙到如皋考察,并应邀在《东皋大讲堂》举办专题讲座,分享对文学和人生的理解。市委副书记、市长陈晓东主持讲座,市领导姜永华、李中林、司祝建、胡拥军等与广大文学爱好者共同聆听了讲座。

31日

△ 省委农工办副主任王巨祥一行到如皋,就如皋市省农村改革试验项目中期评估及产权交易市场进行专题调研,实地查看如皋市农村产权交易服务中心、经济技术开发区(城北街道)农民宅基地退出项目和农民集中安置小区、磨头镇新港村村庄土地整理及新型集居区建设等现场。市委副书记司祝建陪同调研。

△ 市委副书记、市长陈晓东主持召开十六届市政府第三十一次常务会议,集中解读《中共中央关于全面推进依法治国若干重大问题的决定》,讨论《如皋市征地补偿和被征地农民社会保障实施办法(试行)》、调整城镇居民医疗保险筹资标准等议题。

2014 年 11 月

1日 △ 如皋市召开2014年度创建全国文明城市动员会，针对百姓关注热点、难点对标找差，并对创建工作进行再动员、再推进。市委书记姜永华出席会议并讲话。

△ 如皋市在行政中心礼堂召开“爱心月”捐赠活动动员大会，募得捐款551万元。大会表彰31家慈善明星单位、50名为慈善事业作出突出贡献的先进个人，市委书记姜永华为如皋市蝉联中国公益慈善城市揭牌，市委副书记、市长陈晓东为市慈善基金会蝉联中国慈善透明“卓越组织”揭牌。

△ 全市2015年农村水利建设工作现场动员会召开，各镇(区、街道)签订河道整治责任状，与会人员实地参观中心城区龙游河整治、江安镇陈庄村河道清障、长效管护及江安镇河道整治工作现场。市领导杜永红、郑振明参加活动。

△ 市老龄委、市文广传媒集团、市老年协会、市老年体协联合举办第八届“欢乐重阳节，相聚水明楼”九九敬老联谊会，并表彰2014年度老龄工作先进集体、模范家庭、老有所为先进个人、老龄工作先进工作者。市领导邵晓泉、钱志刚参加活动。

△ 即日起，全市调整最低工资标准，调整后月最低工资标准为1460元/月，非全日制用工12.5元/小时。

△ 即日起，白蒲镇区域范围内涉及市发改委、住建局、城管局、科技局(地震局)、体育局、民政局、文广新局7个职能部门的256项行政权力事项，逐步分批下放，由白蒲镇人民政府行使。

△ 社会智库中郡研究所发布第十四届全国县域经济与县域基本竞争力百强县名单，南通5县市全部上榜，如皋列第28位。

3日 △ 市委书记姜永华率队调研丁堰、东陈两镇重点工作情况，实地查看丁堰镇的明德塑胶、恒康家居和东陈镇的中萃米业、新核力机电等企业。市领导蒋建、刘聪泉等参加调研。

△ 市委副书记、市长陈晓东专题听取市教育局等17个部门民生幸福工程推进情况汇报。

4日 △ 省委宣传部副部长、省文明办主任杨志纯一行到如皋调研全国文明城市创建工作，实地查看市文化广场、红十四军公园、水绘园、西城花园等处。南通市委宣传部副部长、市文明办主任陈冬梅，如皋市委书记姜永华，市委副书记、市长陈晓东陪同调研。

△ 省经信委副主任陆元刚一行到如皋调研新能源汽车产业发展情况，实地考察力星钢球、百应新能源、金属表面处理园、延康汽配、创源电化、陆地方舟、康迪电动车等项目，听取相关工作汇报。市领导马金华、陆雪松、张辉参加活动。

△ 市委书记姜永华召集市委办、发改委、住建局、环保局、安监局、供电公司、经济技术开发区(城北街道)、长江镇(如皋港区)等相关部门单位负责人，协调推进华电热电联产、大唐热电联产等重大项目建设，听取双马化工搬迁情况。市领导吴道健、马金华、陆雪松参加会议。

△《如皋日报》报道：如皋港保税物流中心(B型)成功通过海关总署、财政部、国家税务总局和国家外汇管理局联合审批，批准建设面积0.35平方公里，与码头作业区接壤，成为江苏省2014年唯一一家获批的保税物流中心。

4~5日

△ 全国社区参与式法律需求评估南通(如皋)试点总结会在如皋召开,听取如皋市2014年7~10月对在押人员群体进行法律服务需求评估相关情况汇报。司法部法律援助中心副主任桑宁、江苏省司法厅副厅长万力出席会议。

5日

△ 如皋市举行中小企业SAP云应用推进会,助力企业两化深度融合和信息化人才培养,多家企业现场签约入驻江苏如云信息科技股份有限公司的SAP中小企业云服务中心。市领导姜永华、陆雪松、张亚鸾出席会议。

△ 如皋市召开工程质量治理两年行动暨建筑施工安全生产会议,自本月起,针对全市在建、新建房屋建筑和市政基础设施工程,实施为期2年的工程质量专项治理行动,全面落实五方主体项目责任人质量终身责任,严厉打击建筑施工转包、违法分包行为。市领导刘聪泉、陈万圣、黄文斌、万维庆出席会议。

△ 中国花卉协会盆景分会在北京成立,为分会及分会各会长单位授牌,并为首届"中国杯"盆景大赛总冠军和最受观众喜爱奖获得者颁奖,市领导陈晓东、司祝建、杜永红参加活动。

6日

△ 南通市人大常委会党组副书记、副主任王向红率队到如皋视察养老服务体系建设情况,实地查看长江镇(如皋港区)社会福利中心、九华镇长寿养生园、吴窑镇福康老年康复护理中心、高新区(城南街道)左邬村居家养老服务站、博爱康复护理院,了解如皋市加快推进养老服务业发展等工作开展情况。市领导谢新民、司祝建陪同视察。

△ 国家知识产权局发布第十六届中国专利奖授奖决定,南通星球石墨设备有限公司的"一种副产高压蒸汽二合一石墨合成炉"获第十六届中国专利优秀奖,实现如皋市中国专利奖零的突破。

7日

△ 南通市委常委秦厚德、市委副秘书长张坤率队到如皋,就中心镇建设情况进行调研,了解白蒲、磨头、搬经、江安四镇农民集中居住区建设、土地整理、特色产业园区规划等情况,并实地考察白蒲镇华东油压、南通海泰科特项目二期工程等部分重点企业。市委副书记司祝建、副市长杜永红陪同调研。

△ 如皋市开展党外知识分子培训活动,邀请民进江苏省委副秘书长兼参政议政处处长云建作专题讲座。市领导黄文斌、钱志刚参加活动。

8日

△ 全市重点工作现场推进暨"一会两节"总结点评会议召开,与会人员参观白蒲、丁堰、东陈3镇重点项目现场。市委副书记、市长陈晓东主持会议,市委书记姜永华出席会议并讲话,市委副书记司祝建、副市长陆雪松分别对"一会两节"和全市项目建设情况进行总结点评。

△ 江苏聚源电气有限公司一期工程举行开工仪式。市领导姜永华、陆雪松,思源电气股份有限公司董事长董增平出席活动。

△ 中国第15个记者节,市领导姜永华、陈晓东等前往市文广传媒集团,与新闻工作者共庆节日,并为从事新闻工作25周年以上的新闻工作者代表和市文广传媒集团首届创新大赛获奖者颁奖。

10日

△ 南通市第三届家庭人口文化宣传系列活动闭幕式暨"情满江海,福至如皋"广场文艺演出在安定广场举行,南通市"我秀我幸福"幸福家庭摄影大赛、南通市"清风有约 幸福人生"廉政书画大赛获奖作品、如皋市"十佳幸福寿星家庭"颁奖活动同时举行。

△ 市委书记姜永华率队调研长江镇(如皋港区)重点工作推进情况,要求努力加快项目转化速

度,加大港口物流业发展力度。市领导吴道健、茅红宇、郑振明参加调研。

△ 市委副书记、市长陈晓东率领市政府办、教育局、住建局、国土局、财政局等部门负责人,前往长江镇(如皋港区)、白蒲镇、经济技术开发区(城北街道),督查推进教育重点工程,实地查看港城高级中学规划地址、白蒲镇新姚小学等处。市领导胡拥军、张元健、缪爱诚、钱志刚参加督查。

11日

△ 市委书记姜永华督查如皋工业园区(如城街道)重点工作,实地走访月星家居、南通斯密特森光电科技有限公司、江苏元升集团、江苏力星通用钢球股份有限公司,听取相关重点工作推进情况汇报。市领导刘向阳参加督查。

△ 市委副书记司祝建召集白蒲镇和市法制办、编办等部门举行专题协调会,部署推进白蒲镇行政管理体制改革试点工作,市国税局、地税局、公安局、国土局等部门就下放权限和人员配备,与白蒲镇进行对接,确保18日前所有人员配备到位,月底前便民服务中心试运行。

△ 市委副书记司祝建率队奔赴东陈、丁堰、白蒲、下原等镇,就秸秆禁烧禁抛与综合利用工作开展督查,未发现一处着火点。

△ 市妇女第十五次代表大会召开,全面总结过去九年全市妇女工作成绩和经验,部署今后五年全市妇女事业发展目标任务。南通市妇联主席钱锁梅、如皋市委书记姜永华出席会议并讲话。大会选举产生新一届市妇联领导班子,并对"三八"红旗手和"三八"红旗集体进行了表彰。

△ 国务院以国发〔2014〕59号文公布《第四批国家级非物质文化遗产代表性项目名录》,批准文化部确定的153项第四批国家级非物质文化遗产代表性项目名录和153项代表性项目名录扩展项目名录。如皋盆景与扬州刺绣、徽州竹雕等23个项目入选扩展名录中传统美术项目名录。至此,全市共有10个国家级非遗项目。

12日

△ 市委书记姜永华率队检查文明城市创建工作,实地查看大明路口、陆桥苑、新生桥市场、普庆苑、惠政小区、红星河、城北市场等处,对发现的创建盲区和死角立即现场会办。市领导司祝建、胡拥军等参加检查。

△ 如皋市举行2014年建议提案办理工作集中督查活动,重点检查2013年和2014年B类建议提案、2014年重点建议提案和不满意件办理落实情况,市发改委、农工办、教育局、监察局、民政局、经济技术开发区(城北街道)、长江镇(如皋港区)、如皋工业园区(如城街道)等15家承办单位汇报建议提案办理情况。市领导吴道健、张元健、黄文斌出席会议。

12~13日

△ 省科技厅副厅长段雄率调研组一行到如皋,调研南通国家农业科技园区如皋核心区建设工作,实地查看水绘园盆景区、顾庄生态园、花木大世界、绿园等处。市领导陈晓东、刘向阳、陆雪松、张辉、张亚鸾参加活动。

13日

△ 如皋市举行各界优秀青年代表学习习近平总书记系列讲话精神座谈会,来自全市各条线的40多位优秀青年代表围绕"青春建功新如皋,同心共筑中国梦"主题先后发言。市委常委、组织部部长蒋建参加座谈。

14日

△ 省沿海办主任、发改委副主任林一峰率队到如皋,专题考察重大项目建设情况,实地查看江苏陆地方舟新能源电动汽车有限公司、双钱集团(江苏)轮胎有限公司、东升国际石材产业城。市领导姜永华、陈晓东、刘向阳、陆雪松陪同考察。

△ 市委副书记、市长陈晓东主持召开第十六届市政府第三十二次常务会议,组织学习新《中华人民共和国安全生产法》,就《如皋市人民政府职能转变和机构改革方案》等议题进行讨论,并通过《市政

府办公室关于调整 2015 年新型农村合作医疗有关政策的通知》。

△ 市人大常委会主任谢新民一行视察生态文明建设工作,实地查看龙游河生态公园、中心城区水系畅通工程、如皋市鼎鑫秸秆综合利用专业合作社、禾盛种养循环示范点(猪场)、长青沙备用水源工程等处。

△ 如皋市举行校外教育辅导站电子阅览室建设与管理工作会议。市委常委、组织部部长蒋建出席会议。

15日

△ 市委书记姜永华主持召开市委常委会,传达省委十二届八次全会精神,讨论《中共如皋市委关于进一步加强和改进人大工作的意见》《中共如皋市委关于进一步加强和改善人民政治协商工作的意见》《关于对全市科级干部领导班子及成员进行年度全面考核考察的意见》等议题,通过《市委对 2015 年工作开展调研的方案》。

△ 市委书记姜永华主持召开市委中心组学习会,学习贯彻党的十八届四中全会精神,传达中央第十二巡视组向江苏省反馈的巡视情况及省委书记罗志军在反馈会议上的讲话精神。

△ 市第十届运动会暨首届全民健身运动会在奥体中心落幕,市体育局发布五项体育便民、利民、惠民措施。市领导陈晓东、胡拥军、张元健、缪爱诚、钱志刚参加活动,并为获得团体奖、优秀组织奖的单位颁奖。本届运动会历时 10 个月,共设置 14 个竞赛项目和 16 个全民健身项目,6000 余名运动员、600 余名裁判员、700 余名工作人员参与其中。

16日

△ 如皋市区域经济与产业转型升级专题培训班开班,14 个镇(区、街道)党(工)委书记、部分市级部门负责人和优秀企业家走进中国浦东干部学院,参加为期 5 天的培训活动。市委书记姜永华出席开班仪式。

17日

△ 市委书记姜永华前往经济技术开发区(城北街道)部分重点企业和项目建设现场,督查重点工作推进情况,先后实地查看中交美庐城、南通电站阀门、陆地方舟、创源电化学、思源电气、如高高压、美能得太阳能等骨干企业,了解企业研发、生产、销售情况。

△ 共和国将帅子女参访团参观市红十四军纪念馆,参访团成员包括黄克诚大将之子黄晴,杨勇上将之子杨小平、儿媳胡丽娟,邓子恢副总理之女邓小莲、邓小燕,张铚秀少将之子张卫民。市委副书记、市长陈晓东参加活动。

18日

△ 省委副书记、省长李学勇调研如皋经济社会发展情况,实地走访顾庄生态园、思源电气等处。省政府秘书长张敬华,南通市委书记丁大卫,南通市委副书记、市长张国华,南通市委常委、市委秘书长黄巍东,南通市政府秘书长顾诺之陪同调研。

△ 南京海关关长、党组书记薛金楼率队调研如皋海关工作和全市开放型经济发展情况,宣布如皋海关相关人事任免事项,由石根庆接替宋晓泉出任如皋海关关长。

△ 中比文化人文交流基地、明清外销瓷器展览启动仪式在如皋举行。市领导陈晓东、吴道健会见参加仪式的南京博物院原院长、省收藏协会现任会长徐湖平等嘉宾。

△ 受国家档案局委托,省档案局副局长项瑞荃率领测评组到如皋进行国家二级档案馆测评验收,如皋市档案馆以高分通过测评验收,顺利晋升国家二级综合档案馆。市委常委、宣传部部长胡拥军,副市长缪爱诚参加活动。

△ 市委副书记、市长陈晓东就创建全国文明城市工作前往如皋工业园区(如城街道)督查,实地查看 35 号地块城中村改造现场,东皋新村、花港新村水系畅通项目以及冒家巷、大成殿、武定苑、文定苑、锦绣苑、西城花园、惠政新村等处。市领导刘向阳、陈万圣参加活动。

△ 如皋市举行文化建设工程暨书香城市建设现场推进会，与会人员参观高新区（城南街道）人才公寓职工书屋、市少儿图书馆、市图书馆等处。市委常委、宣传部部长胡拥军参加活动。

19日

△ 省政协副主席、省委统战部部长罗一民在如皋开展"三解三促"活动，向如皋工业园区（如城街道）顾庄社区捐赠10万元专项帮扶资金支持社区发展，并慰问李荣寸、吴小珍等少数民族困难群众，走访江苏万达特种轴承有限公司、江苏神马电力股份有限公司、江苏九鼎集团等企业。南通市政协副主席、市委统战部部长殷雄参加活动。

△ 省委统战部在如皋召开南通市委统战部、南通各县（市、区）委统战部长座谈会，省政协副主席、省委统战部部长罗一民，南通市政协副主席、市委统战部部长殷雄，各县（市、区）委统战部长出席会议。

△ 省广播电影电视局局长、党组书记张建康率队调研如皋应急广播建设情况，实地视察市、镇、村三级广播网络建设情况，观看九华镇马桥村应急广播现场演示，对如皋应急广播建设工作给予充分肯定。市领导姜永华、陈晓东、司祝建、胡拥军、茅红宇陪同调研。

△ 南通市委常委、政法委书记曹斌一行调研如皋政法工作，参观市社矫安帮中心阳光启航基地、开发区政法综治工作中心、开发区人民法庭、城东社区等处。市委书记姜永华陪同调研。

△ 全市审计发现问题交办整改工作会议召开，研究部署财政同级审计中发现问题的整改工作，动员全市上下严格执行审计决定，抓好审计整改工作，更好促进全市经济社会持续健康发展。市领导陈晓东、吴道健、张勇出席会议。

△ 如皋市召开镇村布局优化和村庄建设规划研讨会，市领导司祝建、杜永红、万维庆出席会议，听取市规划建筑设计院编制的镇村布局、村庄规划初步成果汇报。

△ 市委常委、宣传部部长胡拥军率队赴张家港市，学习借鉴该市全国文明城市创建工作先进经验，先后参观张家港市文化馆、图书馆、城东街道梁丰社区文明驿站、沙洲中路步行街、城市管理监督指挥中心等处。副市长陈万圣参加活动。

20日

△ 南通市委书记丁大卫一行视察如皋项目建设情况，深入森松（江苏）重工有限公司生产车间，查看产品生产现场，了解企业生产经营情况。南通市委常委、市委秘书长黄巍东，如皋市委书记姜永华，市委副书记、市长陈晓东陪同视察。

△ 下午5时左右，在如皋海事局海巡艇精心维护下，利比里亚籍15万吨级散货轮"鹰歌角(CAPE EAGLE)"轮缓缓靠妥如皋港务1、2号泊位。至此，如皋港自开港以来进靠15万吨级及以上大型船舶数量累计达到100艘次。

△ 刘荣贵"全国司法行政系统一级英模"命名表彰暨先进事迹报告会在如皋召开。司法部政治部副主任徐辉，江苏省司法厅党委委员、政治部主任赵道凤，南通市委常委、政法委书记曹斌，省委政法委政治部调研员边浩月，如皋市委副书记、市长陈晓东等参加会议。

20~21日

△ 江苏省党外人士研讨班在如皋举行，省政协副主席、省委统战部部长罗一民受中共江苏省委委托，向党外人士通报省委十二届八次全会精神。

21日

△ 市委书记姜永华前往挂钩联系的宏坝社区督查文明城市创建工作，对社区努力改善群众生活环境、落实小区"三基本"物业服务等工作给予肯定，要求社区落实长效管理各项措施。市委常委、如皋工业园区党工委书记、如城街道党工委书记刘向阳参加督查。

△ 如皋市农业农村条线领导干部奔赴南京，开展为期5天的农业农村工作专题培训。市领导司祝建、杜永红出席开班仪式。

22日 △ 国家农业科技园区协同创新战略联盟副秘书长刘敏哲率领科技部考察组到如皋，考察国家农业科技园区建设工作。考察组一行先后深入顾庄生态园、如皋绿园、如皋花木大世界科技示范中心、钱长村草坪、江苏百代兰花股份有限公司等处，详细了解以如皋花木盆景产业为核心的南通国家农业科技园区建设情况，并举行专家咨询会，听取相关情况汇报。市领导陈晓东、刘向阳、张辉、张亚鸾参加活动。

△ 如皋市召开人大工作会议，就新形势下人大工作进行部署。会议由市委副书记司祝建主持，市委书记姜永华、市人大常委会主任谢新民出席会议并讲话，市委副书记、市长陈晓东，市人民法院院长吴存银、市人民检察院检察长何强分别就自觉接受人大监督、支持人大做好工作发言。

△ 香港如皋同乡会换届大会在深圳市五洲宾馆举行，选举产生第二届理事会，沈寿明当选第二届会长。市委副书记司祝建，南通市政府驻深办事处副主任潘国华，江苏省政协委员、南通市工商联副主席、深圳南通商会会长袁亚康，市政协副主席、市委统战部部长钱志刚等应邀出席会议。

△ 如皋热心市民徐荣生收到《建筑》杂志60周年特刊，杂志刊登的建设部、中国工程院、各省建设厅专家等撰写的60周年祝贺题词中，徐荣生作为普通市民获邀题词。

24日 △ 市委副书记、市长陈晓东到经济技术开发区（城北街道）督查重点工作推进情况，要求开发区争当全市产业转型升级表率，努力提升发展质态。市领导马金华、张勇、张亚鸾参加活动。

△ 市政协民主评议环保工作总结会议召开，通报测评汇总结果和委员建议意见。市政协主席李中林，副市长陈万圣，市政协副主席魏祝明、黄文斌、张亚鸾、郑振明、钱志刚和秘书长殷高华出席会议。

25日 △ 南通市政协主席王德忠率队到如皋，对全市民生工程、传统与新兴产业发展、政协工作开展情况进行考察，实地查看江苏陆地方舟新能源电动汽车有限公司、龙游河生态公园，听取市政协工作汇报。市政协主席李中林，副主席黄文斌、郑振明，秘书长殷高华参加活动。

△ 市委书记姜永华率队赴江阴、太仓两地，学习借鉴保税物流中心规划建设、招商运营以及接轨上海自贸区等方面先进经验，先后参观江阴市临港产业园、保税物流中心和太仓保税物流中心等处。副市长茅红宇参加活动。

△ 市委副书记、市长陈晓东会见到如皋考察的软银中国创业投资有限公司投资总监莫自伟，双方就利用基金投资帮助企业发展、产业进步等相关问题进行洽谈。

△ 市政府召开全市新型农村合作医疗工作会议，总结分析2014年新农合工作运行情况，安排部署2015年新农合资金筹集工作。市领导陈晓东、缪爱诚出席会议。2015年，全市新农合人均筹资标准由420元提高至480元，其中，农民个人自缴110元，各级财政补助370元。

26日 △ 中建国际投资（镇江）有限公司董事长杨卫东率队到如皋，对疏港铁路建设项目进行考察，市委副书记、市长陈晓东向杨卫东一行介绍如皋交通格局，中铁第四勘察设计院就建设疏港铁路的可行性进行了三方发布。

△ 如皋市召开化工行业专项整治推进会。市委常委、政法委书记缪小华主持会议，副市长陆雪松作动员报告，市委副书记、市长陈晓东出席会议并讲话，就冬季安全生产工作提出要求。

27日 △ 广东省纺织品进出口股份有限公司董事长凌方才一行到如皋考察，市领导姜永华、刘向阳陪同考察，并进行相关项目洽谈。

△ 南通市委副书记、市长张国华，副市长孙建华一行调研如皋重点领域改革、重点

项目建设情况，实地参观森松(江苏)重工有限公司、长青沙备用水源项目、东升(南通)国际石材产业城、磨头镇新港村、QST 青软实训、市人民医院、月星国际博览城、顺丰速运·华东综合服务中心等处。市领导姜永华、陈晓东、刘向阳陪同调研。

27~28 日

△ 市委副书记司祝建率领市发改委、科技局等部门负责人和部分企业家，赴南京、常州、海安等处考察高端装备制造产业，先后走访南京市江宁区的宝色股份、工艺装备制造、马波斯、凯宫重工等企业，常州市武进区的恒立高缸油压、龙城精锻、五洋纺织机械等企业，海安县的上柴动力、爱登堡电梯、上海交大智能装备研究院等项目。

28 日

△ 如皋市召开座谈会，听取龙游湖景观亮化设计方案汇报。市领导姜永华、陈晓东、蔡忠、刘聪泉、陈万圣、万维庆参加座谈。

△ 市第十六届人大常委会召开第二十八次会议，听取市政府关于全市税收征管工作情况报告、关于十六届人大三次会议人大代表建议意见办理情况汇报、关于 2014 年政府为民办实事项目实施情况汇报，审议并通过《如皋市人大常委会关于召开如皋市第十六届人民代表大会第四次会议的决定(草案)》和相关人事任免事项。

△ 市第十六届人大常委会第二十八次会议听取审议市政府关于全市生态文明建设情况的专项报告，并就生态文明建设工作开展专题询问，副市长陈万圣和市发改委、水务局、住建局、环保局等 12 个政府部门主要负责人到会应询，现场答复 8 名委员提出的水环境保护长效机制、镇级污水处理厂运行等问题。

29 日

△ 市农产品沪皋流通销售商会组织上海江杨农产品批发市场总经理张永发一行，到如皋参观考察农业项目。考察团一行走访部分水果种植项目、山羊屠宰加工项目和农业龙头企业，双方就增进友谊、深化合作、互助对接开展交流。市委副书记司祝建、副市长杜永红参加活动。

30 日

△ "2014 首届上海喜玛拉雅全国钢琴公开赛"落幕，年仅 14 岁的如皋籍钢琴少年鞠小夫获得"特别大奖"。

△ 截至当日，全市 2014 年国家小麦、油菜良种补贴工作全部完成，共发放小麦良种补贴 698 万元，油菜良种补贴 148 万元，所有补贴资金全部通过"一折通"直接打卡到户。

△ 1~11 月，全市养老、失业、医疗、生育保险新增 13821 人，工伤保险新增 14997 人。新增 1.3 万名失地农民纳入保障范围，累计进保 9.5 万人。

△ 1~11 月，全市实现服务业应税销售 629 亿元，总量位居南通第一，花木大世界成为南通首批百亿级服务业集聚区。

△ 1~11 月，全市实现旅游综合收入 78.7 亿元，占全年目标任务的 93%，同比增长 14.4%。

2014 年 12 月

1日 △ 市委书记姜永华会见到访的阿尔及利亚国民议会第一副议长穆罕默德一行，双方就开展多领域合作进行座谈，并就缔结友好城市等事宜进行洽谈。市政协副主席张亚鸾参加座谈。

△ 市委书记姜永华，市委副书记、市长陈晓东率队调研城市建设工作，谋划 2015 年城市建设工作思路，要求科学推进城市规划建设管理，提升城市宜居度，增强百姓幸福感。市领导马金华、蔡忠、刘向阳等参加调研。

△ 根据《如皋市农村土地承包经营权抵押贷款试行办法》，市农商行拓宽农民融资渠道，满足农业规模化经营资金需求，全市 4 家农业经营主体获得首批承包经营权抵押授信，涵盖农民合作社、家庭农场、农业公司、养殖大户领域。

△ 海关总署制定的《海关企业信用管理暂行办法》正式实施，全市 1 家 AA 类企业、26 家 A 类企业分别自动转为高级认证企业、一般认证企业，享受简化单证审核、优先办理进出口货物通关等便利服务，并适用我国与其他互认国家或地区海关所赋予的优惠待遇，其余 B 类企业适用为一般信用企业。

2日 △ 市委书记姜永华主持召开市委常委会，传达南通市委十一届八次全体会议精神，讨论《中共如皋市委关于进一步组织推动学习贯彻习近平总书记系列重要讲话精神的意见》《市委办公室关于进一步完善党组(委)中心组理论学习旁听制度的通知》《关于推行检察官办案责任制试点工作的情况报告》《关于从严监督科级以下干部选拔任用工作的通知》等议题。

△ 市委书记姜永华前往长江镇(如皋港区)调研重点工作，听取相关工作情况汇报。市委常委、常务副市长吴道健，市政协副主席郑振明参加调研。

△ 如皋市召开全国文明城市创建现场推进会，与会人员实地查看居民小区、农贸市场、小餐饮集中区创建工作推进情况，市委常委、宣传部部长胡拥军就相关存在问题进行现场交办。市委副书记司祝建出席会议。

3日 △ 省政协主席张连珍率队到如皋调研，专程视察如皋市青少年素质教育实践基地，实地参观基地知味园、气膜房、体能拓展园、国防教育园及八大主题教育场馆。南通市委书记丁大卫、政协主席王德忠等陪同视察。

△ 中海集装箱运输上海有限公司总经理董大欣一行考察如皋港口物流发展，走访参观如皋港口物流规划展、物流总部经济基地、保税物流中心、苏中国际集装箱码头和东升石材等重点货源企业。市委书记姜永华，市委副书记、市长陈晓东，副市长茅红宇陪同考察。

△ 中国科学院大学副校长高鸿钧院士一行 5 人到如皋，对教育工作进行考察，参观江苏省如皋中学并作学术报告。副市长缪爱诚陪同考察。

△ 泰州市姜堰区委常委、常务副区长戚才俊率考察团到如皋，就公众参与行政决策情况进行考察。市领导秦智坤、郑振明陪同考察。

△ 如皋市召开全市重点工作推进会暨 2015 年工作调研会，市四套班子领导姜永华、陈晓东、谢新民、李中林、司祝建等出席会议，听取 14 个镇(区、街道)主要负责人分别就重点工作具体推进做法、存在

问题及原因分析、冲刺全年目标任务的具体举措、2015年工作指导思想和工作思路等进行详细汇报。

4日

△ 江苏省创业型城市验收组到如皋验收省级创业型城市创建工作,市领导吴道健、秦智坤陪同验收。验收组给予如皋高度评价,认为如皋市创建工作亮点多、业绩好、材料全、力度大,从工作举措到创业成果都呈现出“百花齐放”的态势,值得在全省范围内作为示范典型大力推广。

△ 江苏“最美法治人物”刘荣贵发布会在如皋市文广传媒集团举行,13家省市级主流媒体记者出席发布会,聚焦江安镇司法所原所长刘荣贵29年扎根司法行政基层工作的先进事迹。南通市委常委、宣传部部长章树山出席活动。

△ 市委书记姜永华主持召开市委常委(扩大)会议,对国民经济运行、财政工作、开放型经济发展、科技创新工作等进行调研,科学谋划2015年各项工作。市四套班子领导陈晓东、谢新民、李中林、司祝建等出席会议。

5日

△ 市委书记姜永华主持召开市委常委(扩大)会议,对2014年人大、政协、宣传、纪检监察、组织(群团)、政法、统战等工作进行调研,研究部署2015年发展思路和举措。陈晓东、谢新民、李中林、司祝建等市四套班子领导出席会议。

△《如皋日报》报道:江苏力星钢球股份有限公司持有的“力星”、江苏元升太阳能集团有限公司持有的“元升”、江苏奇鹰电线电缆有限公司持有的“奇鹰”三件商标,被国家工商总局商标局认定为中国驰名商标,占2014年南通新认定驰名商标数的60%,至此,如皋市累计拥有中国驰名商标5件。

6日

△ 广西省桂林市永福县政协主席刘永祥率领永福县政协代表团到如皋考察养生养老健康产业,实地参观高新区(城南街道)左邹村居家养老服务站、如皋市长寿养生园、博爱康复护理院等处。市政协主席李中林、副主席郑振明陪同考察。

△ 市委举行中心组(扩大)学习会,邀请南通市委专家宣讲团成员、南通大学政法学院法学教授吴延溢作辅导讲座,进一步学习贯彻党的十八届四中全会精神,扎实推进法治政府建设。

7日

△ 随着洋浦中良船公司“运河之星”长江班轮在苏中国际集装箱码头装载完最后一个集装箱,自2014年3月1日正式运营集装箱业务以来,如皋港集装箱首次突破10000标箱。

8日

△ 如皋港外贸集装箱航线开通暨如皋港保税物流中心设立信息发布活动在苏中国际集装箱码头举行,中行南通分行行长顾健新,洋浦中良海运有限公司总经理宋守坤、上海中外运总经理尤申等70余家船公司、船货代公司负责人出席活动。市委副书记、市长陈晓东等为新入驻船货代公司及配套公司颁发营业执照,并为外贸出口集装箱揭幕,如皋海关关长石根庆宣读海关总署、财政部、国家税务总局、国家外汇管理局同意设立如皋港保税物流中心(B型)的批复文件。

△ 市政府召开如皋港100艘15万吨级船舶安全靠泊作业后评估会,江苏海事局王士明副局长应邀出席会议。会议由副市长茅红宇主持,市委副书记、市长陈晓东出席会议并讲话,港口、海事、引航、口岸、代理、港务集团等部门负责人以及特邀专家分别就船舶安全靠泊作业情况、海事部门安全监管举措、引航过程中存在的问题和建议等方面交流发言。

△ 如皋市第二届职业教育活动周在江苏省如皋中等专业学校开幕,与会企业家听取学校近年来专业建设情况以及校企合作成效介绍,参观学校实训中心和校企合作项目,市教育局职业教育教学研

究室在开幕式上揭牌。市领导陈晓东、胡拥军、张元健、缪爱诚、陆雪松参加活动。

△ 省新闻出版局公布“江苏省实施农家书屋提升工程试点工作示范县、先进县”名单，如皋市被命名为“江苏省实施农家书屋提升工程试点工作示范县”，成为南通唯一获此荣誉的县市。

9日

△ 省住建厅副巡视员杨洪海率领考评专家组一行5人对如皋市城乡建设档案馆创建省级示范档案馆目标管理工作进行实地考评，一致同意如皋市城乡建设档案馆晋升为省级示范城建档案馆。

10日

△ 如皋海关、如皋出入境检验检疫局签订“三个一”合作备忘录，开展关检合作，启动实施“一次申报、一次查验、一次放行”通关新模式。副市长茅红宇出席签约仪式。

△ 市供销合作总社全力打好如皋农副产品长寿牌，取得显著成效。截至当日，全市农副产品销售额突破30亿元。

△ 经江苏省旅游景区质量等级评定委员会严格评审，如皋市长江药用植物园、金岛生态园两景区被评定为国家AAA级旅游景区。

10~12日

△ 如皋市组织战时国防动员指挥演练，市领导陈晓东、胡宏杰、杜永红，市人武部部长祝国庆，市国动委“一综八办”，市民政、卫生等部门参加演练。

11日

△ 省交通运输厅验收组对334省道如皋段进行竣工验收，听取建设、设计、施工、监理、质量监督、试运营等情况汇报，并对全线工程进行现场检查，审阅项目建设相关档案资料，最终同意通过竣工验收。总投资约12亿元的334省道如皋段一期工程丁堰至如城段于2009年建成通车，二期工程于2011年年底建成通车。

△ 如皋市召开市委督导组和市委教育实践活动办公室工作总结会议，全面总结教育实践活动组织和督导工作，部署下一阶段工作，市委常委、组织部部长蒋建出席会议。

△ 市政协主席会议协商特色产业发展。市政协主席李中林，副主席魏祝明、黄文斌、张亚鸾、郑振明、钱志刚，秘书长殷高华出席会议。

△ 省科技厅同意58个乡镇为第四批江苏省创新型试点乡镇，如皋市石庄镇成功获批。

△ 第十一届江苏省“五星工程奖”评奖结果揭晓，如皋市5件作品获奖。

12日

△ 农业部财务司副巡视员何斌、综合处副调研员姜业奎到如皋调研农业农村工作。南通市副市长赵闻斌陪同调研。

△ 市委副书记、市长陈晓东主持召开十六届市政府第三十三次常务会议，研究讨论《2015年政府为民办实事项目初步方案》《市政府关于进一步加强督促检查工作的实施意见》《如皋市地名管理办法》等议题。

△ 市委副书记司祝建率队督查全国文明城市创建工作，实地督查中海大厦工地、经济技术开发区（城北街道）东风社区、红星农贸市场、西城花园等处。

△ 市总工会、科技局、科协举行首届“十佳职工专利发明人”表彰会，授予丁邦建等10名首届十佳职工发明人“如皋市五一劳动奖章”。市领导蒋建、张元健、钱志刚出席活动。

△ 如皋海事局团委微信公众平台对菜单功能进行升级，在菜单中设置“春运抢票”选项，方便关注用户购买春运火车票。

12~13日

△ 国家可持续发展实验区新区申报现场考察专家组一行对如皋市进行考察，实地查看市文化广

场、城市规划展示馆、顾庄生态园等处，观看专题片，听取相关工作情况汇报，并给予积极评价，一致同意推荐如皋参加国家可持续发展实验区新区申报联席评审会。市领导陈晓东、缪小华、陆雪松、张辉、张亚鸾陪同考察。

13日

△ 市委书记姜永华，市委副书记、市长陈晓东分别率队深入车站、小区、工地、市场等地，就提高城市管理科学化水平、提升城市文明程度开展督查，实地查看长途汽车站、如皋火车站、申港豪园、西城花园、奥体新城、西皋市场、城北市场及城区部分施工工地。市四套班子领导谢新民、李中林、司祝建等参加督查。

△ 如皋市邀请环保部政策法规司副司长别涛，就新《中华人民共和国环境保护法》作专题讲座，推进环境保护工作和生态文明建设。市领导姜永华、蔡忠、刘聪泉、陈万圣、万维庆参加活动。

△ 市委举行中心组（扩大）学习会，邀请工业和信息化部软件与集成电路促进中心主任卢山围绕互联网经济主题作专题讲座，进一步强化领导干部和广大企业家的互联网思维。市四套班子领导陈晓东、谢新民、李中林、司祝建等参加会议。

△《如皋日报》报道：如皋火车货运站承接的第4批次电动车顺利装车运往西昌。货运站获铁路总公司批准，具备承担零担运输业务的资格，试运行近一个月，承担全市4批次300多辆电动车、80立方元升太阳能管、陆地方舟纯电动汽车配件的进出零担业务，成为如皋市继长三角货物快运列车开通后又一条散货运输绿色通道。

15日

△ 市委副书记、市长陈晓东率领市城管局、住建局等部门负责人，前往如皋工业园区（如城街道）孔庙社区，协调解决社区在推进文明城市创建工作过程中遇到的难题，要求社区落实好长效管理各项措施。

16日

△ 市委书记姜永华调研2014年主要经济指标完成情况和2015年目标定位。市领导吴道健、陆雪松、茅红宇参加调研。

△ 市公安局出入境证件白蒲派出所分受理点揭牌成立，成为全省首个派出所出入境分受理服务点。

16~17日

△ 为期2天的南通市文化行政综合执法骨干培训班在如皋举行。省文化市场管理办公室调研员魏友苏，如皋市委常委、宣传部部长胡拥军出席活动。

17日

△ 省卫生计生委专家组对如皋市中医院创建三级中医医院进行省级调研，通过听取汇报、查阅资料、实地检查、人员访谈等方式，检查该院中医药特色发挥、队伍建设、中医文化、临床和重点专科建设等内容。

△ 全球著名商业杂志《福布斯》中文版发布2014年中国大陆最佳县级城市榜，由30个城市组成的榜单上如皋市名列第19位。

18日

△ 如皋市、海安县省人大代表在如皋视察中心镇建设工作，实地参观白蒲镇华盛名邸、锦绣龙湾商住小区、华东油压、龙游河生态公园等处。省人大代表、如皋市委副书记、市长陈晓东，市人大常委会主任谢新民，副市长杜永红参加视察活动。

△ 市委副书记司祝建召集白蒲、搬经、江安、磨头4个南通市级中心镇和农工办、发改委、财政、国土等部门，集中督查推进南通市级中心镇建设工作。副市长杜永红出席会议。

△ 来自美国、英国、荷兰、比利时以及国内的专家教授齐聚如皋市博物馆，参观外销瓷陈列馆中

比利时华人吴培(祖籍如皋)收藏的1000多件外销瓷文物精品。

△ 全国文化先进单位(全国文化先进县)、全国文化系统先进集体、先进工作者和劳动模范表彰大会在北京召开,公布全国文化先进单位(文化先进县、市、区)表彰名单,如皋市名列其中,江苏省共有5个县(市、区)上榜。

△ 如皋市长江药用植物园、金岛生态园两景区获评江苏省四星级乡村旅游点。

19日 △ 南通市非遗进校园成果展演暨非遗传承基地授牌仪式在如皋市外国语学校举行,搬经镇夏堡小学、如皋市外国语学校、如皋高等师范学校3所学校成为南通市非遗传承基地。

△ 市第十六届人大常委会第二十九次会议召开,听取市政府关于职能转变和机构改革方案的报告、关于实施区域供水同网同价的报告,审议并通过《如皋市人大常委会关于批准实施区域供水同网同价方案的决议(草案)》。

20日 △ 市委书记姜永华主持召开市委常委会,传达贯彻习近平总书记江苏视察重要讲话和全省领导干部会议精神,听取《市人大常委会党组关于召开市十六届人大四次会议组织领导及有关事宜的请示》,同意《市总工会关于筹备召开如皋市工会第十五次代表大会的请示》。

△ "聚焦江苏教育综合改革"首届全国网络媒体江苏教育行专题采风活动记者团来到如皋,就推进义务教育优质均衡改革发展主题进行深入采访,集中考察安定小学、如皋市外国语学校、搬经初中、搬经小学。市委常委、宣传部部长胡拥军,副市长缪爱诚等参加相关活动。

△ 《如皋日报》报道:江苏九鼎集团经过五年研发、拥有自主知识产权的涡卷毡纤维布正式下线,改变中国涡卷毡全部依靠进口现状。集团涡卷毡项目建有3条生产线,全部投产后年生产能力可达12000吨。

22日 △ 如皋市市场监督管理局正式成立。根据中央、省、南通市统一部署,如皋市将原市食安办、工商局、质监局、食药监局的职责以及卫生局的食品安全监管职责整合,组建如皋市市场监督管理局。市领导吴道健、缪小华、陆雪松出席新成立的市场监督管理局全体干部职工大会,对机构改革工作进行动员部署。

△ 如皋市卫生和计划生育委员会正式成立。根据中央、省和南通市推进政府机构改革统一部署,市委、市政府撤销原如皋市卫生局、如皋市人口和计划生育委员会,组建如皋市卫生和计划生育委员会。市领导胡拥军、缪爱诚出席成立大会,对机构改革工作进行动员部署,宣布《关于如皋市卫生和计划生育委员会领导班子成员的任命决定》。

△ 第八届国际发明展览会落下帷幕,如皋市共有8家企业的17个专利项目参展,涵盖高端装备制造、生物技术、新材料等战略性新兴产业,其中,江苏神马电力股份有限公司的空心复合绝缘子项目荣获金奖,另有3个项目获得银奖,6个项目获得铜奖,获奖数居南通前列。

23日 △ 市第十六届人大常委会召开第三十次会议,听取审议"一府两院"相关人员履职情况报告、《市人大常委会工作报告(草案)》的说明、关于市十六届人大四次会议有关事项的说明,审议并通过《关于表彰市十六届人大三次会议优秀代表建议的决定(草案)》《市人大常委会关于批准市人民政府有关项目贷款的本息列入市财政预算的决议(草案)》,补选南通市第十四届人大代表,任命姜业奎为副市长。

△ 全市2014年干部人才学历提升"圆梦工程"报名结束,这是如皋第三年针对乡镇机关事业单位工作人员、村(社区)两委班子成员、企业经营管理人才、大学生村干部开展学历提升工程。培训由市

干部教育培训基金予以专项资金扶持，采取进校不离岗、边工边读的方式进行，学制为两年半。

24日

△ 如皋市举办全市文化干部培训班，采取集中培训的方式，对全市机关中层以上文化干部、直属单位班子成员、镇（区、街道）综合文化站站长40人进行系统培训，提高全市文化干部思想理论素质和工作创新能力。

△ 农业部、国家旅游局联合发文认定2014年全国休闲农业与乡村旅游示范县和示范点，江苏共有4家农业园区入选全国休闲农业与乡村旅游示范点，如皋市长江药用植物园名列其中。

25日

△ 如皋市创建江苏省节水型城市考核通报会召开，经省住建厅、发改委、经信委、环保厅组织的专家组评审，如皋成功跻身江苏省节水型城市行列。市领导陈万圣、万维庆出席通报会。

△ 市人社局组织近百名高级技师赴上海高技能人才公共实训中心研修，开南通乃至全省高技能人才高端继续教育先河。参加研修的技师来自如皋各行各业，涉及车工、维修电工、电焊工等近10个工种。

△ 华泰重工（南通）有限公司一艘38500吨散货船成功下水。该船是华泰集团8月份完成股权重组后的首制船、为阿比利公司建造的9艘散货船中的第一艘，船长179.95米，从进场施工到成功下水仅用105天，比正常造船周期缩短1/3时间，标志新华泰重工步入快速造船新时代。市委副书记、市长陈晓东参加活动。

26日

△ 市委书记姜永华，市委副书记、市长陈晓东邀请部分市四套班子老领导座谈，听取他们对《在市委十一届十次全体（扩大）会议上的讲话（征求意见稿）》的意见和建议。市委常委、组织部部长蒋建参加座谈。

△ 如皋特色农产品进沪启动仪式在上海市江杨农产品批发市场举行。上海蔬菜（集团）有限公司党委书记、董事长王永芳，市委副书记、市长陈晓东，市委副书记司祝建等出席启动仪式。

△ 如皋农产品沪皋流通销售商会在上海召开2014年总结大会，回顾商会2014年工作，谋划2015年工作思路。市委副书记司祝建、副市长杜永红出席会议。

27日

△ 市委书记姜永华主持召开座谈会，就《在市委十一届十次全体（扩大）会议上的讲话（征求意见稿）》征求部分部门、镇（区、街道）、村（社区）负责人意见。市领导司祝建、吴道健、马金华、刘向阳参加座谈会。

△ 市政协主席李中林率队专题视察浙江商会工作，参观南通百正电子新材料股份有限公司、南通创源电化学科技有限公司等浙商投资企业。市政协副主席魏祝明、黄文斌、张亚鸾、郑振明，秘书长殷高华参加活动。

△ 如皋市举行2014年度镇（区、街道）党（工）委书记抓基层党建工作述职评议会议，听取14个镇（区、街道）的党（工）委书记分别述职，并进行民主评议。市领导姜永华、陈晓东、司祝建等参加会议。

28日

△ 公益顺风车南通站在如皋成立，来自南通地区的200多名私家车主在如皋大剧院参加成立仪式，见证运行一年零九个月的如皋公益顺风车队正式更名公益顺风车南通站。截至目前，如皋境内车队规模由最初的13辆增加至413辆，累计为社会提供“顺风车”服务时间超过5000小时，免费顺带陌生人1000多人次。

28~29日

△ 国家中医药管理局评审专家组一行13人对如皋市中医院开展三级中医医院评审检查，对创

建成绩给予充分肯定和高度评价。副市长缪爱诚等参加相关活动。

29日

△ 省卫生计生委副主任、省中医药局局长陈亦江视察如皋市中医院创建三级中医医院工作。市委副书记、市长陈晓东,市委常委、宣传部部长胡拥军,副市长缪爱诚等陪同视察。

△ 南通市农村工作座谈会在如皋召开。南通市委常委秦厚德、副市长赵闻斌、市政府副秘书长薛谦出席会议。

△ 如皋市召开2014年第四次银政企联席会议,通报全市2014年经济运行情况,对当前经济形势进行客观分析。市领导姜永华、陈晓东、吴道健等出席会议。

△ 丁堰镇敬老院顺利完成交接仪式,由社会力量接手敬老院日常管理运营,尝试社会养老"公建民营"模式。副市长杜永红出席仪式。

△ 省水利厅发文公布2014年度江苏省水美乡村建设名单,如皋市江安镇、长江镇(如皋港区)被评为"水美乡镇",白蒲镇朱家桥村等11个村(社区) 被评为"水美乡村"。

30日

△ 团省委书记万闻华率调研组一行到如皋调研江海技工学校团建工作,了解学校基本建设情况和团建工作,实地参观加工中心实训区、钳工实训区、汽修实验室等实训现场。市领导司祝建、蒋建陪同调研。

△ 市政府第三十四次常务会议召开,讨论"五张清单"、深化财税体制改革、加快推进金融改革创新、进一步加强现代市场体系建设等议题。

△ 市人大常委会主任谢新民一行视察万顷良田现代农业建设情况,实地查看经济技术开发区(城北街道)紫苏种植园、东陈镇万顷良田苗木园、如皋工业园区(如城街道)凌青螃蟹养殖基地等处。市领导张元健、邵晓泉、刘聪泉、杜永红参加活动。

31日

△ 市委书记姜永华主持召开市委常委会,传达省委十二届九次全会、南通市委全委扩大会、南通市经济工作会议精神,讨论市委全面推进依法治市、深化开放型经济体制改革、加强现代市场体系建设、深化财税体制改革、加快推进金融改革创新等实施意见,市委十一届十次全体(扩大)会议报告、方案以及深化行政审批制度改革、建立"五张清单"、《全市广电网络整合人员划转工作实施办法》等议题。

△ 中国服务外包十大领军企业——软通动力信息技术(集团)有限公司与如皋市签署合作协议,落户高新区(城南街道)软件和信息服务产业园。市委副书记、市长陈晓东出席签约仪式。

△ 省住建厅公布2014年度"江苏省城市管理示范路和示范社区"名单,如城街道安定街被命名为"江苏省城市管理示范路"。

△ 2014年,全年如皋CPI同比增长1.4%,涨幅为四年来最低。

△ 2014年,如皋征收车辆购置税首次突破2亿元,达到2.24亿元,同比增长16.44%,征收应税车辆2.58万辆,同比增长4.32%。

△ 截至年末,全市本外币各项存款余额860亿元,比年初增加88.89亿元,增幅为11.53%;各项贷款余额530.22亿元,比年初增加73.47亿元,增幅为16.09%。

△ 截至当日,全市百岁老人共有303人,其中,男性56位,女性247位,年龄最大的寿星111岁。

成就展台

ChengJiu ZhanTai

2014年如皋经济社会发展十大亮点

亮点一：经济运行稳中有进、稳中向好，公共财政预算收入位居全省县（市）八强

2014年，全市实现地区生产总值724亿元，增长10.6%；实现地方公共财政预算收入67.45亿元、增长12.2%，位居全省县（市）八强；完成增值税25.4亿元、增长5.7%，总量居南通六县（市、区）第二。全年完成工业应税销售805亿元，净增规模企业34家，其中亿元企业16家，华灿电讯成为南通首家登陆新三板的企业；实施亿元、10亿元以上重大项目分别达106个、8个。经济社会发展呈现稳中有进、转型加快、民生改善、社会和谐的良好态势，如皋名列2014全国县域经济竞争力百强第28位、福布斯中国大陆最佳县级城市第19位。

亮点二：转型升级成效明显，现代产业体系加快构建，服务业应税销售总量居南通第一

产业结构持续优化，三次产业结构优化调整为8.5:51:40.5。全年新获批高新技术企业48家、居南通第一，新兴产业、高新技术产业产值占规模工业比重分别达30.7%、43.5%，规模工业企业信息化投入1.4亿元、增长16%，建成国家级两化融合管理体系贯标试点企业1家；粮食产量实现“十一连丰”，建成国家级农民专业合作示范社4家、省级现代农业园区、省级“菜篮子”工程蔬菜基地各1家，获批中国地理标志证明商标2件；现代服务业提速增效，实现服务业应税销售650亿元、增长25%，总量居南通第一，苏中国际集装箱码头开通外贸航线，吞吐量突破1万标准箱；全年完成建筑业施工产值900.8亿元、增长18%。创新能力不断增强，全年新建省级、南通市级工程技术研发中心3个、19个，争取科技项目资金3688万元、南通第一，新引进长江学者、“千人计划”等高端人才9名。

亮点三：开发开放势头良好，利用外资居南通第一，如皋港保税物流中心（B型）获批设立

“长寿食品”受欢迎

全年实现到账外资3.5亿美元，新批境外投资企业6家、完成投资额2.5亿美元，总量、增量均居南通第一。区域发展承载能级大幅提升，如皋港保税物流中心（B型）获批设立，苏中国际集装箱码头正式运营，如皋港国家火炬计划化工新材料产业基地成功获批，经济开发区锻压机械集群被认定为省级特色产业集群。成功举办第十二届中国·如皋沿江经济洽谈会、第七届如皋·中国长寿文化节、第八届中国（如皋）花木盆景艺术节，第三方权威机构深度推介如皋，高铁时代下的如皋引起中外客商的广泛关注，首届全国长寿农产品博览会和首届中国杯盆景大赛影响深远。

亮点四：城乡建设稳步推进，如皋市入选中国“最佳休闲小城”，如皋火车站实现出省线路停靠“零突破”

强化规划引领，《城市总体规划（2013~2030）》获省政府批准；中心城市搬迁整理、重点工程建设有序推进，老小区改造完成年度计划；公共自行车系统65个服务网点全面投入使用，被列为全国示范项目；城市绿化进一步提升，新增绿化面积82万平方米，城市绿化覆盖率41.8%，45万平方米龙游河生态公园建成开放；区域供水应急水源地建设加快推进，建成江北县(市)首家省节水城市。交通建设持续推进，丁磨路西延、雪袁线、334西延、王石线等4条道路全面完工，火车站改扩建等工程积极推进，新增如皋至北京、重庆、浙江兰溪、昆明等地列车停靠线路。

亮点五：农村面貌持续提升，率先通过省级村庄环境整治全域验收，顾庄村获评“2014中国最美村镇”

大力开展小城镇“十个优”建设，4个中心镇建设步伐加快，白蒲、搬经成功申报全国重点镇，顾庄村获评“2014中国最美村镇”，朱家桥村成为国家级“美丽乡村”试点村；积极稳妥推进农民集中居住，村庄建设规划修编完成，如皋市被列为全省镇村布局规划试点市、农村危房改造工作试点市；不断改善农村环境，率先通过省级村庄环境整治全域验收，村庄环境整治和“四位一体”长效管护南通第一；建成国家卫生镇2个、省“康居乡村”三星级41个、省生态村3个。

农村环境换新貌

亮点六：文化强市建设步伐加快，建成全国文化先进县，成为南通唯一的全国县级文明城市提名城市

拓展宣传平台、创新宣传手段，“如皋发布”影响力跻身全省十强，城市知名度和美誉度进一步提升。文化事业产业齐头并进，市奥体中心全面开放，成功举办市十运会暨首届全民健身运动会，市档案馆通过国家二级馆验收；如皋盆景技艺列入第四批国家级非物质文化遗产名录，白蒲镇成为省历史文化名镇；全年文化产业主营业务收入突破百亿元，建成全国文化先进县。文明城市创建扎实开展，如皋市成为南通唯一的全国县级文明城市提名城市，公安民警戴红梅入选中国好人。

亮点七：民生改善成效显著，如皋跻身“中国最具幸福感县级城市”前十强

城乡居民持续增收，城乡居民人均可支配收入分别增长10.5%、11.6%。公共服务水平进一步提升，建成全国义务教育基本均衡县（市）和省义务教育优质均衡改革发展示范区，普通高考本二上线率71.7%、高居全省县(市)榜首；公立医院综合改革成效彰显，人口计生、食品药品监管工作不断加强；就业“直通车”全线贯通，新增就业1.25万人。各类保障水平不断提高，全年发放城乡居民基础养老金3.5亿元、低保救助资金5770万元、无固定收入重残救助金2200万元、失地农民保障金2.3亿元；筑牢五道医疗保障线，财政用于群众看病的费用达5.05亿元；全年改造困难群众住房725户；“医养结合”养老模式被评为2014中国养老模式创新与老龄产业发展十佳典型。全年公共财政用于民生事业占比达73%，如皋市被评为“2014中国最具幸福感县级城市”。

公立医院综合改革显成效

亮点八:生态文明建设不断加强,国家生态市创建通过命名前公示、国家环保模范城市创建通过技术评估

积极构建绿色增长模式,全市生态红线保护区面积提高到总面积的22.3%。大力推进铁腕治污,依法关闭小散污染企业78家,16家印染企业中水回用工程全面完成,严厉查处环境违法行为72起。全市新增成片造林1.04万亩,林木覆盖率达24.41%。秸秆综合利用和露天禁烧工作成效明显,畜禽粪污无害化处理工作扎实开展。全年空气环境质量优良率达71%,单位GDP能耗降幅、主要污染物排放量达到指标要求。国家生态市创建通过命名前公示,国家环保模范城市创建通过技术评估,经济技术开发区创成省级生态工业园区。

亮点九:依法治市扎实推进,持续保持省法治县(市)建设示范市称号

"六五"普法深入推进,全年司法救助700余人次、实施法律援助事项1547件、调处矛盾纠纷4235件,刘荣贵荣获全国司法行政系统一级英模和江苏最美法治人物称号;公众法治建设满意度达92.1%,被省委省政府继续表彰为法治建设示范县(市);全市取消、整合行政审批事项67项,下放给长江镇审批事项133项,电子政务建设和政府信息公开力度不断加大;调整公共资源交易中心和市代建中心管理体制,政府采购监管、招投标和代建工作进一步规范。征兵任务圆满完成,如皋市被评为"省双拥模范城"。

亮点十:党的建设全面加强,群众路线教育实践活动得到中央巡回督导组和省委督导组的充分肯定

认真开展党的群众路线教育实践活动,覆盖全市5000多个基层党组织、6.9万名党员,实现了"干部正作风、党员受教育、组织增活力、群众得实惠"的预期目标,得到中央巡回督导组和省委督导组的充分肯定。持续加强基层服务型党组织建设,"五位一体"惠民党建体系、村(社区)"一综多专"服务体系、党员干部进社区等做法富有成效,如皋市被评为省村级"四有一责"建设优秀市。围绕学习贯彻中共十八大,十八届三中、四会全会和习近平总书记系列重要讲话精神,开展宣讲500多场次,党员干部理想信念和宗旨意识进一步增强。严格贯彻执行中央"八项规定"和省、市"十项规定",实现作风建设的制度化、常态化和长效化,党风廉政建设在南通持续领先。

如皋市第十届全运会开幕式现场

惠民实事

HuiMin ShiShi

实事一:启动实施中心城区水系畅通工程

对龙游河(中央大道至大明河)进行整治疏浚,新建龙游河闸站1座,完成木桩护岸及绿化工程,新建及维修沿线支河节制闸5座、配套涵洞43座、拆坝建桥1座,疏浚沿线支河3条,总投资2670万元。龙游河生态公园全面建成开放,占地面积约45公顷,草坪、300余种乔木灌木栽植以及硬质铺装、桥梁、喷泉和亮化工程全面完成,总投资1.4亿元。

实事二:规划新建中心城区停车泊位1000个

一是新建外国语学校停车场和龙游河公园停车场,增加停车泊位291个。二是清理恢复西欧国际、中山国际广场、经联广场、原天成大酒店等地下停车场功能,腾出停车泊位163个。三是结合老小区改造提升工程,新增停车泊位1096个。全年累计增加停车泊位1550个。

在建的地下停车场

实事三:实施10所农村定点小学校舍改造工程

搬经镇加力小学、下原镇花园小学、磨头镇大高小学施工基本结束;丁堰镇丁西小学主体已封顶;东陈镇丁北小学、石庄镇张黄小学、长江镇车马湖小学正进行主体施工;九华镇营房小学、长江镇长新小学正进行基础施工;白蒲镇新姚小学老校舍已拆除,新教学楼正在招投标。

实事四:提高新型农村合作医疗重大疾病医疗保障水平

2014年,如皋市新农合筹资标准调整为人均420元,全市共有96.5万人参保,参合率继续保持100%。新农合基金累计支出4.08亿元,其中住院(包含重大疾病)、门诊慢性病、普通门诊分别补助11.48万人次、3276人次、318.96万人次,补偿金额分别为3.69亿元、655万元、3198万元。另有1.2万人获得2013年度住院35%保底补偿1654万元。市镇两级政策范围内住院补偿比达76.4%。

实事五:实施农村困难群众住房修缮工程

在2012年、2013年分别改造975户、1042户,投入资金837.2万元、734.5万元的基础上,2014年,全市修缮困难群众住房752户,共发放补助资金568.05万元。

农村危房改造

实事六:新建改造农村桥梁150座、农村公路100公里

2014年,新建改造农村公路、通航航道及三四级河道上的桥梁154座,累计投入8700万元;建设通集中居住点和村村通公交线路上的农村公路100公里,农村公路提档升级80公里,累计投入1.4亿元。

实事七:实施6个老小区改造提升工程

对锦绣苑(二区)、东皋新村(一到四组团)、花苑新村(一、二区)、皋南新村(一、二、七组团)、陆桥苑、蒲行苑(三、四、五区)等6个老小区改造提升工程全面完工,涉及居民楼160幢,惠及居民4338户,累计投入资金1800万元。

老小区改造工程

实事八:实施中心城区给水主管网复线及老旧管道改造工程

该工程从十里墩水厂供水中心过如黄路、如泰运河、邓西路、仁寿西路,连接至花城大道主管网,全长5.5公里,总投资3000多万元。全线施工完毕并试压成功,实现并网供水。

实事九:实施免费婚前医学和孕前优生健康检查

2014年,检查待婚对象8613对,婚前医学检查率为85.26%。检出疾病总人数1713例,疾病检出率为11.66%。为7198对待孕夫妇进行了免费检查及优生指导,目标人群覆盖率达103%。

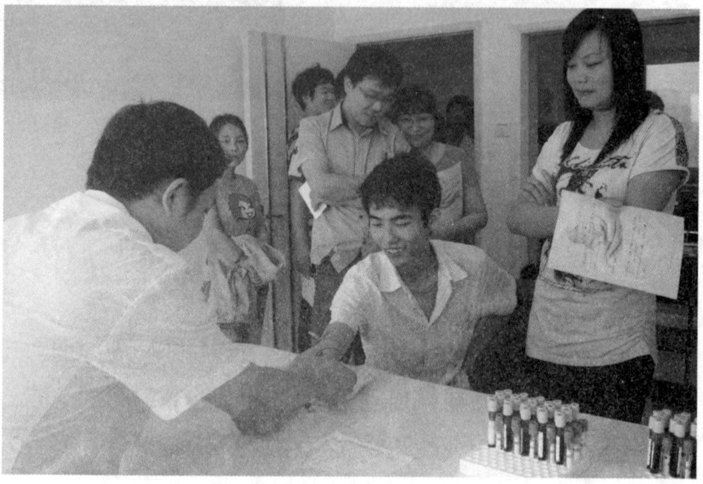

免费婚前体检

实事十:推进农村居民养老保险服务全覆盖

全市所有村(居)服务场所、硬件设施、平台人员、工作台账全部到位,农村居民参保登记、个人缴费、待遇领取、权益查询“四不出村”服务平台建成率达100%。

重点工程

ZhongDian GongCheng

交通运输

城乡公交便出行

交通基础设施建设稳步实施。2014年完成交通基础设施投入10亿元。王石线南延、王石线北延完工，丁磨路西延、334省道西延、雪袁线和马九线一期工程已完工通车，连申线20座桥梁改造工程全部完工。204国道如皋港连接线顺利通过交工验收。

新开工程序时推进。蒲黄线东段改造工程征地搬迁和管线迁移全部完成，路基灰土施工已完成70%。皋高线西延征地搬迁完成，路基处理完成80%，海启高速工程正在进行征地搬迁调查。

绿化工程全面完成。丁磨路西延、雪袁线、334省道西延等绿化工程全部完成，马九线绿化工程高新区实施结束。王石线南延、北延绿化，沈海高速白蒲出口绿化工程全面完成。

铁路建设快速推进。积极争取南通至北京、重庆北、兰溪开往南通的特快列车在如皋站停靠。火车客运站过渡站房完成主体施工，即将启用，临时广场和道路正在加快实施。宁启复线开发区如海路平交工程近期内将正式开工。

城乡公交协调发展。增开软件园公交专线2条，白蒲至如皋东线1条，优化调整城区公交、城乡公交、镇村公交线路6条。在全市城乡公交线路上增设站点80个，新建公交回车场2个，全面完成了如皋至黄市、如皋至西来桥2条公交线路的公司化改造，新建公交站亭40个，公交站牌40个。充分运用科技手段，全面建成集信息化管理、动态监控、应急指挥、运力调度、电子站牌、出租车电召、手机召车等功能于一体的运政信息指挥平台，电话召车5000余次，方便了群众便捷出行。

运输产业转型升级。推进运输装备升级换代，省、市、县际客运班车加快更新，高等级客车占比达100%，专业货车和厢式货车增加2.5%。年内新增CNG清洁能源空调公交车20辆、12米全电动公交12辆。着力培育大型交通物流企业，扶持发展了以广兴米业、北京大红门如皋分公司为代表的农村物流示范企业，以如皋港现代物流园、如皋港集装箱物流园为代表的大型物流集散企业。

路航管养科学规范。投入1600余万元实施了500公里市管公路中修工程。投入4700余万元，对搬石线、东搬线、东芹线、花马线等路段实施强度提升工程，保障了县乡公路通行质量。投入747万元，对市管道路实施安保设施完善工程，其中部分项目纳入国家车购税项目，可获交通部补助资金217万元，现已基本完成，准备交工验收。邀请相关专家对花市路进行踏勘会诊，全面完成了维修任务。航道管养全面加强，对辖区内213.11公里等级航道扫床2次，等外级242公里航道扫床1次，辖区航道保持了良好的技术状况和适航状态。

电力设施

2014 年，如皋市共实现全社会用电量 45.76 亿千瓦时，同比增长 0.85%，全年售电量 43.45 亿千瓦时,电量总体保持正增长，继续位居南通 5 县市之首。全年累计完成业扩报装 3.52 万户，新增容量 55.74 万千伏安，其中，完成工业报装 4595 户，容量 23.96 万千伏安，客户满意率 100%。

电网维修为万家

主电网建设再获新突破。淮南—南京—上海 1000 千伏特高压线路工程在如皋作为江苏省电力公司首基试点开工建设，所有 27.5 基铁塔已全部进场施工。工程全长 760 公里，江苏境内 515 公里，在如皋市境内途经东陈、丁堰、白蒲三镇，全长 14 公里。

地处江安镇、如皋市境内电压等级最高的一座变电站——500 千伏南通西输变电工程（500 千伏胜利变电站）、220 千伏邹庄输变电工程、110 千伏江庄至如皋牵引站、兴园至如皋牵引站线路工程、35 千伏城西变主变增容改造工程均竣工投产，110 千伏郭园输变电工程建设正在加紧推进中。

配电网建设取得新成果。2014 年配网建设投入 2.2 亿元，新建 10 千伏架空线路 310 公里、电缆线路 11.5 公里，新增配电变压器 219 台/48880 千伏安。投入 1.6 亿元用于农网建设，改造更换配电箱 563 台，更换电杆 3.1 万根，维修 400 伏线路 1280.81 公里，电缆 42.4 公里，维修接户线 836.55 公里，惠及农户 3 万多户。

重大工业项目建设再推进。2014 年前三季度共受理 1000 千伏安及以上用户 41 户，容量 112145 千伏安，送电 1000 千伏安及以上用户 47 户，容量 113060 千伏安。完成的重要客户工程有：拆除中央商务区 35 千伏金磨线等线路，确保雨润项目初期的用电需求和商务区安置房的开工建设；调整 110 千伏港区变负荷，为天泽化工、石材产业园等预留了负荷；为开发区发展，迁移了 35 千伏热电线；进行了 110 千伏港区变扩建，为石材产业园专线的投运提前做好准备；35 千伏华东油压配套项目建设。

老小区计量装置封闭性改造获得新进展。2014 年，公司筹集资金 2179 万元，完成了城区锦绣苑、盛世华庭等 10 多个老小区居民用户计量表箱的改造工作。同时，加快用电信息智能化采集系统建设，在全市共安装采集并运行用户 562439 户，低压终端总数为 17745 台，为客户更换智能电表 45432 只。

城镇建设

为了广厦千万间

2014年，全市中心城区完成城市建设投入125亿元,其中市政设施投入18亿元,房地产开工181万平方米,新建安置房80.6万平方米,新增绿化面积82万平方米，为全市经济社会发展提供了有力的硬件支撑。

平稳推进住房建设。雨润华府一期、雨润商业大楼、文峰城市广场、亿升老如城地块、江中世纪城、御龙湾、长寿城等房地产项目顺利建设。中央商务区四期、29号、30号、70号等地块安置房项目有序推进,中央商务区三区、城东A区三期顺利交付,1300户搬迁户结束过渡、喜迁新居。蒲行苑三、四、五区老小区改造工程全面完成,涉及住宅楼16幢,居民405户,解决了屋面渗漏严重、上下水不畅等老大难问题,生活条件全面改善,小区面貌焕然一新。

高效推进饮用水安全建设。供水中心至主城区给水管网复线工程建设全线施工完毕,并已并网供水。该工程解决了城市用水量大增和局部供水不足的矛盾。6月8日,长青沙备用水源建设工程正式开工,至年底,围堰大堤基本建成,整体工程已完成85%的工程量。

快速推进市政建设。加大基础设施投入,先后完成健康东路、府西路、学府雅居后侧路、福寿东路东延和宁海路雨水管道、中央商务区泵站、外国语停车场工程,城市路网进一步完善,承载功能有力提升。志颐路完成工程量的85%,健康幼儿园西侧路、蒲行新村区间路改造工程于年底竣工,定慧寺桥梁桥2015年1月底前竣工。

大力推广公共自行车系统工程。实施自行车系统二、三期工程建设,并正式投入使用。全市的公共自行车系统达到67个点站,范围涵盖整个城区,1800辆自行车用于满足市民公交换乘、休闲旅游等出行需要。2014年7月,如皋市被国家住建部列为全国步行和自行车系统示范项目。

精心组织历史街区保护性改造和深度开发。持续推进东大街历史街区保护与开发工作,共完成风貌整治135户,居民居住环境有效改善,历史文化底蕴全面彰显。武庙客栈建设主体结构已经完成,正在进行配套施工,状元祠改建基本竣工,布馆方案已经确定,布馆工作渐次展开,于2015年元旦对外开放。开发利用工作取得了显著成效，开业商铺达100多家，形成了颇为浓厚的旅游商业氛围和文化氛围。

加速推进小城镇建设。小城镇建设取得显著成效,白蒲镇和搬经镇跻身全国重点镇,白蒲镇朱家桥村被国务院综改办确定为全国"美丽乡村"试点村,江安镇朗庙村和石庄镇草张庄社区成为2014年省级"美丽乡村"建设示范村,如皋跻身省级农村危房改造试点县(市),石庄镇张杨园村被列为全省9个省级农村危房改造示范村庄之一。2014年共计争取补助资金3895万元,三年来累计争取各类国家、省级补助资金超过1亿元。

环 境 整 治

2014 年,全市空气环境质量达到优良以上级别的天数占全年总天数的比例为 71%,饮用水源地达标率为 100%,声学环境质量稳定达到相应功能区标准,地表水达到相应功能区要求。

生态文明建设。2 月,市委、市政府召开全市生态文明建设暨环境保护大会,具体部署全市生态文明建设和环境保护工作。大力实施同源、恒发及上海电气三家污水处理厂提标改造工程、红星河等黑臭河道整治工程、经济技术开发区集中供热工程、危险废物焚烧处置工程、污泥无害化处置工程等重点环保工程,着力打造"天蓝、地绿、水净"的美好新如皋。基层绿色创建不断深入。11 月,如皋市第一中学通过省级绿色学校考核,如皋工业园区(如城街道)仙鹤社区通过省级绿色社区考核。12 月,如皋经济开发区(城北街道)被命名为江苏省省级生态工业园区。江安镇胜利社区、搬经镇搬东社区被命名为江苏省生态乡村。

农村环境连片整治。全面启动 2013~2014 年项目,到年底,所有农村小型污水处理设施工程已基本竣工。通过实施连片整治项目,全市累计建成小型生活污水处理设施 45 台(套)及其配套管网,新增农村污水收集管网 36 公里,新增污水处理能力 5420 吨/天;建成畜禽粪便处理中心 4 处,新增处理能力 270 吨/天。

水绘春色游人醉

小散污染企业专项整治。8 月,市环境保护委员会作出了《关于对罗鹏宇等 57 家废旧塑料造粒加工点实施关停措施的决定》,把关停废塑料粒子加工等小散污染企业作为农村环境综合整治工作的突破口,要求市监察、公安、工商、城管、供电、环保等部门联合执法,查处废塑料造粒加工点违法行为。经排查核实,全市共有 77 家废旧塑料造粒加工点,55 家自行关停,对另外 22 家加工点实施了强制关停措施。

实施蓝天工程。进一步推行以"绿色能源、绿色交通、绿色施工"为重点的大气污染防治工作,空气质量取得了明显成效。一是推行"绿色能源"。按照建成区 80%以上的要求划定了高污染燃料禁烧区,实施"煤改气"工程。有 9 家企业原有燃煤锅炉、窑炉均已改用天然气,有 5 家企业实施了"煤改气"工程。二是推行"绿色交通"。坚决淘汰符合淘汰条件的机动车,全年淘汰 420 辆。建设公共自行车租赁系统,主城区设置租赁点 16 个,投放自行车 1800 辆,方便群众绿色出行。全市境内各加油站已全部完成国Ⅳ标准油品置换。推进加油站"油气回收"工作,全市已有 50 家加油站安装了油气回收系统。三是推行"绿色施工"。加强建筑施工扬尘污染防治,建立部门联动机制,堆场实行密闭、围挡,采取洒水等措施。建立城市道路积尘监督机制,定期抽查主干道路积尘情况并公布结果。晴好天气,主干道每天至少洒水 2 次,支次道路每天洒水 1 次。

化工园区专项整治。2014 年,按照省沿海地区化工园区环保专项整治的要求,制定了新的化工园区专项整治方案,对存在严重环境问题的宝众宝达等 19 家企业实施停产整改,全部委托资质机构制定科学合理的整治方案。8 月,天泽化工等 5 家重点企业的整治方案专门组织了专家评审并通过。市环保局加大督查和指导力度,各企业按方案要求全面落实整改措施,并取得较好成效。

实施污染减排项目。2014 年,如皋市安排了 11 个重点减排项目,其中污水处理厂增量工程项目 1 个,工业污染治理项目 1 个,结构调整关闭项目 3 个,农业养殖减排项目 6 个,完成减排量化学需氧量 497 吨、氨氮 49.3 吨。全年否决了 10 多个选址不合理、不符合国家产业政策的小电镀、小漂染、小化工等项目,从源头控制了污染产生。对未履行"三同时"(防治污染和其他公害的设施、环境保护设施,必须与主体工程同时设计、同时施工、同时投产)的 56 个建设项目下达限期整改通知。全年共计完成环保竣工验收项目 106 个,新增废水处理能力达 3500 吨/日,"三同时"投资近 1.2 亿元。全面推进清洁生产,对化工、钢铁、造纸等重点行业的 10 家企业开展清洁生产审核,到年底 10 家企业全部通过评估和验收。

农村整治显成效

教育事业

2014年，如皋教育紧扣办人民满意教育的总体目标，以江苏省教育现代化示范区建设为统领，不断深化教育领域综合改革，深入实施素质教育，实现了教育的优质、均衡、特色、和谐发展。

亮点1:教育发展迈出新步伐

2014年2月22日,如皋市委、市政府召开全市教育现代化建设推进会,部省共建的省首批教育现代化县级示范区建设正式启动。会上,市委、市政府印发了《关于建设“江苏省教育现代化示范区”的实施意见》,各镇(区、街道)和市各相关部门主要负责人向市委副书记、市长陈晓东递交了《创建省教育现代化示范区工作目标责任书》,教育现代化建设正行进在合力共济、全面推进的快车道上,一路向前。

亮点2:农村学校呈现新面貌

2014年,如皋市易地新建高新区实验学校、搬经小学、白蒲小学,高新区实验学校、搬经小学已投入使用。市政府将“10所农村定点小学校舍改造工程”列入政府为民办实事项目,加力小学、花园小学、大高小学、丁西小学、丁北小学、张黄小学、车马湖小学、营房小学、长新小学、新姚小学校舍改造工程均按照序时进度有序推进。与此同时,如皋市继续实施幼儿园改造提升工程,健康幼儿园、光华幼儿园、高新区实验幼儿园、东燕幼儿园等4所新建幼儿园投入使用,开发区第二实验幼儿园、丁西幼儿园正在建设。

亮点3:教育装备取得新突破

如皋市创新教育装备建设思路,“模块推进”教育装备建设,累计投入1400万元,新配备、提升多媒体教室1265个,并补充了一批电脑、图书、仪器。大力推进数字化校园建设,20所学校成为南通市数字化校园合格学校。市教师发展中心正式开通门户网站。开展教学资源库建设,录制优秀课堂41节。国家数字教育资源公共服务平台规模化应用试点工作继续推进。

亮点4:德育工作结出新硕果

如皋市加强未成年人社会主义核心价值体系、中华传统文化、文明礼仪教育,夏堡小学、外国语学校成为南通市非遗传承基地，9 所学校成为“八礼四仪”省级试点学校。加强“生活德育”和“活动教育”研究，开展首批优秀德育校本课程和德育行为习惯等地方课程评比，提高中小学德育课程开发水平。加强中小学心理健康教育，24 人通过国家心理咨询师职业资格鉴定，未成年人成长指导志愿服务活动定期开展。加强德育队伍建设，参加南通市第二届中小学班主任基本功大赛获一等奖 2 个，代表江苏参加第三届长三角地区中小学班主任基本功大赛获一等奖 1 个。市教育局被评为“南通市未成年人思想道德建设工作先进集体”。1 名教师被评为“全国中小学优秀德育工作者”。

亮点 5：教学改革进入新阶段

国家级教学成果奖是国务院确定的国家级奖励，每 4 年评选一次。继在高等教育领域成功举办六届后，2014 年首次在基础教育、职业教育领域开展，被誉为目前我国教育领域意义最重大、影响最深远的国家级奖项。如皋市区域推进的“活动单导学”教学模式在获得江苏省首届基础教育教学成果一等奖之后，再次荣获国家级教学成果二等奖。

如皋市白蒲小学学生为中国夺得首枚世锦赛花样跳绳金牌

亮点 6：特色建设形成新气象

如皋市大力推进学校特色化发展，着力推动特色建设向多样性、课程性、文化性、高端性转型升级。何庄小学“乒乓文化课程基地”成为省特色文化建设项目，薛窑中学、城南小学成为“十二五”第三批省科学教育特色学校；港城实验学校、搬经中学成为省第十三批“绿色学校”；如城实验小学成为省节水型学校；港城实验学校成为省健康促进金奖学校。参加全国毽球比赛，磨头小学获金奖 6 个；参加世界跳绳锦标赛，白蒲小学花样跳绳队为中国夺得首个该项赛事金牌，并夺得 2 个单项银牌。白蒲中学、石庄小学、磨头小学、实验初中被评为全国亿万学生阳光体育冬季长跑活动优秀学校。市教育局获“江苏省中小学优质大课间体育活动资源方案设计评比”优秀组织奖。

亮点 7：教育质量续写新篇章

如皋市努力构建教育质量监测、考核评价立体式质量保障机制，开展小学语文、小学数学、小学英语、小学课外阅读、中小学艺术等多项监测，如皋市成为全省教育样本监测工作县(市、区)。江安中学师生参加国际 PISA 测试。教育质量高位走强，中考均分高出南通大市 11.06 分，初中校际分差较三年前缩小 70%，22 所初中有 20 所居南通 186 所初中的前 50%；普通高中各学校录取分数线高出周边县市十多分。普通高考本二以上上线率达 71.7%，达全省平均上线率的 2.2 倍，高居全省县(市、区)榜首。职教对口高考本科上线人数占全省 1/6，连续 10 年列全省第一。8 名学生成为空军飞行学员，录取数列华东地区第一，市教育局连续 26 年被评为“江苏省招收空军飞行学员工作先进单位”。

亮点 8：教育均衡取得新成效

2014 年 10 月 21 日，江苏省教育厅副厅长朱卫国率领专家组来到如皋市，对创建“江苏省义务教育优质均衡发展县(市、区)”工作进行现场考察评估。如皋办学条件、教育质量、特色建设、教师队伍全面发展、优质均衡的教育生态，让专家组深切感受到均衡教育所产生的巨大力量，评估得分高居全省前列。中央人民政府门户网站、新华网均以《江苏如皋：这里的孩子为何“零择校”？》为题，揭秘如皋教育。“如皋推行教育优质均衡举措扎实，成效明显，具有重要的典型示范意义。”江苏省委副书记、省长李学勇调研如皋经济社会发展情况时，对如皋促进教育优质均衡发展的举措和成效给予充分肯定。

江苏省教育厅副厅长朱卫国(左三)率专家组在如皋考评

亮点 9：教师队伍激发新活力

如皋市继续深入打造名师队伍，5 人成为省第十三批特级教师，1 人入选第三批“江苏人民教育家培养工程”培养对象，2 人被评为正高级教师。全市新增南通市学科带头人 64 人、骨干教师 67 人、教坛新秀 31 人，列南通第一。参加省基础教育青年教师教学基本功大赛，如皋市获得 6 个一等奖(全省一等奖 107 个，如皋市占南通大市获奖人数的三分之一)。与此同时，如皋市积极调整义务教育教师交流的形式、区域和期限，促进教师交流常态化。扩大结对学校范围，城区 6 所中小学校与 16 所农村学校结对，新选派 39 名教师至农村学校支教。市教育局被省教育厅推荐申报“首批义务教育教师队伍‘县管校聘’管理改革国家级示范区”。

市委副书记、市长陈晓东应邀为全省深化基础教育改革专题研究班学员做讲座

亮点 10:教育品牌产生新影响

2014 年 12 月 15 日,由中共江苏省委组织部、江苏省教育厅联合举办的全省深化基础教育改革专题研究班在省委党校开班。如皋市委副书记、市长陈晓东应邀为全体学员做了关于如皋学前教育、义务教育的专题讲座。讲座历时一个半小时,学前教育、义务教育发展的"如皋路径"引起了研究班学员的强烈共鸣。2014 年 12 月 20 日,首届全国网络媒体江苏教育行专题采风活动走进如皋,人民网、光明网、央视网、凤凰网等 40 多家中央和省级网络媒体对如皋教育进行专题采访。如皋教育被中央人民政府门户网站、《中国教育报》、《新华日报》等省级及以上主要媒体报道 473 次,"如皋教育好声音"得到广泛传播。

全国数十家新闻媒体聚焦如皋教育

专文选编

ZhuanWen XuanBian

专 题 报 告

主动适应新常态　扎实推进转方式
为开创全面小康建设新局面而努力奋斗

——在市委十一届十次全体(扩大)会议上的讲话

姜永华

二〇一五年一月三日

同志们:

这次会议的主要任务是,深入贯彻党的十八大和十八届三中、四中全会以及省委、南通市委全会精神,回顾总结2014年,谋划部署2015年,动员全市各级党组织和广大干部群众主动适应新常态,扎实推进转方式,为开创全面小康建设新局面而努力奋斗。下面,我根据市委常委会讨论的意见,讲四个方面的内容。

一、2014年工作回顾

去年,市委以党的群众路线教育实践活动为契机,团结带领全市人民,积极适应经济发展新常态,全力破解发展难题,统筹推进"五位一体"建设,切实加强党的建设,经济社会发展呈现稳中有进、转型加快、民生改善、社会和谐的良好态势。

1.深入学习贯彻习近平总书记系列重要讲话精神,着力用中央和省、南通重大决策部署统一思想行动。

学习贯彻习总书记系列重要讲话,是一项重大政治任务,是我们谋篇布局、推动工作、贯穿始终的一条主线。市委常委会带头加强学习,总书记每次重要讲话发表后,都在第一时间组织传达学习,并多次召开中心组专题学习交流,带动各级党委(党组)和广大干部群众认真学、深入学。市委在去年下发学习《通知》的基础上,制定出台了进一步学习贯彻的《意见》,引导全市上下把讲话精神学深悟透用好,更加自觉地作为思想引领和行动指南。市委坚持学以致用,以总书记系列重要讲话精神指导工作实践,先后召开党代表会议、两次市委全会,对全面小康建设、全面深化改革、全面从严治党和民生幸福工程进行动员部署,这次全委会的一个重点就是落实全面依法治国方略,使中央、省和南通的决策部署成为我们的自觉行动。

2.认真开展党的群众路线教育实践活动,努力形成作风建设新常态。

根据中央统一部署,我市教育实践活动于去年2月正式启动,活动覆盖市级领导班子、镇(区、街道)、市级机关部门单位和村(社区),涉及5000多个基层党组织、6.9万名党员。活动中,市委常委会坚持率先垂范,带头开展学习,广泛听取意见,坦率开展谈心谈话,认真撰写对照检查材料,率先召开专题民主生活会,严肃认真开展批评和自我批评,达到了红脸出汗、排毒治病的目的,得到中央巡回督导组和省委督导组的充分肯定;坚持聚焦"四风"顽疾,认真组织开展"十大专项整治行动",清理办公用房2580多平方米,压缩"三公经费"4800万元,公务接待经费同比下降19.28%,举行"反四风,转作风"现场质询活动,以暗访短片形式曝光24家单位42个作风问题,8家部门"一把手"接受公开质询;坚持建章立制，围绕加强党政领导干部管理、规范领导干部因公外出活动、改进会风文风、密切联系群众、党风廉政建设等工作，研究制定了20多项制度，推动了作风建设的制度化、常态化和长效化。通过活动，党员干部思想受到洗礼，党性观念和宗旨意识明显增强，党群干群关系更加密切，党风、政风和社会风气为之一新。

3.突出经济体制改革重点，切实保证全面深化改革举措落地生根。

去年是全面深化改革的第一年，市委按照上级确定的改革路线图和时间表，着重在总体布局、架构设计上下功夫，推动全面深化改革扎实开局。市委成立了全面深化改革领导小组和6个专项改革小组，多次召开领导小组会议和市委常委会进行专题研究，出台了全面深化改革的意见，制定了140项重要改革举措分工方案，下发了2014年改革工作要点，项目化、目标化、责任化加以推进。市委坚持以经济体制改革为重点，陆续出台了转变政府职能、优化项目服务、政府"三资"管理等改革系列文件，本次全会上又印发了深化开放型经济体制改革、财税体制改革、行政审批制度改革、加快推进金融改革创新、加快现代市场体系建设等若干意见。全面深化改革取得初步成效，全市取消、整合行政审批事项67项，下放给长江镇审批事项133项，白蒲镇行政管理体制改革试点工作扎实推进；农村改革迈出新步伐，积极构建农民宅基地退出机制，村庄土地整理稳步推进，全市累计退出1076户，复垦建设用地888亩，土地增值收益分配机制有序实施，农村土地承包经营权确权登记颁证工作扎实开展，市农村产权交易服务中心建成运行。

4.主动适应新常态，全力推动经济平稳较快增长。

面对复杂多变的宏观经济环境和艰巨繁重的改革发展任务，去年市委牢牢把握稳中求进、好中求快工作总基调，引导全市上下坚定信心、增强定力、齐心协力，在应对风险挑战中积极化解矛盾，在抢抓战略机遇中增创发展新优势，在加快转型升级中着力提质增效，经济运行总体平稳、稳中有进。预计全年实现地区生产总值724亿元、增长10.6%，实现地方公共财政预算收入67.4亿元、增长12.1%，完成增值税25.4亿元、增长5.7%，总量居南通六县(市、区)第二，我市名列2014全国县域经济竞争力百强第28位、福布斯中国大陆最佳县级城市第19位。

坚持把稳增长作为首要任务。牢牢抓住实体经济这一根基，完善挂钩服务制度，健全重点企业问题发现办理机制，建立重大项目联席制度，强化要素保障，推动企业做大做强，全年完成工业应税销售805亿元、工业用电量32.5亿千瓦时，分别增长6.6%、8.5%，净增规模企业34家，其中亿元、10亿元企业分别为13家、3家；华灿电讯成为南通首家登陆新三板的企业。高度重视项目投入，持续开展项目建设"月点评、季考核"活动，强化技改投入激励引导，努力扩大增量、激活存量，完成固定资产投资430亿元，增长14.2%；实施亿元、10亿元以上重大项目分别达106个、8个，完成投资138.4亿元；完成固定资产抵扣税2.88亿元，增长34.6%，增幅南通第一；新增装机容量22.28万千伏安。认真落实外贸稳增长、促转型政策，推动外贸进出口总量提升、结构优化，实现进出口总额32亿美元，其中出口25.5亿美元，增长7.6%。加大对经济运行风险的监测管控，加强银政企对接，帮助预防和化解企业资金链风险，全年新增贷款80亿元，贷存比达62.2%，同比提高3个百分点。

坚持把转方式调结构作为主攻方向。按照调高、调强、调轻、调优的要求，加快构建现代产业体系，三次产业结构优化调整为8.5:51:40.5。大力推进农业转型发展，粮食生产实现"十一年丰"，新增设施农业3万亩、花木面积2.9万亩，建成省级现代农业园区、省级"菜篮子"工程蔬菜基地各1家；不断创新经营体系，新增全托管服务组织103家，建成国家级农民专业合作示范社4家、省级五好示范社12家；着力提高农业生产装备水平，全市农田水利现代化水平达88%，农业综合机械化水平达84.2%；成功举办首届全国长寿农产品博览会，长寿农产品在天猫、京东等电商平台上线。加快高新技术产业、新兴产业发展，新获批高新技术企业48家，居南通第一，高新技术产业产值占规模工业比重达43.5%，比上年提高2个百分点，高端装备制造、电子信息、节能环保、新能源产业等四大新兴产业实现应税销售103亿元，增长16.1%。大力推进两化融合示范企业创建，规模工业企业信息化投入1.4亿元，增长16%。新认定中国驰名商标3件、省著名商标7件，新增江苏名牌4个，主导制定并发布国家标准3个。完成建筑业总产值800亿元，增长5.5%。大力发展现代物流、软件和信息服务、特色旅游、健康养老等四大现代服务产业，实现服务业应税销售650亿元、增长25%，总量居南通第一。

注重培育多元化增长动力。在开发开放方面，健全招商引资推进机制，完成实际到账外资3.5亿美元、新批境外投资企业6家、完成投资额2.5亿美元，总量、增量均居南通第一；强化载体平台建设，如皋港保税物流中心(B型)成功获批，苏中国际集装箱码头正式运营；如皋港国家火炬计划化工新材料产业基地成功获批，经济开发区锻压机械集群被认定为省级特色产业集群。在科技创新方面，积极推动创新平台建设，深化拓展产学研对接，新建成省级、南通市级工程技术研发中心3个、19个，争取科技项目资金3688万元、南通第一，新引进国家"千人计划"、长江学者等高端人才9人，新增有效发明专利449件，万人发明专利拥有量增至8.32件，人才工作考核南通领先，国家可持续发展实验区通过现场考核。在城乡建设方面，《城市总体规划(2013~2030)》获省政府批准，中心城市搬迁整理、土地出让、重点工程建设有序推进，老小区改造完成年度计划，公共自行车系统被列为全国示范项目，龙游河生态公园建成开放，区域供水应急水源地建设加快推进，建成江北县(市)首家省节水城市，全年城建基础设施投入达18亿元，新建商品房成交量82.2万平方米、比上年略有增长，我市获评中国十大休闲小城称号；城乡交通基础设施加快完善，丁磨路西延等4条道路全面完工，火车站改扩建等工程正在推进，新开通如皋至北京、重庆、浙江兰溪等地列车，全年交通设施投入达10亿元；以"十个优"为抓手，扎实着力打造特色鲜明、功能完善、环境优美的现代小城镇，中心镇建设步伐加快，白蒲、搬经成功申报全国重点镇；积极稳妥推进农民集中居住，村庄建设规划修编完成，我市被列为全省镇村布局规划试点市、农村危房改造工作试点市。

5.着力推进依法治市进程，不断加强社会主义民主政治建设。

市委坚定不移地走中国特色社会主义政治发展道路，坚持党的领导、人民当家作主和依法治市的有机统一，加强社会主义民主政治，深入推进法治如皋建设，为全面小康建设、全面深化改革、全面从严治党凝聚强大合力、提供法治保障。支持市人大及其常委会依法履行职责，加强和改进监督工作，落实政府重大决策出台前向本级人大报告制度，听取和审议"一府两院"专项工作报告并开展专题询问，完善财政预决算审查监督机制和询问监督工作机制。支持人民政协围绕团结和民主认真履行职能，加强政治协商、民主监督、参政议政职能，就金融支持实体经济发展、小城镇建设、生态建设等议题开展专题协商，发挥决策参谋作用。发挥党的统一战线重要作用，加强民族、宗教、外事、侨务和对台工作，支持工青妇、工商联、科协、文联、社科联、侨联、残联等群团组织和慈善、见义勇为、长寿研究、老龄工作等社团组织开展工作，发挥作用。认真抓好党管武装工作，大力支持驻如部队建设，人武部新指挥大楼建成使用。高度重视法治如皋建设，严格执行"公众参与、专家论证、风险评估、决策后跟踪评价"制度，重大事项全部规范执行决策程序，行政权力网上公开透明运行扎实推进，行政案件行政负责人出庭应诉率、规范性文件报备率均达100%，公众法治建设满意度达92.1%，被省委省政府继续表彰为法治建设示范县(市)，刘荣贵荣获全国司法行政系统一级英模称号。

6.加强宣传思想工作，全力提高文化凝聚力、引领力、推动力

面对改革发展稳定的复杂局面和社会思想意识多元化，市委高度重视加强意识形态工作和宣传思想文化工作，努力为经济社会发展提供思想保证、舆论支持、精神动力和文化条件。坚持团结稳定鼓劲、正面宣传为主，对内宣传凝心聚力，对外宣传提质增效，城市知名度和美誉度进一步提升；网络宣传管理不断加强，积极打造"如皋发布"政务微博、政务微信和网络新闻发言人"三位一体"平台，"如皋发布"影响力跻身全省十强。以全国文明城市创建为龙头，深入开展文明镇村、文明行业、文明单位、文明家庭等系列创建，积极推进志愿服务和诚信建设制度化，着力加强未成年人教育，我市成为南通唯一的全国县级文明城市提名城市，公安民警戴红梅入选中国好人。加快发展文化事业和文化产业，市镇村三级公共文体服务体系不断健全，市奥体中心全面开放，成功举办市十运会暨首届全民健身运动会，市档

案馆通过国家二级馆验收;如皋盆景技艺列入第四批国家级非物质文化遗产名录,白蒲镇成为省历史文化名镇;文艺创作成绩斐然,省"五个一"工程奖榜上有名;全年文化产业主营业务收入达104亿元,我市建成全国文化先进县。

7.着力保障和改善民生,推动发展成果普惠于民。

市委始终把"人民对美好生活的向往"作为价值追求和奋斗目标,在经济增速趋缓的情况下,更加按照"守住底线、突出重点、完善制度、引导舆论"的要求,扎实做好民生工作,全年公共财政用于民生事业占比达73%。不断拓宽群众增收渠道。坚持就业优先策略,开通就业"直通车",全年发放就业专项资金2247万元,新增就业1.25万人;大力支持全民创业,发放小额担保贷款1548万元;预计村级集体收入总量增加15%、债务下降12%,城乡居民人均可支配收入分别增长10.5%、11.6%。大力促进公共服务优质均衡发展。以部省共建教育现代化示范区建设为统领,扎实推进城乡教育优质均衡发展,初中校际分差较三年前缩小70%,中考成绩南通第一;高考本二上线率71.7%,是全省平均水平的2.2倍,高居全省县(市)榜首;基本公共卫生服务均等化水平进一步提高,市公共卫生中心大楼主体竣工,公立医院改革成效显著,人口计生、食品药品监管工作不断加强。不断完善社会保障体系,在城乡居民基本医疗、基本养老全覆盖和城乡低保、农村"五保"应保尽保以及新增被征地农民保障即征即保的基础上,加大财政投入,提高保障标准,全年发放城乡居民基础养老金3.5亿元、低保救助资金5770万元、无固定收入重残救助金2200万元、失地农民保障金2.3亿元;继续加大投入,筑牢五道医疗保障线,财政用于群众看病的费用达5.05亿元,较好解决了人民群众看得起病的问题;深入开展"双联双助",脱贫攻坚持续深入,完成困难群众住房改造725户;社会化养老服务体系加快构建,"医养结合"养老模式被评为2014中国养老模式创新与老龄产业发展十佳典型。

8.加强和创新社会治理,确保社会和谐稳定。

市委严格落实维稳第一责任,牢牢掌握工作主动权,努力营造和谐稳定的社会环境。研究制定《关于深化重大决策社会稳定风险评估机制的实施意见》,推进稳评、安评、环评"三评并举",全市共实施风险评估196件。持续开展领导干部主动接访下访活动,认真落实领导干部包案制度,清理化解信访积案113件,全年赴京上访批次和人数分别下降33.8%、50.8%,去省分别下降26.6%、71.8%。不断完善大调解机制,矛盾调处成功率达92%。积极推进三级社会管理服务平台建设,村(社区)综治警务室规范化建设实现全覆盖。构建治安防控体系,依法打击违法犯罪,公众安全感达96.7%。以双马"4·16"事故为警示,深刻吸取经验教训,建立"党政同责、一岗双责"的责任体系,落实最严格的安全生产责任制,认真开展安全生产大检查,扎实推动突出问题和隐患整改。

9.持续推进生态文明建设,致力打造天蓝地绿水净的美丽家园。

市委坚持把生态文明建设作为科学发展的硬任务、转型升级的硬举措,扎实推进环境保护和生态建设各项工作,全年空气环境质量优良率达71%,单位GDP能耗降幅、主要污染物排放量达到指标要求。积极构建绿色增长模式,出台生态红线保护和考核管理办法,全市生态红线保护区面积提高到总面积的22.3%;大力推进主要污染物减排,6个重点减排项目通过环保部审核,如城西部园区污水处理厂、16家印染企业中水回用工程建成运行,港区污水处理厂提标改造完成土建工程,经济开发区创成省级生态工业园区。大力推进铁腕治污,全面开展化工产业专项治理,关闭小散污染企业78家企业,9家电镀企业签约入园、其余就地关闭和转产;加大城区燃煤锅炉、老旧机动车、建筑扬尘等治理力度;查处环境违法行为72起。持续优化农村环境,率先通过省级村庄环境整治全域验收,村庄环境整治和"四位一体"长效管护南通第一,主要河道水质总体达到相应功能区标准;新增成片造林1.04万亩,林木覆盖率达24.41%;秸秆综合利用和露天禁烧工作成效明显,畜禽粪污无害化处理工作扎实开展,新建10个种养循环示范点。

10.聚精会神抓党建,推动从严治党迈上新台阶。

市委认为,形势越是严峻,任务越是艰巨,越要聚精会神抓好党的建设。市委始终坚持党要管党、从严治党，全面加强党的思想建设、组织建设、作风建设、反腐倡廉建设和制度建设。始终把坚定理想信念作为重中之重的任务，把严明党的纪律作为加强党的建设的根本要求，切实加强党员干部理论武装和党性教育，全市党员干部的政治定力进一步增强，政治立场进一步坚定。始终把选人用人作为关系党和人民事业的关键性、根本性问题，出台《干部任用实施意见》及9个配套文件，严格按照程序和标准，选拔任用科级领导干部73人，压缩超职数配备领导干部48人、科级非领导职务干部117人，清理在企业兼职(任职)的党政领导干部65人，查处违规任用干部2人，干部队伍整体活力进一步加强。高度重视抓基层、打基础工作，出台加强基层服务型党组织建设意见和三年行动计划，开展机关在职党员干部进社区活动，"一综多专"队伍、党员中心户建设等做法富有成效，28个软弱涣散村(社区)党组织全部达标升档，我市被评为省村级"四有一责"建设优秀市。切实加强党风廉政建设，制定出台《落实党委主体责任、纪委监督责任的实施意见》《惩治和预防腐败体系五年规划实施意见》，强化政府性投资、公共资源交易平台运行、土地招拍挂等方面的监督检查，查处违反"八项规定"、损害群众利益的问题39件50人，查办违纪违法案件203件，其中副科级以上干部22人、移送司法机关处理11人。

一年来，市委常委会高度重视自身建设。注重议大事、谋全局，加强对重大理论问题、实践问题的学习思考，市委中心组集中学习13次。认真贯彻民主集中制，健全落实市委常委会议事规则和决策程序，严格遵守"三重一大"集体决策制度。班子成员自觉践行"三严三实"要求，带头履行"八个带头"公开承诺，严格执行廉洁从政各项规定，自觉接受各方监督。

在总结工作的同时，我们也清醒地认识到工作中存在的问题和不足：经济下行压力较大，经济增长动力不足，部分企业生产经营困难；结构调整阵痛显现，新落户重大产业项目偏少，经济新的增长点还在培育之中，转型升级任务艰巨；财政收入增长放缓，收支矛盾比较突出；征地搬迁、涉法涉诉、生态环境等信访问题依然不少，社会稳定面临较大压力；少数党员干部缺少担当意识，存在"为官不为"思想，"四风"问题时有发生。对此，我们要高度重视，并切实加以解决。

二、2015年工作安排

2015年是全面完成"十二五"规划的最后一年，是全面深化改革的关键之年，也是全面推进依法治市的开局之年。综合研判形势，世界经济呈现分化、波动、变革的特征，美国经济复苏渐趋稳固，欧元区、日本经济增长乏力，新经济体面临挑战；美欧货币政策基调互换，很可能引发国际汇市、债市、股市波动，国际大宗商品特别是油气价格可能继续跌落；国际经贸格局和规则加速重构。国内经济大势呈现"两个没有改变"、"两个改变"，即我国仍处于可以大有作为的重要战略机遇期没有改变、改变的是重要战略机遇期的内涵和条件，经济发展总体向好的基本面没有改变、改变的是经济发展方式和经济结构。认识新常态，适应新常态、引领新常态，是当前和今后一个时期经济发展的大逻辑。

怎样认识新常态？最为直观的是，经济持续多年保持两位数高速增长之后步入中高速增长；最为深刻的是，经济结构加快调整、优化调整；最为根本的是，增长动力从要素驱动、投资驱动转向创新驱动。可以说，新常态是改革开放30年发展之后，经济向形态更高级、分工更复杂、结构更合理演化的阶段。我们要乘势而上、顺势而为，加快转型发展，坚持稳中求进，追求新常态下更为稳健的增长，"稳"的重点要放在稳住经济运行上，确保经济主要指标保持在合理区间，不出现大的波动，金融领域不出现大的风险、企业运转不出现大面积的问题；"进"的重点要放在调整经济结构和深化改革开放上，确保转变发展方式和创新驱动取得新成效，"稳"与"进"相互促进，推动经济行稳致远，保持又好又快发展。

怎样适应新常态？就党委政府层面来说，要转变经济工作方式，深化改革，厘清政府与市场的边界，更多依靠市场力量、运用市场的手段推动发展，让市场活力充分释放；就市场主体层面来说，要转变经营发展方式，通过持续不断的创新活动，加快从产业中低端向中高端迈进，实现生存和发展；就社会层面来说，要转变传统思维方式，用发展的眼光看待前进中的问题，以成熟理性的心态适应新常态，以积极向上的姿态面对经济下行压力。

怎样引领新常态？总体而言，就是要有新追求、新动力、新作为。就如皋来说，要牢牢把握"四个坚持”:坚持科学发展。近年来,我们工作的思路一以贯之,高度聚焦“六大重点工作”,在打基础、利长远上下功夫,发展质量不断提升。新常态下,我们还是要围绕习总书记提出的“建设经济强、百姓富、环境美、社会文明程度高的新江苏”的定位,准确把握改革发展稳定的平衡点、近期目标和长期发展的平衡点、经济社会发展和改善人民生活的结合点,聚焦新常态下的科学发展、可持续发展、包容性发展,统筹推进经济、政治、文化、社会、生态文明和党的建设。坚持好中求快。随着沪通铁路大桥正式开工,国家“一路一带”、长江经济带、上海自贸区等国家战略叠加效应日益释放,如皋新一轮大发展的机遇期已经到来。新常态下,一方面我们要坚持不懈转方式调结构,推动发展从规模速度型粗放增长转向质量效率型集约增长,从增量扩能为主转向调整存量、做优增量并举,从传统增长点转向新的增长点;另一方面,要始终突出发展第一要务,始终坚持加快发展不动摇,用好机遇和优势,落实好总书记提出的“率先全面建成小康社会”和“五个迈上新台阶”的要求,全力营造比学赶超、奋勇争先的浓烈氛围,好中求快,能快则快,继续推动各项工作南通争第一、全省有位次。坚持求真务实。近年来,我们强化“两增加两提升”的工作衡量标准,不搞形式主义、不做表面文章,始终聚焦精力发展实体经济,全力以赴保障和改善民生,扎扎实实推进全面小康建设。新常态下,我们还是要按照总书记“作风建设永远在路上”的指示精神,弘扬务实扎实踏实的作风,以“踏石留印、抓铁有痕”的劲头,继续开拓创新、攻坚克难、狠抓落实,努力追求不含水分、实实在在、群众认可的发展业绩,开创新常态下发展新境界。坚持从严治党。近年来,特别是党的群众路线教育实践活动开展以来,我们切实履行管党责任,思想、组织、作风、制度建设和反腐倡廉水平全面提高。新常态下,我们要认真落实总书记全面从严治党8点要求,巩固拓展教育实践活动成果,建立长效机制,依法依规保持从严治党新常态,形成一心一意谋发展、聚精会神抓党建的生动局面。

基于上述认识和分析,做好今年各项工作的指导思想是:全面贯彻党的十八大和十八届三中、四中全会精神,深入贯彻习近平总书记系列重要讲话精神,按照总书记对江苏工作的最新要求,主动把握和积极适应经济发展新常态,坚持稳中求进、好中求快工作总基调,坚持以提高经济发展质量和效益为中心,把转方式调结构放到更加重要位置,以全面深化改革为动力,以创新驱动发展为核心,以保障改善民生为根本,以强化风险防控为底线,继续坚持“两增加两提升”的工作衡量标准,持续聚焦六大重点工作,统筹“五位一体”建设,协调推进全面建成小康社会、全面深化改革、全面推进依法治市、全面从严治党,促进经济持续健康发展和社会和谐稳定。

2015年经济社会发展主要预期目标是:地区生产总值增长10%左右(可比价),一般公共预算收入增长10%,固定资产投资增长16%左右,社会消费品零售总额增长13%左右,工业应税销售增长10%左右,实际利用外资3.5亿美元,外贸进出口33亿美元,全社会研发投入占GDP比重达到2.42%,城乡居民收入与经济增长保持同步,城镇登记失业率控制在3.5%以内,万元地区生产总值能耗降幅和主要污染物减排完成上级下达任务。

今年要重点抓好以下五个方面的工作:

(一)转方式调结构促进经济又好又快发展。按照总书记对江苏提出的产业结构要调高、调轻、调优、调强和由产业链中低端向中高端迈进的要求,着力构建现代产业体系,推动经济发展迈上新台阶。

1.做大做强工业经济。深入实施“以工强市”第一方略,坚持“招商引资”第一要事,突出“项目建设”第一抓手,加快发展先进制造业、战略性新兴产业,推动工业经济转型升级。加快产业转型升级。改造提升主导产业,引导船舶海工及配套企业加大新产品开发力度,努力提高产品技术水平;推动新能源汽车及汽车零部件产业走特色化之路,努力提升产业集聚度;促进新材料产业重点发展化工新材料、医药新材料、复合新材料、建筑新材料,加快实现高端化、规模化发展;推进纺织服装产业加强创新,不断提升品牌品质和产品附加值。做大做强新兴产业,以液压成套装备、智能输变电装备为重点,促进企业配套协同发展,不断提升高端装备制造产业核心竞争力;要大力培育骨干企业,推动电子信息、新能源、节能环保等战略性新兴产业不断壮大。推动建筑业提档升级,注重提升管理层素质,高度关注房地产潜在风险，力争全年施工产值突破千亿大关。强化招商提升产业层次。今年招商难度会更大，但目标不能减、力度不能降。各级领导要针对新落户的好项目、大项目、产业项目偏少的现状，切实增强招商工作的紧迫感危机感，将招商放到更突出的位置，投入更多的力量。要突出多种资本并举，大力引进民资、外资、国资和上市公司，着力在新兴产业、先进制造业招引上求突破，实现外资总量、结构双提升。要抓住国家严禁地方政府在项目引进中给予各种优惠的政策机遇，充分发挥我市的载体平台、区位交通、政务服务、人居环境等优势，更加突出产业链招商、专题招商、以商引商、能人返乡，着力提升招引实效。要配强招商队伍，完善激励机制，加大招商力度，构建"内外联动、上下互动、部门推动"的工作格局，切实招引一批大项目、好项目。扎实推进项目建设调结构。继续发挥好投资对发展的关键作用，主动向上汇报争取，力争更多项目纳入"十三五"规划"笼子"。要扎实开展项目建设"月点评、季考核"活动，进一步落实重大项目挂钩服务、问题发现交办督办等机制，引导存量企业加大技改力度，加快转型升级调结构进程，重点推进陆地方舟、康迪新能源汽车、荣威塑胶、东升石材、百川化工、森松重工、力星钢球、汤臣汽配、天泽化工、海泰科特、伟越电器、瑞声科技、曼淇威电器、图腾电力、恒康家居等46个亿元以上续建项目，威格电机、华电热电联产、开源热电联产、佐源糖业、花神糖业、GSA石化物流、英田技改等58个亿元以上新建项目，确保全年净增规模企业50家、亿元企业20家、10亿元企业4家。要组织实施一批重大基础设施项目，加快园区"九通一平"功能配套建设，不断完善港口、码头等基础设施。千方百计破解难题。要积极向上汇报争取，想方设法加快项目审批进程。要坚持依法节约集约用地，积极盘活存量资源，全力保障项目用地。要抓住货币政策趋于宽松和利率下调的机遇，强化激励引导，压降融资成本，促进信贷向实体经济倾斜。要鼓励企业通过上市、发债等方式，提高直接融资水平。要通过走出去加大宣传招引、加强校企对接、营造良好用工环境等举措，留住本地劳动力，输入外地劳务，化解企业用工难题。要鼓励企业兼并重组，向规模化、集团化方向发展，不断提高市场竞争力。

2.大力发展现代农业。要按照生产技术先进、经营规模适度、市场竞争力强、生态环境可持续的要求，优化农业产业结构和生产方式，加快现代农业发展步伐。要加快培育新型农业经营主体。重点培育专业大户、家庭农场、农民合作社、全托管服务组织、农业企业等新型农业经营主体，构建集约化、专业化、组织化、社会化相结合的新型农业经营体系。要积极引导和规范管理土地流转工作，大力推动适度规模经营，鼓励和引导工商资本到农村发展适合企业化经营的现代种养业。要加大对新型农业经营主体的扶持，健全三农投入稳定增长机制，提高农业比较效益。要加快建设一支有文化、懂技术、会经营的新型农民队伍。要加快构建现代农业产业体系。在稳定粮食生产的同时，促进农业结构调整，增强农业竞争力。要积极发展现代园艺业，新增花木面积3万亩以上；大力发展果蔬产业，全市常年种植面积保持在25万亩以上；提升发展畜牧产业，推广规模循环种养模式，减少养殖污染；加快发展水产业，做足"特色江鲜"的文章，力争高效设施渔业面积占比33%以上。要加速发展设施农业，重点推广智能温室、连栋大棚等设施，新增设施农业面积2万亩。要做实做强有机农业，全市有机农业维持2万亩左右。要培育农产品品牌，使用好"苏·皋长寿"集体商标，加快发展"一村一品"和地方特色农产品。要做强招商引资平台，大力发展农产品加工业、流通业，培育高集约度、高附加值、高外向型农业，促进农业生产经营专业化、标准化、规模化、集约化。要努力提高农业物质装备和技术水平。深化农业基础设施和装备建设，全面兴修水利，深入实施农业综合开发，推动万顷良田等成片整理土地建设现代农业园区，确保今年农田水利现代化水平达到90%、高标准农田比重达61.5%。加快推进农业机械化，确保今年农业综合机械化水平达85.8%。加快推进农业科技创新，加强农技队伍建设，健全农技推广服务体系，推进农业生产技术现代化。

3.提速发展现代服务业。把发展现代服务业作为调结构、促转型的主攻方向，因势利导推动现代服务业提速发展。坚持特色化发展。大力发展港口物流业，充分用好保税物流中心、一类开放口岸和江海大港的优势，重点发展煤炭、矿石、木材、石油化学品等大宗商品物流，促进仓储企业贸易落地，努力推动港工贸一体化发展。大力发展特色旅游产业，加快长青沙省级旅游度假区、水绘园5A级景区创建，开发利用好东大街历史文化资源，推动顾庄旅游度假区高效运作，积极发展乡村旅游，提高宣传促销实效，实现旅游综合收入增长20%左右。做强软件和信息服务产业，大力招引上海、南京等地知名企业，进一步提升园区功能配套，推动产业高端化发展。抢抓国家鼓励扶持养老产业发展机遇，鼓励社会资本投资，推动健康养老产业加快发展。加快服务业重大项目建设。推动中央商务区、红星美凯龙、月星家居、中交美庐城、中储棉、鑫鼎鑫物流园、长寿城二期、龙游湖风景区等重点项目加快建设进程，持续完善如皋港物流园、火车站物流园、花木大世界等服务业集聚区建设，推动服务业增长速度继续保持南通领先位次。努力培育新的增长点。鼓励企业将仓储运输、研发设计、检验检测、贸易营销、配套服务等业务分立出来，促进企业从生产型转向服务型。提升商贸、餐饮等传统服务业，打造消费新业态，努力把消费打造成新的增长点。加快发展互联网经济，扎实开展电子商务试点城市创建工作，引导广大企业大力发展电子商务，推动实体经济与互联网的嫁接。

4.着力激发经济又好又快发展的强大动力。打好转方式调结构这场硬仗，关键是实现动力的转换，创新驱动是根本和关键，改革开放是活力和动力所在。增强科技创新驱动力。要深刻认识创新驱动发展的极端重要性，增强只争朝夕的紧迫感，切实把创新抓出成效。要持续加大投入，突出企业的主体作用，发挥科技金融机构的作用，促进产学研紧密结合，推动大中型工业企业和规模以上高新技术企业普遍设立研发机构，新建力星钢球国家级研发中心等20家创新平台，力争全市万人发明专利拥有量达8.7件以上。要大力招引、培育高新技术企业，确保高新技术产业产值占比达44%以上。要强化人才引领，完善人才流动、培养、使用、激励机制，继续实施"雉水英才"和"1222"人才引进计划，力争全年引进以"千人计划"为代表的国家级人才10名、以"双创计划"为代表的省级人才20名。要加快体制创新，强化科技同经济、创新成果同产业、创新项目同现实生产力、研发人员创新劳动同利益收入"四个对接"，形成有利于出创新成果、有利于成果产业化的新机制。增强改革开放推动力。抓住国家实施"一带一路"、长江经济带、上海自贸区等战略有利时机，拓展对外对内开放新空间，吸纳更多的优质资源；要鼓励更多的企业走出去，优化出口结构，占领更多的国际市场，建设境外经贸合作区，提高资源配置和跨国经营水平。要强化责任担当，坚持问题导向，鼓励基层探索，加快经济领域改革措施落地，推出既有年度特点、又有利于长远制度安排的改革举措，重点抓好经济领域改革，持续深化农业农村改革，大力推进以土地征使用制度改革、农村金融制度创新为重点的体制机制创新，最大限度激发发展活力。

（二）统筹推进新型城镇化和城乡一体化。总书记指出，中国要美，农村必须美。我们要更加积极稳妥扎实推进以人为核心的城镇化建设进程，提高城镇化和城乡一体化质量，构建城乡互动、区域一体、功能互补的新型城乡发展格局。

1.着力提高规划水平。坚持以规划为引领，统筹城市空间布局、产业发展、基础设施建设和生态环境保护，引导城乡科学发展。构建完善规划体系。以新一轮城市总体规划获批为契机，进一步细化城南、城北、城西片区控制性详细规划，因地制宜完善镇总体规划、镇村布局规划、村庄建设规划，统筹做好城乡道路交通、水系、水电气管网、亮化绿化等专项规划，确保同步编制、有序衔接、科学实施、不留遗憾。提升规划编制水平。严格执行专家、领导、群众三结合的规划决策机制，加强对高铁时代城乡规划研究，积极探索三规合一、多规融合；高度重视修建性详规的编制，深化重点区域、重要部位的城市设计；依托城镇、村庄的历史文化、地域特色，突出规划的个性魅力，让居民"望得见山、看得见水、记得住乡愁"。确保规划严格执行。健全"统一规划、属地管理、分级审查、强化监督"的管理机制，重点加大对容积率、停车泊位、公共配套设施的管控力度，严肃查处各类违法违规行为，切实维护规划的严肃性和权威性。

2.着力提高建设水平。围绕提升城乡美誉度的要求，进一步优化环境，提升功能，促进中心城市、如港新城和中心镇、特色镇及农村新型社区（集居区）健康协调发展。加快推进中心城市建设。按照"先急后缓"的原则，进一步完善搬迁推进机制和补偿政策，提高货币化安置和零过渡的比例，依法有序推进搬迁工作；加快在建安置房建设，确保拆迁户在年内安置到位；坚持突出市场导向，科学安排出让土地，招引一批优质城市运营商参与城市开发建设,引导房地产业健康稳定发展,目标中心城区搬迁 80 万平米、房产新开工 120 万平方米;坚持完善功能配套,高度重视城市水系规划建设治理,提升城市绿化亮化水平,新增绿化面积 60 万平方米以上。持续推进老小区、反差地段、城中村改造,重点推进中山东路两侧、宏坝市场周边的搬迁改造,完成阳光花苑等 7 个老小区改造。积极推进特色城镇建设。如港新城要加快完善商贸、餐饮、文化、金融等城市功能,有效集聚人气,促进产城融合发展。中心镇、特色镇要以“十个优”建设为抓手,按照尽力而为和量力而行的原则,找准自身优势,突出集约发展、功能完善和宜居宜业,加大纵深开发力度,提升城镇经营水平,切实做到“成熟一块、开发一块、成功一块”,确保中心镇、特色镇分别实现房产税收 1800 万元、1000 万元以上,中心镇主要经济指标高于面上镇平均数 15%~20%左右。科学推进村庄建设。以美丽乡村建设为抓手,严格执行镇村布局规划和村庄建设规划,积极引导农民向规划点或城镇有序集中,加快农业转移人口市民化,各镇重点打造 2~3 个集居示范区。高效推进交通建设。加大向上争取力度,积极推动王石线、江平线、蒲黄线等道路纳入 345、403、404 省道建设规划,高标准做好盐通城际、北沿江城际和高铁南站规划对接,完成海阳路南延、226 省道南段规划设计,开展疏港铁路申报立项等前期工作,开工建设 355 省道东段,建成火车站和蒲黄线东段、皋高线西延工程;优化城乡公交运行线路,提高公交使用率和乘坐率;实施交通惠民工程,改造危桥 50 座,新建和提升等级农路 200 公里,加快消除农路死角。

3.着力提高管理水平。在加快城乡建设的同时,坚持从细节着手,全力提高管理水平。加大市容管理力度。深入开展交通秩序、卫生环境、马路市场、流动摊贩、户外广告等规范整治活动,强化城区停车秩序管理,千方百计增设用好停车设施,倡导绿色出行。扩大数字城管覆盖面,创成省优秀管理城市。提高物业管理水平。强化对物业企业的指导和规范,提高小区环境品质;强化物业费收缴工作,确保物业管理“三基本”服务全覆盖;研究制定农民集居区物业管理办法,形成长效管理机制。巩固提升农村环境。大力开展植树绿化工作,确保全年新增成片造林 1.8 万亩;强化水环境治理,探索建立河道管护“河长”制度,提升农村环境“四位一体”长效管护水平;进一步推进农作物秸秆综合利用,推动农药、化肥减量化使用,加强畜禽养殖粪污防治,依法淘汰不符合生态环保要求的养殖项目,有效防治和控制农业面源污染,确保三年内畜禽粪污直排问题明显好转。

4.着力壮大村级经济。因地制宜加大资产盘活和开发利用力度,多措并举发展壮大村级集体经济。鼓励城中村、城郊村以资金、资产、资源入股,参与兴办标准厂房、专业市场、商业用房、仓储设施等,大力发展第三产业特别是物业经济。推动面上村立足“农”字做文章,根据自身特色,盘活用好集体土地、水面、房屋等资源,引进、兴办现代农业、农家乐休闲观光旅游等项目,增加租赁性、经营性收入。继续加大对经济薄弱村的结对帮扶力度,因村制宜,分类指导,全面加快发展步伐。引导村集体结合土地整理、农业综合开发、农业产业化和新农村建设,创办各种社会化服务组织,加强对农业项目、农产品加工企业、农业合作社和群众的服务,增加服务性收入,力争今年全市所有村(居)集体经济收入超 30 万元,40%的村(居)超 60 万元。要加强村级财务审计,规范村级收支行为,确保农村集体资金合理有效使用;严格执行新增债务申报制度,强化现有债务清理整顿,健全村级收支预算和使用报批制度,节俭兴办公益事业,力争村级债务下降 12%以上。

(三)扎实推进文化强市建设和全国文明城市创建。总书记指出,做好各项工作必须有强大的价值引导力、文化凝聚力、精神推动力的支撑。这集中概括了文化建设的根本任务,我们要大力弘扬社会主义先进文化,推动文化大发展大繁荣。

1.提高文化凝聚力和引领力。坚持用科学理论武装头脑。充分运用道德讲堂、东皋大讲堂等平台,加强对党的十八大、十八届三中、四中全会和习总书记系列重要讲话精神的宣传教育,深入开展中国特色社会主义和中国梦宣传教育,引导干部群众坚定道路自信、理论自信、制度自信,夯实共同奋斗的思想基础。大力弘扬社会主义核心价值观。把培育和践行社会主义核心价值观作为凝魂聚气、强基固本的基础工程,通过教育引导、舆论宣传、文化熏陶、实践养成、制度保障等多种措施,推动社会主义核心价值观落地生根，内化为人们的精神追求，外化为人们的自觉行动。积极传承和弘扬中华优秀传统文化。优秀传统文化是我们民族的“根”和“魂”，要结合如皋历史文化、红色文化等资源禀赋，坚持古为今用、推陈出新、有鉴别地加以对待，有扬弃地予以继承，通过学校教育、理论研究、历史研究等多种方式，实现传统美德的创造性转化、创新性发展，增强文化自信和价值观自信。

2.牢牢掌握意识形态工作领导权和话语权。落实“两个巩固”根本任务，建立健全意识形态领域情况分析研判机制，坚持正确舆论导向，唱响主旋律、传播正能量。提高舆论宣传水平。把巩固壮大积极健康向上的主流舆论作为文化建设的重要任务，推动传统媒体与新兴媒体融合发展，增强主流媒体的公信力和影响力。强化与上级、境外媒体的合作，大力宣传我市“四个全面”的新举措、新成效，不断提高如皋美誉度。健全突发事件应急报道机制，加强社会热点问题正面引导，最大限度挤压负面信息和谣言的传播空间。进一步唱响网上主旋律。进一步建好建优“如皋发布”三位一体平台、市委新闻网、无线如皋客户端等官方平台，精心策划丰富多彩的网络宣传活动，完善网络突发事件处置机制，发挥好网络新闻发言人、网络文明传播志愿者作用，不断提高网络舆情监测引导的预见性、针对性、有效性，使网络空间更加清朗起来。切实加强对互联网的管理。提高各级领导互联网思维能力，健全互联网管理体制，加强网络安全和信息人才队伍建设，确保互联网可管可控。

3.加快发展文化事业和文化产业。大力繁荣发展文化事业。以农村为重点，进一步完善现代公共文化服务体系，着力培育品牌文化活动，不断提高公共文化设施使用效益，促进公共文化服务标准化、均等化；建立健全公共体育服务体系，加大学校体育设施对公众开放力度，提高群众体育工作水平；积极开展镇村文体艺术节、全民健身等群众性文体活动，更好地满足人民群众需求；大力推进全民阅读，建设“书香如皋”。加快发展文化体育产业。加大文化新兴业态项目招引力度，加快东大街等五大文化产业园(街)区和四大文化产业基地建设，服务推动文广传媒集团、北纬32°微电影、先锋文化等文化企业做大做强。创新体育场馆运营机制，鼓励社会力量参与体育产业发展，促进体育消费。深化文化体制改革。全面深化文化事业单位改革，继续鼓励社会力量参与公共文化服务体系建设。加强文体人才队伍建设，坚持把社会效益放在首位，努力创作出更多凸显时代精神、反映发展成就、体现如皋特色、符合人民需求的优秀作品。

4.扎实开展全国文明城市创建工作。紧扣2017年建成全国文明城市的目标，常态长效推进文明城市创建。提升系列创建实效。深化文明行业、文明单位、文明家庭创建活动，强化攻坚克难，巩固创建成果；全面推进“美丽乡村、美丽农家”建设，持续开展城乡结对共建，推动形成城乡一体文明新格局。深化公民道德教育。常态化选树典型，治理突出问题，推进诚信制度建设，倡导讲道德、尊道德、守道德的生活，凝聚起向上、向善的道德力量。着力丰富志愿服务内涵。积极引导公民参与志愿服务，大力培育民间志愿服务组织，不断壮大志愿服务队伍，积极开展志愿服务活动，提升志愿服务水平。加强未成年人思想道德建设。健全完善学校、家庭、社会“三结合”教育网络，广泛开展“爱学习、爱劳动、爱祖国”和文明礼仪养成、心理健康教育等活动，净化社会环境，促进未成年人全面发展。统筹推进“新六城同创”。以全国文明城市创建为龙头，坚持创建为民，扎实推进健康城市和国家生态文明城市、生态园林城市、最佳绿色旅游城市等创建工作，加快国家历史文化名城和人居环境范例奖城市申报工作。

(四)进一步加强和改善民生。习总书记指出，推动经济发展上台阶，是为了让城乡居民生活过得更加美好。我们要像抓经济建设一样抓民生保障，像落实发展指标一样落实民生任务，贯彻落实好市委十一届九次全会精神，推动民生建设迈上新台阶。

1.千方百计增加居民收入。不断拓宽增收渠道，努力实现居民收入增长与经济发展同步，劳动报酬增长和劳动生产率提高同步。鼓励创业促增收。围绕争创省级创业型城市，抢抓国家为小微企业减负、降低群众创业成本的机遇，进一步完善创业扶持政策，搭建创业平台，引导在外能人返乡创业、村干部和大学生村官带头创业，努力形成大众创业、万众创新的浓烈氛围，切实提高经营性收入。突出就业促增收。深入实施更加积极的就业政策，加强职业技能培训，发挥就业“直通车”工程最大效用，重点抓好高校毕业生、城镇困难人员、农村转移劳动力、退役军人等群体的就业，稳步提高工资性收入。落实政策促增收。深化收入分配制度改革，认真落实增收政策，通过健全工资协商决定和正常增长机制提高工资性收入，通过壮大股份合作经济等提高财产性收入。强化帮扶促增收。继续深入推进"双联双助"，提高贫困家庭自我造血能力，努力促进特殊群体增收，确保今年农村人均收入5000元以下的建档立卡贫困户脱贫率达100%。

2.大力提升社会保障水平。坚持全覆盖、保基本、多层次、可持续方针，以增强公平性、适应流动性、保障可持续性为重点，夯实覆盖城乡居民的社会保障体系。不断扩大覆盖面。继续推进社保扩面，大力促进农民工、非公企业人员、灵活人员参加职工保险，力争企业职工五险净增1万人，城乡居民养老保险实现动态全覆盖。坚持"即征即保、先保后征"，确保新增被征地农民全部纳入基本生活保障、保险金及时足额发放。做好城镇居民医保与新农合并轨准备，完善城乡居民大病保险。着力提升保障标准。建立合理的社保待遇增长机制，加大财政投入力度，适度提高企业退休人员基本养老金、城乡居民基本养老保险基础养老金最低标准和最低工资标准，稳步提高城乡低保和"五保"供养标准。强化社会救助托底。加强救灾救济和城乡居民重大疾病救助保障，完善五道医疗保障线，重点关注低收入困难人群，有效解决因病致贫、因病返贫问题。大力发展以扶老、助残、救孤、济困、赈灾为重点的社会福利和慈善事业，确保困有所济、难有所依、残有所帮。完善住房保障体系。加强经济适用房、廉租房建设和管理，严格规范准入退出机制，努力实现城镇中低收入住房困难家庭住房有保障、城镇新就业人员和外来务工人员租房有支持。

3.坚持社会事业优先发展。从促进人的全面发展和社会全面进步的高度出发，大力发展社会事业，让人民群众普遍得益。加快教育现代化建设。坚持教育优先发展战略，以办好人民满意教育为宗旨，大力巩固提升教育"五区同创"成果，确保建成省首批教育现代化示范区、省职业教育创新发展试验区。推动优质资源向农村覆盖，加快农村9所幼儿园、义务教育学校C级校舍改造、港城高中等重点工程建设。加强教师队伍建设，提升教育教学水平，持续开展城乡支教、互派交流活动，促进城乡之间、校际之间优质均衡。健全现代医疗卫生服务体系。深入推进公立医院综合改革，建立现代医院管理制度和医疗绩效评价机制，加强医德医风建设，提升医疗服务水平；持续规范实施基本药物制度，努力减轻群众看病负担；开工建设人民医院后勤综合楼、第四人民医院门急诊楼，确保市公共卫生中心、第二人民医院住院楼上半年投入启用；加快推进中医院、人民医院等级提升，确保今明两年分别建成三级医院；优化人口家庭公共服务，建成"十二五"省人口协调发展先进县(市)。提升养老服务体系。加快居家智慧养老服务信息平台和应急救援服务网络建设，完善家政、助餐、导医等服务功能，形成以居家为基础、社区为依托、机构为平台、信息为辅助的社会养老服务体系，确保老有所养；推广"公建民营""民营公助"等养老模式，提升公办养老机构服务水平，引导社会资本参与养老服务体系建设；鼓励乡镇民营医院积极转型，推动医养融合发展。

4.提高管财用财水平。强化财税收入征管，严格控制债务，提升资金使用效益。提高征管精细化水平。按照公平税负原则，加强税源监控，加大综合治税力度，提升精细化管理水平；规范招财引税，培育总部经济，努力做到本地税源不流失、外地税源有引进。强化政府债务管理。按照"举债有度、偿债有源、成本求低、效益求高"的原则，建立"借、用、还"相统一的债务管理机制，强化政府债务的考核管理，严格控制政府投资项目，努力压降融资成本，切实防范财政金融风险。优化财政支出结构。继续压缩行政公务支出在财政支出中的比重，削减不必要的开支；不断增加民生领域的投入，做到既尽力而为，努力满足群众的民生需求，又量力而行，合理定位民生标准和序时进度，注重民生工作稳定性、连续性，做到办实事符合民心民意，办好事不超越市情财力，不开空头支票、不搞超前许诺。

(五)切实加强生态文明建设。总书记强调，经济要上台阶，生态文明也要上台阶。我们要严守生态红线，一手抓保护建设，一手抓综合治理，抓好市委十一届六次全会精神的贯彻落实，以更大的决心、更硬的举措，朝着"天蓝地绿水净"的目标不断前进。

1.更大力度抓好生态环境保护。坚持走经济发展与生态文明相辅相成、相得益彰的路子，加快生态重点设施建设，重点推动同源、恒发、港区污水处理厂提标改造工程加快建设，经济技术开发区、港区热电厂开工建设，推进镇污水管网延伸，提高污水处理率；启动区域供水三期工程准备工作，推进应急备用水源建设；加快秸秆发电项目落户，提高秸秆综合利用率；推动主城区和如皋港化工园区建成大气预警监控系统；加快危险废物处置中心和污泥处置中心建设，确保年内建成使用；加快锅炉“煤改气”、天然气普及等工程进度，培育一批清洁生产示范企业。大力倡导绿色低碳生产生活方式，积极推广新能源交通工具，鼓励绿色低碳出行；大力倡导绿色消费，推进政府绿色采购制度，在机关事业单位率先开展节能、节水、节材行动，推行无纸化办公。

2.更大力度实施铁腕治污。坚持源头严防、过程严管、后果严惩，扎实开展环境污染综合治理。严把源头控增量，严格项目准入制度，健全涉及民生的重大环保事项、重点工程建设的听证制度，严控“两高一低”和产能过剩项目上马；大力推进节能减排，加快淘汰高耗能、高污染的落后产能。强化监管降总量，扎实开展化工、印染、肠衣、废油提炼、废橡胶再生、重金属等行业专项治理，确保今年上半年电镀企业全部进园、化工等环境高风险企业按要求整治到位；强化工业废气、城市扬尘、机动车尾气治理，确保全年空气优良天数稳定在70%以上；严厉查处各类环境违法行为，加大对企业污染治理设施不正常运行、偷排漏排等环境违法行为的打击力度。

3.更大力度健全长效机制。把生态文明建设纳入法治轨道，坚持立竿见影的措施与可持续的制度安排并举，以严密的制度保障生态文明建设各项任务落到实处。全面实施排污许可证制度，扩大环境污染责任保险试点范围，力争重点风险源企业全部参保投保。认真落实经济社会发展绿色评价体系和领导干部任期环境质量考核制度。加强碳排放权、排污权、水权交易等领域研究，积极探索资源有偿使用制度和生态补偿机制。

三、全面推进依法治市

全面推进依法治国是党的十八届四中全会作出的重要部署，全市上下要认真学习领会，深入推进法治如皋建设。

1.准确把握党的十八届四中全会精神。

党的十八届四中全会是在我国全面建成小康社会进入决定性阶段、全面深化改革进入攻坚期和深水区的关键时期召开的一次重要会议。全会通过的《中共中央关于全面推进依法治国若干重大问题的决定》，着眼促进国家治理体系和治理能力现代化，提出了全面推进依法治国的指导思想、总目标、基本原则，是加快建设社会主义法治国家的纲领性文献。习近平总书记的重要讲话，深刻回答了一系列重大理论和实践问题，对全面推进依法治国提出了一系列新思想新观点，为全面推进依法治国指明了方向、提供了遵循。去年11月省委、南通市委相继召开全委会，专题学习贯彻十八届四中全会精神，对全面落实依法治国方略作出部署。

全市各级党组织要把深入学习贯彻十八届四中全会、省委和南通市委全会精神作为当前和今后一个时期的重大政治任务，认真吃透精神实质，把握深刻内涵。要深刻理解和把握方向目标。围绕四中全会提出的建设中国特色社会主义法治体系、建设社会主义法治国家的总目标，朝着全面推进依法治市、努力建设法治如皋的目标迈进。要深刻理解和把握总体布局。坚持依法治国、依法执政、依法行政共同推进，在法治国家、法治政府和法治社会的一体建设上发力，在落实重点任务上突破，全面提升法治如皋建设水平。要深刻理解和把握改革取向。认真贯彻落实四中全会决定中针对法治领域提出的一系列富有改革创新精神的新观点新举措，坚决破除束缚法治建设的体制机制障碍。要深刻理解和把握实践要求。有序推进关于全面依法治国的战略部署，统筹好当前工作和长远目标的关系，使法治精神和法治思维内化于心、外化于行，确保上级的决策部署在如皋落到实处。

2.全面推进法治如皋建设。

一是坚持依法行政。各级政府必须坚持在党的领导下、在法治轨道上开展工作，创新执法体制，完善执法程序，推进综合执法，严格执法责任，加快建设职能科学、权责法定、执法严明、公开公正、廉洁高效、守法诚信的法治政府。二是坚持公正司法。构建开放、动态、透明、便民的阳光司法机制，把维护群众利益落实到法治建设全过程，尤其在处理征地拆迁、劳资矛盾、环境保护等具体问题时，要坚决依法办事，让人民群众在每一起司法案件中都能感受到公平正义，着力提高司法公信力。三是推进社会治理法治化。健全依法维权和矛盾纠纷化解机制，构建"一综多专"大调解工作格局，改进和加强新形势下的信访维稳工作。坚持用法治思维、法治方式推进社会治理，构建党政主导、社会共治的社会管理体制。深化新一轮平安如皋建设，发展壮大群防群治力量，深入推进社会治安综合治理。高度重视安全生产，按照"党政同责、一岗双责"的要求，全面构建安全生产责任体系，加强重点行业、重点领域专项整治，保障人民群众生命财产安全。四是加强法治工作队伍建设。大力推进法治工作队伍正规化、专业化、职业化建设，建设一支忠于党、忠于国家、忠于人民、忠于宪法和法律的法治专门队伍；要加强律师队伍思想政治建设，增强对社会主义法治建设的政治认同、理论认同和感情认同。五是不断提升全民法治素养。坚持把全民普法作为依法治市的长期基础性工作，把法治宣传教育纳入国民教育和精神文明建设体系，提高全社会学法尊法守法用法的自觉性，着力营造良好的法治环境。

3.切实加强党对法治建设的领导。

一是坚持依法执政。各级党组织都必须以宪法和法律为根本的活动准则，带头遵守宪法、法律，带头依法办事，确保在法律规定的范围内行使权力。二是高度重视法治建设。进一步发挥党的领导核心作用，大力支持人大、政协开展工作，加强和改进监督工作，健全重大事项决定、重要决策协商制度，大力支持人民法院、检察院依法独立行使职权，巩固发展党的统一战线，推进人武和国防后备力量建设，把党的领导贯彻到依法治市的全过程和各方面。三要层层落实法治责任。各级党委要切实履行对法治工作的领导责任；人大、政府、政协、法院、检察院的党组织和政法委要各司其职，合力推进法治建设；机关各部门要充分发挥示范带头作用，切实抓好本部门的法治建设；工青妇、工商联、科协、文联、社科联、侨联、残联等群团社团组织要充分发挥自身优势，积极参与和推动法治如皋建设。

四、聚精会神抓好党的建设

习总书记在视察江苏时首次提出"全面从严治党"，再次表明"严"已成为党建新常态。我们要认真领会总书记的最新要求，全面落实管党责任，全面从严治党，为开创如皋全面小康建设新局面提供坚强保证。

1.切实加强思想政治建设。思想是行动的先导，要始终坚持把加强思想政治建设放在重要位置，以思想的领先推动发展的率先。认真学习领会总书记重要讲话精神。习总书记视察江苏的重要讲话，高瞻远瞩、内涵丰富，深刻精辟、语重心长，为我们的发展指明了前进方向，提出了明确要求。全市各级党组织要把组织学习作为当前和今后一个时期最重要的政治任务，与全面贯彻落实十八大和十八届三中、四中全会精神，与深入学习贯彻总书记系列重要讲话精神紧密结合，作为中心组学习、党员干部培训和新闻宣传的核心内容，运用"双送"、冬训、支部"三会一课"等多种形式和"如皋发布"等新媒体将学习引向深入，准确把握"四个全面"、"五个迈上新台阶"的要求，确保讲话精神在如皋落地生根、开花结果。牢固树立宗旨意识。以巩固和拓展群众路线教育实践活动成果为契机，持续深化领导干部下基层"三解三促"活动，广泛开展在职党员到社区报到为群众服务工作，引导各级干部强化为民服务宗旨，时刻把最广大群众的利益放在首位，把人民拥护不拥护、赞成不赞成、满意不满意作为检验工作的重要依据。从严遵守政治纪律。政治纪律是党最重要的纪律，要始终绷紧政治纪律这根弦，在任何时候任何情况下，都不可越雷池半步，确保在思想上政治上行动上与党中央保持高度一致。要切实增强党员干部党性观念和政治意识，不造谣、不信谣、不传谣，做到大是大非面前旗帜鲜明、利欲诱惑面前立场坚定。各级党组织要自觉担负起执行和维护政治纪律的责任，对苗头性倾向性问题要及时提醒；各级纪检机关要把维护政治纪律放在首位，对越线过界的人严肃追究责任。

2.不断加强干部队伍建设。认真贯彻落实习总书记从严管理干部和20字好干部标准的要求，切实强化干部队伍建设。从严管理干部。把从严管理干部作为全面从严治党的关键，认真落实总书记“管理要全面、标准要严格、环节要衔接、措施要配套、责任要分明”和“要求严、措施严，对上严、对下严，对事严、对人严”的根本要求，运用教育引导、制度约束、考核评价、监督检查等手段，实现不同年龄和岗位各级干部管理全覆盖。优化选人用人。总书记强调，选人用人是干部工作的核心问题。要严格执行《干部任用实施意见》和9个配套文件，坚持五湖四海、任人唯贤，坚持德才兼备、以德为先，坚持注重实绩、群众公认的用人原则，切实把好用人标准关、识别考察关、选人用人关和培养锻炼关；要加强和改进年轻干部的培养选拔，安排他们到基层墩墩苗、受锻炼，提升引领改革发展、做好群众工作、驾驭复杂局面的能力。强化科学考核。进一步完善领导干部实绩考核评价体系，优化考核指标，强化科学发展重点指标和党的建设、民生改善等实绩考核，将法治建设纳入考核体系，促进各级领导干部树立正确的政绩观，真正做到“在岗、在行、在状态”。

3.继续强化基层党组织建设。基层组织是服务群众、推动发展的重要战斗堡垒。加强基层组织带头人建设。加大对村(社区)党组织书记的规范化管理，着力打造党性强、能力强、服务意识强的新型基层党组织书记；加大村(社区)后备干部队伍建设力度，创新选拔机制，拓宽选人视野，建立“千名村级党组织书记后备队伍人才库”，为农村党组织积蓄后备力量。扎实抓好服务型党组织建设。要以构建网络化、系统化、专业化、特色化服务型党建新格局为目标，统筹推进重点领域基层服务型党组织建设。机关事业单位党组织要以开展“三亮三比三评”、在职党员进社区等活动为契机，着力在服务发展、服务基层、服务群众上取得新成效；“两新”组织要以实施“365工程”为抓手，不断激发“两新”党建的活力；村(社区)党组织要以深入开展“为民服务先锋行动”为重点，切实推进公共服务中心升级，全面推行“三理工作法”，不断增强战斗堡垒作用。强化党员队伍建设。要认真贯彻落实《发展党员工作细则》，坚持标准，把好党员“入口”关；要加强党员管理，疏通党员“出口”，完善不合格党员退出机制；要加大对流动党员的管理力度，加强对老党员和生活困难党员的帮扶，增强他们对党组织的归属感和荣誉感。

4.持之以恒抓好作风建设。要深刻认识到作风问题的顽固性和反复性，巩固群众路线教育实践活动成果，深化“四风”整改，在抓常抓细抓长上下功夫。要敢于担当。总书记强调，各级干部要敢于负责、敢于担当。面对经济发展新常态，许多难题正待破解，需要我们大兴敢于担当之风，绝不能一刹“四风”，就感叹“为官不易”导致“为官不为”；绝不能借口新常态，就工作低标准、庸懒散；绝不能强调依法办事，就机械执行上级政策；绝不能因为规范津补贴制度，就工作没劲头。各级党员干部还是要进一步增强荣誉感和责任感，激发干事创业的热情，强化敢于担当的意识，增强攻坚克难的锐气，发扬勇于奉献的精神，以优良的作风推动各项工作的落实。要真抓实干。坚持从实际出发，说实话、办实事、求实效，对当前增长回落、经济下行不能听之任之，对改革发展的困难挑战不能无所作为，对宏观环境变化带来的工作压力不能畏难退让，扎扎实实做工作、踏踏实实干事情、雷厉风行抓落实，一步一个脚印向前迈进，确保工作业绩经得起历史的检验、人民的评判。要提升效能。要主动服务，大力践行一线工作法，主动深入基层一线，确保情况在一线掌握，问题在第一时间解决。要高效服务，不断增强效率意识，把群众和企业的问题当作自己的问题来办，大力弘扬5+2、白加黑的奉献精神，确保事不过夜、今日事今日毕。要低成本服务，实施收费下限制，严格控减各项涉企收费，切实减轻企业的负担，全力打造“主动、高效、低成本”的最佳发展软环境。

5.全面加强反腐倡廉建设。总书记在谈到反腐败斗争时，强调“零容忍的态度不变、猛药去疴的决心不减、刮骨疗毒的勇气不泄、严厉惩处的尺度不松，凡腐必反，除恶务尽”，再次表明了党中央反腐败的坚定决心。我们要认真落实，从严加强反腐倡廉建设。落实“两个责任”。落实好各级党委的主体责任，加强对党风廉政建设和反腐败工作的领导，把反腐倡廉纳入经济社会发展和党的建设总体布局；落实好纪检机关的监督责任，深入贯彻执行中央《建立健全惩治和预防腐败体系2013~2017年工作规划》，把“四个不”的刚性要求坚决落实到廉政建设和反腐败工作中。加强制度建设和教育管理。强化廉政教育，让广大党员干部牢记《廉政准则》、中央“八项规定”、省、南通市及我市“十项规定”等廉洁从政相关规定,增强“不想腐”的意识;健全反腐制度,试行部门预决算公开试点,严控“三公”经费,形成用制度规范从政行为、按制度办事、靠制度管人的有效机制,形成“不能腐”的防范制度。加大查处力度。保持惩治高压态势,做到有案必查、有腐必惩,形成“不敢腐”的惩戒机制,让形形色色的腐败无处藏身,以反腐倡廉的实际成效取信于民。春节将至,各级领导干部要严格要求自己,带头过一个文明节俭、风清气正的节日。

今年还有一项重要工作,就是谋划编制“十三五”发展规划。各条线、各部门、各镇(区、街道)要在认真总结“十二五”工作的基础上,从改革发展稳定的战略全局做好对重大项目、重大工程、重大决策的分析、研判,使“十三五”发展规划更加适应时代要求、契合我市实际、顺应群众期盼。

同志们,面对经济发展新常态,机遇和挑战并存。让我们进一步坚定信心、振奋精神,迎难而上、开拓进取,一心一意谋发展,聚精会神抓党建,为努力建设经济强、百姓富、环境美、社会文明程度高的新如皋而努力奋斗!

政府工作报告

——2015年1月14日在如皋市第十六届人民代表大会第四次会议上

市长 陈晓东

各位代表：

现在，我代表市人民政府向大会报告工作，请予审议，并请市政协委员和其他列席人员提出意见。

2014年工作回顾

过去的一年，市政府在中共如皋市委的正确领导下，在市人大、市政协的监督支持下，全面贯彻落实党的十八大和十八届三中、四中全会精神，团结带领全市人民，统筹抓好改革发展稳定各项工作，较好地完成了全年目标任务。

一、经济运行稳中有进，综合实力不断提升。2014年，预计全市实现地区生产总值724亿元、增长10.6%(可比价，下同)。完成地方公共财政预算收入67.45亿元、增长12.2%。我市名列全国县域经济竞争力百强第28位、福布斯中国大陆最佳县级城市第19位。农业转型加快。粮食产量实现“十一连丰”。新增设施农业3万亩，高标准农田占比达59.5%，新认证“三品”51个，建成国家级农民专业合作示范社4家、省级现代农业园区和省“菜篮子”工程蔬菜基地各1家。新增“全托管”经营主体103个。获批中国地理标志证明商标2件。成功举办首届中国杯盆景大赛、首届全国长寿农产品博览会。工业运行平稳。完成全部工业应税销售805亿元、增长6.6%，工业增值税20.6亿元、增长3%。工业用电量32.5亿千瓦时、增长8.5%。净增规模企业34家，其中亿元企业16家。建筑业施工产值900.8亿元、增长18%，完成地方税收3.53亿元。服务业提速增效。预计实现服务业应税销售650亿元、增长25%，社会消费品零售总额289亿元、增长12.2%。苏中国际集装箱码头开通外贸航线，吞吐量突破1万标箱。“大如皋”手机APP旅游移动信息平台上线运营，新增3A级景区2家，旅游综合收入增长17.1%。顾庄社区入选“中国最美村镇”，长江药用植物园成为全国休闲农业与乡村旅游示范点。完成第三次全国经济普查。引进金融机构、组建小贷公司各2家，新增贷款80亿元，年末贷存比62.2%、同比提高3个百分点。

二、转型升级步伐加快，产业结构持续优化。预计三次产业结构优化调整为8.5:51:40.5。新兴产业、高新技术产业产值占规模工业比重分别达30.7%、43.5%。创新能力不断增强。全社会研发投入占地区生产总值的2.4%，万人发明专利拥有量达8.32件。新增高新技术企业48家，居南通第一。科技项目立项447个，其中国家国际科技合作项目、省重大成果转化项目各2个。建成省级工程技术研发中心3家、外资研发机构2家。新认定驰名商标3件、著名商标7件，主导制订并发布国家标准3个、行业标准9个。华灿电讯成为南通首家登陆“新三板”企业，区域股权交易市场挂牌企业3家。引进长江学者、

“千人计划”等高端人才9名。两化融合力度加大。规模工业企业信息化投入1.4亿元，增长16%，在建超30万元信息化项目11个，新增国家级两化融合管理体系贯标试点企业1家。生态文明建设稳步实施。万元GDP能耗降幅和主要污染物减排完成全年目标任务。16家印染企业中水回用工程建成运行。生态红线全面划定。林木覆盖率达24.41%。空气环境质量优良率达71%。创成苏中苏北首家节水型城市。

三、改革开放深入推进，发展活力更加强劲。改革举措扎实有效。深化行政审批管理体制改革，制定并公布“5张清单”。全面实施工商登记制度改革，新登记公司制企业和注册资本分别增长58.5%、12.2%。深化和扩大“营改增”试点，2375户试点企业累计减税1076.5万元。农村改革试验项目有序推进。建立现场办公会议制度，政府性投资项目及债务规模得到有效压降，企业资金链风险防范进一步加强。开放型经济难中求进。“一会两节”成功举办。我市成为省外商投资项目快速审批试点市。到账外资3.5亿美元，居南通第一。新批外资项目47个，其中超5000万美元项目5个。实现外贸进出口总额32亿美元，其中出口25.5亿美元。外经营业额2.22亿美元。新增服务外包执行额9.48亿元。离岸外包实现零突破。建成首家省级境外产业合作集聚区。项目建设进展顺利。预计固定资产投入430亿元、增长14.2%，其中114个亿元以上重大工业项目完成投资138.4亿元。固定资产抵扣税2.88亿元，增长34.6%，增幅居南通第一。新增装机容量22.28万千伏安。载体功能加快提升。保税物流中心(B型)成功获批，如皋港获得国际商贸代码。国家级农业科技园区通过科技部答辩。国家火炬计划化工新材料产业基地成功获批。电子信息科技创业园、输变电装备及软件产业基地加快建设。

四、城乡统筹协调发展，环境面貌明显改善。城市建设加快推进。城市总体规划(2013~2030)获省政府批准。中心城区搬迁78万平方米，房地产开工175.4万平方米、竣工94.2万平方米。完成健康东路、府西路、福寿东路东延和宁海路雨水管道、中央商务区泵站等市政工程。备用水源高标准建成，集中式饮用水源地达标建设通过省级验收。45万平方米龙游河生态公园建成开放。新增绿化面积82万平方米，城市建成区绿化覆盖率达41.8%。扎实开展“951”市容环境综合整治，城市整体面貌进一步提升，创成省城市管理示范社区1个、示范路2条、优秀物业小区1个。交通建设稳步发展。丁磨路、雪袁线、334西延、王石线、马九线一期建成通车，连申线桥梁改造基本完工，蒲黄线东段、皋高线西延、高铁站扩建工程加快推进，新增如皋至北京、重庆、兰溪、昆明等地列车停靠线路。小城镇建设成效明显。优化镇村布局规划，完成行政村庄建设规划。建成“十个优”项目36个。“四位一体”长效管护工作高效运行，村庄环境整治全域通过省级验收，建成国家卫生镇2个、省“康居乡村”三星级41个、省生态村3个。白蒲镇朱家桥村成为国家级“美丽乡村”试点村。白蒲镇、搬经镇成功申报全国重点镇。

五、民生事业优先保障，人民福祉日益增进。城乡居民持续增收。预计城乡居民人均可支配收入分别增长10.5%、11.6%。保障体系不断完善。新增就业1.25万人，城镇登记失业率2.77%。社保扩面超额完成，五大保险覆盖率稳定在98%以上。就业“直通车”全线贯通。五道医疗保障线得到加强。城乡低保实现“应保尽保”。“公建民营”模式入选中国养老模式创新与老龄事业发展十佳典型。社会事业全面发展。普通高考本二上线率71.7%，达全省平均水平2倍以上，高居全省县(市)榜首。全国义务教育基本均衡县(市)顺利建成，省义务教育优质均衡改革示范区通过验收。基本公共卫生服务均等化水平不断提升，公立医院综合改革成效明显。单独二孩政策正式实施。群众文化生活丰富多彩，成功举办市十运会暨首届全民健身运动会。如皋盆景技艺入选第四批国家级非遗扩展项目。建成全国文化先进县(市)。预计文化产业增加值占GDP比重达4.3%。档案馆创成国家二级馆。文明城市创建扎实开展，成为南通唯一获得全国文明城市提名资格的县级城市。中心城区水系畅通一期工程和农村公路、桥梁新建改造工程等10件惠民实事较好完成。

六、治理方式创新突破，社会保持和谐稳定。民主法制建设进程加快。“六五”普法深入推进，司法救助700余人次、法律援助1547件、矛盾纠纷调处4235件。1人荣获全国司法行政系统一级英模称号。行政负责人出庭应诉率、规范性文件报备率、重大决策事项规范执行率均达100%。社会治理扎实推进。社会治安形势持续改善,公众安全感达96.7%。信访维稳工作不断加强,公众诉求渠道进一步畅通,市长公开电话办结率达99%,赴京、去省人数分别下降50.8%、71.8%。农产品质量和食品药品安全监管有力,群众饮食用药更加安全。政府自身建设不断加强。全面推行依法行政,严格按照法定权限和程序行使权力、履行职责。机构改革稳步推进,部门职责进一步理顺。电子政务建设和政府信息公开力度加大,行政权力网上公开透明运行,行政复议案件办理全面公开。办理人大代表建议317件、政协委员提案380件,满意和基本满意率达99.2%。严格执行中央八项规定和省市十项规定,扎实开展教育实践活动,政府系统"四风"问题得到有效整治。制定《加快转变政府职能建设服务型政府的意见》,把改进作风的要求上升到制度层面。认真落实党风廉政建设责任制,坚决支持执纪执法机关严肃查处违纪违法案件。强化审计监督,核减支出10.3亿元。调整公共资源交易中心和市代建中心管理体制,政府采购监管、招投标和代建工作进一步规范。出国(境)审批管理制度不断完善。征兵任务圆满完成,荣获省双拥模范城称号。积极支持群团组织发挥作用。

各位代表,过去一年各项成绩的取得,是全市上下在市委的正确领导下,团结一致、奋力拼搏、开拓创新的结果。在此,我谨代表市人民政府,向全市人民,向人大代表、政协委员和离退休老同志,向驻如部队、武警官兵,向关心和支持如皋发展的社会各界人士,致以衷心的感谢和崇高的敬意!

各位代表,回顾过去的一年,我们也清醒地看到工作中存在的问题和不足:经济总量、均量仍然偏小,财政收支矛盾依然突出;产业结构调整任重道远,新兴产业和服务业规模还不大,自主创新能力还不强;城镇化水平和生态环境质量有待进一步提升;公共服务有效覆盖面还不够广;社会治理面临许多新挑战,安全生产基础工作还不扎实,维护社会稳定任务较重。对此,我们将高度重视,并切实采取措施认真加以解决。

2015年政府目标任务

2015年,是全面深化改革的关键之年,是全面推进依法治国的开局之年,也是全面完成"十二五"规划的收官之年。新的一年,面对经济发展新常态,我们既要看到经济下行压力、增长动力不足、资源环境制约等诸多挑战,更要看到我市交通格局的深刻变化、载体功能平台的日趋完善、多重国家战略的叠加优势等有利条件,准确把握经济社会发展新特征,认真贯彻落实市委十一届十次全体(扩大)会议精神,用"非常态"之功,谋"新常态"之策,努力打造经济强、百姓富、环境美、社会文明程度高的新如皋。

2015年政府工作的总体要求是:全面贯彻党的十八大和十八届三中、四中全会精神,深入落实习总书记系列重要讲话精神,紧紧围绕勇当苏中全面小康领头雁的奋斗目标,坚持稳中求进、好中求快工作总基调,以提高经济发展质量和效益为中心,始终把"两增加两提升"作为工作衡量标准,致力全面深化改革,突出创新驱动发展,注重保障改善民生,切实强化风险防控,聚焦六大重点工作,统筹推进"五位一体"建设,促进经济持续健康发展和社会和谐稳定。

2015年全市经济社会发展主要预期目标是:地区生产总值增长10%左右,一般公共预算收入增长10%,固定资产投资增长16%左右,社会消费品零售总额增长13%左右,工业应税销售增长10%左右,实际利用外资3.5亿美元,外贸进出口33亿美元,服务业应税销售增长10%以上,全社会研发投入占GDP比重达2.42%。城乡居民收入增长与经济增长同步。城镇登记失业率控制在3.5%以内。万元地区生产总值能耗降幅和主要污染物减排完成上级下达任务。

实现上述目标,我们将在新常态下更加注重科学规划、统筹协调。围绕"迈入高铁时代、打造节点城市"的定位,探索充分释放规划红利的新思路,全力打造新城市、新农村、新平台、新载体、新业态,坚持新型工业化、信息化、城镇化、农业现代化同步发展,实现经济效益、社会效益和生态效益有机统一。在新常态下更加把握宏观环境、发展大势。全面认识新常态下经济发展的新趋势新特征,自觉遵循新常态下经济运行的新规律新要求，抢抓我市面临的黄金战略机遇期，坚定发展信心、积极主动作为，努力保持“稳”有定力、“调”有实效、“改”有秩序的辩证统一，推动全市经济行稳致远。在新常态下更加强化发展质量、经济效益。坚持以提高经济发展质量和效益为中心，增强加快转变经济发展方式的自觉性主动性，注重结构调整、狠抓改革开放，在经济增速“换一档”的同时，实现创新驱动“进一步”、转型发展“快一拍”，追求有质量、讲效益、利民生、重生态的发展。在新常态下更加重视公共服务、民生改善。突出民生的普惠性和针对性，加大公共服务和社会事业的供给，努力让人民群众有更好的教育、更稳定的工作、更满意的收入、更可靠的社会保障、更高水平的医疗卫生服务、更舒适的居住条件、更优美的环境。在新常态下更加自觉依法行政、科学施政。坚持把政府工作全面纳入法治轨道，运用法治思维和法治方式开展工作、处理问题，营造规范有序的法治环境、公平竞争的市场环境、便捷高效的服务环境，积极打造法治政府和人民满意的服务型政府。

做好 2015 年工作，市政府将着重抓好六个方面工作：

一、主动迎接高铁时代，着力构建富有特色的产业体系

按照优化增量、调整存量、提高质量的要求，坚持进退并举，促进产业结构优化调整。

1.培育壮大战略性产业。在大制造上，推动以南通锻压、华东油压为龙头的液压成套装备产业和以思源电器、如高高压为龙头的智能输变电装备产业，加大产品开发和品牌创新力度，提升系统和总成套能力，形成一批具有竞争优势的“专、精、特、新”企业。在智能化印刷装备、数控制造、轨道交通等高端装备制造领域及早谋划，培育新的增长点。在大物流上，加快建设综合信息服务平台，不断完善港江河、公铁水多式联运体系，着力发展港口物流、电商物流及第三方、第四方物流，积极打造苏中区域国际物资集散中心和分拨配送中心。依托一类开放口岸、保税物流中心和特色产业优势，加强与重要港口、国内外船公司、知名物流企业合作，全面对接上海自贸区，大力拓展市场空间，实现货物吞吐量 4000 万吨。在大健康上，探索都市型健康养生产业集聚发展模式，着力发展生态农业、生物医药、健康食品、医疗器械、健康旅游等产业，推动发展健康咨询、特色医疗、养老服务等健康服务业。加快省级现代农业园区、长寿旅游度假区、长寿生物科技产业园建设。支持博爱、荣华向高端护理院和疗养院转型发展。在大数据上，抢抓 4G 网络建设机遇，加快信息高速公路基础设施建设，确保全市宽带 IP 城域网出口带宽达 1000G。招引大数据企业、互联网企业和数据存储、分析、应用企业，形成数据服务产业集群。做大 SAP、凌志软件、软通动力、顺丰等“种子”企业的规模，力争实现信息产业产值 11 亿元。

2.扶优培强支柱性产业。做强船舶海工及配套产业。抢抓国家支持船舶产业转型升级的机遇，加快产品结构调整和产业链配套拓展，推动产业向“高技术、高配套、高附加值”方向发展。支持骨干企业加强对关键共性技术和工艺技术的研究，开发适应市场需求的绿色环保船型、高技术船舶和海洋工程装备。鼓励企业通过重组、兼并和联产等方式，提升精细化管理水平，提高产业竞争力。做大新能源汽车及零部件产业。鼓励陆地方舟、江苏英田释放产能、拓展市场，推动康迪新能源电动汽车尽快形成产业化生产，探索并推广县域板块电动汽车微公交模式。支持汽车零部件企业与科研院所、知名企业开展合作，加快新品开发力度，提升综合配套能力。做精新材料产业。重点发展化工新材料、医药新材料、复合新材料和建筑新材料 4 大特色板块，梯度培育纳米材料、节能环保材料、医用材料等高成长性板块，推动产业由低端向高端、由分散型向集约型发展。做优纺织服装产业。支持泰慕士、丁纺等企业创新管理模式和商业模式，向产业链研发设计、营销物流两端延伸，注重自主品牌打造，不断提升企业竞争力和产品附加值。引导企业密切跟进自贸区和“两带一路”国家战略，加快“走出去”步伐，形成新的竞争优势。

3.大力发展现代服务业。在生产性服务业上，重点发展总部经济、电子商务、工业设计、知识流程外包、供应链管理、物联网、云计算、数字文化、环境服务等业态，培育一批新兴服务业集聚区。壮大楼宇经济和后台服务产业，打造一批高端商务载体。努力在融资租赁、创投风投等金融服务业上取得新进展。在生活性服务业上，运用连锁经营、特许经营、电子商务等现代经营方式，改造提升商贸餐饮、家政服务等传统服务业,扩大市场覆盖面和占有率。打造月星家居、红星美凯龙等商贸联合体,发展大型精品百货店和大中型专业专卖店、品牌折扣店、综合市场等业态,以品牌服务、高端服务吸引消费。在特色旅游业上,突出体制创新、规划引领、产品开发、品牌营销和龙头景区打造,推动旅游与工业、文化、商贸融合,加快发展古城旅游、长寿旅游、红色旅游、乡村旅游,积极在“吃、住、行、游、购、娱”上做文章,不断丰富产品和业态,争创省级长寿旅游度假区,提升综合竞争力、吸引力,力争旅游综合收入增长20%。

4.积极推动农业现代化。调优农业产业结构。稳定粮食生产,持续优化“234”产业布局,做大花木盆景产业、做优乡土果蔬特色农业,新增高效设施农业2万亩。树立全产业链理念,培育精深加工、仓储物流、市场营销类农业龙头企业。强化载体平台建设。以争创国家级农业科技园区核心区为契机,加大农业科技创新力度,提升现代农业园区物质装备、科技支撑和公共服务水平,加快发展循环农业、有机农业。引导生产经营主体增强质量、品牌和市场意识,推动产供销无缝对接,提高农产品综合效益。创新农业经营方式。推进家庭经营、集体经营、合作经营、企业经营等共同发展,大力发展全托管、全程社会化服务组织,培育懂技术、善经营、会创业的“农场主”和职业农民,激发农业发展活力。鼓励工商资本投资现代农业,增添现代农业发展后劲。提高综合生产能力。强化农田水利基础设施建设,重点解决好“毛细血管”问题,农田水利现代化水平达90%。加大农业综合开发力度,高标准农田占比达61.5%。积极推广应用农业机械化新技术、新机具,农业综合机械化水平达85.8%。

二、积极实施创新驱动,着力增强持续发展的内生动力

坚持把创新驱动作为转型升级的原动力,加大转方式、调结构、促升级的力度,推动产业层次向中高端迈进。

1.构筑区域创新体系。实施知识产权强市工程。建立完善知识产权创造、运用、保护和管理机制,着力打造一批拥有核心知识产权和自主品牌的龙头企业。万人发明专利拥有量8.7件,发明专利申请量占比超过33%,PCT专利申请量突破20件,新增驰名商标2件、著名商标8件。拓展科技开放合作。支持企业争取国家、省国际科技合作项目,引进国外先进技术。鼓励企业采取收购等多种方式,引进国际知名企业研发设计和产业化项目。支持有条件的企业“走出去”,在国外建立研发机构,推动产业创新国际化进程。加强产学研协同创新。发挥科技镇长团作用,大力推动“校企联盟”建设,促进创新要素与生产要素在产业层面有机衔接和融合。鼓励主导产业、优势企业对接科研院所,重点打造船舶海工、新能源汽车、化工新材料、花木盆景等产学研协同创新基地,加快集聚科教资源,推动一批创新成果向现实生产力转化。完善科技金融环境。健全以政府投入为引导、企业投入为主体、社会资本及风险资本参与的多元科技投融资体系。依托科技担保公司、小贷公司、苏科贷和卓创风投,吸引社会资本支持科技型中小微企业创新发展,推动科技与金融深度对接。

2.提升自主创新能力。着力培育创新型企业。引导创新要素向企业集聚,鼓励企业加大研发投入,高新技术企业总数达115家,产值占规模工业的比重达44%以上。推动熔盛重工国家级船舶联盟、双钱轮胎重大平台及力星钢球国家级研发中心等项目建设,开展核心技术攻关、科技成果推广及产业化。建设高水平研发平台。鼓励大中型工业企业和规模以上高新技术企业普遍设立工程研究中心、工程技术研究中心、工程实验室、企业技术中心等研发机构,新增省级以上创新平台3家。着力推动两化融合。依托中小企业公共服务信息平台和信息化专家库的资源优势,健全信息化咨询服务机制,推动更多的中小企业开展信息化建设,提升制造业信息化水平,工业企业信息化投入增长12%以上,培育省两化融合示范试点企业4家。落实科技创新政策。结合国家、省有关科技和自主创新的法律法规,配套出台鼓励和支持自主创新的产业技术、政府采购、人才引进等政策,打造一批创新能力强、规模效益高、发展潜力大的“标杆企业”。

3.做强创新载体平台。提升创新载体示范作用。强化国家级输变电、绿色新材料、软件特色产业基地和省锻压装备、软件科技产业园、省创新型乡镇的综合服务功能和科技创新促进功能,提高产业集群效应，建设创新驱动先行区。发挥2个国家级、3个省级创业中心的作用，推进科技企业孵化器、加速器、服务器建设，新增入驻企业80家。推动重点创新载体建设。积极争创国家可持续发展实验区、国家级液压装备特色产业基地建设。力争3年内建成省级绿色船舶海工、纺织新材料、光电科技和汽车及零部件科技产业园，着力打造创新型经济高地。推进公共服务平台建设。积极推动哈尔滨工程大学如皋研究院和北京大学如皋创新中心建设，加强各类公共测试中心、研发中心、技术服务中心、中试基地建设，健全信息、咨询、法律、担保等科技中介服务体系，努力实现科研成果无障碍就地转化。

4.集聚创业创新人才。大力引进人才。以产业发展为导向，企业需求为重点，继续实施"雉水英才"和"1222"人才引进计划，注重吸引科技领军人才、拔尖人才、紧缺人才和创新团队，力争引进以"千人计划"为代表的国家级人才10名，以"双创计划"为代表的省级人才20名。注重培养人才。加快培养契合产业发展的技术技能型技工人才，新增高技能人才2900名。培育一批懂管理、善经营、会创新、敢竞争的新型企业家，更好发挥企业家现代管理才能，打造"百年企业"。支持人才创业。围绕人才创业创新需求，着力打造技术公共服务、技术成果交易、创新创业融资服务、社会化人才服务"四大平台"，努力为各类人才提供全方位服务和集成化支持。优化综合环境。建立完善与自主创新成果价值相对应的分配机制、人才资本及科研成果的有偿转移制度，充分保护人才创新创业的积极性。推进"人才安居""人才安心"工程，进一步激发各类人才创新创造活力。

三、全面深化改革开放，着力激发加快发展的市场活力

认真落实全面深化改革总体要求，积极融入国家新一轮开发开放战略，更好地以开放促改革、以改革促发展。

1.深化重点领域改革。加快完善现代市场体系。发挥市场在资源配置中的决定性作用，提高资源配置效率和公平性。加快推进诚信如皋建设，构建覆盖全市的企业法人信用信息系统。发挥价格机制导向作用，全面梳理政府服务价格，研究制定政府定价的经营服务性收费项目目录。稳妥推进土地承包经营权确权登记，加强农村产权交易服务中心建设，研究土地增值收益合理分配机制，完善土地有偿使用制度。加快深化财税金融改革。构建全口径预算管理体系，加强预算信息公开、政府专项资金使用管理和绩效评估。取消竞争性领域的支持政策，实行专项资金资本化投入、公司化运作。认真落实国务院《关于加强地方政府性债务管理的意见》，规范政府性投资项目及债务管理，切实防范化解财政金融风险。落实定向减税、普遍性降费和降低企业融资成本等措施，支持实体经济发展。积极招引金融机构和新型金融业态，鼓励企业上市和"新三板"挂牌。加快开放型经济体制改革。加快复制上海自贸区"经验清单"，积极承接后台基地、外移外包、加工贸易等"溢出"项目。深入推进外商投资项目快速审批、加工贸易属地管理联网审批试点工作，构建投资贸易便利化体制机制。推动国家级开发区、中心镇行政审批制度改革和社会管理体制改革。探索一类开放口岸、保税物流中心、国家级开发区等优质平台的功能共享和效益放大途径。

2.加快项目有效投入。全力聚焦招商引资。始终坚持"招商引资"第一要事，持续加大招商选资力度，整合优质平台资源，瞄准国际国内"500强"企业，坚持一、二、三产并举，引进一批大项目、好项目。积极开展精准化、专业化招商，大力招引主导产业的上游高端项目和下游品牌项目，加快构建完整的产业链，推动产业集群发展，提升产业质态。坚持引资金与引业态、引技术并重，着力提高新兴产业、高新技术产业、服务业、功能机构和研发平台的招商比重。加快推进项目建设。全力推进康迪新能源汽车、东升石材等46个亿元以上续建项目快竣工，着力推动佐源制糖、威格电机等58个亿元以上新建项目快建设，大力促进普莱克斯、东方日升能源等14个亿元以上储备项目快落户。发挥设备投入抵扣增值税、技改贴息等政策杠杆作用，引导规模以上企业技改投入不低于应税销售的10%，确保技改面达50%以上。积极实施一批带动作用强、产出效果好的重大项目，净增规模企业50家、亿元企业20家。切实强化要素保障。健全银政企协作联动、风险共担机制，鼓励金融机构加大信贷投放，新增贷款90亿元以上，贷存比提升3个百分点。积极向上争取重大项目点供或独立选址用地指标。加大闲置土地盘活处置力度，鼓励企业建设多层厂房，集约集中使用土地。强化错峰管理，促进科学、节约、有序用电。深入开展校企对接合作，着力化解用工难题。

3.提升园区载体功能。开发区在科技创新、招商选资、功能平台、生态环境等方面向一流开发区看齐。认真抓好“区中园”“特色园”和“共建园”建设，超前布局绿色能源、健康产业、生物医药等新兴产业，推动产业集聚发展，增加全市贡献份额，着力打造全市经济发展的主引擎。高新区围绕争创国家级高新区的目标，加快推进园区功能和形态开发，增强集聚、创新和服务能力，重点引进云计算、物联网、移动互联网、大数据等龙头项目，着力把软件和信息服务、节能环保、电子信息、高端装备制造、光电科技等“主业”做精做强，力争在场外交易、“新三板”上取得突破。如皋港区大力推进“港工贸”、“港产城”一体化，重点推动船舶、新材料、物流等特色基地和服务业集聚区建设，依托张家港合作园区导入苏南的优质项目和资源，实现港口、产业、城市互动并进，发挥全市经济增长发动机的作用。如皋工业园区坚持走都市型经济发展之路，规划建设智慧新城区、现代商贸物流区、新兴产业区、现代农业和花卉苗木示范区，重点发展商务商贸、科技服务、金融服务、总部经济等现代服务业，打造充满活力的高铁经济圈。各镇工业园按照“有一流规划、有种子企业、有专业人才、有特色功能”的要求，推动园区专业化、差异化发展。继续扶持医疗器械园、红木雕刻园和黄酒产业园做专做精做特。

4.优化开发开放环境。优化通关环境。加快电子口岸建设和作业方式改革，提升港口现代化管理水平。深化“大通关”体系建设，实施“一次申报、一次查验、一次放行”联合通关试点，积极参与“长江经济带通关一体化”改革，不断提升通关效率。提升港口功能。做好长江-12.5米深水航道改造工程对接工作，提升港口码头靠泊等级，打造“大船品牌”。建成如皋港保税物流中心(B型)，不断拓展保税业务。加大岸线资源整合力度，推动码头企业转型升级，实现效益最大化。加大政策扶持力度，积极与大港口、大企业开展合作，大力发展集装箱物流业务，提升港口核心竞争力。坚持外向开拓。引导外贸企业用足用好各类政策，通过技术改造、品牌经营、人才引进等手段加快形成国际竞争优势。全力支持企业引进先进技术、设备和稀缺物资，扩大进口总量。提升恒康、九鼎、六建、双马等企业国际化经营能力，推动江苏涤诺日化建设省级境外产业合作集聚区。实现外经营业额1.5亿美元，新增出境劳务2500人，境外投资额1.2亿美元。

四、注重城乡统筹发展，着力彰显宜居宜业的城市魅力

坚持以人的城镇化为核心，以城乡一体化为导向，着力提升城镇化质量，建设长三角养生居住目的地。

1.突出规划引领。完善城镇规划。牢固树立“规划科学是最大效益”的理念。按照现代化中等城市定位，完善控制性详规，完成城市水环境、给排水系统等专项规划。坚持“多规合一”，科学编制城市“十三五”近期建设和地下空间利用规划，形成多层次、广覆盖的规划体系。强化规划执行，维护规划的严肃性和权威性。健全交通网络。高效率做好盐通城际、北沿江城际和高铁南站规划对接工作。以南通西站枢纽建设为契机，高标准完成如通快速通道、226省道南段规划设计。高质量建成高铁站和蒲黄线东段、皋高线西延工程。加快开工建设355省道东段，争取将345国道、403和404省道纳入省建设计划，做好疏港铁路申报立项等前期工作。优化调整公交运行线路，提高公交出行分担率和乘坐率。提升建管水平。开展“工程质量治理两年行动”，落实“五方主体”质量终身责任，规范建设工程审批程序。理顺城市管理体制，加快完善环卫设施，推进环境综合整治，强化小区物业管理，试点推行差别化停车收费政策，改善城市人居环境，提升广大市民满意度，创成省优秀管理城市。

2.做优中心城市。科学界定3个片区功能定位，突出综合开发、组团发展，提升中心城市首位度。大力实施路网加密工程，建设志颐北路、观风南路、滨河东路，同步完成雨污管网和绿化亮化。加快城市水系综合治理，推进如泰河两岸绿化、亮化景观建设，完成红星河、姜桥港等河道整治工程。加快城市功能配套完善，引进健康养老、商务办公等主题地产，推动万都、雨润等城市综合体建设。加快东大街深度开发利用，实施中山东路两侧、宏坝市场周边的搬迁改造，推动新生、仙鹤、高新区等农贸市场建设。推进皋南、锦绣、海北新村等老小区改造工程,改善群众生活居住环境。树立经营城市理念,科学把握城市搬迁、土地出让节奏,完成中心城区搬迁80万平方米,房地产新开发120万平方米。坚持"减存量、调结构、强功能"并举,完善搬迁推进机制和补偿政策,稳步实施货币化安置,促进房地产市场健康发展。积极打造城市生态亮点,因地制宜建设城市小绿地、小游园、小广场,合理布局文化休闲、体育健身等设施,打造"城市15分钟生活圈"。以全国文明城市创建为龙头,统筹推进国家生态文明城市、生态园林城市、最佳绿色旅游城市等创建工作,积极做好国家历史文化名城和中国人居环境范例奖申报工作。

3.打造特色城镇。按照做强中心镇、做精特色镇的思路,发挥连接城市和农村的纽带作用,强化核心区开发建设,完善功能配套,强化产业支撑,提高公共服务水平,实现小城镇内涵式发展。4个中心镇按照各自区位条件、资源禀赋和现实基础,完善规划、提升功能、集聚产业,力争建成全市产业集聚发展的集中区、体制机制创新的实践区和城乡一体化的示范区。6个特色镇合理确定发展规模,坚持错位发展、特色发展,加大招商建镇力度,实现优势产业与特色城镇互动并进,着力打造产业重镇、生态小镇、旅游名镇。加强城镇综合管理,注重对老集镇的功能完善和环境治理,不断提升城镇建设管理水平。

4.建设美丽乡村。以省级美丽乡村建设和省村庄建设规划编制试点为契机,合理规划村庄布点,稳步推进新型集居区建设,切实提高公共服务水平,打造农民群众的幸福家园。在保持原有村庄形态上开展环境综合整治,强化河塘疏浚,开展村庄绿化,深化长效管护机制,解决好生活污水处理、垃圾分类回收转运等问题,不断改善村容村貌。加大对历史文化名村和传统村落保护,保留农村历史风貌和乡村风情,打造一批自然生态型、历史文化型和特色产业型村庄,培育一批省"美丽乡村"示范村。

五、强化生态文明建设,着力打造绿色低碳的美丽家园

坚持把生态文明作为检验转型成效的重要标杆,深入实施生态文明建设工程,努力打造生态如皋、美丽如皋。

1.引导资源集约。完善土地、水和岸线等节约集约利用制度,提高资源开发综合效益。严守耕地保护红线,完善新增建设项目用地联合预审查制度,形成更为科学的建设用地、生态用地和发展预留地空间比例,争创国土资源节约集约模范县(市)。支持节能新技术、新工艺、新设备、新材料应用,鼓励企业开展节水、节材和资源综合利用等方面的技术改造,降低单位地区生产总值能耗。倡导绿色消费和低碳生活,推广绿色建筑技术,鼓励绿色出行,营造崇尚自然、追求健康、生态消费的良好氛围。

2.实施生态保护。严格生态红线管控,加快划定重点开发、优化开发、限制开发、禁止开发等空间,确保生态红线划得清、守得住,实现高产高效与资源生态永续利用、协调兼顾。深入推进绿色如皋建设,大力实施绿化造林工程,强化古树名木保护,新增城市绿化60万平方米,林木覆盖率达24.5%。积极推进生态文明示范市建设,广泛开展基层绿色创建,确保国家卫生城市通过复查,力争国家生态市、环保模范城市获批。

3.狠抓环境治理。实施蓝天工程,开展工业废气、城市扬尘、机动车尾气和黄标车、燃煤锅炉淘汰等专项治理,持续推进秸秆露天禁烧和综合利用工作,确保空气优良天数稳定在70%以上。实施清水工程,开展化工行业和电镀企业专项整治,落实肠衣、蓄电池、小散污染企业长效管理机制,加强畜禽养殖污染综合整治,扎实开展农村面源污染治理,不断改善农村环境质量。实施基础设施工程,建设开发区热电厂,完成同源、恒发、港区三大污水处理厂提标改造,建成危险废物处置中心和污泥处置中心。推进污水管网延伸工程,强化镇村污水处理设施运行管理,确保正常运转。

4.落实制度保障。认真执行新环境保护法,把资源消耗、环境保护、生态建设纳入经济社会发展评价体系,建立体现生态文明建设要求的目标体系、考核办法和奖惩机制。深化主要污染物排放总量控制预算管理,完善污染物排放许可制度,强化环境经济政策杠杆作用,探索实施区域生态补偿机制和环保准入清单管理制度,扩大环境污染责任保险覆盖面。持续开展环保"亮剑"行动,建立环境执法司法联动机制，严厉打击环境违法行为，确保不发生环境污染事故和生态破坏事件。

六、突出民生幸福工程，着力完善和谐如皋的保障机制

围绕人民群众最关心、最现实的问题，以农村公路和农村桥梁改造工程、建设市120急救体系等10件政府为民办实事(附件)为抓手，以广大群众满意为标准，切实把民生实事办到百姓心坎上，努力让发展成果更好地惠及人民群众。

1.健全就业保障体系。大力促进就业创业。开展就业技能和岗位技能培训，提升就业创业能力。放大就业"直通车"效应，突出抓好高校毕业生、农村转移劳动力、城镇困难人员、退役军人等重点群体的就业工作。落实创业扶持政策，推动创业带动就业，争创国家级创业型城市。新增转移农村劳动力5000人以上、城镇就业8500人以上。提升社会保障水平。持续推进社保扩面，力争企业职工"五险"参保净增1万人，城乡居民基本养老保险实现动态全覆盖，新增被征地农民全部纳入城乡社会保障体系。有序推进城乡居民基本医疗保险制度衔接，稳步提高城乡居民基础养老和医疗保障水平。加强社会保险基金征收和监管，确保基金安全。加大社会救助力度。完善社会救助体系，提高城乡低保、五保和孤儿供养标准，对社会弱势群体实施"精准"扶贫，确保基本生活得到保障。大力发展慈善、社会福利事业，引导社会组织、企业等志愿力量参与，促进社会救助与政府救助相结合。

2.提高居民收入水平。健全完善富民机制。坚持把增加居民收入作为最大的民生实事，积极实施收入倍增计划，认真落实富民政策，努力扩大居民经营性收入，多渠道增加居民财产性收入，稳步提升居民转移性收入。完善集体合同、企业工资集体协商制度，严格控减农民负担，切实维护群众的合法权益。增强村级经济实力。认真落实财税、金融、土地保障等扶持政策，注重集体资产的盘活和开发利用，大力发展资源开发型、资产经营型、为农服务型、异地发展型、休闲观光型等集体经济，力争所有村(居)集体经济收入超30万元，其中40%的村(居)超60万元。强化农村"三资"管理，规范村级收支行为，加大债务化解力度，村级债务下降12%。发展壮大建筑行业。开展多元化经营，拓展高端市场，发展总部经济，促进行业健康发展，提高建筑业对居民收入的贡献份额。施工总值突破1000亿元，完成地方税收4亿元。

3.完善公共产品供给。办好人民满意教育。深入实施素质教育，深化课程改革，促进学生全面发展。积极推进学前教育新三年行动计划，持续推动义务教育城乡均衡发展，不断提升普通高中办学水平。深化职业教育产教融合，优化专业设置和培养模式，引导鼓励优秀毕业生本地就业。建成省首批教育现代化示范区和省职业教育创新发展实验区。统筹发展人口早期教育、成人教育、特殊教育和终身教育。提升百姓健康水平。深化医药卫生体制改革，提高公共卫生保障和现代医疗服务水平。巩固五道医疗保障线，确保群众看得起病。推动市人民医院、中医院建成三级乙等医院。鼓励民营医院转型升级，促进医养融合。完善公共卫生事件应急和重大疾病防控机制。积极倡导优生优育，统筹开展婚孕检查，促进人口健康均衡发展。支持发展老年事业，提升老年人生活质量。丰富群众文体生活。发挥公共文体设施功能，精心组织开展文体活动，丰富群众精神文化生活。倡导全民阅读，建设书香如皋。开展文艺精品创作，认真做好《如皋市志》修编工作。加快文化产业发展，文化产业增加值占GDP比重达4.6%以上。

4.加强社会治理工作。加强民主法治建设。扎实开展"六五"普法教育，增强全社会法治观念和法律素质。创新法治惠民举措，加大司法救助力度，维护社会公平正义。深化"一委一居一站一办"管理模式，加强基层民主管理和村务公开，着力提升社会管理综合治理水平。健全村干部待遇稳定增长机制，调动广大农村基层干部建设新农村的积极性。狠抓安全生产监管。严格执行新安全生产法，全面落实安全生产"党政同责、一岗双责"、部门监管、属地管理和企业主体责任，深入开展重点领域专项整治，强化应急管理体系建设，坚决遏制较大以上事故的发生。强化市场监督管理，维护食品药品市场秩序，确保全市人民饮食用药安全。切实维护社会稳定。深入推进"长安如皋"建设，加强社会治安综合治理，依法防范和惩治各类违法犯罪活动。健全社会矛盾预警排查、利益表达、协商沟通等机制，引导群众依法理性维权。畅通信访渠道,规范信访秩序,妥善化解各类社会矛盾。用好管好互联网,正确引导网络舆情,打造清朗网络空间。加强民族、宗教工作。强化全民国防教育,做好双拥工作,维护军民团结。

各位代表,2015 年也是谋划“十三五”发展的重要之年,我们将充分发扬民主、凝聚各方智慧,突出前瞻性、战略性和导向性,努力编制出一个适应时代要求、体现上级精神、符合自身实际、反映群众意愿的“十三五”规划。

政府自身建设适应经济“新常态”,政府必须有新作风、新状态、新作为。我们将始终保持干事创业的激情、增强敢于担当的意识、发扬勇于奉献的精神,把优化服务、转变职能和改进作风相结合,推进政府自身建设,强化公共服务职能,更好地为经济社会和人民群众服务。

一、深入推进依法行政,注重打造法治政府。始终做到“法定职责必须为、法无授权不可为”及“法定职权职责依法为”。坚持把公众参与、专家论证、风险评估、合法性审查、集体讨论决定确定为重大行政决策法定程序,确保决策制度科学、程序正当、过程公开、责任明确。完善行政执法程序、自由裁量标准和操作流程,做到严格规范、公正文明执法。认真落实人大及其常委会决议、决定和审议意见,自觉接受人大监督、民主监督、司法监督、审计监督、社会监督和舆论监督。高质量办理人大代表建议和政协委员提案。进一步推进政务公开,规范行政权力网上公开透明运行,切实保障群众的知情权、参与权、表达权和监督权。

二、切实加快职能转变,注重打造高效政府。按照“清单之外无审批”、“目录之外无收费”的要求,严格执行“5 张清单”,消除权力设租寻租空间。深化行政审批“三集中三到位”内涵,优化审批流程,创新审批方式,缩短审批时间,让企业和群众切实感受到便利。全面落实首问负责、服务承诺、限时办结等制度,提高行政运行和服务效率。加强三级政务体系建设,建立健全政务平台,创新政务服务机制,让老百姓享受到快捷、优质的服务。加大政府督办力度,健全督查工作体系,推动政府运转更加规范协调、办事更加公正透明、服务更加高效快捷。

三、持续狠抓作风建设,注重打造务实政府。坚持把改进作风作为推进改革、促进发展的重要保障,推动富民强市各项举措落到实处。全面落实工作责任制,对确定的目标、制定的政策、部署的任务,精心组织实施,一项一项明确责任,一件一件抓好推进,形成上下联动、协调配合、层层抓落实的工作格局。坚持问题导向,针对经济社会发展中的突出矛盾和问题,运用改革的思路和创新的办法积极应对、有效化解。倡导现场办公,坚持深入一线,切实为基层和企业排忧解难。严格遵守信赖保护原则,对群众、企业、社会作出的承诺,做到一诺千金、及时兑现,着力构建诚实守信的良好环境。

四、始终坚持廉洁从政,注重打造清廉政府。严格执行党风廉政建设责任制,扎实推进政府系统惩防体系建设,坚决把权力关进制度的笼子里,最大限度地从源头遏制腐败现象。完善土地出让、工程招投标、重大项目建设管理,加大对重点领域、重点部门、关键环节的监管力度。完善政府采购制度,严格程序、规范行为,推动政府采购实现全流程电子化操作。完善政府性投资项目的招投标和工程变更技术评审制度,提高政府投资使用效率。严格落实中央八项规定和省市十项规定,防止“四风”问题反弹回潮。全面落实新预算法,加强财政财务管理,严控“三公”经费,把公共财政更多用到发展最需要、群众最受益的地方。

各位代表,如皋正处于创新转型的重要节点。让我们在中共如皋市委的坚强领导下,在市人大、市政协的监督支持下,进一步坚定信心、振奋精神、迎难而上、开拓进取,主动适应新常态,扎实推进转方式,努力开创我市全面小康建设新局面!

附件:

2015 年政府为民办 10 件实事

1.实施农村公路和农村桥梁改造工程。

2.建设市 120 急救体系。

3.实施农村河道整治畅通工程。
4.提高城乡居民医疗保障水平。
5.提高农村低保保障标准。
6.继续实施老小区改造工程。
7.实施基本公共卫生服务均等化水平提升工程。
8.实施义务教育学校C级校舍改造工程。
9.推进就业“直通车”、居家养老、“12348”公共法律服务平台建设工程。
10.实施30座农村危旧泵站改造提升工程。

整改方案

中共如皋市委常委班子“党的群众路线教育实践活动”整改方案

（2014 年 9 月）

按照中央、省委和南通市委关于深入开展党的群众路线教育实践活动的部署要求，市委常委会认真对照检查形式主义、官僚主义、享乐主义和奢靡之风方面存在的突出问题，广泛征求意见建议，深入查摆剖析问题，认真研究整改措施，制定了《中共如皋市委常委班子党的群众路线教育实践活动整改方案》。经集体讨论审议，并经省委督导组、南通市委督导组和教育实践活动办公室审核同意，现予以公布，欢迎社会各界和广大群众对整改落实情况进行监督。

为做好市委常委班子党的群众路线教育实践活动整改落实、建章立制工作，确保教育实践活动取得扎实成效，根据中央、省委和南通市委关于开展党的群众路线教育实践活动的要求，制定本方案。

一、切实提升思想政治素质，始终坚持正确的政治方向

1.始终与党中央保持高度一致。坚持党的领导，坚持党的基本理论、基本路线、基本纲领、基本经验、基本要求，坚定自觉地在思想上、政治上、行动上与以习近平同志为总书记的党中央保持高度一致，坚决维护中央权威，永远听党指挥、忠于党、跟党走，决不允许散布违反党的纪律、违反中国特色社会主义理论的言论。坚决贯彻执行党的路线方针政策和中央各项决策部署，紧密结合如皋实际，不折不扣地抓好落实，确保政令畅通、令行禁止。（牵头领导：姜永华、陈晓东，牵头部门：市纪委（监察局）、市委办公室）

2.加强和改进学习。突出学习重点，坚持用中国特色社会主义理论体系武装头脑，把深入学习贯彻党的十八大、十八届三中全会精神和习近平总书记系列重要讲话精神作为重大政治任务抓实抓好，不断提高理论政策水平，切实解决好世界观、人生观、价值观这个“总开关”问题。坚持集体学习制度，全年中心组集体学习不少于 12 天。改进学习方式，进一步健全个人自学的检查评价制度，确保每天读书 1 小时，每月精读 1 本书。指导各级党组织建立和完善学习制度，坚持集中学习与个人自学相结合，通过领导带头学、原原本本学、组织专题学、联系实际学、宣传发动学等形式，把学习贯彻工作不断引向深入，确保深刻理解、把握实质、入脑入心。（牵头领导：胡拥军、蒋建，牵头部门：市委组织部、市委宣传部）

3.坚持理论联系实际。坚持学以致用、学用结合，把所学知识运用于实践，解决学用“两张皮”的问题。结合发展实际加强和改进调查研究，确保市委常委每年到基层调研时间不少于 2 个月、访谈城乡居民不少于 100 户（人次），每年形成调研报告不少于 2 篇，真正把学习的成果转化为谋划发展思路、完善发展举措、推动科学发展的实际成效，提高班子成员领导科学发展、驾驭复杂局面、做好群众工作的能力。（牵头领导：姜永华、陈晓东、司祝建、胡拥军，牵头部门：市委办公室、市政府办公室、市委宣传

部、市委改革办)

二、带头贯彻执行中央八项规定和省委、南通市委十项规定,着力解决“四风”方面的突出问题

(一)深入整治形式主义

4.进一步加强和改进调查研究。增强调研的目的性,围绕贯彻落实中央和省委、南通市委重大决策部署确定课题,下功夫深入研究。把调研与发现问题、研究问题、解决问题很好地结合起来,积极开展“解剖麻雀”式的典型调研、专题调研,有针对性地指导工作。改进调研方式方法,轻车简从,不层层陪同,不迎来送往,不搞警车开道、封路放线,增加不打招呼、不预作安排的随机性调研。(牵头领导:姜永华、陈晓东、司祝建、吴道健,牵头部门:市委办公室、市政府办公室)

5.着力解决文山会海问题。严格控制会议数量、规模和时间,简化会议程序,提高会议质量,确保全年各类会议下降30%以上。提倡领导同志自己动手撰写会议材料,反对八股文式讲话。从严控制各类文件,力争全年以市委市政府、市委办、政府办名义发布的文件压缩10%;防止以信笺头、“白头”件等代替“红头”文件的变通做法。扎实做好简报内刊年度报备审查工作,取消没有实质内容的简报,非因特殊情况不再新增项目。督促各部门、各单位办好门户网站、内部网站,推进文件、简报和内部刊物电子化,减少纸质文档印发量。(牵头领导:姜永华、陈晓东、司祝建、吴道健、蔡忠,牵头部门:市纪委(监察局)、市委办公室、市政府办公室)

6.加强基层台账和各类挂牌的统一管理。进一步规范和控减基层台账,从源头上加强管理,形成村级台账规范化目录,每年年初基层台账由各相关部门和单位统一申报。加大对基层台账的整合力度,去除不切实际的内容,切实减轻基层负担。对基层各类挂牌实行扎口管理。(牵头领导:司祝建、蔡忠、蒋建,牵头部门:市纪委(监察局)、市委办公室、市委组织部、市委宣传部、市委政法委、市委农工办、市民政局、市档案局)

7.清理规范各类领导小组和议事机构。清理和规范各类领导小组、议事机构,对作用不大、职能重叠的,能削减的削减,能合并的合并。根据工作需要,对保留的领导小组、议事机构成员进行调整。市本级领导小组、议事机构的成立、调整和撤销,党委序列的领导小组报市委常委会决定,政府序列的领导小组报市政府常务会议决定。(牵头领导:司祝建、吴道健、蔡忠、蒋建,牵头部门:市纪委(监察局)、市委办公室、市政府办公室、市委组织部、市编办)

8.清理规范各类评比、达标和表彰活动。严格执行省委《关于进一步规范创建达标检查评比表彰活动的规定》,凡是可以撤销的项目,坚决予以撤销;可以合并的项目,一律予以合并;对于多部门联合开展的创建达标表彰活动实行归口分类。严格表彰奖励标准和经费管理。(牵头领导:吴道健、蔡忠,牵头部门:市纪委(监察局)、市人社局)

9.狠抓工作推进落实。加大督查力度,进一步健全以市委总督查组为主体的督查监督体系,对全市“六大重点工作”、“三个五”关键指标及作风效能建设情况开展全方位、立体式的督查监督,确保各项事业善作善成。(牵头领导:司祝建、吴道健、蔡忠、蒋建,牵头单位:市纪委(监察局)、市委办公室、市政府办公室、市委组织部)

(二)深入整治官僚主义

10.牢固树立正确的政绩观。按照“谋事要实、创业要实、做人要实”的要求,谋划部署工作坚持一切从实际出发,尊重客观实际和规律,不违背规律,不急于求成,努力使思路、政策、规划都符合如皋实际、符合科学精神、符合群众的期盼和愿望。健全政绩考核机制,不提华而不实的口号,不提脱离实际的指标,制定更加科学合理的镇(区、街道)考核指标体系,使制定的目标、下达的任务更加符合基层发展实际。不搞“形象工程”和“政绩工程”,坚决查处制造假情况、假数字、假典型,虚报工作业绩等问题。(牵头领导:姜永华、陈晓东、司祝建、蔡忠、蒋建,牵头部门:市纪委(监察局)、市委办公室、市政府办公室、市委组织部、市委农工办、市发改委)

11.不断提高群众工作本领。坚持依法行政,正确运用法治思维和法治方式,不强迫命令、简单粗暴。积极应对新挑战,不断提升信访维稳、舆论引导、新媒运用、社会治理等群众工作本领,持续增强市委凝聚力和号召力。加强对公众的法治宣传,引导形成理性合法表达诉求、依法维护自身权益的正确导向。(牵头领导:司祝建、缪小华、蒋建,牵头部门:市委办公室、市委组织部、市委政法委)

12.更加自觉密切联系群众。健全各级领导干部直接联系群众制度,深入开展联系群众"十个一"和"三解三促"等活动,定期征求群众意见,接受群众评议,确保每年安排驻点不少于5~7天。畅通市委常委和各级领导干部听取民意、接受监督渠道,积极运用互联网等新兴媒体与群众直接对话沟通。完善直接联系企业(项目)制度,定期与行业协会、各类企业召开座谈会,帮助企业解决实际问题。加强与人大、政协组织和代表、委员的联系和沟通,虚心听取他们的意见和建议,鼓励和支持人大代表、政协委员提意见、讲实情、说真话。建立常委定期联系党代表、人大代表、政协委员机制,充分发挥工青妇组织密切联系群众的有效途径。(牵头领导:姜永华、司祝建、蒋建,牵头部门:市委办公室、市委组织部)

13.持续保障和改善民生。按照"守住底线、突出重点、完善制度、引导舆论"的要求,坚持既尽力而为、又量力而行,既当期可承受、又长远可持续,既解决民生实际问题、又持续提高民生整体水平,既抓实具体民生项目、又建立民生工作长效机制。扎实推进民生幸福工程,大力促进城乡居民增收,努力办好民生实事,加快交通、教育、医疗、养老、社会保障等各项社会事业建设,促进城乡公共事业优质均衡发展,努力解决好群众最关心最直接最现实的利益问题。把实现好、维护好、发展好最广大人民根本利益作为一切工作的出发点和落脚点,每年科学确定、认真抓好10件为民办实事工程,解决好群众关心的安置房建设、环境保护、老小区改造、秸秆综合利用等现实问题,努力把群众的合理诉求变成现实。(牵头领导:陈晓东、司祝建、吴道健,牵头部门:市政府办公室)

14.切实加强机关作风整顿。持续深化机关作风建设,着力增强党性观念、群众观念和法制意识,严格执行"效能六制",全面落实"三集中三到位"。坚决整治市镇机关"庸懒散"和"门难进、脸难看、事难办"等问题,坚决杜绝利用便民服务谋取不正当利益等现象,坚决查处"吃拿卡要"等行为,坚决整治执法监管中的作风粗暴、滥用职权等行为,不断提高服务质量。持续开展行风专项治理工作,重点纠正窗口单位、服务行业损害群众利益的行为,坚决纠正对待基层和群众服务态度生硬、推诿扯皮现象。加大明察暗访频度,加大典型案件查处和通报力度,提高监督检查的实际效果。(牵头领导:司祝建、蔡忠、蒋建,牵头部门:市纪委(监察局)、市委组织部、市级机关党工委)

(三)深入整治享乐主义

15.大力弘扬艰苦奋斗精神。牢记"两个务必",坚持勤俭办一切事情,加强对财政投资项目管理,坚决制止违背发展规律、盲目铺摊子、上项目的行为,坚决遏制华而不实、劳民伤财的建设项目。坚持走出机关大院,深入基层一线,到条件艰苦、矛盾较多的地方开展工作、解决问题。严格执行中央和省委关于领导干部秘书配备等方面的规定和要求,一律不配备专职秘书。严格审计、清理基层政府债务,防范债务风险。严格控减市、镇、村三级债务。(牵头领导:姜永华、陈晓东、司祝建、吴道健,牵头部门:市纪委(监察局)、市委办公室、市政府办公室、市发改委、市财政局、市审计局)

16.着力增强创先争优的锐气。倡导干事创业,勇于攻坚克难,克服小进即满、求稳怕乱的思想。勇于担当责任,增强推动经济社会又好又快发展的使命感和紧迫感,不回避矛盾和难题,多为基层和群众办实事、做好事、解难题。大胆开拓创新,树立全球眼光,加强战略思维,提高执政能力和水平,不断加快全面小康建设进程。(牵头领导:姜永华、陈晓东、司祝建、吴道健、蒋建,牵头单位:市委办公室、市政府办公室、市委组织部、市委改革办)

17.加大动真碰硬追责力度。综合运用谈话诫勉、任期考察、组织函询、重大事项报告、述职述廉、经济责任审计等手段加强内部监督,充分利用行风热线、民主评议、政务微博、网上举报等方式加强社会监督,对工作不落实等问题,严格追究相关人员责任。(牵头领导:司祝建、吴道健、蔡忠、蒋建,牵头单位:市纪委(监察局)、市委办公室、市政府办公室、市委组织部)

18.严格领导干部因公出国(境)和国内出差管理。进一步规范国内外参观考察、招商引资活动,严格控制团组数量和规模,不安排套间、头等舱或公务舱,不举办奢侈宴请、赠送高档礼品,不用公款参与高消费。坚决制止没有实质内容的公务出行。加强经费审批的源头管理,严格实行经费先行审核制度,健全经费审批与任务审批联动机制。(牵头领导:司祝建、吴道健、蔡忠、蒋建,牵头部门:市纪委(监察局)、市委办公室、市政府办公室、市委组织部、市委台办、市外侨办、市财政局)

19.进一步规范领导办公用房和公务用车。对党政机关和领导干部超面积占有、使用办公用房以及多处占用办公用房,豪华装修办公用房、配置高档办公家具及办公用品等清理工作全面开展"回头看"。严肃查处领导干部违规多占住房。5年内严禁党政机关违反规定建楼堂馆所、搞豪华装修,不准以任何名义新建、改造、扩建具有接待功能的设施或者场所。带头规范使用公务车辆。建立健全车辆日常使用管理制度。认真落实上级关于公务用车改革的新要求。(牵头领导:吴道健、蔡忠,牵头部门:市纪委(监察局)、市委办公室、市政府办公室、市财政局、市机关事务管理局)

(四)深入整治奢靡之风

20.清理规范节庆、论坛、展会等活动。严格落实逐级审查审批制度,最大限度压减节庆、论坛、展会活动数量。坚持务实节俭开展各类活动,加强预算管理和审计监督,把好立项关,提高活动的经济效益和社会效益。(牵头领导:司祝建、胡拥军、吴道健、蔡忠,牵头部门:市纪委(监察局)、市委宣传部、市财政局、市审计局、市文广新局、市商务局)

21.切实规范接待工作。严格落实中央和省、市相关要求,坚持接待从简,不迎来送往,会场不安排背景墙,就餐一律安排在机关餐厅,住宿一律安排在政府采购定点饭店,房间不摆放鲜花和高档生活用品。严格接待费用预算管理,推行公务卡结算制度。坚决制止出入私人会所、娱乐场所等行为。(牵头领导:司祝建、吴道健、蔡忠,牵头部门:市纪委(监察局)、市委办公室、市政府办公室、市财政局、市接待办、市机关事务管理局)

22.严格"三公"经费管理。健全严格的财务预算、核准和审计制度,加强日常监督管理,对会议、培训、出国等实行计划管理和预算管理,按照上级统一部署和安排推进"三公"经费向社会公开,确保完成公用经费等一般性支出压缩任务。加强"三公"经费审计监督,严查"三公"经费支出超标、浪费等问题,严肃查处违法违规的单位和责任人。坚决查处私设账外账、小金库等各种违纪问题。(牵头领导:吴道健、蔡忠,牵头部门:市纪委(监察局)、市财政局、市审计局)

三、坚持党管干部原则,持续加强领导班子和干部队伍建设

23.提高选人用人科学化水平。认真学习并严格执行《党政领导干部选拔任用工作条例》,坚持好干部标准,大力选拔培养"信念坚定靠得住、为民服务能力强、勤政务实作风好、敢于担当负责任、清正廉洁有正气"的干部。坚持以战略意识、长远眼光培养选拔年轻干部,研究制定年轻干部培养选拔工作规划,强化年轻干部基层一线"墩苗"历练。积极探索干部考察行之有效的方法途径,坚持把干部的德放在首位,实施领导干部"四德"反向测评,加大日常研判力度,考准考实干部的德与才。严格执行干部选拔任用四项监督制度,探索建立干部选拔任用全程纪实系统,加强干部选拔任用工作全过程监督。完善和落实领导干部选人用人问责制。拓宽监督举报受理渠道,加大对违规用人问题的查处力度。(牵头领导:姜永华、蔡忠、蒋建,牵头部门:市纪委(监察局)、市委组织部)

24.加强干部队伍教育和管理。严格执行领导干部诫勉谈话、询问质询、民主评议、信访监督等制度,认真做好领导干部个人有关事项集中报告和抽查核实工作,完善健全领导干部经济责任审计评价体系,逐步推行干部履职情况公示制度,探索建立干部责任追究制。完善与党员干部谈心谈话机制,市委常委定期开展干部谈心谈话活动,主要领导对镇(区、街道)和机关部门正职每年谈心谈话不少于2次,其他常委对分管联系部门谈心谈话不少于1次。大力实施"一把手"核心工程,加强对"一把手"的重点培养、重点选配、重点管理、重点监督,打造一批能够把握大势、善于带好队伍、积极发扬民主的"好班长"。(牵头领导:姜永华、蔡忠、蒋建,牵头部门:市纪委(监察局)、市委组织部)

25.加大对领导班子和干部队伍建设的专项整治力度。认真贯彻省委《关于消化超职数配备干部几个具体问题的意见》精神，积极稳妥推进超职数消化工作。在全面完成清理规范党政领导干部在企业兼职(任职)阶段性工作的基础上，定期开展专项督查，严防出现反弹。做好超编制进人、在编不在岗、“吃空饷”、一些部门(单位)干部调动工作不转工资关系、到退休年龄不办理退休手续、部门(单位)科级以下非领导职务超职数配备的清理工作。做好“裸官”清理工作。(牵头领导：姜永华、陈晓东、司祝建、吴道健、蔡忠、蒋建，牵头部门：市纪委(监察局)、市委组织部、市编办、市财政局、市人社局)

四、加强基层服务型党组织建设，持续提升各级党组织的战斗力、凝聚力

26.强化基层党组织服务功能。认真实施《关于加强基层服务型党组织建设的实施意见》，始终把“五服务”贯穿基层党组织建设的全部实践，按照“服务班子优、服务队伍优、服务场所优、服务载体优、服务机制优、服务成效优”的目标，加强服务网络、队伍、平台、载体、机制等的建设，深入开展“富民服务”“和谐服务”“效能服务”“转型服务”等先锋行动，强化基层党组织的领导核心作用。积极扩大群众工作的覆盖面，切实加强社区、农村、企业和社会组织等基层服务型党组织建设。创新组织设置方式，继续完善村(社区)党建惠民组织架构，加大在农民集居区、农民专业合作社、专业协会、产业链、外出务工经商人员相对集中点、“两新”组织建立党组织力度。加强各领域党建工作指导员队伍建设，充分整合基层综治维稳、民事调解、计生服务、文化建设等各类骨干力量，着力打造贴近民生、“一综多专”的服务队伍。深化和完善“一中心三理五制”联系服务群众机制，积极拓宽社会化的服务渠道，以党组织服务统筹公共服务、市场服务、社会服务、志愿服务，构建以党组织为核心、全社会共同参与的服务格局。(牵头领导：司祝建、胡拥军、蔡忠、缪小华、蒋建，牵头部门：市纪委(监察局)、市委组织部、市委宣传部、市委政法委、市委农工办)

27.着力整顿软弱涣散党组织。认真落实上级部署要求，对28个软弱涣散基层党组织，按照“一村一策”和领导挂钩的要求，找实找准组织不健全、服务意识和服务能力差、党组织凝聚力战斗力弱等问题症结，强化分类整治，对症下药。突出问题导向和从严要求，把整顿重点放在解决基层党组织推动经济发展、促进和谐稳定、联系服务群众、加强组织建设以及群众反映强烈的突出问题上，通过班子调整、结对帮扶、健全组织、规范管理、强化培训等举措，有针对性地开展整改，确保9月底薄弱村党组织实现晋位升级。并以此为切入口，举一反三，以点带面，着力抓好整个面上党组织服务功能的提升，使基层党组织的战斗力、凝聚力、号召力显著提高。(牵头领导：司祝建、蒋建，牵头部门：市委组织部)

28.加强党员队伍建设。认真贯彻执行《关于加强新形势下发展党员和党员管理工作的意见》，研究制定发展党员中长期规划，推行发展党员质量百分制评估考核，防止降低入党标准，防止“带病入党”。严格经常性的党内组织生活，完善党员党性定期分析、民主评议等制度，健全党员立足岗位创先争优长效机制。健全党员能进能出和党员教育管理“双预警”机制，在抓好教育转化的同时，对不合格党员及时处置，疏通出口，纯洁队伍。(牵头领导：蒋建，牵头部门：市委组织部)

五、健全完善制度机制，更加科学有效地惩治和预防腐败

29.严格落实党风廉政建设责任制和“一岗双责”。把落实党风廉政建设主体责任作为重大政治任务，严格执行廉洁从政准则和廉洁自律各项规定，切实当好全市党风廉政建设的领导者、执行者、推动者。认真执行市委《关于落实党风廉政建设党委主体责任、纪委监督责任的意见(试行)》，严格落实党委和纪委责任报告、党委主要负责人全委会述廉、廉政谈话等制度，落实党委主体责任和纪委监督责任。(牵头领导：姜永华、蔡忠，牵头部门：市纪委(监察局))

30.加快推进纪律检查体制改革。进一步推动纪检监察工作“三转”，增强监督检查特别是办案工作力量，坚持标本兼治，惩治和预防两手抓两手硬。进一步突出主业主责，加大查办案件力度，以零容忍态度惩治腐败，对发生重大腐败案件和严重违纪行为的镇(区、街道)、部门和单位，实行“一案双查”，有责必问、有错必究。(牵头领导：姜永华、蔡忠，牵头部门：市纪委(监察局))

31.深入推进反腐倡廉建设。认真贯彻中央《建立健全惩治和预防腐败体系2013-2017年工作规划》和市委《实施方案》，项目化推进我市惩防体系建设，扎牢制度之笼，构建党员干部不想腐、不能腐、不敢腐的体制机制。健全工程建设、征地搬迁等腐败易发多发领域廉政风险防控机制，重点加强对"一把手"的监督，探索总结主要领导"四个不直接分管"试点做法，加强对权力的有效监督和规范。严格执行领导干部亲属经商、担任公职和社会组织职务、出国定居等规定，从严要求自己，切实管好子女、亲属和身边工作人员，决不搞特权、特殊，自觉接受监督。（牵头领导：姜永华、蔡忠，牵头部门：市纪委（监察局）

六、统筹推进改革发展稳定各项工作，全力推动经济社会又好又快发展

32.积极稳妥推进改革。结合我市市情，认真落实党的十八大和十八届三中全会及省委、南通市委全面深化改革的一系列决策部署，以深化经济体制改革为重点，扎实推进民主法制、文化体制、社会管理体制、党的建设等各领域改革，以简政放权和提高治理能力为重点，加快转变政府职能，使市场在资源配置中起决定性作用和更好发挥政府作用相得益彰；以增强市场主体活力和壮大微观经济基础为重点，加快形成多种所有制经济共同发展格局；以提高资源配置效率和公平性为重点，加快完善现代市场体系；以调节利益分配和服务实体经济为重点，加快推进财税金融改革发展；以深化改革和扩大开放互促并进为重点，加快构建开放型经济新体制。把改革创新的精神和求真务实的作风更好地结合起来，始终坚持正确的改革方向，把握好改革的节奏和力度，充分调动广大人民群众支持和参与改革的积极性，在遵循规律的基础上真抓实干、埋头苦干、奋发作为。（牵头领导：姜永华、陈晓东、司祝建，牵头部门：市委全面深化改革工作领导小组办公室）

33.扎实推进科学发展。积极应对三期叠加的新挑战，更加突出工业经济主体地位，狠抓招商引资、项目建设、运行监控等关键环节，扎实抓好安全生产，全力保持经济平稳增长。加快推动转型升级，按照"调高调轻调优调强"要求，强化创新驱动，加快构建"船舶海工及配套新能源汽车及零部件、新材料、纺织服装四大主导产业，高端装备制造、电子信息、新能源、节能环保四大新兴产业，现代物流业、软件和信息服务业、特色旅游业、休闲养老四大服务业产业"的现代产业体系。着力统筹城乡建设，重点抓好规划、建设、管理三个关键环节，全力构建城乡互动、区域一体、功能互补的新型城乡发展格局。不断优化生态环境，严格项目准入，大力推进节能减排，深入开展水环境、大气环境、农村面源污染整治，加强绿化造林工作，全力打造天蓝地绿水净的美好家园。（牵头领导：姜永华、陈晓东，牵头部门：市委农工办、市发改委、市科技局、市农委、市住建局、市国土局、市环保局）

34.切实维护社会稳定。健全完善稳评（社会稳定风险评估）、安评（安全评价）、环评（环境影响评价）制度，认真执行《关于深化重大决策社会稳定风险评估机制的实施意见》，建立和完善强有力的评估专业队伍机制、责任倒查机制、公众参与决策机制、领导干部考核机制，推进"三评"向科学化、规范化、法制化方向发展。进一步健全完善评估程序，广泛征求意见，充分协商协调，认真开展合法性论证，让群众有充分的知情权、参与权、表达权、监督权，提升评估质量，规范评估结果运用。注重源头预防，严格执行领导干部接访下访、领导包案等制度，畅通群众利益诉求渠道，认真办理群众合理诉求，将矛盾化解在萌芽状态、问题解决在基层一线。大力推进城乡新型社区建设，扎实开展和谐社区创建，提升社区管理服务能力。全面深化平安如皋建设，健全现代立体化社会治安防控体系，保障人民群众生命财产安全。（牵头领导：姜永华、陈晓东、司祝建、蔡忠、缪小华，牵头部门：市纪委（监察局）、市委政法委、市公安局、市信访局、市安监局、市环保局、市维稳办）

七、切实加强常委会自身建设，充分发挥带头示范作用

35.更好发挥领导核心作用。坚持执政为民、勤政为民，低调务实，少说多干，敢于担当、积极作为，切实发挥好总揽全局、协调各方的领导核心作用。进一步完善市委常委会工作制度，严格执行集体领导、民主集中、个别酝酿、会议决定的党委内部议事决策机制和程序，确保领导班子团结协调。以习近平总书记"依法治国依法执政依法行政共同推进"的重要论述为基本遵循，以宪法和法律为行为准则，依照宪法和法律行使权利或权力、履行义务和职责。支持和保证人大及其常委会依法行使重大事项决定权和围绕事关经济社会发展、人民群众切身利益的重大问题履行监督职责。支持政府依法行政，大力简政放权，加快职能转变。支持人民政协围绕团结和民主两大主题履行职能，切实推进政治协商、民主监督、参政议政等制度建设。（牵头领导：姜永华，牵头部门：市委办公室）

36.坚持科学民主依法决策。提高决策的科学化民主化水平，决策之前，注重调查研究，认真听取专家、领导、群众等各方面意见，严格执行社会风险评估前置程序；决策之中，坚持民主集中，善于集中集体意见，"三重一大"等事项集体研究决定；决策之后，及时公开决策结果，接受党内监督和各方监督，努力使各项工作更加顺民意、得民心。坚持以人为本、尊重民意，凡是涉及群众切身利益的决策都充分听取群众意见。（牵头领导：姜永华，牵头部门：市委办公室）

37.严格党内组织生活制度。坚持民主生活会制度，定期召开民主生活会，深刻剖析检查党性党风和工作方面存在的差距与不足，开展批评和自我批评，不断加强党性修养，增进共识、促进团结。开展多种形式的党内生活，每位常委都要以普通党员身份定期参加所在党支部活动，过好双重组织生活。对各级班子及其成员贯彻民主集中制的情况进行经常分析和考核评估，及时加强教育和管理。（牵头领导：姜永华，牵头部门：市纪委（监察局）、市委办公室、市委组织部）

八、认真抓好专项治理和建章立制

38.深入开展各类专项治理。在抓好中央、省委和南通市委明确的专项整改的同时，结合我市实际，抓好十大专项整治活动。对已经开展的专项整治工作，要巩固成果、防止反弹。对正在开展和即将开展的要细化整治计划，明确更为具体的整治责任、进度时限和标准要求，集中力量攻坚，一项一项整治、一个一个突破，不断推动作风整体好转。（牵头领导：司祝建、胡拥军、吴道健、蔡忠、蒋建，牵头部门：市纪委（监察局）、市委办公室、市政府办公室、市委组织部、市委宣传部、市文广新局、市商务局、市机关事务管理局、市政务中心）

39.认真梳理已有制度。对1978年以来市委制定下发的规范性、制度性文件进行集中清理，认真研究论证审核，逐一甄别哪些应该长期坚持、哪些需要修订完善、哪些可以取消废止，列出制度建设梳理清单，作出废止、宣布失效、修改等相应处理。（牵头领导：司祝建，牵头部门：市委办公室、市委组织部、市委宣传部、市委统战部、市委政法委）

40.进一步完善相关制度和意见。落实中央明确的14个方面制度建设任务，同时根据中央和省委的新规定、新要求，适时制订完善相关的管理规定。对查摆出来的"四风"问题，按照制度建设计划，抓紧建立完善相关制度，形成刚性约束，实现反对"四风"、改进作风制度化、规范化、常态化，以作风建设实际成效取信于民。（牵头领导：司祝建、胡拥军、吴道健、蔡忠、缪小华、蒋建，牵头部门：市纪委（监察局）、市委办公室、市政府办公室、市委组织部、市委宣传部）

41.加大制度执行力度。通过专项检查、集中检查、暗访抽查、信访受理等方式，加强对制度执行情况的监督检查。坚持每季度开展一次暗访抽查，每年年底进行一次集中检查，及时发现制度执行中的问题，督促整改落实。对违反制度规定的、顶风违纪的，依纪依法严肃处理。把贯彻党的群众路线制度执行情况纳入领导班子和领导干部年度考核和党风廉政建设责任制考核的重要内容，作为领导干部选拔任用、奖励惩处的重要依据。（牵头领导：司祝建、蔡忠、蒋建，牵头部门：市纪委（监察局）、市委组织部）

市委书记对市委常委班子整改工作负总责，认真履行第一责任人的职责。各常委同志要抓好分管领域和牵头负责任务的整改，明确综合牵头部门，进一步完善具体整改方案，细化整改要求，提出明确的任务书、时间表。各责任单位要各司其职、各负其责，共同完成整改任务。

中共如皋市人大常委会党组“党的群众路线教育实践活动”整改方案

（2014年9月）

按照中央和江苏省委、南通市委关于深入开展党的群众路线教育实践活动的部署要求，市人大常委会党组聚焦反对形式主义、官僚主义、享乐主义和奢靡之风，广泛征求意见建议，深入查摆剖析问题，逐项逐条明确整改措施，集体讨论研究制定了市人大常委会党组整改方案，经南通市委督导组、南通市委教育实践活动办公室审核同意，现对整改方案进行摘要公示，欢迎社会各界和广大群众监督。

根据中央和省市委部署要求，市人大常委会党组深入开展党的群众路线教育实践活动，在学习教育、提高认识，听取意见、查摆问题，深入剖析、开展自我批评和相互批评的基础上，结合新形势下的人大工作特点，制定深入落实整改的总体方案。

一、总体目标

严格按照中央和省市委要求，继续扎实推进党的群众路线教育实践活动，切实抓好整改落实、建章立制，确保达到“政治更加坚定、履职更加到位、整改更加扎实”的目标。

二、主要措施

（一）切实增强政治坚定性

1. 提升思想政治素质。进一步认真学习教育实践活动的指导思想、根本任务和目标要求，不断增强全心全意为人民服务的强大动力。把深入学习贯彻党的群众路线与深入学习人民代表大会制度理论结合起来，坚持党的领导、人民当家做主和依法治国有机统一，确保党的路线方针政策和市委重大决策部署在人大工作中得到全面落实。克服“人到码头车到站”等消极情绪，提振精神，激发活力，切实增强走中国特色社会主义政治发展道路的自觉性和坚定性，增强用群众路线统领人大工作的自觉性和坚定性。（牵头领导：谢新民；责任人：各委室负责人；责任单位：各委室）

2. 加强理论学习。深入学习中国特色社会主义理论体系，学习党的十八大、十八届三中全会精神，学习习近平总书记系列重要讲话，严格学习制度，创新学习形式，增强学习实效，每月组织一次集中学习。深入开展人大工作理论研究，注重理论联系实际，通过人大常委会的积极履职、不断创新，切实保证宪法和法律的正确行使，推动“一府两院”依法行政、公正司法，实现好、维护好最广大人民群众的根本利益。（牵头领导：谢新民；责任人：各委室负责人；责任单位：各委室）

3. 增强大局意识。常委会党组充分发挥领导核心作用，依法履行好监督、重大事项决定和人事任免职权，认真做好代表工作，不断加强常委会自身建设。党组成员按照职责要求和任务分工，率领相关委室，及时根据市委决策部署及人民群众反映强烈的热点难点问题开展专项调研，参与重点工作督查、信访维稳、搬迁督查等中心工作，为市委决策提供参考，为常委会开展监督、行使重大事项决定权提供依据。（牵头领导：谢新民；责任人：各委室负责人；责任单位：各委室）

（二）切实转变工作作风

4. 永葆艰苦奋斗作风。坚决贯彻落实中央八项规定和省、市委十项规定，弘扬艰苦奋斗、勤俭节约的优良作风。人大常委会组织开展的各类视察、调研、执法检查活动，做到不打前站，不预先定调，轻车简从，不接受礼品，到基层工作时，严格控制随行人员。（牵头领导：谢新民；责任人：各委室负责人；责

任单位:办公室)

5. 全面落实党风廉政建设责任制。加强廉洁从政教育,引导全体党员干部讲党性、重品行、作表率,模范遵守国家法律法规和各项廉政规定。常委会党组成员带头落实党风廉政建设责任制,坚持"一岗双责",加强对亲属和身边工作人员的教育管理,模范遵守廉政纪律。(牵头领导:谢新民、张元健;责任人:各委室负责人;责任单位:各委室)

6. 严格执行民主集中制。进一步加强常委会党组自身建设,坚持重大事项向市委请示汇报制度,认真落实常委会党组议事规则,严格"三会一课"制度,坚持党组成员过双重组织生活,善于运用批评和自我批评武器,不断提高党内民主生活会质量。(牵头领导:谢新民;责任人:人大党组成员)

7. 深入联系群众。积极参加"三解三促"活动,按分工经常到挂钩镇、村走访干部群众,勤于反映群众对共享改革发展成果的新要求和对美好生活的新期待,勇于帮助解决群众遇到的新矛盾、新问题。(牵头领导:谢新民;责任人:张元健、刘聪泉、张勇)

(三)不断加大监督力度

8. 认真行使重大事项决定权。修改《如皋市人大常委会关于讨论、决定重大事项的规定》,将市委的重大决策部署通过法定程序,转化为全市上下的共同目标和具体行动,对讨论决定重大事项的范围、程序作出具体规定,完善政府重大决策出台前向人大报告制度,围绕全市经济社会发展中的大事、要事,依法履行职责,加大监督力度。(牵头领导:张元健;责任人:华国瑞、林凯;责任单位:办公室、研究室。《如皋市人大常委会关于讨论、决定重大事项的规定》已于8月份召开的人大常委会第二十六次会议审议通过,正式实施)

9. 加强对任命人员任职后监督。按照党的十八届三中全会提出的"健全'一府两院'由人大产生、对人大负责、受人大监督工作机制"的要求,根据《宪法》《组织法》和《监督法》的规定,制订《如皋市人大常委会关于"一府两院"相关人员报告工作的暂行办法》,实行常委会任命的"一府两院"人员向常委会报告工作,接受评议制度,加强对任命人员执行法律情况、履行职责情况和廉政建设情况的监督。(牵头领导:张元健;责任人:缪永涛;责任单位:人事代表工委。《如皋市人大常委会关于"一府两院"相关人员报告工作的暂行办法》已于8月份召开的人大常委会第二十六次会议审议通过,正式实施)

10. 提高监督实效。综合运用法律赋予人大的各种监督形式,把法律监督与工作监督结合起来,把监督与行使重大事项决定权结合起来,进一步加大监督力度,提高监督实效。提高工作评议的组织水平,通过多种方式,提高调研评议效果。增加邀请公民旁听常委会会议的频次,变旁听会议报告为全程旁听,扩大公民有序政治参与。进一步完善专题询问制度,力求在提出问题的深度、回答问题的广度、交办督办的力度上有所突破,更具实效。(牵头领导:张元健、刘聪泉、张勇;责任人:各委室负责人;责任单位:各委室)

11. 加强跟踪监督。加强对审议意见落实情况的检查,进一步增强人大监督实效。对涉及面广、解决难度大的问题,持续跟踪监督,直到让群众看到变化、见到成效。(牵头领导:张元健、刘聪泉、张勇;责任人:各委室负责人;责任单位:各委室)

(四)充分发挥人大代表的主体作用

12. 切实加强与代表的联系。完善并落实联系服务代表和群众制度。抓好《人大常委会组成人员联系人大代表暂行办法》的落实,常委会组成人员每人重点联系3名在基层工作的市人大代表。完善常委会主任接待代表日制度,常委会领导定期到基层接待市人大代表,围绕常委会的监督工作和重点督办代表建议等方面的议题,面对面听取基层代表的意见和建议。(牵头领导:谢新民、张元健、刘聪泉、张 勇;责任人:缪永涛;责任单位:人事代表工委,《人大常委会组成人员联系人大代表暂行办法》已于7月份召开的人大常委会第二十五次会议审议通过,正式实施)

13. 认真督办代表建议批评意见。制订《代表建议、批评和意见处理办法》。由"四套班子"办公室共同研究落实建议意见的承办部门,明确主办单位和协办单位的责任,重点建议由常委会领导领衔督办,优化代表对办理工作满意度的测评方法,减少办理结果“被满意”的现象。(牵头领导:张元健;责任人:缪永涛;责任单位:人事代表工委。《代表建议、批评和意见处理办法》已于8月份召开的人大常委会第二十六次会议审议通过,正式实施)

14. 扩大代表知情知政渠道。在代表大会闭会期间,定期向代表寄送常委会公报和相关资料,通报常委会会议、常委会主要工作和重要活动情况。召开经济社会发展情况汇报会,邀请市政府主要领导向代表通报全市经济社会发展情况。定期向代表通报审判、检察工作情况,督促各国家机关认真落实向代表通报情况制度。(牵头领导:张元健;责任人:华国瑞、缪永涛;责任单位:办公室、人事代表工委,8月20日已召开如皋市经济社会发展情况汇报会)

15. 积极开展代表活动。深入开展人大代表联系人民群众的“六个一”活动,促进代表依法履职、积极履职。完善“一个载体、两项制度”建设,召开人大代表之家建设推进会,充分发挥“人大代表之家”的作用;落实《人大代表接待选民日制度》和《人大代表向选民述职制度》,每月10日组织代表轮流接待选民,组织代表向选民述职,组织代表开展调研评议。(牵头领导:张元健;责任人:缪永涛;责任单位:人事代表工委。人大代表之家建设推进会已于8月召开,9月组织代表评议国税和地税工作,10月组织代表向选民述职,11份开展代表集中调研活动。)

(五)加强对基层人大工作的联系指导

16. 完善分工联系制度。完善常委会领导和各工作机构分工联系镇和街道人大工作制度,针对不同阶段开展的基层人大工作重点,常委会领导带领各工作机构,深入镇、街道实地指导工作,定期分片组织召开镇、街道人大主席、主任例会,交流工作情况。(牵头领导:张元健;责任人:华国瑞、缪永涛;责任单位:各委室。联系镇和街道人大工作制度的文件已下发,分片召开例会已正常进行)

17. 加强工作指导。加强对各镇开好人代会的指导,对镇人代会会议程序进行审查把关,防止程序简单,会期过短,保证镇人代会秩序严谨、程序合法。通过加强工作交流、组织干部培训、联合开展重大活动等,加强与基层人大的工作联动、协调配合,形成工作合力。不断总结推广基层人大工作的创新实践和先进经验,推动基层人大工作与时俱进、不断发展。(牵头领导:张元健;责任人:缪永涛;责任单位:各委室)

(六)加强常委会及机关建设

18. 深入开展调查研究。坚持“少而精、求实效”的原则,围绕党委工作重点、政府工作难点、百姓关注热点、自身工作要点,集思广益,上下结合,精心筛选调研课题。合理运用实地查看、听取汇报、召开座谈会、明察暗访、问卷调查等方式,广泛听取各方意见建议,掌握第一手资料,将集中调研与分散调研、专题调研与工作调研结合起来,形成一批针对性、操作性较强的调研报告。(牵头领导:张元健;责任人:华国瑞;责任单位:各委室)

19. 提高常委会会议质量。认真落实常委会议事规则和会议纪律,严格执行会议请假通报制度,常委会领导班子带头履职尽责。加强组成人员的学习和培训,提高组成人员的履职能力。杜绝文山会海,注重会前调研,掌握第一手材料,会议审议要围绕主题、开门见山,坚持讲实话、短话,力戒空话、套话,提高审议质量。(牵头领导:谢新民、张元健;责任人:华国瑞;责任单位:办公室)

20. 加强人大宣传工作。创新宣传方式,抓好新闻宣传的组织策划工作,加强深度报道和专题报道,特别是加强对代表履职情况的宣传报道,加强我市人大工作创新实践典型经验的报道。深入开展人大工作研究,充分发挥人大研究会作用。拓展宣传平台,在巩固现有宣传媒介的同时,更好地利用如皋人大网搞好人大宣传工作。(牵头领导:张元健;责任人:华国瑞、林凯;责任单位:办公室、研究室)

21. 做好人大信访工作。把处理好群众来信来访作为联系群众、了解社情民意的重要渠道,加强重要信访来访督办机制,注重对涉法涉诉信访类案共性问题的研究分析,使人大信访工作在理顺情绪、化解矛盾、促进和谐中发挥更大作用。(牵头领导:张元健;责任人:周荣明;责任单位:信访督办室)

22. 加强机关干部队伍建设。加强人大机关党的建设,发挥党总支的战斗堡垒作用。关心人大机关干部的成长和进步，切实加强机关干部学习培训、轮岗交流和挂职锻炼，着力调动机关干部的工作积极性、主动性和创造性，建设高素质机关干部队伍。进一步推进干部制度改革，坚持以好的制度和好的作风选人用人。(牵头领导：谢新民；责任人：华国瑞、朱俊；责任单位：办公室、党总支)

23. 关心老干部和机关干部职工。进一步重视老干部工作，定期召开离退休人员座谈会和情况通报会。加强机关工会工作，丰富机关干部职工的文体活动，解决机关干部职工的实际困难。(牵头领导：谢新民、张元健；责任人：华国瑞、朱俊、林凯；责任单位：办公室、党总支、机关工会)

24. 加强机关管理。认真遵守《党政机关厉行节约反对浪费条例》，召开各类会议，包括人民代表大会，都贯彻节约从简办会原则。规范公务接待管理，认真执行有关用餐、住宿、交通费用标准。坚决制止出入私人会所等娱乐场所。严格机关车辆配用管理，严禁公车私用。(牵头领导：谢新民、张元健；责任人：华国瑞；责任单位：办公室)

三、具体要求

一是落实整改责任。领导班子成员按照分工切实担负起责任，常委会工作机构负责人承担相关具体整改工作。常委会党组及时研究解决整改工作中的有关问题，相关责任人要按时间进度、标准要求组织协调各方力量，认真完成各项整改任务。

二是加强组织协调。充分发挥常委会党组的领导核心作用，把党组整改与党组成员个人整改、常委会工作、机关管理结合起来，把整改落实和建章立制作为巩固教育实践活动成果、提高常委会工作水平的重要抓手，集中时间、集中精力，注重协调统筹，坚持稳步推进，确保各项整改任务落到实处。常委会各工作机构要增强大局意识，主动配合、通力合作，积极完成各项整改任务。

三是坚持开门整改。及时通报、公示整改工作的进展情况和阶段成效，自觉接受各方监督。对涉及常委会职权行使、机关干部队伍建设等重大事项的整改，要认真调查研究、多方征求意见、深入分析论证，把工作做细做实，确保整改落实、建章立制取得预期效果。

中共如皋市人民政府党组“党的群众路线教育实践活动”整改方案

（2014年9月）

按照中央和省委关于深入开展党的群众路线教育实践活动的部署要求，市政府党组聚焦反对形式主义、官僚主义、享乐主义和奢靡之风，广泛征求意见建议，深入查摆剖析问题，逐项逐条明确整改措施，集体讨论研究制定了市政府党组整改方案，经南通市委督导组、南通市委教育实践活动办公室审核同意，现对整改方案进行摘要公示，欢迎社会各界和广大群众监督。

为做好市政府党组党的群众路线教育实践活动整改落实、建章立制工作，根据中央、省委和南通市委关于开展党的群众路线教育实践活动的要求，制定本整改方案。

一、严格遵守和执行党的政治纪律

1.加强政治理论学习。坚持市政府党组中心组学习制度，认真学习领会习近平总书记系列重要讲话精神，坚持学以致用、知行合一，进一步深化坚持党的群众路线的思想认识，自觉运用马克思主义的立场、观点、方法观察问题、分析问题和处理问题，着力提高做好群众工作的能力。坚持“两增加两提升”的工作衡量标准，结合政府工作实际，每年举行两次以上理论务虚会，认真分析研判我市全面深化改革尤其是重点领域和关键环节面临的问题，增强推动改革工作的原则性、系统性和创造性。（陈晓东同志负责，市政府办公室牵头办理）

2.坚持政令畅通、令行禁止。坚决贯彻党的路线方针政策，坚决贯彻执行市委决策部署，以贯彻落实政府工作报告为重点，扎实推动中心工作和重点任务落到实处。当前和今后一个时期，集中力量抓好贯彻落实党的十八届三中全会和省委十二届七次、南通市委十一届七次及市委十一届八次全体（扩大）会议、市十六届人大三次会议精神以及一系列重要决策部署的督促检查。加强政府督查工作力量，加大督查调研、回访复核等实地督查力度，切实提高全市抓工作落实的水平。（陈晓东同志负责，市政府办公室牵头办理）

3.严格执行民主集中制。坚持按原则办事、按制度办事、按程序办事，严格执行“三重一大”事项集体决策制度，重大问题决策、重大项目投资、重要人事任免和大额财政资金使用必须经集体讨论决定，绝不搞包办代替、“一言堂”。坚持民主集中制，切实增强班子凝聚力和工作合力。实行议事决策民主化、科学化，重大问题决策前广泛听取工商联、无党派代表人士及“两代表一委员”的意见，组织专家学者进行讨论、论证。（陈晓东同志负责，市政府办公室牵头办理）

二、认真贯彻落实中央八项规定和我市实施办法

4.密切联系群众。加强群众参与政府决策的制度设计，完善重大事项集体决策、专家咨询、听证、公示、新闻发布等制度，通过网络、报纸、电视等多种媒介畅通民意征询和反馈渠道。推进实施重大敏感项目公众沟通工作制度，保障群众的知情权和监督权，提高重大项目决策透明度和公众参与度。（陈晓东同志负责，吴道健同志协助，市政府办公室牵头办理，法制办参与办理）

5.厉行节约。从简安排会议和调研活动，市政府领导下基层调研和考察工作一律轻车简从，不搞层层陪同。规范公务接待，坚决遏制铺张浪费、公款吃喝等行为。加强“三公”经费监管，严格控制行政经费增长。（吴道健同志负责，监察局牵头办理，财政局、审计局、接待办、机关事务管理局负责办理）

6.政务活动坚持从简。从严控制会议数量、会期和规模,推广电视电话会议和电子公文,精简各类简报。简化市政府领导公务活动新闻报道,出席一般性会议、一般性公务活动不作报道,多天、多地开展同一专题调研只发一条综合消息,并严控新闻通稿篇幅。市政府常务会议的新闻报道要突出会议研究确定事项,减少一般性陈述。(吴道健同志负责,市政府办公室牵头办理)

7.及时组织开展“回头看”。2014年年底前,对全市政府系统贯彻落实中央八项规定、省委和市委十项规定情况开展“回头看”。通过自查、抽查、暗访等形式,加强对中秋、元旦等节庆期间遵守纪律方面的监督检查,严肃查处全市政府系统公款送礼、收受礼金礼品、公款吃喝或相互宴请等违规违纪行为。市政府机关一律不得接受各部门、各单位的物品。(吴道健同志负责,监察局牵头办理)

三、认真整治“四风”方面存在的突出问题

(一)切实解决形式主义问题

8.狠刹文山会海。

(1)精简会议活动。坚持少开会、开短会,加强会议审核,严格控制全市会议数量,规范会议规格,改进会议形式。严格控制以市政府名义召开的会议数量。部门以市政府名义召开的全市性会议须提前申报,从严控制以市政府各部门名义召开的会议,从严控制会议规模。提倡领导同志自己动手撰写会议主持词,反对八股文式会议点评。(吴道健同志负责,市政府办公室牵头办理)

(2)精简文件简报。控制发文总量,降低发文规格,精简文件篇幅,推广电子公文,减少配套发文,减发会议纪要。严格控制以市政府和市政府办公室名义下发正式文件的数量。一般性工作会议不发纪要,会议议定事项以印发相关单位办理落实,把工作重心放在深入群众、集中精力研究解决实际问题上。进一步精简规范各单位简报。(吴道健同志负责,市政府办公室牵头办理,法制办参与办理)

9.改进调查研究。进一步规范市政府领导同志调研工作,着重解决“被安排”、“被调研”等问题。实行下基层调研制度,紧扣改革发展稳定的重点问题和群众反映强烈的热点问题,经常深入基层一线开展调研,面对面听取基层干部群众的意见。切实改进调研方式,增强调研的针对性和实效性。多搞一竿子到底、带着问题沉下去“解剖麻雀”式的调研,掌握第一手资料,提高调研解决问题的实效。按照市委统一部署,积极参与市委确定的重大课题调查研究,提出针对性的政策措施,更好推动经济社会发展。(市政府班子成员负责,市政府办公室、相关责任部门负责办理)

10.坚持科学发展。注重突出主题主线,坚决纠正发展中知行不一、盲目求快的问题,坚决杜绝过于追求速度、规模的现象,切实把鼓励发展热情和坚持科学态度结合起来,使发展建立在质量和效益全面提升的基础上,建立在全面可持续发展的基础上。坚持实事求是、区别对待,充分考虑各镇(区、街道)实际情况,增强政策制度的可操作性,不搞“一刀切”,进一步激发基层工作活力。引导各镇(区、街道)更加务实推进经济社会发展。进一步完善板块基本财力保障机制,严格落实政府性债务和政府融资平台管理办法。(陈晓东同志负责,吴道健同志协助,市政府办公室、财政局、人社局、统计局负责办理)

11.加强督查督办。把强化督促检查、推进工作落实摆在突出位置,将市委、市政府的重要决策部署全部纳入督查督办范围,进一步健全工作落实机制,把真抓实干的要求贯穿于抓落实的全过程。突出督查督办重点,加大对重大决策部署、重大项目建设、市政府年度重点工作、市政府民生实事等事项的督查督办力度,及时掌握工作进度,找出薄弱环节,采取更有针对性的措施,推动重大事项全面落实。加强审计监督,特别是政府性投资项目的监管。加强对群众反映强烈、部门推进不力的专项督查,督办清单必须列明督查重点、责任分工和目标期限。(吴道健同志负责,市政府办公室、监察局、审计局负责办理)

(二)切实解决官僚主义问题

12.扎实做好保障和改善民生工作。

(1)加快推进落实2014年市政府十件民生实事,并在2014年底前研究提出2015年市政府十件民

生实事方案，列入2015年市政府工作报告，提交市人代会审议。（陈晓东同志负责，市政府办公室牵头办理）

（2）着力提升基层社会保障服务能力，推进新型农村社会养老保险“四不出村”服务全覆盖。研究制定城乡居民养老保险办法。（吴道健同志负责，人社局牵头办理）

（3）妥善安置失地农民生产生活，完善落实被征地农民社会保障办法。（吴道健同志负责，国土局、人社局负责办理）

（4）继续加大最低生活保障和就业帮扶力度，解决好贫困线以下人口基本生计。（吴道健同志、杜永红同志负责，人社局、民政局负责办理）

（5）着力加强防洪防汛工作，加快农田末级渠系建设，提高旱涝保收农田面积比例。（杜永红同志负责，水务局、农委负责办理）

（6）切实加强秸秆综合利用，做好秸秆禁烧工作。（杜永红同志、陈万圣同志、万维庆同志负责，农委、环保局负责办理）

（7）加强村庄环境整治，完善“四位一体”管护机制，加强农村面源污染，大力推进河道综合治理，改善水环境质量。（杜永红同志负责，农委、水务局、住建局、环保局负责办理）

（8）不断完善养老服务扶持政策，充分发挥社会力量主体作用。（杜永红同志负责，民政局、发改委负责办理）

（9）加强安置区物业管理，以完善体制、健全法规、落实责任为抓手，进一步建立健全管理长效机制。（陈万圣同志、万维庆同志负责，城管局牵头办理）

（10）加强安置房工程的质量监管，加强人防工程监管和使用，在保证质量和安全的前提下，确保搬迁安置“零过渡”，努力建设精品样板工程，打造品牌示范项目。（陈万圣同志、万维庆同志负责，住建局、城管局、人防办负责办理）

（11）着力推进全市义务教育优质均衡发展，突出抓好农村义务教育学校现代化工程建设，提高教学质量和办学水平，完成10所农村定点小学校舍改造工程；努力提高公共医疗卫生服务水平，免费为群众提供43项基本公共卫生服务；大力发展基本公共体育服务，推动全民健身深入开展。（缪爱诚同志负责，教育局、卫生局、体育局负责办理）

13.进一步密切同人民群众联系。

（1）深入了解民情诉求。深入开展“三解三促”活动，畅通“12345”市长热线，加强与社会各界以及普通群众的联系，多到群众中去了解情况，多与基层群众沟通交流，及时掌握群众的所思所忧、所急所盼，切实增进同人民群众的感情，更好地践行为人民服务宗旨。（陈晓东同志负责，市政府办公室、“12345”市长热线牵头办理）

（2）建立定期接访制度。落实好领导干部接访制度，实现领导接访制度化，拓宽多种形式的信访渠道，让机关部门、镇（区、街道）主要负责同志与人民群众沟通交流。（成明同志负责，市政府办公室、信访局牵头办理）

（3）提高行政决策水平。坚持问计于民，问政于民，问效于民，完善和落实重大民生决策公众咨询监督委员会制度，发挥专家智囊作用，提高群众的参与度，提升行政决策的科学化、民主化水平。（市政府班子成员负责，市政府各部门负责办理）

（4）推行政务公开。及时向社会公开经济社会发展重大决策，接受社会监督。（吴道健同志负责，市政府办公室、法制办、信息中心牵头办理）

（5）推进管理重心和管理权限下移，建立财政转移支付自然增长机制，进一步调动基层工作积极性。（吴道健同志负责，财政局牵头负责）

（6）创新群众工作方式方法。尊重群众的主体地位和首创精神，通过下基层调查研究、听取各方面汇报，及时发现、总结和推广基层鲜活经验。完善社会团体管理的法规政策，加大支持指导力度，加强规范管理，支持各类志愿者队伍建设，促进社会团体健康发展，发挥各类社会组织联系政府、服务群众的作用。（市政府班子成员负责，市政府办公室、民政局负责办理）

14.切实强化责任意识。大力弘扬敢于担当、勇于负责的精神，集中精力抓发展、促转型，着力解决事关“勇当苏中全面小康领头雁”的调整优化经济结构、深化改革开放、保障和改善民生等一系列重点问题，促进经济社会持续健康发展。党组各成员对分管工作切实负起责任，按照市委要求积极推进，不得贪图享乐、精神懈怠；对分管部门、单位和干部监督到位，对其工作中存在的慵懒散拖、推诿扯皮、效率低下、作风不正甚至滋生腐败等问题敢抓敢管，不能丝毫放松。党组各成员坚决摒弃“老好人”思想，对地方、部门工作中存在的问题，一旦发现，坚决予以批评制止，大胆抓、放手管，不怕得罪人，不做老好人，不当“太平官”。（陈晓东同志负责，市政府办公室牵头办理）

15.着力提升服务效能。加快建立行政审批事项目录清单、政府行政权力清单、投资审批“负面清单”、政府部门专项资金管理清单和行政事业性收费目录清单，以政府权力的“正面清单”规范行政行为，以市场准入的“负面清单”激发市场活力。全面梳理市级部门审批事项，制定本市审批事项目录管理办法，杜绝审批事项“前清后立”。编制投资项目审批目录，绘制投资项目办理流程图，大力推进集中审批，加快政务服务机构建设，加快投资项目审批服务网络平台建设，建立行政服务事项并联办理机制。加大对投资项目特别是重大项目行政审批的监督检查和督查督办力度，对迟迟不能审批、影响重大项目落地开工的，组成联合督查组，对问题、原因和责任进行调查。部署开展整治“门难进、脸难看、事难办”专项行动，加强明察暗访工作力度，发现一起、通报一起、处理一起。（吴道健同志负责，监察局、政务中心、编办、法制办负责办理）

（三）切实解决享乐主义问题

16.增强工作主动性创造性。注重研究我市经济社会发展中存在的深层次问题，积极探索破解深层次矛盾的有效途径。大力弘扬“敢想敢干、敢闯敢试”的精神，切实摒弃“安于现状、求稳怕乱”现象。对工作上放不开手脚、信奉“不求有功、但求无过”的同志，对习惯于按老套路开展工作、创造性推进工作不足的同志及时予以提醒；对过分追求 GDP 增速，违背群众意愿，热衷搞“政绩工程”、“形象工作”的行为及时予以制止。（陈晓东同志负责，吴道健同志协助，市政府办公室、农工办、人社局、统计局负责办理）

17.狠抓工作的落实。

（1）加快发展现代服务业，加大现代服务业集聚区建设力度。（吴道健同志负责，服务业办牵头办理）

（2）积极稳妥处理好台商城事件，盘活闲置资产，发挥台商城最大效益。（吴道健同志负责，公安局、吴窑镇负责办理）

（3）切实增强农业综合生产能力，提升农业机械化和农田水利现代化水平。（杜永红同志负责，农机局、农委负责办理）

（4）强化基层基础工作，年底前实现“一委一居一站一办”新兴服务管理模式全覆盖。（杜永红同志负责，民政局牵头办理）

（5）研究制定进一步推进社会组织改革发展的意见，促进社会组织明确权责、依法自治、发挥作用。（杜永红同志负责，民政局牵头办理）

（6）扎实推进城镇化促进城乡一体化，推动中心城市和小城镇统筹协调发展。（陈万圣同志、万维庆同志负责，住建局牵头办理）

（7）加快完善食品药品监管体制，改善食品药品安全环境。（缪爱诚同志负责，食药监局牵头负责）

（8）推动旅游转型发展、创新发展、融合发展，落实旅游惠民措施，建设旅游大市。（缪爱诚同志负责，旅游局牵头办理）

（9）强化平安如皋科技支撑，加大社会治安管控信息化、网络化、智能化建设力度。（成明同志负责，

公安局牵头办理)

(10)认真落实省委关于加强和创新群众工作、促进信访突出问题解决的《意见》,做好新形势下的群众工作。(成明同志负责,信访局、公安局负责办理)

(11)培育发展战略性新兴产业,完善和创新产业扶持政策措施。(陆雪松同志负责,发改委、科技局负责办理)

(12)努力改进和创新服务方式,解决小微企业发展实际困难。(陆雪松同志负责,发改委负责办理)

(13)纵深推进创新驱动战略,加快科技与企业无缝对接、融合发展。(陆雪松同志负责,发改委、科技局负责办理)

(14)坚持不懈抓好安全生产,有效防范和遏制重特大安全事故发生。研究制定安全生产检查制度,完善应急处置预案。(陆雪松同志负责,安监局、应急办负责办理)

(15)积极协调银行给予熔盛重工资金支持,支持企业转型升级,帮助企业渡过难关,保持社会稳定。(陆雪松同志负责,发改委牵头办理)

(16)引导帮助企业加快"走出去"步伐,提高利用两个市场和两种资源的能力。(茅红宇同志负责,商务局牵头办理)

18.更大力度推进改革创新。

(1)制定加快发展混合所有制经济的意见,深入落实国家鼓励引导民间投资"新36条"及实施细则,支持民营经济健康发展。(吴道健同志负责,发改委牵头办理)

(2)探索城乡建设用地增减挂钩新试点,积极向省申报,争取列入省拟开展的镇域范围内建设用地调整利用试点县(市)。(吴道健同志负责,国土局牵头办理)

(3)完善财税体制改革,重点是突出利益分配和调节的导向性,加快建立现代财政制度。(吴道健同志负责,财政局牵头办理)

(4)深化金融改革,重点围绕更好地服务于实体经济发展,健全完善金融市场体系。(吴道健同志负责,人行、财政局、金融办负责办理)

(5)深入分析行政争议产生的根源,畅通复访、复调、网上受理等渠道,进一步提升行政调解规范化水平,加大行政争议调解力度,真正实现行政争议定纷止争、案结事了。(吴道健同志负责,法制办牵头办理)

(6)抓好土地征使用制度改革,在优化镇村布局规划、编制土地整理规划和村庄建设规划的基础上,在不减少基本农田保护面积的前提下,进行拆旧区与建新区异地整合,建设用地挂钩周转,有效缓解用地矛盾。(杜永红同志负责,农工办牵头办理)

(7)完善城镇化健康发展体制机制。继续深化全国小城镇改革发展试点、省级经济发达镇行政管理体制改革试点,争取纳入国家或省新型城镇化试点。(陈万圣同志、万维庆同志负责,住建局牵头办理)

(8)积极推进部省共建教育现代化示范区建设,统筹抓好教育领域综合改革,推动优质教育资源在新城区的均衡发展。(缪爱诚同志负责,教育局牵头办理)

(9)深化医药卫生体制改革,完善基本药物制度,加强基层医疗机构诊疗能力建设。(缪爱诚同志负责,卫生局牵头办理)

(10)推动开放型经济体制机制创新,增强本市企业国际竞争力,增创国际竞争合作新优势。(茅红宇同志负责、商务局牵头办理)

(四)切实解决奢靡主义问题

19.认真做好八项规定和省委、市委十项规定配套和落实工作。结合政府工作实际,研究制定一批细化、深化、具体化、可操作的规章制度,形成固化作风建设成果、规范作风行为的长效机制。坚持从严从紧,敢于动真碰硬,以钉钉子精神落实好中央八项规定和省委、市委十项规定,坚决制止和纠正违反

规定的行为,确保各项要求不折不扣落到实处。(陈晓东同志负责,吴道健同志协助,市政府办公室、监察局负责办理)

20.厉行节约、倡俭治奢。

(1)办公设施方面。坚决落实中办、国办《关于党政机关停止新建楼堂馆所和清理办公用房的通知》,5年内全市不得以任何形式和理由新建楼堂馆所。从严控制办公用房维修改造项目,严禁豪华装修办公室、超标准配备办公家具。进一步完善领导干部和工作人员办公室使用标准,全面清理党政机关和领导干部办公用房。(吴道健同志负责,机关事务管理局、财政局、监察局负责办理)

(2)公务接待方面。严格公务接待标准,能俭则俭。市政府党组成员在国内公务出差,一律按规定标准安排食宿。严禁公款宴请,严禁用公款赠送礼品礼金和各种有价证券、支付凭证,严禁用公款安排参观游览和娱乐健身活动。市级机关接待费用在去年压缩的标准上再下降10%。(吴道健同志负责,市政府办公室、接待办、监察局负责办理)

(3)公务用车方面。认真贯彻学习中共中央办公厅、国务院办公厅印发了《关于全面推进公务用车制度改革的指导意见》和《中央和国家机关公务用车制度改革方案》,严格按照标准配备,不再新购一般公务用车,确保公务购置和运行经费只减不增。(吴道健同志负责,机关事务管理局、财政局、监察局负责办理)

(4)因公出境方面。进一步加强对领导干部因公出国(境)的计划控制、量化管理和任务审批,不安排照顾性、无实质内容的一般性出访,不安排考察性出访,不得由企事业单位出资或补助,不得摊派、转嫁出国(境)费用。严格实行经费先行审核制度,健全经费审批与任务审批联动机制,加强经费审批的源头管理。严禁借培训名义安排考察性出访。(陈晓东同志负责,吴道健同志协助,市政府办公室、外侨办负责办理)

21.管好用好财政资金。

(1)扎实推进预算改革。把政府的所有收入和支出都纳入预算,着力完善由公共财政预算、国有资本经营预算、政府性基金预算和社会保障预算共同组成的政府预算体系,实施全面规范、公开透明的预算制度,形成强有力的预算约束机制。研究制定《全面推行预算绩效管理的意见》。(陈晓东同志负责,吴道健同志协助,财政局、审计局负责办理)

(2)做好正税清费工作。认真落实《省政府行政事业性收费监督管理办法》,抓紧对各类行政事业性收费项目进行再清理。进一步健全完善非税收入管理制度,将非税收入纳入预算管理。(吴道健同志负责,财政局、审计局、国地税负责办理)

(3)深化国库集中收付制度和公务卡结算制度改革,确保各镇(区、街道)和所有预算单位落实这两项制度。所有的行政支出和公务消费都按预算执行,由财政统一结算,减少公务支出中现金提取和使用。(陈晓东同志负责,吴道健同志协助,财政局、审计局、监察局负责办理)

四、加强政府自身建设,始终做到为民务实清廉

22.着力建设人民满意的服务型政府。

(1)加快转变政府职能,深化行政体制改革,创新行政管理方式,加强公共服务、市场监管、社会管理、环境保护职责,增强政府公信力和执行力。制定出台《关于加快转变政府职能建设服务型政府的意见》。(陈晓东同志负责,市政府办公室、政务中心、法制办、编办负责办理)

(2)持续提升行政效能,坚决纠正“门难进、脸难看、事难办”、推诿扯皮、效率低下等“机关病”,严格执行首问负责、限时办结、服务承诺等制度。(吴道健同志负责,市政府办公室、监察局负责办理)

(3)改进和创新服务方式,在支持实体经济方面,开展企业技改推进、增量培养、产品扩销、要素保障“四项行动”,鼓励企业开拓国内外市场,推动银企对接,帮助企业解决实际困难。落实《关于推进政府购买公共服务工作的指导意见》,提高公共服务供给水平。(吴道健同志、陆雪松同志负责,发改委、财政局负责办理)

23.着力建设法制型政府。

(1)依法推进科学决策,确保所有行政决策都符合法律授权,符合法律所体现的意见和利益要求,严格遵守法律规定的程序。完善重大决策公开征求意见、听证、风险评估等制度,进一步增强决策透明度和公众参与度。完善重大决策合法性审查机制,确保未经合法性审查或审查不合法的不予决策。(市政府班子成员负责,市政府办公室、法制办牵头办理)

(2)严格规范执法行为,深化行政执法体制改革,着力解决权责交叉、多头执法问题,建立权责统一、权威高效的行政执法体制。完善行政执法程序,制定完善具体执法细则、裁量标准和操作流程,做到严格规范、公正文明执法。(吴道健同志负责,法制办牵头办理)

(3)大力推进政务公开,及时公开涉及群众切身利益的政府服务流程、公共服务行业以及食品安全、保障性住房、环保等方面的相关信息。积极稳妥推进各镇(区、街道)财政预决算公开,逐步实现公务接待经费公开。建立健全政务服务体系,深化行政权力网上公开透明运行工作,使之成为政府施政的一项基本制度。(吴道健同志、陈万圣同志、万维庆同志负责,市政府办公室、公管办、代建中心负责办理)

24.着力建设廉洁型政府。

(1)改革完善土地出让、政府采购、工程招投标、重大项目建设管理,加大对重点领域、重点部门、关键环节的监管力度,强化行政监察和审计监督。(吴道健同志负责,监察局、审计局负责办理)

(2)按照"举债有度、偿债有源、成本求低、效益求高"的要求,规范政府性投资项目建设。改革完善政府投资的工程项目招投标管理制度,认真执行招标投标法,依法严格规范招投标活动。今后政府性投资建设项目一律纳入公共交易中心、一律实行招投标,发挥好代建中心协调作用。(吴道健同志、陈万圣同志、万维庆同志负责,公管办、代建中心负责办理)

(3)改革完善政府采购制度,进一步严格程序、规范行为,推动政府采购实现全流程电子化操作。(吴道健同志负责,财政局牵头办理)

五、抓好"四风"问题专项整治,确保取得实实在在成效

25.坚决纠正机关工作人员对群众来访态度生硬、推诿扯皮现象,整治行政执法监管中作风粗暴、滥用职权行为,集中清理"吃空饷"、在编不在岗、编外大量聘用人员等问题。(陈晓东同志、吴道健同志负责,市政府办公室、编办负责办理)

26.坚决纠正整治"形象工程"和"政绩工程",坚决叫停违背科学发展、盲目铺摊子上项目的行为,坚决查处制造假情况、假数字、假典型、虚报工作业绩的问题。建立健全政府投资项目全程监管长效机制。(陈晓东同志负责,吴道健同志协助,市政府办公室、财政局、发改委、监察局负责办理)

27.坚决纠正损害涉农利益行为,严肃查处截留、挤占、挪用、骗取惠农资金和假冒伪劣农业生产资料等问题。(杜永红同志负责,农委牵头办理)

28.坚决纠正征地搬迁中损害群众利益行为,严肃查处不按标准、违法政策的问题。(陈万圣同志、万维庆同志负责,住建局牵头办理,相关镇(区、街道)参与)

29.严肃查处损害群众利益的环境保护违法行为,坚决纠正纵容企业违法建设、违法生产和排污以及环境执法不规范、不到位等问题。(陈万圣同志、万维庆同志负责,环保局牵头办理)

30.坚决纠正发展教育事业中损害群众利益行为,严肃查处滥用行政权力干预职称评定等问题,坚决制止利用职务查收教(辅)材选用以及教育乱收费、中小学老师有偿家教等不正之风。(缪爱诚同志负责,教育局牵头办理)

31.坚决纠正医疗卫生方面不正之风,规范医务人员执业行为,加强医疗质量安全监管,整顿和规范医疗秩序,严肃查处医药购销领域的违纪违法行为。(缪爱诚同志负责,卫生局牵头办理)

32.坚决纠正食品药品安全方面损害群众利益行为,严厉打击食品药品违法犯罪行为,严肃查处食品药品监管中玩忽职守、徇私舞弊等问题。(缪爱诚同志负责,食药监局牵头办理)

33.坚决纠正安全生产方面损害群众利益行为,严肃查处不依法依规处理安全事故的问题。(陆雪松同志负责,安监局牵头办理)

六、切实抓好制度建设

34.全面清理已有制度。围绕贯彻落实中央八项规定精神和《党政机关厉行节约反对浪费条例》,解决"四风"方面突出问题。定期对市政府制定下发的规范性、制度性文件集中梳理,列出清单,认真做好立、改、废工作。(吴道健同志负责,市政府办公室牵头办理,法制办参与办理)

35.建立健全相关制度。

(1)反对形式主义方面。一是科学民主依法执行决策机制和工作落实机制,包括《市政府工作规则》《如皋市重大行政决策专家咨询论证办法》《深化行政审批改革的意见》和《如皋市重大决策社会稳定风险评估办法》等4项制度。二是规范各类会议、文件等方面的制度规定,包括《市政府常务会议工作规程》《市长办公会议工作规程》《市政府专题会议工作规程》《市政府系统政务信息报送制度》 等4项制度。三是领导班子思想政治制度建设,包括《市政府党组集体学习制度》《市政府党组党内组织生活制度》等2项制度。(陈晓东同志负责,市政府办公室牵头办理,法制办参与办理)

(2)反对官僚主义方面。一是关于加强督查督办、切实解决执行力不足方面问题的有关制度。包括修订《市政府常务会议决定事项交办督办办法》以及督查督办实施方案,进一步强化安全生产"一岗双责",建立一级抓一级、一级对一级负责的责任体系。二是完善党员干部直接联系群众方面的制度。制定实施重大敏感项目公众沟通工作制度,保障群众的知情权和监督权。继续实行市政府党组成员联系一个后进村、问题突出村或困难企事业单位的工作制度,认真执行定期到市信访局接访群众等制度。三是加强保障和改善民生工作方面的制度。研究制定市扶贫考核办法,继续做好我市扶贫工作。(吴道健同志负责,市政府办公室牵头办理)

(3)反对享乐主义方面。一是针对党政机关办公用房清理中存在的问题,制定《关于规范党政机关办公用房使用管理的指导意见》。二是完善公务接待制度,继续推进相关接待工作办法修订完善工作,统一规范细化公务接待标准。(吴道健同志负责,市政府办公室牵头办理)

(4)反对奢靡之风方面。一是建立健全党政机关厉行节约反对浪费的制度规定。二是建立完善楼堂馆所建设的管理制度,完善修订《如皋市政府投资项目管理办法》等制度。三是完善"三公"消费预算管理和公开制度,重点完善《如皋市市级财政专项资金管理办法》《市直党政机关和事业单位差旅费管理办法》以及改革公务用车制度等。四是建立健全节庆、论坛、展会、体育运动会和招商引资活动等方面管理规定,从严控制政府系统庆祝、表彰、研讨、论坛、庆典、奠基等活动的有关制度。(吴道健同志负责,市政府办公室牵头办理)

36.加大制度执行力度。通过市政府门户网站等媒体,加强制度公开和宣传,推动制度落实。进一步畅通信访、新闻、网络、电话等监督渠道,让群众监督制度执行情况。党组各成员要加大监督检查力度,组织相关部门通过抽查、督查等方式,及时发现制度执行中的问题,督促整改落实。将贯彻党的群众路线制度执行情况纳入领导班子和领导干部年度考核和党风廉政建设责任制考核的重要内容, 作为领导干部选拔任用、奖惩的重要依据。严查违规行为, 对违反制度规定的, 发现一起、查处一起; 对顶风违纪的, 从严从快处理, 决不允许有令不行、有禁不止。 (吴道健同志负责, 市政府办公室、监察局负责办理)

整改落实工作在市政府党组领导下进行,由市长负总责,市政府其他领导分工负责、牵头整改。以上整改事项按时间节点完成,有关专项整治项目在年底前取得阶段性成果。市政府办公室加强对整改落实工作的统筹协调、督查检查,确保落到实处、见到实效。整改结果自觉接受群众评判,让群众真切感受到改进作风取得的实实在在成效。

中共如皋市政协党组“党的群众路线教育实践活动”整改方案

(2014 年 9 月)

按照中央和省委、南通市委关于深入开展党的群众路线教育实践活动的部署要求，市政协党组聚焦反对形式主义、官僚主义、享乐主义和奢靡之风，广泛征求意见建议，深入查摆剖析问题，逐项逐条明确整改措施，集体讨论研究制定了市政协党组整改方案，经南通市委督导组和教育实践活动办公室审核同意，现对整改方案进行摘要公示，欢迎社会各界和广大群众监督。

根据中央和省、南通市委关于开展党的群众路线教育实践活动的部署，市政协党组认真查摆在“四风”方面存在的突出问题。按照即知即改、立说立行的要求，坚持标本兼治、注重实效，不断巩固为民务实清廉的形象，以优良作风服务中心履职，以良好形象团结各界人士。为此，特制订如下整改方案。

一、坚持正确方向，加强思想政治建设

1.坚定不移坚持中国共产党的领导。坚定自觉地在思想上、政治上、行动上与以习近平同志为总书记的党中央保持高度一致，坚决维护中央权威。坚定不移地围绕市委的中心工作和决策部署来思考和谋划政协工作。充分发挥政协委员中的共产党员的先锋模范作用，将广大委员和所联系群众紧密团结在党的周围，切实做到思想上同心同德、目标上同心同向、行动上同心同行。(牵头领导：李中林、殷高华；牵头部门：办公室、机关党支部)

2.加强政治理论武装。完善党组学习制度，加强学习安排的计划性和系统性。党组成员参加市委中心组集中学习不少于 12 次，全年参加雉水在线学习不少于 100 学时。认真学习党章和中共十八大、十八届三中全会以及即将召开的四中全会精神，学习贯彻习近平总书记系列重要讲话精神，学习实践人民政协和统一战线理论。解决好坚定理想信念这个总根源问题，解决好世界观、人生观、价值观这个“总开关”问题，增强道路、理论、制度自信，牢固树立全心全意为人民服务的宗旨意识和人民政协为人民的履职理念。大力弘扬理论联系实际的学风，注重用理论指导工作，用马克思主义立场、观点、方法，分析和解决实际问题，提高政协工作科学化水平。(牵头领导：李中林、钱志刚、殷高华；牵头部门：办公室、学习文史委、机关党支部)

二、坚持求真务实，切实转变工作作风

3.着力弘扬改革创新精神。坚持以改革创新的精神转作风、促发展，发扬开拓进取、敢于负责的精神，切实把政协的人才优势、智力优势转化为发展优势、竞争优势，把履职的基点放在推进全面深化改革、推动经济社会又好又快发展、实现全面小康这个主抓手上。围绕提高经济发展质量和效益、推动如皋展开新一轮跨越发展等重点工作，紧扣改革发展的重要领域和关键环节，集中力量开展调查研究、咨询资政和协商建言工作，多建睿智之言、多献务实之策、多尽助推之力，使更多意见建议进入党政决策措施，融入改革发展的具体实践。(牵头领导：李中林、张亚鸾、钱志刚、殷高华；牵头部门：办公室、各专委会)

4.着力发扬务实求实之风。坚持一切从实际出发，在推进工作时更好地把握规律性、增强主动性、富于创造性。健全抓落实工作机制，完善考核评价机制。建立健全建言献策成果的评估、跟踪、反馈和落实机制。每年开展 1~2 次对建议案、调研报告及重点提案办理落实情况“回头看”活动。(牵头领导：

李中林、殷高华；牵头部门：办公室、各专委会）

5.着力提高调查研究实效。党组成员要结合分管工作，每人每年负责若干重点课题，深入基层调研时间不少于2个月。调研视察选题要务实，内容要具体。既看“示范点”又看“原生态”，既听领导怎么讲也听群众如何说，既听肯定意见也听不同声音，努力掌握全面、真实、客观的第一手资料，提高调研成果的含金量。调研活动中减少参加和陪同人员，压缩行程日程，做到轻车简从，力戒走马观花。组织到基层调研视察，要避免调研视察选题重叠和时间、地点过于集中，避开相关镇（区、街道）工作繁忙时段，减轻基层负担。（牵头领导：李中林、殷高华；牵头部门：办公室、各专委会）

6.着力改进学风文风会风。大力倡导务实文风，重要文稿要紧扣主题，开门见山，力争问题抓得准，内容讲得透，措施提得实。严格规范、切实减少各类会议和活动，压缩会议时间和规模，可开可不开的会议坚决不开，可由各委室召开的会议，不以市政协名义召开。加强与宣传部门和新闻单位沟通，改进领导活动和会议报道，着重宣传市政协工作，展示委员履职风采。（牵头领导：李中林、殷高华；牵头部门：办公室、各专委会）

三、坚持为民宗旨，发挥政协独特优势

7.更加密切联系人民群众。研究制定《市政协关于加强与人民群众联系的意见》。党组成员要紧密结合“三解三促”“结对帮扶”“十个一”等活动，安排更多时间到基层调研。每年安排5~7天时间到“三解三促”联系点开展驻点调研，尽可能帮助解决一些实际问题。发挥政协联系广泛的优势，每年有计划地组织委员为人民群众做好事、办实事。建立委员联系本届别群众制度，每个政协委员联系本届别群众不少于3人。积极探索公民有序政治参与形式，健全邀请基层群众代表参加政协履职活动、旁听政协会议制度。（牵头领导：李中林、殷高华；牵头部门：办公室、各专委会）

8.更加注重推进真诚合作。密切同市工商联和无党派人士的合作共事，党组成员联系的群众中要有工商联和无党派人士，并与他们开展谈心活动。探索建立调研活动统筹、信息资源共享、咨询论证合力等工作机制，不断丰富和拓展工商联和无党派人士在政协履行职责的内容与形式、广度与深度，帮助解决工作中遇到的难题，形成协商运作、优势互补的良好局面。（牵头领导：李中林、钱志刚；牵头部门：办公室、提案委）

9. 更加突出委员主体地位。健全联系委员机制，制订密切联系委员工作制度，加强对委员的权益保障。进一步畅通与委员的联系渠道，每年安排约访委员活动，主席、副主席、党组成员轮流参加。把为委员履职服务和管理结合起来，通过开展无主题建言献策会、“委员活动日”等活动，引导激励委员不断增强责任意识，激发为民履职的热情。更好地发挥驻如省、南通市政协委员的作用，每年组织开展1~2次调研视察活动。（牵头领导：李中林、殷高华；牵头部门：办公室、提案委）

10.更加关心政协专委会建设。定期研究专门委员会工作，支持专委会组织开展各种有序有效的调研、视察、考察活动，使专委会成为议政建言的平台、反映社情民意的窗口、联系界别和委员的纽带。各专委会每年开展1~2次专题调研协商活动，并形成上报成果。健全专委会组织和活动制度，支持和帮助专委会开展各种活动，充分发挥专委会积极作用。（牵头领导：李中林、张亚鸾、钱志刚、殷高华；牵头部门：办公室、各专委会）

四、坚持奋发有为，提高履行职能成效

11.创新协商民主推进方式。认真贯彻落实十八大和十八届三中全会精神，配合市委贯彻落实《深化改革的意见》。按照“广泛多层制度化发展”的思路，更加活跃有序地组织专题协商、对口协商、界别协商、提案办理协商，增加协商密度，提高协商成效。探索以专题为内容、以界别为纽带、以专委会为依托、以座谈为方法的协商形式，组织政协常委和委员，围绕事关全市科学发展的重大问题和人民群众关心的热点难点问题议政建言，不回避问题，不超越阶段，使提出的思路、对策和建议科学合理、切实可行。（牵头领导：李中林、张亚鸾、钱志刚、殷高华；牵头部门：办公室、各专委会）

12.创新民主监督开展方式。不断探索民主监督的新路径，在向政法等部门派出民主监督小组的基础上，选择社会关注度高的部门和行业扩大委派民主监督小组工作试点，提倡热烈而不对立的讨论，开展真诚而不敷衍的交流，鼓励尖锐而不极端的批评。每年对1个部门或单位的工作开展民主评议，并将评议结果向市委和上级主管部门反馈，把民主评议结果作为被评议对象年终综合考评的依据。健全社情民意信息“直通车”，使渠道更畅通、网络更完善、工作更扎实、反馈更及时。（牵头领导：李中林、张亚莺、钱志刚、殷高华；牵头部门：办公室、各专委会）

13.创新政协提案办理方式。建立健全科学的提案立案、办理工作责任制，确保每件提案办理责任到部门、责任到人，防止提案办理“回娘家”现象的发生。承办单位要在收到政协全体会议期间的提案之日起5个月内，收到政协全体会议闭会期间的提案之日起3个月内，对提案作出书面答复。每年确定20件左右作为重点提案，由市政府分管领导领办、市有关部门主办、市政协主席会议成员督办、市政协相关专委会牵头。通过跟踪督办、协商、视察等方式，密切承办单位、提案者、政协组织的联系，建立三方沟通协商机制。会同有关部门对提案承办“大户”进行联合督查，真正使提案办理由“答复型”向“落实型”转变。（牵头领导：李中林；牵头部门：提案委）

14.创新政协机关管理方式。加强机关党的建设，大力推进“三型机关”和“六优”服务型基层党组织创建，深化机关效能建设，倡导讲政治、勇担当、善协作、守纪律的好风气，进一步提升队伍素质和服务能力。加强机关干部队伍建设，不断完善选人用人机制。加强机关干部职工的思想政治工作，切实帮助解决思想、工作、生活中遇到的困惑和问题，关心机关干部的成长进步。（牵头领导：殷高华；牵头部门：办公室）

五、坚持严肃纪律，营造风清气正环境

15.严格落实党风廉政建设责任制和“一岗双责”。在履行好岗位职责的同时，严格遵守中央和省、市委关于党风廉政建设的各项规定，带头抓好党风廉政建设责任制的落实，始终把《中国共产党党内监督条例》《中国共产党纪律处分条例》《中国共产党党员权利保障条例》等党规党纪以及中纪委和省、市纪委廉政建设的要求，作为衡量、规范言行的标尺，自觉进行反腐倡廉的自我教育，增强拒腐防变能力。严格执行领导干部亲属经商、担任公职和社会组织职务、出国定居等规定，从严要求自己，切实管好子女、亲属和身边工作人员，决不搞特权，自觉接受监督。（牵头领导：李中林、殷高华；牵头部门：办公室、机关支部）

16.严守廉洁从政底线。牢固树立正确的权力观、地位观、利益观，筑牢拒腐防变思想防线。始终以高度的政治警觉，自觉接受组织和群众的监督，特别是来自政协委员和党外人士、人民团体的监督，坚决防范“四风”发生。带头执行中央八项规定和省、市委十项规定，不接受可能影响公正执行公务的礼品、宴请以及旅游、健身、娱乐等活动安排，不在公务活动中接受礼金和银行卡、购物卡、消费卡等各种有价证券、支付凭证。认真落实述职述廉和个人重大事项报告制度，树立党组班子清正廉洁、务实高效的整体形象。（牵头领导：李中林、殷高华；牵头部门：办公室、机关支部）

17.严控“三公”经费支出。严格执行中央和省市《关于厉行节约制止浪费的规定》，坚持从严从简、从紧从俭。按照综合预算的要求，将各项收入和支出全部纳入部门预算，严禁超预算或无预算安排支出，力争“三公”经费每年有所下降。进一步严格控制和规范国内外参观考察活动。认真执行办公用房、公务用车等方面规定，加强对职务消费的有效监管。（牵头领导：李中林、殷高华；牵头部门：办公室）

18.严格执行公务接待纪律。公务接待既节约又热情，体现政协特色。认真落实《关于规范和改进接待工作的规定》，建立公务接待集中管理制度，严格审批管理和接待标准，不接待无公函的公务活动，严禁将非公务活动纳入接待范围。严禁用公款大吃大喝或安排与公务无关的宴请，坚决制止出入私人会所等娱乐场所。（牵头领导：李中林、殷高华；牵头部门：办公室）

六、坚持长效管理，切实抓好建章立制工作

19.切实强化规章制度建设。针对“四风”方面查找出的突出问题，组织力量制定完善《市政协关于规范机关运转工作的意见》等履职制度和管理规定，推进政协履职的制度化、规范化、程序化。坚持以改革精神抓好建章立制工作，努力使制度可执行、可监督、可检查、可问责，为政协履行职能、创新发展提供可靠的制度和机制保障。加强对制度建设的统筹，坚决反对制度建设中的形式主义。（牵头领导：李中林、殷高华；牵头部门：办公室）

20.切实保证制度落实到位。狠抓制度执行，落实责任主体，明确执行时限和目标要求，强化制度执行力，着力提高制度执行效果。坚持制度面前人人平等，党组成员要带头执行制度，严格遵守制度。加强对制度执行的全程跟踪、实时监督，坚决纠正有令不行、有禁不止、随意变通、恶意规避等行为，维护制度权威性，使制度真正成为党员干部联系服务群众的硬约束，使贯彻党的群众路线真正成为党员干部的自觉行动。（牵头领导：李中林、殷高华；牵头部门：办公室）

要切实加强对整改工作的组织领导。一是落实整改责任。整改工作在党组统一领导下进行，党组书记总负责。二是形成推进合力。牵头领导要坚持紧扣实际、务实管用的原则，进一步明确整改重点和推进时序，建立整体联动的整改机制。三是坚持开门整改。整改的内容、时限、责任和进展情况，及时向群众公开，接受群众监督。及时通报重点整改事项进展情况，确保在整改时限内完成任务，以实际效果取信于民。

市政府关于印发《城市搬迁补偿安置补充规定》的通知

皋政规〔2014〕1号

各镇(区、街道)人民政府(管委会、办事处),市各委、办、局、行、社、公司,市各直属单位:

经市政府研究,现将《城市搬迁补偿安置补充规定》印发给你们,请认真贯彻执行。

如皋市人民政府

2014年2月14日

城市搬迁补偿安置补充规定

为了进一步规范城市搬迁补偿安置行为,维护公共利益,保障房屋所有权人的合法权益,根据《中华人民共和国土地管理法》《中华人民共和国物权法》国务院《国有土地上房屋征收与补偿条例》等法律法规及《如皋市国有土地上房屋征收与补偿办法》(皋政规〔2012〕1号)、《如皋市国有土地上房屋征收范围内房屋调查认定和处理办法》(皋政规〔2012〕2号)、《如皋市国有土地上房屋征收补偿补助和奖励办法》(皋政规〔2012〕3号)、《如皋市国有土地上房屋征收与补偿评估技术规范》(皋政办发〔2012〕26号)等政策规定,结合实际,对城市搬迁补偿安置政策作补充规定如下:

第一条 由城市搬迁改造项目所在镇(区、街道)政府(管委会、办事处)或房屋征收主体组建房地产及人口认定小组,负责对项目范围内房屋的权属、用途、建筑面积,土地的权属、用途、使用面积,宅基地上所建房屋家庭集体组织成员的调查、登记、初审等工作。

房地产及人口应经住建(规划)、国土、城管、监察、农办等部门参与认定,并将结果进行公示。

第二条 房屋超证部分大于一个自然间(22平方米)的,超出部分面积的只作货币补偿依据,不作为产权置换的依据。

第三条 国有土地上的房屋补偿按照搬迁地块该区域或毗邻区域的房屋市场价作为基准价进行补偿。

集体土地上的房屋选择货币补偿安置的,被搬迁房屋货币补偿总额为合法建筑面积的重置成新价+相关政策性补偿+放弃产权调换货币补差金额。放弃产权调换货币补差金额为毗邻区域建成安置区实际价格与该安置区政府安置均价的差价。实际价格由评估公司提供,并经审核后公布。

第四条 宅基地上房屋所有权人在选择第二套(或第二套以上)住房进行产权调换房源时,其剩余的合法建筑面积部分,按目前如皋实际安置房最小套型100㎡计算,小于50㎡的且小于所选择产权调换房源建筑面积的50%,不得实行产权调换。按人口计算安置面积大于该户实际合法建筑面积的,按人口计算安置面积确定。

第五条 经公示认定房屋的所有权人选择货币补偿安置放弃产权置换的，每户给予奖励 40000 元。选择货币补偿安置方式的，必须提供拥有住房等证明材料。

第六条 经公示认定房屋的所有权人选择产权置换房源后，其剩余经认定的合法建筑面积仍可选择一套置换房源但放弃继续产权置换的，每户给予奖励 30000 元；其剩余经认定的合法建筑面积仍可选择二套或二套以上置换房源但放弃继续产权置换的，每户给予奖励 40000 元。

第七条 严格实行三榜公示制度，对搬迁项目范围内的调查登记结果、分户评估结果、补偿安置结果必须在搬迁项目范围内进行公示。

第八条 本规定适用于如城街道、城北街道、城南街道。

其他各镇(区)可参照此补充规定制定相应的补偿安置细则，报市政府备案后执行。

第九条 本规定自发布之日起施行，此前规定与本规定不一致的，按本规定执行。凡在此规定公布之前已启动的搬迁项目，仍按原规定执行。

市政府关于印发《如皋市城乡低收入家庭认定管理办法(试行)》的通知

皋政规〔2014〕2 号

各镇(区、街道)人民政府(管委会、办事处)，市各委、办、局、行、社、公司，市各直属单位：

《如皋市城乡低收入家庭认定管理办法(试行)》已经市人民政府同意，现印发给你们，请认真贯彻执行。

如皋市人民政府

2014 年 3 月 15 日

如皋市城乡低收入家庭认定管理办法(试行)

第一章 总 则

第一条 为进一步健全、完善、规范城乡社会救助体系，努力提高社会救助工作水平，积极帮助城乡低收入家庭申请保障性住房、医疗、教育、临时生活困难等专项救助，促进社会和谐稳定，根据《江苏省城市低收入家庭认定办法》(苏民发〔2009〕8 号)和《南通市城乡低收入家庭认定管理试行办法》(通政规〔2010〕3 号)及《关于加快推进救助家庭经济状况核对工作的通知》(苏民助〔2013〕3 号)等文件规定，结合我市实际，制定本办法。

第二条 本市行政区域内城乡低收入家庭的收入认定及其监督管理，适用本办法。

第三条 本办法所称城乡低收入家庭，是指申请人家庭成员至少一人具有本市城乡常住居民户籍(不含外地在本市就读的学生及户籍挂靠人员)，人均可支配收入和家庭财产状况符合本市人民政府确定的低收入标准的城乡居民家庭。家庭成员是指具有法定的赡养和抚（扶）养关系并共同生活的成员。

存在法定赡养、抚养、扶养关系并且长期共同生活的分户籍家庭，视为共同生活的家庭成员。户籍已迁出但仍由其家庭供养的全日制在校就读学生，视为共同生活的家庭成员。

第四条 城乡低收入家庭收入认定工作实行各镇(区、街道)负责制，以家庭户为单位，实行申请人户籍所在地属地化管理，对于同一户籍家庭具有不同情形的，原则上按家庭实际常住地相应适用城市或者农村居民家庭情形认定。

第五条 市民政局为本市城乡低收入家庭收入认定的主管部门，市低收入家庭认定承办机构负责全市城乡低收入家庭收入认定的审核、审批等具体业务工作。

各镇(区、街道)负责本辖区内城乡低收入家庭收入认定的受理、审核等具体工作。

村(居)委会受各镇(区、街道)委托，承担城乡低收入家庭的有关调查、评议、公示等日常服务工作。

第六条 市发展改革、价格、公安、财政、人力资源和社会保障、住房与城乡建设、金融、税务、工商、统计、农村工作、工会等部门根据各自职责，共同做好城乡低收入家庭认定的相关工作。

第七条 市级相关部门要积极支持城乡低收入家庭收入认定机构的能力建设，落实必要的人员编制、配备必要的工作人员，落实必要的工作经费，保证城乡低收入家庭认定工作的顺利开展。各镇(区、街道)要采取调配、招用等形式，落实必要工作人员。

第八条 城乡低收入家庭认定所需工作经费每年列入市、镇两级财政部门年度预算。

第二章 认定标准和内容

第九条 城乡低收入家庭收入认定标准分别按照家庭人均可支配收入、家庭人均纯收入和家庭财产两项指标认定。

城市居民家庭可支配收入一般按其上年度家庭人均可支配收入或提出申请时前最少6个月内的家庭人均可支配收入计算。农村居民家庭人均纯收入一般按其申请前12个月内的家庭人均纯收入计算。城市居民家庭可支配收入及农村居民纯收入主要包括：

(一)工资性收入。包括各类工资、奖金、津贴、补贴以及兼职、兼业收入和从事各种技艺、各项劳动服务所得的报酬等。

(二)劳动收入。主要包括家庭成员的各种种植收入、养殖收入、捕捞收入、加工收入、劳务收入等。

(三)经营性收入。指个体、私营业主等在工商登记机关依法登记取得营业执照、合法经营取得的收入扣除从事生产和非生产经营费用支出、缴纳税款等，可直接用于生产性、非生产性建设投资、生活消费和积蓄的收入。

(四)其他收入

1.财产性收入。主要包括：

(1)投资收入。包括银行存款利息收入、有价证券股息红利收入、保险受益和其他借贷性本金及投资受益。

(2)出租房屋等资产收入。将家庭拥有的产权房屋、车辆、土地等资产出租产生的收入。

(3)知识产权收入。自己创作、发明或者参与创作、发明，并归个人所有的著作权、专利权、专有技术等带来的收入，专利人将专利权让给他人或许可他人在一定的时间和范围内使用其专利所得的个人收入和非专利技术所有者将非专利技术有偿地提供、转让他人所取得的个人收入。

(4)除上述之外的财产产生的收入。

2.转移性收入。主要包括离退休金、失业保险金、遗属补助费、赔偿收入、因劳动合同终止(包括解除)所获得的经济补偿金(生活补助费、一次性安置费)、赡养费、抚(扶)养费、提取住房公积金、接受馈赠收入、继承收入以及经认定应计入收入的其他收入。

3.出售财物收入。主要包括出售住房收入、因建设征地等原因领取一次性经济补偿金和安置补助费、拆迁安置房屋货币补偿收入扣除相应安置支出和依法不计入部分及其出售其他物品收入。

4.经认定应计入家庭收入的其他收入。

家庭财产是指:家庭成员拥有的全部存款、房产、车辆、有价证券、贵重首饰、高档音响、其他中高档设施、设备等财产。

第十条 城乡低收入家庭人均可支配收入认定标准,实行动态管理。城市居民低收入家庭人均可支配收入标准和农村低收入家庭人均纯收入标准以本市城乡低保标准的200%为基准,按上年度城镇居民人均可支配收入、农民人均纯收入的一定比例确定,每年由市民政、统计、财政等相关部门制定报市政府批准后向社会公布一次,并报上一级人民政府备案。

第十一条 城乡低收入家庭人均可支配收入和人均纯收入应低于认定标准,城乡居民最低生活保障家庭、农村建档立卡中的低收入户、特困职工家庭可直接认定为城乡低收入家庭,不再重复进行家庭收入认定。

第十二条 家庭成员按照有关规定获得的以下收入不计入家庭可支配收入:

(一)优抚对象抚恤金、补助金、立功荣誉金、护理费、建国前老党员生活补贴;

(二)义务兵家庭按照规定享受的优待金、奖励金;退役士兵一次性自谋职业补助金;

(三)对国家、社会和人民作出特殊贡献,政府给予的奖励金和特殊津贴、劳动模范荣誉津贴、见义勇为奖励金;

(四)政府发放的尊老金、城镇居民社会养老保险基础养老金和新型农村社会养老保险基础养老金("十二五"期间暂不计入家庭收入);

(五)计划生育家庭按政策享有的独生子女费;

(六)政府、社会、学校给予在校学生的帮困助学金、奖学金;

(七)政府、社会给予的医疗救助款物;

(八)政府发放的廉租住房补贴;

(九)因公(工)负伤人员的医疗费、护理费、残疾辅助器具费,因公(工)死亡人员的丧葬费;

(十)按照规定由用人单位统一扣缴和个人自缴的社会保险费、住房公积金;

(十一)因搬迁获得的搬迁补偿款中,按照规定用于购置安居性质的自住房屋和必要的搬迁、装修、购置普通家具家电等实际支出的部分;

(十二)最低生活保障对象参加社区组织的公益性劳动所得;

(十三)政府发放的物价补贴、节日补助、一次性生活补贴金;

(十四)残联发放的残疾人护理补贴、教育补贴、机动轮椅车燃油补贴、低保内重残补贴等残疾人专项补贴经费;民政部门发放的低保外特殊困难残疾人生活救助金;

(十五)归侨生活补助费;

(十六)当地政府规定的其他不应当计入家庭收入的项目。

第十三条 家庭财产有下列情形之一的,不能认定为低收入家庭:

(一)拥有并使用各种机动车辆及大型农机具的家庭(摩托车以及残疾人用于功能性缺陷补偿且非经营性活动的代步机动车除外);

(二)家庭成员(3人以下,含本数)拥有超过120平方米以上的非普通商品住房,申请低收入保障期间,装修住房或装修水平明显高于当地最低生活保障标准的家庭;

(三)城市、农村家庭成员平均拥有存款和有价证券总额分别在当地上年度城市居民人均可支配收入、农民人均纯收入以上的。

第十四条 有下列情形之一的,不予认定低收入家庭:

(一)城市家庭成员无正当理由在半年内两次不接受社区或服务机构介绍就业的;

(二)农村家庭成员有劳动能力且有责任田,无正当理由不耕种荒废土地的;

(三)自费安排子女出国留学或自费选择高收费私立学校就读的;

(四)故意不履行法定赡养、抚(扶)养义务和转移个人资产的;

(五)无正当理由,在申请前已在本市区域以外地区居住半年以上的居民;

(六)拒绝配合社区居委会(村委会)和管理审批机关进行调查,隐瞒家庭真实收入(包括非稳定性隐蔽收入)及家庭成员人数,提供虚假证明的;

(七)通过离婚、赠予、转让等方式放弃自己应得财产或份额,或者放弃法定应得赡养费、抚养费、扶养费和其他合法资产及收入的家庭;

(八)法定赡养、抚养、扶养人有赡养、抚养、扶养能力,但未依法履行义务,致使申请人未获得赡养、抚养、扶养权益的家庭;

(九)在法定劳动年龄段内并且有劳动能力,无正当理由拒绝就业或者从事生产劳动的家庭;

(十)家庭成员实际生活水平明显高于本市低收入家庭生活水平的家庭;

(十一)经民政部门认定的其他不予认定的情形。

第三章　收入调查评估

第十五条 工资、薪金收入评估:

(一)城镇居民按个人任职或者受雇单位劳资部门出具的有效证明计算收入。不能提供证明和所提供证明低于当地职工月最低工资标准的,由个人诚信申报、村(居)委会、各镇(区、街道)根据本市职工月最低工资标准计算,如连续6个月以上未领到或未足额领到工资的在职职工且今后不可能予以补发的,经单位所在地劳动保障部门认定并出具证明后可以按实际收入计算家庭收入。兼职性其他劳动及经营收入由所在镇(区、街道)联合相关职能部门评估确定。

(二)在法定就业年龄内有劳动能力而未就业的城镇居民,由劳动保障部门或社区推荐就业,本人服从安排但未实现就业的,按实际收入计算;无正当理由拒绝就业或不就业的,由村(居)委会、镇(区、街道)根据本市职工月最低工资标准计算。

(三)农村务工人员,根据工作单位相关证明计算实际收入。不能提供的,由村(居)委会、各镇(区、街道)根据本市农民上年度人均纯收入或职工月最低工资标准计算。

第十六条 对劳动收入、种植业的按当地粮食、经济作物平均每亩实际产量和当地的收购价,扣除成本后计算收入。不能确定产量的,由农业部门评估或按当地同类地域平均产量确定;从事养殖业并形成一定规模的按实际收入计算,不能确定的按当地平均收入计算。

第十七条 对个体经营、私营企业主诚信申报的经营净收入,由村(居)委会、镇(区、街道)通过各相关职能部门调查评估确定。

第十八条 财产性收入评估:

(一)财产租赁所得、财产转让所得,按有效租赁、转让协议(合同)计算。个人不能提供租赁、转让协议(合同)或租赁、转让协议(合同)价明显与当地实际不符的,按当地同类物品的市场租赁、转让价格计算。

(二)利息收入、股息红利收入、保险收益和其他投资收益,由申请人家庭成员诚信申报,村(居)委会、镇(区、街道)通过相关专业职能部门调查评估确定。

(三)知识产权收入、出租房屋等资产的收入,按照相应合同等核定收入,合同价款明显与当地市场价格不符的,由村(居)委会、镇(区、街道)通过相关业务部门调查评估确定。

(四)征地搬迁补偿收入和劳动力安置补偿费凭搬迁协议及补偿金领取证明予以认定。

第十九条 转移性收入评估:

(一)离退休金。凭本人离退休金额领取证或通过发放单位调查认定。

(二)失业人员失业保险金。凭本人《失业证》或通过劳动保障部门调查予以认定。

(三)遗属补助费。凭单位开具的遗属补助费证明等予以认定。

(四)赔偿收入。凭人民法院调解书、判决书等证明文件予以认定。

(五)经济补偿金(安置费)。凭用人单位解除(终止)劳动合同证明文件以及发放证明资料等予以认定。

(六)具有赡养、抚养、扶养关系的家庭成员非共同生活的,义务人应当给付的赡养费、抚养费、扶养费标准,按照具有法律效力的协议书、调解书、判决书等法律文书所规定的数额计算认定。

没有法律文书的,如果义务人家庭人均收入低于当地最低生活保障标准2倍(含2倍)的,视为无赡养、抚养、扶养能力,可以不计算赡养费、抚养费、扶养费;如果义务人家庭人均收入高于当地最低生活保障标准2倍的,一般将其收入高出部分的50%,平均到其应当赡养、抚养、扶养的每个对象计算认定。

(七)住房公积金通过住房公积金中心查询予以认定。

(八)接受馈赠收入。由被调查人诚信申报,村(居)委会、镇人民政府(管委会)进行评估认定。

(九)继承收入。继承房产属低收入家庭生活必须的不列入收入计算,其他继承收入由申请人诚信申报,村(居)委会、镇(区、街道)按相关有效司法文书等资料认定或通过有关部门评估确定。

第二十条 对收入不固定或无法准确计算收入的,参照民政等部门制定的《如皋市城乡主要行业收入基本标准(试行)》评估确定。

第二十一条 对家庭财产和个人收入的认定有争议时由民政局组织认定。

第四章 认定程序

第二十二条 城乡低收入家庭的认定,以家庭为单位,实行属地化管理。申请城乡低收入家庭认定的,按下列程序办理:

(一)由申请人本人(特殊情况可以书面委托代理人)向户籍所在地村(居)委会提出书面申请,同时需提供下列材料:

1.家庭成员户口簿和居民身份证复印件;

2.家庭成员收入状况证明;

3.赡养义务人或扶养、抚养义务人家庭情况及收入证明;

4.申请人婚姻状况证明及家庭成员关系类属性材料证明;

5.房产及其他财产证明;

6.重病(县级以上医疗机构诊断报告)、重残(市残联发放的残疾证)证明;

7.家庭成员中有16周岁以上全日制在读学生的,提供在读证明;

8.从事农业生产的家庭,提供土地、水塘等生产资料承包或者租赁合同等证明;

9.需要提供的其他证明材料。

(二)村(居)委会自受理申请之日起,在10个工作日内对申请人提供的家庭成员、收入等情况进行全面调查、核实,并将申请人有关情况进行评议,经公示5天无异议的,由申请人填写《如皋市城乡低收入家庭收入和财产申报表》(一式二份),同时签署《诚信承诺书》和《家庭收入和财产查询授权书》,由村(居)委会签署意见后报各镇(区、街道)审核。

(三)各镇(区、街道)对村(居)委会上报的城乡低收入家庭提供的证件、申报材料进行审验,确认其真实有效和完备的,应受理并予以登记。在20个工作日内通过书面审查、入户复查、信息查证、邻里访问、信函索证等方式,对申请人的家庭收入和实际生活状况进行评估核实并第二次张榜公示,接受群众监督,公示时间不少于7个工作日。公民、法人或者其他组织对公示的低收入家庭有异议的,应当书面向各镇(区、街道)提出,并提供必要的证据材料。各镇(区、街道)自接到异议之日起5个工作日内重新调查核实。经公示无异议或者异议不成立的,各镇(区、街道)应当在公示期满之日起3个工作日将申请材料、审核意见和公示情况一并报送市低收入认定承办机构。

(四)市低收入家庭认定机构对经各镇(区、街道)审核后上报的低收入家庭认定申请,在20个工作日内进行再次审查核实,集中进行公示,公示时间不少于7个工作日。公民、法人或者其他组织对公示的低收入家庭有异议的,应当书面向市低收入家庭认定机构提出,并提供必要的证据材料。市低收入家庭认定机构应当自接到异议之日起5个工作日内重新调查核实。经公示无异议的或者异议不成立的,应当在公示期满后5个工作日内审核批准。特殊情况,经市低收入家庭认定承办机构主要负责人批准,可适当延长,但延长时间最长不超过10个工作日。

(五)经各镇(区、街道)、市低收入家庭认定机构审查,认为申请人不符合城乡低收入家庭认定相关规定条件的,应当及时书面通知申请人,并说明理由。

第二十三条 经申请低收入认定家庭有民事行为能力的家庭成员书面授权,市低收入家庭认定机构以及各镇(区、街道)可以对家庭成员的可支配收入和财产状况进行查询。公安、人力资源和社会保障、民政、住房保障和房产管理、金融、工商、税务、住房公积金管理等部门和机构应当予以配合,准确提供下列与申请对象有关的信息,并出具书面证明材料:

1.就业、缴纳社会保险费和领取社会保险金的情况;

2.住房公积金缴纳和使用的情况;

3.企业和个体工商户的注册登记、生产经营情况;

4.个人、个体工商户以及企业的纳税情况;

5.房产拥有、房产交易和房屋出租的情况;

6.车辆拥有的情况;

7.享受有关社会救助、优待抚恤的情况;

8.存款、有价证券、商业保险等情况;

9.根据有关规定应当提供的其他证明材料。

各相关部门和机构应为申请家庭的可支配收入和财产信息保密,查询结果不得用于低收入家庭收入认定以外的其他方面。

第二十四条 各镇(区、街道)成立低收入家庭认定评审小组,负责对申请低收入家庭进行调查、评估、核定等有关情况。

各村(居)委会应由专人负责调查评估工作,上报结果需经各村(居)委会评议小组集体研究决定。

第二十五条 市低收入家庭认定承办机构应当为符合申请低收入家庭认定条件和标准的申请人出具低收入家庭收入认定证明,认定证明自作出决定之日起5个工作日向申请人发放。与社会救助无直接关系的低收入家庭认定申请,各镇(区、街道)和民政部门不予受理。

第五章 监督管理

第二十六条 低收入家庭收入认定证明自认定之日起,有效期为1年,到期自动作废。

第二十七条 低收入家庭收入认定实行动态管理,在低收入家庭收入认定证明有效期内,低收入家庭可支配收入以及财产有变动的,应当及时向户籍所在地镇(区、街道)如实报告,接受各镇(区、街道)核查,核查情况及时报送市低收入家庭认定承办机构,重新审核,符合条件的,出具低收入家庭收入认定证明。不符合条件的,收回低收入家庭收入认定证明。对到期的低收入家庭,收入情况没有任何增加性变化的,由所在地镇(区、街道)在其到期前申报年审予以继续认定。低收入家庭认定承办机构及时将变动情况通报给同级住房保障和房产管理部门或其他相关救助主管部门。

第二十八条 各镇(区、街道)应当按户建立城乡低收入家庭收入审核档案,并将城乡低收入家庭的人口、可支配收入、财产等变动情况,以及享受保障性住房或者其他社会救助的情况,及时登记归档。

第二十九条 市低收入家庭认定机构应当逐步建立城乡低收入家庭收入审核信息系统,有效利用公安、人力资源和社会保障、住房保障和房产管理、金融、工商、税务、住房公积金等政府部门及有关机构的数据,实现信息共享,方便信息比对和核查,建立科学、高效的收入审核信息平台。

第三十条 市监察部门应加强对城乡低收入家庭认定工作的跟踪与监督,确保城乡低收入家庭的认定过程公平、公正、有序。

第三十一条 申请低收入家庭认定的申请人采取虚报、隐瞒、伪造等手段提供虚假材料的,骗取低收入家庭认定的,一经发现,取消认定资格;已取得低收入家庭认定证明的,注销其低收入家庭收入证明,取消低收入家庭相关待遇并向社会公示;已享受相关低收入家庭待遇的,予以追缴并依法进行处理。

市民政局及市低收入家庭认定承办机构、各镇(区、街道)、各村(居)委会应设立公开举报箱,公布举报电话,广泛接受人民群众和社会监督。

第三十二条 对不按规定出具相关证明材料的或者在出具证明时弄虚作假的单位及有关主管人员和直接责任人员,由有关部门给予批评教育,直至依法进行处理。

第三十三条 从事城乡低收入家庭认定管理审核工作的人员,在审核过程中不依法履行监督管理职责,或者工作中玩忽职守的,滥用职权、徇私舞弊的,严肃追究责任并给予相应的行政处分,涉嫌犯罪的,依法移送司法机关处理。

第六章 附 则

第三十四条 本办法由市民政局负责解释。

第三十五条 本办法自颁发之日起施行。

市政府关于印发《如皋市城乡困难群众临时生活救助实施办法(试行)》的通知

皋政规〔2014〕4 号

各镇(区、街道)人民政府(管委会、办事处),市各委、办、局、行、社、公司,市各直属单位:

《如皋市城乡困难群众临时生活救助实施办法(试行)》已经十六届市政府第二十九次常务会议讨论通过,现印发给你们,请认真贯彻执行。

如皋市人民政府

2014 年 10 月 8 日

如皋市城乡困难群众临时生活救助实施办法(试行)

第一章　总　　则

第一条　为进一步健全和完善社会救助体系,及时有效地解决我市城乡居民临时困难,保障困难群众的基本生活,切实提高对临时性、急难型困难的救助能力,促进社会和谐稳定,依据国务院《社会救助暂行办法》等文件精神,结合我市实际,制定本办法。

第二条　临时救助是政府对困难群众因病、因灾、交通意外事故等,导致基本生活短时期出现严重困难的家庭,或者因生活必需支出突然增加,造成家庭基本生活难以维持的家庭,以及遭遇其他特殊困难的家庭,采取的一种非定期定量的临时性救助。临时生活救助应遵循以下原则:

(一)属地管理,分级实施;

(二)及时、高效、适度;

(三)公正、公平、公开;

(四)政府辅助与自救相结合,以维持基本生活为主;

(五)侧重于急难型、临时性、补充性。

第三条　市民政局负责统筹本市范围内城乡困难群众临时救助的实施和管理工作,并牵头建设全市社会救助信息平台,市各部门、各镇(区、街道)须及时登录并上传各自救助信息。

各镇(区、街道)根据各自职责,建立社会救助工作领导小组,负责本辖区内城乡困难群众的临时生活救助申请受理、调查核实、评议公示、审核上报和落实救助措施等工作。

各村(居)民委员会受各镇(区、街道)委托,可承担本村(居)范围内困难群众临时救助的申请受理、调查核实、张榜公示等服务工作。

第二章　救助对象

第四条　凡具有本市户籍的常住城乡居民,在我市连续工作、居住两年并参加本市社会养老保险或城镇居民医疗保险,已办理居住证的非本市户籍人口。在我市工作、生活期间,因病、因灾等突发性、特殊性原因造成家庭基本生活出现暂时困难,并符合《如皋市城乡低收入家庭认定管理办法(试行)》相关规定,且出现下列情形之一的低收入家庭,可申请临时救助。

(一)因病致贫家庭。指因患重大疾病导致家庭年收入减去家庭成员年自负医药费(总医疗费用扣除各种报销、补助、理赔、医疗救助后的余额)支出后,人均月收入低于城乡低保标准的"支出型"困难家庭。

(二)因灾致贫家庭。指各类自然灾害和非本人原因造成的火灾、交通事故等,经各类保险理赔及其他相关补偿后,其基本生活难以维持的困难家庭。

(三)危房困难家庭。指因灾害或突发意外等导致居住房出现安全问题严重影响基本生活,必须修缮后才能维持正常居住的困难家庭。

(四)就学困难家庭。指家庭成员就读全日制普通大中专院校(不含自费择校生),且家庭年收入减去学费(以每年国家公布的收费标准为依据)支出后,人均月收入低于城乡低保标准的困难家庭。

(五)市、镇(区、街道)认定应当救助的其他困难家庭。

未参加本市社会养老保险或城镇居民医疗保险，未办理居住证，但因家中液化气瓶爆炸、燃气泄漏爆炸、电路老化等引发的灾害或被波及的外来临时务工人员和家庭，可参照灾难救助执行。

第五条 有下列情形之一的不予实施临时救助：

(一)家庭成员有就业能力而无正当理由不劳动、就业、不自食其力的家庭；

(二)有赡(扶、抚)养能力的义务人未依法履行赡(扶、抚)养义务的家庭；

(三)因打架斗殴、交通肇事、酗酒、自残、赌博、吸毒、寻衅滋事等原因导致生活困难的家庭；

(四)无理上访纠缠、越级上访以及违反《信访条例》第二十条规定之情形的家庭；

(五)违反《中华人民共和国人口与计划生育法》和《中华人民共和国兵役法》等法律法规未依法处理到位的家庭；

(六)参与党委、政府明令禁止的非法组织及活动的家庭；

(七)拒绝管理机关调查，隐瞒或不提供家庭真实经济状况，出具虚假证明的家庭；

(八)核查过程中，无理取闹或谩骂、侮辱、威胁滋事工作人员的家庭；

(九)向有关单位、部门、个人索赔后可以脱离救助范围，但主动放弃索赔的家庭；

(十)市、镇(区、街道)认定的其他不予救助的家庭。

第六条 因流域性水灾、旱灾、风雹灾等重大自然灾害以及较大范围环境污染、较大以上破坏性灾害等原因造成社会性灾害不适用本办法。

第三章　救助方式

第七条 对符合救助条件的城乡困难家庭实施临时救助，以“救急救难”为主，与其他社会保障制度相衔接，坚持政府救助、家庭自救和社会帮扶相结合，主要采取政府资助，机关、企事业单位结对帮扶等方式，同时鼓励社会组织和个人通过捐赠、设立帮扶项目、创办服务机构、提供志愿服务等方式参与社会救助。

第八条 市级机关各部门、市属国有公司、条管单位，根据“双联双助”工作安排，每年至少帮扶 1~2 个村(居)，并确保帮扶村(居)所有急难型困难家庭有人结对扶持。急难型困难家庭名单由镇(区、街道)民政办提供。

第九条 各镇(区、街道)所属机关部门、企事业单位等在镇(区、街道)党(工)委领导下，积极开展与急难型困难家庭结对帮扶活动，确保本辖区的所有急难型困难家庭有人结对帮扶。各镇(区、街道)民政办负责提供除“双联双助”帮扶村(居)以外的困难家庭名册，并定期统计汇总帮扶情况。

第十条 民政部门负责统筹联动卫生计生、教育、住建、人社等相关部门，建立社会力量参与社会救助的机制和渠道，提供社会救助项目、需求信息，为社会力量参与社会救助创造条件、提供便利。

第四章　救助标准

第十一条 临时救助以资金和实物救助相结合。临时救助实行属地管理，按照申请救助原因、种类及困难程度进行分类施救，对符合规定的申请家庭原则上同一事由在一个自然年度内只能享受一次临时救助；同一事项一次性临时救助原则上不超过 2000 元，同一家庭多事项全年临时救助累计原则上不超过 6000 元。具体救助标准如下：

1.医疗救助。因患重大疾病，当年治疗费用较大，经医疗保障政策报销、补偿、理赔和医疗救助等各类形式的救助后，仍造成基本生活特别困难的“支出型”困难家庭，当年度剔除以上救助后，自负费用 2~3 万元的，可给予 2000 元的临时救助；3~5 万元的，可给予 3000 元的临时救助；5 万元以上的，可给予 5000 元的临时救助。

2. 灾难救助。对个案性的突发事故或小范围自然灾害造成基本生活困难需救助的家庭，由各镇(区、街道)和市民政局根据该家庭的实际情况和自救能力及恢复重建的时限，按照国家灾害救助的有关规定，可给予600~2000元的一次性临时救助。

3.危房救助。符合危房救助条件的农村低保户及其他农村低收入家庭，由市政府出资为其办理住房保险。其家庭申请住房救助的，经住建部门和民政部门共同认定，确属危房须修缮才能保证居住安全的，各镇(区、街道)按照规划并办理住房修缮手续，由其家庭先行自筹费用进行修缮，待住房修缮完成且验收合格后，维修给予不超过3000元、新建给予不超过6000元的一次性临时救助。

4. 就学救助。低保家庭子女考入全日制普通大中专院校(包括高等职业技术学校，不含自费择校生)，在学制年限内经教育部门、慈善等救助后，可视情给予不超过2000元的一次性临时救助；低收入家庭考入全日制普通大中专院校(包括高等职业技术学校，不含自费择校生)，在学制年限内经教育部门、慈善等救助后，可视情给予不超过1000元的一次性临时救助。

5.因其他突发性事件导致家庭特别困难的，由市、镇(区、街道)共同商定救助标准。

第五章　救助程序

第十二条　申请。临时救助申请以家庭为单位，由户主或当事人向户籍所在地或居住地镇(区、街道)提出申请，填写《如皋市城乡困难群众临时救助申请审批表》，并如实提供以下相关证明材料：

(一)居民户口簿、或外来人口居住证(原件及复印件)；

(二)身份证(原件及复印件)；

(三)家庭成员收入状况及财产状况证明(低保、低收入家庭不需提供)；

(四)病情资料、当年度内医疗费用票据；

(五)入学通知书及在校证明；

(六)各类突发性、临时性事件发生后有关部门责任认定等证明材料；

(七)各类保险、救助、赔偿等情况证明材料；

(八)市、镇(区、街道)民政部门认为需要提供的其他相关证明材料。

收入及财产证明必须真实准确，有工作单位的必须由申请人所在单位出具，务农的根据《如皋市城乡主要行业收入基本标准》认定并由所在村(居)委会核查后出具。

第十三条　受理。临时救助的受理工作由各镇(区、街道)民政办负责。民政办自收到申请后3个工作日内完成入户调查和走访，核实家庭经济状况，并对初审合格的家庭在村(居)予以张榜公示不少于3日，公示后群众无异议的，在《如皋市城乡困难群众临时救助申请审批表》签署意见并签名盖章。

对申请临时救助的家庭财产、收入核定，按《江苏省居民最低生活保障工作规程》和《如皋市城乡低收入家庭认定管理办法(试行)》的相关规定执行。

第十四条　审批

(一)临时救助由各镇(区、街道)民政办负责人根据入户调查走访情况，评估自救能力审核后签署意见。对符合临时救助条件的，及时提交各镇(区、街道)社会救助工作领导小组根据救助信息平台登记的该户已救助情况，进行审核、审批并发放；对不符合条件的及时告知申请人，并说明理由。

(二)临时生活救助调查、审核、审批程序原则上不超过七天。对突发性灾难无法继续维持基本生活的困难家庭，可特事特办，各镇(区、街道)即时救助，必要时市民政局直接介入进行现场勘查核实或开展灾难救助等相关工作，救助资金直接从下达各镇的经费中扣减。

(三)所有临时救助审批需通过社会救助信息平台操作实现，否则救助资金不列入市级财政考核补助范围。

第十五条　上报备案。各镇(区、街道)实施临时救助后，每季最后一个月28号前，将本季度临时救助的审批表和汇总花名册上报市民政局救助管理机构备案。特事特办的即时性救助,须另上报经申请人、调查人、经办人等签字领取现金的支付凭证复印件。

第六章 资金筹集与管理

第十六条 临时救助资金的筹集

(一)临时救助资金以政府投入为主,社会筹集为辅。由市、镇财政分别按辖区内户籍人口数每人不低于1元的标准列入年度财政预算,多渠道足额筹措,并随着经济社会的发展和临时救助需要动态调整。市民政局可按一定比例统筹使用市级年度预算资金,用于相关重点对象"急难型"临时救助。市级财政补助资金由市民政部门根据社会救助信息平台中各镇(区、街道)本级救助资金使用情况,结合市级资金使用和考核情况等因素,按一定比例每年补助一次。临时救助资金超出预算部分由各镇(区、街道)自行负担。

(二)鼓励社会组织和个人为临时救助基金提供资金援助,并开展面向困难家庭的多形式的临时救助和结对帮扶。

第十七条 临时救助资金的使用与管理

(一)民政部门是社会救助的牵头部门。临时救助资金应重点向民政部门归集,统一调剂、统一使用,扎口组织实施,防止出现多部门重复救助不合理的现象。各镇(区、街道)及教育、住建、人社、总工会、妇联、团市委、慈善等其他部门专项救助资金使用按相关规定执行。并于救助后3个工作日内,及时上传救助信息平台,逾期不上传的财政不予支出。

(二)市民政局、镇(区、街道)临时救助资金实行专账管理、专款专用,当年结余资金转入下年度使用,不得用于平衡预算或挪作他用。

(三)市民政局、财政局、各镇(区、街道)要严格救助资金的使用与管理,专款专用,确保有限的资金真正用到需要帮助的困难家庭,并建立健全临时救助相关台账资料。

(四)各镇(区、街道)民政办要将临时救助的银行转账凭证复印件、现金支付凭证复印件连同应备案资料(见第五章第十五条)按季度上报市民政局汇总,作为市级考核补助的主要依据。

(五)各级救助资金实行社会化打卡发放,遇有紧急情况特事特办的临时救助,须经救助申请人、调查人、经办人等签字确认后方可领取现金。

第七章 监督管理

第十八条 临时救助工作在各级社会救助工作领导小组的领导下积极开展。各级社会救助工作领导小组办公室具体负责辖区内临时救助工作,建立健全工作机制,完善救助对象审核、审批材料、资金发放名册等临时救助工作资料台账,做到机构健全,制度完善,资料完整,确保救助公开、公正、公平。

第十九条 各级临时救助资金的使用情况按照规定依法接受监察、财政、审计部门定期检查。

第二十条 申请临时救助的家庭应接受市民政部门和所在镇(区、街道)的调查,并如实反映相关情况,不得弄虚作假,否则取消临时救助资格,直至追究责任。

第二十一条 对采取虚报、隐报、伪造等手段,骗取临时救助的,要追回救助款物;对因失职或徇私舞弊、滥用职权违规办理临时救助的经办机构和人员,按照有关规定追究相关机构和人员的责任;情节严重构成犯罪的责任人,依法追究刑事责任。

第二十二条 各级各部门要加大救助政策的宣传力度,营造社会广泛参与的良好救助氛围。大力宣传各部门和社会各界爱心救助的典型,树立行善乐施、感恩回馈、积极向上的社会价值导向。

全国总工会副主席刘国中调研如皋工会工作

市总工会开辟“职工心声”邮路，真诚倾听职工心声，切实解决职工所盼

如皋市首届“十佳职工专利发明人”表彰大会

总工会

工代会代表视察安全生产劳动保护工作

全市职工“读书·劳动·圆梦”主题演讲比赛

职工志愿者走进社区为居民服务

2014年以来，全市各级工会以党的群众路线教育实践活动为基准，围绕“中国梦·劳动美”开展主题活动，着力建设学习型、服务型、创新型三型工会，实施凝心聚力、建功立业、维权帮扶、强基固本四大工程，努力把工会组织打造成职工群众最可信赖的职工之家、把工会干部锻造成为职工群众最可信赖的娘家人。

一、深入开展党的群众路线教育实践活动，工会组织凝心聚力作用进一步发挥。深入开展“双走访、三服务”活动，开辟“职工心声”邮路，广泛收集职工的意见建议，细化分析，分类研究落实。深化文化建设，大力开展规模企业道德讲堂活动，推动“书香如皋”创建，举办职工部乒乓球、羽毛球、游泳比赛，丰富职工文体生活。

二、组织职工积极投身经济建设主战场，广大职工主力军作用进一步增强。深入开展重点工程劳动竞赛，推动“六比一创”，组织开展了12个行业20多个工种技能比武，促进了职工自觉岗位练兵。深入开展合理化建议、金点子评选、职工科技创新成果评比展示，在一线职工中，评选出首届“如皋市十佳职工发明人”。推选出31名南通市劳模和80名如皋市劳模，开辟“与劳模同行”电视专栏，“中国梦·劳动美”日报专栏，广泛宣传劳模先进事迹，自主组织本级一线劳模赴省工人疗养院疗养活动，使劳模精神不断发扬光大。

三、致力促进社会和谐，工会组织维权帮扶作用进一步体现。着力开展行业工资集体协商，建立健全劳动关系三方协调机制，继续评选十佳和谐企业。主动依法科学维护职工合法权益，发挥驻工会仲裁庭、巡回法庭作用，成功调解289个具体案例，涉及职工520人次。加强安全生产劳动保护，深化“安康杯”活动，重点推进“1+3”安全监控工作体系，建立了5家劳监员片区服务站。致力提高帮扶实效，修改特困职工大病医疗救助暂行办法，完善特困职工家庭大病医疗救助的标准。提高慰问和日常扶助标准。建立困难学子勤工俭学就业基地。组织市级机关长效开展结对帮扶。

四、坚持不懈推进基层工会建设，争创“两个信赖”工程基础进一步夯实。推行工会组织规范化建设“双百日”竞赛活动，着重推进两新组织建立工会。不断深化工代会代表常任制，坚持召开年会，开展双评工作。推广建立代表工作室、职工约谈、代表质询等创新举措，组织开展代表视察安全生产。持续推进工会工作示范点创建，2014年，有17家单位成功达标，创建两年来，已有62家创成工会工作示范点。

如皋市科技局

省政协副主席麻建国（中）调研创业园

省科技厅副厅长段雄（右二）在如皋考察

2014年，在各级领导和社会各界的关心支持下，通过如皋科技人的拼搏和奉献，全市科技创新取得了十大亮点成就：

亮点一：争取上级项目资金支持南通第一

全年申报各级各类科技项目718项，立项447项，获资金扶持3702.2万元。立项数及争取上级资金数均为南通各县（市）第一。

亮点二：国际科技合作立项南通第一

台资企业康比电子、港资企业国鼎管桩2家企业获批省级外资研发机构，在此之前港资企业宝众宝达、思源赫兹，日资企业泰慕士等3家外资企业已把研发机构建设在如皋；力星钢球与比利时、熔盛重工与俄罗斯的国际科技合作项目获科技部立项，分别获300、380万元资金支持，力星钢球同时获省科技厅50万元国际科技合作项目立项资助。立项层次、数量、资助金额南通第一。

亮点三：企业发明专利正常授权南通第一

全市申请专利2986件，其中发明专利申请达1343件，发明专利申请占比高达45%；在人口基数南通最大的情况下，万人发明专利拥有量从年初的4.78大幅跃至8.32；企业发明专利正常授权达141件，南通第一。至此，如皋市企业发明专利正常授权连续三年位于南通第一。另外，2014年市星球石墨设备有限公司的一项发明专利获第十六届中国专利优秀奖，南通共三项，县（市）唯一。

市委书记姜永华调研创业园

亮点四：创新型企业培育取得新突破

全年培育省民营科技型企业93家，科技型中小企业70家，上市后备企业1家，组织56家企业积极申报高新技术企业，获批高新技术企业51家、国家火炬计划重点高企1家。新增高新技术企业数南通第一。

亮点五：产学研合作取得新突破

积极组织开展省第二批“科技副总（企业创新岗）”试点工作，获批8家，居南通前列；建立哈尔滨工业大学如皋研究院并实现正常运转，当年与市10多家企业建立了产学研合作关系；举办“院士专家如皋行”、“如皋市光电产业专家座谈会”，确保各镇区主导产业、特色产业制造企业与高校院所产学研活动全覆盖。

亮点六：科技金融体系建设取得新突破

一是积极组织“苏科贷”项目申报。为20家科技型企业争取到省科技风险补偿资金贷款4900万元，列全省县（市）前茅，南通县（市、区）第一。二是推进科技型中小企业金融平台建设。三是搭建“政、银、企”三位一体的融资服务平台。

亮点七：国家火炬计划化工新材料特色产业基地获批

12月4日，国家火炬如皋化工新材料特色产业基地成功通过审批。

亮点八：石庄镇省级创新型试点乡镇获批

在丁堰镇、白蒲镇先后建成省创新型乡镇的基础上，12月份，石庄镇成功获批省创新型试点乡镇。

亮点九：下原科技创业中心省级科技企业孵化器获批

加大科技企业孵化器建设力度，引进项目121个，在孵企业达265家。全市孵化器企业申请专利305件，专利授权92件，新增有效发明专利36件，企业完成纳税1350万元。下原科技创业中心获批省级科技企业孵化器。

亮点十：国家农业科技园、国家可持续发展实验区申报取得阶段性进展

认真编制以如皋花木盆景产业园为核心区的南通国家农业科技园区建设规划，9月28日顺利通过省科技厅专家评审，11月22日通过科技部专家组的现场考察，12月30日参加了科技部视频答辩，并于2015年2月获批。

2010年如皋市被列为省可持续发展实验区建设单位，通过四年的努力，2014年9月30日顺利通过省专家验收。积极申报国家级可持续发展实验区。建设规划于9月底上报科技部，并于12月13日通过科技部专家的现场考察。国家可持续发展实验区有望获批。

市政协主席李中林调研创业园

科技部国家农业科技园区现场考察汇报会

全市科技工作会议

省知识产权区域示范工作考核验收会

财政局

省财政厅副厅长黄晓平在如皋调研

市领导姜永华、陈晓东调研财政工作

2014年，在市委、市政府的正确领导下，财政系统上下突出收入组织、资金运作、财政监管三项工作重点，攻坚克难，积极作为，各项工作取得了新的进展。

全市财政总收入完成173.6亿元，一般公共预算收入完成67.45亿元，同比分别增长18.56%、12.16%；一般公共预算收入税收占比为83.1%。

局机关蝉联市目标责任制考核先进集体，系统蝉联市文明行业。高效节水灌溉项目绩效评价、财政支农资金整合、政法经费保障绩效考核、政府采购监管、财政信息宣传等工作在省厅评比中获奖。9人被市委市政府记三等功，53人次受到上级表彰和嘉奖。

注重生财聚财，财政综合实力不断提升

突出政策扶持，会同相关部门制定完善促进经济发展的奖励政策；加强财源建设调查研究，及时掌握税源经济情况，为市委、市政府决策提供参考。突出资金引导，及时兑现工业、科技等奖励资金6472万元；制定《如皋市财政性资金存放银行业金融机构考核办法（试行）》，促进银行金融业机构加大对地方经济支持；设立1000万元科技型中小企业贷款风险补偿资金池，为19家企业申报省科技成果转化风险补偿贷款4800万元。突出项目申报，为59家企业做好项目申报服务，获得补助资金2.23亿元。如皋同源污水处理厂扩建及提标改造项目列入财政部PPP融资模式示范合作项目。

注重资金运作，财政保障能力不断提升

坚持以“保工资、保民生、保运转”为目标，优化支出结构，基本保证了市委、市政府为民办实事工程的资金需求，财政健康平稳运行。积极化解资金压力，对部分间隙资金采取公开招投标形式确定存放银行，提高资金保值增值能力；有效控制财政往来借款；建立政府性债务分级管理和举债申请报告制度。突出厉行节约，严明财经纪律，完善管理制度，2014年，公务接待费、会议费同比分别下降26%、20%。全年累计拨付各类民生资金60多亿元，助推城乡统筹发展，完善社会保障体系，促进社会事业协调发展。加强部门编制审核和过程控制，提高预算的刚性约束力。强化社保资金发放比对分析，节约资金2800多万元。现场审批控制投资计划，建立评审专家库和第三方机构

省财政厅副厅长宋义武调研PPP项目

业务培训

财政服务企业政策汇编

参与评审机制，全年评审项目284个，控减投资规模近亿元。

注重规范管理，财政监管水平不断提升

组织全市财政财务大检查、贯彻财经纪律和“小金库”专项治理检查等工作，中央八项规定得到有效落实，接待、出差、招商引资经费等管理制度得到完善，全市财政财务管理行为统一规范。开展惠民资金使用管理专项检查和走访，健全完善专项资金管理制度。除涉密部门外，全部公开了2014年部门预算和2013年“三公”经费决算。制定出台《关于进一步加强公务卡应用管理的通知》，市镇公务卡结算全面推进；实行单位直接支付网上申请、审核；开通网上继续教育培训平台，5000多人参加。持续加强“规范化财政所”建设。健全农村公共服务运行维护机制，落实村级组织运转经费保障政策。研究政府购买公共服务改革的制度举措，提升服务效能；简化采购程序，加强全程监管，全年政府采购资金节约1.28亿元。积极配合全国土地资源专项审计工作，加强土地出让收支管理；推进财政票据电子化进程，规范国有资产管理。

注重队伍建设，财政干部形象不断提升

群众路线教育实践活动扎实开展。局党组高标准、严要求谋划推进，紧贴上级要求、紧贴部门实际、紧贴市委中心，活动组织扎实有序，规定动作务实严谨，自选动作特色鲜明，整改落实动真碰硬，建章立制务实管用，得到市委督导组的充分肯定。进一步健全和完善财政党风廉政建设责任制落实机制。不断完善内部控制制度，优化工作流程，加强风险防控，切实保障财政干部和财政资金的“双安全”。出台目标责任制绩效考核意见、机关作风和效能建设工作实施意见等，开展督办查办，形成一级抓一级、层层抓落实的工作推进格局。走进“政风行风热线”，加强与社会沟通交流。持续开展作风效能明查暗访，年终基层站所测评，6个财政所（分局）位列各镇（区）前三名。人大代表建议和政协委员提案办理满意和基本满意率100%。举办形式多样的教育活动，加强党员干部党性锤炼，促进能力素质提升。开展爱心志愿服务、“三解三促”、“双联双助”等活动，服务品牌和爱心品牌效应不断放大。

教育实践活动动员会

廉政大党课

中层干部素质提升研修班

青年干部素质拓展

1月16日，省“法律道德”分团集中服务暨“全民阅读手拉手·春风行动”走进如皋，市领导缪小华陪同省司法厅副厅长张光东参观考察。

2014年政法工作会议召开

政法委

3月18日，市委政法委举行“党的群众路线”专题学习会，市委常委、政法委书记缪小华对学习内容进行导学。

2014年全市政法机关深化纪律作风建设推进会

全市政法系统干部职工总人数为1391人，其中大专以上学历1359人，占97.7%。2014年，全市政法机关集体获得全国性表彰5次、省级表彰11次、南通市级表彰19次；个人获全国性荣誉6人次、省级荣誉19人次，南通市级荣誉77人次。全市公众安全感、法治建设满意度分别达96.7%、92.1%，位居南通和全省前列；如皋成为江苏省首批县域法治国情调查基地，继续保持“江苏省法治建设示范县（市、区）”称号。

平安如皋建设成效不断凸显。创新建立了矛盾纠纷联网排查、涉稳事态联合研判、重大项目联动稳评、突发事件联手处置的“四联”工作机制，为领导决策提供依据，成功预防群体性事件17起、进京赴宁上访16批。创新建立平安预警工作机制，从社会治安、信访维稳、公共安全、矛盾纠纷四个方面，编制下发《平安指数预警表》，实施“红黄蓝”三色预警，增强了平安建设工作的前瞻性、主动性和针对性。研究制定下发了《关于深化重大决策社会稳定风险评估机制的实施意见》，全市共实施风险评估139件。加强村（居）网格信息员和调解队伍建设，普遍建立村（社区）信息员排查调处矛盾纠纷积分考核机制。分类推进企业调解组织全覆盖，召开全市企业调解组织建设现场推进会，全市共建立各类企业调解组织397个。全市市镇村三级调解平台共受理矛盾纠纷35853件，调解成功率92.02%。圆满完成南京“青奥会”、十八届四中全会和“APEC会议”等敏感时间节点安保工作。全省打击整治“全能神”邪教组织“百

日会战”工作现场会在如皋召开，2014年共捣毁12个教会组织，抓获小区级骨干4名、教会级骨干41名，全市未发现涉恐涉疆案（事）件。国家安全人民防线工作成效显著，全市14个镇（区、街道）均建成二级小组，对境外企业、境外人员、邪教、非法基督教等数据库进行动态管理，年内共报送情报信息284条，被南通推荐上报一级国安办。制定出台了《全市“平安文化建设年”活动实施方案》、《关于在全市开展平安文化建设系列活动的通知》。通过以“媒”弘安、以“艺”倡安、以“物”播安、以“图”释安等9个措施，全方位、全视觉、全频道宣传平安文化、普及平安知识、展示平安成果。利用新媒体，及时开通“如皋平安”、“如皋防诈骗志愿者联盟”微博（微信）。吸取双马化工爆炸事故教训，组织开展全方位的安全隐患排查整治，危化物品单位治安防范达标率98.6%。

法治如皋建设水平不断提升。全市无一件重大决策事项和规范性文件与法律、法规相违背，规范性文件报备率达100%。行政案件行政负责人出庭应诉率100%。行政处罚结果网上公开，先后在“政府法制网”、“西祠胡同如皋老乡会”公开4批次411条行政处罚结果信息。南通市法治宣传教育全覆盖现场推进会在如皋召开。开展“法律六进”及普法主题宣传教育活动，充分发挥新媒体优势，打造的“三微”（微博、微信、微电影）法制宣传

全市镇（区、街道）一季度政法工作交流点评会

平台，被评为南通市司法行政系统工作创新一等奖，如皋市获得南通市“学法达人”决赛总冠军。举行了第八届“法治创和谐”文艺巡演、“第二届普法名嘴”讲演评选和“法惠民生”百场文艺演出，深受群众喜爱，有力提升了法治宣传的参与度、知晓度。创新实施“法治文化五个一”工程，全市镇级法治文化阵地建设率达100%，村级法治文化阵地建成率达86.7%，全市被命名为省级和南通市级法治文化建设示范点各2个。全面加强市镇村三级公共法律服务平台建设，将12348法律援助专线升级为12348公共法律服务平台，12348指挥协调中心建成投入使用，实现在线办理法律服务，全面打通了公共法律服务“最后一公里”。全国社区参与式法律需求评估试点总

南通政法系统党的群众路线教育实践活动先进事迹巡回报告会在如皋召开

市委政法委举办《平安如皋 你我同行》演讲比赛

结会在如皋召开。扎实推进民主法治村（社区）强基升级工程，省级和南通市级民主法治示范村（居）分别达到27.95%和97.69%；继续深化“公民法治驿站工程”，全市358个公民法治驿站，通过验收107个，累计发放补助资金44万元；大力推进司法救助实事工程，2014年已使用救助资金80万余元，受援人数达600余人次。

政法队伍建设管理不断优化。组织政法干部到复旦大学进行专题培训，政法各部门分别开展了“全警百日冬训”、“青蓝结对工程”、专业技能竞赛等活动。对全市政法机关执法为民“六项承诺”工作进行了明查暗访，对全市社区矫正工作进行了专项检查，及时进行通报；围绕涉法涉诉信访积案、容易滋生腐败、容易发生违法违规的案件、存在倾向性问题的类案以及群众反映强烈、社会关注度高的100起重大案件进行了评查。先后涌现出刘荣贵、顾雪红等先进典型，召开了政法系统先进典型事迹报告会，并开展了政法系统第五届“十佳和谐卫士”评选活动。

工 商 联

如皋市工商联获得“全省工商联先进集体”

2014年，市工商联（总商会）领导班子紧紧围绕市委、市政府总体目标和省、南通市工商联工作要求，认真贯彻落实上级各项决策部署，不断深化“五大平台”建设，推动非公企业转型升级，着力推动商会服务创新，促进政企和谐，在服务政府、服务企业中实现商会工作的新跨越。

主要工作完成情况

1.党的群众路线教育实践活动扎实开展。按照中央第二批党的群众路线教育实践活动的要求，围绕教育实践活动的各个环节，查找和纠正思想、工作、作风上存在的形式主义、官僚主义、享乐主义和奢靡之风，扎实开展教育实践活动，达到了“照镜子、正衣冠、洗洗澡、治治病”的效果。

2.招商引资实现新突破。发动并考核机关全员和行业商会将招商引资作为第一要务。完成项目考察和项目信息8条，完成市下达任务的8倍。引进台湾客商2000万美元的投资和内资合计1亿元的投资项目。

3. 银商企合作服务再创新业绩。与市民生银行等多家金融单位合作搭建的“银企商合作平台”向深度拓展，为中小微会员企业融资3.6亿元。推动市民生银行与医疗器械商会、百货商会的合作，推动包商银行与花木盆景商会的合作。

4.教育培训平台得到新拓展。在继续与华理、世华、华中科大等开展合作培训的同时，有针对性地开展企业所需、会员所盼的培训活动。专门邀请上海金融专家进行授课。华理商学院EMBA如

香港如皋商会揭牌

皋班第二期顺利结业，第三期正在按计划授课。组织常、执委到上海自贸区学习考察。

5.商会组织建设有了新进展。市物流商会、市

省商会组织改革发展座谈会在如皋召开

特种设备综合服务业商会、市福建商会、市农产品沪皋流通业商会、市华理企业家商会、香港如皋商会等6家商会相继成立，完成年计划的300%。

6.特色工作影响力持续增强。2014年新建商会党组织4家，商会党组织总数达28家。南通市委组织部、统战部、市工商联行业商会党建工作现场会在如皋召开；如皋建筑、服装商会在南通市工商联系统会议上做专题经验交流。如皋行业商会党建工作得到较高评价。2013年，《中华工商时报》以《如皋行业商会以党建聚人心促发展》为题介绍了如皋行业商会党建工作的做法和效果。2014年8月，《江苏工商》又进行了专题报道。

7.社会公益事业不断深入。总商会带领20多家行业商会会长、秘书长到长江镇永平社区捐资4.8万元，助学26名贫困学生，各行业商会也结合行业特点组织了形式多样的慈善活动。这些服务社会的创新举措，在社会上反响很大。被市政府表彰为慈善工作先进集体。

8.品牌建设取得新成果。江苏省肠衣商会申报的集体商标——如皋肠衣城图形商标通过国家商标局公告，正式成为全国唯一一件肠衣行业集体商标。经过如皋市服装商会创建和组织申报，如皋经济开发区被评为“全省出口服装安全示范区”并授牌，成为2014年获此称号的8家示范区之一。

9.工商联工作再上新台阶。通过坚持不懈的争先创优，2014年，如皋工商联继续被评为“全省工商联先进集体”。

如皋福建商会成立

南通市商会党建工作现场推进会在如皋召开

如皋市招商局

2014年，在市委、市政府的正确领导下，如皋市招商局以深入开展党的群众路线教育实践活动为主抓手，积极应对复杂多变的宏观经济形势，准确研判招商引资面临的新情况、新问题，不断强化招商队伍建设，增强服务意识与能力，切实做好“招商人员培训、招商宣传推介和重大项目招引”等重点工作，圆满完成了全年各项目标任务。

2014年，市招商局累计完成注册外资6799万美元，占全年任务的226%，实现外资到账1750万美元，占全年任务的116%，完成市外民资3.42亿元，占全年任务的171%。

如皋投资环境说明会

注重学习培训，提高理论修养。

领导班子利用例会和碰头会坚持集中学习，在第一时间对中央、省、市关于经济发展的各项重大部署进行深入全面细致的学习研究，对涉及招商引资的政策法规和业务知识组织了集中讲解和授课，切实增强了学习的主动性和针对性。把提高领导班子的政治素质作为首要任务，完善班子成员日常学习制度；把群众路线教育作为班子成员的必修课，持之以恒，常抓不懈，切实增强领导班子成员的政治意识、责任意识、忧患意识和群众观念；对照教育实践活动的“课程表”、“进度单”，采取多种学习方式，组织全体党员干部认真学习规定读本和重要文件，由班子成员带头上党课、组织学习会、专题讨论会和学习交流会,优化知识结构，提升理论层次，更好地为招商引资工作服务。组织招商人员参加国家商务部、南通市商务局举办的各类招商培训，邀请上海、昆山等发达地区的招商精英孙建中、刘小龙及上海交大教授等来如皋做招商专题讲座和业务交流指导，组织招商骨干赴上海自贸区、昆山、常熟、江阴、张家港、太仓等地实地考察学习。通过多层次的培训锻炼，全面提升招商队伍的整体素质，确保专业招商人员始终“在岗、在行、在状态”。

抢抓重大信息，筑牢招商基础。

市招商局充分放大近几年来积累的各类资源优势，通过各种渠道不断挖掘重大项目信息，并及时通过市招商引资信息平台进行报送。全年共收集有效招商项目信息71条，其中超千万美元（超亿元）重大项目信息16条，均以先进制造业、新兴产业、现代服务业和现代农业项目信息为主。闽江矿业、创辉石业等一批外资项目已正式注册并开工建设，佐源精制糖（总投资10.5亿元）等项目已签订投资协议，深入推进了韩国大宇客车、华夏幸福智慧产业园、久有基金、普洛斯物流、吉宝物流、张家港易华PVC新型建材、光大集团生物质发电、新城控股商业综合体、匈牙利多瑙鹅产业园等一批批优质项目来如考察洽谈。

务实招商活动，优质高效推介。

统筹协调和组织了在上海、杭州、苏州、深圳、北京等地举办的投资环境说明会，在更大范围内宣传推介如皋的投资发展优势，严把客商层次关和签约项目质量关，不断提升活动的组织水平和活动成效，强化对签约项目的后续跟踪与服务。成功组织了上海、苏州、北京等地的招商活动，形成了航天科工、华夏幸福、中交、中商等一批重大项目信息源。协助组织了在如皋举办的“第二届上海白银年会暨2014年中国白银高峰论坛”活动，吸引了来自国内外业界的知名专家、学者、白银行业的企业代表200多人参加，会上成功推介了如皋的投资发展环境和发展优势，吸聚了与会代表关注如皋、来如投资发展的目光。接待了新加坡新中国际文化交流协会考察团，来自新加坡政府和企业界20多名代表参加考察交流，市政府与协会签订了战略合作框架协议，并达成了“环保型垃圾转运站”等一批项目合作意向。接待了台湾文物艺术品收藏交流中心考察团来如考察交流，进一步加强了与台湾工商界的交流与合作。

创新招商方式，增强招商实效。

切实改进招商引资方式，积极推动由“行政招商向专业招商、资源招商向产业招商、招商引资向招商选资”的转变，实现“招商引资、招才引智、招财引税、招商引园”四招并举，不断增强招商引资实效。强化领导招商。市主要领导亲自带头上门招商，拍板定夺；各镇（区、街道）、各部门主要负责人始终把招商引资作为第一要事，坚持奋战在招商引资第一线，亲力亲为洽谈推进项

招商出征动员大会

目。强化产业链招商。围绕全市重点产业板块开展产业链招商，吸引中、下游配套及加工企业落户如皋，加速延伸现有产业链，培育优势特色产业集群。强化平台招商。在做优自身功能、规划、园区平台的基础上，充分发挥好现有的顾问平台、委托招商平台、园区合作平台的作用，不断创新招商引资方式，开拓更多的合作平台和空间，确保项目信息的获取渠道始终在高层次、高水准上承接，为如皋经济社会的持续跨越发展不断储备优质资源和高精尖项目。注重“零地招商”。着重在培育本土企业上做好文章，邀请王志纲工作室专家团队来如开展“企业家沙龙活动”，引导如皋市民营企业实现“联盟发展”，加快启动以融入全球化为目标的第二次创业进程；着重把推动本土企业在境外上市作为关键举措，拓展招商引资的领域和空间，通过股权并购、增资扩股、境外上市等方式实现“零地招商”。探索市场化招商机制，逐步形成以政府为主导、企业为主体、中介机构为媒介的市场化招商引资体系。紧跟外资源头，加大对港台、日韩、欧美等境外招商重点地区的招商力度，派遣业务素质高的专业人员进行专项有重点的突破，提高招商成效。

立足服务 深化改革 依法治粮

全力推动如皋粮食事业迈上新台阶

2014年，市粮食局认真贯彻落实中央农村工作会议和省、市粮食工作会议，坚持以粮食安全和农民增收为主题，以粮食产业转型升级为主线，以国有粮食企业改革为主攻，创新争优，奋力作为，粮食事业呈现出持续健康的发展态势。

（一）国家粮食惠农政策执行到位。

认真落实国家粮食政策，地方储备粮实储到位。及时启动托市收购，完成小麦托市收购42800吨，较上年增加14535吨;稻谷托市收购38006吨，较上年增加30571吨。军粮供应保障有力，市粮食局被江苏省委、省政府、省军区授予“双拥模范单位”荣誉称号。

省粮食局副局长于国民调研如皋粮库建设

（二）粮食经营创历史新高。

国有粮食购销企业转变经营理念，变坐地收购为订单收购、上门收购，与通州、靖江等周边地区粮食购销企业开展合作，吸纳外地粮源，完成夏粮收购10.8万吨，秋粮收购5.4万吨，全年共实现粮食购销38.5万吨，经营量和利润均创历史新高。如皋粮食储备库被评为“全省粮食系统先进集体”。

（三）粮食购销服务创新创优。

在粮食收购期间，先后两次给全市300多位村书记寄发《给村书记的一封信》，在村务公开栏中张贴粮食收购政策宣传画，走村入户发放《“粮政心连心”为农服务卡》、《致广大粮农的一封信》和《国家粮食收购政策解读》2600份；借助《江苏法制报》、《如皋手机报》、户外电子屏、镇（街道）广播站等各类媒体平台宣传惠农政策，走进电台《八面风》、《政风行风热线》等栏目，为广大粮农答疑解惑，使惠农利农政策家喻户晓，农民直接到库卖粮率大幅提高，有效保证了广大粮农增产后增收。在粮食收购点发放群众满意度调查表，不断改进服务，群众满意度高达99%。

省粮食局张生彬副局长调研丁堰粮库

（四）现代仓储体系建设全省领先。

3月份，张黄港粮库和丁堰粮库顺利通过竣工验收，标志着“一个中心库、三个骨干库、五个收纳库”的现代化粮食仓储体系格局基本形成，现代化仓容能力达20万吨。10月份，投资1713.8万元的“危仓老库”维修改造工程顺利竣工，增加仓容4600吨，维修改造仓容共计2.67万吨；九华、张黄港、丁堰粮库三个骨干库完成信息化可视化建设；对九华、张黄港、丁堰三个骨干库和长庄、奚斜、夏堡三个收纳库进行了功能提升，配备冷谷机、环流熏蒸、机械通风等现代化设备，为储粮安全提供了坚实的硬件保障。

市政协主席会议协商全市粮食工作

市委副书记司祝建为如皋市粮食局获省“双拥模范单位”授牌

（五）国有企业运营健康稳健。

年初，国有粮食购销企业重新整合，形成粮食储备库和粮食购销公司“一县两企”8个库点的格局。严格按照《国有粮食企业职工管理和奖惩的若干规定》、《国有粮食购销企业和资产管理中心目标责任制绩效考核办法》和《如皋市国有粮食企业财务管理若干规定》等制度对企业及职工进行管理。通过单位推荐、公开竞聘、组织考察的形式，选拔资产管理中心和粮食购销公司副职各1名，公开招考招录粮食储备库会计1名，形成“以德为先、实绩导向、公开公正”的用人机制。目前系统内职工队伍稳定，国有粮食企业健康发展。

（六）存量资产盘活成效显著。

组建粮食资产管理中心，专职从事系统资产盘活、管理、营运。完成新一轮内部承包经营，实现8个库站内部承包，消化内部职工23名。系统内共有12处资产对外出租，将江安粮站和胜利粮站清理后转让给江安镇政府。根据“房随地走、地房合一”原则，对丁西、营防、下原粮站挂牌转让，目前营防粮站已交易成功。

（七）粮食市场监管规范到位。

以组建粮食行政执法大队为契机，在粮食收购期间，对全市100多家收购网点多次展开拉网式检查，下达整改通知书9家，行政处罚1家。加强区域联合执法，与海安、如东两县建立了区域联合执法联席会议制度，开展联合执法2次，有效维护了粮食流通市场秩序。市粮油检测中心配合工商、质监等部门，对粮油市场进行常态监管，有力地保障了全市人民食品安全。市粮食局被评为“全省粮食流通监督检查示范单位”。

（八）社会公益事业硕果累累。

走进学校、社区、军营，开设粮食科普讲座7场，覆盖人群约800名；前往各大广场接受群众咨询3次，发放宣传材料约600份，有效提高消费者食品安全意识。粮油检测中心被评为“全国粮食系统先进集体”。积极与迎新社区开展社区共建，与安定村深入进行“双联双助”，共捐助现金及物资计52400元，协调交通局项目资金30万元帮助安定村修建3.2公里道路。设立“爱心助学”公益基金，资助学生24名，金额24400元。

如皋市粮油检测中心被评为“全国粮食系统先进集体”

如皋市物价局

省物价局局长张卫东检查公立医院改革情况

省物价局副局长孔祥平检查公立医院改革情况

市物价局开展“价格服务进社区”活动

2014年，市物价局充分发挥主观能动作用，积极作为，力争大作为，提请市政府出台《如皋市2014年价格调控目标责任制实施意见》，启动价格调控联席会议制度，运用价格调节基金支持平价商店建设，实施天然气价格补助，共发放补贴资金97.6万元，全市居民消费价格指数同比上涨1.4%。年内被评为省价格工作先进集体、省价格举报工作先进集体、南通市价格管理工作先进集体，获得江苏省文明行业、南通市文明单位称号。

落实资源价格改革政策 改革普通商品房价格备案方式、督促房产企业认真落实商品房销售“一价清”制和价格公示制，对全市59个小区进行商品房备案69起，备案总面积284万平方米。规范全市零售药店价格行为，与市人社局、药监局联合制定了《关于进一步规范我市零售药店价格行为的通知》。落实第十一批农村饮水安全工程优惠政策，对全市22家符合政策的自来水厂生产性用电按照居民用电价格收缴，电价优惠0.35元/度。对全市高污染企业实行差别水价政策，收取差别水价10.12万元。规范农村居民自来水管道建设费收费标准，实现了城区与农村区域供水同网同价，并于2015年1月1日起执行。

完善收费行为长效管理 加强校车、学前教育、素质教育等收费管理，合理制定收费标准。确定公共自行车租赁服务费“免费+低费”的计时计费模式。推进公立医院价格改革，加强城市社区服务项目监管。落实鲜活农产品运输“绿色通道”政策。改革旅游参观点门票价格管理方式，清理“园中园”收费，实施节假日、团

市政协委员调研物价管理工作

体、套餐游览票价优惠政策。确定基本殡葬服务内容，规范延伸服务项目和标准，2014年7月1日率先在南通地区建立新型殡葬服务收费体系；提请市政府修订惠民殡葬补助政策。全面清理行政审批前置服务性收费项目，对行政事业性收费、政府定价的经营服务性收费，实行目录管理。共梳理涉及行政事业性收费一级项目76个，经营服务性一级项目129个，并向社会公布，督促收费部门"阳光收费"，努力营造良好的收费环境。2014年度减轻社会负担（含农民负担）4283.94万元，减轻企业负担1604.23万元。

开展"推行明码实价，倡导价格诚信"宣传活动

强化价格监测预警能力 强化市场价格监测，密切关注市场价格动态。通过现场采价、网络报价、手机采报价等多种方式和途径，进行主副食品、农业生产资料、生猪（仔猪）、苗木等重要商品市场价格报价，全年CPI上涨1.4%，低于2014年3.5%的调控目标。

加强市场价格监管力度 开展"价格诚信推进年"专项活动，突出春节、五一、国庆等重要节日，对主副食品市场、应节商品、交通运输价格、旅游景点、停车等重点领域的价格行为进行规范。积极打造以"一个前提、两个方针、三个拓展"为主要内容的价格举报办理模式，全年累计受理各类举报投诉376件，其中，12345市长热线交办20件，信访交办2件。办结376件，满意率100%。

规范价格鉴证运作机制 全年办理各类价格鉴证业务1032件，鉴定总额3.32亿元。拓展涉税价格认证业务，完成涉税价格认证315件，鉴定金额1.9亿元，增加税收1000万元。建立规范化价格争议调解室，成功调解价格纠纷155件。开通弱势群体及困难企业价格鉴证"绿色通道"，减免价格鉴证费用10万元。

向市人大汇报区域供水同网同价方案

价格认证中心人员现场勘察

监测人员在农贸市场进行采价

迈进学有优教新时代

——2014年如皋教育改革发展掠影

2014年，如皋教育紧扣办人民满意教育的总体目标，以江苏省教育现代化示范区建设为统领，坚持城乡一体、立德树人、教师为本、人民满意，不断深化综合改革，深入实施素质教育，促进了教育现代化水平、教育内涵品质、师资整体素质、教育社会形象的进一步提升，全市教育呈现出素质教育质量持续领先、教育综合实力显著增强、人民群众满意度不断提升的喜人局面。出台《关于建设“江苏省教育现代化示范区”的实施意见》，加快实施幼儿园达标工程，有序推进市政府为民办实事项目“10所农村定点小学校舍改造工程”，高水平接受“江苏省义务教育优质均衡改革发展示范区”评估验收。不断加强新时期教师队伍建设，新增江苏省特级教师5人，“江苏人民教育家培养工程”培养对象1人，南通市学科带头人64人、骨干教师67人、教坛新秀31人。持续深化教育教学改革，“活动单导学”教学模式获国家级基础教育教学成果二等奖，白蒲小学花样跳绳队为中国夺得首枚世锦赛花样跳绳金牌，普通高考本二以上上线率高居全省县(市、区)榜首，职教对口高考本科上线人数连续10年列全省第一。2014年，如皋教育被中央人民政府门户网站、《中国教育报》、《新华日报》等省级及以上主要媒体报道473次。“聚焦江苏教育改革”首届全国网络媒体江苏教育行专题采风活动，人民网、新华网、光明网等近40家媒体走进我市，报道教育发展的“如皋现象”。

十一届全国政协副主席李金华视察如皋教育

如皋市教育现代化建设推进会召开

如皋首批接受“江苏省义务教育优质均衡发展县(市、区)”现场考察评估

市委副书记、市长陈晓东应邀为全省深化基础教育改革专题研究班学员做讲座

南京师范大学与如皋市人民政府签署在职教育硕士联合培养协议

全国数十家新闻媒体聚焦如皋教育

如皋新增5名“江苏省特级教师”

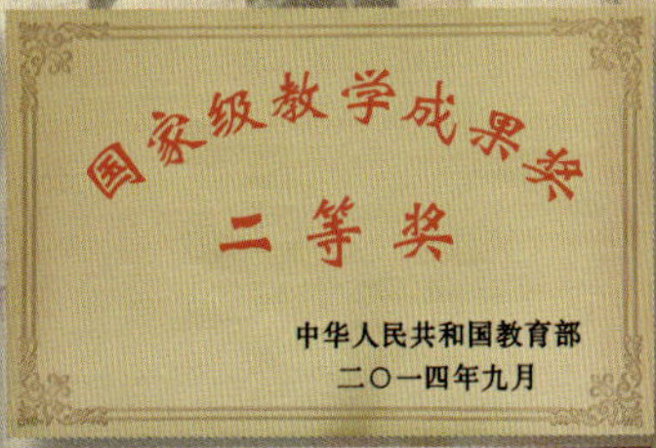

“活动单导学”教学模式获国家级教学成果二等奖

如皋市搬经中学成为如皋第六所“江苏省四星级普通高中”

如皋市白蒲小学花样跳绳队为中国夺得首枚世锦赛花样跳绳金牌

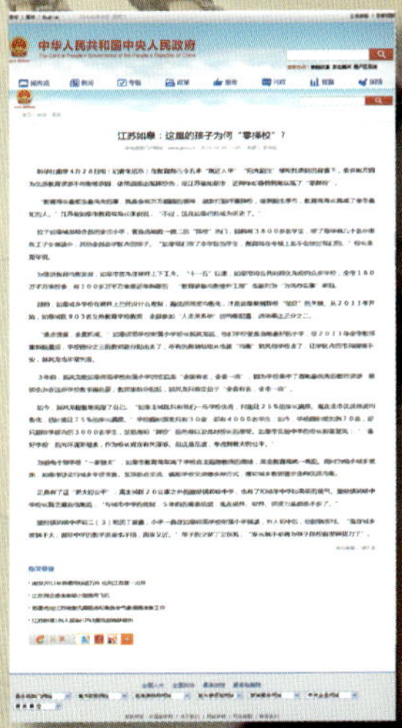
中华人民共和国中央人民政府

中央人民政府门户网站以《江苏如皋：这里的孩子为何“零择校”？》为题报道如皋义务教育

中国教育报 学前教育
ZHONGGUO JIAOYU BAO

脱胎换骨的变化是如何发生的

泰安以乡镇为单位统筹管理农村幼师

《中国教育报》头版以《脱胎换骨的变化是如何发生的？》为题报道如皋学前教育

如皋市人力资源和社会保障局

市人社系统全体党员在烈士纪念碑前重温入党誓词

一、城乡统筹就业叫响全国

(一)就业“直通车”全线贯通。“直通车”成为江苏省创新成果，受到人社部表彰，并获国家实用型专利。依托就业“直通车”，各级各类市场得以顺利举办，全年共举办市级市场111期，发布用工需求总量26792个，累计70544人次进场。城镇新增就业人数12506人，失业人员再就业6099人，城镇登记失业率为2.74%，居于南通先进行列。（二）毕业生就业工作稳步推进。大力组织暑期实习见习活动，认真开展毕业生就业辅导。全年累计组织大型人才市场及校园流动专场招聘66场次，毕业生就业辅导超800人次，实现毕业生就业4800多人次，回乡高校毕业生一年内实现就业95%以上。登记求职的特困家庭毕业生均在年内实现就业，推荐就业率100%。（三）劳动力回（外）引取得实效。在年初对全市近500家用人单位用工需求调查摸底的基础上，推出“名企校园行”系列活动，组织全市规模企业赴职校开展宣讲活动，实现了学校育人与企业用人的无缝对接。协助用人单位与甘肃临夏州、贵州沿河县就业部门签订了劳务合作协议，为长期、稳定引进外地优质劳动力提供了保障。全年劳动力回（外）引4000余人。（四）省级创业型城市创建成功。紧紧围绕创建目标，加大专项资金保障力度，开设“创建创业型城市”、“创业之星”、“创业故事”等专题，强化创业宣传引导。全年受理审

“换位思考，用心服务”主题道德讲堂活动

核各类创业培训开班67次，参培人数11944人。通过一系列强有力举措，全市创业人数明显增加，创业带动就业能力明显提高，创业质量明显改善，各项指标通过省级预验收。

二、社会保障水平持续增强

（一）基金征缴屡创佳绩。强化行政推动，企业五险扩面连续5年超万人，当年平均扩面13000人以上。居保征收速度南通第一、全省领先，连续四年首季度完成全年目标，当年续缴人数37.47万人，到账保费2.29亿元，分别完成计划的107%和114.8%。（二）省政府93号令执行到位。及时制定实施办法及人口界定、经办业务两个配套政策。历史性被征地农民实现“应保尽保”，新增被征地农民实行“先保后征、即征即保”。全市被征地农民保障资金应到位1.5亿元，已到位1.5亿元，被征地农民进社保达2600人。（三）医保待遇更加惠民。2014年大病保险取消封顶线，个人负担越大，补偿金额越高。其中，参保职工和参保学生、儿童20万元以上均补助90%，成年、老年参保居民20万元以上部分补助80%。目前，职工医保和居民医保住院基本费用范围内报销比例分别超过82%和72%，省内领先。（四）内控机制更加健全。筹建社保基金运行管理小组，每3个月召开一次会商会议，对社保基金进行政策研判、收支平衡、安全预警。筹建医疗工伤保险通案小组，定期对大额医保报销、工伤补助金申领进行审核，全年作出工伤认定决定1380件，会商重大案件40余起，保障了医疗工伤基金支出的公正透明，42起行政复议诉讼，没有出现因为执法过错或过失发生的败诉。

三、人才支撑作用提升显著

（一）全力抓好人才工作。“222人才工程”引进本科以上人才2125名，其中高层次创新创业人才21名，硕士以上219名；培育高技能人数6766人，分别完成交办任务的233.31%、131.45%，南通领先。新增专业技术人员4180人，其中正高25人，副高615人。（二）强化高端载体建设。5家博士后科研工作站（创新实践基地）均有博士后入住，其中3家单位博士后科研人员获得省“博士计划”博士后类科研资助。省级留学人员创业园有3名留学人才获省级项目资助。（三）做实人才项目申报。全年新增省级以上人才项目12个，完成全年任务的240%，量、质均居南通首位。其中，“双创人才”项目1项、“企业博士计划”项目2项、外专项目2项。获批国家级

市人社系统表彰大会

留学人员科技活动项目1项，全省仅有2家；获批六大人才高峰项目6项，持续领跑南通县级市，保持省内领先位置。（四）率先开展“弹性学分制”学历班招生。以省级高技能人才培养示范基地如皋市技工学校为平台，结合区域经济发展形势以及学校的办学特色与优势，开展在职职工“弹性学分制”学历班招生工作，全年共招收592名学员，有力地促进了如皋产业转型升级。

2014年首批省级技师考试在市技工学校开考

四、劳动关系总体保持稳定

（一）重视法律法规宣传培训。以“法律法规千企行”为契机，坚持“主动服务、靠前服务、延伸服务”的原则，面向基层，服务企业，“零距离”服务，提高用人单位及劳动者规范用工和依法维权意识。全年创建省级“劳动保障诚信示范企业”2家、“和谐企业”1家。（二）严格规范劳资关系管理。实现非标准工时工作制的网上受理、审批及公示，全年受理审批61件非标准工时工作制。加强对小微企业劳动合同签订率的动态监测，全市各类企业劳动合同签订率为99.1%。规范了经济性裁员程序，全年共办理经济性裁员备案18家，审查集体合同2124份，已建工会集体合同签订率94.1%。（三）稳步做好工资调控工作。扎实推进工资集体协商，全年共签订工资集体协商协议778份。规范经济性裁员程序，全年共办理经济性裁员备案18家，审查集体合同2124份，已建工会集体合同签订率94.1%。及时发布《2014年企业工资增长指导线》及最低工资标准，月最低工资标准调整为1460元，小时工调整为12.5元每小时。（四）依法妥处各类劳资纠纷。充分吸纳劳资双方意见，合法公正及时地处理劳资矛盾。全年受理仲裁案件902件，审结814件，结案率90.2%，其中以调解方式处理434起，占处理数53.3%。劳动监察受理立案案件159件，全部办结。妥善处理20起集访案件，涉及职工941人，金额1299.54余万元。

五、人事管理职能不断强化

（一）人事招考公正公开公平。认真贯彻执行《公务员法规》，会同市委组织部做好2014年新招录64名公务员的审批工作。严格规范组织本市事业单位人员招考，当年新进编229人。（二）事业人员岗位管理得到加强。下发《如皋市事业单位岗位全管理有关问题处理办法》，严把岗位变动关口，做到没有空岗不聘用，不符条件不晋级，不集中办理不核准，维护了岗位管理的严肃性。（三）机关事业单位工资、津补贴持续规范。开展事业单位绩效工资分配情况和公务员津补贴发放情况的专项检查机制，及时纠正违纪违规现象．维护了国家收入分配政策的严肃性。（四）军转干部管理有序。圆满完成本年度37名计划安置转业军官安置工作，做到了部队组织、地方接收单位及军转干部本人的三方满意。企业军转干部维稳和解困有力，总体稳定，在南通所属县市区中一直处于领先地位。

六、服务交互水平越来越高

（一）基层平台100%完成标准化建设。一期121台自助终端已投入使用，二期244台即将安装到位，通过自助终端实现了人社政策在线咨询，个人账单查询、打印，退休人员指纹年检等。得益于此，居保“四不出村”服务如皋品牌叫响全省，如皋市被省厅确定为城乡居民基本养老保险便民快捷服务示范点，在全省推进大会上作了经验介绍，南通市现场推进会在如皋召开。（二）稳步推进“一卡通”工程。截止2014年底，全市累计采集人员基本信息54万多条，修改、合并错误、重复的参保信息5500多人，启动了首批13.9万余张卡的发放，第二批22万多张卡已进入省厅制卡流程，实现了社保卡在自助终端和定点机构自动激活，整理归档社保卡档案1740卷。（三）开通社保业务网上经办系统。2012年企业申报系统正式投入运行，提供网上咨询、预约办理等20多个服务事项，服务全市用人单位619家。2014年个人网上缴费系统投入运行，依托局官网，通过银行联网实时转账进行划账缴费，截至目前，共有600余人通过网上大厅办理职工保险和居民医保缴费业务。（四）构建手机终端服务系统。成功开发了参保人员短信服务平台，于10月份正式全面投入使用，每月向参保对象发送社保缴费和医保个人账户情况，大大缩短与服务对象之间的距离。初步搭建了“如皋人社”公众微信公众平台，目前已部署完毕并正式运行，关注人数达2000多人。

七、人社队伍建设更加扎实

（一）基层劳动保障平台实现“一村一员”。面向社会公开招录村级平台专职协管员140名，并已完成系统培训全部上岗，为基层人社服务深入化、全面化、优质化提供了重要保障。（二）社保专管员制度得到巩固。搭建了1200余名企业人社专管员队伍，全部通过培训、考核后持证上岗，进一步畅通了参保单位与社保经办机构间的沟通交流渠道，规范了业务经办程序。（三）医保专管员队伍顺势推行。建立了定点医疗机构医保专管员队伍，首批78名医保专管员通过培训、专业资格测试，现已上岗，此举使得定点医疗机构医保监管正逐步从“外部被动管理”转变为“内部主动管理”，进一步强化了“两定管理”。（四）“养老互助吧”初见成效。积极探索推进互助养老新模式，借助原有退休人员活动中心、夕阳红志愿服务队伍，组织退休老人开展互帮互助、以老助老志愿服务活动，目前，全市已经建立老伙伴、康乃馨、弘孝、玉琴爱心驿站等老友互助组织共22个。

第三届“人社杯”全市退休人员趣味运动会

加快城镇化建设 实施城建惠民工程

市住建局全力推进宜居宜业现代化城市建设

廉租房、经适房领号

金科世界城

特色城镇建设

2014年，市住建系统以党的群众路线教育实践活动为抓手，认真贯彻市党代会、人代会精神，落实市委、市政府要求，积极应对更趋复杂的经济社会发展形势，围绕“提高城市知名度与美誉度、提升百姓幸福感和满意度”宗旨，突出“为民、务实、清廉”主题，抢抓历史机遇，紧扣重要时间节点，大力推进宜居宜业现代化城市建设，全力打造长三角宜居养生目的地，住房和城乡建设工作取得了新的跨越。

全系统上下面对受全国经济下行压力影响而出现的诸多困境和挑战，放弃休息日和节假日，知难而进，迎难而上，拧成一股绳，奋力加快各项重点工程建设步伐，确保全面完成和超额完成全年目标任务。1-12月份，中心城区完成城市建设投入125亿元，其中市政设施投入18亿元，房地产开工181万平方米，新建安置房80.6万平方米，新增绿化面积82万平方米，为全市经济社会发展提供了有力的硬件支撑。9月1日，《南通日报》在头版头条以《如皋处理好打基础利长远与出形象快见效关系，显隐工程并重推惠民城建》为题对如皋住房和城乡建设工作进行专题报道。

亮点之一：加快完善规划体系。

从规划入手，以科学布局提升城市品质。《如皋市城市总体规划(2013~2030)》于2014年11月4日经省政府批准，依据规划，到2030年，中心城区规划人口规模68万人，建设用地控制在74.7平方公里以内，规划成为长江以北最大县级城市。四大片区的控制性详细规划已经市党政联席会讨论通过。委托邦城规划顾问（苏州工业园区）有限公司正式启动四项规划的编制工作，相关工作正在推进。

美丽如画的海阳南路

亮点之二：健康平稳推进住房建设。

在经济下行压力较大、房地产市场整体低迷的大环境下，不断优化服务，攻坚克难，努力实现房地产开发新突破。雨润华府一期、雨润商业大楼、文峰城市广场、亿升老如城地块、江中世纪城、御龙湾、长寿城等房地产项目顺利建设。坚持抓质量、抓进度、抓安全“三同时”，中央商务区四期、29#、30#、70#等地块安置房项目有序推进，中央商务区三区、城东A区三期顺利交付，1300户搬迁户结束过渡、喜迁新居。蒲行苑三、四、五区老小区改造工程全面完成，涉及住宅楼16幢，居民405户，解决了屋面渗漏严重、上下水不畅等老大难问题，生活条件全面改善，小区面貌焕然一新。

亮点之三：平稳推进搬迁工作。

切实保障搬迁户利益，整合力量、加班加点，做实思想工作，圆满完成志颐路搬迁、同源污水处理厂农户搬迁，全面完成29#、26#、城南大道扫尾地块搬迁，桃源路进入公正评估阶段，12#E地块正在推进依法征收程序。

亮点之四：高效推进饮用水安全建设。

供水中心至主城区给水管网复线工程建设全线施工完毕，并已并网供水。工程的建成扩大了进城输水通道，为输水生命线增加了备份，解决了用水量大增和局部供水不足的矛盾。切实启动了长青沙备用水源建设，2014年6月8日工程正式开工，围堰大堤已基本建成，整体工程完成85%的工程量。

亮点之五：快速推进市政建设。

加大基础设施投入，全面加强现场管理，抢抓施工季节推进市政工程建设，先后完成健康东路、府西路、学府雅居后侧路、福寿东路东延和宁海路雨水管道、中

如城新姿

龙游河公园夜景

央商务区泵站、外国语停车场工程，城市路网进一步完善，承载功能有力提升。志颐路完成工程量的85%，健康幼儿园西侧路、蒲行新村区间路改造工程竣工，定慧寺北门桥梁2015年1月底前竣工。

亮点之六：大力推广公共自行车系统工程。

在2013年公共自行车系统一期16个点、600辆自行车投入运行的基础上，2014年先后实施了自行车系统二、三期工程建设，并正式投入使用，全市的公共自行车系统达到67个点站，范围涵盖整个城区，1800辆自行车用于满足市民公交换乘、休闲旅游等出行需要。2014年6月，如皋市自行车交通系统示范项目被国家住建部列为全国步行和自行车系统示范项目。

亮点之七：全力打造绿化景观。

长江以北单体面积最大的开放性市民公园项目——龙游河生态公园全面建成，整体景观完美呈现，开阔的生态景观、壮观的音乐喷泉、绚丽的亮化景观赢得了热烈的社会反响，成为近年来最大的亮点工程、实事工程、民生工程。以城市道路绿化、小区绿化、公园绿化、单位绿化为主抓手，实施了万寿南路、府西路南延等道路绿化建设，致力提升城市绿化品质品位，提高市民生活满意度和舒适度。

亮点之八：扮靓城市夜间景观。

在精益求精做好龙游河生态公园亮化景观的同时，着力加强城区老旧照明设施的维护管理，确保亮灯率达99%。高效实施新建建筑物亮化，完成了新都国际、中海大厦等标志性建筑亮化，扮靓了城市四个核心商圈，进一步提升城市现代化水平。

亮点之九：精心组织历史街区保护性改造和深度开发。

持续推进东大街历史街区保护与开发工作，2014年以来共完成风貌整治135户，居民居住环境有效改善，历史文化底蕴全面彰显。武庙客栈建设主体结构已经完成，正在进行配套施工，状元祠改建基本竣工，布馆方案已经确定，布馆工作渐次展开，于2015年元旦对外开放。开发利用工作取得了显著成效，开业商铺达100多家，形成了颇为浓厚的旅游商业氛围和文化氛围。

中央商务区安置区

东大街深巷的商业区

一流的经适房

亮点之十：加速推进小城镇建设。

以“两增加、两提升、两勇当”为标准，以打造4个“新兴小城市”和6个特色小城镇为目标，高效推进规划执行、房产开发、土地出让、搬迁改造等重点难点工作，促进小城镇建设由形态型开发向功能型开发转变，由粗放经营型向集约经营型转变。小城镇建设取得了显著成效，白蒲镇和搬经镇跻身全国重点镇，白蒲镇朱家桥村被国务院综改办确定为全国“美丽乡村”试点村，江安镇朗庙村和石庄镇草张庄社区成为2014年省级“美丽乡村”建设示范村，如皋跻身省级农村危房改造试点县(市)，石庄镇张杨园村被列为全省9个省级农村危房改造示范村庄之一。2014年共计争取补助资金3895万元，三年来累计争取各类国家、省级补助资金超过1亿元。

提升城市品位的建筑

如皋市建筑工程管理局

2014年，全市建筑业完成建筑业总产值900.8亿元，同比增长20%；承接施工面积1.15亿平米，同比增长9%；承建高层栋数5245栋，同比增长43%；承建超高层栋数1155栋，同比增长66%。在如纳税9.21亿元，占全市公共预算收入的13.6%，12家建筑业企业荣膺全市纳税百强企业，六建纳税超1亿元，荣登榜首；吸纳劳动力就业18万人，人均年收入近6万元，农民从建筑业获得的收入占全市农民纯收入的60%以上，建筑业对全市经济社会发展的贡献巨大。

市场拓展。专注于“高、大、难”房屋建筑施工主营业务。江中集团承建30层以上高层建筑139栋、超高层10栋，10万平方米以上的规模项目及小区65项，承接的江阴澄星综合体工程，施工面积43万平方米，合同额13.28亿元；标龙建设集团着力加强与实力强、信誉好的上市企业合作，在辽宁海城承接了施工总面积达80万平米的御景尚品项目，在河北廊坊承接了总计100万平米的雅元大学城、丹凤园等项目。适度多元经营。江中集团积极调整思路，不断创新房地产商业模式，在临沂与大润发超市成功签约，租赁房产面积近2.5万平方米。六建集团充分整合企业优质资源，积极向道路、桥梁、装饰装修、机电安装等领域拓展延伸。联盟联合涉足高端市场。九华公司与中铁大桥局、中铁六局等央企合作，承建了造价4.6亿元的南通东沙大桥工程、造价2.2亿元的广州大桥拓宽工程、造价6.8亿元的京沈客专辽宁段PJ－11标工程。

改革创新。大力运用信息技术改造传统管理模式。江中集团对项目管理信息化系统进行了二次推进使用，将新的软件系统结合企业项目管理模式进行优化升级，并成功运用于相关工程项目的施工管理，极大地加强了企业总部对工程项目施工生产的管控能力；城中园林

汇京国际广场商办综合楼获上海市白玉兰奖

汇京国际广场商办综合楼获奖证书

江中集团沈世祥被评为第六届全国优秀建造师

太仓边检指挥中心获金石综合大奖

哈麻住宅小区续建16#楼获龙江杯奖

公司自行研发了ERP企业内部管理软件，从企业的人、财、物等方面推行标准化、规范化、精细化管理，优化再造企业管理流程。构建全产业链的市场经营模式。城中园林以“可持续市场业务和盈利能力”为企业发展战略，突破单一的园林绿化工程施工格局，向景观设计、苗木种植销售、园林养护全产业链延伸，拥有甲级资质的园林绿化景观设计院，整合自有千亩苗圃、市内312个行政村近8万亩苗木和市外苗木供应商等资源形成庞大的园林绿化材料信息库，建立技术力量雄厚的园林绿化养护专业公司。核心前沿技术攻关能力不断增强。积极参与编制国家级行业标准，六建集团与杭州天和建设集团有限公司合作编写的行业标准已通过住房和城乡建设部组织的审查和批准；江中集团获中国改革开放35周年经典暨精品工程奖1项、国家科学技术创新成果奖1项、华夏科技进步奖1项、国家住建部科学技术计划项目立项1项、国家发明专利3项、国家实用新型专利5项。资本运作抗风险能力不断增强。标龙、志鹏等企业稳健经营，量质并举拓市场，靠质量信誉与实力强、信誉好的上市企业、央企、政府合作。城中园林突出精准化管控，以多元市场业务获得较高的市场盈利，在增强自身资金实力的同时，不断拓宽融资渠道，在全国中小企业股份转让系统（“新三板”市场）获批申请挂牌，企业发展后劲和抗风险能力不断增强。

人才队伍建设。深入实施建筑业“333”人才工程，不断拓宽人才培育渠道，加强人才储备，不断输送适应市场和形势需求的建筑业人才队伍。强化岗位技能培训。2014年，共组织1500余人参加特种作业人员岗位教育培训考试，考试合格率达90%。组织近3000名安全生产管理人员参加安全生产知识考试教育培训，考试合格率达95%。全市建筑行业安全生产形势良好，连续多年未发生一般以上安全事故。组织1500余人参加技能岗位培训，培训合格率达100%。组织2651名安全管理人员和884名特种作业人员参加继续教育，参培率达100%。全行业共有6人成为江苏省“333高层次人才培养工程”第三层次、南通市“226高层次人才培养工程”第二层次、第三层次培养对象，创如皋建筑业高层次人才培养新纪录。

建筑市场和施工现场监管。持续推进建筑市场诚信体系建设。以维护建设领域民工合法权益和建筑市场良好秩序为抓手，按照“企业申报、综合评审、社会公示、公告”的程序，对市内建筑业企业的民工工资支付行为启动动态考核机制，对相关企业在如承接工程和缴纳民工工资保证金方面实行差别化管理。深入推进信息化安全监管。对主城区受监项目安装了现场视频监控系统和项目管理人员ＬＢＳ定位管理系统，逐步实现施工现场的实时可视监管。深入开展建筑施工安全专项整治。深入开展“七打七治”、“建筑工程质量治理两年行动”和建筑施工安全专项整治活动，不断加大检查、巡查力度。会同住建、监察、反渎等部门，每季度对全市所有在建工程进行综合大检查，及时发现市场和现场工程质量、安全等方面存在的问题隐患，及时对相关责任主体进行教育提醒，及时整改回复相关问题隐患，使得建筑市场和施工现场“两场”管理进一步规范，安全文明标化水平持续提升，年内，未发生较大安全生产事故。有52个工地被评为市以上安全文明标化工地。

如皋市城市管理局

市委书记姜永华冒雨视察老小区改造

帮扶困难群体

2014年，如皋城管局荣获省城市环境综合整治先进集体、省政府法制创新奖、南通市城市管理综合绩效考核先进单位、如皋市级机关目标责任制考核先进集体、如皋市行政服务贡献奖先进集体等30项荣誉，受表彰项目为历年之最。

民生幸福工程赢得民心

城市环境综合整治工程成效显著，老小区改造、市容环卫责任区制度、孔庙社区创建作为城市环境综合整治优秀典型案例在全省推广，综合排名位居南通第一。推进老小区改造惠民工程，投入640余万元，完成陆桥苑、锦绣二区、皋南一、二、七组团、东皋一至四组团、花苑一、二区5个老小区43.6万平方米的改造项目，全面落实“三基本”物业服务和奖补政策，惠及家庭3933户。着力推进物业服务利民工程，将物业管理纳入现代服务业，严把物业招投标、物业用房验收、承接查验“三大关口”；出台《安置房居住区物业管理暂行办法》；“四位一体”矛盾调解机制全年化解物业纠纷515起，物业费收缴率由2013年70.2%上升至75.4%。实施基础设施便民工程，机械化清扫率达60%以上，机械化收运率达80%，环卫基础设施的服务承载能力得到进一步提升。严格公共自行车服务外包监管，被国家住建部列为县级示范城市。

创建创新创优工程彰显特色

坚持以创建改善民生。优秀管理城市创建取得突破，

“西瓜地图”
便民利民

举办城管开放日活动，市民走进城管

城管专题灯谜竞猜

先后通过省专家组暗访、满意度调查和实地调研考核。省示范社区和示范路创建彰显特色，孔庙社区、中山东路、安定街分别获评省级城市管理示范社区和示范路。省市优物业管理项目创建卓有成效，都市华庭获评省优物业小区，西城花园、御龙湾、文化广场获评市优物业项目。

坚持以创新破解难题。创新查违控违机制，共拆违

“城管梦·百姓情”文艺调演

微型课堂进孔庙社区

317起1.5万平方米，查违控违机制获省政府法制创新奖。创新建筑垃圾和渣土运输监管机制，大力推行“源头管理标准化、中端监控全线化、末端消纳规范化、执法管理法制化”管理模式。创新市容环卫秩序管理机制，成立市容环卫协会，扩大服务外包范围。创新宣传载体，打造城管微博和政社互动品牌，城管工作知晓率、影响力明显提升。坚持以创优提升形象。深入开展党的群众路线教育实践活动，做到自选动作有特色，规定动作不走样。推进基层组织建设创优，执法大队获评省级青年文明号、女子青年集体，市容环卫中队创成南通市青年文明号；数字城管被表彰为如皋市巾帼文明岗、三八红旗集体。推进队伍建设和形象创优，建立完善警城联动机制，组建特勤中队；组织高校培训、岗位大练兵、“五联一扶”等主题活动。推进服务能力创优，行政审批提速50%。

长效管理机制日趋完善

以城管委为核心、数字城管为依托，部门联动、社会参与的“大城管”格局优势日益凸显，在“大城管”体制下的“大市容、大环卫、大物业、大统筹、大提升”机制得到进一步健全和完善。数字城管功能得到强化，全年上报各类问题36356件，立案32967件，结案32822件。准确派遣率、处置率、结案率均超过部颁标准，如东县、泰兴市等多批同行来如皋参观学习。强化与公安、住建、市场监督管理、环保等部门的联勤联动，牵头开展广场舞噪音扰民、机动车兜售商品，小餐饮、小烧烤污染环境等难点问题专项治理工作，并取得实效。强化“大市容、大环卫、大物业、大统筹”和数字城管考核，长效、常态考核的导向及功能作用发挥明显，“大城管”格局渐趋成熟。

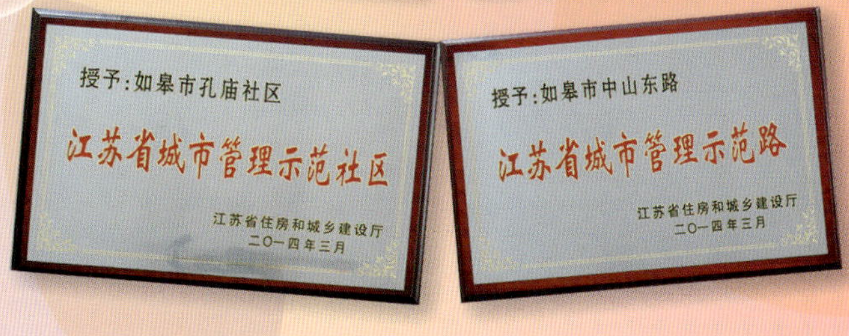

如皋市交通运输局

2014年，如皋市交通运输局着力构建综合交通运输体系，全面启动交通运输现代化建设。年度重点目标任务圆满完成，在全市目标责任制考核中，综合得分名列政府序列前五名，被表彰为市级机关先进集体。

（一）科学统筹，狠抓落实，交通建设稳步推进

续年工程顺利实施。2014年度完成交通基础设施投入10亿元。王石线南延、北延，丁磨路西延、334省道西延、雪袁线和马九线一期工程已完工通车，连申线20座桥梁改造工程已进入扫尾阶段，其中12座桥梁已通过省市航道部门验收。204国道如皋港连接线顺利通过交工验收。

新开工程序时推进。蒲黄线东段改造工程完成征地搬迁、管线迁移和路基灰土施工，拓宽路段水稳施工全部结束。皋高线西延征地搬迁完成，路基和水稳施工全部结束，海启高速工程正在进行征地搬迁调查。

绿化工程全面完成。丁磨路西延、雪袁线、334省道西延等绿化工程全部完成，马九线绿化工程高新区已实施结束。王石线南延、北延绿化，沈海高速白蒲出口绿化工程全面完成。

前期工作迅速对接。积极与上级交通、国土、环保、发改委等部门沟通联系，加快做好前期工作，加快项目进计划、进笼子步伐。226省道(白雪线海安界至通州界)已通过省发改委组织的工可审查，初步设计近期将获批复。355省道如皋段（雪袁线如东界至泰兴界）省发

市领导正在规划如皋快速通道与沪通铁路衔接

市委书记姜永华等领导参观沪通大桥，及早谋划公铁水港与沪通长江大桥对接

南通主流媒体采访如皋市客运一体化成功经验

改委已组织工可审查，相关批复正在办理中，力争近期内获工可批复。403省道如皋段（王石线搬经至石庄段）工程正积极协调进省道规划网，省厅公路局已组织预可审查。404省道（蒲黄线白蒲至如东段）和345国道（蒲黄线江安至规划中的如通快速通道）正按省、市部署开展前期工作。根据市委、市政府要求，着手开展连接沪通高速快速通道（简称如通快速通道）的前期工作，围绕沪通、宁启铁路运输大通道，着手白蒲物流园发展规划，满足沪通货物过江后的运输疏通功能。

资金筹集成效显著。由于近几年交通工程投入巨大，大多采用“BT”模式的工程已进入回购高峰期，加之国家对政府融资平台实行控制，导致交通资金来源十分匮乏。面对重重压力，迅速调整筹资思路，积极探索无土地抵押的融资模式，通过融资租赁、债务融资工具、中票等形式融通资金。创新融资方式，以新成立的企业为平台、由老政府平台提供担保等形式筹集资金。全年共筹集到位资金23.99亿元，超额完成全年目标任务，创历史最高水平，确保了交通工程的顺利推进和工程款的及时兑付。

（二）以人为本，惠民利民，服务水平显著提高

惠民工程再创佳绩。2014年农村公路计划实施100公里，已超额完成，农村公路提档升级80公里，已完成计划目标。危桥改造计划实施77座，全部完工。

铁路建设快速推进。积极争取南通至北京、重庆北、兰溪、云南昆明的列车在如皋站停靠。火车客运站过渡站房完成主体施工，已正式投入使用，临时广场和道路已全部结束。

连申线如皋段航道整治工程北段5座桥梁率先通过省交工验收

沿江一级公路

王石线北延正在紧张摊铺

如皋长江大桥夜

城乡公交协调发展。增开软件园公交专线2条，白蒲至如皋东线1条，优化调整城区公交、城乡公交、镇村公交线路6条。在全市城乡公交线路上增设站点80个，新建公交回车场2个，完成了如皋至黄市、如皋至西来桥2条公交线路的公司化改造、新建公交站亭40个，公交站牌40个。充分运用科技手段，全面建成集信息化管理、动态监控、应急指挥、运力调度、电子站牌、出租车电召、手机召车等功能于一体的运政信息指挥平台，电话召车5000余次，方便了群众便捷出行。

（三）注重转型，调优结构，运输保障有效增强

运输产业转型升级。推进运输装备升级换代，省、市、县际客运班车加快更新，高等级客车占比100%，专业货车和厢式货车增加2.5%。年内新增CNG清洁能源空调公交车20辆、12米全电动公交12辆。着力培育大型交通物流企业，扶持发展了以广兴米业、北京大红门如皋分公司为代表的农村物流示范企业，以如皋港现代物流园、如皋港集装箱物流园为代表的大型物流集散企业。

路航管养科学规范。投入1600余万元实施了500公里市管公路维修工程。投入4700余万元，对搬石线、东搬线、东芹线、花马线等路段实施强度提升工程，保障了县乡公路通行质量。投入747万元，对市管道路实施了安保设施完善工程，其中部分项目纳入国家车购税项目，可获交通部补助资金217万元，目前已基本完成，准备交工验收。邀请相关专家对花市路进行踏勘会诊，全面完成了维修任务。农村公路管养水平不断提升，管理实现规范化、长效化。长江镇创建成省农村公路管养及安保示范镇，江安镇创建成省级农路管养达标镇。航道管养全面加强，对辖区内213公里等级航道扫床2次，242公里等外级航道扫床1次，辖区航道保持了良好的技术状况和适航状态。

路域环境美化亮化。花城大道临时道口全部封闭结束，完成绿化补植。继续加大干线公路环境整治力度，全年共清除路面障碍物2450立方米，清除路边种植4万平方米。充分发挥不停车检测系统，检查车辆582辆，查获违法超限车辆90起，驳载1100吨。推进农村公路安保工程，明确县道标志标线和防护设施的维修管理流程，及时实施维修562处，确保了标志标线齐全规范。

法制安全再上台阶。深入开展“六五”普法活动，打造的“普法三色路”被评为南通市第三批法治文化建设示范点。以加强法治交通建设、打造依法行政品牌为目标，以推行“述职、述廉、述法”考评机制为抓手，不断提高交通执法能力和水平。全年共办理行政许可1981件，行政处罚3376起，限时办结率100%，未发生行政复议被撤消和行政败诉案件。如皋市交通运输局被市委、市政府表彰为法治建设先进集体和法制宣传教育工作先进集体。以创建“平安交通”为主线，扎实开展“安全生产月”、“夏季安全生产百日赛”、“安全生产检查整改专项行动”以及打非治违系列活动。全系统未发生重大安全责任事故。磨头收费站第7次被表彰为全省“安康杯”竞赛优胜企业。连申线如皋段桥梁标被评为省“平安工地”。

（四）创优党建，提升作风，行业形象明显提升

全系统以党建创新活动为主线，以建设服务型党组织为着力点，全面推进党的思想、组织、作风和反腐倡廉建设，使队伍素质得到新的提升，树立了交通行业崭新形象。

党建工作全面创优。结合党的群众路线教育实践活动，重点开展以“为人民服务、请人民评判、让人民满意”为标准的服务型党组织建设活动。以便民办事为重点，实行“一站式”、“预约式”、“组团式”服务，选派机关优秀党员进驻行政审批大厅，广泛开展上门审批、上门服务、扶弱济困、“双联双助”等惠民利民服务。着力打造“愿服务、懂服务、会服务”的党员干部队伍，强化党员日常管理，严格党内组织生活，健全党员干部经常受教育机制，激励党员干部带头服务群众，有效整合服务资源，挖掘服务潜能，增强了党组织的整体服务功能。局党建考核名列全市第二，并被表彰为全市党建创新红旗单位。

廉政建设不断深化。在全系统推动形成党委主抓反腐倡廉建设、纪检监察部门重抓执纪监督问责的鲜明导向，党风廉政建设党委主体责任和纪工委监督责任得到有效落实。强化岗位廉政教育，局领导班子成员分别到廉政联系点上大党课，开展了新任领导干部任前谈话，加强了节日期间和重要时段党风廉政教育。深化制度建设，完善了党风廉政建设、工程资金使用、施工项目审计、公务接待等一系列制度，特别是工程资金管理程序完备，手续严密，确保了工程资金使用安全规范。通过严格的内控举措，“三公”经费下降了58%。

作风建设强力推进。巩固扩大党的群众路线教育实践活动成果，组织全系统党员干部认真查纠“四风”方面存在的突出问题，召开了“火药味”十足的民主生活会，广泛开展批评和自我批评，制定了切实有效的整改方案，进一步筑牢了抵制“四风”的思想防线。重点突出坚定理想信念、践行根本宗旨、加强道德修养，引导党员干部落实习近平总书记就作风建设提出的“三严三实”新要求，使广大党员干部既严以修身、严以用权、严以律己，又谋事要实、创业要实、做人要实。以转变作风为重点，严格执行岗位责任制，简化办事程序、规范从政行为、提高办事效率，交通窗口在全市服务窗口考核中名列第一，被评为年度先进窗口。

新闻宣传内外开花。围绕贯彻城市经济社会发展的目标定位，对实施惠民工程、加强城乡客运一体化、主动迎接高铁时代到来、积极谋划快速通道连接等开展了一系列重大主题宣传。聚焦社会主义核心价值观培树先进典型，生死关头用爱护航乘客安危的好司机丁广健被表彰为“江苏好青年”，如皋市“爱心大使”。

一年来，社会综合治理、交通战备、行业工会、共青团、老干部、机关党建等工作也取得新成绩。

农村公路

新东线

如皋市商务局

2月26日，全市招商人员出征动员暨培训大会召开

2014年，在市委市政府的正确领导下，市商务局以党的群众路线教育实践活动为契机，认真学习贯彻落实党的十八大、十八届三中、四中全会精神，紧紧围绕商务、口岸工作职能，加强服务型机关建设，不断转变工作作风，服务效能不断提升，商务经济健康稳步发展。

一是外资利用成效显著。全市新批外资项目48个，超5000万美元项目5个，完成工商注册外资6.69亿美元，实现到账外资3.78亿美元，超额完成全年目标任务；到账外资同比增长49.7%。利用外资结构不断优化，新批外资项目中高新技术、先进制造业、新兴产业、现代服务业、现代农业项目占总量的56%；信息技术、软件研发等服务业外资项目累计实现到账1.99亿美元，占全市到账总量的52.6%。

3月3日，市商务局党的群众路线教育实践活动动员大会召开

二是对外贸易平稳发展。全市实现外贸进出口总额32.12亿美元，同比增长1.8%，其中：出口额25.55亿美元，同比增长7.7%；进口额6.57亿美元，进出口、出口、进口总量分别居南通县（市）第二、第一、第三。全市第一大类产品——机电产品进出口11.11亿美元，同比增长16.2%。

4月26日，如皋市商务综合执法大队成立大会召开

4月12日，如皋市商务局（口岸办）工会成立，并召开第一次会员大会

三是外经合作快速增长。外经营业额2.22亿美元，新派人数3571人，境外投资协议额2.54亿美元，获南通市外经综合业务奖。双马化工在印尼投资的园区建成南通首家省级境外产业集聚区，累计投资额达1.8亿美元。至2014年底，全市共有境外投资企业28家，历年累计境外投资协议额5.93亿美元，涉及印度尼西亚、塞尔维亚、英

8月5日，全市开放型经济工作推进会暨“一会两节”工作部署会召开

5月27日，市分管副市长带队走进政风行风热线

属维尔京群岛、日本、香港等国家和地区。江中集团获得境外承包工程经营权。

四是服务外包持续增长。新批注册资本100万元以上服务外包企业56家，注册资本3.61亿元。服务外包企业执行额9.48亿元。全市累计服务外包企业266家，其中有26家企业通过国家工信部的双软认定。

“八一”节慰问军属

五是商贸流通运行平稳。为维护市场秩序、保障消费者和企业的合法权益，市商务局于4月26日组建成立商务综合执法大队，强化对市场的监管。全市实现社会消费品零售总额288.62亿元，同比增长12%，其中：批发零售业零售额258.64亿元，同比增长16%;住宿餐饮业零售额29.98亿元，同比增长12%。项目投入不断加大，如皋国际汽车城、月星国际博览城、万都生活广场、文峰城市广场、南北绿色农产品交易中心、红星美凯龙、e联数码城、白蒲文峰大世界等重大项目正按序时进度加快推进。

六是生猪定点屠宰规范有序。年内积极实施生猪屠宰环节食品安全动态检测，坚持定期抽检，狠抓肉品质量。每季度到屠宰场现场取样，送南通市质检、港闸区永兴屠宰场检测，先后抽检5次，未检出水分超标和“瘦肉精”指标，抽检合格率100%。全市无害化处理销毁病害猪517头，处理三腺及不可食用生猪产品折合病害猪4344头，合计4861头，计437490公斤，由国家财政予以补贴，保障从生猪定点屠宰厂（场）出场上市销售肉品安全。持续开展打击私屠滥宰、生猪注水和屠宰注水猪、“瘦肉精”、重点市场专项整治，全年累计组织执法312次，出勤1565人次，切实加大巡查力度，有效震慑违法违规行为，保障了广大人民群众“舌尖上的安全”。

12月11日，市商务局主办“道德讲堂”

如皋市口岸办

6月30日，如皋苏中国际有限公司等4家企业的6个泊位顺利通过省级验收

10月29日，苏中国际1#、2#泊位顺利通过市级验收

定期召开如皋口岸暨国际航行船舶进出口岸监管工作会议

2014年度，如皋市口岸办围绕不断完善口岸功能、持续提升开放能级的总体要求，以科学发展观为指导，以服务企业发展为宗旨，以推动开放型经济发展为目标，在市委、市政府的正确领导下，解放思想、开拓创新，积极推进各项工作，取得了一定的成绩。

一、全力服务泊位开放

如皋市口岸办一直以来都将泊位开放作为重中之重，主动跟进、全程参与企业的申报过程，多次召开专项协调会和开放推进会，组织查验单位业务负责人现场察看和指导。6月30日，省口岸办组织四家省级查验单位到如皋，对申请开放的如皋苏中国际集装箱码头有限公司等4家企业的6个泊位进行省级验收，最终顺利通过。其后苏中国际2个泊位获得省政府正式批文。10月29日，苏中国际1、2号泊位通过如皋市口岸办组织的市级验收。

二、尽快完善相关手续

昆山爆炸事件发生后，省政府分管领导要求省口岸办和省级查验单位对全省已开放和拟开放码头泊位各项批文进行梳理，对手续不齐全的泊位进行整改，涉及如皋市15个已开放泊位和8个拟开放泊位。市分管领导高度重视，于9月3日和9月17日召集相关部门和企业召开了专题会议，对已开放的15个泊位批文缺失部分和拟开放的8个泊位未有的批文均倒轧时点、要求限时完成。由于各家进度不完全统一，如皋市口岸办采取完成一家开放一家的办法，只要某一家的批文完全到位后，就立刻前往省口岸办为该企业办理规定手续。苏中国际3、4号2个泊位已将相关手续补齐并取得省政府批文正式对外开放。

三、积极扶持港口企业

积极协调查验单位扶持港口企业发展，多次牵头各查验单位深入码头一线集中调研、走访以及现场办公，主动为企业提供全方位的咨询服务，为熔盛重工、港务集团、瑞泰船务、通茂船舶等多家企业提供下水、试航、交船、大船靠泊等个性化指导服务百余次。如皋港务集团码头泊位升等后，做大做强“大船品牌”，获得多个订单，已成功接靠15万吨级以上超大型船舶100多艘次，累计进港货物近750万吨，为全市外贸增长作出突出贡献。

2014年口岸外贸吞吐量696.1万吨，同比增长13.7%。

四、协调跟踪保税物流中心申报进度

国务院启动新一轮保税物流中心审批工作后，市主要领导高度重视，要求全力推进。在省政府、海关总署和南京海关的关心支持下，如皋港保税物流中心成功通过海关总署、财政部、国家税务总局和国家外汇管理局联合审批，批准建设面积0.35平方公里，与码头作业区接壤，这也是全省2014年唯一一家获批的保税物流中心。

五、研究制定“十三五”口岸规划

根据省口岸办统一安排和市政府要求，如皋市“十三五”口岸发展规划由口岸办组织积极研究制定，已形成初步稿件上报省口岸办，并根据省口岸办的最新要求不断完善修改，积极推进相关工作。

六、持续推动口岸信息化建设

根据省口岸办的统一要求，如皋市口岸办组织认真学习“三个一”、“单一窗口”、“三互”等最新理念，积极落实“三个一”相关工作。协调海事局和边检站签署了国际航行船舶监管合作备忘录，在信息互通、资源共享、协调管控等方面积极探索口岸提速增效的协作机制，以期形成口岸工作整体合力。促成如皋海关和如皋国检进一步深化关检合作，扩大关检合作“三个一”工作成效，签订了关检合作“三个一”备忘录，进一步提高通关效率，降低通关成本。

七、继续做好文明口岸建设

2014年4月份，省口岸办正式发文表彰如皋口岸为“2013年度江苏省文明口岸”。全年如皋市口岸办一如既往地开展各项文明口岸建设工作，2月28日，召开2014年度如皋口岸暨国际航行船舶进出口岸监管工作会议，总结了2013年全年监管工作，部署了2014年度重点工作。3月份，组织查验单位前往深圳考察学习先进地区的口岸管理经验。9月底，组织查验单位组成口岸方阵积极参加全市第十届运动会，荣获“优秀方阵一等奖”和“文明礼仪奖”。11月7-8日，组织查验单位参加南通口岸委组织的乒乓球比赛。11月底，组织查验单位参加省口岸办组织的羽毛球比赛，获得男子团体第二名的好成绩，并被评为“优秀组织奖”。

八、尽心做好查验单位后勤保障服务

针对后勤管理存在的问题，通过改造硬件设施、充实服务人员等措施进行改进，尽心尽力做好各项软硬件设施的维护保养工作。

10月17日，举行2014如皋水上搜救综合演习

12月8日，如皋港100艘15万吨级船舶安全靠泊作业后评估会

9月27日，组织查验单位参加如皋市全民健身运动会

如皋市人口和计划生育委员会

国家卫生计生委副主任王培安（右二）视察白蒲镇益寿之家

中国计生协国内工作部宣传处副处长魏瑞亮（左二）来如皋就计生特殊家庭帮扶工作进行调研采风

2014年，市人口计生委紧扣市委、市政府的工作要求，结合开展党的群众路线教育实践活动，聚焦“惠民计生”工作主旨，有序推进重点工作、解决难点问题、打造亮点品牌，取得一定工作成效。市人口计生委被表彰为全省免费孕前优生检查工作先进集体，市计生指导站被表彰为全国妇幼健康服务工作先进集体，全国计生特殊家庭扶助工作会议组织参观白蒲镇益寿之家，中国计生协携相关媒体就如皋市计生特扶工作调研采风。

努力营造“惠民计生”舆论氛围。通过广播、电视、网络等对计生政策法规、优生优育知识、生育关怀行动进行全方位宣传；举办惠民计生图片展，回眸“甜蜜事业”，展示了计生惠民举措、政策执行成效、条线先进人物和计生幸福家庭事迹等；组织首届“十佳”幸福寿星家庭评选及“人寿杯”幸福家庭摄影比赛；成功承办2014年南通市人口文化节闭幕式，通过群众喜闻乐见的文艺节目诠释幸福家庭内涵；主要负责人带领相关科室人员走进政风行风热线与群众通过电波零距离互动。

南通市第三届家庭人口文化宣传系列活动闭幕式暨“情满江海 福至如皋”专题文艺演出在如皋市成功举办

努力实施“惠民计生”服务项目。高效推进孕前优生检查及优生优育公共服务省级试点项目，科学完善考核办法和服务流程，方便群众和基层，共为7217对待孕夫妇进行免费检查及优生指

市人口计生委主任郭夕俊送羊到计生特困家庭

如城街道群众喜领单独放开首张“照顾再生一孩生育证”

市计生协组织计生特殊家庭代表观赏如皋美景

导，完成452例接受免费孕前优生健康检查后出生的1-3岁儿童的生长发育和智力筛查等健康检查、流动人口中100对计划怀孕夫妇优生优育问卷调查以及102例高危人群耳聋基因筛查等任务。认真执行“单独两孩”新政，广泛深入宣传，简化办证程序，共办理女方城镇单独二孩生育证599份；先后组织“邻里守望 情暖皋城”、“关爱流动人口 计生夏送清凉”以及服务流动人口秋冬系列活动，流动人口服务均等化落实到位，反响颇佳。

努力打造“惠民计生”扶助模式。对计生贫困家庭扶持坚持“输血”与“造血”并驱，全年慰问特困户143户、送慰问金10.29万元；安排资金近20万元，资助百名独生子女贫困生入学；向13户计生特困家庭赠送波尔山羊共50只，价值2.75万元，邀请畜牧专家到户传授饲养技术，助推发“羊”财。组织情暖失独老人活动，带领他们赏美景，倾听他们诉需求；组织失独夫妇、孤儿及孤儿的监护人代表开展“手牵手与爱同行”联谊活动；在白蒲镇成功试点失独家庭农田托管项目，解除失独老人无力耕作的后顾之忧；为全市所有失独对象购买综合医疗保险，解决了这些家庭意外伤害、罹患重病等风险保障问题。有序组织独生子女父母奖励金转型保险，确保群众知情自愿投保。

努力构建“惠民计生”服务团队。市人口计生委通过多项举措强化队伍建设，为高效实施惠民服务提供技能保障。一是组织专题培训。组织开展了计生政策法规、孕前优生检查、药具不良反应监测上报等专题业务培训，取得良好效果。二是安排外出学习。全年选派28人次参加省级及以上学习培训，组织32人次参加南通市级培训。三是开展技能竞赛。组织开展计生服务技能竞赛活动，并选派3名代表参加南通竞赛，分别获得二等奖、三等奖和优秀奖。

市计生指导站为接受免费孕前优生健康检查后出生的1-3岁儿童提供生长发育和智力筛查服务

市人口计生委开展流动人口计生宣传进港口活动

如皋市卫生局

市中医院成功晋级国家三级乙等中医医院

2014年，市卫生局进一步创新思路，强化举措，深化医药卫生体制改革，重点工程建设、政府为民办实事项目、城乡卫生创建等工作有序推进，为全市经济社会快速发展作出了积极贡献。

紧抓发展机遇，服务体系建设实现新跨越

一是夯实基础工程建设。市公共卫生中心大楼即将完工，市精防院病房楼改造工程年底竣工使用。加快构建全市区域卫生信息平台，顺利通过省二级验收。二是探索健康养老产业发展新路。博爱康复护理院成功搬迁，开放护理型床位近200张。吴窑福康、加力、丁堰福友三家医院积极开展托老服务，开放托老床位达370张。三是巩固系列卫生创建成果。10月份如皋市代表在香港参加第6届世界健康城市联盟大会，并获得机会进行专题演讲，得到了与会者高度评价。开展卫生镇村创建工作，搬经、江安两镇通过国家卫生镇省级考核，城南街道通过复查，新建成省卫生村24个。完成改厕项目任务6000座。

聚焦改革重点，医疗服务能力迈上新台阶

一是公立医院改革有序推进。在实施药品零差价销售的基础上，进一步优化公立医院综合目标责任考核体系，引导公立医院坚持公益性，坚持以群众满意为目标，强化医疗质量安全管理，医院服务质量显著提升，服务总量不断提升，业务收入不断攀升，费用得到有效控制，医院运转效率显著提高，药占比显著下降。二是医疗业务总量持续扩增。2014年本市一级以上医院门急诊377.1万人次，住院16.7万人次，医疗服务总量达17.6亿元，较2013年分别增长5.6%、7.1%、12.1%，人均直接医疗服务

卫生窗口热情服务

督查消毒产品生产企业

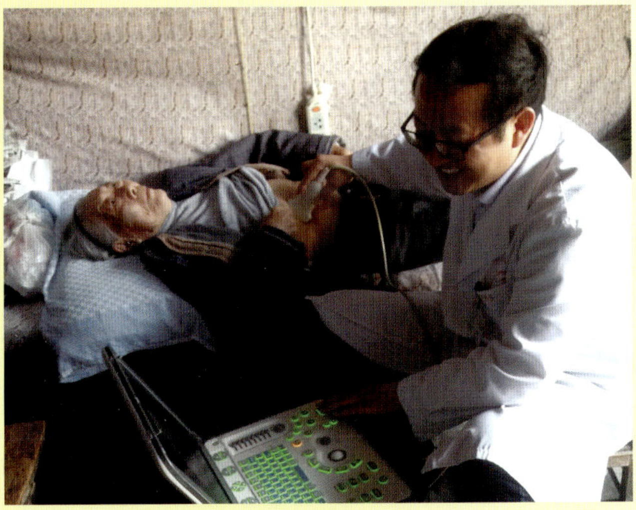

为百岁老人进行体检

消费额达1396.8元。全市医疗机构床位数4.27张/千人，执业（助理）医师、护士数分别达2.45人/千人、1.86人/千人。三是医院能级大幅提升。市第二人民医院、城西医院通过南通市二级医院验收。市中医院成为如皋首家三级医院。四是人才学科建设彰显特色。全市共有3人入选南通市“226高层次人才培养工程”，3人入选“148高层次人才梯队”培养工程，2人被评为南通市名中医。积极鼓励科技创新，2014年度共获得江苏省医学新技术引进二等奖2个，南通市科学技术进步三等奖1个，南通市优秀医学新技术引进奖三等奖11个，南通市优秀中医药项目一等奖1个、二等奖2个、三等奖1个。

正在建设中的市公共卫生中心

注重以人为本，惠民医疗政策取得新成效

一是新农合保障再推新举措。2014年新农合筹资标准达人均420元，各级财政补助人均320元。重点关注弱势群体医疗保障，在已经开展的儿童白血病、儿童先心病等10类重大疾病医疗保障的基础上，新增食管癌、直肠癌等12类重大疾病，总数达到22种，同时推行大病保险补助。2014年市镇两级政策范围内住院补偿比

进社区义诊

76.08%，住院平均实际补偿率58.19%，全年基金使用率达99.8%。二是公共卫生均等化再攀新高峰。扎实开展11大类43项基本公共卫生服务项目和7大类重大公共卫生服务项目。全市人均期望寿命达到80.46岁，高于全省平均水平。全面开展免费婚检，对检查出的存在健康隐患对象提出指导意见，全年共婚检7372对，同期婚前医学检查率达85.26%。三是基本药物制度再创新成绩。全市各级医疗机构实际使用基本药物2.21亿元,减轻群众用药负担近6630万元。村卫生室（社区卫生服务站）门诊次均费用较上年同期下降7.27%；全市一级综合医院人均住院费用较上年同期仅增长2.9%，较好地控制在城镇居民可支配收入或农民人均纯收入增幅范围之内。

如皋市审计局

推进审计发现问题整改

2014年，如皋市审计局努力践行“责任、忠诚、清廉、依法、独立、奉献”的审计精神，积极发挥审计工作促进和服务经济社会科学发展的建设性作用，以党的十八大精神引领审计工作的创新发展与转型升级，全力服务和保障全市中心工作、重点工作。进一步加大财政、决策、投资和民生等项目的审计监督力度，圆满完成了各项目标任务。审计过程中既注重大力治标，认真查找和揭示各类违规违纪问题，也注重追根溯源，深入查找机制体制方面存在问题，切实发挥了审计标本兼治的“免疫系统”功能作用。

围绕年初确定的审计项目任务和目标，突出审计工作的重点内容和关键环节，着力提升审计工作质量，切实加强审计监督过程管控，努力为全市深化改革和持续发展服务。参加了全国土地审计。向市委、市政府及上级审计机关提交专题报告、结果报告、审计信息235篇，移送案件线索3起，协助纪检检察机关查办案件2起。

扎实开展党的群众路线教育实践活动

慰问贫困职工家庭大学生

荣获2014年“双联双助”先进集体

深入推进审计整改，同级财政审计进一步深化。在“同级审”工作中，紧扣预算执行审计主线，既抓重点遵循常规，又拓视野关注“冷门”。从积极培植财源，壮大地方财政实力；强化收入征管，促进收入持续增长；调优支出结构，提升财政保障水平；推进精细管理，提升依法理财水平；严格预算执行，维护预算权威

指导帮助联助社区引进高效养殖项目

开展党风廉政教育活动

性；深化审计监督，规范财经秩序等方面进行了重点关注。共立项审计28个项目，查出各类违纪违规和管理不规范资金1.31亿元。

关注履职综合绩效，经济责任审计不断深化。坚持项目安排“一盘棋”。根据不同的审计对象，对审计重点、审计评价、责任区分进行明确和细化，定期交流情况。按照相关法律法规的要求，坚持独立的审计评价原则，进一步促进了领导干部树立科学的政绩观和廉洁从政意识。突出任中审计重点，深化问责和促进整改。

密切注视社会关切，民生资金审计“聚焦”惠民。重点关注了涉农项目建设资金筹集使用、项目建设管理、租金收益等方面情况，审计了14个镇（区、街道）、部门及44个集体经济薄弱村；重点审计了城镇各类保障性安居工程建设、目标任务完成、资金筹集使用等情况；重点审计了村庄环境整治工程实施、资金管理使用和目标任务完成情况，并关注了后期管理情况。对全市社会保险六大类九项基金进行了财务收支审计，推进了社保扩面工作，强化了基金征收。

更加注重规范安全，固定资产投资审计再创新高。认真履职，先后派出近400人次深入项目现场，对全市重点道路建设、安置房建设、城镇建设和校舍安全工作等重大工程事项，进行实地踏勘认证，确保政府投资项目的顺利推进。全年共完成工程审计项目455个，核减金额10.30亿元，节约了大量财政资金。

着力推动制度建设，审计成果应用更加科学。一年来，先后推动出台了《如皋市人民政府关于加强审计整改工作的意见》、《市委办公室市政府办公室关于进一步加强财政财务管理工作的通知》、《如皋市党政机关公务接待管理规定》、《如皋市党政领导干部问责暂行办法》、《如皋市政府关于进一步加强政府性投资项目计划管理的通知》和《市委办公室 市政府办公室关于进一步加强政府投资项目流程管理和责任追究的通知（试行）》等多项政策文件，既促进了政府管理职能的完善，也对审计机关今后依法履行监督职能提供了依据。

抓住“学教活动”契机，队伍素质得到综合提升。扎实开展党的群众路线教育实践活动，通过“学教活动”促进审计人才队伍建设，为培养审计专业领军人才和复合型审计人才打下坚实基础。同时，狠抓党风廉政建设各项制度落实，积极开展针对性思想教育，打造过硬审计队伍。在双联双助和关爱困难职工家庭工作中，注重效果，加大投入，再创全市先进集体佳绩。

审计现场

主动适应新常态 提升环境支撑力 促进全市生态文明和环保工作再上新台阶

如皋市环境保护局

全市生态文明建设暨环境保护工作会议召开

2014年，市环保局紧紧围绕生态文明建设主题，把加强资源节约和环境保护，发展低碳经济、绿色经济，增强可持续发展能力作为开展环保工作的重点，强势推进生态文明示范市创建、污染减排、农村连片整治、化工园区整治等重点工作，努力促进全市生态文明和环保工作再上新台阶。

扎实开展污染减排工作。组织推进年度污染减排工作，制定年度主要污染物减排计划。2014年，安排了11个重点减排项目。到年底，如皋市恒发水处理有限公司增加5000吨/日水量工程项目、双钱集团（如皋）轮胎有限公司污水治理闭路循环项目已完成；如皋市苏如化工有限公司已关闭；如皋市皋南纸品等2家纸品厂均停产，并办理相关关闭手续；袁桥镇浦东畜禽粪便处理中心等6个畜禽粪便处理减排工程均已建成并正常运转。项目个数及化学需氧量、氨氮减排量完成了序时进度。加强建设项目环保审批和“三同时”管理，全年对选址不合理、不符合国家产业政策的小电镀、小漂染、小化工等10多个项目予以否决，从源头控制了污染产生。加强“三同时”监督检查，对未履行“三同时”的56个建设项目下达限期整改通知。认真履行试生产核准和竣工验收程序，全年共计完成环保竣工验收项目106个，新增废水处理能力达3500吨/日，“三同时”投资近1.2亿元。全面推进清洁生产，对化工、钢铁、造纸等重点行业的10家企业开展清洁生产审核，到年底10家企业全部通过评估和验收。

大力推进生态文明建设工作。一是基层绿色创建不断深入。2014年申报南通市级生态村22个，省级生态村3个， 7所学校分别申请创建省级和市级绿色学校，3个社区分别申请创建省级和市级绿色社区，创建工作强势推进。二是农村环境连片整治成效明显。2011-2012年连片整治项目全部实施到位，9月，顺利通过了省级考核验收。全面启动2013-2014年项目，到年底，所有农村小型污水处理设施工程已基本竣工。三是重点加强生态红线管控。省、市两级生态红线区域总面积329.33平方公里，占国土面积的22.30%。在此基础上，组织各镇申报了一批本级生态红线保护区域名录。

着力解决环境突出问题。对存在严重环境问题的宝众宝达等19家企业实施停产整改，全部委托资质机构制定科学合理的整治方案。其中， 5家重点企业的整治方案专门组织了专家评审，并获得通过，各企业正在按方案开展全面整改。重点开展大气污染治理。大力度淘汰高污染燃料禁燃区内的燃煤小锅炉。积极推进加油站“油气回收”工作，完成了15家加油站油气回收改造并通过验收。强化对机动车排气检测和环保合格标志核发工作监督管

深入开展党的群众路线教育实践活动

在上海交通大学举办如皋第一期生态文明与绿色发展培训班

国家环保部专家来如做新环保法讲座

理，全市机动车环保检测合格率达90%以上。淘汰黄标车1020辆。在完成首批16家纺织印染企业提标改造的基础上。2014年将雅点毛巾等10家纺织印染企业纳入第二批提标改造，年底前全部完成。开展化工行业整治。对全市175家化工企业进行调查摸底，将生产规模小，污染防治不到位，存在环境和安全的约50多家园区外小化工和位于主城区的10家化工企业列入关闭或转产名单。

不断强化环境监管力度。先后开展了化工、印染、重金属、畜禽养殖和危险固体废弃物环境专项整治，在各项整治中，出动现场环境监察7381人次，检查排污单位2893厂次。1至12月份，立案查处71起环境违法行为，作出行政处罚决定书50份，处罚金额300多万元。开展以防范环境风险的化工行业及化工园区环境专项整治，对19家企业依法实行停产整治，限期整改。开展畜禽养殖专项整治。对全市畜禽养殖场进行集中整治。对因治污设施不到位、污染严重、卫生防护距离不足的1家畜禽养殖场予以处罚，限期整改。开展小塑料粒子、碎布漂白等小散作坊专项整治。对77家废塑料粒子加工点依法作出停产关闭决定。开展制革行业专项整治。对3家存在环境违法行为的制革企业进行立案查处。加强秸秆禁烧工作。夏秋两季，未发现卫星火点、省督查组通报火点，环境质量明显好于往年。

创新理念服务经济发展。认真执行环保第一审批权制度。全年共计完成环境影响评价文件审批项目 515个，其中共审核出具环境影响咨询意见 205个；审批环境影响登记表218个；环境影响报告表76个；环境影响报告书15个，夜间施工许可11家，现场踏勘400多人次。创新工作机制。2014年，从建设项目的申报、环境影响评价等级的确定、环境影响评价文本的预审或评审、公示、审批，建立了一套公开、公平、公正的环境管理审批程序，既方便了企业，又规范了管理。进一步压缩审批时限，目前，除法定的公示时间外，环评报告书审批时间由原来的30个工作日缩短为10个工作日，环评报告表审批时间由原来的10个工作日缩短为5个工作日，登记表即到即办。从而大大提高了企业申报办事效率，取得了较好的社会效果。

市政协民主评议环保局工作

组织开展世界环境日宣传活动

组织开展“六五”公益顺风车宣传活动

以人为本　生命至上

市安全生产监督管理局

市委书记姜永华调研安全生产工作

2014年，市安监局在市委、市政府的正确领导下，在上级主管部门的具体指导下，克服突发事件的影响，凝心聚力，迎难而上，认真履行安全生产监督管理工作职责，较好地完成了市委市政府交办的各项工作任务。

一、牢固树立安全发展理念，严格履行安全监管职责

突出责任全覆盖，安全监管目标管理机制进一步完善。按照“管行业必须管安全，管业务必须管安全”的要求，层层签订了《安全生产责任书》。研究制定《如皋市安全生产“党政同责”、一岗双责实施细则》，修订出台《如皋市安全生产“一票否决”实施办法》。

突出宣传全方位，安全教育培训管理机制进一步完善。一是通过在媒体开辟“领导谈安全”、“安全访谈”专栏，开展“送法下乡”、“安全生产月”等活动，积极宣传安全生产知识。二是宣传贯彻新《安全生产法》。免费发放读本5000册，并组织5名业务骨干分赴各镇（区、街道）、相关企业巡回宣讲。三是组织企业

国家安监总局领导来如皋调研工作

市安监局全体人员

主要负责人、分管负责人、安管人员和特种作业人员培训，并组织安全生产知识竞赛、电工技能大赛和职业病防治知识竞赛。

突出监管全天候，安全生产监管机制进一步完善。一是推进安全生产标准化创建，完成了南通市下达的考核任务。二是组织特种作业持证上岗、危险化学品、烟花爆竹、液氨制冷、职业危害和粉尘等专项整治工作。三是开展事故隐患挂牌督办，并已全部整改结束。

**突出检查全角度，安全隐患排查治理机制进一步完

善。一是对安全隐患治理信息系统改造升级，覆盖全市14个镇（区、街道）、41个有安全生产职责的行业部门和2043家企业（其中规模以上企业413家）。全年累计排查隐患7654条并督改，职业病危害现状普查企业1297家，完成备案957家。二是建立隐患排查治理专家检查机制，8个镇（区、街道）已推行安全生产服务外包管理制度。三是对所有危化企业主要负责人进行专项约谈，并对相关重点化工企业开展夜间突击检查活动。

约谈相关事故责任单位负责人

二、扎实推进依法行政工作，不断提高监管执法水平

一是积极开展告知式执法。全年告知式执法检查74家企业，对存在问题的67家开出整改指令书，责令整改内容272条，对严重违法违规的2家企业进行了立案查处。二是严肃查处安全生产非法违法行为。全年共查处一般事故26起，重伤事故32起，事前执法12起。三是组织听证2次，行政诉讼1起并胜诉。四是进一步清理行政权力，对原有运行流程进行优化升级。

“安全生产月”启动仪式

三、加强党员干部队伍建设，树立为民务实清廉形象

一是深入开展党的群众路线教育实践活动，较好地解决了领导班子和党员干部在“四风”方面存在的突出问题。二是组织全市安监系统人员进行封闭“充电”，在全局开展“大学习、大培训、大练兵、大比武”活动，不断提高全系统的理论水平和业务能力。三是与市编办联合出台《关于调整各镇（区、街道）安全生产监督管理机构的通知》，进一步明确了基层安全生产监管机构建设的相关要求。

集中销毁非法烟花爆竹

自编《事故案例剖析》

如皋市统计局

国家统计局农村司领导来如调研粮食产量

省统计局副局长彭小年（右一）在如城镇统计办调研指导工作

2014年，如皋市统计局荣获省级经济普查先进集体，基层基础规范化建设省级示范县（市），被如皋市委、市政府表彰为如皋市文明单位、六城同创工作先进单位、服务业工作先进单位。

建设服务型统计，统计参谋作用不断强化

加强监测，不断做好统计分析研究。按月以数据快递、统计快报等形式及时向领导提供当前经济发展动态，按季召开经济形势分析会议，形成《统计内参》，提出建议，当好参谋。每季反馈南通市中心镇建设进展情况，定期按照小康监测新指标体系要求收集整理如皋全面小康社会监测资料。全年共撰写发布统计分析文章72篇，被南通内网录用48篇，被省局录用9篇，被国家统计局录用1篇。其中《关于如皋市农村居民人均可支配收入的情况说明》、《关于我市工业增加值、固定资产投资指标分析》等3篇统计专报获市主要领导批示。全年撰写统计工作信息232篇，被省局统计信息内网录用64篇，被南通市统计局录用139篇，撰写经济信息505篇，被南通市统计局录用235篇。

优化内容，丰富完善统计产品。集各专业力量汇编完成《统计月报》、《统计快报》、《统计内参》等资料，使统计产品更具适用性和针对性；编印了《2013年如皋统计年鉴》，展现如皋社会经济发展成果；通过统计门户网、政府信息公开平台、市委新闻网、如皋日报等宣传平台发布了如皋统计公报，并定期发布经济运行形势分析和

省统计局纪检组长韩红（右一）慰问东陈镇“三经普”普查员

市统计局党的群众路线教育实践活动动员大会

主要经济社会发展数据，利用资源优势为社会各界提供优质服务。

开展各项统计调查，统计业务能力不断优化

认真组织第三次全国经济普查。共普查各类法人单位11765家，产业活动单位741家，个体户82824户。网报单位2013年营业收入2295.69亿元，非网报单位营业收入442.10亿元。

开展民意调查，搭建政府和群众的桥梁。先后开展了气象满意度调查、“百村千户”民生、民情、民意满意度调查、党风廉政建设满意度调查、终身教育情况调查、全国文明城市创建满意度调查等。

加强统计双基建设，统计保障能力不断提升

持续推进统计“双基”建设。全市1531家“四上”企业中，统计基础规范化达标企业1399家，占91.4%，其中工业企业731家、建筑和房地产企业249家、重点服务业和限上企业435家。1名同志被省统计局表彰为统计岗位标兵。14个镇（区、街道）利用省奖补资金，统一配备了电脑、笔记本、打印机、照相机，基层办公条件得到充分改善。

不断完善部门合作机制。加强与市发改委等部门的联系，及时掌握全市新审批项目信息和符合申报进入一套表企业的信息；加强与住建局等部门沟通，加强对房地产市场的研判；加强对部门统计工作的管理，进一步增强部门依法统计意识。

大力推进统计中介机构。用市场化、规范化和专业化的方式和手段，充分发挥统计中介服务在政府统计调查中的作用，全市14个镇（区、街道）全部建立了统计代理机构。

全面提升统计人员素质。共组织788人参加了统计继续教育培训，组织379人参加了全国统计从业资格考试。

如皋市“9·20统计开放日”活动

积极组织统计业务骨干参加各级统计局举办的统计业务培训班，组织全局中青年干部开展统计分析、课题研究，并积极参加优秀统计科研评选、统计信息化技能比赛等活动，提高统计人员履职能力。

加强统计法制建设，社会环境更加和谐稳定

广泛开展统计普法宣传，不断丰富统计宣传内容和方式；全力抓好统计执法检查，全市共监审59家单位，发现统计违法行为为18起，现场整改7起，发出整改通知书11份，立案查处统计违法行为2件；全面推进依法行政，新增16项，修改调整11项，初步形成网上行政权力事项40项。修改完善了《行政处罚裁量基准》、《服务指南》、《运行流程图》等。全年通过统计内外网主动公开政务信息1500多条，满足社会各界对统计数据的需要。

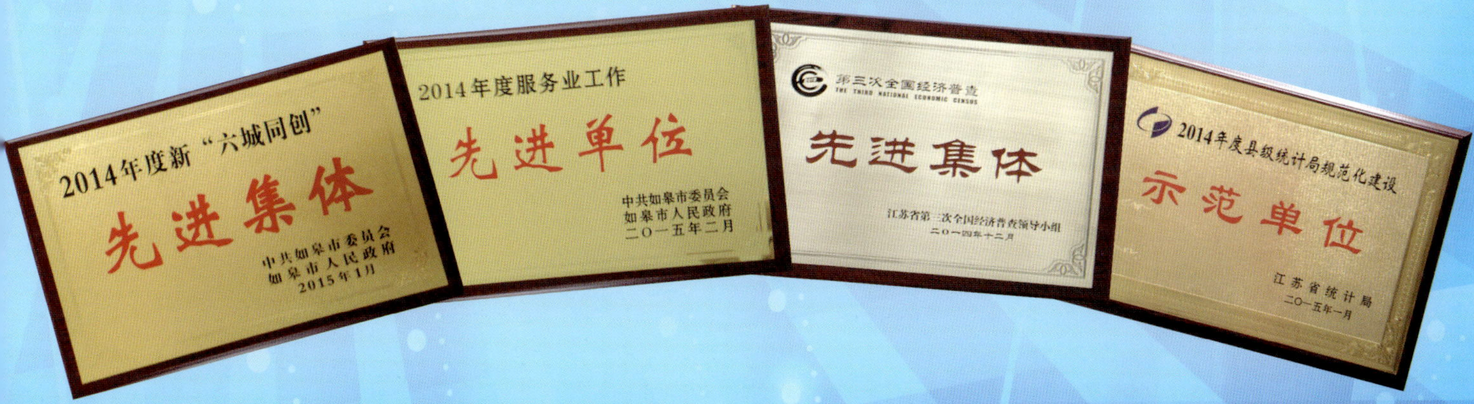

如皋市食品药品监督管理局

科学监管 服务经济 守护百姓饮食用药安全

2014年4月，江苏省食品药品监管局副局长朱勤虎（右三）视察市食品药品监督管理局办公及业务大楼基建工程

2014年3月，市政协主席李忠林（左一）视察如皋市医药公司

2014年，市食品药品监督管理局以践行党的群众路线为基石，紧紧围绕“双保双争”这一总体目标，科学谋划全年工作，不断强化监管职责、创新监管方法、落实监管责任，全市食品药品安全保障水平得到明显提升，食品药品市场秩序平稳有序，努力打造出安全有序、人民群众放心满意的食品药品市场环境。

立足创新争优，监管工作谋求新突破。年初明确“双保双争”工作目标，即确保食品药品安全不出事，确保干部队伍建设不出事；食品药品安全监管综合考核争南通市食品药品监管系统优秀等次，如皋市级机关目标绩效考核全市争良好等次。围绕提效能、助监管、利百姓、树形象这四个目的，研究梳理出九大创新项目（“药监蓝盾”、“阳光药监”、“数字药监”、家庭过期失效药品定点回收、医疗器械共享平台、餐饮单位油水分离器的推广安装、食品药品安全诚信体系、百佳药师进万家、大宣传等），以九大创新项目为抓手，推动监管工作取得新突破、新业绩。

狠抓日常监管，食品药品市场持续规范。强化问题导向，针对监管薄弱环节和市民关注热点，积极开展食品药品安全市场大整顿，以整治促规范，以整治强监

2014年5月，南通市食品药品监管局局长戴辉（右四）调研下原镇医疗器械产业

2014年3月，召开如皋市2014年食品药品监管工作会议

2014年5月，副市长缪爱诚（右二）向首批家庭过期失效药品定点回收单位发放定点单位标牌和回收箱

2014年4月，南通市食品药品监管系统新版GSP认证推进现场会在如皋召开

2014年11月，如皋市食品药品监督管理局局长、党组书记王舜慧走进“政风行风热线”与广大听众交流

管，以整治保安全。全年“四品一械”监管近7000家次。针对学校食堂、集体食堂食品安全隐患开展了专项整治，有效防控了集体食物中毒事件的发生。加强食品安全动态监测，累计抽检食品15个品种334个批次，餐饮具540个批次，合格率95%。通过医疗器械五整治、药源性兴奋剂、中药饮片专项检查等一系列药械专项整治行动的开展，药械市场秩序得到高效净化。

强化诚信建设，行业服务水平力求新提升。本着“部门推动、行业自律、社会参与”的原则，把诚信体系建设作为提高食品药品安全工作水平的治本之策。全市158所学校食堂中“南通市A级食堂”达35家，位于南通六县（市）前列。对餐饮单位实行量化分级管理，分好、中、差三类发放笑脸、平脸、哭脸标志贴于餐饮单位的醒目位置，引导消费者“看脸吃饭”，去诚信较好单位消费，倒逼信用等级差的单位加强整改。醍鹏药店和葆生堂药店被南通市药监局表彰为“创诚信品牌树药企形象标兵单位”。如皋恒康医疗器材有限公司和南通奥华医疗用品有限公司被省药监局评定为“诚信优秀单位”，15家医疗器械经营企业被南通市药监局表彰为“质量诚信单位”。

监管服务并重，医药产业发展前景持续向好。会同下原镇人民政府，共同打造医疗器械共享平台，实行“三个集中”：店铺集中展销、仓储集中存放、监管服务平台集中，达到促进企业集聚发展、监管服务效能提升双赢目的，目前平台推进有序，硬件设施全部到位，3000平方米的仓储已经搭建，20家单位即将入驻。2014年全市医疗器械生产经营销售额近15亿元，税收近6000万元，同比增长10%。

注重教育培训，社会共治氛围良好营造。组织食品药品从业人员法律法规和业务知识培训，通过各类教育培训，增强食品药品从业人员的法律意识，提升自我管理能力和水平。组织开展面向社会的宣传教育活动。深入开展“3.15”消费者权益保护日、“6.26”禁毒日、“食品安全宣传周”、“全国安全用药月”等主题宣传活动，邀请学生家长、市民代表和媒体记者实地观摩餐饮单位加工制作，组织开展“百佳药师进万家”专场活动，在报刊开设食品药品安全专栏宣传，通过广泛宣传，切实增强公众食品药品安全意识和防范水平。

践行群众路线，队伍素质实现新提升。坚持开展以“为民、务实、清廉”为主要内容的党的群众路线教育实践活动。认真落实党风廉政建设责任制，全面履行一岗双责，层层签订党风廉政建设责任状。把反腐倡廉建设贯穿于食品药品监管各个环节，按照分权、制衡、监督的原则，全面盘查风险点。部署开展两月两节党风廉政建设。在强化永葆清廉的同时，努力提升队伍素质，以开展“党员集中学习日”活动为契机，班子成员轮流授课，专题学习、交流体会、业务培训三结合，增强学习教育的效果，促进了全局同志政治学习、业务学习的同步推进，队伍整体素质得到明显提升。

实施体育民生工程

加快推进省体育基本现代化建设试点步伐

如皋市第十届运动会暨首届全民健身运动会

2014年，如皋市体育局全面贯彻落实党的十八大、十八届三中全会以及市十一届党代会第四次会议、市第十六届人代会第三次会议精神，以实施体育民生工程，推进更高水平体育强市建设为举措，进一步推动全民健身运动深入开展，加快了体育基本现代化建设的进程。

一、把握重点，大力开展全民健身运动，群众体育有声有色。一是节假日全民健身活动丰富多彩。以春节、元宵、“三八”妇女节、“五一”国际劳动节、寒暑假等节假日为契机，积极开展一系列群众体育活动；二是镇村全民运动会百家争鸣。城北街道、如城街道、搬经镇、吴窑镇、白蒲镇等镇（区、街道）相继举办了镇（区、街道）体育运动会或文体艺术节；搬经镇叶庄社区、如城街道阚庄村、九华镇洋港村、白蒲镇沈桥村、丁堰镇新堰社区等分别举办了村级全民运动会或文体艺术节。三是市十运会暨首届全民健身运动会亮点频现。本届运动会分为6个部别，设30个竞赛项目，历时7个月，特别是规模盛大的开、闭幕式活动，充分体现了“全民参与、精彩圆满、务实节俭、万无一失”的办会方针，得到全社会一致好评。四是体育志愿者服务体系进一步完善。突出志愿者组织网络建设，全年参与体育

全国老年人健步走培训班

志愿服务的人数近400人次；先后举办了健身秧歌、排舞、健美操等系列培训，参培人员达500多人，全年新发展晨晚练健身点37个，发展专业健身队29个；五是体育社团健康发展。体育社团会员发展和会员服务工作在稳步中推进，在推进中发展，在发展中壮大,完成社团注册个人会员1200人，注册团体会员17个，超额完成全年的目标任务。

二、突出亮点，不断打造地域特色品牌，参办赛精彩纷呈。一是精心组队参加国际国内体育大赛。全年先后组织参加了世界跳绳锦标赛、全国健美锦标赛、省毽球比赛、省健身秧歌大赛和南通市首届广场健身舞等比赛，均取得喜人成绩。世界跳绳锦标赛中，白蒲小学花样跳绳队成功入选国家队，以超高的难度夺得3人交互绳冠军和另外两个单项比赛的亚军。二是积极承办国际国内健身大赛。先后承办了澳大利亚与江苏南钢男子篮球赛、海峡两岸象棋对抗赛、第五届中国·如皋环岛公路自行车赛、全国老年人钓鱼交流活动、全国老年人健步走培训班、第三十届江苏省钓鱼比赛、第十四届江苏省少儿象棋定（升）级赛暨第六届江苏省业余棋协大师精英赛，如皋体育知名度进一步扩大。

如皋市十运会开幕式

第五届中国如皋“东升石材”杯自行车公路比赛

三、夯实业余训练基础，竞技体育名列前列。2014年，向上级体校输送运动员20多名。组队参加南通市少儿田径、篮球、排球、乒乓球、足球比赛都取得了好成绩。参加全国少年（14～15岁）田径锦标赛，夺得一银一铜的好成绩。市少体校4名运动员代表南通市参加江苏省第十八届运动会青少部田径决赛，取得1块铜牌、2个第4名、2个第5名和2个第6名。

四、统筹规划，突出设施功能基础建设，服务水平日趋完善。一是强化镇村公共文体设施管理及体育健身工程提档升级。制定了《如皋市公共体育健身器材申报、申领、管理使用、维护维修办法（试行）》以及《如皋市公共体育健身器材管用考核细则》，进一步规范了镇村公共文体设施的管理和使用。全市村居体育健身工程提档升级完成率达90%；二是高效完成第六次全国体育场地普查任务。根据国家、省统一部署，联合市教育局、旅游局，历时2个多月，全面完成了14个镇（区、街道）的普查工作，受到

全国老年人钓鱼交流活动

2014年5月25日"奥林石业杯"中外男子篮球对抗赛

江苏省农民健身操（南通站）培训班

省体育局好评。

五、推动奥体中心建成开放、运营水平提升明显。 为确保奥体中心的公益性职能，市奥体中心采取露天公共体育设施向人民群众免费开放，馆内体育设施实行低价有偿性开放，社会各界反映良好。随着市第十届运动会暨首届全民运动会开、闭幕式的成功举办，市奥体中心形成了周周有比赛、天天保开放的浓烈运动氛围，日接待高峰期超3万人。还成功承办了江苏南钢队与澳大利亚NBL中外职业篮球比赛、海峡两岸象棋大师赛，国务院台湾事务办公室对大师赛活动进行了专题报道。同时，中心积极面向市场，丰富体育服务内容，先后与多家单位合作开展趣味运动会和专业运动会，承办了5次建材展、3次大型演唱会，并完成了市"一会两节"盆景艺术节和长寿食品节的保障任务。

六、开拓创新，探索体育产业多元化模式，体育消费不断扩大。 一是创新工作机制。建立了隶属于体育局的事业单位"如皋市体育中心"，成立国有性质的"如皋市体育投资发展有限公司"，实行市全民健身中心、市体育彩票管理中心、市奥林匹克体育中心"三位一体"的经营管理模式。二是体彩事业快速发展。2014年全市体育彩票销售达1.8164亿元，实体店销售总量保持苏中苏北县（市）第一；三是积极做好体育产业规划、指导与服务工作。如皋市曜彰体育用品公司是一家专业生产滑板轮的规模企业，成立6年来，营业收入不断攀升，成为如皋最大的体育用品生产企业。健身服务业大量涌现，现有各类健身俱乐部373个。健身消费逐步向个人自发消费转变，"为健康投资"的新型消费观正在兴起。

江蘇如皋港集團

RUGAO PORT GROUP, JIANGSU

中国·如皋港
RUGAO PORT, CHINA

【江苏如皋港集团概况】江苏如皋港集团是如皋市人民政府直属国有企业，组建于2010年3月，注册资本3亿元。主要从事港口岸线资源整合、集装箱与件杂货公用码头、保税物流、货运物流、仓储物流、物流经济总部等开发投资、经营和管理。目前已有7家全资子公司、8家合资子公司。利用公共平台开展业务的船公司、货代船代公司、物流公司已达100多家。

【苏中国际集装箱码头开港】苏中国际集装箱码头2013年11月28日开港，2014年2月26日开展集装箱业务，10月10日2号泊位对外开放，12月8日开通国际航线。当年集装箱吞吐量突破1万标箱，达到11508标箱。建有5000吨级码头4个、10000吨级码头2个，规划再建20000吨级码头2个，建成后年吞吐量可达100万标箱。苏中国际码头的投运将对腹地进出口企业带来便捷、高效、低成本的服务，增强区域的综合竞争力。

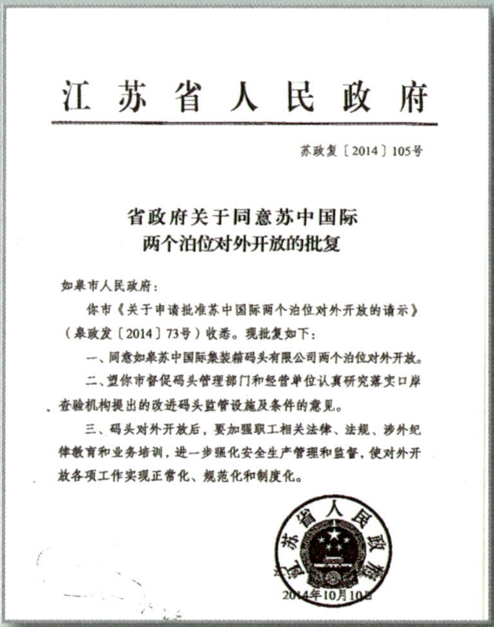

江 苏 省 人 民 政 府

苏政复〔2014〕105号

省政府关于同意苏中国际
两个泊位对外开放的批复

如皋市人民政府：

你市《关于申请批准苏中国际两个泊位对外开放的请示》（皋政发〔2014〕73号）收悉。现批复如下：

一、同意如皋苏中国际集装箱码头有限公司两个泊位对外开放。

二、望你市督促码头管理部门和经营单位认真研究落实口岸、查验机构提出的改进码头监管设施及条件的意见。

三、码头对外开放后，要加强职工相关法律、法规、涉外纪律教育和业务培训，进一步强化安全生产管理和监督，使对外开放各项工作实现正常化、规范化和制度化。

江苏省人民政府
2014年10月10日

【苏中国际码头对外开放】2014年10月10日，省政府同意如皋苏中国际集装箱码头3号、4号泊位正式对外开放。

【苏中国际外贸集装箱航线开通】2014年12月8日上午，如皋港外贸集装箱航线开通暨如皋港保税物流中心设立信息发布活动在苏中国际集装箱码头举行。市领导陈晓东、李中林、司祝建、吴道健、张元健、茅红宇，中行南通分行行长顾健新以及中海、中外运、中远、马士基、达飞、韩进、洋浦中良等70多家船公司、船货代公司代表出席活动。市委副书记、市长陈晓东致辞。

【如皋港物流保税中心获批】2014年10月13日，中华人民共和国海关总署、财政部、税务总局、国家外汇管理总局正式批准设立如皋港保税物流中心（B型），规划面积525亩。B型保税物流中心是公共保税物流平台，它的设立促进了外向型经济的发展，促进了加工贸易企业的升级转型。进出口商品可以享受国家规定的税收优惠政策，满足进口、出口、转口、加工、储存、结转、信息处理和咨询服务等众多需求，降低成本。

如皋港保税物流中心（B型）工程

【独具特色的“公路港”——鑫鼎鑫物流园】如皋港鑫鼎鑫现代物流园，占地258亩，已建成信息交易大厅、公寓式办公综合配套大楼、货运专线档口、VIP总部办公、专线仓库、汽配餐饮住宿等为一体的店面房、74000平方专用停车场，可容纳400多家大中型物流企业入驻办公、1000辆以上货车停放，着重打造的信息交易中心及鑫鼎鑫物流信息平台，利用互联网把线上线下O2O模式的物流信息与实体运输完美结合，目前已有20万辆全国各地车辆信息登录，可让周边企业进行货源信息发布对接、及时准确地进行运输车辆的对接，大大减少中间配货商环节，节约企业物流成本。实现物流信息及时、零担仓库配备、货运专线档口、产权式可租售商铺，注册一条龙，税务一机多卡等全方位客户无忧服务。注册入驻物流及配套企业已超过100家。

【港口物流总部大厦投运】港口物流总部大厦正式投入使用。建成面积 29273.4平方米，可容纳100多家公司入驻办公。已入驻企业20多家，包括船运、代理、企业总部等类型公司。

如皋市公共资源交易管理办公室

省招标办领导现场视察

市委书记姜永华视察公共资源交易平台运行情况

【概况】2014年，是公共资源交易平台运行的第一年，共完成工程招投标项目859个，标的额68.48亿元。其中，国有投资项目649个，标的额29.45亿元，与预算价相比节约资金3.81亿元，节资率约为12.37%，政府采购业务从3月底正式开始运行，共完成政府采购项目1203个，标的额1.6亿元，与预算价相比，节约资金2491.9万元。共发布土地出让公告51期，拍卖公告1期，完成了249宗土地的出让信息录入工作，签订211宗土地出让合同，出让面积378.37公顷（5675.6亩），合同出让金额65.47亿元。

把握改革契机，打造优质公共资源交易平台基础。新的公共资源交易平台建设，有三方面的明显变化：一是管理与服务功能得到保障。市民服务中心三楼B区和C区均为市公共资源交易服务场所，总建筑面积1674平方米，分设窗口服务区、开标区、评标区、一个语音答辩室及评标准备室、行政办公区等功能区域。特别是封闭运行的评标区，有效防范了评委与投标人及业主单位接触的可能性。二是交易平台的承载力进一步加强。新的公管办在原工程招投标监督与管理职能上，新增加了政府采购的现场监督、土地交易现场监督、产权交易的监督与管理等职能；新的交易中心在原工程招投标业务的基础上，新增加了政府采购、产权交易服务职能，同时土地出让进公共资源交易中心交易，接受统一监督。面对业务量的增加，人手的紧缺，市公管办及时对交易中心进行科室设置、人员安排，实现了政府采购交易服务的平稳过渡，基本实现了全市公共资源交易统一管理、规范操作。三是资源整合的积极作用得到初步显现。主要体现在：服务更加方便快捷、监督管理更加规范、财政资金得到更科学地运用，实现了1+1>2的效果。

坚持创新创优，彰显公共资源交易平台运行优势。年内，市公管办抢抓平台建设契机，创新举措、拓宽思路，推出“五制”交易法，预防和打击围标串标、借资质挂靠。一是严格“建设项目评审制”，对所有进场的649个国有投资项目全部实施财政评审，并根据类别、特点合理设置招标控制价，实现价格可控竞争充分、打消围标念头的目标。二是推行“潜在投标人信息‘湮没制’”，通过采取资格后审、项目集中投标、用银行汇票缴纳投标保证金等方式，保密投标人信息，防范围标串标行为。三是推行“网上招投标制”，增加信息公开、透明度。房建、市政项目全面推行网上招投标，工程监理、货物网上招投标率达50%，提前实现省提出的“两个全覆盖”目标。四是创新推出工程货物“推荐品牌制”，对于需要采购的电梯空调等，由业主单位推荐五个以上品牌，对所有参与投标的品牌，由评委对照

市公管办主任姜跃进关心联助村困难群众

推荐品牌进行打分考评。推荐品牌制既满足了招标人需求又解决合法性问题，同时遏制了投标人围标现象的发生。五是实行“信用等级分类管理制”，分设绿名单、黄名单、黑名单库，实行信用准入、动态管理。目前在库“黑名单”仍有14家单位27人，有效地打击不诚信行为，净化了公共资源交易市场秩序。

健全体制机制，为公共资源交易平台持续健康运行提供队伍保障。注重抓好党组成员示范建设和对违纪问题“倒查一级”的责任追究力度。定期组织专题学习，对照“廉政准则”八禁五十二不准、“三严三实”等规定要求，勤于自省，班子成员个人廉政建设在机关干部面前先行一步，率先垂范。对单位全体成员注意廉政教育“三个经常化”，用清廉正气指导行为规范。一是廉政

市公管办关爱留守儿童

党课经常化。年内，利用各个廉政主题教育月为机关干部上廉政党课三次。9月初，对新进6名同志进行了集体廉政谈话，用廉政教育作为适岗培训的第一堂课。二是廉“节”提醒经常化。每逢元旦、端午、中秋、国庆等节日，及时对机关干部进行过“廉节”的提醒，对婚丧喜庆等家庭重大事情，单位纪检组都先打招呼，大事简办。三是廉政氛围营造常态化。针对评委、投标人、行政干部等，在不同的功能区制作有针对性的廉政教育宣传内容；充分发挥廉政书屋的作用，利用固定的学习日组织大家学习廉政法规、廉政文化；教育机关干部保持与服务对象之间的“安全距离”，拒绝腐蚀从一包烟、一餐饭、一个礼品做起。同时，精细化排查廉政风险点，将廉政防范贯穿交易全程。

年内，市公共资源交易管理办公室被省住建厅表彰为2014年建筑业监管先进单位。

局长 马玉明

市领导率队督查港口企业安全生产工作

如皋市港口管理局

开展党的群众路线教育实践活动，提升局机关干部作风建设水平

民主生活会

如皋市港口管理局成立于2012年1月，依法行使港口规划、港口岸线、港口建设、港口经营管理、港口安全监督等职能。自成立以来，先后完成了《南通港如皋港区总体规划方案》《南通港天生港区规划方案》《南通内河港如皋港区总体规划》《南通港如皋港区又来沙作业区优化方案》修编和报批工作。《南通港如皋港区总体规划方案》的获批，对如皋港一类开放口岸的对外开放、港口项目落户审批、港区开发利用具有引领作用；《南通港天生港区规划方案》的获批，为如皋港北汊作业区的岸线规划、功能定位、开发利用进一步指明了方向，《南通内河港如皋港区总体规划》的获批，对促进如皋内河岸线资源合理利用、码头规范化建设、地方经济的发展起到推动作用，《南通港如皋港区又来沙作业区优化方案》的获批，为如皋港涉港项目落户拓展了3.8平方公里的土地资源，大大提升如皋港区的综合竞争力，拓展了如皋港沿江岸线资源辐射范围。争取了长江南京以下12.5米深水航道如皋段为“福中单向+福北单向”的建设方案，该方案对提高长江如皋段的航行通行能力，提高如皋港码头泊位靠泊能

力和利用效率起到决定性作用。

如皋市港口管理局为港口企业提供一流的服务，协助如皋港务集团有限公司长青沙作业区港池5个1000吨级通用泊位码头工程于2014年1月份获得省交通厅岸线使用许可；协助如皋港北汊作业区内长青沙船厂、通茂船厂通过航道影响专家评查；中铁山桥码头工程顺利通过竣

广泛开展宣传活动，将法律书籍送到田间地头

工验收；江苏如皋港集团有限公司2013年7月份获得省厅岸线批文后，港口局组织力量立即对其码头工程组织竣工验收，发放竣工验收许可，为该公司码头对外开放创造了条件；以南京以下长江12.5米深水航道建设为契机，完成了如皋港务集团有限公司1#、2#码头泊位的升级改造工作，从5万吨级升级到15万吨级，新增年通过能力500万吨；指导企业开展码头能力核定工作，泓北沙港池内森松（江苏）重工有限公司、南通瑞泰船务工程有限公司、江苏海通海洋工程装备有限公司和南通东方石油化工港储有限公司四家企业的码头泊位通过能力核定，提高了港口作业能力，提升了企业的生产效率和效益。积极服务连申线“五改三”航道码头迁建、新建码头项目报批工作，目前已有大乐商贸、南通乾源物流有限公司码头项目获得省交通运输厅岸线使用许可批文。

如皋市港口管理局完成如皋港国际代码申报工作。2014年10月下旬，经国家海关总署、国家技术监督总局等部门专家评审，正式将如皋市如皋港港口国际代码确定为“CNRGG”，中国标准化研究院于11月3日上报联合国贸易简化与电子业务中心（UN/CEFACT）核准，联合国贸易简化与电子业务中心于12月底正式将如皋港的国际商贸代码“CNRGG”纳入国际商贸代码名录并正式向世界公布，为如皋港直接开展国际港口贸易打开了方便之门。

狠抓安全监管，2014年，如皋市港口管理局组织开展了全市安全生产大检查、饮用水源安全隐患排查治理、石化码头及仓储设施防雷电防静电装置安全隐患排查、港口油气压力管道专项排查等工作，对排查出的安全隐患及时治理。同时还引入了第三方力量，协助安全监管工作。开展如皋港企业安全标准化提升工程，南通东方石油化工港储有限公司、南通焯晟石油化工有限公司完成安全标准化二级验收。组织全市港口企业学习新《中华人民共和国安全生产法》活动。11月28日与南通市港口局共同承办了2014年港口应急救援综合演练，提升了各企业应急处置突发事件的能力和水平。

承办2014年度码头应急综合救援演练

如皋市国土资源局

国土资源部规划司领导调研如皋城乡建设用地增减挂钩工作

2014年，市国土资源局在国家严格土地管理的大环境下，紧紧围绕全市工作重点，紧扣创建节约集约用地模范县（市）、创建土地执法模范县（市）的目标，以保护资源为职责，以节约利用土地为主线，以维护权益为核心，充分发挥主观能动性，努力提高资源配置的质量和效率，为全市经济社会平稳较快发展做出了突出贡献，先后被省国土资源厅评为"高标准厂房建设与使用先进地区"一类地区，被南通市国土资源局评为"目标管理先进单位"，被市委、市政府表彰为"如皋市文明行业"、"行政服务贡献奖先进集体"，被市政府表彰为"综合治税先进集体"、"依法行政先进集体"、"信访工作先进集体"等。

1.尽职尽责保护国土资源。严守耕地保护数量和质量红线、永久基本农田红线、生态保护红线和城市发展边界线。建立耕地占补平衡项目库75个，项目建设规模2873亩；291个挂钩项目库全部通过验收，新增农用地3499亩。有序推进12万亩"高标准农田建设示范县"建设任务；大力推进白蒲、如城高标准农田建设项目。成功申报搬经、丁堰、磨头三个省以上投资项目，总投资1.51亿元，项目申报量全省最多。其中搬经项目建设规模2.6万亩，总投资6039万，资金投资额全省第一。

省国土厅规划处领导调研如皋村庄建设用地布局调整工作

2.节约集约利用国土资源。对17个单位 28宗闲置地块共2154亩土地开展闲置土地调查处置工作，对涉嫌闲置的地块，全部启动法律程序。对7宗282亩土地没收定

省国土厅副厅长祖耀升为市委中心组做“城镇化进程中土地管理的作用与任务”专题讲座

金，收回土地使用权，重新挂牌出让确定使用权人。按照“好项目优先、大项目确保”有保有压原则，对项目用地严格把关，共预审项目111个，申请用地面积3746亩，其中84宗通过联合预审查，配置用地计划2985亩。

3.尽心尽力维护群众权益。严格执行“两公告一登记”制度，严格推行征地风险评估，加强征地批后全过程监管，保障农民的参与权、知情权。所有依申请征地信息公开均按规定的时限和要求，向当事人公开了相关征地信息或进行答复。狠抓涉地信访维稳工作，做到件件有答复、事事有回音。按期完成农村集体土地所有权权属宗地数据库的建库工作，有序开展如皋市第一次地理国情普查工作，扎实做好“一张图”核心数据库资料收集整理等工作。

4.群策群力保障经济发展。争取各类用地计划3716亩，其中挂钩计划1400亩，为南通县（市）最多。征收263个项目用地，征地总面积5244亩。出让土地211宗，总面积5676亩，合同出让金65.47亿元。

局班子成员分片对镇村干部开展国土资源法律法规知识宣传培训

省地税局领导到如皋地税调研

2014年2月12日，全市地税工作会议召开

市地税局

2014年，南通市如皋地方税务局紧紧围绕上级要求，以“巩固规范”为抓手，以“强质提效”为根本，大力实施服务发展、改革深化、应对增效、服务提速、队伍提能“五大工程”，整体工作取得显著成效。全年共组织入库全口径税收收入541206万元，增长10.28%，其中省级税收收入18887万元，增长4.23%，公共财政预算收入（含两税）467269万元，增长12.13%，总量六县市第三。入库非税收入205545万元，增长7.88%，其中社保费175519万元，增长8.04%。全系统获得“国税总局2012年度税收好新闻评比二等奖”、“江苏地税20周年建功集体”、“江苏省五四红旗团

“七一”期间组织党员开展走基层活动

支部”等省级以上荣誉14项，南通市级以上荣誉4项。

完善收入管控机制，增收促管，在服务发展上下功夫。年内，市地税局始终强化任务观念，强化主动征收措施，不断完善收入管控机制，强化增收促管。紧扣“依法治税”开展税源管理，紧扣“组织收入”推进重点项目和专项活动，通过强化企业所得税基础管理事项，全面厘清地税所得税管户，成立应对专家团队，提升企业所得税审核检查质量，全年汇算清缴入库企业所得税5680.02万元，较上年增长44.3%；扎实做好自然人个人所得税申报，全年累计有3122人办理年所得12万元以上自行纳税申报，补缴个人所得税674.41万元，同比增长21.67%。

完善征管运行机制，在规范转型上谋求快速提升。市地税局进一步规范岗责流程，突出基础事项管理。制定本地化的税源基础管理事项的办理流程和质量标准，明晰了251个岗位和382个流程节点的管理要求，修订规范业务流程52个。规范了纳服、基础、应对等各系列任务管理机制。出台了《询问约谈工作实施意见》、《联络员管理制度实施意见》、《自查预警统筹管理实施意见》等制度。强力推进综合治税，突出资源共享。推动政府出台税收征管保障工作意见，将综合治税考核列入对各镇（区、街道）绩效考核内容，细化考评细则，综治分值占比为4%；推动开发了政府主导型的数据交换平台，实施第三方信息分类存储，与35个政府部门建立了常态化报送机制，信息推送确认率达100%。强化联合控管，重点与工商、建设、国土建立协作控管股权、土地、房产转让、建筑工程造价的互动机制，协作

走进政风行风热线，与纳税人开展交流

控管新增税款6785万元。

完善风险管理机制，在深化应用上谋求新的突破。市地税局通过有效落实风险应对过程中基础信息的核实确认工作，全面采集重大事项基本信息，拓展第三方数据交换领域和数据分析来源，全年通过第三方数据资料整理有效信息1756条、通过影印资料人工整理有效信息490条。研究制定了本地化的操作办法，明确了案头分析和询问约谈环节的要点、流程及目标，统一规范了中等风险应对文书和卷宗模板，对约谈、审议、取证、文书等税收执法规范性要求进一步做了细化。将登记类风险信息推送给纳税人进行自查自纠，实施优先辅导，风险推送和纳税辅导的有机结合，让纳税人切身体会"两还"概念，了解企业风险要点，化解潜在的涉税风险，加强纳税遵从。

完善执法内控机制，在依法行政上谋求纵深推进。市地税局通过构建新形势下的执法标准，建立了涵盖重要税务执法文书模板、重点税收违法行为事实描述、证据采集规范、重点法律条款适用的一系列风险应对规范化模板体系。对全系统的风险应对岗、行政处罚岗、审理岗人员组织专门培训，促进全局规范化执法水平的提升。开展专项整治，组织开展了包括建筑业代开发票、零散税收社会化征收、欠税公告、行政处罚、房产土地交易环节税收等内容的专项执法督查。通过本次执法督查575户确认为单位责任、61户确认为个人责任。推行量化积分管理，深化税收执法责任体系建设。科学建立执

倾听代表声音 接受人大评议

法事项责任量化标准，依据执法责任管理事项，对登记管理、发票管理、申报缴纳等14类79项事项逐一量化，设置标准分值。

完善内部管理机制，在队伍建设上谋求更强活力。市地税局严格按照中央、省和南通市局部署，扎实做好

2014年2月7日，如皋地税在作风效能建设大会上受到表彰

开展特色工作评比

市地税局获"江苏地税20周年建功集体"荣誉称号

群众路线教育。开展"学典型树梦想"、"便民办税春风行"等专项活动，提升思想境界。注重解决"四风"问题，针对查找出的31项突出问题，确定相应的专项整改方案，制定了对应的整改措施，切实明确了整改落实的任务书、时间表和责任人，不折不扣地落实好专项整治任务。积极推进规章制度的废、改、立工作，共废止不适用的制度9项、修订完善4项、新制定15项。通过制度的约束，广大党员干部从行政用权到日常生活按规矩办事、按制度用权的意识不断强化。

中共如皋市委老干部局

省委老干部局副局长韩骅调研磨头镇塘湾村创建省老干部精品示范社区建设

市委常委、组织部长蒋建陪同南通市老年（老干部）大学校长参观如皋老干部书画展

市四套班子老领导季度调研

市委组织部副部长、老干部局局长陈小燕为南通市老干部门球比赛获奖者颁奖。

市老干部活动中心组织文艺演出

一、基本情况

中共如皋市委老干部局成立于1982年，正科级单位。下属一个事业单位——老干部活动中心，股级建制。局机关与活动中心合署办公，占地面积20亩，建筑面积约4250平方米，设阅览室、棋牌室、桌球室、乒乓球室、多功能厅等活动室。

市委老干部局创建了“情系功臣 真诚关爱”优秀服务品牌，确立“传递老干部呼声是我们工作的第一责任，落实老干部待遇是我们工作的第一要务，力求老干部满意是我们的第一追求”的理念，围绕“让党和政府放心，让老干部满意”目标，坚持政治上尊重、思想上关心、生活上照顾老干部，怀着对老干部、老功臣的深厚感情，努力为老干部、老功臣提供亲情化、人性化、精细化服务。

二、确立四个目标定位

工作目标：坚持把为党的事业增添正能量作为老干部工作价值取向，进一步围绕中心，服务大局，着力加强离退休干部“两项建设”，全面落实老干部政治生活待遇；进一步适应改革需要，遵循工作规律，注重长远谋划，破解工作难题，推动老干部工作持续发展。

社会目标：坚持把“让党放心，让老干部满意，让社会公认”作为老干部工作的目标追求，自觉把老干部工作放到如皋勇当苏中全面小康领头雁的大局中来谋划和推进，积极实施老干部亲情化、精细化服务，积极引导离退休干部适宜适度发挥作用，努力使老干部工作更加符合时代发展进步的需要，更加符合党委政府工作的需要，更加符合广大离退休干部的期盼。

创新目标：坚持把推动老干部工作转型发展、科学发展作为老干部工作的创新引导，从离退休干部队伍结构发生显著变化的实际出发，针对离退休干部工作的新情况新问题，尝试研究加强新形势下离退休干部工作基本原则、总体思路和主要措施，深入研究如何利用社会资源，整合社会力量做好老干部工作等课题，从而推动老干部工作转型发展、科学发展。

自身建设目标：坚持以“南通保第一，全省争先进，全国有影响，努力建设成讲政治、重党性、业务精、作风好的模范部门”为工作定位，以扎实的群众路线教育实践活动为动力，牢固树立一切从实际出发的工作理念，健全考评激励机制，切实加强能力提升，坚持真情关爱与严格要求相结合，努力把老干部局建成富有正气、充满温馨的和谐团队。

三、多年来取得的成绩

2008年、2009年、2011年连续多年获得省、南通市老干部系统信息宣传工作先进集体；获 2010年南通市“情暖桑榆创一流”服务品牌创建活动先进集体；2012年，市委老干部局在南通市老干部工作综合考核中名列第一，被南通市委、市政府表彰为老干部工作先进集体，被南通市委组织部、宣传部、老干部局等五部门联合表彰为“夕阳映江海、晚霞更生辉”主题实践活动先进集体；局连年被评为如皋市文明单位、如皋市先进基层党组织；市老干部活动中心被评为南通市示范性老干部活动学习阵地先进单位；2013年市老年大学参加全国老年大学文艺汇演，舞蹈《如皋莲湘》荣获“月季花奖”（铜奖）。

如皋市邮政局

4月24日，中央党的群众路线教育实践活动第十二巡回督导组副组长钟攸平一行在集团公司纪检组长孙国栋等陪同下看望慰问“爱心邮路”乡邮员帮扶的孤寡老人

第二批党的群众路线教育实践活动期间，集团公司党组书记张亚非到如皋指导活动开展

概况 2014年，如皋市邮政局有从业人员596人。全市有邮政网点58个，邮运汽车12辆，投递邮路148条，其中农村投递邮路130条。市邮政局基于“四不出村”、“三个100%”的邮政农村金融便民服务平台建设获得交通运输部和中国邮政集团公司企业现代化管理创新成果二等奖；磨头支局投递员沈世新被评为“南通市劳动模范”，搬经支局被共青团南通市委授予“南通市青年文明号”。

邮政业务 年内，实现业务收入2.06亿元，这是继2010年在苏中、苏北县（市）局率先超亿元以后，又一次新的突破，四年收入翻番，年均增长率达18.92%。完成收支差额6594万元，全员劳动生产率达34.57万元，收入规模全省县（市）局第四、综合考评第一。

能力建设 年内，市邮政局完成3个网点改造装修，旺季期间全部投入使用，金融便民服务进一步加强，新配置自动存取款机3个，网点覆盖率达99%。寄递类业务发展迅猛，投入使用汽车邮路2条。

“爱心邮路”内涵不断拓展延伸，图为2014年6月12日“职工心声”邮路启动现场

8月15日，如皋市邮政局、总工会联合举办第二届“邮政为翼竞风流”职业技能大赛

队伍建设 年内，市邮政局以党的群众路线教育实践活动为契机，深入开展大谈心活动，凝聚全员发展动力。中央第十二巡回督导组莅临指导市邮政局党的群众路线教育实践活动，称赞如皋137“爱心邮路”是践行党的群众路线教育实践活动的典范。继续拓展“爱心邮路”内涵，“职工心声”邮路应运而生，职工群众提出的不少建议意见被政府采纳列入民生工程。8月15日，与市总工会联合开展第二届“邮政为翼竞风流”职工职业技能大赛，营业员顾树灵、投递员陈慧分别获得储营和投递类一等奖，并被如皋市总工会授予“如皋市五一劳动奖章”；营业员程田宏、陈霞和投递员王进峰、鞠久田分别获得储营和投递类二等奖，并被如皋市总工会授予“如皋市创新技术能手”荣誉称号；营业员陈晶晶等3人和投递员姚刚等3人分别获得储营和投递类三等奖；城中中心支局被如皋市总工会授予“如皋市五一先锋号”荣誉称号。切实加强全员普法教育，磨头支局投递员钱得胜被评为如皋市第三届“普法形象大使”。

新华书店

12月1日，江苏省新闻出版局领导来到新华书店如皋书城指导全国“文明店堂”创建工作。

新华书店积极参与“价格诚信”创建活动，根据市物价主管部门的统一部署，结合图书发行行业特点，对照价格诚信单位认定细则，逐项、逐条抓落实，创建活动开展得有声有色，荣获“2014年度江苏省价格诚信单位”称号。

举行庆“五·一”职工娱乐竞技活动暨第九届扑克牌掼蛋比赛，以职工之家为主阵地开展群众性文体活动，丰富职工文化生活，增强团队意识，提高企业凝聚力。

为了让社会主义核心价值观“像阳光、空气一样无处不在、无时不在”，新华书店充分发挥精神文明建设的窗口作用，加大公益广告宣传力度和密度，利用店堂内的灯箱、POP吊旗、宣传画、LED显示屏等多种形式，传播主流价值，营造和谐社会氛围。

4月27日，新华书店邀请台湾地区知名中医吴建勋在“东皋大讲坛”做专题报告。吴教授深入浅出的讲解，为长寿之乡的老年朋友们带来了最新的健康理念和实用的健康知识。

当得知海门新华书店职工陆贵堂身患重病、生命垂危的消息后，如皋新华书店全体员工纷纷解囊，短短20个小时共捐款10250元。

认真履行国有企业的社会责任，年内分别向留守儿童和驻如武警部队赠送价值近万的图书。

新华书店年内共举办三期道德讲堂，主题分别为“我的中国梦”、“继续发扬延安‘背篓子’精神”和“敬业、奉献”。道德讲堂的举办使员工的道德素养进一步提高，爱岗敬业、拼搏进取的精神始终成为企业文化的主旋律。

在创建全国文明城市冲刺阶段，新华书店志愿者踊跃参加“文明交通志愿服务周”主题志愿活动，为巩固和提升文明城市创建成效贡献一份力量。图为12月15日新华书店志愿者在公交站台为行动不便的市民提供帮助。

第八章 附 则

第二十三条 本办法由市民政局负责解释。

第二十四条 本办法自 2015 年 1 月 1 日日起施行。

市政府关于印发《如皋市城乡困难群众医疗救助办法》的通知

皋政规〔2014〕5 号

各镇(区、街道)人民政府(管委会、办事处),市各委、办、局、行、社、公司,市各直属单位:

《如皋市城乡困难群众医疗救助办法》已经市政府同意,现予印发,请认真贯彻执行。

如皋市人民政府

2014 年 10 月 8 日

如皋市城乡困难群众医疗救助办法

第一条 为进一步完善我市医疗救助体系,加大对困难群众医疗救助力度,根据国务院《社会救助暂行办法》、《省政府关于“十二五”时期深化医药卫生体制改革的实施意见》(苏政发〔2012〕90 号)、《关于加快完善城乡医疗救助制度的意见》(苏民助〔2012〕7 号)、《关于印发〈江苏省社会救助体系建设“十二五”规划〉的通知》(苏民发〔2012〕4 号)及省市有关规定,结合我市实际,制定本办法。

第二条 本办法所称医疗救助,是指政府对本市户籍患病的城乡困难群众,在获得城镇职工、城镇居民医疗保险、新型农村合作医疗补偿以后,其个人负担医疗费用仍然过重,并影响其家庭基本生活,给予适当救助的行为。

第三条 城乡困难群众医疗救助,坚持属地管理,适度救助、稳健运行、公开公正公平的原则。

第四条 城乡困难群众医疗救助工作在市政府领导下,成立由分管副市长任组长,市民政局、财政局、卫生局、人力资源和社会保障局、总工会、残联、审计局、监察局等部门为成员的城乡困难群众医疗救助工作领导小组,下设医疗救助工作领导小组办公室(以下简称医疗救助办公室),办公室主任由市民政局局长担任。

第五条 城乡困难群众医疗救助工作由市民政局牵头负责,市卫生局、人力资源和社会保障局等部门协助,市医疗救助办公室具体实施。市民政局负责医疗救助组织和协调工作,并将符合条件的医疗救助对象实时维护进入医保和新农合医疗基金结算系统,市社会医疗保险管理处和市新型农村合作医疗管理办公室积极配合做好医疗即时救助工作,不断完善医疗救助“同步运行、即时结算”运行机制,方便救助对象,全面实现医疗救助与城乡居民医疗保险的信息互联共享。

第六条 市财政局负责城乡医疗救助基金的筹集、核定和拨付,并会同有关部门加强医疗救助资金监管,确保专款专用。

第七条 市卫生局负责加强对医疗卫生机构开展医疗服务和落实医疗救助政策规定的情况进行监管,规范医疗服务行为,提高服务质量;负责新型农村合作医疗与医疗救助的衔接工作;负责做好参加新型农村合作医疗对象中的困难群众医疗救助金的结算工作;每月10日前将上月医疗救助情况函告市民政局。

第八条 市人力资源和社会保障局负责城镇职工医保、居民医保与医疗救助的衔接工作;负责做好参加城镇职工、城镇居民医保对象中的困难群众医疗救助金的结算工作;每月10日前将上月医疗救助情况函告市民政局。

第九条 市总工会负责核定特困职工对象,市残联负责核定贫困精神残疾免费基本用药对象,并将核定审批的花名册及时提供给市民政局。

第十条 市审计局、监察局负责对城乡困难群众医疗救助资金的使用和救助情况实施审计监督,确保救助资金的合理正确使用,坚决遏制弄虚作假、挤占、挪用等现象的发生。

第十一条 医疗救助对象

(一)城乡低保对象;

(二)农村五保对象;

(三)享受民政部门定期定量生活补助费的60年代精减退职职工(以下简称"60年代精减职工");

(四)重点优抚对象(7~10级伤残军人,烈属、因公牺牲军人家属、病故军人家属、老复员军人、参战(涉核)人员、带病回乡退伍军人(以下简称"重点优抚对象");

(五)市总工会核定的特困职工对象(以下简称"特困职工");

(六)因病急难型临时生活救助对象中特重大病患者;

(七)低保、五保和低收入家庭中经市残联认定的贫困精神残疾人免费基本用药对象(以下简称"精神残疾免费基本用药对象");

(八)经市、镇(区、街道)、村(居)核实认定的其他城乡低收入家庭患者。

第十二条 享受医疗救助的对象,必须按照规定参加城城镇职工基本医疗保险、城镇居民基本医疗保险和新型农村合作医疗保险,并及时足额缴费。

第十三条 第十一条规定的救助对象(不含精神残疾免费基本用药对象)患门诊慢性病、特殊病(按医保和新农合规定的病种),一个自然年度内医保和新农合报销后的门诊自付费用按70%的比例给予医疗救助,每人每年累计救助金额不超过400元;精神残疾免费基本用药对象,经医保和新农合报销后的基本用药费用剩余部分,按照70%的比例给予救助。

第十四条 城乡低保对象、农村五保对象、60年代精减职工、重点优抚对象、特困职工,一个自然年度内医保和新农合报销后的住院自付医疗费用按照70%的比例给予医疗救助,每人每年累计救助金额不超过60000元。

第十五条 因病急难型临时生活救助对象中重大病患者及其他城乡低收入家庭患者,一个自然年度内医保和新农合报销后的住院自付医疗费用30000元以上的部分,按照70%的比例给予医疗救助,每人每年累计救助金额不超过60000元。

第十六条 医疗救助对象因下列情况发生的医疗费用,不属救助范围:打架斗殴、吸食毒品、交通肇事、工伤事故、酗酒伤害、赌博肇事、自购药品、康复医疗等。

第十七条 城乡困难群众医疗救助由市医保和新农合定点医疗机构(以下简称定点医疗机构)提供医疗救助服务。疑难重症需转市外上一级医疗机构就诊的须按城镇职工、城镇居民基本医疗保险和新型农村合作医疗制度的有关规定办理相关手续。

第十八条 提供医疗救助服务的定点医疗机构,应在规定的范围内,按我市城镇职工、城镇居民医保和新型农村合作医疗药品目录、诊疗服务项目范围和支付标准，为医疗救助对象提供医疗服务，并要完善和落实各种诊疗规范及管理制度，保证服务质量，控制医疗费用。

第十九条 医疗救助程序

（一）第十四条医疗救助对象患病在本市就医，凭社会保障卡（医保卡）在定点医疗机构收费窗口实时结算，实行即时救助；转市外就诊的，按医保和新农合规定程序进行结算，实行同步救助。

（二）第十五条医疗救助对象分别经医保和新农合报销后当年度或三个月内，凭医保和新农合医疗结算凭据（盖章）、低收入家庭认定表、出院小结和身份证复印件等相关材料，报市医疗救助办公室审批，并即时维护进医保和新农合医疗基金结算系统。救助资金通过金融机构发放。

第二十条 城乡困难群众医疗救助基金，通过财政预算和社会捐赠等渠道筹集解决。

（一）市财政每年预算，并随着经济社会的发展，逐步增加医疗救助资金；

（二）每年从福利彩票公益金留成中安排不低于10%的资金用于医疗救助；

（三）省、市级财政对我市的医疗救助补助；

（四）市慈善会在每年“一日捐”中安排10%的资金用于医疗救助；

（五）市残联每年在残疾人就业保障金中安排10%的资金用于医疗救助；

（六）市总工会每年在工会费中安排5%的资金用于医疗救助；

（七）社会组织、团体和个人捐赠或捐助；

（八）医疗救助基金的利息收入；

（九）按规定可用于医疗救助的其他资金。

第二十一条 市民政局建立医疗救助基金核算专户，实行专户管理、专帐核算、专款专用。如当年医疗救助资金发生缺口，由市财政统筹安排，结余部分结转下年使用，不抵下年预算指标。

第二十二条 定点医疗机构即时结算的医疗救助资金、市社会医疗保险管理处和市新型农村合作医疗管理办公室垫付的救助资金，由市民政局于每月18日前拨付给市社会医疗保险管理处和市新型农村合作医疗管理办公室。

第二十三条 对侵占、挪用医疗救助资金的机构，其责任人由所在单位或主管机关严肃处理；造成损失的，应予赔偿；构成犯罪的，依法追究刑事责任。

医疗救助经办机构及经办人员因工作失职或徇私舞弊、滥用职权造成救助资金流失的，追究有关部门和有关人员的责任；构成犯罪的，依法追究刑事责任。

第二十四条 定点医疗机构和医务人员，在医疗救助的诊断、治疗、处方等医疗环节中，有弄虚作假、徇私舞弊等行为的，取消定点医疗资格；违法的追究相应的法律责任。

第二十五条 医疗救助对象必须接受社会和群众的监督，对骗取医疗救助资金的，将如数追回全部医疗救助资金，并取消两年的医疗救助资格。

第二十六条 本办法由市民政局和财政局负责解释。

第二十七条 本办法自2015年1月1日起施行。原《如皋市城乡困难群众医疗救助办法》（皋政规〔2012〕6号）自本办法施行之日起废止。

市政府关于印发《如皋市农村敬老院管理办法》的通知

皋政发〔2014〕32号

各镇（区、街道）人民政府（管委会、办事处）、市各有关部门：

《如皋市农村敬老院管理办法》已经市政府同意，现予印发，请认真贯彻执行。

如皋市人民政府
2014 年 3 月 20 日

如皋市农村敬老院管理办法

第一章 总 则

第一条 为进一步加强我市农村敬老院(以下简称敬老院)的建设和管理,提高供养服务能力和水平,切实保障五保供养对象的基本生活权益,根据国务院《农村五保供养工作条例》、民政部《农村五保供养服务机构管理办法》《养老机构设立许可办法》《养老机构管理办法》和江苏省政府办公厅《关于进一步加强农村五保供养服务机构建设管理的意见》等文件的有关规定,结合我市实际,特制定本办法。

第二条 本办法所称敬老院是指由各镇(街道)人民政府(办事处)所办,由所属镇(街道)政府(办事处)负责管理、市民政局负责业务指导的公益性机构。

敬老院依法办理养老机构设立许可,符合条件的办理事业单位法人登记,依法承担法律责任。

第三条 敬老院实行属地管理,各镇(街道)人民政府(办事处)负责本行政区域内的敬老院建设管理工作。各镇(街道)应将敬老院的建设和管理列入经济社会发展规划,根据"三有三能六达标"(每个房间或套间有能正常使用的卫生间、有保暖降温设备、有电视机,供养对象不出院能洗澡、能看病、能康复娱乐,消防、卫生、环境、五保对象供养水平、管理服务人员配比和工资待遇达到国家和省提出的标准)的标准,不断加大投入,加强敬老院建设管理,提升供养服务水平。

第四条 市民政局是全市敬老院的业务主管部门,要加强对敬老院业务工作的指导和检查,加大考核奖惩力度,促进敬老院规范化建设。

第二章 服务对象

第五条 敬老院的服务对象主要为本镇(街道)自愿选择集中供养的农村五保供养对象,优先供养生活不能自理的农村五保集中供养对象。

第六条 各镇(街道)、村(社区)应积极做好对农村五保供养对象的宣传引导工作,鼓励其进入敬老院享受集中供养,不断提高我市农村五保集中供养率。

第七条 接收患有精神病、传染病农村五保集中供养对象的敬老院应当具备相应的治疗护理能力,否则不得接收,应先将其转至相关专业医疗机构进行治疗。

第八条 敬老院在满足本地农村五保供养对象集中供养需要的前提下,应当利用闲置床位,积极开展社会养老服务,不断满足农村老年人特别是困难老年人的社会养老服务需求。

开展社会养老服务工作的敬老院应当与服务对象或其赡养人签订正式协议,约定双方的权利和义务。服务项目和收费标准要严格按照民政和物价部门的规定执行。

敬老院不得因开展社会养老服务降低对农村五保供养对象的集中供养条件和服务水平。

第九条 敬老院所供养的各类人员均应遵守院内的规章制度,爱护公共财物,文明礼貌,团结互助。

第三章 供养内容

第十条 敬老院应当向农村五保集中供养对象提供下列服务:

(一)提供符合食品卫生要求、适合农村五保集中供养对象需要的膳食;

(二)提供服装、被褥等生活用品和零用钱;

(三)提供符合居住条件的住房;

(四)提供日常诊疗服务,对生活不能自理的给予护理照料;

(五)为重度残疾者适当配备基本型辅助器具;

(六)妥善办理丧葬事宜。

集中供养的农村五保供养对象未满16周岁或者已满16周岁仍在接受义务教育的,敬老院应当依法保证其接受并完成义务教育,保障所需费用。

社会养老服务对象的服务内容应根据双方的协议约定予以保障。

第十一条 敬老院应当设立医务室或者协同驻地乡镇卫生院等医疗机构为五保供养对象提供日常诊疗服务,协助有关部门保障五保供养对象享受农村合作医疗等医疗救助待遇。

第十二条 敬老院应当提供亲情化服务,积极组织各种文化娱乐和体育健身活动,丰富供养对象的精神生活。

第十三条 敬老院所提供的各项供养服务,均应当符合有关法律法规的规定,符合国家的标准规范,尊重少数民族习惯。

第四章 内部管理

第十四条 敬老院应当建立健全财务管理、环境卫生、安全保卫、档案管理等一系列规章制度,并向全体供养对象公开。

第十五条 敬老院实行院长负责制,市民政局和所属镇(街道)应当定期对院长履职情况进行考核。

第十六条 敬老院应当设立院务管理委员会,实行院务公开。院务管理委员会由举办单位代表、农村五保集中供养对象代表和工作人员代表组成,人数一般为5~7人,其中农村五保集中供养对象代表应当达到总代表数的1/2以上。

院务管理委员会由敬老院全体院民民主选举产生,履行以下职责:

(一)监督本院各项规章制度的执行情况;

(二)监督本院财务收支和管理情况;

(三)监督院长和工作人员的工作;

(四)调解本院供养对象之间的矛盾纠纷;

(五)组织协调本院供养对象开展自我服务和自我管理;

(六)其他院务管理职责。

第十七条 敬老院应当建立健全安全管理责任制,院长负总责,各项安全工作要落实到人、明确责任,加强对水、电、煤气、消防、食品、交通出行等方面的安全管理,制订日常安全管理制度和突发事件应急处理预案,定期排查安全隐患,确保在院人员的生命财产安全。

第十八条 敬老院应当充分利用现有闲置土地、设施等,因地制宜,大力发展种植、养殖、加工等院办经济,其收入应当用于改善供养对象生活、弥补公用经费不足等方面,任何单位和个人不得侵占、挪用。

第十九条 敬老院可以鼓励供养对象参加有益身心健康和力所能及的生产活动,并给予适当报酬。

第二十条 敬老院管理和使用的资产,任何单位和个人不得侵占,需要办理登记的应当依据有关规定办理登记手续。

第五章 工作人员

第二十一条 敬老院工作人员根据按需设岗、按岗聘用的原则，与在院供养对象按照不低于 1:10 的比例配备，护理人员与失能、半失能五保供养对象配备比例不低于 1:6。

第二十二条 敬老院负责人由镇（街道）人民政府（办事处）根据有关规定进行聘用，其他人员由敬老院聘用，所有人员按有关规定签订劳动合同。

第二十三条 敬老院管理人员及工作人员的工资待遇等按《市委办公室市政府办公室 关于加强基层民政机构建设的若干意见》（皋办〔2012〕84 号）规定执行。

第二十四条 市民政局应当对敬老院工作人员进行业务培训，考核合格的，准予上岗服务。

第二十五条 各镇（街道）和市民政局要加强对敬老院工作人员的考核、管理和培训力度，不断提升管理水平和业务能力，为供养对象提供更好的服务。

第六章 经费保障

第二十六条 敬老院所需经费，包括五保集中供养经费和管理运行经费（含工作人员工资、办公经费、设备设施购置维护经费和水电燃料费等），按照财政预算管理程序申报，经审核后从财政预算中安排。

第二十七条 敬老院应当设立专账，由镇（街道）财政部门统一管理。

第二十八条 五保供养经费由市级财政按照市政府公布的集中供养标准足额安排，并及时拨入敬老院专帐。管理运行经费由镇级财政安排，并按月拨入敬老院专帐，确保敬老院正常运转。

第二十九条 敬老院应当将市财政拨付的集中供养资金全部用于为农村五保集中供养对象提供供养服务，不得挪作他用。

第三十条 市民政局应当每年从本级福利彩票公益金中安排一定数量的资金，用于支持敬老院建设和维护。

第三十一条 鼓励机关、企业、事业单位、社会组织、个人向敬老院提供捐赠，帮助改善农村五保集中供养对象的生活质量。

第七章 法律责任

第三十二条 敬老院有下列行为之一的，由所属镇（街道）和市民政局责令限期改正；造成损失和不良影响的，依纪依法追究相关责任人责任：

（一）歧视、虐待农村五保集中供养对象的；

（二）未尽到管理和服务义务致使农村五保集中供养对象合法权益受到侵害的；

（三）侵占农村五保集中供养对象财产的；

（四）其他违反规定的行为。

第三十三条 敬老院工作人员有下列行为之一的，予以批评教育；造成损失和不良影响的，依纪依法追究责任；情节严重的，予以辞退；涉嫌构成犯罪的，移送司法机关处理：

（一）私分、挪用、截留农村五保集中供养款物的；

（二）私分、挪用农副业生产经营收入的；

(三)辱骂、殴打、虐待农村五保集中供养对象的;

(四)盗窃、侵占集中供养对象或敬老院财产的;

(五)其他违反规定的行为。

第三十四条 农村五保集中供养对象有下列行为之一的,予以批评教育;情节严重,涉嫌构成犯罪的,移送司法机关处理:

(一)违反敬老院规章制度,扰乱正常生活秩序的;

(二)打架、斗殴,造成他人身体伤害的;

(三)损毁、盗窃、侵占敬老院或其他集中供养对象财产的;

(四)其他违反规定的行为。

第八章 附 则

第三十五条 市民政局依照本办法制定具体考核办法。

第三十六条 本办法由市民政局负责解释。

第三十七条 本办法自发布之日起施行。

市政府办公室关于印发全市残疾人免费乘坐城区公交车辆实施方案的通知

皋政办发〔2014〕41号

为进一步贯彻落实省委、省政府《关于加强残疾人事业发展的意见》(苏发〔2009〕11号)和南通市委、市政府《关于加快推进残疾人事业发展的实施意见》(通委发〔2010〕10号)文件的要求,根据市委、市政府《关于加快残疾人事业发展的实施意见》(皋委发〔2011〕96号)和南通市残联关于实现残疾人免费乘座公交车辆全覆盖的精神,参照周边县市做法,结合我市实际,现就全市残疾人免费乘座城区公交车辆制定本方案。

一、免费乘座对象

持有第二代《中华人民共和国残疾人证》的各类残疾人。

二、免费乘座线路

城区公交101、102、103、104、201、203、205、206、208、209、210、212、220、222、224、281共16条线路。其他客运线路暂不列入免费乘座范围。

三、公交车免费乘座要求

1. 凡符合条件享受免费乘座城区公交车辆的残疾人,乘车时须主动出示残疾人证,未携带残疾人证且残疾特征不明显的须购票;残疾证严禁转借(送)他人使用,一经发现立即暂停当事人享受乘车待遇12个月。

2. 残疾人乘车时,应遵守法律法规和社会公德,不得携带易燃、易爆、易腐蚀等违禁品,确保公共安全;车辆未停稳,严禁上、下车及走动。

3. 根据城市公交车运营特点,考虑安全因素,残疾人应尽量避免早、晚客运高峰期;行动不便的残疾人须有人陪伴乘车(陪乘人员需购票),以避免发生意外。

4、公交企业要热忱为残疾人提供优质服务，设置残疾人专座，遇到乘车人员较多时，驾乘人员应主动及时提示为残疾人调剂座位。

四、实施时间

全市残疾人免费乘座城区公交车辆实施方案从2014年3月1日起施行。

如皋市人民政府办公室

2014年3月18日

市政府办公室关于转发市教育局《如城地区义务教育学校施教区微调方案》的通知

皋政办发〔2014〕122号

各镇(区、街道)人民政府(管委会、办事处)，市各有关部门：

现将市教育局《如城地区义务教育学校施教区微调方案》转发给你们，希认真贯彻执行。

如皋市人民政府办公室

2014年7月12日

如城地区义务教育学校施教区微调方案

《如城地区义务教育学校施教区调整方案(试行)》(皋政办发〔2011〕179号)实施三年来，得到了社会各界的普遍支持和拥护，促进了如城地区教育优质均衡发展。根据江苏省义务教育优质均衡发展和江苏省教育现代化建设新的要求以及如城地区义务教育学校布局调整新的需求，现对如城地区义务教育学校施教区域作适当微调。

一、微调原则

1.“局部微调”的原则。在保持《如城地区义务教育学校施教区调整方案(试行)》(皋政办发〔2011〕179号)基本框架不变的基础上仅对相关学校的施教区域作适当微调。

2.“资源均衡”的原则。根据相关学校的办学规模、办学条件、生源现状进行教育资源均衡匹配与利用。

3.“相对就近”的原则。按照《义务教育法》及其实施办法的有关规定，以户籍、房产证等为证明，以学校周边区域路河为界，相对就近入学。

二、微调方案

1.如师附小：以如城街道外城河为界，外城河以内区域为如师附小施教区。

2.外国语学校初中部：外国语学校初中部原代招区中部分区域调至学校施教范围——南至原大明与磨头交界处，东至海阳路。

3.如皋初中：如皋初中因代招区域学生数增加，学校现有教育资源不能满足代招区学生入学要求，故代招区学生由如皋初中暂时在开发区实验小学设点教学。城北街道新建的初中建成(不超过2年)

后,如皋初中不存在代招区。

上述学校施教区微调后相关小学施教区亦作相应的变通。

市政府办公室关于印发《如皋市新型农村合作医疗大病保险实施方案(试行)》的通知

皋政办发〔2014〕137号

各镇(区、街道)人民政府(管委会、办事处),市各有关部门:

《如皋市新型农村合作医疗大病保险实施方案(试行)》已经市政府常务会议讨论通过,现予印发,请认真贯彻执行。

如皋市人民政府办公室

2014年8月27日

如皋市新型农村合作医疗大病保险实施方案(试行)

为贯彻落实党的十八届三中全会精神,进一步完善我市新型农村合作医疗保障制度,有效提高广大参合农民重特大疾病保障水平,根据国家发展改革委等六部门《关于开展城乡居民大病保险工作的指导意见》(发改社会〔2012〕2605号)和省发展改革委等六厅局《关于开展城乡居民大病保险工作的实施意见》(苏发改社改发〔2013〕134号)以及南通市人民政府批转市人力资源和社会保障局、市卫生局和市财政局《城乡居民大病保险实施意见(试行)》精神,结合我市实际,制定新型农村合作医疗大病保险实施方案。

一、总体要求

坚持"以人为本、统筹安排;责任共担、持续发展;因地制宜、创新机制;统一政策、统一管理"的原则,结合现有新型农村合作医疗保险(以下简称"新农合")制度,建立新型农村合作医疗大病保险制度,减轻参合农民大病医疗费用负担,缓解"因病致贫、因病返贫"现象。

二、实施范围

在本市范围内,凡参加当年度新农合的人员均作为大病保险的被保险人。

三、资金来源

从新农合基金中划出一定额度作为新农合大病保险资金,新农合大病保险资金与重大疾病保障资金统筹使用。

四、保障内容

(一)重大疾病患者

参合农民患有白血病、肾功能衰竭透析治疗、器官移植抗排异治疗、再生障碍性贫血和多发性骨髓瘤等5种重大疾病,其在一级医院以上医疗机构发生住院及门诊费用500元以上部分补助70%;对符合定点救治条件的儿童先天性心脏病、妇女乳腺癌、宫颈癌、耐多药肺结核、重性精神病、肺癌、食管癌、胃癌、结肠癌、直肠癌、急性心肌梗塞、脑梗死、Ⅰ型糖尿病、原发性甲状腺机能亢进症及唇腭裂等15种疾病,在定点救治医院住院实行按单病种定额费用标准的70%或限额范围内实际发生费用的

70%进行补助；慢性髓细胞白血病使用的特药实行定额收付费，血友病A使用的特药（人凝血因子Ⅷ和重组人凝血因子Ⅷ）实行打包收付费，在限定的费用标准内，新农合支付实际发生费用的70%。

（二）其他疾病患者

参合农民在享受新农合普通住院补助(不含单病种补助和住院分娩补助)待遇后，一个年度内个人负担超过大病保险起付标准的医疗费用给予大病保险补助。2014年起付标准暂定为15000元。参合农民当年度累计自负医疗费用超过1.5万元以上部分，分段补偿按比例累加补助。15000~50000元的部分补助10%，50001~100000元的部分补助15%，100001~150000元的部分补助20%，150001~200000元的部分补助25%，200001~250000元的部分补助30%，250001~300000元的部分补助35%，300001~350000万的部分补助40%，350000元以上的部分补助50%，年度总补助最高限额15万元。今后，将根据大病保险运行情况进行适当调整，并向社会公布。

（三）期限及除外责任

大病保险期限为每年的1月1日起至12月31日止，一年为一个参保结算年度，参合农民年度内发生符合大病保险政策的医疗费用，即可按本规定享受相应的补助。但下列情形之一不列入新农合大病保险补助范围：

1.在本市非定点医疗机构发生的医药费用；

2.各种美容、健美以及非功能性整容、矫形、健康体检、预防保健、医疗咨询等非疾病治疗类项目的费用；

3.吸毒、自杀自残、酗酒、打架斗殴、性病、工伤、怀孕、流产、堕胎以及计划生育、治疗不育症、交通事故和医疗事故所发生的医药费用；

4.在医疗机构发生的门诊费用及在非医疗机构发生的药品、材料等费用；

5.应由第三人负担的医药费用；

6.国家和省规定不予补助的其他情形。

五、经办服务

新农合大病医疗保险工作由市卫生局牵头，市新农合办公室（市合管办）按照大病保险实施方案要求及时做好补助服务工作。参合农民在市内定点医疗机构和市外联网特约医疗机构结算医疗费用时，只需支付自负部分医疗费用，新农合基本医疗补助和大病保险补助进行同步结算；参合农民在市外其他医疗机构发生的医疗费用，由各镇卫生所先行审核报市合管办复核审批后按期支付给参合农民。

六、工作要求

（一）高度重视，做好引导。建立新农合大病保险制度是政府执政为民的具体体现，是进一步体现互助共济，促进社会公平正义的重要举措。市相关部门要切实加强对大病保险政策的宣传和解读，及时做好解疑释惑工作，密切跟踪分析舆情，合理引导社会预期，增强全社会保险责任意识，为大病保险持续规范运行营造良好氛围和社会环境。

（二）坚持标准，规范运作。市卫生部门要规范资金管理，严格遵循“收支平衡、保障有度”的原则，确保资金安全，保证偿付能力。要切实加强对相关医疗服务行为和医药费用的监管，控制医药费用不合理增长，确保大病保险资金使用安全，提高大病保险资金使用效益。市民政部门要做好医疗救助与新农合大病保险的有效衔接工作。

（三）加强监管，取信于民。市财政、审计、监察部门要加强对基金筹集、使用和管理情况的监督检查，依法查处违法违规行为，确保基金安全运行。

七、实施时间

本试行方案自2014年1月1日起执行，由如皋市卫生局负责解释。

部门公报

如皋市2013年国民经济和社会发展统计公报

2014年3月14日

2013年，全市人民在市委、市政府的坚强领导下，面对错综复杂的宏观形势，紧扣科学发展主题和加快转变经济发展方式主线，坚持稳中求进，统筹推进稳增长、促转型、抓统筹、惠民生，较好地完成了全年目标任务。

一、综合

经南通市统计局评估，全年实现地区生产总值657.01亿元，按可比价计算，增长11.8%。分产业看：第一产业增加值57.04亿元，增长3.1%；第二产业增加值343.33亿元，增长12.3%，其中工业增加值285.93亿元，增长11.7%；第三产业增加值256.64亿元，增长13%。人均地区生产总值52185元。三次产业的比例调整为8.68:52.26:39.06。财政总收入占地区生产总值的比重达22.3%，比上年提高0.4个百分点。

全年居民消费价格总指数102.0，即物价总水平比上年增长2.0%。其中，服务项目价格上涨1.6%，消费品价格上涨2.2%。

表1　　**如皋市市区居民消费价格涨跌情况**

指　　标	比上年增长(%)
食品类	3.9
其中:粮食类	2.6
肉禽及制品	2.4
水产品类	2.6
烟酒及用品类	-2.5
衣着类	7.8
家庭设备用品及维修服务类	-0.4
医疗保健和个人用品类	6.4
交通和通信类	0.5
娱乐教育文化用品及服务类	-3.3
其中:教育	-3.0
居住类	0.1

二、农业

全年实现农林牧渔业总产值92.36亿元，增长8.6%。其中，农业产值51.62亿元，增长9.6%；林业产值0.2亿元，增长11.7%；牧业产值29.84亿元，增长5.5%；渔业产值5.25亿元，增长16%；农业服务业产值5.45亿元，增长10.3%。

全年粮食种植面积108.78千公顷，与上年持平；棉花种植面积0.16千公顷，比上年减少0.01千公顷；油料种植面积14.23千公顷，比上年增加0.19千公顷；蔬菜种植面积17.3千公顷，比上年增加0.98

千公顷。全年粮食产量74.04万吨，与上年相比持平略增；棉花产量160吨，下降11.6%；油料产量3.84万吨，比上年增长4.3%；蔬菜产量61.65万吨，增长7.9%。

表2　如皋市主要农副产品产量

指标名称	计量单位	产量	比上年增长%
粮　食	万吨	74.04	0.03
棉　花	吨	160	-11.6
油　料	万吨	3.84	4.3
蚕　茧	万吨	0.65	-21.7
生猪年末存栏数	万头	80.83	0.2
生猪出栏数	万头	107.97	-1.1
羊年末存栏数	万头	26.68	0.9
羊出栏数	万头	38.7	18.3
家禽年末存栏数	万只	1158.46	5.3
家禽出栏数	万只	2315.61	1.2
禽　蛋	万吨	6.86	4.6
水产品	万吨	2.54	5.0

农业生产条件继续改善。年末，全市拥有农业机械总动力78.48万千瓦；拥有拖拉机10583台，其中大中型拖拉机1841台；拥有联合收割机1489台，其中自走式收割机1477台；全市农机化投入8051万元，其中用于农业机械购置的达4902万元；全市农用化肥施用量(折纯)3.05万吨。

三、工业和建筑业

工业经济持续发展。全市完成工业增加值285.93亿元，增长11.7%。年末，全市销售收入2000万元以上规模企业806家，完成规模以上工业总产值1418.99亿元，增长4.2%；高新技术产业产值596.78亿元，增长16.51%，占全市规模以上工业总产值的比重为42.06%；新兴产业产值436.58亿元，增长12.7%，占全市规模以上工业总产值比为30.77%。全市规模以上工业主营业务收入1311.5亿元，增长2.63%；规模以上工业利润总额58.1亿元，下降12.25%；工业产品销售率98.68%。2013年末全部工业应税销售771.24亿元(含一般纳税人、小规模纳税人、供电公司)，增长9.27%，全部工业实缴税金28.31亿元，增长0.33%。规模工业部分工业产品产量如下：

表3　如皋市规模工业部分工业产品产量

产品	单位	全年产量	累计±%
橡胶轮胎外胎	条	1496395	-6.44
民用钢质船舶	万载重吨	152.53	-62.1
钢球	万粒	560285	4.41
内燃机	万千瓦	149.32	-14.18
印刷机械	吨	5074.39	5.59
锻压设备	台	1019	-13.28
高压电器	台	20064	-8.1
半导体分立器件	万只	672696	-10.31
纱	吨	58136	9.7
布	万米	36858	4.48
服装	万件	12869	-6.79
玻璃纤维纱	吨	14500	-0.68
饮料酒	吨	18382	31.79

全年规模以上工业企业综合能源消费量123.86万吨标准煤，比去年上升1.70%；万元产值综合能耗0.0873吨标准煤，比去年下降2.40%。重工业企业综合能源消费量97.00万吨标准煤、比去年上升2.38%，万元产值能耗0.0958吨标准煤、比去年上升0.25%；轻工业企业综合能源消费量26.86万吨标准煤、比去年下降0.68%，万元产值能耗0.0660吨标准煤、比去年下降9.52%。

表4　　如皋市十大行业能源消耗情况

行业	综合能源消费量（万吨标准煤）	单位产值能耗（吨标准煤/万元）	单位产值能耗比上年增减（%）
纺织服装业	2.83	0.0381	-12.53
化学原料及化学制品制造业	42.86	0.1422	-2.05
纺织业	12.54	0.1391	2.93
黑色金属冶炼及压延业	10.93	0.1793	-19.29
橡胶和塑料制品业	6.83	0.1799	-0.68
通信设备、计算机设备业	11.99	0.0838	-3.24
通用设备制造业	1.96	0.0684	-20.54
非金属矿物制品业	4.57	0.0781	-32.76
电气机械及器材制造业	3.49	0.0333	27.14
汽车制造业	2.07	0.0305	-24.41
铁路、船舶、航空航天及其他交通运输设备制造业	3.51	0.0277	-31.61

建筑业蓬勃发展。全年实现建筑业增加值57.4亿元，增长15.8%。全市建筑队伍人数22万人，其中，工程技术和经营人员5万多人；建筑队伍遍及10多个国家和地区，年末境外劳务人员近千人。全年建筑企业承建施工面积1亿平方米，比上年增长8.8%。全年建筑企业创国家级奖项3项，省级奖项56项。年末，全市拥有特级资质建筑企业2家，一级资质建筑企业25家，二级资质建筑企业79家，三级资质建筑企业107家。全市注册一级建造师545人，二级建造师1532人。如皋荣获"中国建筑之乡"荣誉称号。

四、固定资产投资

全年规模以上固定资产投资374.86亿元，增长20.4%。其中，规模以上工业投资244.10亿元，增长12.9%；第三产业投资130.76亿元，增长35.1%；旅游业投资23.32亿元，下降44%。

全年房地产开发投资46.06亿元，增长68%；房屋施工面积527.89万平方米，增长2.6%，其中，施工住宅面积397.65万平方米，增长1.3%；商品房屋销售面积102.17万平方米，增长81.1%，商品房屋销售额50.37亿元，增长102.5%。

五、国内贸易

全年社会消费品零售总额257.8亿元，比上年增长12.9%。分城乡看，城镇消费品零售额164.95亿元，增长12.2%；乡村消费品零售额92.86亿元，增长14.0%。分行业看，批发和零售业零售额235.56亿元，增长11.8%；住宿和餐饮业零售额22.25亿元，增长25.6%。

表5　　如皋市限额以上批发和零售业零售额分类情况

指　标	零售额(亿元)	比上年增长(%)
食品、饮料、烟酒类	6.63	4.5
服装鞋帽、针、纺织品类	3.53	-
家用电器及音像器材类	4.48	5.3
汽车类	17.74	29.4
石油及制品类	15.88	9.5
家具类	0.15	4

续表5

指　　标	零售额(亿元)	比上年增长(%)
日用品类	1.22	–23.4
化妆品类	0.5	–6.5
金银珠宝类	2.17	21.2
书报杂志类	1.0	3.0

年末,全市拥有亿元市场12个,亿元市场年成交额123.4亿元,增长16.6%。

六、开放型经济

外向型经济难中求进。全年新批外资投资项目50个,其中超千万美元项目27个,超5000万美元项目5个,超亿美元项目2个。全年完成工商注册外资7.24亿美元,下降27.9%;实际到账外资2.52亿美元,增长1.01%;对外贸易平稳发展。全年完成进出口总值31.54亿美元,下降12.1%,其中自营出口总额23.72亿美元,与上年持平。出口超千万美元的企业37家;出口贸易总值中,机电产品出口8.83亿美元,下降4.1%;纺织品出口4.8亿美元,增长18.0%;化工产品出口3.0亿美元,增长34.1%。

表6　**如皋市进出口贸易主要方式分类情况**

指　　标	总量(亿美元)	比上年增长(%)
进出口总值	31.54	–12.1
出口	23.72	–
其中:一般贸易	11.93	14.7
加工贸易	10.35	–19.2
进口	7.82	–35.7
其中:一般贸易	3.41	–17.5
加工贸易	2.29	–24.8

年末与我市建立进出口贸易关系的国家和地区144个。

表7　**如皋市进出口贸易主要市场情况**

国家和地区	出口总值(亿美元)	比上年增长(%)	进口总值(亿美元)	比上年增长(%)
日本	4.53	15.7	0.62	–33.9
新加坡	3.60	–28.0	0.04	–88.7
美国	2.59	5.7	0.79	4.0
马尔绍群岛	2.25	–	–	–
韩国	1.96	138.3	1.85	36.5
德国	0.43	–13.9	0.16	–21.9
荷兰	0.49	–24.5	0.84	–67.1
法国	0.34	–21.9	0.23	0.7
东盟组织	4.51	–19.0	2.16	–38.2
欧盟组织	3.74	–17.1	1.50	–60.4

全年完成对外劳务营业额2.01亿美元,下降22.9%,当年新派对外劳务人员3086人,年末在外人员7272人。

七、交通、邮电和电力

全年交通运输、仓储及邮政业增加值34.64亿元,比去年增长14.5%,全年公路客运量989万人次,旅客周转量82056万人公里;公路货运量2954.2万吨,货物周转量205508万吨公里;水路货运量653.1万吨公里,货物周转量125817万吨公里。港口完成货物吞吐量3033万吨。交通设施建设进一步加快,全年完成交通建设投入15亿元,完成农村等级公路156公里,改造危桥100座。城乡客运协调发展,全年新建镇村客运站台46个,城区投入新能源公交车20辆,农村投放清洁能源客车15辆。

全年邮政业务收入1.86亿元,电信业务收入9.1亿元。年末,全市固定电话用户31万户,移动电话用户100.5万户,互联网宽带接入用户34.1万户。

全年用电量45.38亿千瓦时,比去年增长6.1%,其中,农业用电量6885万千瓦时,增长13.1%;工业用电量317013万千瓦时,增长2.2%;建筑业用电量10028万千瓦时,增长1.2%;城乡居民生活用电量77432万千瓦时,增长19.4%。

八、财政、金融和保险业

全年财政总收入146.4亿元,增长13.4%,其中公共财政预算收入60.13亿元,增长12.2%。全年财政总支出140.48亿元,增长18.8%,其中地方公共财政预算支出80.32亿元,增长17.8%。

年末,金融系统本外币各项存款余额771.12亿元,增长13.6%,其中城乡居民储蓄存款余额507.48亿元,增长16.1%;年末,金融系统贷款余额456.75亿元,增长24.2%,其中短期贷款余额235.96亿元,增长19.3%,中长期贷款余额189.77亿元,增长28.2%。年末,保险机构工商注册登记34家。全年中保财产保险保费收入25953万元,赔款及给付14053万元;中国人寿保险保费收入69553万元,赔款及给付25772万元。

九、科学技术和教育

科技工作取得新成就。全年专利申请量3430件,其中发明专利1597件;专项授权1547件。全年申报各级各类科技项目621项,获得立项392项,获各级扶持资金3532万元。全年有28项科技成果获国家及省市科技进步奖,其中省级三等奖2项,南通市级一等奖2项,二等奖10项,三等奖14项。全年新增省外资研发机构3家,省级工程技术研究中心2家,省研究生工作站10家。2013年,如皋建成国家科技进步先进市,国家知识产权试点市。

全市共有普通中学31所,在校学生49725人;职业中学2所,在校学生10939人;小学54所,在校学生62223人;幼儿园56所,在园儿童29094人。年末,教职工总人数9578人,其中专任教师8770人。

十、文化、卫生和体育

全市共有文化产业法人单位1320家,从业人员4.01万人。登记在册民营演出团体119个。年末累计建成农村乡镇文化站14家,"农家书屋"332家。拥有公共图书馆2家、各类博物馆纪念馆17家、各级文物保护单位45处,其中,全国重点文物保护单位2处,省级文物保护单位4处,南通市级文物保护单位4处。拥有省级非物质文化遗产9项,南通市级非物质文化遗产22项。

全年广播人口综合覆盖率和电视人口综合覆盖率均达到100%。全市新增数字电视用户0.98万户,年末数字电视用户33.5万户,占总户数比重达95.7%。

年末全市共有医院、卫生院65个,妇幼保健所1个,疾病预防控制中心1个。全市拥有医院和卫生院床位数5277个,卫生技术人员5533人,其中执业(助理)医师3240人,注册护士2240人。巩固完善新农合政策,全市共有100.13万人参加合作医疗,参合率达100%;农村自来水普及率98%。全市共建成社区卫生服务中心3个,社区卫生服务站368个,行政村居覆盖率100%。

全年成功承办1项国际体育赛事,2项全国体育赛事,6项省级体育赛事,6项南通市体育赛事。全市新增晨晚练健身点25个,全市全民健身活动参与群众超过81万人次,体育彩票全年销售额达15561万元。

十一、人民生活和社会保障

据城、乡居民抽样调查数据显示,全年城镇居民人均可支配收入28611元,比上年增长10.0%。全年城镇居民人均消费性支出17716元,比上年增长11.5%。年末全市城镇居民人均住房建筑面积47.3平方米。

表 8 **如皋市城镇居民人均消费支出情况**

指　标	人均消费支出(元)	比上年增长(%)
食　品	6005	10.5
衣　着	1928	10.8
居　住	1420	14.2
家庭设备用品及服务	1242	5.4
医疗保健	771	2.3
交通与通信	2626	25.0
娱乐、教育、文化服务	3298	9.4
杂项商品与服务	42	1.

表 9 **如皋市城镇居民家庭每百户耐用消费品拥有量**

消费品名称	计量单位	拥有量	比上年增长(%)
洗衣机	台	118	1.7
电冰箱	台	116	–
微波炉	台	108	1.9
空调器	台	199	0.5
固定电话	部	90	–11.8
移动电话	部	228	0.4
家用电脑	台	105	5.0
家用汽车	辆	35	20.7

全年农村居民人均纯收入 13004 元，比上年增长 11.5%；人均生活消费支出 9455 元，比上年增长 15.8%。年末农村居民人均住房面积 51.9 平方米。

表 10 **如皋市农村居民人均消费支出情况**

指　标	人均消费支出(元	比上年增长(%)
食　品	3064	13.5
衣　着	591	12.3
居　住	1127	18.9
家庭设备用品及服务	608	16.5
交通通讯	1457	24.5
文教娱乐用品及服务	1758	15.1
医疗保健	626	10.8
其他商品和服务	224	8.7

表 11 **如皋市农村居民家庭每百户耐用消费品拥有量**

消费品名称	计量单位	拥有量	比上年增长(%)
彩色电视机	台	168	4.3
电冰箱	台	102	10.9
摩托车	辆	78	14.7
固定电话机	部	88	–3.3
移动电话	部	241	10.6
家用计算机	台	56	1.8
空调机	台	109	39.7
热水器	台	101	4.1
家庭汽车	辆	36	80.0

年末全市拥有各类养老机构24家，总床位数6332张；年末全市农村拥有敬老院26家，床位9175张。在全市农村4603名五保对象中，有2134人实行了集中供养，集中供养率达46.4%。全年婚姻登记12956对。

年末全市参加企业职工养老保险人数达14.94万人，比上年增加0.77万人；参加城镇职工基本医疗保险人数15.08万人，比上年增加1.06万人；参加失业保险人数13.24万人，比上年增加0.53万人。年末，城镇登记失业人数4957人，城镇登记失业率2.86%。

十二、城镇建设和环境保护

城市建设扎实推进。全年累计完成城市建设投入122亿元，其中，市政基础设施投入15.8亿元。全年新开工房地产面积155万平方米，竣工98万平方米，新开工建设安置房70万平方米，竣工63万平方米；全年新增道路40公里，新增绿化面积65万平方米，城市绿化覆盖率40.5%；全年新增公共自行车投放点16处，投放自行车600辆；年末共有道路灯具2.5万盏，城市亮化率98.0%；新增燃气管道198公里，新增用户1.44万户，年供气量达7850万立方米；全年新增自来水管网61.3公里，自来水日供水能力20万吨；生活垃圾无害化处理率100%。

全市环境质量保持稳定。全市空气主要污染物年平均值为：二氧化硫0.021毫克/立方米，二氧化氮0.027毫克/立方米，可吸入颗粒物(PM10)0.084毫克/立方米，各项指标均符合国家空气质量二级标准；全年空气污染指数达到良好以上的天数达332天，占全年天数91.0%；全市主要河流水质基本符合相应功能区水质标准，饮用水源地水质达标率100%。区域环境噪声平均值白天为55.8分贝、夜间为45.4分贝，交通干线噪声加权平均等效声级为白天64.2分贝、夜间53.8分贝，符合国家环境噪声质量标准。

注：本公报部分数据为快报数据。

2013年如皋市环境状况公报

2014年6月5日

根据《中华人民共和国环境保护法》《江苏省环境保护条例》和江苏省环境保护厅《关于定期发布地方环境状况公报的通知》的规定，现发布2013年度如皋市环境状况公报。

综　述

2013年，我市环境保护工作紧紧围绕全市各项工作目标，突出生态文明建设主题，积极创建环保模范城市和生态文明城市，以改善环境质量为根本，全面加强环保基础设施建设和能力建设，着力加强农村环境综合整治，不断强化污染治理和环境监管，打击各类环境违法行为，全市主要污染物排放总量和强度继续下降，环境质量总体保持稳定，环境安全得到保障，为全市经济社会健康发展提供了有力的环境支持。

一、环境质量。

(一)水环境。

2013年，全市地表水环境质量总体处于轻度污染。依据《地表水环境质量标准》(GB3838-2002)评价的12个断面中，Ⅲ类水质断面占66.7%，Ⅳ类水质断面各占33.3%，与上年相比有所改善。集中式饮用水源地水质优良。

1. 饮用水源地。集中式水源地和备用水源地水质均符合《地表水环境质量标准》(GB3838-2002)Ⅲ类水质标准的指标要求，水质状况为良好。其中，区域供水水源水自动监测所测8项规指标符合Ⅱ类水质标准，水质状况为优。2013年，集中式饮用水源地和备用水源地为Ⅲ类水质，与上年相比水质无明显变化。

2. 地表水。2013年，我市内河地表水水质以贯通全境的如泰运河、通扬运河、如海运河、焦港运河四条主要河流如皋段水质为代表，我市内河地表水总体水质为轻度污染，Ⅰ~Ⅲ类水质断面占比62.5%，Ⅳ类水质断面占比37.5%，各断面均达到功能区水质标准,综合达标率与上年持平。

3. 地下水。2013年我市地下水总体符合《地下水环境质量》(GB/T14848-93)Ⅳ类标准，综合评价分值为4.29，水质级别为较差(Ⅰ类)，与上年相比无明显变化。

4. 废水和主要污染物排放量。2013年，全市工业用水总量为23587.56万吨，其中新鲜用水量4603.75万吨，重复用水量18983.81万吨。工业废水排放总量为3683万吨。工业废水中主要污染物化学耗氧量排放量为6152.4吨。城市生活污水排放量1388万吨。

(二)空气环境。

2013年，全市环境空气质量总体较好，与上年持平，二氧化硫、二氧化氮和可吸入颗粒物三项主要污染物平均值均达到《环境空气质量标准》(GB3095-1996)二级标准。

1. 城市环境空气。2013年，我市环境空气中二氧化硫、二氧化氮和可吸入颗粒物(PM10)年平均值分别为每立方米22、27和84毫克，自然降尘浓度年均值为6.7吨/平方公里·月。与上年相比，我市环境空气中二氧化硫、二氧化氮基本持平，降尘年均值均有所上升，可吸入颗粒物(PM10)年均值有所下降。对照《环境空气质量标准/GB3095-1996》中二级标准，全市二氧化硫、二氧化氮年均值、24小时平均第98百分位数、24小时平均值均达标；全市可吸入颗粒物(PM10)年均值达标，24小时平均第95百分位数为175微克/立方米，超标0.17倍，24小时平均值最大值超标0.7倍，达标天数333天，达标率91.2%。

对照《环境空气质量标准/GB3095-2012》中二级标准,全市二氧化硫、二氧化氮年均值、24 小时平均第 98 百分位数、24 小时平均值均达标;全市可吸入颗粒物(PM10)年均值超标 0.2 倍,24 小时平均第 95 百分位数为 175 微克/立方米,超标 0.17 倍,24 小时平均值最大值超标 0.7 倍,达标天数 333 天,达标率 91.2%。

2. 酸雨。2013 年降水 pH 均值为 6.09,总体呈弱酸性,与上年相比上升 0.52,酸雨频率 6.7%,酸雨频率较上年下降 8.2 个百分点,降水中致酸物质以硫酸盐为主。

3. 废气和主要废气污染物排放量。2013 年,全市工业废气排放量为 2695413 万标立方米,二氧化硫排放量为 6956 吨,烟(粉)尘排放量为 8070 吨,与 2012 年相比,废气量及主要废气污染物排放量略有增加。

(三)声环境。

全市声环境质量总体较好,区域噪声等效声级基本维持在上年水平,功能区噪声达标率略有提高,但部分城市道路交通噪声等效声级有不同程度的上升。

1. 区域环境噪声。2013 年,市区区域环境噪声总体平均值昼间为 55.8 分贝,夜间为 45.4 分贝,总体平均等级为三级(一般)。各测点噪声值范围:昼间为 50.5 分贝至 70.8 分贝,超标率为 6.3%。夜间为 40.5 分贝至 60.3 分贝,超标率为 7.9%。影响区域环境噪声的主要声源为社会生活噪声,占 57.1%,区域环境噪声等级为“差”的区域和超过相应功能区标准的区域主要分布交通干线两侧、主要商业集中区域和人流量较大区域。与 2012 年相比,区域声环境的声源结构和声源强度均无明显变化。

2. 道路交通噪声。2013 年,我市道路交通噪声平均值昼间为 64.2 分贝,夜间为 53.8 分贝,强度等级均为一级(好)。昼间各路段测点噪声值范围为 55.0 分贝至 72.5 分贝,超标路段长度 2317 米,占总路段长度的 6.9%。夜间各路段测点噪声值范围为 46.5 分贝至 59.9 分贝,超标路段长度 11789 米,占总路段长度的 35.2%。昼间道路交通噪声环境质量最差的路段为仁寿路,最好的为李渔路和大司马路,夜间最差的为庆余路,最好的为慧政路。

3. 功能区噪声。全市声环境功能区划分为 1 类区(居住、文教机关区)、2 类声环境功能区(居住、商业、工业混杂区)、3 类声环境功能区(工业区)和 4 类声环境功能区(交通干线两侧区域)。依据国家《声环境质量标准》(GB3096-2008) 评价,全市各功能区昼、夜间等效声级均符合《声环境质量标准》(GB3096-2008)相应功能区标准,功能区噪声达标为 100%。

(四)固体废物。

2013 年,全市工业固体废物产生量为 40.6 万吨(其中危险废物产生量为 0.895 万吨),工业废物综合利用量 39.367 万吨,处理量为 1.233 万吨。工业固体废物产生量比上年略有减少。到 2013 年年底,全市共有城镇污水处理厂 22 座,实际处理污水量 10.18 万吨/天,日产生污泥量 50.9 吨。污泥规范化处置率达到 100%。

二、保障措施。

(一)日常环境监管。2013 年,环保部门接受项目申报登记 269 个,审批环评报告表 131 个,审批环评报告书 16 份。对要求执行“三同时”的建设项目及时进行监督检查。认真履行试生产核准和竣工验收程序,全年共计完成环保竣工验收 91 个项目,新增废水处理能力达 4500 吨/日,“三同时”投资近 1 亿元。开展了肠衣、化工、印染、重金属、畜禽养殖和危险固体废弃物环境专项整治,在各专项整治中,共出动现场环境监察 4300 多人次,检查污染源 1800 多厂次,对行政处罚事项未履行到位的 7 家企业进行了环保后督察,对上级环保部门下达的 24 个纠违事项进行后续督查,对 35 起环境违法行为进行立案查处,对情节严重的 32 起实施行政处罚。

(二)主要污染物减排。2013 年,按计划全面完成两大污水处理厂的污水增量工程、如皋钢铁有限公司和双钱轮胎的污水闭路循环工程,关闭三家企业及 10 家规模化养殖污染防治的减排工程,实现化学需氧量、氨氮、二氧化硫和氮氧化物削减量分别为 2402 吨、210 吨、104 吨和 60 吨。结合农村环境连片整治示范县(市)建设,全市建成一批畜禽养殖粪便处理中心、农村小型生活污水集中处理设施及其配套管网,为工程性减排进一步拓展了空间。

(三)化工园区及涉重行业整治。组织开展了以治理恶臭污染为重点的新一轮化工园区专项整治工作,园区及周边地区42家化工企业全部制定了详细的整治方案,目前,整治工作已基本完成,化工气味已有较为明显的下降,由此引起的环境信访量也大幅度减少。切实开展重金属专项整治,制定了电镀行业整治工作实施方案。

(四)重点企业清洁生产审核。2013年,通过召开清洁生产审核工作推进会,出台考核奖惩措施,明确工作责任和时间节点。全年共有15家企业全部完成审核工作。

(五)农村连片整治有序推进。建成农村小型生活污水集中处理设施30个，20个自然村实施了截污纳管工程，建成配套管网21公里；建成畜禽粪便处理中心3座，配套蓄粪池404个，垃圾渗滤液运送车2辆，吸粪车9辆；配置垃圾房（池）964座，垃圾集中转运点70处，垃圾集运车77辆、保洁车780辆。

(六)环境监管能力进一步增强。认真开展环境质量例行监测,对14家水气国控源实施监督和比对监测,对100多家主要污染源开展监督性监测,组织开展了以说清化工、电镀、印染、肠衣等典型污染源排放状况为主要内容的环境监测专项行动。新建一套噪声自动监测系统,对大气采样器、顶空进样器、流动注射器、原子荧光等常规采样、分析仪器设备进行更新,大大提升硬件装备水平。

(七)强化环境宣传教育。2013年,环保部门组织开展“生态如皋 你我同行　美丽如皋 共建共享——如皋市纪念六五世界环境日环保知识暨法律法规宣传咨询”、生态如皋百题知识竞赛、生态文明主题摄影大赛、送环保知识进社区等活动。与相关部门、公益组织联合开展“生态文明与我同行”学生实地参观同源污水处理厂活动,举办顺风车公益巡游仪式,编制以案说法手册,对企业人员进行环保法律法规培训。通过一系列活动的开展,增强全民环境意识,普及环保知识,传播环保理念,在全市营造了生态文明建设的浓烈氛围。

先进荣誉

XianJin RongYu

国际级荣誉

5 月 21 日

2014 年青岛世界园艺博览会盆景(国际)竞赛颁奖典礼上,如皋市选送的“跃龙门”获金奖,“横空出世论英雄”获银奖,“七贤图”、“荣辱与共”获铜奖,“如皋如歌”等 6 件盆景获优秀奖,获奖总数全国第一。

7 月 28 日~8 月 5 日

2014 年世界跳绳锦标赛在香港举行,白蒲小学花样跳绳队代表中国参赛,一举夺得首个世锦赛花样跳绳金牌。

8 月 18~21 日

第九届香港国际武术比赛中,如皋市老年体协养生太极拳代表队一行 7 人参加了 6 个组别的比赛,包揽六项金奖,一举获得集体和 5 个单项比赛的金奖。它们分别为:集体项目《长寿之乡原地养生太极拳》,杨松嵩的男子 MF3 组《长寿之乡原地养生太极拳》,赵文壁的女子 FF1 组木兰双剑,陈秋萍的女子 FF1 组陈式太极新架一路,刘双俊的男子组 MF5 组十六式太极拳,MF5 组《长寿之乡原地养生太极拳》。

10 月 1 日

在 2014 仁川亚运会田径女子 400 米栏决赛中,如皋籍女运动员、全运会冠军肖霞以 56 秒 59 的成绩获得季军,为中国队喜添一枚铜牌。

10 月 10~13 日

“2014 第九届上海国际休闲水族展览会”和“2014 北京·金鱼锦鲤大赛”上,如皋市金鱼分别夺取 8 个单项奖和 1 个冠军。其中张俊、施伯林选送的十二红、十二黑、红头红白、双灯照雪、红白花、银鳞五花六种蝶尾金鱼囊括蝶尾组金鱼全部奖项,养殖户王振中选送的五花虎头、黑色黄冠珍珠分别荣获虎头组、珠鳞组奖项。张俊选送参赛的蝶尾金鱼夺得金鱼组蝶尾组冠军。

11 月 22 日

由中国发明协会、发明者协会国际联合会共同主办的第八届国际发明展览会落下帷幕,如皋市有 8 家企业的 17 个专利项目参展。除神马电力的空心复合绝缘子项目获得金奖外,还有 3 个项目获得银奖,6 个项目获得铜奖,获奖数位居南通前列。

11 月 24~27 日

第四届“孤山证印”西泠印社国际印学峰会在杭州召开。皋城学者刘聪泉的东皋印学论文《黄经考辨》经过三轮评选获得三等奖。这是南通地区在印学研究史上的首次重要突破。

国家级荣誉

1 月 10 日

“两系法杂交水稻技术”获颁 2013 年国家科学技术奖特等奖。在 50 个获奖人名单中如皋籍科学家石明松仅次于袁隆平,位列第二。

1 月 13 日

《如皋日报》报道,如皋市江海技工学校老师缪建军被评为“全国素质教育先进工作者”。

1 月 21 日

如皋市委新闻网报道,“如皋白萝卜”29 类新鲜萝卜、31 类萝卜干两件地理标志证明商标获准注册,有效期分别自 2014 年 1 月 7 日至 2024 年 1 月 6 日、2013 年 12 月 28 日至 2023 年 12 月 27 日。

1 月 28 日

由中央文明办主办、中国文明网承办的“我推荐、我评议身边好人”活动中,如皋民警戴红梅当选“孝老爱亲”类中国好人。

1 月 29 日

如皋市检察院蝉联 2010~2012 年度“全国文明接待示范窗口”荣誉称号。

2 月 17 日

如皋农业信息网报道,第七批全国农业标准化示范区《如皋市生猪生态建康养殖标准化示范区》项目通过国家标准委委托江苏省质量技术监督局组织的验收，成为国家级农业标准化示范区。

3月23日

中澳友谊小天使邹帼获得“2014年度中国小童星最美心灵奖”。

4月27日

如皋市肠衣同业商会申报的集体商标——如皋肠衣城图形商标，正式领取商标注册证，成为全国唯一一件肠衣行业集体商标。

5月15日

全国妇联在北京举行“最美家庭”揭晓暨五好文明家庭表彰会，由市妇联推荐的姜峰家庭获评全国“最美家庭”提名奖，受到通报表彰。

6月4日

在第三届中国富硒生态产业发展高峰论坛暨中国十大“富硒榜”颁奖大会上，市康寿食品厂生产的“平康牌”富硒“五谷杂粮”荣获“中国健康保健富硒产品”金奖。

6月28~30日

第八届全国大学生村官论坛在浙江省东阳市花园村举行，如皋市大学生村官、经济技术开发区(城北街道)鹿门社区党总支书记王钰崧荣获演讲比赛第一名。

7月23日

中国城市竞争力研究会在香港发布“2014中国城市分类优势排行榜”，全国有30个县级城市被列入“2014中国最具幸福感县级城市”排行榜，如皋市以89.9分位列排行榜第10。

7月31日

住房城乡建设部、国家发展改革委、财政部、国土资源部等部门联合开展的全国重点镇评选活动结束，如皋市白蒲镇、搬经镇获此殊荣。

8月16日

第三届“中国城市公益慈善指数”发布典礼在北京举行，“中国城市公益慈善百强榜”揭晓，全国109个城市入围百强榜，如皋市榜上有名。

8月18日

“2014中国民营企业500强”发布会在北京召开，江苏南通六建建设集团和江苏江中集团再次上榜。

8月20~22日

由国家体育总局田径运动管理中心主办的全国少年(14~15岁)田径锦标赛在山东省潍坊市举行。如皋市少年体育学校学生取得铁饼全国银牌、铅球全国铜牌的好成绩。

8月22日

司法部发文追授原如皋市江安镇司法所所长刘荣贵全国司法行政系统一级英模荣誉称号。

9月3日

中华慈善总会授予如皋市慈善基金会理事长周宝生“中华慈善突出贡献(个人)奖”。

9月19日

中民慈善捐助信息中心在深圳第三届慈展会上发布《2014年度中国慈善透明报告》。如皋市慈善基金会再次荣膺“卓越组织”称号。

10月17日

中国社科院《2014年中国中小城市绿皮书》发布了2014年中国百强县市排行榜。如皋市列第31位。

10月27日

中国老科协科普工作经验交流会在北京中国科技会堂召开。如皋市老科协被评为“全国优秀科普报告团”，荣获三等奖。

10月28日

中宣部对全国12个基层理论宣讲先进集体和12位基层理论宣讲先进个人进行了表彰，如皋市委宣传部副部长、文广新局局长姚呈明荣获先进个人。

11月1日

社会智库中郡研究所发布第十四届全国县域经济与县域基本竞争力百强县名单，南通5县市全部上榜，如皋市列第28位。

11月11日

第四批国家级非物质文化遗产代表性项目名录揭晓，如皋市的盆景技艺（如皋盆景）入选国家级非物质文化遗产代表性项目名录（扩展项目传统美术类名录）。

11月18日

受国家档案局委托，由省档案局副局长项瑞荃带队的测评组对如皋市档案馆国家二级档案馆创建工作进行测评验收。如皋市档案馆最终以89.8分的高分，顺利通过测评验收。

12月3日

如皋市工商局透露，如皋市江苏力星钢球股份有限公司持有的“力星”、江苏元升太阳能集团有限公司持有的“元升”、江苏奇鹰电线电缆有限公司持有的“奇鹰”三件商标，被认定为中国驰名商标。至此，如皋市已累计拥有中国驰名商标5件。

12月12日

△如皋市档案馆被国家档案局正式批准为国家二级档案馆。

△由中国国家知识产权局和世界知识产权组织共同主办的第十六届中国专利奖颁奖大会在北京举行。如皋市南通星球石墨设备有限公司的“一种副产高压蒸汽二合一石墨合成炉”获得中国专利奖优秀奖，实现了如皋市中国专利奖零的突破。

12月17日

福布斯中文版发布了2014年中国大陆最佳县级城市榜，在由30个城市组成的榜单上，江苏省有10个城市入选，南通地区上榜的有如皋和海门，分别位列第19位和第21位。

12 月 18 日

文化部、人力资源社会保障部公布了全国文化先进单位(文化先进县、市、区)表彰名单,如皋市榜上有名,荣获“全国文化先进县”称号。

12 月 24 日

如皋市科协组织开展的“‘科协杯’一站到底科普知识挑战赛”活动项目被中国科协评为 2014 年全国科普日优秀特色活动,也是全省唯一一家获此殊荣的县级科协。

省级荣誉

1 月 2 日

新浪江苏权威发布了 2013 年度江苏政务微博各项榜单,如皋政务微博 @ 如皋发布荣获 2013 年度江苏政务微博飞跃奖。如皋市旅游局官方微博 @ 如皋旅游获 2013 年度江苏十大旅游机构微博。

1 月 4 日

如皋市委新闻网报道,如皋市成功通过省卫生厅考核组考核评估,正式成为“江苏省妇幼卫生先进县(市)”。

1 月 26 日

如皋长江大桥被省交通运输厅评为“平安工程”示范工地。

3 月 14 日

江苏省人民政府办公厅公布“江苏省现代农业(渔业)产业园区”名单,如皋市长江现代农业产业园区,成为此次南通地区唯一一家获批的园区。

3 月 17 日

江苏省教育厅发文公布 2013 年普通高中星级评估结果,如皋市搬经中学晋升为江苏省四星级普通高中,如皋市薛窑中学通过江苏省三星级普通高中复审。

3 月 24 日

省国土资源厅办公室公布了 2013 年度全省国土资源系统网站测评结果,如皋市国土局网站以南通第一、全省第四的测评成绩,再次荣获全省县级国土资源优秀网站称号。

3 月 27 日

经省交通运输厅、省物价局等有关领导和专家组成的联合考核组的现场验收评估,如皋市汽车客运站达到一级汽车客运站资质标准。

3 月 31 日

在江苏省红十字第九次会员大会上,如皋市吴窑福康医院院长石学兵被评为省红十字系统优秀志愿者,受到通报表彰。

4 月 17 日

由省绿化委与省林业局编纂的《江苏古树名木》一书正式出版发行,位于如皋市搬经镇芦庄村的南通树王古银杏和九华镇赵园中学的老银杏树入选江苏十大“寿星树”。芦庄古银杏为雄性,树龄 1500 多年,树高 30 米,8.7 米的胸围为江苏之最,树龄为南通最老。赵园中学古银杏,树龄 1300 年,树高 32 米,胸围 6.8 米,主干高 4 米,有 18 个大分枝。

5 月 7 日

《如皋日报》报道,江苏省教育厅发文公布“2011~2012 年度江苏省教育国际合作交流先进学校”评选结果,江苏省如皋中学榜上有名。

5 月 26 日

由江苏省县市报研究会、江苏省县市新闻(信息)中心工作委员会组织的 2013 年度江苏省县市好新闻评选揭晓。经专家组严格评审,如皋市文化广播电视传媒集团《如皋日报》共有 16 件作品获奖,其中 3 件作品获一等奖,创历史最佳成绩。

7 月 4 日

省司法厅决定为江安镇司法所原所长刘荣贵追记个人一等功。

7 月

△江苏省如高高压电器有限公司、江苏思源赫兹互感器有限公司获得“2014 年度企业知识产权管理标准化示范先进单位”荣誉称号。

△如皋市工业园区(如城街道)老南村南郊芋头专业合作社的芋头获得省农业委员会颁发的无公害农产品产地认定证书,有效期为 2014 年 7 月至 2017 年 7 月。

9 月 2 日

如皋档案局(馆)档案宣传工作成绩突出,受到省档案局的肯定,荣获一等奖。

12 月 4 日

江苏“最美法治人物”刘荣贵发布会在市文广传媒集团举行。江安镇司法所原所长刘荣贵 29 年扎根司法行政基层工作,1 月,刘荣贵在工作途中因车祸去世。

12 月 9 日

江苏省考评专家组对如皋市城乡建设档案馆创建省级示范馆目标管理工作进行了考评验收,一致同意如皋市城乡建设档案馆晋升为省级示范城建档案馆。

12 月 11 日

江苏省科学技术厅公布了第四批江苏省创新型试点乡镇名单,如皋市石庄镇榜上有名。

12 月 15 日

如皋市丁堰镇初级中学教师钱永华的教育博客“大海无边”被新浪草根博客平台评为“十大校园名博”。

12 月 16 日

第十一届江苏省“五星工程奖”评奖结果公布,如皋市 5 件作品获奖。“五星工程奖”是江苏省群众文艺的政府最高奖,每两年举办一届。

12 月 18 日

江苏省高院下发表彰决定,如皋法院审委会专职委员、经济开发区法庭庭长顾雪红被授予“江苏优秀法官”称号,并记个人三等功。

12 月 19 日

经过江苏省旅游景区质量等级评定委员会的严格评审,如皋市长江药用植物园、金岛生态园两景区被评定为国家 AAA 级旅游景区。至此,如皋市共有 9 个国家 A 级景区,其中 AAAA 级景区 2 个,AAA 级景区 6 个,AA 级景区 1 个。

12 月 22 日

江苏省价格诚信单位命名表彰暨经验交流会在南京召开,如皋市邮政局被评为“2014 年度江苏省价格诚信单位”。

12 月 25 日

如皋市创建江苏省节水型城市考核通报会透露,经省住建厅、发改委、经信委、环保厅组织的专家组评审,如皋市成功跻身江苏省节水型城市之列。

12 月 27 日

如皋市委新闻网报道,全省首批“水美乡村”创建评选结果揭晓,如皋市江安镇和长江镇(如皋港区)被评为“水美乡镇”,江安镇周庄社区、江安镇陈庄村、白蒲镇朱家桥村、如皋工业园区(如城街道)光华村、长江镇(如皋港区)长青社区、高新区(城南街道)天堡社区、下原镇文庄社区、东陈镇山河社区、丁堰镇刘海村、搬经镇中心社区和磨头镇新港村 11 个村(社区) 被评为“水美乡村”。

12 月 30 日

△在省工商联成立 60 周年纪念大会上,如皋市工商联再次荣获省级先进集体称号,是南通市唯一一家获此殊荣的县(市、区)工商联。

△江苏省住建厅公布了“江苏省城市管理示范路和示范社区”命名名单,如皋市如城街道安定街榜上有名。

南通级荣誉

4 月 28 日

由南通市政府命名表彰的 2011 年以来全市劳动模范和先进工作者名单公布,如皋主要有:

南通市劳动模范

马桂芳(女)　如皋市文广传媒集团办事员
周俊海　江苏江中集团有限公司第七分公司经理
周晓霞(女)　如皋市丁堰纺织有限公司织布挡车工
黄小军　江苏九鼎新材料股份有限公司喷漆车间带班长
黄红军　中国农业银行股份有限公司如皋市支行综合部经理
蔡　珣(女)　如皋大润发商业有限公司理货员
吉桂生　江苏昌昇集团股份有限公司技术副总助理
杨红斌　江苏思源赫兹互感器有限公司系统结构开发科科长
谢竹青　江苏神马电力股份有限公司技术主管
沈明慧　如皋市自来水厂厂长、党总支副书记
倪张根　江苏恒康家居科技股份有限公司董事长
王　辉(女)　如皋市规划建筑设计院有限公司副董事长、副院长
吴晓风　江苏南通六建建设集团有限公司董事、副总经理
周福亮　南通超达机械科技有限公司工会主席
施晓芦(女)　中国工商银行股份有限公司如皋支行行长
陶　进　江苏省电力公司如皋市供电公司纪委书记、工会主席
石红林　江苏标龙建筑有限公司项目经理
李薛俊　江苏力星通用钢球有限公司风电钢球车间主任
沈世新　如皋市邮政局磨头支局邮递员
吴金兰(女)　如皋市长江镇永丰社区农民(粮食种植)
沈晓群(女)　南通市群盛山羊养殖场场主
周学良　如皋市江安镇合作村党总支书记

黄海波　　南通玉兔集团有限公司总经理

南通市先进工作者

李小学(女)	如皋市疾病预防控制中心防疫科科长
刘松海	如皋市水产技术指导站站长
戴圩章	如皋市第一中学校长
杨增富	如皋市文化局综合执法大队大队长
陈璋峰	如皋市搬经镇农业技术服务中心主任
杨　飞	如皋市发展和改革委员会党组书记、主任
徐　娟(女)	南通市如皋地方税务局第六税务分局局长
戴红梅(女)	如皋市公安局迎春派出所副所长

5月29日

南通市团市委、市妇联联合举办“激扬六一·梦想成长”颁奖活动上,如皋市江安小学捐髓救母的学生黄周获得“南通市十佳好孩子”荣誉称号。

9月2日

由南通市委宣传部、市文明办和市教育局联合举办的第五届“感动南通·教育人物(群体)”评选活动结果公布。江安镇滨江初中教师吴红芳榜上有名,是如皋市唯一获此殊荣的老师。

如皋级荣誉

4月28日

如皋市劳动模范表彰暨庆祝“五一”国际劳动节大会召开,如皋市劳动模范名单公布如下:

一、农民及农民工类

沈红霞	女	石庄镇草张庄社区居委会	党总支书记
许　鹏	男	如皋市城南街道明池村	党总支书记
黄永贵	男	如皋市江安镇徐黄社区	党总支书记
王　勇	男	如皋市长江镇二案社区	党总支书记
冒国彬	男	如皋市东陈镇雪洪村	党总支书记
丁邦峰	男	如皋市下原镇花园头村	党总支书记
郝兆军	男	如皋市磨头镇朗张村	党总支书记
徐　龙	男	如皋市城北街道太平社区	党总支书记
谭桂根	男	如皋市根美苗木种植专业合作社	社长
孙永东	男	如皋市苏蒙羊养殖专业合作社	社长
姚长清	男	如皋市万禾生态园	董事长
姚广圣	男	江苏长寿集团如皋广兴米业有限公司	总经理
顾汉青	男	如皋市丁堰纺织有限公司	设备技术员
陈秀萍	女	如皋港物业管理有限公司	管理员
王新建	男	江苏永大化工机械有限公司	铆四班班组长
周志高	男	如皋市中如化工有限公司	车间副主任兼安全员

二、企业职工类

姚建生	男	江苏天南电力器材有限公司	董事长
许春龙	男	南通天龙畜产品有限公司	董事长
曹建国	男	江苏新空间装饰集团有限公司	董事长
杨　亮	男	如皋钢铁有限公司	总经理
宋在付	男	南通诚源港务集团有限公司	董事长
钱淑娟	女	南通星球石墨设备有限公司	董事长
王红莲	女	如皋吉泰服饰有限公司	董事长
朱云庆	男	南通市电站阀门有限公司	总经理
张建明	男	江苏宏景集团有限公司	董事长
朱清平	男	江苏力源金河铸造有限公司	副总经理、工会主席
吴　进	男	如皋市五山漂染有限责任公司	营销部部长
沈百寿	男	江苏江中集团有限公司	财务部经理
徐　琴	女	南通振兴精细化工有限公司	副总经理
毛永锋	男	江苏汤臣汽车零部件有限公司	副总经理
陈仲兴	男	江苏省电力公司如皋市供电公司	经理
王　克	男	中国移动通信集团江苏有限公司如皋分公司	经理
殷春芳	女	江苏博林建设工程有限公司	副总经理
钱海标	男	如皋农村商业银行	行长
季世平	男	江苏力星通用钢球股份有限公司	带班长
张素琴	女	江苏九鼎新材料股份有限公司	生产经理
林　涛	男	江苏恒康家居科技股份有限公司	技术中心副主任
曹圣平	男	百川化工(如皋)有限公司	车间主任
蔡成存	男	南通天泽化工有限公司	中试班班长
李　何	男	南通超达机械科技有限公司	机修组长
汤义祥	男	南通皋鑫科技开发有限公司	部长助理
陈玉华	男	如皋市非标轴承有限公司	研发中心人员
赵桂琴	女	江苏永佳电子材料有限公司	品管部　经理
薛仲逊	男	南通百正电子新材料有限公司	三车间主任
冒静静	女	双钱集团(江苏)轮胎有限公司	仓储主任
薛亚平	女	如皋文峰大世界有限公司	服装部管理员
张小婷	女	如皋大润发商业有限公司	防损部管理员
丁广健	男	南通汽运集团如皋市分公司	驾驶员
缪亚丽	女	中国银行如皋支行	大堂经理

缪如建 男 江苏神马电力股份有限公司 项目主管
沈良健 男 南通皋液液压机有限公司 科研组长
管延敏 男 江苏熔盛重工有限公司 造船事业一部总经理助理
祁文平 男 如皋市华阳铝制品有限公司 技术总工
郭玉林 男 南通国电阀门有限公司 技术部长
薛国华 男 江苏辉业集团有限公司 项目经理
张世军 男 南通戴庄建筑安装工程有限公司 分公司负责人

三、机关、事业类

丁锦龙 男 如皋市建筑工程质量检测中心 主任、书记
徐 华 男 如皋市就业管理处 主任
张捷宏 男 如皋市园林管理处 主任
闾传东 男 如皋市抗震办 主任
许 兵 男 如皋市建筑工程质量监督站 副站长
何 俊 男 如皋市房地产交易监理所 副所长
仲正军 男 如皋市公路管理站 副站长
周小兵 男 如皋市地方海事处 副主任
张玉建 男 如皋市机电排灌站 站长
顾玉祥 男 如皋市焦港闸管理所 副所长
彭兴奎 男 江苏省白蒲高级中学 主任
蒋海燕 女 如皋市实验初中 教师
黄彩华 女 如皋市如城街道卫生所 所长
张孝礼 男 吴庄烈士陵园 工作人员
张建山 男 工人技术考核办公室 工作人员
陈 瑶 女 丁堰镇企业服务中心 主任
冯志刚 男 江苏省如皋第一中等专业学校 校长、书记
郝晓东 男 如皋经济技术开发区(城北街道)党工委副书记、管委会副主任,城北街道党工委书记
卢延林 男 如皋市司法局(矛调中心)局党组副书记、副局长、调处中心常务副主任
陈 骏 男 如皋市市建筑工程管理局 科长
谢仁建 男 如皋市工商行政管理局 磨头分局局长

12 月 12 日

市总工会、科技局、科协召开首届"十佳职工专利发明人"表彰会,授予首届"十佳职工专利发明人""如皋市五一劳动奖章"称号。以下为"十佳职工专利发明人"名单:

丁邦建 男 南通力威机械有限公司
叶喆宏 男 国鼎(南通)管桩有限公司
吕 民 男 双钱集团(江苏)轮胎有限公司
许融明 男 江苏熔盛重工有限公司
吴春江 男 江苏隆昌化工有限公司
李久彬 男 南通田园纺织科技有限公司
陈宝国 男 江苏万达特种轴承有限公司
贲志山 男 江苏力星通用钢球股份有限公司
徐小斌 男 南通泰慕士服装有限公司
崔伯军 男 江苏九鼎新材料有限公司

如皋市 2014 年度"百面红旗"单位名单

工业运行红旗单位

丁堰镇 搬经镇 磨头镇
经济技术开发区(城北街道) 如皋工业园区(如城街道)

项目投入红旗单位

白蒲镇 搬经镇 如皋工业园区(如城街道)
康迪电动汽车江苏有限公司
金东升南通石业股份有限公司
南通润蒲酒业有限公司 江苏永友食品科技有限公司
江苏凌云机床有限公司 百川化工(如皋)有限公司
江苏九鼎新材料股份有限公司
南通天泽化工有限公司
江苏力星通用钢球股份有限公司
南通荣威娱乐用品有限公司

开放型经济红旗单位

长江镇(如皋港区) 如皋工业园区(如城街道)
东陈镇 丁堰镇 白蒲镇 商务局

财政收入红旗单位

如皋工业园区(如城街道) 经济技术开发区(城北街道)

服务业红旗单位

高新区(城南街道) 长江镇(如皋港区)
吴窑镇 白蒲镇 石庄镇 江安镇

科技创新工程红旗单位

如皋工业园区(如城街道)
经济技术开发区(城北街道) 石庄镇
江苏力星通用钢球股份有限公司
南通泰慕士服装有限公司
江苏祥源电气设备有限公司
江苏汤臣汽车零部件有限公司

城镇建设红旗单位

高新区(城南街道) 如皋工业园区(如城街道) 白蒲镇
江安镇 丁堰镇 磨头镇

农业现代化工程推进红旗单位

搬经镇　磨头镇　江安镇
经济技术开发区(城北街道)　科技局　供电公司

建筑业红旗单位

江苏南通六建建设集团有限公司
江苏江中集团有限公司
江苏宏景集团有限公司
南通市戴庄建筑安装工程有限公司
江苏标龙建筑有限公司
江苏元辰安装集团有限公司

党建工作创新红旗单位

如皋工业园区(如城街道)　下原镇　磨头镇　江安镇
组织部　纪委(监察局)　市委办　政府办　交通局　地税局

文化建设红旗单位

如皋工业园区(如城街道)　高新区(城南街道)
江安镇　下原镇　磨头镇　丁堰镇

社会治理工程红旗单位

经济技术开发区(城北街道)　如皋工业园区(如城街道)
磨头镇　丁堰镇　白蒲镇　江安镇

生态文明建设红旗单位

环保局　监察局　教育局　公安局　水务局
高新区(城南街道)　下原镇

2014年度如皋市
文明行业、文明单位、文明镇、文明村、
文明社区名单

文　明　行　业

如皋市邮政系统(城中、城西、柴湾、东陈、丁堰、白蒲、九华、下原、石庄、长江、江安、搬经、磨头支局)

如皋市国家税务系统(第一、第二、第三、第四、第五、第六、第七税务分局,稽查局)

如皋市人民法院系统(法院立案庭,经济开发区、白蒲、石庄、磨头、搬经、港区、高新技术产业开发区人民法庭)

如皋市文化系统(少年儿童图书馆、图书馆、文化馆、博物馆、文化行政综合执法大队)

如皋市财政系统(如皋经济技术开发区、高新技术产业开发区财政分局,长江镇财政和资产管理局,如城街道、东陈、丁堰、白蒲、下原、九华、石庄、吴窑、江安、搬经、磨头镇财政所)

如皋市国土资源系统(土地储备开发中心,勘测院,如城、长江、经济开发区、高新技术产业开发区分局,东陈、磨头、江安、白蒲、九华、石庄、吴窑、下原、丁堰、搬经国土资源所)

如皋市司法系统(法律援助中心,公证处,如一、冠华、金皋、张峰、奔月、敏政、绘园、雉水律师事务所,皋城、正义、丁堰、柴湾、搬经、郭园、长江、方圆、江安、石庄、高明、下原、九华法律服务所)

如皋市公安系统(看守所,巡防、出入境管理、治安管理、交巡警、刑侦、经侦大队,交巡警大队车辆管理所,如城、城东、丁堰、石庄、如皋港、桃园交巡警中队,刑事侦查大队一中队、二中队、三中队,锦绣、丰乐、东陈、雪岸、丁堰、高新区、白蒲、林梓、九华、下原、郭园、石庄、江安、高明、常青、磨头、吴窑、皋南、经济开发区、柴湾、袁桥、如皋港派出所)

如皋市交通运输系统(运输管理处,如港公路磨头收费站,乡镇交通运输综合管理所,南通汽运实业集团有限公司如皋分公司,公路管理站,航道管理站,地方海事处,汽车综合性能检测站,搬经、城北、磨头、石庄、丁堰中心交通管理所)

如皋市地方税务系统(第一、第二、第三、第四、第五、第六、第七税务分局,稽查局)

如皋市烟草专卖系统

如皋市供电系统

如皋工商行政管理系统(如城、城东<丁堰>、如皋港<薛窑>、石庄、搬经、城西、磨头、开发区、白蒲分局)

如皋市民政系统(烈士陵园管理处<红十四军纪念馆>、干休所、婚姻登记处、救助管理站、社会福利中心、公墓管理处、吴庄烈士陵园管理处、殡仪馆、石庄殡仪馆、福彩募捐办、江滨医院、殡葬管理所)

如皋市旅游系统(旅游执法监察大队、旅游质量监督所,南通惠蒲酒店,江苏江中集团宾馆,快乐之旅国际旅行社、扬子国际旅行社,大众旅行社、和谐之旅旅行社)

如皋市住建系统(园林管理处、城市照明管理处、房屋征收管理办公室、建筑工程质量监督站、房地产交易监理所、市政设施管理处、区域供水管理处、城乡建设档案馆、房地产管理处、白蚁防治站、墙体材料改革办公室、规划监察大队、住房保障服务中心、建设工程造价管理处、燃气管理处、政府投资项目工程建设中心、规划建筑设计院、自来水厂、益有管道燃气、城开地产集团)

江苏如皋农村商业银行股份有限公司系统(营业部,城南、如城、大明、中山路、经济开发区、兴隆、软件园、城东、勇敢、如皋港、长庄、白蒲、柴湾、东陈、林梓、夏堡、雪岸、下原、江防、搬经、丁堰、长江、南凌、戴庄、何庄、场北、奚斜、花园、高井、马塘、袁桥、九华、郭园、加力、桃园、常青、丁北、龙舌、高明、新姚、石北、吴窑、葛市、胜利、磨头、石庄、黄市支行)

如皋市环保系统(环境监测站、环境监察大队)

如皋质量技术监督系统(计量检定测试所、产品质量监督检验所、质监局稽查大队)

中国电信股份有限公司如皋分公司系统(如城、庆余路、常青、九华、磨头、中山路、海阳北路、林梓、下原、郭园、东皋、东陈、丁堰、高明、长江、皋南、桃园、雪岸、江安、石庄电信支局)

中国建设银行股份有限公司如皋支行系统(建行营业部,中山西路、北门、东门、长江、东陈、下原、吴窑、通扬、丁堰分理处,白蒲、城中支行)

中国工商银行股份有限公司如皋支行系统(工行营业部,丁堰、白蒲、磨头、九华、长江、石庄、环南、城中、开发区、北大街、皋东支行)

中国农业银行股份有限公司如皋市支行系统(农行营业部,城中、文峰、白蒲、丁堰、九华、磨头、西郊、搬经、如皋港区、开发区、下原、石庄、江安支行,林梓分理处)

中国银行股份有限公司如皋支行系统(中行营业部,百岁、丁堰、东皋、如皋港区、中山西路、海宁、海阳中路、长江路、开发区、西皋、白蒲支行)

中国人寿保险股份有限公司如皋支公司系统

中国移动通信集团江苏有限公司如皋分公司系统(城中、科技城、开发区、石庄、长江、下原、搬经、东陈、九华、丁堰、吴窑、白蒲、磨头、江安支局)

文明镇(区、街道)

经济技术开发区(城北街道) 搬经镇 丁堰镇 下原镇
江安镇 白蒲镇 吴窑镇 长江镇

文 明 单 位

中共如皋市纪律检查委员会(监察局)
中共如皋市委办公室(研究室、机要局、督查室、接待办)
如皋市人大常委会办公室(含各委室)
如皋市人民政府办公室(法制办、机关事务管理局、外侨办、金融办、人防办、应急办、信息中心)
如皋市政协办公室(含五个委员会)
中共如皋市委组织部(市级机关工委、“两新”工委、编办、人才办)
中共如皋市委宣传部(文明办、文联、新闻中心、社科联)
中共如皋市委政法委员会(综治办、依治办、国安办)
中共如皋市委统战部(民宗局、侨联)
中共如皋市委农村工作办公室(市政府农村工作办公室)
中共如皋市委台湾工作办公室
中共如皋市委老干部局
中共如皋市委党史工作办公室(地方志办)
中共如皋市委党校　如皋市档案局(档案馆)
共青团如皋市委员会　如皋市妇女联合会
如皋市科学技术协会　如皋市残疾人联合会
如皋市人民检察院
如皋市发展和改革委员会(经信委、服务业办、中小企业局)
如皋市教育局
如皋市科学技术局(知识产权局、地震局)
如皋市人力资源和社会保障局
如皋市城市管理局(城管行政执法局)
如皋市建筑工程管理局　如皋市水务局
如皋市商务局
如皋市人口和计划生育委员会
如皋市审计局　如皋市统计局
如皋市物价局
如皋市食品药品监督管理局
如皋市信访局　如皋市体育局
如皋市政务中心
如皋市公共资源交易管理办公室(交易中心)
如皋市农业机械管理局
如皋市农业资源开发局
如皋市供销合作总社　如皋市气象局
如皋市港口管理局　如皋市粮食局
如皋市工商联　如皋工业园区
江苏省如皋高新技术产业开发区
如皋新华书店有限责任公司
如皋市农业技术推广中心
如皋市农业行政执法大队
如皋市水产技术指导站　如皋市动物卫生监督所
如皋市蚕桑技术指导站
如皋市农产品质量检验测试中心
如皋市种子管理站
如皋市农村能源技术指导站
如皋市农林科技与信息中心　如皋市家畜改良站
如皋高等师范学校　江苏省如皋中学
江苏省白蒲高级中学　江苏省石庄高级中学
江苏省江安高级中学　如皋市第一中学
如皋市搬经中学　如皋市薛窑中学
如皋市第二中学
江苏省如皋中等专业学校(江苏省如皋职业教育中心校)
江苏省如皋第一中等专业学校(江苏省如皋第一职业高级中学)
如皋市通用技术教育实验学校(如皋市青少年素质教育实践基地)

如皋初级中学
如皋市实验初中
如皋市外国语学校
江苏省如皋师范学校附属小学
如皋市安定小学
如皋市东皋幼儿园
如皋市特殊教育学校
如皋市少年体育学校
如皋市城市管理行政执法大队
如皋市城市管理监督指挥中心
南通市住房公积金管理中心如皋管理部
如皋市劳动就业管理处
如皋市居民社会养老保险基金管理中心
如皋市技工学校
如皋市社会养老保险管理处
如皋市社会医疗保险管理处
如皋市社会保险基金管理中心
如皋市计划生育指导站
如皋市文化广播电视传媒集团
中国人民银行如皋市支行
江苏银行股份有限公司如皋支行
如皋市建筑工程质量检测中心
如皋市建筑安全生产监督站
江苏南通六建建设集团有限公司
江苏宏景集团有限公司
江苏元辰安装集团有限公司
江苏辉业集团有限公司
江苏志鹏建筑安装工程有限公司
江苏苏中设备安装集团有限公司
中华人民共和国如皋海事局
如皋水绘园风景区投资发展有限公司
江苏省沿海高速公路路政支队第四大队
如皋市人民医院
如皋市中医院
如皋市第三人民医院
如皋市第四人民医院
如皋市疾病预防控制中心
如皋市妇幼保健所
如皋市卫生监督所
如皋市红十字血站
如皋市新型农村合作医疗管理委员会办公室
如皋市如城街道卫生所
如皋市城北街道卫生所
如皋市城南街道卫生所
如皋市东陈镇卫生所
如皋市丁堰镇卫生所
如皋市白蒲镇卫生所
如皋市下原镇卫生所
如皋市九华镇卫生所
如皋市石庄镇卫生所
如皋市长江镇卫生所
如皋市江安镇卫生所
如皋市搬经镇卫生所
如皋市磨头镇卫生所
如皋市吴窑镇卫生所
如皋工业园区(如城街道)
如皋工业园区党群工作局
如皋市如城街道社区教育中心
如皋工业园区社会事业局
如皋工业园区经济发展局
如皋工业园区政法和社会管理办公室
如皋工业园区劳动和社会保障局
如皋工业园区规划建设和环境保护局
如皋市如城街道畜牧兽医站
如皋市如城街道实验小学
如皋市如城小学
如皋市如城镇实验幼儿园
如皋市如城镇健康幼儿园
如皋市外国语学校附属幼儿园
江苏九鼎集团有限公司
如皋市如城新民小学
如皋市如城老南小学
如皋市如城街道建设幼儿园
如皋市如城街道安定幼儿园
如皋市西城幼儿园
如皋市花木大世界有限公司
如皋市如城街道大明幼儿园
如皋市如城街道新民中心幼儿园
江苏昌昇集团股份有限公司
南通康比电子有限公司
江苏天南电力器材有限公司
南通市东风特种电线有限公司

长江镇(如皋港区)

如皋市长江镇组织人事和社会保障局
如皋市长江镇农村工作局
如皋市长江镇便民服务中心
如皋市长江镇建设和环境保护局
如皋市长江镇政法和社会管理办公室
如皋市长江镇经济发展和改革局
如皋市长江镇畜牧兽医站
如皋市如皋港闸管理所
如皋市河道堤防管理所
如皋市港城实验学校

如皋市港城实验幼儿园
如皋市长江镇长新小学
如皋市长江镇郭园初级中学
如皋市郭园镇中心幼儿园
如皋市郭园镇车马湖幼儿园
如皋市长江镇新港小学
如皋市长江镇永平幼儿园
如皋市港城实验幼儿园新港分园
南通汤始建华管桩有限公司
江苏昊天投资有限公司
江苏华灿电讯股份有限公司
江苏康恒化工有限公司
江苏宝众宝达药业有限公司
南通杰克拜尼服帽有限公司
江南德瑞斯(南通)船用设备制造有限公司
如皋市港建混凝土有限公司
江苏长生投资集团有限公司
江苏海通海洋工程装备有限公司
江苏融达再生资源加工配送有限公司
南通宝胜化工有限公司
发事达(南通)化工有限公司
百川化工(如皋)有限公司
江苏德峰药业有限公司
如皋市长江镇综合执法局
江苏如皋钢铁有限公司
江苏中伟业通讯设备有限公司
南通新邦化工科技有限公司
江苏隆昌化工有限公司

经济技术开发区(城北街道)
双钱集团(如皋)轮胎有限公司
江苏长寿集团
南通泰慕士服装有限公司
南通锻压设备有限公司
如皋市大昌电子有限公司
江苏金元亚麻有限公司
南通荣威娱乐用品有限公司
南通市腾达锻压机床厂
南通雷成运动休闲服饰有限公司
南通泰尔特服装有限公司
如皋经济技术开发区戴庄幼儿园
如皋市城北初级中学
如皋经济技术开发区袁桥初级中学
如皋经济技术开发区实验幼儿园
如皋经济技术开发区黄蒲幼儿园
如皋经济技术开发区何庄幼儿园
如皋经济技术开发区实验小学
如皋经济技术开发区柴湾小学
如皋经济技术开发区戴庄小学
如皋经济技术开发区何庄小学
如皋经济技术开发区黄蒲小学
如皋经济技术开发区柴湾幼儿园
如皋柴湾医院
如皋戴庄医院
如皋博爱医院
如皋经济技术开发区发展改革局
如皋经济技术开发区农村经济服务中心
如皋经济技术开发区农业服务中心
如皋经济技术开发区建设服务中心
如皋市劳动和社会保障局经济开发区分局
如皋经济技术开发区畜牧兽医站
如皋经济技术开发区水利服务站

高新区(城南街道)
如皋高新区桃园幼儿园
如皋市城南初级中学
江苏先锋信息科技有限公司
如皋高新区新华幼儿园
如皋市城南小学
如皋高新技术产业开发区畜牧兽医站
如皋高新技术产业开发区水利服务站
如皋市城市管理行政执法大队高新区中队
如皋高新技术产业开发区社会事业局
如皋高新技术产业开发区招商发展局
如皋市桃园镇成人教育中心学校
如皋市海桥劳务技术合作有限公司
如皋青软实训软件培训中心

磨头镇
如皋市磨头镇畜牧兽医站
如皋市磨头镇水利站
如皋市磨头镇敬老院
如皋市磨头镇农业服务中心
如皋市磨头镇农村经济服务中心
如皋市磨头镇社会事业服务中心
如皋市磨头镇建设服务中心
如皋市磨头镇企业服务中心
如皋市磨头镇磨头初级中学
如皋市磨头镇大高小学
如皋市磨头镇刘岱小学
如皋市磨头镇中心幼儿园
如皋市磨头镇场北幼儿园
如皋市磨头镇场南幼儿园
如皋市泰雅特针织时装有限公司

南通正虹饲料有限公司
如皋市佳丽纺缝制品有限公司
如皋市花神糖业有限责任公司
南通恒信混凝土有限公司

下原镇

如皋市下原医院
如皋市花园医院
如皋市下原镇中心幼儿园
如皋市下原镇下原小学
如皋市下原镇花园小学
如皋市下原镇下原初级中学
如皋市下原镇水利服务站
如皋市华阳铝制品有限公司
如皋市下原镇山珀小学
南通飞鲸发电设备有限公司
南通锡泰针织时装有限公司
江苏大欣织带有限公司

吴窑镇

江苏江中集团有限公司
如皋市中如化工有限公司
上海三强容器南通有限公司
如皋市丹凤纺织有限公司
如皋市吴窑镇司法所
南通市同济高能焊割气有限公司
如皋市吴窑镇企业服务中心
如皋市吴窑镇建设服务中心
如皋市吴窑镇农村经济服务中心
如皋市吴窑镇农业服务中心
如皋市吴窑镇社会事业服务中心
如皋市吴窑镇水利服务站
如皋市吴窑镇吴窑初级中学
如皋市吴窑镇江中小学
如皋市吴窑镇中心幼儿园
如皋市吴窑镇凤毛小学
如皋市吴窑镇长庄幼儿园
如皋市吴窑福康医院

东陈镇

江苏新空间装饰集团有限公司(南通市新空间幕墙材料制造有限公司)
江苏唯路易实业有限公司
如皋市五山漂染有限责任公司
凯晖皮草科技(南通)有限公司
南通思瑞机器制造有限公司
如皋市东陈镇东陈初级中学
如皋市东陈镇雪岸初级中学
如皋市东陈镇东陈小学
如皋市东陈镇雪岸小学
如皋市东陈镇司法所
如皋市东陈镇中心幼儿园
如皋市东陈镇丁北小学
如皋市东陈镇南凌小学
如皋市东陈镇南凌幼儿园
如皋市东陈镇雪岸幼儿园
如皋市东陈镇丁北幼儿园
如皋市东陈镇农村经济服务中心
如皋市东陈镇农业服务中心
如皋市东陈镇社会事业服务中心
如皋市东陈镇建设服务中心

丁堰镇

如皋市丁堰镇农村经济服务中心
如皋市丁堰镇畜牧兽医站
如皋市丁堰镇敬老院
如皋市丁堰镇幼儿园
中共如皋市丁堰镇委员会党校(如皋市丁堰镇成人教育中心学校)
如皋市丁堰小学
如皋市丁堰镇丁西小学
如皋市丁堰镇初级中学
如皋市西东色织厂有限公司
江苏恒康家居科技股份有限公司
如皋市丁堰纺织有限公司
南通振宇宠物用品有限公司
如皋市丁堰镇企业服务中心
如皋市丁堰镇教育管理中心
江苏涤诺日化集团有限公司
南通天龙畜产品有限公司

白蒲镇

如皋市白蒲镇企业服务中心
如皋市白蒲镇农村经济服务中心
如皋市白蒲镇农业服务中心
如皋市白蒲镇社会事业服务中心
如皋市白蒲镇畜牧兽医站
如皋市白蒲镇幼儿园
如皋市白蒲镇初级中学
如皋市白蒲镇林梓小学
如皋市白蒲小学
如皋市白蒲镇阳光初级中学
南通华东油压科技有限公司
江苏曜彰体育用品有限公司

如皋市南蒲自来水有限公司
南通皋液液压机有限公司

搬经镇
如皋市搬经镇初级中学
如皋市搬经镇常青初级中学
如皋市搬经镇夏堡小学
如皋市搬经镇搬经小学
如皋市高明镇中心幼儿园
如皋市搬经镇阳光幼儿园
如皋市常青镇中心幼儿园
如皋市搬经镇加力小学
如皋高明医院
如皋市搬经镇常青小学
如皋市搬经镇夏堡幼儿园
如皋市搬经镇企业服务中心
如皋市搬经镇城管执法中队
如皋市搬经镇畜牧兽医站
南通市宇强金属制品有限公司
如皋市搬经镇农业技术服务中心
如皋市搬经镇农机服务中心
如皋市搬经镇农村经济服务中心
如皋市搬经镇建设服务中心
南通加力橡塑制品有限公司
如皋市搬经镇人力资源和社会保障服务中心
如皋市搬经镇社会事业服务中心
如皋市搬经镇广播电视服务站
如皋市万通防腐有限公司

九华镇
如皋市九华镇建设服务中心
如皋市九华镇社会事业服务中心
如皋市九华镇农村经济服务中心
如皋市九华镇农业服务中心
江苏永大化工机械有限公司
南通星球石墨设备制造有限公司
如皋市九华镇九华中心初中
如皋市九华镇九华小学
如皋市九华镇中心幼儿园
如皋市九华镇郑甸小学
如皋市九华镇营防小学
如皋市碾砣港闸管理所

石庄镇
如皋市石庄镇社会事业服务中心
如皋市石庄镇农村经济服务中心
如皋市石庄镇建设服务中心
如皋市石庄镇农业服务中心
如皋市石庄镇企业服务中心
如皋市石庄镇水利服务站
如皋市石庄镇畜牧兽医站
如皋市焦港闸管理所
如皋市石庄镇石庄小学
如皋市石庄镇高井小学
如皋市石庄镇中心幼儿园
南通格拉菲特酒店管理有限公司
南通中技桩业有限公司
如皋市江源商品混凝土有限公司
江苏恒祥化工有限责任公司
南通天泽化工有限公司
南通绅宝利工艺服饰有限公司
诚源港务集团有限公司

江安镇
如皋市江安镇社会事业服务中心
如皋市江安镇人力资源和社会保障服务所
如皋市江安镇农业服务中心
如皋市江安镇企业服务中心
南通玉兔集团有限公司
江苏永佳电子材料有限公司
如皋市江安镇司法所
如皋市江安镇中心幼儿园
如皋市江安镇江安小学
如皋市江安镇滨江初级中学
如皋市江安镇黄岱小学
如皋市江安镇葛市幼儿园
如皋市江安镇东燕幼儿园
如皋市江安镇黄市幼儿园
如皋市江安镇葛市小学
如皋市江安镇东燕小学
如皋市江安镇建设服务中心
如皋市江安镇水利服务站
如皋市江安镇农村经济服务中心
如皋市江安镇畜牧兽医站

文明社区

如皋工业园区(如城街道)迎新社区
如皋工业园区(如城街道)花园社区
如皋工业园区(如城街道)宏坝社区
如皋工业园区(如城街道)城南社区
如皋工业园区(如城街道)孔庙社区
如皋工业园区(如城街道)长巷社区
如皋工业园区(如城街道)城东社区

如皋工业园区(如城街道)秀水社区
如皋工业园区(如城街道)红星社区
如皋工业园区(如城街道)蒲行社区
如皋工业园区(如城街道)安定社区
如皋工业园区(如城街道)顾庄社区
如皋工业园区(如城街道)十里社区
长江镇(如皋港区)永丰社区
长江镇(如皋港区)车马湖社区
长江镇(如皋港区)长江社区
长江镇(如皋港区)永平闸社区
长江镇(如皋港区)杨洲社区
长江镇(如皋港区)田桥社区
长江镇(如皋港区)二百亩社区
长江镇(如皋港区)永平社区
长江镇(如皋港区)五零社区
经济技术开发区(城北街道)邓园社区
经济技术开发区(城北街道)陆姚社区
经济技术开发区(城北街道)鹿门社区
经济技术开发区(城北街道)新生社区
经济技术开发区(城北街道)庆余社区
高新区(城南街道)张八里社区
高新区(城南街道)建设社区
高新区(城南街道)宋家桥社区
高新区(城南街道)天堡社区

磨头镇磨头社区	磨头镇邓高社区
磨头镇高庄社区	下原镇沈阳社区
下原镇下原社区	东陈镇双群社区
东陈镇雪岸社区	东陈镇杨庄社区
丁堰镇凤山社区	丁堰镇茄儿园社区
丁堰镇新堰社区	白蒲镇蒲西社区
白蒲镇文著社区	白蒲镇月旦社区
搬经镇湖刘社区	搬经镇群岸社区
搬经镇加马社区	搬经镇谢甸社区
搬经镇中心社区	搬经镇搬东社区
搬经镇朱夏社区	九华镇九华社区
九华镇郭李社区	九华镇郑甸社区
九华镇四圩社区	石庄镇石北社区
石庄镇石庄社区	石庄镇永兴社区

江安镇联络新社区	江安镇周庄社区
江安镇胜利社区	江安镇宁通社区
江安镇中心社区	

文 明 村

如皋工业园区(如城街道)沿河村
如皋工业园区(如城街道)钱长村
如皋工业园区(如城街道)光华村
如皋工业园区(如城街道)老南村
如皋工业园区(如城街道)方庄村
如皋工业园区(如城街道)新官村
长江镇(如皋港区)田王村
长江镇(如皋港区)谢楼村
长江镇(如皋港区)刘胜村
经济技术开发区(城北街道)陆桥村
经济技术开发区(城北街道)平园池村
经济技术开发区(城北街道)天河桥村
经济技术开发区(城北街道)志勇村
经济技术开发区(城北街道)桥港村
经济技术开发区(城北街道)狮垛村
高新区(城南街道)申徐村
高新区(城南街道)明池村

磨头镇场西村	磨头镇顾沈村
磨头镇新港村	下原镇花园头村
下原镇曙光村	吴窑镇龙河村
吴窑镇长庄村	吴窑镇沈徐村
吴窑镇何柳村	东陈镇范桥村
东陈镇蒋宗村	东陈镇尚书村
东陈镇北庄村	丁堰镇赵明村
丁堰镇朝阳村	白蒲镇朱家桥村
白蒲镇邓杨村	搬经镇万富村
搬经镇土山村	搬经镇肖马村
搬经镇晓庄村	搬经镇林上村
九华镇姜元村	九华镇丝渔村
石庄镇唐埠村	江安镇徐柴村
江安镇陈严村	江安镇百新村
江安镇黄庄村	江安镇曹杜村

如皋市浙江商会

市委常委、纪委书记蔡忠调研商会工作

市政协领导班子视察商会工作

商会会长参加市政府在杭州招商会

南通市工商联领导调研商会党建工作

如皋市浙江商会于2005年1月6日成立，如皋市四套班子领导亲自到会祝贺，并发表了重要讲话，对浙江商会的成立给予了充分肯定并对商会运作寄予厚望。商会成立之初会员75家，其中理事21家，副会长9家，投资总额约10亿元，会长由南通金威置业有限公司的黄鸿鸣担任。第二任会长由亿丰商贸城总经理周祖岳担任，第三届会长由南通联合轻纺市场总经理陈大明担任，第四届会长由润科酒店管理有限公司总经理、江苏华粮粮油有限公司董事长陈钦炀担任。如皋的浙商企业现已发展到有限公司196家、外资16家、个体752家，合计964家，总投资人民币约210亿元、美元21.8亿元。

如皋市浙江商会从小到大的发展有目共睹，十多年来浙商在如皋投资的规模越来越大，浙商企业越来越多，现投资在亿元以上的企业20余家、5000万元以上的28家、1000万元以上的48家、500万元以上的63家。浙商企业由原来的100余家发展到现在的近1000家，浙商人员3000多人。人员素质整体得到提高，现商会领导班子成员中有硕士研究生、本科生、专科生12人。现有高级、中级、初级职称8人。为了商会队伍建设与浙商企业的发展相适应，更好地充分发挥浙商在如皋经济建设和招商引资等工作中的作用，树立起浙商的良好形象，市委、市政府、市政协、市工商联领导视察调研商会时都明确指示，要求浙江商会加强商会领导班子建设。要将企业上规模、政治素质好的人员考察加入到商会队伍中，并进入商会的领导班子。不断壮大会员队伍，继续发扬浙商传统的抱团精神，将初具规模且比较优秀的浙商企业通过考察加入到商会中，树立浙商的良好形象。

对要求加入商会的浙商，要进行认真的考察，在确定商会领导班子时，要征求企业所在地相关职能部门的意见。对无违法违规、无黑名单记录的优秀企业，原则上注册资金、投资金额、年营业额其一在亿元以上的可进入常务副会长、5000万元以上的进入副会长、1000万以上的进入理事。新会员加入商会也应认真考察，严格审批程序，把好入会关。

如皋市浙江商会第四届会员大会合影

如皋市商品混凝土商会

会长沙剑为获奖企业颁奖

如皋市商品混凝土商会是以全市的商品混凝土企业及与商品混凝土相关联的检测、建材生产、砂石材料等单位为会员，自愿组成并依法成立的非营利性社会团体。如皋市商品混凝土商会遵循“维权、自律、桥梁、发展、娘家”十字方针，认真贯彻科学发展观和建设和谐社会理论，面向市场，实行资源整合、信息共享、整体联动，为维护会员的合法权益，协调会员间的关系，服务会员的改革与市场开拓事业，提升会员素质，为打造如皋市商品混凝土行业成为南通地区一流的商品混凝土行业服务。

如皋市商品混凝土商会章程共分五个方面：第一章 总则；第二章 职能和任务；第三章 会员；第四章 组织机构和负责人产生、罢免；第五章 资产管理、使用。

职能和任务：

服务会员，宣传政策，协调管理，行业自律，企事业维权，市场开拓，对外交流。

维护会员合法权益，加强与政府有关部门及相关行业间的协调、沟通，协调如皋市商品混凝土生产企业相互之间的关系，促进共同发展，为本行业争取最合适的利益；

会员单位表演文艺节目

进行行业内基本情况调查，开展行业形势分析，收集相关信息，及时为会员提供产业政策、市场信息、经济技术信息、帮助会员单位更好地开拓市场；

制定和推行行业技术标准，开展行业内质量与信誉承诺等活动的评比，协助专业资格的认证，推动本行业健康发展；

宣传贯彻国家有关方针政策和法律法规，制定行规、行约及行业发展规划，规范职业道德，倡导公平竞争，提高行业信誉，并对执行情况进行监督检查；

加强会员之间的联系，组织会员间各种交流活动；规范行业内的竞争行为，协调会员之间的矛盾；开展银企合作、资金融通、政策咨询、培训服务，帮助会员培养所需专业人才；

发展与国内外相关组织的联系，开展多方面的合作和交流。有计划地举办和组织会员参加各种对外对内展销会、交易会，帮助会员开拓市场，打造和培养行业精品品牌；

在会员与市政府相关部门之间发挥重要的桥梁纽带作用，履行好市委、市政府赋予本会的参与权、知情权和监督权，为会员服务，为本地的经济和社会发展服务；

承办政府及有关部门授权与委托事项；

开展符合本会宗旨的其他活动。

如皋市商品混凝土商会 会长：沙剑

如皋市商品混凝土商会 地址：如皋市解放东路3号晟峰软件大楼8楼804

如皋市商品混凝土商会 电话：13813648859

如皋市供电公司

500千伏南通西变电站全景

1000千伏淮南－南京－上海线路工程开工仪式暨基础首基试点

2014年，如皋市供电公司秉承“真诚服务、共谋发展”的理念，大力弘扬“努力超越，追求卓越”的企业精神，以服务推动如皋经济社会发展，高水平完成了全年各项工作。公司全年完成供电量45.28亿千瓦时，连续五年位居南通五县（市）第一；连续10年被表彰为全国“安康杯”竞赛优胜企业；连续14年保持省“文明行业”称号；被国家电网公司命名为“一流县供电企业”。

严管理，安全生产再创佳绩

坚持以“严细实”的作风狠抓安全管理。扎实开展“属地责任落实”“路上杆线清理”“客户隐患治理”“外包安全管理提升”四个专项行动。将主城区22条35千伏以上、78条10千伏和356条400伏电力线路划分为31块，责任落实到公司各部门，任务分解到所有员工，举全员之力开展电力设施保护。强化道路杆线安全隐患整治，在全市范围内排查、整治路上10千伏和400伏电杆、拉线隐患576处。排查并督促客户完成隐患整改300多处，累计为15家客户进行了设备定期预防性试验。

1000千伏淮南－南京－上海线路工程组塔施工

江苏省电力公司副总经理张龙（左三）在如皋调研指导工作

市委书记姜永华带队慰问

截至12月31日，公司实现连续安全生产5891天。

谋发展，加快建设坚强电网

把电网建设作为提升核心竞争力、履行社会责任和树立品牌形象的基础工程来抓，以坚强的电网为如皋经济持续健康、稳定发展提供强有力的支撑。2014年，公司加快“一流配电网”建设，累计新建10千伏架空线路185.63公里、电缆线路14.5公里，新建、增容配电变压器652台。推进农网改造，累计改造、更换配电箱563台、电杆3.1万根，维修400伏线路1280.81公里、接户线836.55公里。500千伏南通西输变电工程、220千伏野树输变电工程建成投运。110千伏郭元输变电工程开工新建。6月18日，1000千伏淮南—南京—上海线路工程江苏段首基线路基础在如皋开工，该线路是目前全球电压等级最高的输电线路。

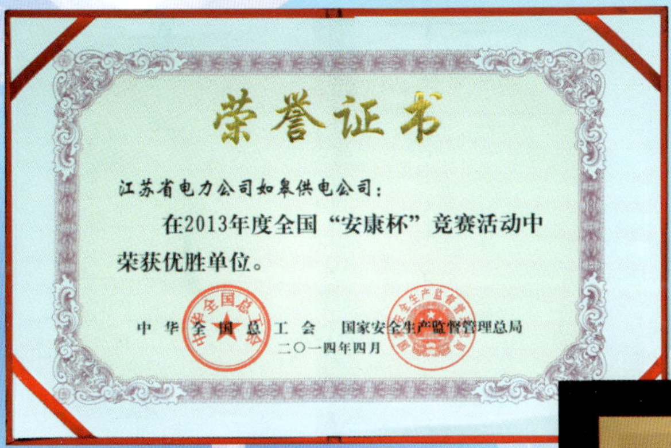

荣誉证书

江苏省电力公司如皋供电公司：

在2013年度全国“安康杯”竞赛活动中荣获优胜单位。

中华全国总工会　国家安全生产监督管理总局

二〇一四年四月

用真情，优质服务再谱新篇

深入开展党的群众路线教育实践活动，引导广大干部员工转变作风、履职奉献，为地方经济发展和人民生活用电提供更优质的服务。公司围绕市政府决策部署，紧盯全市重大工业项目，对电力新装、增容进行全过程的组织、协调、管理和服务。公司领导分工负责，对接各镇（区）、街道，每月召开一次客户工程推进会，实现服务政府、企业项目常态化。公司倾情服务百姓，继续推进老小区电表箱改造工程，2014年投入2179万元，完成了锦绣苑、盛世华庭等10多个小区的改造工作，惠及九万六千多户居民。公司全年累计受理抢修任务4525起、办理市长热线65起，办结率、满意率均为100%。

助环保，全力推进新能源建设

推进、完善如皋电动汽车基础设施建设，在如皋经济开发区开工建设电动汽车充电站一座。大力推广分布式光伏发电项目，年初，如皋首家光伏发电企业南通三江光电科技有限公司成功并网发电，截至年内，分别有4户居民客户和4家发电企业并网发电，发电容量1.21万千瓦。

授予：国网如皋市供电公司

全国“安康杯”竞赛安全文化宣传工作

先进单位

（2014年度）

全国“安康杯”竞赛组委会

二〇一四年十一月

江苏皋能电力实业有限公司

江苏皋能电力实业有限公司，是一家集电力输变电工程施工、设计、安装、电力设备检修调试、35千伏及以下成套电器设备制造、电力物资销售等业务为一体的准集团化企业。该公司具备江苏省电力工程施工总承包三级、电力设施承装（修、试）类三级、房屋建筑工程施工总承包三级、建筑装修装饰工程专业承包和110千伏及以下送变电工程专业三级、电力设计丙级等经营资质，配备有各种大中型机械设备、汽车吊、送变电施工机械和检测检修设备。高、低压及配变电专业人员齐全，特殊工种人员持证上岗率100%。是如皋地区电力工程总承包资质高、实力强、管理规范、质量可靠的龙头企业。

经营管理中，该公司坚守行业“你用电 我用心”的经营理念，紧紧围绕“依法经营、精细管理、立足市场、规范发展”的总体工作思路，坚定“保证质量求生存，确保工期求信誉，严守规章保安全，争创效益求发展”的发展信念，加强领导，统筹谋划，积极作为，优质服务。急客户所急，想客户所想，为客户提供“电保姆”式服务，保证了“大客户回访率、工程验收合格率及合同履约率”三个百分之百。该公司先后获得“省电力系统规范管理先进集体”、“江苏省质量安全信誉AAA电力施工单位”、“江苏省信得过企业（产品）称号”、“江苏省‘重合同守信用’单位”、“南通市消费者满意单位”、“如皋市诚信收费四星级单位”等荣

企业名称：江苏皋能电力实业有限公司
资质等级：电力工程施工总承包　三级
建筑业企业
资质证书
证书编号：A3064832068201
发证机关：
中华人民共和国住房和城乡建设部制
2010年 09月 07日

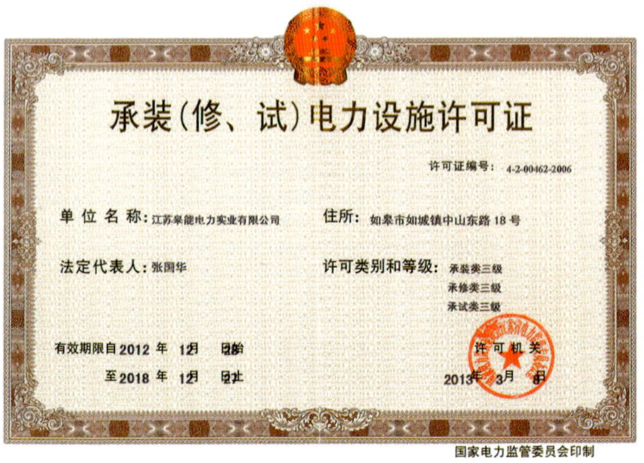
承装（修、试）电力设施许可证
许可证编号：4-2-00462-2006
单位名称：江苏皋能电力实业有限公司
住所：如皋市如城镇中山东路18号
法定代表人：张国华
许可类别和等级：承装类三级
承修类三级
承试类三级
有效期限自2012年12月28日起
至2018年12月27日止
许可机关
2013年3月8日
国家电力监管委员会印制

江苏皋能电力实业有限公司
“皋源”牌高低压配电柜、箱式变电站
江苏省质量信得过企业（产品）
编号：012760
有效期三年
江苏省产品质量监督管理中心
二〇一二年十一月

誉。公司质量、环境、职业健康安全等管理体系连年通过国家公信机构认证；成套电器设备产品通过中国质量CCC和CQC认证。

2014年，该公司在全体员工的精心努力下和广大客户的信任支持下，共签定用户工程合同382份、配网工程1110个项目；生产箱变136台、高压柜12台、环网柜58台、低压柜234台以及分支箱等20台，农网箱27台。圆满完成了110KV兴园至江庄、石庄变至龙河变输电线路工程；110KV学柴781线、学北782线通道调整工程；110KV如顾线32#、35#更换铁塔等大型线路项目。完成了如皋中央商务区35KV金磨线1#–25#架空线改电缆、华东液压、石材园等专线施工。完成110KV鹏鹞变、35KV行政中心变、宝众宝达变、德源高科变、人民医院变、10KV红星美凯龙等17家大用户变电所检修及安装任务；完成了业扩工程360户；配合抢修25次；带电作业工作388个点540次；积极配合政府搬迁安置工程，完成了东平花苑二期、如意花苑、二案花苑等25个小区的配电安装施工；受到政府及广大客户的一致好评。

一直以来，该公司秉承服务地方经济发展为根本宗旨，坚持“以人为本，科技兴企，服务客户，奉献社会”的经营思路，树立“诚信、责任、创新、奉献”的企业价值观，坚持做到“收费合理、工期保证、设备合格、设计专业、质量可靠”，做到以质量占领市场，以服务争取市场，以价格赢得市场，以能力保障市场，切实为政府和广大客户提供了强有力的电力支撑。

江苏元辰安装集团

YUANCHEN GROUP

公司开展内部培训

江苏元辰安装集团有限公司创建于1994年2月，2002年9月公司从江苏南通六建建设集团有限公司中分立，通过实施产权改革、增量扩股等，改制为独立法人的有限公司。2010年12月经省工商部门核准同意，组建了江苏元辰安装集团，其中江苏元辰安装集团有限公司为母公司，集团下辖元辰钢结构、元辰消防、元辰智能环保、元辰传动四个全资子公司，集团注册资本金6818万元。

公司现拥有机电设备安装、消防设施、钢结构工程专业承包一级资质及建筑智能化、环保工程、体育设施工程专业承包三级资质，具有承接设备安装、钢结构、消防、自动控制、工艺管道、供热采暖、通风空调、建筑智能化、环保工程、体育设施等专业施工能力，能独立承担境内、外各类专业工程的综合施工。

公司自创立以来，开源节流、人才集聚、规范管理，企业规模日臻壮大，综合实力逐年增强。公司下辖哈尔滨、长春、北京、太原、济南、南京、

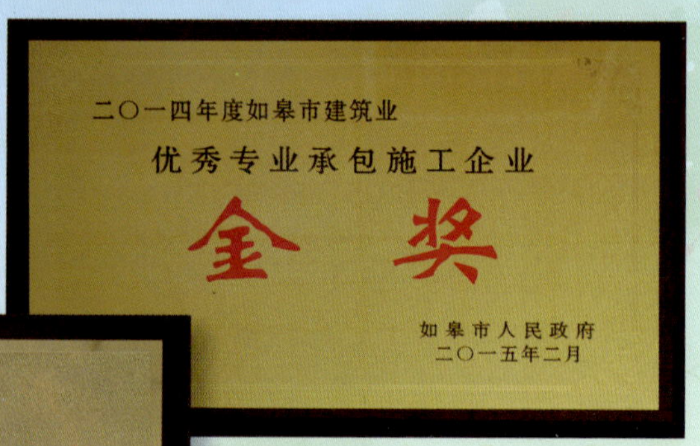

武汉、上海、如城、海外等分公司。公司现有在册施工人数1500余人，拥有各类技术经济人员238人；拥有一级注册建造师近30人，二级注册建造师近20人；操作层均持证上岗，各专业工种配套齐全。

公司一贯注重经营开拓，严格质量管理，在国内诸多市场上享有较高的声誉，业务网点主要分布在东北、环渤海、长三角、珠三角、中东等市场。近几年来，公司承建的代表性工程项目中，大庆油田石油科技博物馆、大庆生态园工程、阿联酋双塔工程分别获2010年、2012年度参建“鲁班奖”和境外“鲁班奖”； 内蒙古农村信用联合社综合楼1号楼工程获2012~2013年度国家优质工程奖；南京和泰大厦、如皋大润发商业广场、吉大一院、无锡会展中心等十多项工程获省优工程称号。

公司不断深化体制改革，培育新的经济增长点，

沈阳新世纪二期

南京西善桥1号楼

南通能达大厦

企业充满生机和活力，在市场竞争中保持了健康快速发展的良好态势，荣获：2010~2014“江苏省安装行业最佳企业”； 2002~2014年“江苏省青年文明号”；2013~2014年“江苏省重合同守信用企业”；2009~2014年“江苏省AAA级资信企业”；2005~2014年“南通市建筑业优秀企业”； 2005~2014年“如皋市建筑业专业承包施工企业金奖”等。

2003年公司通过了《质量管理体系》、《 环境管理体系》、《 职业健康安全管理体系》认证，全面贯彻执行管理体系，奉行“诚信守法、铸造精品；环保安康、和谐发展”的管理方针，取得了丰硕成果。承建的工程合同履约率100%、一次交验合格率100%、对用户承诺的满意度100%、优良品率80%以上，受到业主和当地主管部门的一致好评。

如皋市自来水厂

深入开展廉政教育

2014年，在市委、市政府和市住建局党委的正确领导下，如皋市自来水厂全体干部职工以党的群众路线实践活动为抓手，坚持“以人为本、发展为民”的理念，扎实抓好“转观念、改作风、提效能、强服务、惠民生、促发展”，坚持求真务实、实事求是，认真对照全年工作目标，抓住关键指标，促进供水服务整体工作的提高，为全市打造宜居宜业现代化城市提供有力的供水保障。

2014年城区供水2411万立方米，售水1881万立方米，水质检测数据综合合格率100%。城区新增用户9547户，户表改造1097户。全年完成水质检测23530项次，检测水表12500只。

通过全体干部职工的不懈努力，市自来水厂先后获得了江苏省工人先锋号、南通市治安保卫工作先进集体、如皋市市长公开电话受理承办工作先进集体、行风评议优秀单位等荣誉称号。

通过修订完善各类管理制度，促进供水服务不断提升，企业管理不断规范。一是完善各项企业制度，修订出台了劳动制度、考勤制度、车辆管理制度和差旅费管理制度，不断完善内部制度建设；二是加强考核力度，制定了全厂各部门经济责任考核办法、实施细则和分配方案，充分调动人员工作积极性；三是加强工程招投标管理，完善邀标议标流程，打造阳光平台，实现公平竞争；四是根据省新出台的《居民住宅二次供水工程技术规程》，及时对《如皋市高层生活二次供水设施建设标准》进行补充提高，逐步完善二次供水设施设备管理。

全年投资800多万元，建设和改造各类供水管网约70千米。先后完成了56个工程招议标工作。配合局重点工程完成了供水中心至花市路DN1000供水主管网建设工程铺设，完成了石庄泵站和桃园泵站的3个清水池建设工程，完成备用水源90%工程量。完成了天瑞绿洲、明昊和府、山姆广场住宅小区、中国长寿城、秀水庭三期、如意新城东三区、邓元农改水、万豪臻品、惠民西路外管线、新都国际、育贤益品住宅小区等给水工程。完成了庆余路、健康路、宁海西路、万寿北路等给水改造工程。完成了东皋新村、蒲行苑、陆桥苑、锦绣苑、海北新村等老小区共66幢楼房的室外管线改造工程。完成了皋南新村、庆余新村、新市花苑、开发新村等老小区共35幢1097户的户表改造工程。

与各部门签订《安全生产责任书》，层层落实安全

党的群众路线教育

高峰供水工作会议

主管网检修

2014年3月22日世界水日志愿者活动

责任；加强设施设备维护保养，加强水源的巡查保护；加强安全教育，提高员工安全意识；加强安全管理，完

2014年8月4日大润发爆管抢修

善人防技防设施，针对薄弱环节，有针对性地进行整改；加强水源巡查，强化水质监测，通过了江苏省Ⅲ级水质检测实验室考核评定；加强供水调度，提高供水保障能力。

扎实推进群众路线教育实践活动，结合供水服务工作，以争创国家级巾帼文明岗和国家级工人先锋号，巩固国家级青年文明号为推手，始终抓住作风效能建设，不断推进服务品牌建设，全面提升供水服务水平和质量，为市民提供更高效、更优质、更便民、更人性化的供水服务。

坚持安全优质供水主阵地，全面加强供水服务的全程管理，供足水、供好水。坚持加强党风建设促效能，深入推进廉政风险防控建设，筑牢清正廉洁的思想防线。坚持服务品牌建设促效能，着力强化“创造健康生活空间”的服务理念，架起企业与用户之间的连心桥，全年增设36个邮政电商平台收费点，新增电信短信平台。厂管线中心以优质服务为重点，以创一流工作、一流服务、一流业绩、一流团队为目标，积极开展创先争优活动，充分发挥典型的引领示范作用和榜样的激励作用，获得了“江苏省工人先锋号”称号。

坚持党的群众路线，扎实开展学习教育活动，积极调查研究，认真对照整改。针对查找的问题，涉及市自来水厂的公车管理不善、招待费管理、少数人公车私用问题、电话费问题、服装等问题，有针对性地逐一整改。

坚持社会公益实践活动，培育员工良好道德情操。通过组织“清泉志愿者”服务队走进社区、结队帮扶、爱心捐助，组织用水宣传和义务献血等活动，有效地提升员工道德情操，推进服务品牌的建设。2014年6月初市自来水厂在用户回访中得知如皋敬老院用水压力偏低的情况，第一时间派人上门勘查，查明敬老院处于管网末梢，加之外部管网老化、侧部管线偏小导致这一问题，立即免费为敬老院实施内外管线改造，工程于6月18日全面完工，有效地改善老人们的生活质量。

2014年，市自来水厂组织和参加了“巾帼文明岗礼仪知识讲座”、“巾帼文明岗创建工作推进会”、“道德讲堂”、防氯泄漏演习、消防运动会、现场观摩会等形式多样的活动，精心组织了“企业读书月”活动，开展了“好书伴我行，做好供水人”为主题的征文活动和“读书演讲比赛”等活动。

全国青年文明号

诚源港务集团
CHENGYUAN PORT GROUP

市委书记姜永华（右），市委常委、组织部部长蒋建（左）与被评为“如皋市劳动模范”的集团董事长宋在付合影留念。

市委副书记、市长陈晓东考察诚源港务集团

市政协主席李中林（左）与集团董事长宋在付共同参加皖北徽商物流港开港仪式。

诚源港务集团依靠得天独厚的地理优势，短短11年内，在集团董事长宋在付、董事总经理许晓宏的率领之下，已发展成为拥有十余家子公司的集团型企业，集团总注册资本63600万元，总资产逾10亿元，年产值逾12亿元，员工近1000人。

2009年至2014年，集团纳税额、应税销售额均名列如皋市百强行列，2012年，被评为“江苏省创新创造领航企业”、“江苏省安全生产文明施工企业”；2013年，被评为“国家AAA级综合服务型物流企业”、“江苏省创新发展模式优秀企业”，成为“中国物流与采购联合会常务理事单位”、“中国港口协会会员单位”，2014年，被评为“江苏省明星企业”，捐资30万元设立了“诚源港务集团爱心基金”。

集团董事长宋在付是如皋市政协委员、如皋市工商联常务委员、中国物流与采购联合会常务理事、蚌埠市公共关系协会常务副会长、世界杰出华商协会理事长、力源港务集团董事长；2009年，被如皋市委、市政府评为“十佳来如投资企业家”，被授予“如皋市文明新市民”荣誉称号；2010年，被如皋市委、市政府评为“优秀经营管理者”；2011年，被评为南通市混凝土行业“优秀企业家”；2013年5月，被蚌埠市委、市政府评为“模范爱心企业家”；2013年12月，当选为如皋市安徽商会会长；2014年4

力源港务集团办公大楼

月，被如皋市委、市政府授予“如皋市劳动模范”荣誉称号；2014年5月，当选为如皋市物流商会常务副会长。

诚源港务集团办公大楼

集团在苏皖两地的企业经营领域横跨港口、仓储、物流、商品混凝土、砂石建材、市政工程、沥青路面工程、钢结构工程、油品贸易、块石加工、滤清器等项目。

诚源现代物流园占地500亩，自主拥有万吨级外江港池，年货物吞吐量2500万吨以上，是南通西部最具影响力的大宗建材集散中心。园区设施配套齐全，是从事港口、物流、仓储、加工、贸易的优质平台。诚源现代物流园可部分对外合作或租赁生产场地、仓储用地、各类厂房、各型号吊机等，欢迎洽谈双赢。

诚源现代物流园

诚源港务集团有限公司注册资本10800万元，拥有码头岸线1680多米，可常年停靠万吨级货轮，是如皋市内独家拥有内港池的最大的民营物流企业。公司现有码头吊机23座，其中，“7028型号”吊机单间吊卸能力达90吨，诚源内港池年吞吐量达2000万吨以上。

诚源内港池

如皋市江源商品混凝土有限公司注册资本8200万元，是一家专业从事商品混凝土生产、销售的现代化企业。现拥有四条智能化混凝土生产线，年混凝土生产能力达140万方以上，可生产C10–C60间各种不同标号的商品混凝土，自2006年成立以来，已发展成为苏北地区最大的商品混凝土生产基地，一直是如皋地区商品混凝土行业的龙头企业。

混凝土项目

如皋市海源新型墙体材料有限公司注册资本2000万元，位于石庄镇绥江路6号，主要从事劳务派遣服务；同时，销售火烧铁、废渣、废灰、废铜等再生资源物资；主要从事垃圾分拣处理、场地道路清洁等项目，其中，为上海电气环保热电（南通）有限公司配套服务人员近100名。

南通市皋源市政工程有限公司注册资本10200万元，位于石庄镇绥江路10号，主要从事市政工程建设、园林绿化、土石方施工、货物运输、汽吊经营。公司拥有市政二级资质，机械装备力量雄厚，拥有挖掘机、摊铺机、压路机、汽车吊、平板车等多种机械设备共50多台，可承接各等级市政、土石方工程的施工。

市政工程项目

南通如港物流有限公司注册资本2000万元，位于如皋港区疏港路36号；如皋市恒源物流有限公司注册资本1000万元，位于石庄镇；两家公司主要从事物流、货运、货物仓储服务。两家物流公司共拥有大型运输车辆150台套，从事物流运输配套服务，提供信息处理、船舶代理、短途运输、分拣、装卸、储存、配送、分流等专业物流服务，为如皋沿江地区企业做配套服务，开展水水、水陆、江海联运，辐射重庆、浙江、湖北、上海等地；同时，为东升国际石材产业城等客户提供海运、吊卸等战略配套服务。

物流项目

南通皋源石油化工有限公司注册资本3500万元，位于诚源现代物流园内港池西侧，主要从事燃料油（闪点>61℃）、沥青销售。公司目前已投入使用油罐达1万立方。

油品项目

如皋市运输管理处

近年来，在省、市各级主管部门的正确领导下，如皋运管处深化落实科学发展观，以服务民生为宗旨，以科技监管为突破，以品牌建设为载体，以文明创建为目标，切实做到执法规范化、管理科技化、行业品牌化。

运政执法人员利用运政信息平台查看运营车辆

民生工程持续推进 在全省“城乡客运一体化发展”先进单位旗帜的引领下，该处持续致力优化完善城乡公共交通运行体系。近两年来，针对行政区划的调整以及居民的出行需求，及时展开全市范围内的镇村公交运营方案优化工作，新建镇村客运站亭86个，其中港湾式公交站亭6个，方便群众候车和换乘；下大力对12条农公班线车辆实施公交化改造，极大提升了公共交通服务能力。该处还致力构建绿色交通运输体系，加大新能源汽车的投入力度，目前全市共拥有新能源公交车92辆，新能源出租车84辆，分别占公交车、出租车拥有量的36.94%、23.52%，中高级客车占营运客车的60.41%，有效推动了交通运输行业的节能减排工作。同时，对新增的新能源出租汽车、公交车给

如皋运管走进社区发放公交出行指南

予政策扶持，共累计兑付购车补贴资金64.8万元。年内投放的12辆陆地方舟新能源汽车已在我市主城区内示范运行。

行业监管创新拓展 面对新形势下运管科技执法的新要求，该处先后投资近300万元建成了集信息化管理、动态监控、应急指挥、运力调度、出租车电召、公共交通咨询服务热线等功能于一体的运政信息指挥平台。近两年来，利用该信息平台的科技执法功能成功查处出租车拒载、议价以及驾校不规范教学等违规违法案件共157起，实现了对全市范围内的出租车电召及96520运政热线对接服务，全年共发送电召信息13650条，成功电召7665起。“皋城的士”电召软件成功上线，是电召热线的有效补充，为群众电召提供即时和预约的免费服务。公交调度系统成功地实现了中秋、国庆、元旦及春节等重大节日期间的公交车辆调度，圆满地完成客运任务。

品牌建设行业领先 年内培育打造文明客运班线2条、文明公交线路4条，文明驾驶员13个，文明出租车12辆，“江苏快修”企业1家，“绿色汽修”示建企业2家，规范化示范汽修企业1家，顺利完成省、南通市推广计划。规范汽修驾培行业市场，推进驾培价格备案、学员意外伤害险的落实。通过“万人评学驾”活动，我市共有4家驾校及24名教练员荣获南通市“学员满意”驾校及教练员称号。全市现有机动车驾驶员培训学校15家，其中全国信誉驾校1家，3A级信誉驾校1家，2A级信誉驾校2家，A级信誉驾校3家。

文明创建务求实效 坚持以人民满意为目标，大力开展各类创建活动，获评“南通市文明单位”、“五一劳动奖状”、“先进基层党组织”等荣誉称号，深化“万人评驾校”评选及“学驾信得过”驾校创建活动。启动公益关爱系列主题活动，与如皋威宇车业联袂开展捐赠图书进校园，接送行动不便

开展“维修讲诚信、修车不宰客”活动

家境贫困学子参加高考，捐助贫困学子完成学业，带领贫困儿童走进电影院等活动。适时组织开展走访慰问、贫困学子金秋助学、文明交通志愿服务等一系列活动，在拓展丰富运政文化的同时，着力提升运输行业在全社会的满意度和信誉度。

交通运输综合管理所

上级领导调研基层站所

陈建华所长检查村村通公交运营情况

全面实现基层站所标准化建设

2014年，市乡镇交通运输综合管理所认真贯彻上级关于交通运输工作的部署要求，紧紧围绕全年工作目标，细化任务，落实职责，进一步转变作风，创新思想，开拓进取，圆满地完成了各项工作任务。乡镇交通综合执法成效明显，南通市交通运输局确定在我市召开综合执法现场会，市交通运输综合管理所分支机构磨头中心交管所被表彰为省级群众满意基层站所，城北中心交管所被推荐为省级五项执法先进集体。

依法行政，文明执法，实现了执法效果和社会效果的和谐统一。14年交通运输综合管理所重点打击无证经营“黑车”、“黑点”、“黑店”，开展了“打非治违”“危货整治”系列专项整治活动。制定了“三规范二分离一统一”执法模式，下发了客、货运输车辆、驾培、站场等5种规范化稽查台账，杜绝了“随意罚”和“人情罚”。坚持人性化执法，能教育的不处罚，能轻罚不重罚，做到让相对人口服心服，进一步融洽了管理者与被管理者的关系。全年共查获各类行政案件189起，实施行政处罚案件143起，无一起被投诉举报，实现了无诉讼，无复议，无投诉举报的良好执法局面。4月份，为各中心交管所配发执法记录仪15台，6月份，通过如皋市政府法制办的评审、验收，正式开通如皋行政权力网上公开运行，所有处罚案件、执法行为纳入网上全程监控，全面实现阳光执法。

强化管理，完善考核，确保了道路站亭和村村通公

组织全体党员干部参观红十四军纪念馆，重温入党誓词

实施交管文化长廊建设

加强执法队伍建设

交的安全便捷。交通运输综合管理所承担着全市2376公里的镇管农村公路、180余座农村客运站亭、76辆镇村公交的管养考核、日常巡查。交通运输综合管理所坚持“明确职责，分级管理，每天上路”的管养原则，统一规范了农路、公交、站亭日常管养检查专用台账，形成“一天一巡查，一周一统计，一月一报表，一季一考核”的管理模式。对巡查中发现的问题及时与镇、公司相关负责人进行沟通协调、整改维修，拆除损毁危险农村客运站亭12座，有效保证了辖区农路、站亭、公交的“畅、通、美、洁、安”。由于严管理，村村通公交乘坐率得到明显改善，尤其是石庄镇公交线路，车辆实载率达到60%以上，深受沿线群众欢迎。今年，白蒲、江安两个镇被推荐为南通农路管养合格镇，长江镇通过了江苏省农村公路管养及安保示范合格镇考评验收。

创新载体，多措并举，推进了党建和精神文明建设的深入开展。以“道德讲堂”、“创建学习型单位”、“党的群众路线教育实践”等活动为载体，交通运输综合管理所把党建和创建贯穿到日常工作之中，主动邀请局及上级有关部门的领导，进行执法、宣传、财务、安全工作培训。建立单位职工阅览室，丰富单位文化氛围。围绕“四风”问题，征集和查找出各类问题81条，积极整改落实。安排人员参加学雷锋文明交通志愿服务周周行活动，积极开展“送温暖、献爱心”、“夏送清凉”、“金秋助学”等双联双助活动，多次参加爱心捐赠、无偿献血等志愿活动，全年安排专人驻火车站，维持交通秩序。以反腐倡廉为切入点，深化廉政制度建设和监督管理，认真贯彻执行中央、省、市各项规定、禁令，不断改进工作作风，增强服务意识。开展了“走进企业，服务业户”主题创建活动，全年帮助经营业户办理经营许可4件、年审营运车辆26台次、年审驾驶员从业资格证42件。组织人员到村到户为百姓办理老年人免费乘车证1000多件。印制《作风效能建设情况督查记录》专用台账，不定期地对各中心交管所进行暗访，确保作风建设务实、落实、扎实。为进一步宣传单位对外新形象，交通运输综合管理所建立了综合所独立的门户网站，及时发布行业管理最新动态，宣传单位党风廉政、精神文明建设活动开展情况，树立单位对外新形象。

参与交通志愿服务周周行活动

开展行政执法活动

乡村公路路政管理

行政权力网上公开运行

南通汽运集团如皋分公司

2014年，南通汽运集团如皋分公司深入开展党的群众路线教育实践活动，紧紧围绕全面构建“六个汽运”宏伟蓝图的工作任务，解放思想，开拓创新，深化改革，务实求效，转型发展成效显著，队伍素质有效提升，文明创建再创新高，继续为“江苏省文明单位”、“全国模范职工小家”增辉添彩。分公司通过了“一级汽车客运站”资质省级考核验收；客运站“红绶带爱心导乘”服务团队被江苏省总工会授予“五一巾帼标兵岗”集体荣誉，年底并被推荐2015年度“全国五一巾帼标兵岗”集体荣誉；分公司团总支被共青团南通市委授予“五四红旗团总支”荣誉称号；875车队“最美驾驶员”丁广健荣获“如皋市劳动模范”、“2014江苏省好青年”、“第七届如皋市爱心大使”荣誉称号。全力打造集团公司“飞鹤”服务品牌，全面争创“全国著名品牌”，“江苏快客”班车创建工作继续保持江苏省道路交通运输协会良好考核业绩。

如皋市地方海事处

2014年，如皋市地方海事处紧扣水上安全主题，进一步转变作风，锐意进取，圆满完成各项工作任务，辖区水上安全形势持续稳定。

执法人员学习海事法律法规

海巡艇为大型船舶护航

强化安全监管，通航秩序维护取得了新成效。继续打好为连申线如皋段桥梁改造工程保驾护航的战役，合理调配力量，全力实施安全监护。全年拆除航道旧桥16座，累计现场监护192天，参加监护人员920人次，确保了施工水域的安全畅通。注重节日期间的安全维护，防止水上交通事故的发生。加强防堵保畅工作，通航安全信息及时发布，艇力人员值守到位，应急队伍准备有序，通讯联系保持畅通。加强上海亚信会、南京青奥会期间的水上安保。共对65艘船舶开展了安保检查，查纠安全缺陷及隐患270项，均要求在开航前纠正。

开展专项整治，水上安全环境实现了新改观。将内河水上危化品运输安全的整治作为工作重点。加强专项安检。共发现缺陷24个，立即整改纠正。有13家企业的危化品或危险货物装卸作业，未取得港口经营许可危货作业附证，及时通报港口管理部门。开展了“安全生产月”、“夏季安全生产百日赛”活动，取得了实实在在的效果。大力营造氛围，强化信息发布，对重点区域、重点航段、重点船舶加强巡查，发现问题，督促立即或限期整改。共查处违章及安全隐患311起，逐一督查整改到位。

规范执法行为，行政执法工作出现了新亮点。梳理许可流程，压缩办理时限，主动上门服务。对申请办理《水上水下活动许可证》的施工单位，及时审查相关资料，落实监管方案，开工前审批率100%，审批正确率100%。在市交通运输局组织的执法文书质量评查中，获99.5分，列全系统第一名。全体人员参加了法律法规培训考试和知识竞赛。新建了如皋港政务室办公、生活用房，新建造一艘17米海巡艇。全年实施行政处罚3090起，未发生行政复议和行政诉讼案件。不断强化船检质量管理，全年委托受理各类营运船舶检验276艘，65737总吨。

加强队伍建设，海事部门形象得到了新提升。扎实开展了党的群众路线教育实践活动，切实解决了在“四风”方面的存在问题。加强政治理论学习，“三会一课”活动常态化。提拔中层干部1人，发展党员1人，预备党员转正1人，推荐1人为如皋市劳模。全年在各类报刊网络用稿122篇。向特困船民家庭捐献善款1万元，向5名贫困学子捐款5000元。成功举办了道德讲堂。体现了为民爱民的真挚情怀。修改完善了十项制度，形成了长效机制。认真开展了廉政教育活动，压缩公务接待费用，严禁公车私用，节日不发任何钱物，树立了廉洁海事形象。

现场监护人员泡方便面充饥

向特困船民家庭捐献善款

开展安全生产宣传活动

如皋市公路管理站

道德讲堂

春季培训

如皋市公路管理站始建于1949年，是南通地区最早成立的公路管理机构，长期承担着全市公路建设、养护和管理的重任。至2014年，如皋公路总里程达到2158公里，形成了畅通便捷的公路交通网络，有力促进了地方经济和社会的全面发展。

2002年，如皋公路站在江苏率先完成事企分离和产权改制，分流126人重组民营性质南通市路翔公路养护工程公司。改革后，如皋站设有办公室、财审股、路政股、建养股、农管股五个职能部门，主要承担国省道和县道公路养护管理、路政执法、超限治理、应急保障等职能。单位共有干部职工37人，其中高级职称2人，中级职称9人，初级职称20人，本科以上学历占总人数的92%。

警示教育

演讲比赛

2014年来，该站在上级主管部门的正确领导下，紧紧围绕“六个交通”的总体目标，牢牢把握“稳中求进、改革创新”的总基调，充分发挥“大路政”格局变革的牵引作用，全面深化改革，激发内生活力，强化路域整治，推进精细养护，提档升级农路，狠抓队伍整顿，用“钉钉子”的精神抓好各项工作，较好完成了各项目标任务，先后获得江苏省省青年文明号、南通市文明单位、南通公路系统宣传工作先进单位、安全和产社会管理综合治理先进单位，如皋市文明单位、五一先锋号，如皋交通系统财务审计工作先进集体、安全工作先进集体、交通工程建设先进集体、文明创建工作先进集体等诸多荣誉称号。

“公泽百姓、路畅江海”，这凝结着如皋公路人无私奉献的新时期精神，激励着一代代公路人奋往直前。新的时代，如皋公路正抢抓机遇，攻坚克难，反腐倡廉，强炼内功，服务人民，群策群力打造畅通便捷的如皋大道。

治超夜查

元旦长跑

节约用水办公室

水文化宣传

如皋市水费水资源管理所（节约用水办公室）以深入开展党的群众路线教育实践活动为动力，紧紧围绕“为民、务实、清廉”的主题，实行最严格的水资源管理制度，落实"三条红线"，不断创新理念、拓展思路，坚持科学管理、阳光操作、绿色收费，各项在南通继续名列前茅，2014年水利工作综合考核被评为南通先进。

强化宣传，不断增强节水理念。组织开展丰富多彩的涉水宣传活动，增强全民节水意识；以节水载体建设为抓手，加强节水载体及技改项目的指导，组织开展水平衡测试，以此增强企业的用水管理水平，达到节约用水、合理用水的目的。

注重创新，努力夯实水资源管理基础。一是严格取水许可管理，严格执行取水许可管理程序，全面落实建设项目水资源论证制度，全面实行井台标准化建设工程，对新凿地下水井严格按统一标准开展井台标准化建设及计量设施的规范安装，提高取水工程的维护和监管能力。二是加大先进计量设施的推广应用工作，对原有水资源管理远程信息系统进行了升级，加强用水户的取用水情况的实时监控，实行先付费后用水模式，达到了严格水资源管理的目的。三是采购了水位监测仪，PH计、电导率仪等水质检测方面等的相关仪器，为水资源管理的规范化提供了保障。四是地下水保护成效显著，水位稳中有升。通过下达用水计划计划和有效的制度管理，有效了控制了地下水的开采，地下水水位呈上升趋势。四是加强水源保护，维护人民生命健康。按时监测全市地表水的水质情况，及时编制《如皋市重点水功能区水质通报》，全年共监测了43个功能区的48个断面，同时对污水处理厂及境内一级河沿线排污口也进行了取样监测，有力地促进了地表水环境的保护。

注重服务，做好技术支撑与配合。一个支撑：认真贯彻落实最严格的水资源管理制度，将“三条红线”和“四项制度”落实到日常工作中去，做好最严格水资源管理考核指标的支撑工作，去年我市在南通市政府组织的考核中获得了优秀等次。两个配合：根据省政府关于开展水源地达标建设的相关要求，配合市政府开展水源地达标建设工作，目前取得了阶段性的成效，并在12月底率先通过省住建厅、环保厅、水利厅组织的验收；根据市委、市政府统一部署，我所全力配合节水型城市创建工作，及时提供了历年的相关文件及数据，共享节水型企业、社区等载体创建资料，并在创建过程中积极建言献策，配合省考核组的数据核查工作，去年成功创建成为江苏省节水型城市。

优美水环境

如皋市河道堤防管理所

所长 徐建

管理单位基本情况

如皋市河道堤防管理所成立于1984年，是如皋市水务局下属全额拨款事业单位。现有在编职工12人，下设办公室、综合管理科、工程技术科、财务科，共有12名专业技术人员，岗位设置科学合理，精简高效。

取得的荣誉

2008年度被南通市水利局评为“水政监察工作先进中队”，被如皋市水务局评为“先进集体”；2009年被如皋市总工会评为“五一先锋号”，被如皋市水务局评为水规费征收工作“先进单位”；2010年度被如皋市水务局评为“水规费征收工作先进单位”；2011年度被如皋市水务局评为“安全生产工作先进单位”；2012年被如皋市水务局评为“水利工作综合考评先进单位”、“安全生产工作先进单位”，并获得如皋市“文明单位”称号；2013年获得省水利工程三级管理单位称号。

工程概况

如皋市江港洲堤现状总长74公里，其中江堤15.6公里，港堤28.9公里，洲堤29.5公里。江堤达二级堤防标准，其它堤防达到三级标准，维护堤防安全是该所主要职责。

如皋市大部分堤防根据设计与管理要求，实施了江堤外坡防护、堤顶路硬质化、堤内坡生物防护、堤外滩地防浪林营造工程。重要岸线多年来分地点分次进行了抛石防护，具备了一定的抗冲防坍能力。

工程管理情况

堤防工程作为世世代代永久工程，其重要程度不言而喻。作为新世纪新时期守护工作者，实现管理现代化是该所使命，拿好接力棒，将堤防和河道工程建设与管理逐步规范上台阶一直是该所上下职工一致追求。下面将管理上的措施、制度等做法简介如下：

一是严格按《江苏省河道管理实施办法》的要求进行堤防巡查，切实加强堤防工程的日常运行维护和管理。

二是结合河道工程管理单位考核办法，将组织管理、安全管理、运行管理、经济管理四大块合理分工，明确管理责任。

三是实行管养分离，根据管理要求，对堤防养护工作实行市场化，相关工程维修、建设项目实施进行招投标制，管理人员根据职责进行巡查、检查、督查。

四是统筹计划，做好防汛物资增补采购工作。充实了防汛物资，不打无准备之仗。

五是提高现代化管理水平，通过对三大入江口门安装高清视频监控系统、险工险段安装摄像头、红外水位仪以及与南通水利局、如皋市水务局联网的视频会商系统的形成，实现了远程监控、防汛调度、决策等水利现代化目标。

水政执法

堤防标准段

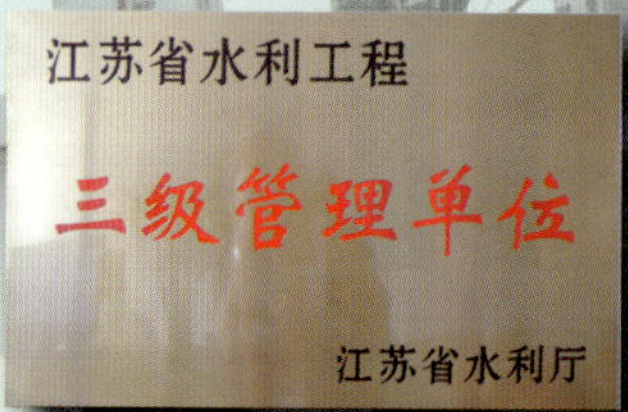

南通天泽化工有限公司

南通天泽化工有限公司，是专业生产精细化工产品的江苏省高新技术企业，是全球最大的烟碱类农药中间体生产基地，也是江苏省菊酯类农药中间体工程技术研究中心。总资产达7.4亿元，银行信用AAA级。是“江苏省最具发展潜力企业”、“江苏省科技中小型企业”、“江苏省民营科技企业”。主要生产硝酸胍、硝基胍、甲基硝基胍、咪唑烷、氰基乙酯，其中硝基胍获“江苏省名牌产品”殊荣。

现有职工686人，其中技术人员近百人。拥有46件专利，其中发明专利10件。2014年实现年销售7.3亿元，出口创汇2300万美元的业绩。

2014年，公司紧抓行业整合机遇，变压力为动力，多次组织省级专家论证鉴定，投入近4000万元用于改造工艺，更新设备。目前全部产品的生产工艺基本实现自动化仪表控制，全面符合安全、环保的更高标准。为实现“全球领先的专业化精细化学品研发与制造基地”的愿景奠定了基础。

中华老字号 China Time-honored Brand 水明楼

南通白蒲黄酒有限公司

南通白蒲黄酒有限公司位于著名的长寿之乡江苏百家名镇，始建于东晋义熙七年（公元411年）的——如皋市白蒲镇，这里河流纵横，盛产优质稻米，水质甘甜，富含有益健康的微量元素，为联合国确认的世界长寿养生福地，是全国著名的黄酒之乡。

南通白蒲黄酒有限公司继承了明清创立的徐大昌酒坊的传统工艺，以健康养生为宗旨，历经50多年的技术和工艺的持续改进，逐步形成了水明楼系列黄酒独特的风味和品性。

南通白蒲黄酒公司现有员工200多人，其中中国黄酒博士（张万珍，生于1928年，国家五一劳动奖章获得者）1名，国家级和部级黄酒评委2名，高中级专业技术人员28名。

南通白蒲黄酒有限公司酿酒技术力量雄厚，拥有全国同行业先进生产灌装线三条，集吸米、浸米、蒸饭、榨酒、灌装一条龙的、一流的现代化生产大楼，完善的质量管理体系，从而保证了水明楼黄酒五十年始终如一的卓越品质。

公司现为中国酿酒工业协会成员单位，中国黄酒技术学会常务理事、江苏省黄酒分会副理事长企业、全国酿酒行业百强先进单位，被中国长寿文化节指定为长寿食品，通过ISO9001质量体系认证、ISO14001:2000环境体系认证、“QS”认证、绿色食品认证、原产地保护认证、注册商标“水明楼”为江苏省名牌、江苏省著名商标。2010年获中华老字号认证。

公司拥有白蒲、水明楼、扣陈、万珍、徐大昌等注册商标，并以此生产四大系列产品，其中“白蒲”系列面向经济实惠的消费群，“水明楼”系列面向小康家庭以及商务餐饮，“扣陈”系列面向专业消费者，“万珍”系列面向中高端商务以及礼品用户。

www.bphj.cn 0513-83511188、88571084

江苏奥林石业有限公司

厦门展会

江苏奥林石业有限公司成立于2012年，项目总投资2.6亿元，总占地面积80000多平方米。是一家集石材开采、加工、设计、装饰施工于一体的大型公司。以大理石、花岗岩及玉石类为主的上百个畅销品种，数款单品销量冠军的规模优势形成了品牌效应与自主生产加工及营销体系。

公司拥有完整的石材加工机械体系，如水刀、绳锯、卧式车床、自动线条生产线、雕刻机等大型石材加工设备，具有丰富的生产加工经验和强大的生产能力。先后承接了南京青奥会部分场馆、如皋红星美凯龙、月星家居、恒大酒店、通州富都酒店、启东海上威尼斯会议中心、如皋市人民医院等大中型工程项目。

奥林石业追求人性化设计，倡导绿色、环保、低碳的主导思想，着力于"人本建筑"的新主张。公司秉承"以人为本，让自然更贴近生活"的宗旨，传承传统的美学元素，同时引进外来先进理念和技术，将传统和现代兼容并蓄，倡导"自然和谐"的理念。通过设计理念创新和技术升级，赋予石材生命、以及品质，改变它仅为建筑材料的传统使命。

在今后的发展规划中，公司将持续秉承"诚意载道、发展共赢、大美无痕、细节精品"的经营理念，以"品牌国际化、品质高端化、服务专业化"为核心，致力于提供专业的石材室内外建筑项目整体设计方案，为其创造价值，打造精品。

生产设备

电话：0513-8有1798999　　网址：www.jsalsy.com
邮箱：jsalsy@126.com　　地址：江苏省如皋市新东路6号

众仁家居

众仁家居董事长 张定成

众仁家居旗下品牌：如鱼得水窗帘、慕思寝具

如鱼得水窗帘

位于兴隆精品馆二楼的如鱼得水窗帘是行业内最早采用个性化定制、西装工艺、流水线生产成品窗帘的企业。每一套窗帘的款式，都是由意大利及中国台湾的知名设计师研发和设计，款式及工艺全国领先，目前制作标准已达300多个。每款窗帘的净面率都超过出口欧美的质检标准，每套产品出厂前都要经过4道品质检测。

慕思寝具

位于月星家具二楼的慕思体验馆，专业致力于人体健康睡眠研究，提高睡眠质量。设计理念源自欧洲，聘请德国设计师，为中国创造国际健康睡眠品牌，为21世纪的现代化家庭提供更舒适健康的睡眠和更人性化的服务。床垫根据人体头、肩、背、腰、臀七个部位不同着力的需求设计，腰部与臀部占人体体重的68%，人体的脊椎是一个柔和的S形，肩部与臀部是两个着力点，腰部是一个悬空的状态。分区后的床垫很好地贴合人体曲线，有利于身体健康。

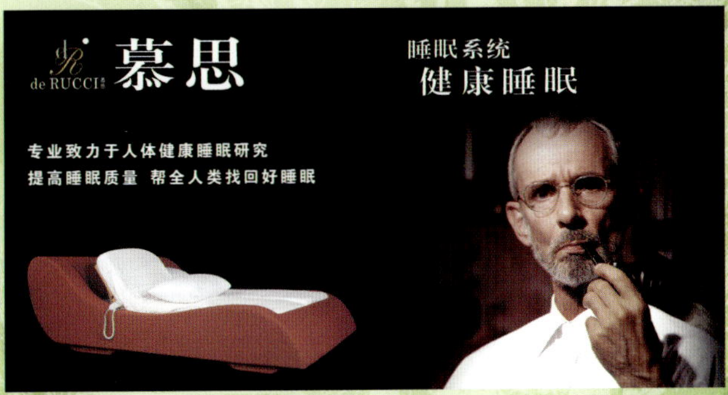

一品知香酒 百年长寿梦——

江苏江中酿酒有限公司

江中釀酒
JIANGZHONGNIANGJIU

JIANGSU JIANGZHONG WINE CO.,LTD.

总经理 李霞

江苏江中酿酒有限公司的前身是南通市江中酒业有限公司，公司地处世界长寿之乡——江苏如皋，占地面积45000余平方米，总建筑面积22000余平方米。公司注册资金1369万元，固定资产总值近2亿元。公司在职员工近200人（其中具有本、专科以上文化程度的员工占15%）。现有高级酿造师、高级勾兑师、高级品酒师、高级化验师等高中级工程技术人员共20名，并聘请了1位全国著名白酒专家定期到公司指导生产，是一家具有近30年历史的白酒酿造企业，苏中地区规模最大的白酒酿造企业之一。

公司生产的白酒有两大香型——浓香型大曲酒和芝麻香型麸曲酒。五粮浓香型大曲酒秉承数千年传统的酿造工艺，结合现代科技新成果，精选优质高粱、大米、糯米、小麦、玉米五种粮食为原料，采用传统泥窖固态发酵工艺精心酿造，具有“窖香浓郁、绵甜醇厚、香味协调、尾净爽口、回味悠长”的风格特点。五粮芝麻香型麸曲酒是集浓、酱、清三大香型之大成，采用“清蒸续渣、泥底砖窖、大麸结合、多微共酵、四高一长”的生产工艺，具有“优雅纯正、醇厚细腻、丰满协调、回味怡

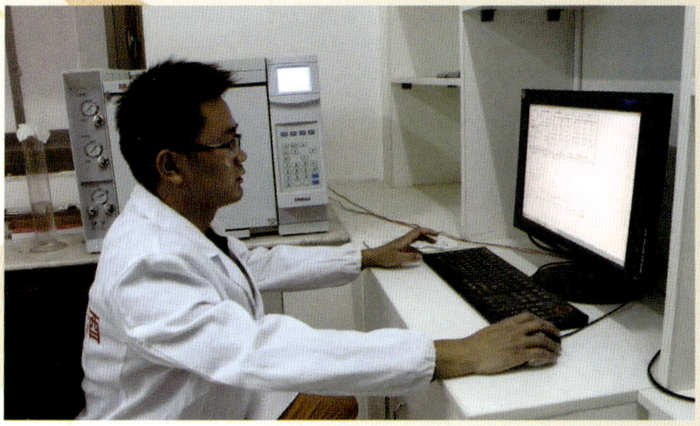

现代化的管理

畅、芝麻香典雅”的风格特点。所有的五粮浓香型大曲酒和芝麻香型麸曲酒都必须经过“二轮窖藏”工艺，6年以上地下恒温陶坛两次窖藏，酿造出来的白酒更柔雅，更卫生。公司现有固态发酵池251座，三条蒸馏六班次轮流作业生产线；现有大型不锈钢储酒罐200个，优质陶瓷酒坛2000多个。公司投资新建了“中国第一家原酒地下泥土二次恒温陶坛窖藏”原酒窖藏基地。建筑面积达4000余平方米，目前原酒储存容量3000余吨。

近年来，江中酿酒以“做好酒，做真酒，喝放心酒”的生存法则，开展实施了“一二二三”工程，坚持走特色差异化发展之路。“一”是，打造一个千吨原生态原酒窖藏基地：千吨地下恒温窖藏基地；“二”是，打造两个原酒酿造基地：浓香型原酒（调味酒）酿造基地、芝麻香型原酒（调味酒）酿造基地；“二”是，二轮窖藏工艺：所有产品出厂前必须经过“二次陈酿”工艺；“三”是，酿造三种香型：浓香型、芝麻香型、浓芝馥郁香型。目前公司已发展成为苏中地区白酒行业的规模型酿造企业，未来将继续坚持走特色差异化之路，坚决贯彻“差异化发展、做健康白酒”的发展理念，为打造中国健康传统白酒品牌的企业愿景不断努力、前行。

产品注册商标——“长寿知香”，是江苏省著名品牌，并通过了ISO9001、ISO22000食品质量安全管理体系认证，为第十一届全国老将运动会指定用酒。

公司的产品理念：不追求华丽的“外表”，只追求健康、优质的产品。

先进的灌装设施

生态的酒窖基地

坚定信心 迎难而上

推动企业平稳健康发展

柬埔寨第一副首相吉春（左一） 视察南通六建承建的柬埔寨暹粒免税店

2014年，面对在政策及市场的双重冲击下，大量拟开工工程停止建设，在建工程停建、缓建，市场总量锐减、支付能力急降等严峻态势，公司上下认真分析市场、研究市场，充分发挥集团品牌优势和资源优势，采取了一系列应对措施，成功的克服了一波又一波的风浪，保持了平稳发展。公司在江苏省住房和城乡建设厅、江苏省统计局、江苏省商务厅组织的江苏省建筑业百强企业（综合实力类）评选中，位列第十，在如皋市纳税百强企业光荣榜中位居榜首。荣获全球最大250家国际承包商、中国民营企业500强企业、中国建筑业竞争力百强企业、中国工程建设企业社会信用评价“AAA”信用等级企业、江苏省地标型企业、江苏省建筑施工技术（学术）先进团体、南通市质量标兵等荣誉称号。在华润置地一季度“上海大区季度供应商评价”活动中，我公司位列沪外最佳供应商榜首。

2014年2月19日上午，全国政协副主席卢展工率队到公司项目部调研，公司董事长、总经理徐正洪等接待调研组一行

把握市场、调整结构，实现新突破

面对国家楼市调控和房产融资紧缩，公司各市场对每一个项目信息都进行认真筛选、评审，对资金状况不好、小房地产商的开发项目予以放弃，加大与强实力战略伙伴的合作和政府保障类项目的承建力度。2014年，公司在建保障类住宅项目占在建合同总额的26%；承接的公建项目合同额占在建合同总额的30%以上。同时，充分利用公司优质资质条件，创造条件多承建道路、桥梁、保温、装饰、机电安装等项目，打造公司经济发展新的利润增长点。2014年，公司先后承建了八道湾街道、中电投库车塔依水电站、伊宁县城南产业园道路基础配套、引黄工程、建设档案馆办公及业务用房机电安装、太仓信息产业园项目机电安装等一批专业项目；一举中标4.96亿元的上海淮海西路365号汇京国际广场精装修工程，创造了公司单项精装修工程最大合同金额新纪录。

2014年5月15日，全国总工会副主席、书记处书记、党组副书记刘国中一行调研工会工作，并与公司领导合影

推进改革、主动创新，提升新动力

多年的管理实践经验，使我们深刻的认识到：企业能否获得强大的生命力，能否取得很好的效益和长足的发展，能否成为市场竞争的佼佼者，关键的一点是企业自身要不断的改革创新。为此，2014年年初，公司成立了实体项目公司。为规范和统一项目公司的管理，明确集团公司、区域公司、项目公司、项目部之间业务流程，实现业务流和数据流的有机结合，组织制定颁布了《项目公司管理办法》，出台了《成本管理制度》、《工程预算管理规定》、《工程结算管理规定》等制度，为项目公司的规范运

2014年4月24日，市委书记姜永华视察公司施工的如皋奥体中心，公司副董事长、常务副总经理张彬陪同

2014年6月25日，市委副书记、市长陈晓东视察公司承建的罗马公元工程

2014年5月29日，市委常委、常务副市长吴道健一行视察公司帝景公馆项目

作、快速发展，理清了思路，明确了职责，奠定了基础。此外，一年来，公司加大管控措施，先后组织开展了离任审计、巡查暨内部审核、安全质量专项检查、2013年财务管理内部审计等检查，各项检查活动部署合理，措施得力。通过审计审核，示范检查，以点带面，及时了解各区域公司、项目部的管理现状，对工作中的靓点和创新点进

2014年4月23日，市政协主席李中林一行调研内蒙古市场

行总结推广，缺点和薄弱点进行批评与整改，全面提高各区域公司的管理能力与管理实效，促进公司经营管理的优化升级。面对住建部出台的《工程质量治理两年行动方案》等一系列文件，公司多次组织召开会议进行学习、讨论、研究，并结合文件精神进行部署、落实、整改，目前各项工作正在有序进行。同时，经沟通协商，公司与中国低碳产业投资中心签订了战略合作协议，以实际行动为行业低碳化建设做出更大的贡献。

质量创优、技术创新，再创新业绩

每年年初，公司都会对在手工程进行摸底，在综合考虑工程规模、工程位置、业主经济实力等因素的情况下，确定公司的创优工程目标。一年来，获省优工程13项，国家级QC成果奖1项，省级QC成果奖15项。与杭州天和建设集团有限公司合作编写行业标准《建筑工程施工现场标志设置技术规程》已出版发行。获江苏省科学技术奖一项，华夏建设科学技术奖两项；三项发明专利和一项实用新型专利获得授权，六项发明专利和七项实用新型专利受理合格；获得江苏省省级工法七项、河北省省级工法两项、内蒙古自治区工程建设省级施工工法四项、江苏省十大先进操作法一项、南通市厂会协作项目三等奖一项，安徽省建筑业新技术应用示范工程一项、河北省建筑业新技术应用示范工程两项、江苏省建筑业新技术应用示范工程三项，取得良好的经济效益和社会效益。公司技术中心在江苏省经济和信息化委员会、江苏省住房和城乡建设厅组织的2012-2013年度建筑业企业技术中心资格的再次考核评价中，取得了名列第七的好成绩。

谋新谋变、板块提升，凸显新效能

经过多年的运作，我们一些优秀的子公司已经实现从单纯规模发展向规模、品牌、效益同步发展的提升。元辰安装集团面对下行的经济形势和竞争激烈的建筑市场，同心同德，奋力拼搏，促使公司保持稳定、健康发展；公司荣获全国工程建设QC小组二等奖一项。地基

2014年2月18日，公司党委副书记、工会主席章祥余向全国政协副主席卢展工介绍公司农民工维权等情况

基础公司主要业务从各种工程桩向深基坑支护及复合地基处理延伸，涉及厂矿企业、工业与民用建筑、市政道路桥梁、公用码头、航道等各个领域；同时，从中国京冶购

买了双向螺旋夯扩桩和囊式锚杆两项新专利技术，并取得地区授权，为优质有序发展奠定基础。路桥公司在维护原有人脉关系的基础上，积极寻求新的市场空间，集中优势兵力抓大项目，取得了一定成效。国际公司市场承包实现新突破，以商务标、技术标和总分第一的好成绩，EPC总承包了柬埔寨暹粒市内免税店装修项目。如云科技与全球最大的企业信息化管理软件服务领导者德国SAP公司合作，成立的云服务中心是华东地区唯一的SAP授权云服务中心，教育培训中心是SAP公司在中国区授权的SAP认证培训中心。与东升国际石材产业城达成战略合作，着手打造“石材行业云”；SAP“百佳人才”优选计划实施顾问实训正式开班，来自淮阴工学院和盐城师范学院的40名应届毕业生接受了课程培训。

钜城国际商业综合体三标工程——哈沈长三市优银奖

汇京国际广场商办综合楼——上海市白玉兰奖

华润橡树湾二期——哈沈长三市优金奖

凝聚人心、锤炼人才，增添新活力

一年来，公司先后组织开展了学习社会主义核心价值观、习近平总书记系列讲话精神以及“双挂”、“双亮”等活动，有效地提升公司科学发展的活力与能力。与如皋市委宣传部、市总工会、如皋电视台《民生零距离》联合策划了“第125个劳动节：与劳模同行”电视道德讲堂特别节目。2月19日，全国政协副主席卢展工率队到公司承建的南通农村商业银行总部大楼项目调研，在现场当即希望人社部和住建部将好经验和做法进行总结推广。全国总工会副主席刘国中一行到如皋的调研中，刘主席一行对公司的“党政工团拧成一股绳、股东员工上下一条心、改革发展形成一股劲”等做法给予了好评。同时，公司高度重视人才的引进和培养。目前，公司共有六位同志成为江苏省“333高层次人才培养工程”第三层次、南通市“226高层次人才培养工程”第二层次、第三层次培养对象，创如皋市建筑业人才培养新纪录。

太仓边检指挥中心——金石综合大奖

苏通科技产业园研发中心——扬子杯

哈麻住宅小区续建15#楼——龙江杯

哈麻住宅小区续建16#楼——龙江杯